경영분석

재무제표와 증권 정보 활용

6판

한빛아카데미
Hanbit Academy, Inc.

지은이 **장영광**(chang446@skku.ac.kr)
현, 성균관대학교 경영학부 명예교수
성균관대학교 경영학과 졸업, University of Michigan(경영학석사), 고려대학교 대학원(경영학박사), 한양대학교 상경대학 조교수, University of Wisconsin 연구교수, University of Washington 연구교수
정부투자기관 경영평가위원, 공인회계사 시험출제위원, 한국거래소 상장폐지심사위원회 위원장, 성균관대학교 경영대학원장, 성균관대학교 경영대학장 겸 경영전문대학원장, 한국증권학회 회장

[저서 및 논문]
증권투자론(신영사, 2019), 현대투자론(신영사, 2017), EXCEL 활용 투자관리(신영사, 2020), 생활속의 경영학(공저, 신영사, 2020), 현대재무관리(공저, 신영사, 2014)
주가와 거래량의 교호관계가 중장기 주가행태에 미치는 영향(2007), 상호저축은행 경영실태평가지표 타당성분석 및 도산예측(2004), 한국주식시장에서 가치투자전략의 성과와 원천(2003) 외 다수

지은이 **송치승**(cssong@wku.ac.kr)
현, 원광대학교 경영학부 교수
성균관대학교 경영학과 졸업, 성균관대학교 대학원 졸업(경영학석사, 경영학박사), University of Iowa 연구교수, 성균관대학교 강사
코스콤(한국증권전산) 증권예탁원, 자본시장연구원 중소기업연구원 연구위원, 국민연금 기금운용실무평가위원, 19대 국회 연구단체평가위원회 평가위원장, KDI 경제전문가 자문위원, 외교부 정책자문위원, 중소벤처기업부 전문위원, 국회사무처 의장비서실 정책비서관(2급)

[저서 및 논문]
저가발행이 이후공모에 미치는 영향(2019), 지속가능한 정책서민금융체계를 위한 정책방안 연구(2019), Monitoring Role of Venture Capital in the IPO: Evidence from Korea(2018), 코스닥시장에서 신규 공모기업에 대한 벤처캐피탈의 인증효과(2018) 외 다수

경영분석 재무제표와 증권 정보 활용 6판

초판 발행 2022년 7월 22일

지은이 장영광, 송치승 / **펴낸이** 전태호
펴낸곳 한빛아카데미(주) / **주소** 서울시 서대문구 연희로2길 62 한빛아카데미(주) 2층
전화 02-336-7112 / **팩스** 02-336-7199
등록 2013년 1월 14일 제2017-000063호 / **ISBN** 979-11-5664-618-1 93320

책임편집 김현용 / **기획** 김민송 / **편집** 김민송
디자인 표지 윤혜원 / **전산편집** 박지실 / **제작** 박성우, 김정우
영업 김태진, 김성삼, 이정훈, 임현기, 이성훈, 김주성 / **마케팅** 길진철, 김호철, 주희

이 책에 대한 의견이나 오탈자 및 잘못된 내용에 대한 수정 정보는 아래 이메일로 알려주십시오.
잘못된 책은 구입하신 서점에서 교환해 드립니다. 책값은 뒤표지에 표시되어 있습니다.
홈페이지 www.hanbit.co.kr / **이메일** question@hanbit.co.kr

경영분석

재무제표와 증권 정보 활용

6판

장영광, 송치승 지음

한빛아카데미
Hanbit Academy, Inc.

6판을 내면서

증권시장이 경제활동에서 매우 중요한 비중을 차지하고 많은 사람이 재산증식의 주된 수단으로 증권투자에 관심을 가지면서, 우량주식에 대한 안목을 가지기를 원한다. 증권투자에서 정석 투자는 '기업 내용이 좋은 우량기업을 저가에 매수하여 장기투자 하는 것'이라고 말할 수 있다. 우량기업은 '장기적으로, 안정적으로 많은 이익을 창출하는 기업'이다. 수많은 증권 중에서 우량기업을 어떻게 식별하거나 발굴해 낼 수 있을까?

본서 '경영분석'에서 다루는 여러 주제는 이에 대한 답을 다루고 있다. 특히 '경영분석'에서 다루는 '증권분석'은 관심 기업의 재무적 건전도가 우량한지, 어떤 산업이 유망 산업인지, 특정 산업 내에서 어떤 개별종목이 지속 가능 경쟁우위에 있는 우량기업인지, 적정 주가를 도출하여 과소 혹은 과대평가 되었는지 등의 주제를 다룬다. 물론 '경영분석'에서는 금융기관의 입장에서 신청 대출이 원리금 상환능력이 충분한지를 다루는 '신용분석'이나 기업경영자 관점에서 '지속가능 성장성이 높은 기업을 어떻게 만들 수 있는가, 부실 가능성은 있는가 등'의 내용을 다루는 '내부 경영분석'의 주제도 다루지만, '증권분석'의 주제가 가장 심도 있게 다루어지는 분야이다.

첨단 기술의 발달은 깊이 있는 증권분석에 대한 이해를 더욱 필요로 하고 있다. 기술 환경의 변화로 산업구조와 산업경쟁의 양상 등 다양한 영역에서 큰 변화가 일어나고 있고, 세계적 장수기업이나 전통적 제조 우량기업이 존망의 기로에 서기도 하고, 혁신기업들이 미래 유망종목으로 높이 평가받기도 한다. 급변하는 기업환경 속에서 철저하고 실효성 있는 경영분석이 중요함을 말해주고 있다. "장기적으로 안정적으로 이익을 낼 수 있는 우량기업"의 발굴과 평가능력이 투자자와 경영자의 성공요건이 되고 있다.

본 '경영분석 6판'은 '한빛아카데미(주)'에서 편집 출판을 맡으면서 여러 내용을 새롭게 추가하고 보강하였다. 2편 재무적 건전도의 평가 편에서는 '우량기업', '지속 가능한 성장성이 높은 기업'인지를 가르는 관건은 무엇보다 '핵심 영업활동에서의 이익 발생 능력, 현금흐름 창출 능력'이라는 관점에서 FCF(잉여현금흐름)에 대한 상세한 설명과 함께 이익 발생 능력, 현금흐름 창출능력을 체계적으로 분석하는 방법을 보완하였다.

3편 미래 경영성과의 예측 편에서는 산업과 기업에 다양한 영향을 미치고 있는 제4차 혁명의 흐름과 연계하여, 산업분석과 기업분석의 내용을 보강하였다. 10장, 11장(증권분석(1), (2))은 구성을 달리하여 4편 경영분석의 응용 편에 다루면서 현금흐름 분석과 연관 지어 지속 가능 이익을 예측하고, 기업의 적정 주가를 추정하는 구체적인 작업 과정을 보완 설명하였으며, 여러 가지 주식평가모형의 유용성과 한계점을 정리하였다.

경영분석에 대한 지식을 실제의 현실에 대해 적용하는 능력을 배양하는 데는 사례연구 방법이 매우 유용하다. 본서 3장에서는 삼성전자와 LG전자의 사례를 최근 연도(2019~2021년) 자료로 교체하고, 이를 중심으로 제3장~제11장의 주요 내용 - 재무건전도를 평가하는 데 사용되는 재무비율분석, 현금흐름분석, 산업분석, 기업분석, 재무예측 그리고 주식의 가치평가 - 에 적용하는 방법을 예시하고 보완하였다. 이와 함께 '스프레드시트 EXCEL'을 재무제표분석과 증권분석에 활용하는 방법을 설명하여 경영분석의 실제 적용능력을 높이는 데 도움이 되도록 하였다. 독자들은 한빛아카데미 홈페이지 자료실(https://hanbit.co.kr/src/4618)에서 다운로드 받아 이용할 수 있다.

끝으로 경영분석의 실제에 대한 이해를 높이기 위해 각 장에 수록한 "경영분석의 현주소"의 많은 내용을 새롭게 집필하였다. 특히 8장(미래 주도 기술과 산업, 차세대 유망산업, 반도체 산업의 구조와 경쟁)은 최근 자료로 많은 부분을 추가하였다.

본 6판의 출간에도 여러분의 도움이 컸다. 사례개발과 자료수집, 원고 보완에 큰 도움을 주신 정기만 교수(한국교통대학교 경영정보학과), 류석종 교수(한국산업기술대학교), 김영래 박사(성균관대학교 경영대학), 김영기 박사(전 금융보안원원장, KB금융 감사), 조진웅 교수(원광대학교), 박정미 교수(원광대학교)에게 감사드린다.

특별히 경영분석의 6판 출간 과정에서 좋은 책이 되도록 수고해주신 한빛아카데미(주) 기획5팀을 비롯한 직원 여러분께 깊이 감사드린다. 본서가 더욱 좋은 책이 되도록 독자 여러분의 계속적인 조언과 성원을 바란다.

2022년 7월

장영광, 송치승

1편 경영분석의 기초

1장 현대경영분석의 개요

2장 경영분석의 기초자료

2편 재무건전도의 평가

3장 재무비율분석

4장 비율분석을 이용한 종합경영평가

5장 현금흐름분석

6장 재무제표분석의 제논점

3편 미래 경영성과의 예측

7장 비용구조와 레버리지분석

8장 질적 경영분석–산업 및 기업분석

9장 재무예측

4편 경영분석의 응용

10장 증권분석(1) – 전통적 DCF 주식평가모형과 주가배수모형

11장 증권분석(2)－FCF모형, EVA모형, RIM모형

12장 신용분석

13장 기업부실의 예측

1편

경영분석의 기초

CONTENTS

1편 개요

경영분석의 주제는 기업의 이해관계자들이 필요로 하는 기업경영의 내용, 재무건전도에 대한 정보를 만들어내는 분석체계에 관한 것이다. 이와 같은 분석체계는 다음 그림과 같이 경영정보의 수요와 공급이라는 측면에서 체계화될 수 있다. 기업경영에 관한 정보를 필요로 하는 주된 수요자는 투자결정하는 증권투자자, 신용결정하는 금융기관 · 거래처, 경영의사결정을 하는 경영자들이다. 이들은 관련 기업의 수익성과 위험, 신용도, 내부경영효율성, 생산성 등 재무건전도에 관한 정보를 필요로 한다.

기업경영정보 이용자들이 필요로 하는 이 같은 정보를 어떻게 잘 만들어 공급 · 제공하느냐가 경영분석의 주된 과제이다. 경영분석에서는 회계자료를 비롯한 각종 기업관계 자료를 이용하여 최근까지의 경영성과를 평가하고, 미래의 경영성과를 예측할 수 있는 정보를 만들어내는 방법에 대하여 다룬다.

본 1편에서는 현대경영분석의 체계를 개관하고 경영분석의 기초자료에 대하여 설명한다. 1장에서는 아래 그림에서 제시된 것처럼 경영정보의 수요와 공급의 관점에서 현대경영분석의 주된 내용을 소개한다. 즉, 누가 어떤 정보를 필요로 하는가의 경영정보 수요측면을 상세히 살펴보고, 그 필요로 하는 정보를 공급하는 주요 경영분석기법(2편~4편의 내용)과 연관지어 경영분석 내용을 개관한다. 2장에서는 전통적 경영분석에서 가장 많이 활용되는 기초자료인 재무제표와 기타경영정보원에 대하여 설명한다.

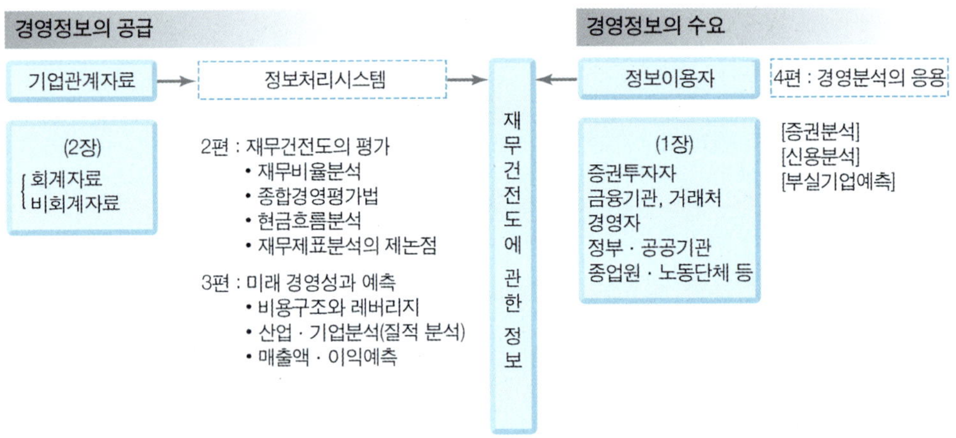

1장

현대경영분석의 개요

경영분석에서는 이해관계에 있는 기업이나 조직(기관)의 경영내용, 재무건전도를 분석 · 평가하고, 미래의 재무상태와 경영성과를 예측하는 문제를 중점적으로 다룬다.

본장에서는 경영정보에 대한 수요와 공급이라는 측면에서 현대경영분석의 내용을 개관한다.

학습목표

- 경영분석의 목적과 기능
- 수요측면에서 경영정보의 내용
- 공급측면에서 경영정보처리시스템
- 전통적 경영분석과 현대경영분석의 차이점

1절 경영분석의 의의

우리 몸에 병이 있는지를 알아보기 위해서 건강진단을 하는 것과 마찬가지로, 기업의 많은 이해관계자들은 기업의 재무적 강·약점(financial strength & weakness), 재무적 건강상태(financial health)를 알기를 원한다.

이를테면 기업에 대출을 해 주는 금융기관의 입장에서는 대출결정과 관련하여 대출신청기업의 신용도에 관한 정보를 필요로 한다. 증권투자를 하고자 하는 투자자 입장에서는 투자종목 선정과 관련하여 관심 있는 기업의 미래 수익 전망이나 위험에 대한 정보가 필요하다. 경영자 입장에서도 신규투자사업의 추진이나 기업 인수·합병 등 주요 경영전략의 수립과 관련하여 자기 기업은 물론 경쟁업체의 경영효율성이나 경쟁력을 평가하고자 한다. 이처럼 기업의 여러 이해관계자들은 합리적인 의사결정을 위해서 당해 기업의 재무적 강·약점에 대한 정보를 필요로 한다.

경영분석(business analysis)에서 다루는 주된 내용을 포괄적으로 표현하면, 기업의 이해관계자들이 합리적 의사결정을 내리는 데 도움을 주기 위해서 현재와 미래의 기업경영 내용과 재무건전도를 분석하는 것이라고 말할 수 있다.

기업경영 내용에 관한 정보를 얻기 위해 전통적으로 오랜 기간 동안 가장 많이 이용해온 기초자료는 재무제표이었다. 주된 재무제표인 손익계산서와 재무상태표(대차대조표)는 각기 기업의 일정 기간 동안의 영업실적과 일정 시점에서의 재무상태를 집약적으로 나타낸 것이므로, 이들 재무제표를 분석함으로써 기업경영에 관한 최소한의 정보를 얻을 수 있었기 때문이다. 이처럼 전통적 경영분석은 재무제표를 기초로 하여 기업의 경영성과와 재무상태를 파악하는 활동으로 이해되면서, 구미지역에서는 경영분석을 흔히 재무제표분석(financial statement analysis) 혹은 재무분석(financial analysis)이라는 용어를 사용하고 있다.

그러나 현대경영분석은 이처럼 단편적인 재무제표분석을 중심으로 한 전통적 경영분석보다는 그 분석의 범위와 내용이 넓어지고 있다.

먼저 기업경영에 관한 정보를 이용하려는 기업 이해관계자들의 정보욕구의 수준이 높아지는 데 부응하여, 이들에게 제공되는 정보의 내용에도 많은 변화가 일어나고 있다. 즉, 경영분석의 기초자료로서 재무제표를 이용하더라도 다양한 통계적 기법을 적용하거나, 기업가치평가이론을 적용하여 보다 유용한 정보를 제공하려고 시도하고 있다.

또한 재무제표자료만으로는 여러 가지 한계가 있으므로, 분석에 이용되는 자료의 범위를 확대하여 비재무적 영역을 포함한 기업경영 전반에 대한 것을 분석대상으로 하고 있다. 이 밖에도 의사결정에 유용한 정보의 하나로 미래 예측정보의 제공이 중요시되고 있다.

결론적으로 현대경영분석의 과제는 여러 가지 기업관계자료를 이용하여 기업의 이해관계자들이 합리적 의사결정을 내리는 데 필요한 현재와 미래의 경영내용과 재무적 건전도에 관해 유용한 정보를 적절히 생산하는 것이라고 할 수 있다.

현대경영분석에서 다루어지는 구체적인 내용과 과제는 '누가 어떤 경영정보를 필요로 하는가'라는 기업경영정보의 수요측면과 '필요한 정보를 어떻게 만들 것인가'라는 공급측면에서 보다 잘 이해될 수 있다. 다음 2, 3절에서는 기업경영정보의 수요와 공급이라는 측면에서 현대경영분석의 체계를 살펴보기로 한다.

2절 경영정보의 수요

경영분석의 일차적 과제는 기업경영 내용에 관련된 정보를 필요(需要)로 하는 이용자(需要者)에게 그들의 의사결정에 적절하고 유용한 형태로 공급하는 데 있다. 따라서 경영분석에서 다루어질 구체적인 내용은 먼저 기업경영 내용에 관한 정보를 「누가, 왜, 어떤 내용을 필요로 하는가」라는 수요측면에서 파악될 수 있다.

정보이용자 입장에서 보면 무엇보다도 자신들의 의사결정에 유용한(useful) 정보를 필요로 한다. 의사결정이란 미래의 불확실한 상황을 전제로 이루어지는 것이므로 불확실성을 줄여주는 정보일수록 수요가 많을 수밖에 없다. 따라서 현재 시점에서 경영내용의 건전도를 파악할 수 있는 정보뿐만 아니라 미래 예측정보에 대한 수요가 많게 된다.

유용한 정보가 되기 위해서는 의사결정에 목적적합(relevant)하여야 한다. 의사결정이란 제각기 특수한 상황에서 이루어지기 때문에 의사결정과정에서 의사결정의 목적, 이용 가능한 선택대안의 폭과 깊이, 불확실성의 수준이 다르므로 각각의 의사결정에 적합한 정보를 필요로 하는 것이다.

기업경영 내용에 대하여 다양한 정보를 필요로 하는 대표적인 이해관계자들은 금융기관(채권자), 증권투자자, 경영자, 정책기관, 종업원 등이다. 이들이 자신의 의사결정을 위해 필요로 하는 목적적합한 정보는 [표 1-1]에 예시된 것처럼 정리해 볼 수 있다. 이 가운데 특히 수요가 많은 정보는 금융기관이 필요로 하는 신용도에 관한 정보, 증권투자자가 필요로 하는 수익성과 위험에 관한 정보, 경영자가 필요로 하는 경영효율성에 관한 정보라고 할 수 있다.

[표 1-1] 경영정보의 수요

	정보이용자	의사결정	정보 내용	분석의 종류
재무건전도에 관한 정보	• 금융기관 • 거래처 • 신용평가 전문가(기관)	• 대출결정 • 거래개설 · 유지 • 신용등급평점	• 원리금 지급능력 · 신용도 • 자금사정, 수익의 안정성	• 신용분석
	• 증권투자자 • 소유주 • 증권분석 전문가(기관)	• 투자종목의 선택 • 포트폴리오 구성 • 투자정보의 제공 • 전문경영자의 감시	• 투자수익, 투자위험 등 • 투자가치 • 채권등급	• 증권분석
	• 경영자	• 경영전략(계획)의 수립 • 기업 합병 · 매수 등 주요 의사결정	• 경영효율성 • 재무효율성 • 경쟁력 • 인수가치	• 내부경영분석
	• 정부 · 공공기관	• 정부 각 기관의 정책수립 • 정부계약공사 • 공공요금의 책정 • 금융기관 등에 대한 행정지도	• 국민경제기여도 • 국제경쟁력 • 사업의 공익성, 수익성 • 과세자료 • 종합경영효율성	• 세무분석 • 정부투자기관의 경영분석
	• 종업원 • 노동단체 • 소비자보호단체	• 단체교섭 • 사회운동	• 성과배분 • 생산성 • 재정건전도	• 생산성분석 • 비영리법인의 경영분석

1. 금융기관, 거래처

금융기관과 같은 채권자 입장에서는 대출신청자가 충분한 상환능력을 가지고 있는가를 평가해야 한다. 신용대출의 경우는 대출금액, 대출조건(이자율 등), 대출기간 등을 결정하기 위해서 대출신청업체의 신용도를 상세히 분석할 필요가 있다. 특히 금리가 자율화되면서 기업의 신용도에 따라서 가산금리가 다르게 적용되므로 심도 있는 신용도분석이 필요하다. 장기대출의 경우는 기업의 장기적인 수익성이 유지될 때 상환능력의 안전성이 유지되므로 장기에 걸친 수익의 안정성에 관한 정보를 필요로 한다.

원자재나 주요 부품을 납품하는 거래처의 입장에서도 외상대금의 결제가 적절히 이루어질 수 있는지, 자금사정은 좋은지, 연쇄도산의 가능성은 없는지를 판단하기 위해서 거래처의 전반적인 신용도 평가가 필요하다.

이처럼 채권자 입장에서 부채에 대한 원리금 상환능력, 신용도, 유동성, 수익의 안정성 등을 분석하는 것을 신용분석(credit analysis)이라고 부른다.

신용분석은 신용평가전문기관에 의해서 수행되는 경우가 많다. 우리나라에서는 한국기업평가(주), 한국신용평가(주), 한국신용정보(주)와 같은 전문기관에서 체계적으로 이루어지고 있다. 부실기업이 속출하고 금융경제에서 신용거래가 차지하는 비중이 높아지는 상황에서는 신용분석정보에 대한 수요가 크게 증가하게 된다.

2. 증권투자자, 주주

증권투자자들은 증권을 매입하거나 매도하고자 할 때 여러 가지 투자정보를 필요로 한다. 투자자들은 투자종목의 선택, 투자시점의 발견, 포트폴리오의 구성 시 투자대상 종목들의 수익성과 위험을 고려한 투자가치가 어느 정도인지 알고자 한다. 특히 장기적 관점에서 우량종목을 싼 가격에 매입하여 투자수익을 높이고자 시도하는 가치투자(value investment)의 입장에서는 그 나라의 경제동향, 산업특성, 기업적 요인 등을 다각적으로 분석하게 된다. 무엇보다도 시장가격보다 내재가치가 높은지, 낮은지를 평가하기 위해서 미래 수익성, 성장성, 위험 등을 평가할 수 있는 여러 가지 투입정보가 필요하다.

이와 같이 투자대상 증권들의 투자가치를 분석하는 것을 증권분석(securities analysis) 혹은 투자분석(investment analysis)이라고 부른다.

체계적인 증권분석의 필요성은 개인투자가보다는 증권회사, 보험회사, 자산운용회사와 같은 기관투자가에서 더욱 높아지고 있다.

증권관련회사의 증권전문 애널리스트들(securities analysts)은 수탁자산에 대한 효율적 포트폴리오 운영과 일반투자자에게 투자정보를 제공하기 위해서 심도 있는 경영내용의 분석과 미래 재무예측을 시도한다. 증권관련 기관들이 신규 상장회사의 공모주식 가격을 결정할 때나, 회사채 발행기업의 채무불이행위험을 분석하는 채권등급평정(bond rating)을 할 때도 심도있는 증권분석을 시도한다.

이 같은 전문적인 증권분석의 필요성은 일반투자자의 소득증가와 관련하여 금융자산에 대한 투자수요 증가현상을 감안할 때 앞으로 더욱 증가될 것으로 전망된다.

한편 대주주나 일정한 소유지분을 갖고 있는 소유주의 입장에서도 전문경영자가 주주 자신들의 이익을 위해서 기업경영을 하는지, 기업의 제 자원을 합리적으로 사용하고 있는지를 적절히 감시 · 감독(stewardship)할 필요가 있게 된다. 이때 경영효율성, 재무효율성을 평가하기 위해서는 재무제표정보 등을 이용하게 된다.

3. 경영자

기업 내부의 경영자에게는 경영전략이나 경영계획의 수립, 각종 경영의사결정이나 내부통제를 위하여 기업전반에 걸친 경영효율성과 재무효율성에 대한 정보가 필요하다.

신규투자사업을 벌이고자 할 때, 경영환경의 변화추세에 대한 평가뿐 아니라 자기회사와 경쟁업체가 지니고 있는 경쟁력, 재무적 강 · 약점에 대한 정보를 필요로 한다. 투자자금을 조달할 때에도 부채비율과 같은 재무제표정보를 참고로 하여 부채차입능력을 평가하여야 한다. 성장전략의 일환으로 특정 기업을 합병 · 매수(M&A) 하고자 할 경우나 빅딜(big deal)과 같은 사업교환이 이루어질 때 그 기업(사업)의 경영내용, 인수가치 등을 종합적으로 평가할 필요가 있다.

소유주 입장에서 전문경영인에게 인센티브를 줄 때 경영실적에 따라 상여금을 차등지급하거나 스톡옵션제를 실시하는 경우가 많은데, 전문경영인 입장에서도 수익성 개선 등 경영내용 전반에 대한 파악이 자신의 이해관계와 직결된다.

이 같은 상황 하에서의 경영내용분석은 분석주체가 기업 내부자이므로 내부경영분석(internal management analysis)이라고 부른다. 내부경영분석은 기업외부자처럼 분석에 이용될 기초자료가 회계자료에 국한되지 않고, 비계량적인 다양한 내부자료를 이용할 수 있다는 장점을 지니게 된다.

4. 정부, 공공기관

정부의 주요 정책결정기관들은 특정 기업이나 단체에 대한 지도 · 감독을 효율적으로 하기 위해서 관련되는 조직의 경영내용의 건전도를 평가한다.

공정거래위원회에서는 독 · 과점사업체에 대한 규제를 위해서 관련 기업들의 경영실태정보를 필요로 한다. 정부가 계약공사를 발주할 때도 관련 기업의 공사수행능력, 재무건전도를 평가할 필요가 있다.

경제관련 정부부처에서는 특정 부실기업에 대한 금융지원·구조조정정책을 수립하기도 한다. 국제경쟁력 강화방안의 일환으로 특정 산업 혹은 기업에 대하여 육성지원책을 강구하면서, 관련 기업들의 국민경제 기여도뿐만 아니라 상세한 경영내용의 분석을 필요로 한다. 세무당국에서는 적정과세의 합리적 기초자료를 마련하기 위해서 세무분석을 하게 된다.

금융감독원과 같은 감독기관에서도 금융시장의 건전한 발전을 위한 행정지도나 감독·규제의 필요성에서 관련 금융기관·투자금융회사·상장기업에 대한 경영내용분석을 실시한다. 금융기관의 경영부실화를 사전에 방지하고, 불공정 금융거래의 방지를 위해서 종합적인 경영평가를 실시하기도 한다.

정부투자기관에서는 전화요금, 전기요금, 고속도로통행료 등의 요율변경을 수시로 하게 되는데, 적정요율의 추정을 위해서는 원가분석자료뿐 아니라 공익성, 사업의 수익성, 경영효율성 등을 종합적으로 검토하여야 한다.

5. 종업원, 노동단체, 소비자보호단체 등

앞에서 예시한 경우 외에도 특정 기업의 경영내용을 알고자 하는 기업의 이해관계자들이 많다.

특정 기업에 근무하고 있는 종업원들이나 직장선택을 앞둔 학생들의 입장에서는 현재 혹은 미래의 직장으로서 그 기업의 수익성, 계속영업능력, 성장가능성을 분석하기도 한다. 특히 노동조합은 성과배분 등 합리적인 단체교섭의 근거를 마련하기 위해서 기업의 생산성 등에 관한 평가정보를 필요로 한다. 이 밖에도 소비자보호단체나 공해추방사회단체 등에서도 관련 기업 제품의 품질이나 사회적 공헌도에 대한 평가를 위하여 재무건전도 분석을 시도한다.

이 같은 경영분석은 비영리법인에 있어서도 그 중요성이 높다. 병원이나 각종 기금, 사립학교의 재정건전도에 대한 평가는 매우 중요한 문제가 되고 있다. 이를테면 사립대학이 설립목적을 달성하기 위해서는 막대한 자원이 필요한데 과연 재원이 적절히 조달되고 있으며, 제자원이 학교운영에 합리적으로 배분되고 있는지, 재정평가를 엄격히 실시할 필요가 있는 것이다.

3절 경영정보의 공급과 본서의 구성

앞 절에서는 기업경영정보의 수요측면, 즉 기업경영의 재무건전도에 대해서 「누가, 왜, 구체적으로 어떤 정보를 알고자 하는가」에 관하여 정리해 보았다. 그렇다면 이러한 정보의 필요(수요)에 부응하여 「기업경영에 관한 정보를 어떻게 생산하여 제공(공급)하여야 하는가」 하는 것이 문제가 된다. 관심 있는 기업의 원리금 지급능력, 수익성, 안정성, 효율성, 생산성 등에 관한 정보를 어떻게 생산해내느냐 하는 것이 경영분석의 핵심 과제가 된다.

기업의 재무건전도에 관한 정보를 만들어 제공하는 작업은 다음과 같은 두 가지 측면이 검토되어야 한다.

첫째는 재무건전도에 대한 정보를 생산하기 위하여 어떤 기업관계 기초자료(raw data)를 이용할 것인가 하는 점이다.

둘째는 이 기초자료는 그 자체가 의사결정에 의미있는 정보가 되지 못하기 때문에 이 기초자료를 어떻게 가공처리하여 의사결정에 유용한 정보로 만들어내느냐 하는 정보처리시스템(information processing system)에 관한 것이다.

이제 경영분석과 관련하여 기업관계자료의 이용과 가공처리 방법의 선택에 대하여 살펴보자.

1. 기업관계자료

(1) 기업관계자료의 종류

기업의 여러 이해관계자들에게 의미 있는 정보를 제공하기 위하여 활용되는 기업관계자료는 [그림 1-1]에서 보는 것처럼 통상 회계자료와 비회계자료로 대별할 수 있다.

회계자료(accounting data)는 재무제표를 토대로 하는 분석자료를 가리킨다. 재무제표는 기업의 재무상태와 경영성과를 집약적으로 표시한 것이므로 이를 기초로 가공처리하여 기업경영에 관한 정보를 쉽게 얻을 수 있다. 그러나 재무제표는 기업의 경제적 실상을 평가하는 데는 충분하지 못한 면이 있다. 따라서 재무제표 이외의 비회계자료가 필요하게 된다.

비회계자료(non-accounting data)는 어느 시장에 관련된 자료이냐에 따라서 다음과 같이 자본시장자료, 제품시장자료, 요소시장자료 등으로 구분할 수 있다.

- 자본시장자료(capital market data)

  주식가격, 거래량, 채권등급, 은행담보제공내용 등

- 제품시장자료(product market data)

  제품별 시장점유율, 생산량, 제품의 품질, 기술수준 등

- 요소시장자료(labor market data)

  경영자에 대한 평판, 종업원 교육훈련 계획 등

비회계자료는 계량화시킬 수 있는가의 여부에 따라서 양적 자료와 질적 자료로 구분하기도 한다.

- 양적 자료(quantitative data)

  주식가격, 시장점유율 등의 계량화 된 자료

- 질적 자료(qualitative data)

  제품의 품질, 경영자능력, 기술수준 등 비계량적 자료

그림 1-1 경영정보의 공급

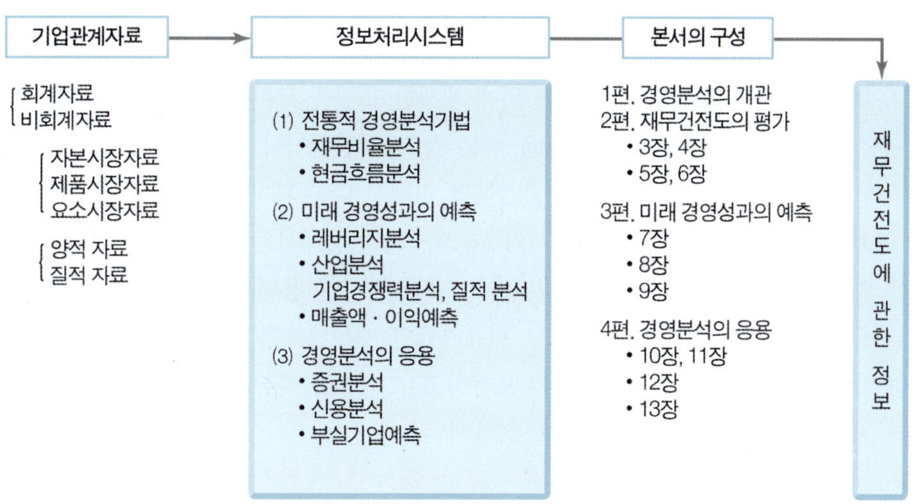

(2) 자료 이용의 기준

이들 여러 가지 기업관계자료 중에서 어느 자료가 정보원으로서 얼마나 폭넓고 중요하게 쓰이는가는 다음의 다섯 가지 요소에 달려 있다고 할 수 있다.[1)]

- 의사결정자의 문제해결에 어느 정도 직접적인 도움이 되는가? 의사결정이란 불확실한 미래의 상황을 전제로 행해지므로 불확실성을 줄여주는 정보원일수록 이용 정도는 높아진다.
- 얼마나 신뢰성 있는 정보원인가? 보다 객관적인 자료일수록 신뢰성 있는 정보원으로서 사용빈도가 높아질 것이다.
- 얼마나 경제성 있는 정보원인가? 자료획득에 소요되는 시간과 비용이 저렴할 때 널리 이용되는 자료가 될 것이다.
- 얼마나 시공적(時空的)으로 빠르고 정확하게 공급되는 정보원인가? 자료가 일정한 형식이나 양식을 갖춘 경우 짧은 시간에 많은 사람에게 오해의 여지가 없이 전달될 수 있을 것이다.
- 다른 대체 정보원이 얼마나 이용 가능한가? 비록 위에 제시한 조건들이 충분하지 못한 정보원이라도 현실적으로 다른 대체 정보원이 거의 없다면 사용빈도는 많아질 것이다.

회계자료는 이용되는 많은 자료들 중의 한 부분(subset)이며 여러 가지 문제점을 지닌 자료이지만, 다른 대체자료에 비하면 위에 제시한 조건을 고루 갖춘 자료라고 할 수 있다. 즉, 회계자료는 문제해결에 도움을 주는 정도, 객관성이나 신뢰성, 자료획득에 드는 비용의 경제성, 자료확산의 시간과 공간성의 면에서 다른 대체자료보다 우수한 자료이다. 또한 기업 내부의 경영자가 아닌 외부분석자의 입장에서는 현실적으로 다른 대체자료를 얻는 것이 어렵기 때문에 보편적으로 가장 많이 이용되는 자료는 회계자료이다.

실제의 경영분석에서는 일차적으로 회계자료인 재무제표를 중심으로 경영내용을 분석하면서 문제가 있는 부분은 수정 · 보완하고, 그 밖에 자본시장자료, 제품시장자료, 질적 자료를 보완 · 검토하는 방식을 취하게 된다.

1) George Foster(1986), *Financial Statement Analysis*, 2nd Edition(Prentice-Hall, Inc.), 10~11.

2. 정보처리시스템

기업의 이해관계자들이 이용하게 되는 이 같은 자료들은 대개 자료 그 자체로서는 정보이용자들에게 도움을 주는, 의미있는 정보가 되지 못한다. 그래서 회계자료이든 비회계자료이든 의사결정에 도움이 될 수 있도록 의미 있게 정보화시키는 작업이 필요하게 된다. 이처럼 기업관계자료를 경영내용에 관한 의미 있는 정보로 가공처리한다는 의미에서 경영분석의 체계를 정보처리시스템(information processing system)으로 볼 수 있다.

기업관계자료에서 기업의 재무적 강·약점에 관한 의미 있는 정보를 추출해내는 경영분석 방법은 전통적 재무제표분석과 현대경영분석으로 나누어 볼 수 있다.

(1) 전통적 재무제표분석

기업관계자료를 경영내용에 관하여 의미 있는 정보로 만드는 방법으로서 오랜 기간 동안 제일 많이 사용되어 온 방법은 재무제표로부터 재무비율을 구하여 정보화시키는 작업이었다.

비율분석 방법은 재무제표의 두 항목을 대응시켜 만들어지는 비율, 지수, 배수 등의 경영지표를 통하여 기업의 수익성, 유동성, 안정성, 활동성, 생산성, 성장성 등의 다양한 정보를 얻을 수 있으므로 그 유용성이 널리 인정되어 왔다.

전통적 재무제표분석은 아래 [표 1-2]에서 보는 것처럼 비율분석 이외에도 재무제표의 수치를 그대로 이용하는 실수분석에 의해서 경영내용을 분석하는 방법이 시도되기도 하였다. 즉, 비교재무제표와 현금흐름표를 작성하여 경영내용의 변동원인, 현금흐름의 건전도에 관한 정보를 얻어내는 방법이 이용되어 왔다.

[표 1-2] 전통적 재무제표분석의 체계

비율분석	실수분석
• 관계비율법(유동성비율, 수익성비율 등)	• 증감법(비교재무제표분석)
• 구성비율법(공통형 재무제표분석)	• 현금흐름표분석
• 추세분석법(지수재무제표분석)	• 이익변동원인분석
• 표준비율법	• 손익분기점분석
• 종합지수법	

본서의 2편의 내용은 이 같은 전통적 재무제표분석에 의하여 재무건전도를 평가하는 분석체계에 관하여 다룬다. 3장~6장에 걸쳐 장별로 보면, 다음과 같은 경영분석기법을

다룬다. 3장에서는 기업의 수익성, 안정성, 효율성 등을 평가하는 재무비율분석의 체계를 다룬다. 4장은 재무비율을 종합적인 경영평가에 활용하는 내용으로서, 경영내용의 건전성 여부, 개선 혹은 악화 추세의 평가, 경영성과의 변동원인을 분석하는 방법에 대해 설명한다. 5장은 실수분석 방법으로서 잉여현금흐름(FCF)분석, 현금흐름표분석을 통하여 기업의 현금사정 변동원인과 현금창출능력 분석 방법을 다룬다. 6장은 이 같은 재무제표분석이 갖는 여러 가지 문제점, 회계적 논점, 통계적 분석 방법을 설명한다.

(2) 현대경영분석

기업의 이해관계자들에게 유용하고 적절한 경영내용의 정보를 제공하는 경영분석체계의 발전은 여러 가지 요인에 의해서 영향을 받는다.

[그림 1-2]와 같이 일차적으로는 국민경제의 발달수준, 금융제도 · 증권시장의 발달수준에 크게 영향을 받는다. 이들 요인들의 발달로 인하여 보다 많은 이해관계자들이 보다 다양한 정보를 필요로 하게 되기 때문이다. 또한 경영분석체계의 발전은 상법, 기업관계법규, 회계제도의 발전과 관련하여 감독기관(기획재정부, 금융감독위원회, 공정거래위원회 등)의 제도적 정비가 얼마나 잘 이루어졌느냐에 따라 달라진다.

그림 1-2 경영분석체계의 발전에 영향을 주는 요인들

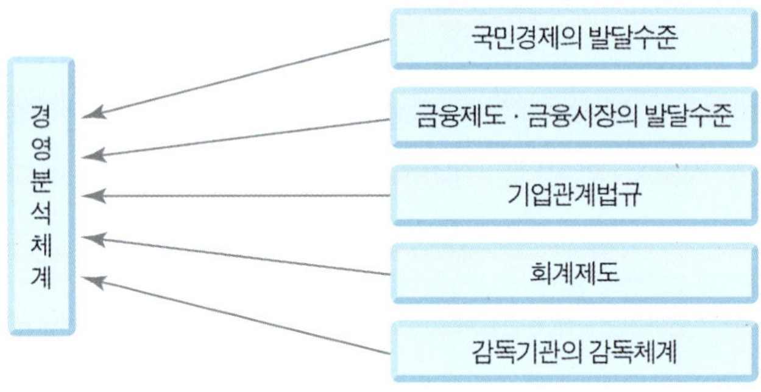

앞에서 설명한 전통적 재무제표분석, 즉 재무제표에 기초하여 만들어진 재무비율분석 방법 등은 기술적으로 편리하다는 장점은 있으나, 지극히 경험적이고 직관적 방법이어서 여러 가지 문제점을 지니게 된다.

가장 먼저 지적되는 문제점은 기초자료로 이용되는 재무제표 자체가 지니는 한계점뿐 아니라 전통적 재무제표분석이 과거 일정 기간 동안의 회계수치에 근거한 것이기 때문에 미래예측에는 한계가 있다는 점, 그리고 질적인 측면이 고려되지 못한다는 점이다.

정보이용자들이 내리는 의사결정이란 본질적으로 미래 상황에 관련된 것이므로 미래예측에 관한 정보가 중요하다. 따라서 과거 일정 기간 동안에 걸친 재무적 건전도에 대한 정보뿐 아니라, 미래의 경영성과에 대한 예측정보를 적절히 만들 필요가 있다.

이 같은 측면에서 현대경영분석의 내용은 많은 변화를 보이고 있다. 구체적으로 보면 기업의 미래 재무건전도를 예측하기 위해서 여러 가지 측면을 고려한다. 기업의 미래 경영성과에 영향을 주는 구조적 요인들－자산구조, 재무구조, 비용구조－에 대한 고려가 필요하다. 또한 기업이 속해 있는 산업의 경쟁도와 같은 산업적 요인, 경영진의 경영능력 · 시장에서의 경쟁력과 같은 기업적 요인 등 질적 요인 역시 미래 경영성과에 영향을 주는 결정적 요인이다.

한편, 미래의 경영성과는 과거의 매출액, 순이익, 주당이익 등 재무변수의 체계적인 움직임 속에서 일정한 규칙성을 발견함으로써 예측될 수 있고, 이들의 원인변수를 찾아 인과관계를 밝힘으로써도 가능하다. 근래에는 통계적 기법이 다양하게 활용되고 있는데, 과거 일정 기간 동안의 자료를 이용한 시계열분석이나 횡단면분석을 통하여 정보이용자에게 예측정보를 제공할 수 있다.

전통적 재무제표분석과 비교할 때 현대경영분석의 특징은 다음과 같이 요약할 수 있다. 첫째, 보다 유용한 정보를 원하는 정보이용자들의 수요측면에서의 변화에 부응하면서 이용자료의 범위가 넓어지고 있다는 점이다. 즉, 그간 기초자료로서 가장 널리 이용되어 온 재무제표에 한정하지 않고, 보다 유용한 정보를 제공하기 위하여 이를 적절히 수정하거나 회계자료 이외의 주가자료나 미래예상자료, 비회계 영업통계량(operating statistics) 등의 질적 자료도 활용한다는 점이다. 정보이용자에게 필요한 것은 명목적인 가치변화에 대한 정보가 아니라 기업의 경제적 실상에 관한 정보이다. 비회계자료나 미래에 대한 예상자료가 비록 객관적인 면에서 다소 문제가 있더라도 경제적 실상에 관하여 보다 유용한 정보를 제공해 줄 수 있다는 점에서 이용자료의 범위가 넓어지고 있는 것이다.

둘째, 현대경영분석의 내용은 기업 이해관계자에의 유용성을 높인다는 측면에서 제반 경제이론이나 기업가치평가이론과의 유기적 관계를 중요하게 다룬다. 전통적 재무제표분석은 단순하고 직관적인 비율분석의 차원에 머물러 이론적 틀이 전혀 정의되지 않았기 때문에 오랜 기간 정체되어 있었는데, 현대재무제표분석에서는 분석기법이 의사결정이론의 틀 안에서 개발되고 검증되고 있다.

셋째, 의사결정모형의 예측력과 신빙성을 높이는 방향에서 미래예측정보의 생성을 중요시한다. 정보이용자들이 다양한 의사결정에 보다 목적적합한 정보를 필요로 하는 추세에 부응하여 자료를 가공처리하는 분석기법이 다양화되고 과학화되고 있다. 종전의 단순한 직관적인 분석을 넘어서 근래에는 다양한 통계적 기법을 응용하고, 미래에 대한 예측, 여러 가지 기업가치평가이론의 적용을 중시하는 방향으로 변하고 있다.

본서 구성과 관련하여 3편(7장~9장)에서는 이 같은 미래 경영성과에 관한 예측정보를 만드는 분석체계를 다룸으로써 현대경영분석의 달라진 내용을 소개할 것이다. 구체적으로 7장에서는 기업의 비용구조(자산구조, 재무구조)가 기업의 미래 수익성과 위험에 미치는 영향을 다루는 레버리지(leverage)분석체계를 설명한다. 8장에서는 산업의 구조적 특성과 기업의 경쟁력분석을 중심으로 미래예측에서 고려할 질적 요인에 대한 분석체계를 설명한다. 9장에서는 여러 가지 계량적 방법을 이용하여 미래의 매출액, 순이익, 성장률을 예측하는 분석체계를 다룬다.

본서의 4편(10장~13장)에서는 이와 같은 경영분석기법이 증권투자자 · 금융기관 · 경영자 등에게 구체적으로 적용되는 활용측면을 다룬다. 10장과 11장에서는 증권분석이나 M&A분석의 기초가 되는 기업가치평가이론을 중심으로 기업가치, 적정주가추정 방법, 증권투자자나 재무분석가(애널리스트)들이 적용하게 되는 증권분석의 체계에 대해 다룬다. 12장에서는 경영분석의 응용으로써 금융기관 같은 신용공여기관에서 시도하는 신용분석 · 신용등급화의 체계를 다룬다. 13장에서는 미래 경영성과에 대한 예측정보 중에서 정보이용자에게 매우 긴요한 정보의 하나로서, 이해관계기업이 부실기업으로 전락할 가능성에 관한 정보를 생성하는 부실기업예측 방법을 설명한다.

본 장에서는 전통적인 재무제표분석의 범위가 넓어지고 있을 뿐만 아니라 내용이 변화하고 있음을 경영정보의 수요와 공급이라는 관점에서 설명하면서 현대경영분석의 내용과 본서의 구성을 소개하였다. 이제 이러한 논의에 기초하여 현대경영분석의 일반적인 목적과 기능을 다음과 같이 정리할 수 있다.

현대경영분석의 목적은 분석입장에 따라 상이하겠지만, 공통적인 목적은 단편적이고 직관적인 재무제표분석을 넘어서서 기업 이해관계자들의 의사결정에 적절하고 유용한 정보를 공급하기 위하여 현재와 미래의 재무적 건전도를 파악하는 데 있다고 말할 수 있다.

또 경영분석의 기능은 기업의 경제적 실상을 파악하는 과정에서 기업의 경영내용, 재무건전도를 평가하여 기업 이해관계자들의 의사결정이 합리적으로 이루어지도록 하는 데 있다.

결론적으로 이러한 측면을 고려할 때 현대적 의미에서의 경영분석은 합리적인 의사결정을 위해 정보를 필요로 하는 기업의 이해관계자들에게 적절하고 유용한 정보를 공급하기 위하여 기업관계자료를 수집하고 이를 의미있는 정보로 가공하는 일련의 분석체계라고 정의할 수 있다.

경영분석의 현주소 (1)

우리나라에서 경영분석의 발전

우리나라에서 경영분석의 발전은 1960년대 이후 높은 경제성장을 달성하고, 상법이나 회계제도 등 제도적 정비가 이루어지면서 시작되었다고 할 수 있다. 1962년 한국은행에서는 『기업경영분석』을 발간하여 산업평균비율을 제시함으로써 비율분석을 실무에 활용시킨 계기를 마련하였다. 그러나 금융기관의 담보위주의 대출제도와 증권시장의 미발달로 인하여 실질적인 의미에서 기업평가의 필요성이 절실하지 못하였다.

그러나 1980년대 중반 이후 금융기관의 대출도 신용대출의 비중이 높아지고 증권시장의 발전은 기업경영정보에 대한 수요를 증가시키는 계기가 되었다. 이와 함께 신용평가전문회사나 투자자문회사 등 증권분석전문기관의 출현으로 보다 상품성 있는 신용정보, 투자정보를 제공하려는 경쟁적 노력이 높아지기 시작하였다.

1997년 말부터 시작된 IMF 외환위기 이후는 경영정보에 대한 수요를 크게 증가시키고 있을 뿐 아니라 제공되는 경영정보의 질적 수준이 높아질 것을 요구하게 되었다. 경쟁력 강화를 위한 기업과 금융기관의 구조조정이 이루어지면서 경영정보의 투명성과 신뢰성이 더욱 강조되고 있기 때문이다. 이와 같은 환경변화는 경영분석의 발전을 촉진시킬 것으로 전망된다.

금융업의 경쟁력은 정확한 경영분석능력

많은 금융기관이나 기업들이 IMF 외환위기를 경험하면서 퇴출당하는 등 엄청난 어려움을 겪은 바 있다. 이 와중에서 불행 중 다행인 것은 기업들이 경쟁력 회복에 대한 실질적 방안을 모색하거나 기업경영 패러다임에 대한 인식의 변화를 갖게 된 점이다.

경쟁력회복을 위해서는 금융기관이나 기업들이 구조조정을 불가피한 것으로 받아들이고, 기업경영의 목표도 '외형' 목표에서 '가치극대화' 목표로 바뀌고, 구조조정과 관련한 기업가치평가 관행도 크게 달라졌다.

종래에는 은행이 기업에 대출해 줄 때 기업평가는 형식적인 수준에 머물렀었다. 과거의 재무상태분석에 그치거나, 담보가치 또는 자산가치평가가 대부분이었다. 정치논리나 비경제적 판단에서 대출이 이루어지는 경우가 많았으므로 정확한 기업평가의 필요성이 절실하지 못하였다.

당시의 이헌재 금융감독원장은 금융구조조정의 정책방향을 제시하는 전경련 세미나에서 "금융기관의 경쟁력은 기업구조조정능력에서 나오고, 구조조정능력은 정확한 기업평가에서 나온다"고 밝히고 있다(자료: 매일경제, 1999.2.5). 이 금감원장은 정확한 기업평가의 필요성과 방향을 다음과 같이 밝히고 있다.

- 기업구조조정능력은 부실한 기업과 건전한 기업을 제대로 구분해 내고, 거래기업의 재무구조와 경영능력을 얼마나 높일 수 있느냐가 관건이다. 이 능력은 정확한 기업평가, 경영분석능력에 달려있다.
- 예금을 많이 끌어오는 지점장보다는 부실채권으로 만들지 않으면서 탄탄한 거래기업을 많이 거느리는 사람이 진짜 유능한 지점장이다.
- 대출자금의 건전성은 이자지불능력 그 자체에 대한 평가만으로 부족하다. 중 · 장기적으로 산업전망이 흐리거나, 외부환경 변화로 인해 경쟁력이 없어질 것으로 예상되며, 경기순환과정에서 도태할 가능성은 없는지 등 종합적인 기업평가가 필요하다.
- 부실 여부의 판단기준은 '과거의 재무상태'에서 '미래의 현금흐름' 으로 바뀌고 있다. 기업가치평가 방식이 과거의 자산가치에서 수익가치 위주로 변하고 있다.
- 대외신인도를 높이기 위해서는 회계투명성이 제고되어야 하는데, 이는 정확한 기업평가를 전제로 한다.
- 정확한 기업평가의 중요성은 은행에만 적용되는 것이 아니다. 증권, 보험 등 타 금융기관에서도 마찬가지로 중요하다.

증권관련회사의 경쟁력은 정보력, 자금력, 신상품개발력, 자산운용력, 위험부담력 등에 의해서 좌우되기도 하지만 무엇보다도 기업분석력에 크게 영향 받는다. 외국의 증권관련 기관에 비하여 우리나라 증권 관련회사의 경쟁력은 낮은 수준인 것으로 평가되고 있다. 우리나라 증권시장에서 증권회사, 금융투자회사, 자산운용사의 투자비중이 높아지고 있는데, 이들 기관이 추구하는 높은 투자수익, 높은 안정성의 자산운영을 위해서, 그리고 국제경쟁력을 높이기 위하여 무엇보다 정확한 기업평가, 경영분석이 요구된다. 금융업의 경쟁력은 정확한 경영분석능력이 좌우하기 때문이다.

○ 토론

1. 우리나라에서 경영분석의 질적 수준이 높아지게 되는 배경이 된 것은 어떤 사건들인가?
2. 그간 우리나라 금융기관에서 정확한 기업평가, 경영분석의 필요성이 적었던 이유가 무엇이라고 생각하는가?
3. "정확한 경영분석능력이 은행, 증권의 경쟁력" 이라는 말에 동의하는가? 금융기관의 경쟁력을 좌우하는 주요 요소에 대하여 토론하라.
4. 정확한 기업평가, 경영분석의 구체적인 방향에 대하여 위의 글에서 제시하고 있는 것은 무엇인가? 이외에 첨가시킬 사항들을 제시하라.

요 약

경영분석에서 다루는 주된 내용은 기업이해관계자들이 합리적 의사결정을 내리는 데 도움을 주기 위해서 현재와 미래의 기업경영내용 · 재무건전도를 분석하는 방법에 관한 것이다.

기업의 재무건전도에 관한 정보는 어떤 입장에서 필요로 하는가에 따라서 구체적인 내용이 달라진다. 금융기관과 같은 입장에서는 원리금지급능력이나 신용도에 관한 정보를 필요로 하고, 증권투자자와 같은 입장에서는 투자관심종목의 수익성과 투자위험을 평가할 수 있는 정보를 필요로 한다. 기업 내부의 경영자와 같은 입장에서는 경영전략이나 각종 의사결정에 필요한 경영효율성이나 재무효율성을 평가할 수 있는 정보를 필요로 한다.

기업경영 내용에 관한 구체적인 정보를 생산 · 공급하는 것이 경영분석의 주된 과제이다. 기업관계자료는 회계자료와 비회계자료로 구분할 수 있는데, 회계자료가 문제해결에의 유용성 · 신뢰성 · 경제성 · 시공성 면에서 우월하고, 현실적으로 외부분석자의 입장에서는 대체정보원이 없기 때문에 경영분석의 기초자료는 주로 회계자료가 이용된다.

기업관계자료를 경영내용에 관한 의미 있는 정보로 가공처리하는 방법으로, 전통적 재무제표분석에서는 주로 재무비율분석과 같은 단순한 방법을 이용해 왔다. 그러나 현대경영분석에서는 기업이해관계자들에게 적절하고 유용한 정보를 공급하기 위해서 비회계자료도 많이 이용하고 있으며, 여러 가지 통계적 기법과 기업가치평가이론을 활용하여 미래예측에 관한 정보를 생산 · 공급하는 분야로 그 범위를 확대해 가고 있다.

주요 용어

현대경영분석	전통적 경영분석	신용분석
증권분석	내부경영분석	회계자료
비회계자료	정보처리시스템	비율분석

연습문제

01 기업의 이해관계자들은 관심 기업의 경영내용, 재무건전도에 관련된 다양한 정보를 원한다. 특별히 증권투자자들이 자신의 투자 결정에 필요로 하는 구체적 정보는 무엇인가? 금융기관이 필요로 하는 정보와 어떤 차이가 있는가?

02 경영분석의 기초자료는 기업의 경제적 실상을 파악하는데 유용한 자료이어야 한다. 자료의 객관성, 신뢰성, 자료획득에 드는 비용의 경제성, 자료확산의 시간과 공간성의 면에서 적합성이 높아야 한다.

(1) 경영분석의 기초자료를 회계자료와 비회계자료로 구분할 때, 회계자료가 다른 대체자료와 비교하여 경영분석자료로서 지니는 한계점은 무엇인가?

(2) 한계점이 있음에도 불구하고 가장 널리 이용되는 이유는 무엇인가?

03 경영분석은 분석자 입장에 따라 정보 수요가 상이하다. 각각의 의사결정에 목적 적합한 경영분석의 내용을 증권분석, 신용분석, 내부 경영분석 등으로 구분하기도 한다. 증권분석, 신용분석, 내부 경영분석에서 다루어지는 의사결정의 영역과 특징적인 정보 내용을 구분하여 설명하라.

04 경영정보처리시스템으로서의 경영분석의 질적 수준은 다양한 요인에 의해서 영향받는다.

(1) 한 국가의 국민경제, 금융제도, 증권시장이 발달하면, 경영분석의 질적 수준은 높아진다. 그 이유는 무엇인가?

(2) 상법, 기업관계법규, 회계제도, 감독기관(기획재정부, 금융감독위원회 등)의 제도적 정비가 얼마나 잘 이루어졌느냐에 따라 경영분석의 질적 수준도 달라진다. 그 이유는 무엇인가?

05 경영정보처리시스템의 관점에서 경영분석은 전통적 경영분석과 현대경영분석으로 구분해 볼 수 있다.

(1) 전통적 경영분석은 지극히 경험적이고 직관적 방법이라는 문제점이 지적된다. 구체적으로 어떤 문제점이 있는가?

(2) 현대경영분석은 전통적 경영분석과 비교하여 어떤 내용을 담고 있는가? 그 차이점과 특징을 설명하라.

06 경영분석의 목적, 경영분석의 기능에 대하여 경영정보의 수요와 공급이라는 관점에서 설명하라.

2장

경영분석의 기초자료

기업의 재무건전도를 분석할 때 일차적으로 가장 많이 이용하는 자료는 재무제표이다. 기초 재무제표인 재무상태표와 포괄손익계산서는 각기 기업에 있어서 일정 시점의 재무상태와 일정 기간 동안의 경영성과를 집약적으로 나타낸 것이어서 기업의 재무적 강 · 약점에 대한 최소한의 정보를 얻어 낼 수 있는 근거가 되기 때문이다.

본장 2, 3절에서는 경영분석의 기초자료로 가장 많이 사용하는 재무제표인 재무상태표와 포괄손익계산서에 대한 이해를 돕기 위해서, 그 구조와 기본 내용에 대하여 설명한다. 회계학에 기초지식이 있는 독자는 5절 비회계적 경영분석자료로 넘어가도 무방할 것이다.
본장에서 강조하고자 하는 점은 재무제표 작성 자체의 기술적 측면보다는 경영관리자가 내리는 의사결정과 연관지어 재무제표를 보는 법이다.

학습목표

- 재무제표 회계수치에 영향을 주는 제반 요소들과 재무제표의 구성
- 재무상태표로부터 얻을 수 있는 정보내용과 재무상태표 분석
- 포괄손익계산서로부터 얻을 수 있는 정보내용과 포괄손익계산서 분석
- 재무제표 자료 이용상의 유의점과 한계점
- 재무제표 이외의 비회계적 경영정보

1절 경영분석과 재무제표

경영분석의 일차 목표는 이해관계기업의 재무건전도를 분석하는 것이다. 이를 위해 이용하는 기초자료는 재무제표이다. 재무제표(financial statements)는 기업의 경영활동을 일반적으로 인정되는 회계원칙에 따라 간결하게 축약되어, 경영성과와 재무상태를 집약적으로 표시하고 있다. 따라서 기업의 재무건전도를 평가할 수 있는 정보를 만들어낼 수 있는 근거가 되어, 경영분석 시에 가장 많이 활용되는 기초자료가 된다.

1. 재무제표에 영향을 미치는 제반 요소

재무제표를 이용한 경영분석이 단순히 회계수치 중심의 단편적인 기술적 분석으로 그치면, 의미 있는 결론을 도출하는데 한계가 있다. 의사결정에 의미 있는 정보가 생성되기 위해서는 재무제표 수치에 영향을 주는 제반 요소들과의 관계를 파악할 필요가 있다. 다음 [그림 2-1]은 이를 나타낸 것이다.

그림 2-1 재무제표에 영향을 미치는 제반 요소들

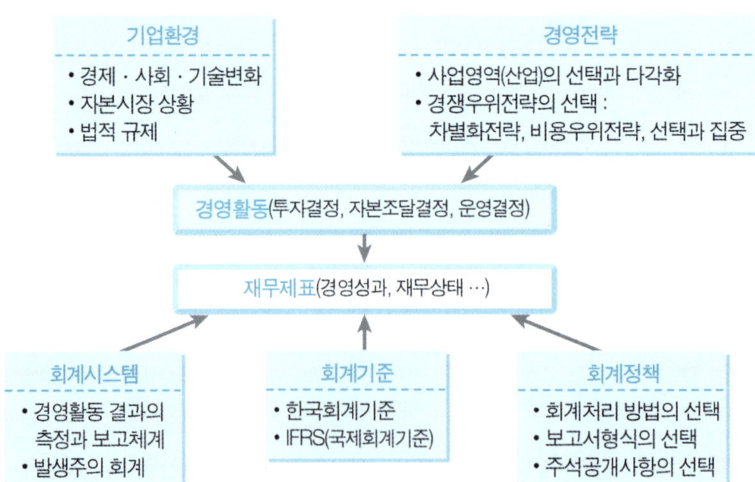

재무제표에 표시되는 수치들은 일차적으로는 기업의 다양한 경영활동(business activities)의 결과가 반영된 것이다. 기업의 경영활동은 주주나 채권자로부터 조달된 자금(자금조달활동)으로 다양한 자산투자(투자활동)를 수행하여 매출을 올리고 비용을 발생시키면서 이익을 내는 일련의 과정(운영활동)으로 파악할 수 있는데, 이와 같은 경영활동의 결과를 집약적으로 표시하고 있는 것이 재무제표이다.

기업의 이러한 일련의 경영활동의 큰 틀은 기업을 둘러싼 여러 가지 환경변화에 대응하여 기업이 어떤 사업(업종)선택, 경쟁우위전략을 구사하느냐에 따라 달라진다. 기업의 경영활동에 크게 영향을 미치는 경영환경(business environment)으로는 경제 · 사회 · 기술적 환경의 변화, 자본시장의 상황, 법적 규제 등을 들 수 있다. 예를 들어, 환율 · 금리변동, 고령화 추세, 친환경규제 등과 같은 경영환경은 대응하기에 따라 기업에 기회요인이 되기도 하고 위협요인이 되기도 한다.

기업의 경영전략(business strategy)은 기업의 강 · 약점을 평가하여 환경변화에서 예상되는 시장기회에 기업의 강점을 접목시키는 구체적 사업(제품)의 선택결정이다. 기업은 차별화전략, 비용우위전략, 선택과 집중전략으로 요약되는 적합한 경쟁우위전략(competitive advantage strategy)의 선택을 검토하게 된다. 이러한 경영전략의 선택은 경영활동에 영향을 미치고 궁극적으로는 재무제표에 회계수치로 표시된다. 경영분석 시에는 회계수치 이면에 영향을 미치는 이 같은 경영환경과 경영전략의 선택, 경영활동의 결과와의 연계성을 고려하여야 한다.

한편 경영활동의 결과를 재무제표라는 양식으로 작성할 때는 재무제표의 작성에 적용되는 회계시스템, 회계기준, 회계정책 여하에 영향을 받는다. 회계시스템(accounting system)이란 경영활동의 경제적 결과를 측정하고 보고하는 일련의 회계적 체계를 말한다. 경영성과, 재무상태 측정 시에 적용하는 회계기준, 회계정책 등을 포함한다.

현행 회계시스템의 대표적 특징 중 하나는 현금주의가 아니라, 발생주의회계(accrual accounting)에 따라서 재무보고서가 작성된다는 점이다. 예를 들어, 손익계산서 작성 시 외상매출처럼 현금 수입이 없어도 매출수익으로 인식하고, 미지급비용(전기료)처럼 현금 지출 없이도 비용으로 인식한다. 현금기준회계(cash accounting)보다 발생주의회계가 적용되고 있는 것은 정기적으로 재무보고를 함에 있어서 기간별로 경영성과를 명확히 보이기 위한 것이다.

회계기준(accounting standards)은 기업이 발생주의회계의 틀 내에서 회계수치의 왜곡된 측정을 제한하기 위해 기업이 준수해야하거나 사용 가능한 회계처리 방법을 구체적으로 규정한 지침을 말한다. 자산 · 부채의 평가, 당기순이익의 추정, 연결재무제표 작성 등을 실시할 때 정해진 회계처리기준에 따라 작성하게 된다.

회계정책(accounting policy)은 제정된 회계기준을 준수하면서, 경영자에게 재량권(선택권)이 주어진 일정한 부분에 대해서 선택적으로 적용하는 회계처리 방법을 말한다. 예를 들어, 유형자산의 감가상각비의 계상은 정액법, 정률법, 비례법 등에서 선택할 수 있고, 이 자산의 내용연수와 잔존가치 추정도 일정 부분 경영자의 재량적 선택에 맡겨져 있다. 따라서 재무제표상의 회계수치는 경영자가 어떤 회계처리 방법, 회계정책을 적용하느냐에 따라 영향 받는다.

재무제표가 이와 같은 여러 가지 요소에 의해 영향 받아 작성되므로 경영분석에서는 경영환경, 경영전략, 경영활동, 회계시스템, 회계기준, 회계정책이 재무제표 수치에 영향을 주는 측면을 파악하는 것이 매우 중요하다.

2. IFRS회계기준과 재무제표 구성

어떤 회계기준을 적용해야 하는지에 따라 기업이 준수해야하거나 사용 가능한 회계처리 방법이 달라지므로 자산 · 부채의 평가, 당기순이익의 추정, 연결재무제표 작성 결과는 사뭇 영향을 받게 된다. 경영분석의 기초자료로 사용되는 재무제표는 그동안 한국회계기준원에서 제정한 기업회계기준(K-GAAP)에 따라 작성되었는데, 2011년부터는 상장기업은 국제회계기준(IFRS)에 따라 재무보고서를 작성, 공시하고 있다.

기존의 회계기준과 IFRS의 차이점을 요약하여 비교하면 [표 2-1]과 같다.

공시체계 면에서 중요한 변화의 하나는 IFRS에서는 기존의 손익계산서에서 제시되던 순익에 '기타포괄손익'과 '총포괄이익'을 포함시켜 '포괄손익계산서'를 작성한다는 점이다. 또 50% 초과소유주주 또는 실질 지배력이 있는 종속기업이 있는 지배회사는 종전에 작성하던 '개별재무제표' 뿐 아니라, 지배 종속관계에 있는 회사들을 단일의 경제실체로 간주하여 연결재무제표를 공시하여야 한다. '연결재무상태표'와 '연결포괄손익계산서'에서는 지배주주지분과 비지배주주지분으로 나누어, 귀속되는 자본과 경영성과를 구분 표시하여야 한다.[1)]

IFRS에서의 주된 재무제표는 재무상태표, 포괄손익계산서, 자본변동표, 현금흐름표, 주석으로 구성된다. 다음 2절과 3절에서는 재무제표의 근간이 되는 재무상태표와 포괄손익계산서의 기본구조와 주요 내용, 분석상의 핵심사항을 중심으로 재무제표를 보는 법을 설명한다.

---

1) IFRS회계기준에 대한 보다 상세한 설명은 본장 '경영분석의 현주소(2)'를 참고할 것. '연결재무상태표'와 '연결포괄손익계산서'에 대해서는 다음 2절과 3절에서 설명함.

[표 2-1] 국제회계기준(IFRS)과 (구)한국회계기준의 주요 차이

구분	국제회계기준(IFRS)	(구)한국회계기준	주요 차이점
기본특성	• 원칙주의 • 개념체계에 근거한 일반원칙을 강조	• 법률 · 정책적 목적에 따라 일부항목에 대해 특정 회계 처리	• 산업별 처리기준을 가능한 제정하지 않고, 전문가의 판단을 중요시함
공시체계	• 연결재무제표를 주 재무제표로 함	• 개별재무제표를 주 재무제표로 함	• 연결실체가 작성하고, 분기 및 반기 연결재무제표의 작성을 의무화
자산 · 부채 평가 방법	• 원칙적으로 공정가치평가 • 공정가치평가와 역사적 원가의 선택 허용	• 취득원가 기준 평가가 주된 원칙임	• 국제기준에서는 투자부동산, 유형자산에 대해 공정가치평가 허용
재무제표의 구성	• 재무상태표 • 포괄손익계산서 • 자본변동표 • 현금흐름표 • 주석	• 대차대조표 • 손익계산서 • 자본변동표 • 현금흐름표 • 이익잉여금처분계산서 • 주석	• 손익계산서에 당기손익뿐만 아니라 포괄손익도 포함시킴 • IFRS는 당기손익과 기타포괄손익 각각에 대하여 지배주주지분과 비지배주주지분을 구분하여 공시

2절 재무상태표

재무상태표(statement of financial position)는 기업이 특정 시점 기준으로 보유하고 있는 경제적 자원의 목록(자산)과 그러한 자원에 대해 채권자와 주주가 각각 청구할 수 있는 지분(부채와 자본)이 얼마인지를 표시하여 재무상태를 보여주는 재무보고서이다. 내용 면에서 보면 기업에 필요한 자금이 채권자지분과 주주지분으로 구분하여 어떻게 조달되고, 조달된 자금이 무엇에 운용되고 있는지를 보여준다. 재무상태표는 자산, 부채 및 자본을 좌우 대칭 형식으로 표시하고 있기 때문에 종전에는 대차대조표(balance sheet)라는 이름으로 공시했다.

1. 재무상태표의 구조와 내용

재무상태표의 구조와 주요 항목을 개괄적으로 나타내면 [표 2-2]와 같다. 이 표에서

[표 2-2] **재무상태표 예시**[2]

연결재무상태표

(주)삼성전자	2021년 12월 31일 현재		(단위: 십억 원)
자산		**부채 · 자본**	
Ⅰ. 유동자산	218,163.2	Ⅰ. 유동부채	88,117.1
(당좌자산)	161,453.8	1. 매입채무	13,453.4
1. 현금 및 현금성자산	39,031.4	2. 단기차입금	13,687.8
2. 단기금융자산	81,709.0	3. 미지급금	15,584.9
3. 매출채권	40,713.4	4. 기타유동부채	45,391.1
4. 기타	15,325.0		
(재고자산)	41,384.4	Ⅱ. 비유동부채	33,604.1
		1. 사채	508.2
Ⅱ. 비유동자산	208,458.0	2. 장기차입금	2,866.2
1. 유형자산	149,928.5	3. 기타 비유동부채	30,229.7
2. 무형자산	20,236.2	(부채총계)	121,721.2
3. 투자자산	8,932.3		
4. 장기금융자산	15,491.2	III. 자본	304,899.9
5. 기타비유동자산	13,869.8	1. 자본금	889.5
		2. 자본잉여금	4,403.9
		3. 이익잉여금	293,064.8
		4. 기타포괄손익누계액	3,232.9
		5. 기타자본	-5,361.4
		[지배주주지분]	296,237.7
		[비지배주주지분]	8,662.2
자산총계	426,621.2	부채와 자본총계	426,621.2

보는 것처럼 재무상태표는 크게 보면 왼쪽에 자산, 오른쪽에 부채와 자본, 세 부분으로 구성된다.

기업이 필요한 자금의 조달원천은 크게 보면, 채권자로부터의 부채와 소유자로부터의 자본으로 구분할 수 있다. 재무상태표의 오른쪽 부분(대변)은 기업의 자본조달 결정의 결과가 금액으로 표시된 것이다. 자본제공자인 채권자와 소유주는 기업 보유자원에 대해 지분(청구권)을 갖게 되는데, 부채는 **채권자지분**(creditor's equity), 자본은 **소유자지분**(owner's equity)을 표시한 것이다.

기업은 조달된 자금을 기업경영을 위해 건물, 기계장치 등에 투자(운용)한다. 재무상태표의 왼쪽 부분(차변)에 자산으로 표시된 항목들은 기업의 투자(자산운용)결정의 결과, 미래 기업에 경제적 효익을 가져다 줄 자원의 목록이 금액으로 표시된 것이다. 조달된

2) 본서에서 인용하는 삼성전자의 회계자료는 금융감독원의 전자공시시스템인 DART(Data Analysis, Retrieval and Transfer System)의 '삼성전자 2021년 사업보고서'에서 작성. 이는 삼성전자 개별회사가 아니라 지배종속회사까지 포함된 것임.

총지분(부채와 자본)의 총금액은 운용되고 있는 자산의 총금액과 같아야 하므로 재무상태표는 다음의 등식(재무상태표(대차대조표)등식)으로 표현할 수 있다.

자산 총액 = 부채 총액 + 자본(주주지분)

(1) 자산항목

자산(asset)은 건물, 기계장치, 재고자산 등처럼, 기업이 투자결정의 결과 보유하고 있는 경제적 자원으로서, 기업의 수익창출활동의 근간이 되는 항목이다.

재무상태표의 왼쪽(차변)의 자산항목들은 위로부터 유동성(liquidity)기준, 즉 빠르게 현금화시킬 수 있는 순서대로 기록된다. 그래서 자산항목들은 이 유동성기준에 따라 유동자산과 비유동자산으로 구분되어 표시된다.

[자산의 분류]

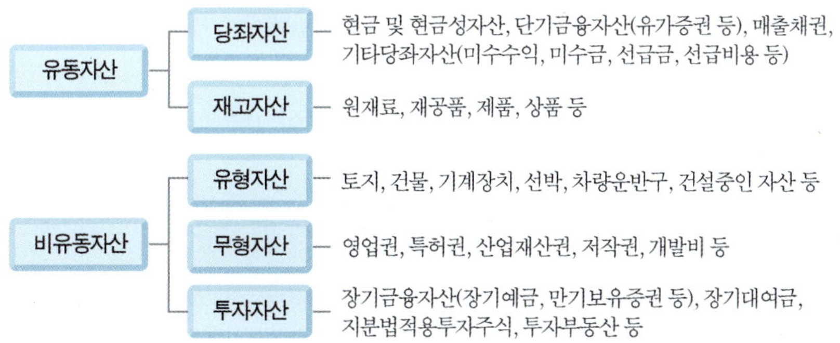

유동자산(current asset)은 단기간, 1년 이내에 현금으로 전환할 수 있는 자산이다. 위 [자산의 분류] 구분같이 당좌자산과 재고자산으로 구분된다. 당좌자산(quick asset)은 유동자산 중에서도 현금이나 매출채권처럼 현금화 속도가 빠른 자산이다. 반면에 재고자산(inventories)은 원재료, 반제품, 완제품 재고처럼 아직 판매 과정을 거치지 않아, 현금화가 되는 속도가 상대적으로 늦고, 현금화의 불확실성이 남아 있는 자산이다.

비유동자산(non-current asset)은 그 자산에 투자되면 자금이 장기간 묶이게 되어, 1년 이내는 현금화되기 어려운 자산으로서, 유형자산, 무형자산, 투자자산으로 구성된다. 유형자산(tangible assets)과 무형자산(intangible assets)은 본 영업활동에 장기간 사용할 목적으로 보유하는 자산인데, 유형자산은 건물, 기계장치 등의 설비자산처럼 실물적 형태가 있는 자산인 반면, 무형자산은 영업권, 저작권, 개발비 등처럼 실물적 형태가 없는 자산이다. 토지와 건설중인 자산을 제외한 유형자산은 시간의 경과에 따라 마모되므로 그 가치감소분 만큼 감가상각하여 비용화시킨다. 이들 유형자산은 감가상각누계액을 그 자산의 취득가액에서 차감한 순액으로 기재하게 된다. 투자자산(long-term investments)은 장기투자증권, 장기대여금, 투자부동산 이자나 배당수익을 목적으로 하거나 다른 기업을 지배 통제할 목적으로 취득한 자산을 말한다.

자산항목은 취득원가나 공정가치로 표시된다. 재고자산은 원칙적으로 취득시점의 역사적 원가(historical cost)로, 유가증권 투자자산 등의 금융자산은 재무상태표 보고일 시점의 공정가치(시장가격 등)으로 표시한다.

(2) 부채

재무상태표의 오른쪽(대변)에 제시되는 부채(liabilities)는 기업이 채권자로부터 조달한 자금으로서 미래에 갚아야 할 의무가 있는 타인자본이다. 부채는 만기가 도래하는 순서에 따라 통상 1년 기준으로 유동부채와 비유동부채로 구분 표시된다. 유동부채(current liablilities)는 단기차입금처럼 1년 이내 지급기한이 도래하는 부채이고, 비유동부채(non-current liablilities)는 장기회사채처럼 상환일이 1년 이상인 장기부채이다.

[부채의 분류]

유동부채	매입채무(외상매입금, 지급어음), 단기차입금, 선수금, 미지급금, 유동성장기부채, 미지급비용, 미지급법인세, 기타유동부채(선수수익 등) 등
비유동부채	회사채, 장기차입금, 장기성매입채무, 이연법인세부채, 부채성충당금(퇴직급여부채, 특별수선충당금 등), 기타비유동금융부채 등

(3) 자본

재무상태표의 오른쪽(대변)에 제시되는 자본(equity)은 소유주의 몫을 계상한 것으로서, 자산에서 모든 부채를 차감한 잔여지분(net worth)인 소유주지분, 자기자본을 말한다. 자본항목은 자본금, 자본잉여금, 이익잉여금, 기타포괄손익누계액, 기타자본항목으로 구분된다.

소유자 몫(자본)의 변동은 출자와 관련된 **자본거래**에 의해서 초래될 수도 있고, 영업 활동 결과로 벌어들인 이익의 일부가 사내유보되는 **손익거래**에 의해서 초래될 수 있다. 자본금, 자본잉여금은 전자에 해당되고, 이익잉여금과 기타포괄손익누계액은 후자에 해당된다.

[자본의 분류]

- **지배주주지분** — 지배회사의 소유주에게 귀속되는 자본
  - **자본금** — 보통주 자본금, 우선주 자본금
  - **자본잉여금** — 주식발행초과금, 감자차익, 자기주식처분이익 등
  - **이익잉여금** — 법정이익준비금, 임의적립금, 미처분이익잉여금 등
  - **기타포괄손익누계액** — 재평가잉여금, 매도가능증권손익, 위험회피파생상품평가손익 등
  - **기타자본** — 자기주식, 자기주식처분이익, 주식할인발행차금, 주식옵션 등
- **비지배주주지분** — 종속회사의 소수주주에게 귀속되는 자본

자본금은 기업의 출자자가 창업 시, 그리고 추가로 납입(증자)한 납입자본금(paid- in capital)을 말한다. 자본금은 액면금액(액면가에 납입완료된 주식 수를 곱한 금액)으로 표시되며, 보통주 자본금과 우선주 자본금으로 분류된다.

자본잉여금은 주식발행, 증자 혹은 감자 등과 같이 자본거래에서 발생한 잉여금을 말한다. 주식발행초과금(주식발행금액이 액면금액을 초과하는 금액) 등이 해당된다.

이익잉여금은 기업의 일정 기간 동안 창출한 이익 중 사외에 유출되는 배당부분을 제외하고 회사 내에 유보되는 금액을 말한다. 이러한 의미에서 **유보이익**(retained earning)이라고 한다. 이러한 이익잉여금은 상법 등의 규정에 의하여 강제적으로 적립하여야 하는 이익준비금, 기타 법정적립금, 회사의 정관이나 주주총회의 결의 또는 계약에 따라 적립하는 임의적립금으로 구분된다. 재무상태표에는 전기에서 이월된 이익잉여금에 당기 유보액(당기순이익에서 배당액을 차감한 금액)을 더한 금액이 이익잉여금으로 표시된다.

기타포괄손익누계액은 자본의 변동이 자본거래가 아니라 **손익거래**에 의해서 발생하는 것이지만, 당기순손익에 포함되지 않는 '기타손익항목'의 누계액을 말한다. 예를 들어, 자산재평가잉여금, 매도가능증권평가손익, 해외사업환산손익 등처럼 당기순손익에

는 포함되지 않은 기타손익항목이 해당된다.

기타자본은 위의 자본 그룹의 어느 항목에도 속하지 아니하는 임시적 성격의 자본항목을 말한다. 자기주식(treasury stock), 자기주식처분이익, 주식옵션 등이 이에 해당된다.

지배 · 종속관계에 있는 회사들이 존재하여 작성되는 '연결재무상태표'에서는 위의 자본항목들을 합산하여 '지배주주지분'(지배회사의 소유주에게 귀속되는 자본)으로 계상하고, 종속회사의 소수주주지분은 '비지배주주지분'(종속회사의 소수주주에게 귀속되는 자본)으로 구분 표시한다.[3)]

2. 재무상태표 분석의 초점

재무상태표는 먼저 기업 자산구성(asset structure), 즉 총자산 중에서 개별자산이 차지하고 있는 비중에 초점을 맞추어 분석할 필요가 있다. 각 자산항목이 총자산에서 차지하는 비율로 작성된 재무제표를 공통형재무상태표(4장의 [표 4-2])라고 하는데, 자산구성비율의 증가 혹은 감소가 두드러진 자산 또는 자본항목을 식별해 내는 것이 필요하다.

재무상태표를 통해서 기업의 자산구성을 평가할 때는 업종의 성격, 경영자의 관리방식을 고려하면서 유동성분석에 초점을 맞춘다. 장치산업 내의 기업들은 비유동(고정)자산을 많이 보유하지만 유통업이나 서비스업에 종사하는 기업들은 상대적으로 유동자산의 비중이 높다. 비유동자산이 많은 기업은 일반적으로 생산판매량에 관계없이 발생하는 고정비가 많으므로 경기변동에 취약한 일면을 지닌다.

자산구성의 특성은 경영자의 관리방식에 의해서도 크게 달라질 수 있다. 즉, 신용정책(외상판매 대 현금판매), 생산정책(하청생산 대 직접생산), 투자정책(직접구입 대 리스) 등의 선택에 따라서 자산구성이 달라진다.

자산구성 면에서 볼 때 매출채권과 재고자산에 대한 과다한 투자는 기업경영에 애로를 초래하는 경우가 많다. 따라서 수년간에 걸친 자산구성의 변동 추세를 분석하여 어느 자산에 대한 투자가 상대적으로 많아지고 있는지를 평가하는 것이 도움이 된다. 매출채권이나 재고자산에 과다투자하면 유동성이 좋게 보이지만 수익성이 낮은 자산에 많이 투자되고 있다는 것을 의미하므로 상대적으로 수익성에 나쁜 영향을 미칠 수도 있음에 유의할 필요가 있다.

또한 매출채권 중에서 불량채권의 비중, 재고자산 중에서 유행성이나 진부화의 가능

3) **소수주주지분**(minority interest)은 외부주주지분이라고도 부르는데, 종속회사가 있어 연결재무제표로 작성될 경우 종속회사의 발행주식 중 지배회사(지배주주) 외의 제3자가 보유한 지분을 말한다.

성이 많은 재고의 비중, 비유동유형자산 중에서는 노후화된 설비자산의 비중을 파악하는 것이 필요하다.

재무상태표는 기업의 유동성(liquidity) 평가의 기초가 된다. 왜냐하면 재무상태표의 왼쪽(차변)은 1년 이내에 쉽게 현금화할 수 있는 유동자산과 그렇지 못한 비유동자산으로 구분 표시되고 있기 때문이다.

재무상태표는 기업의 안정성(safety)을 평가하는 데도 기초자료가 된다. 왜냐하면 재무상태표의 오른쪽(대변)의 자본구성(capital structure)에서 부채의존도가 얼마나 높은지를 평가할 수 있기 때문이다.

부채 중에서도 만기가 짧은 단기부채가 많으면 기업의 안정성이 크게 위협받게 된다. 따라서 자본구성의 수년간 추세변동을 보고 장기성부채인 비유동부채와 자기자본을 합친 장기자본의 비중이 높아지는지 아니면 단기성부채의 비중이 높아지는지를 판단할 필요가 있다.

부채항목 중에서 선수금과 충당금에 대한 해석에도 주의할 필요가 있다. 선수금은 수주공사나 수주품에서 발생한 선수금액을 말하는데, 이자부담이 없는 자금원이 되므로 다른 부채항목과 구분해야 한다. 간혹 기업이 이익을 적게 표시하기 위해 선수금의 계정에 넣고 이익을 그만큼 적게 표시하는 사례도 있으므로 주의해야 한다.

충당금에는 평가성충당금과 부채성충당금의 두 가지가 있다. 평가성충당금은 회수되지 못할 가능성이 있는 매출채권에 대해서 설정되는 대손충당금항목처럼 직접 매출채권에서 차감하여 표시된다. 부채성충당금은 퇴직금 지급에 대비하여 설정되는 퇴직급여충당금의 예처럼 일시에 지출되는 것이 아니고 상당기간 기업 내에 유보되는 항목이다. 따라서 이러한 충당금이 많은 기업의 재무상태는 오히려 건전한 면이 있으므로 다른 부채항목과 동일하게 취급해서는 안 된다.

3. 재무상태표자료 이용상의 유의점

재무상태표는 위에서 살펴본 것처럼 기업에 필요한 자금이 어떻게 조달되고 그 조달된 자본이 어떻게 운용되고 있는지를 나타내므로 기업의 재무상태를 파악하는 데 유용한 자료로 이용되고 있다.

그러나 재무상태표는 경영분석자료로서 다음과 같은 한계점을 지니고 있으므로 이용에 주의해야 한다.

첫째, 재무상태표에 나타나 있는 회계수치는 서로 상이한 시점에서 취득된 자산과 조달된 자본이 누적적으로 계상된 것이다. 예를 들면, A사와 B사의 기계장치 금액이 10억 원으로 동일하게 잡혀 있다하더라도 A사는 10년 전에, B사는 1년 전에 취득한 것이면 성능에 큰 차이가 있을 수 있다. 따라서 상호비교 시에는 이러한 측면을 염두에 둘 필요가 있다.

둘째, 재무상태표상의 장부가치는 실제의 시장가치와 큰 차이가 있을 수 있으므로 양자 간에 차이가 클 가능성이 있는 항목에 주의해야 한다. 대표적인 예가 비유동유형자산의 경우인데, 기업이 보유하는 비유동유형자산의 장부상의 금액은 취득원가에서 과거부터 현재에 이르기까지 감가상각하여 비용처리한 누적액(감가상각누계액)을 차감한 금액이다. 따라서 기업의 재무상태를 나타내는 적절한 정보가 되지 못할 수도 있다. 이러한 항목에 대해서는 장부가치와 시장가치와의 차이가 어느 정도인지 감안하여 분석할 필요가 있다.

셋째, 재무상태표의 차변에는 미래 수익발생능력이 있는 자원의 목록이 제시되고 있지만 모든 자원이 모두 계상되는 것은 아니라는 점이다. 예를 들어, 유능한 인적자원(경영자나 종업원), 독점권 등은 그 기업의 수익발생의 원동력이 되는 중요한 자산이지만 재무상태표에 표시되지 않는다.

넷째, 재무상태표는 어느 특정일 기준으로 재무상태를 나타내는 정태적인 자료이기 때문에 실제 내용이 왜곡될 수 있다는 점이다. 재무상태표는 결산일(이를테면 12월 31일) 기준으로 재무상태를 표시하게 되므로, 재무상태를 좋게 나타내도록 결산일에 맞추어서 자산항목을 증감시키는 등의 방법을 사용할 수 있다. 특히 유동자산항목은 쉽게 증감시킬 수 있으므로, 재무상태표 잔액자료를 이용할 때는 연평균이나 기초와 기말의 평균을 사용하는 방법을 권하고 있다.

3절 포괄손익계산서

포괄손익계산서(statement of comprehensive income)는 일정 회계기간 동안 기업에서 발생한 모든 수익과 이에 대응하는 비용을 한 표에 표시하여, 순손익의 금액(경영성과)을 집약적으로 표시하고, 기업활동의 결과로서 주주지분이 어떻게 증가(감소)하였는지를 보여주는 재무보고서이다. '포괄손익계산서'에는 경영성과가 당기순손익과 포괄손익

에 의해서 표시된다.[4)]

기업은 높은 매출을 올리고 이에 상응하여 발생하는 비용은 적게 하여 높은 이익을 창출하고자 노력한다. 손익계산서는 의사결정의 맥락에서 보면, 수익과 비용과 연관된 기업의 생산 · 판매 · 관리 등의 활동이 경영성과(순손익)에 미친 영향을 밝히고, 그 발생 원인을 나타낸 것이다. 손익계산서는 경영분석의 기초자료로서 기업의 경영성과와 수익성을 판단할 수 있는 정보를 제공해 준다.

1. 포괄손익계산서의 구조와 내용

[표 2-3]은 포괄손익계산서의 구조와 주요 항목을 개괄적으로 보여주고 있다. 기업이 이익을 내기 위해서는 먼저 만든 물건을 팔아야 한다. 라면 제조업체는 라면의 판매액, 조선업체는 선박 판매액 등의 수익을 발생시켜야 한다. 그런데 이러한 물건이 팔리기까지는 재료비, 인건비 등 여러 비용이 발생한다. 손익계산서는 기본적으로 수익 · 비용 대응의 원칙에 따라 표시되는 다음의 손익계산서등식에 의하여 작성하여 기업의 당기순손익(profit/loss)을 보고한다.[5)]

순손익 = 수익 - 비용

(1) 수익

수익(revenue)은 매출액, 기타수익, 금융수익의 범주로 구분할 수 있다. 매출액(sales revenue)은 기업의 정상영업활동에서 재화의 판매 또는 용역 제공의 대가로 지급받은 금액을 말한다. 기타수익(other revenue)은 정상영업활동과 관련된 부수적 활동으로부

4) '포괄손익계산서'가 기존의 '손익계산서'와 형식 면에서 다른 점은 당기의 순손익 금액 표시 밑에 '기타포괄손익'을 합하여 '총포괄이익'(total comprehensive income)을 표시하고 있는 점이다. '포괄이익'에 대해서는 다음 '(3)이익(손실)'편에서 설명함.

5) **국제회계기준**(IFRS)에서는 사용해야 할 손익계산서의 양식, 포함되어야 할 항목, 배열순서 등 그 표준형식을 규정하지 않고 있다. 다만, 매출수익, 매출원가, 당기순손익, 총포괄손익 등처럼 반드시 개별금액으로 나타내어야 할 항목만을 정하고 있다. 이때 항목 명칭은 매출원가, 판매비 및 관리비 등과 같이 **기능별 분류 방법**으로 표시하거나, 원재료 사용액, 종업원급여, 감가상각비, 이자비용 등과 같이 **성격별 분류 방법**으로 표시할 수 있다. 또 총수익에서 총비용을 차감하는 **단일표시 방법**과 이익 추정 과정을 그 발생 원인을 파악할 수 있도록 몇 단계로 구분하여 작성한 **다단계표시 방법**이 있다. [표 2-3]에 제시되고 있는 형식과 항목의 표시는 전통적 형태의 **기능별 분류와 다단계표시**에 따른 것이며, 경영분석 시 의미 있는 정보를 추출하는데 유용한 체계이기도 하다.

[표 2-3] 포괄손익계산서 예시

연결포괄손익계산서

(주)삼성전자 2021년 1월 1일부터 2021년 12월 31일까지 (단위: 십억 원)

Ⅰ. 매출액		279,604.8
Ⅱ. 매출원가		166,411.3
Ⅲ. 매출총이익		113,193.5
Ⅳ. 판매비와 관리비		61,559.6
Ⅴ. 영업이익		51,633.9
Ⅵ. 영업외수익		11,478.5
금융수익	8,543.2	
지분법이익	729.6	
기타수익	2,205.7	
Ⅶ. 영업외비용		9,760.5
금융비용	7,704.6	
기타비용	2,056.0	
(영업외수지)		(1,718.0)
Ⅷ. 세전계속사업이익		53,351.8
Ⅸ. 법인세비용		13,444.4
Ⅹ. 계속사업손익		39,907.5
Ⅺ. 중단사업손익		0.0
Ⅻ. 당기순이익		39,907.5
지배주주 당기순이익	39,243.8	
비지배주주 당기순이익	663.7	
XIII. 총포괄이익		49,909.7
지배주주 총포괄이익	49,037.9	
비지배주주 총포괄이익	871.8	
XIV. 주당이익(EPS: 원)		5,777

터의 수익을 말하고, 금융수익(finance revenue)은 이자수익이나 배당금수익, 외환차익, 임대료수익, 유형자산처분이익처럼 기업의 재무 및 투자활동과 관련하여 발생하는 수익을 말한다.

(2) 비용

비용(expenses)은 기업이 수익을 창출하기 위하여 소비하거나 희생시킨 경제적 자원의 금액을 말한다. 기업이 재화나 용역을 생산·판매하기 위하여 지출하는 재료비, 인건비, 전기료, 광고비, 임차료 등이 비용의 대표적 예이다. 비용은 매출원가, 판매비, 관리비, 금융비용, 법인세비용 등으로 소분류 할 수 있다.

- 매출원가(cost of goods sold): 당기에 판매된 제품(상품)의 매출액을 실현시키는데 소비된 제조원가 또는 매입원가를 말한다. 제조업체이면 재료비, 노무비, 전력비, 공장건물 · 기계장치 등의 감가상각비, 경상개발비 등의 제조경비항목이 이에 속한다. 당기 매출원가는 기초제품재고액과 당기 제품제조원가의 합계액에서 기말제품재고액을 차감한 금액으로 표시된다.
- 판매비와 관리비(selling & administrative expense): 제품(상품, 서비스)의 판매활동과 연관되어 발생한 판매비와 일반관리활동에서 발생하는 비용으로서 매출원가(제조원가)에 속하지 아니하는 거의 모든 정상 영업활동비용인 관리비를 말한다. 판매비항목으로는 물류운송비, 광고비, 대손상각비, 지급수수료 등을 들 수 있고, 관리비항목으로는 관리사원의 급여, 감가상각비, 여비교통비, 연구개발비, 세금과 공과금 등을 들 수 있다.
- 영업외비용(금융비용/이자비용)(non-operating expense): 기업의 핵심영업활동인 생산, 판매, 관리활동 이외의 활동인 자금조달(재무)활동이나 투자활동과 연관되어 발생한 비용이다. 금융비용(영업외비용)에는 이자비용, 외환차손, 외환환산손실, 단기매매금융자산처분손실, 투자유형자산처분손실 등의 항목이 포함된다.
- 법인세비용(income tax expense): 법인세비용차감전순이익에 적용되는 법인세율을 곱하여 계산된 금액이다.

(3) 이익(손실)

이익(profit/income) 혹은 손실(loss)은 위에서 제시된 수익에서 비용을 차감하여 산출된 기업의 성과(performances) 측정치이다. 이때 수익과 비용을 그 발생원천에 따라 비슷한 유형의 수익과 비용을 상호 대응시켜 **단계별로 이익을 산출**하면 경영분석 목적상 유용한 정보를 얻을 수 있다. 전통적 방법의 하나는 매출총이익, 영업이익, 법인세비용차감전순이익(세전계속사업이익), 당기순이익, 총포괄이익 등으로 구분하는 것이다.

- 매출총이익(손실)(gross income): 매출액에 매출원가를 대응시켜 계산한 이익이다. 따라서 판매와 제조(생산)활동의 성과가 측정된 것인데, 제조업체의 경우는 생산효율성을 측정하는 근거가 된다. 매출액에 대한 매출총이익의 비율(매출총이익률)이 경쟁업체보다 높으면, 마케팅활동이 효율적이든지 매출원가를 낮추기 위한 생산부문의 생산성 정도가 양호하다고 할 수 있다.
- 영업이익(손실)(operating income): 매출총이익에서 그 매출활동을 수행하기 위하여

소요된 판매비와 관리비를 차감하여 계산한 이익이다.[6] 경영분석에서는 영업이익의 성과치가 중요하다. 영업이익은 기업의 핵심 영업활동(core business)이라고 할 수 있는 생산, 판매, 관리활동의 경영성과가 반영된 것이어서, 주된 영업활동의 영업효율성을 측정하는 근거가 되기 때문이다. 동종산업 내 경쟁업체 간의 이익발생능력, 지속가능이익 창출능력을 비교 평가하는 기초가 되기도 한다.

- **법인세비용차감전이익(손실)**: 주된 영업활동에서의 성과척도인 영업이익에 기타수익과 금융수익을 더하고, 비영업부문(재무활동, 투자활동)에서 발생한 금융비용과 기타비용까지 차감한 이익이다. 만약 타기업의 주식을 20% 이상 보유하여 손익이 발생하면 이를 '지분법손익'으로 반영, 법인세비용차감전순이익을 계상한다.[7]
- **당기순이익(손실)**(net income): 당기순이익은 법인세비용차감전 계속사업이익에서 법인세비용을 차감한 후 계산된 계속사업이익에서 중단사업손익을 가감하여 얻어진최종적인 경영성과 측정치이다.
- **포괄이익**(comprehensive income): 포괄이익은 유형자산평가손익, 매도가능금융자산평가손익과 같이 당기순이익에 포함되지 않았던 손익항목을 말한다.

IFRS하의 손익계산서는 '포괄손익계산서'라는 이름과 형식으로 공시되는데, 당기순이익에 추가하여 이 '**기타포괄이익**'을 합한 '**총포괄이익**'으로 표시한다.[8] 즉, 포괄손익계산서는 기업의 경영성과를 다음의 등식관계로 요약·제시한다.

당기순이익[=(수익 - 비용)] + 기타포괄손익 = 당기 총포괄손익

이로써 자본(소유자지분)의 증감을 초래한 원천으로써 순이익 증감 뿐 아니라 모든 원

6) 국제회계기준에서는 매출총이익을 계산한 다음, 정상영업활동 이외에서 발생하는 **기타수익을 가산하여 표시**하고, **영업이익의 계산은 강제하고 있지 않다**. 만약 영업이익이 계산되어 있지 않으면 해당되는 항목들을 재분류하여 영업이익을 계산, 정상영업활동에서의 이익발생능력을 평가할 필요가 있다.

7) 회계기간 중 특정 사업부문을 폐기 또는 처분한 경우 이 사업부분을 중단사업이라고 한다. 만약 중단사업이 있는 경우는 영업이익과 법인세비용차감전이익 사이에 계속사업손익과 중단사업손익을 표시한다. **중단사업손익**(discontinued operation income)에는 사업중단직접비용, 중단사업자산손상차손 등의 항목이 포함된다. **계속사업손익**(continued operation income)은 중단사업손익이 있을 경우 이로 인한 손익과 구분, 표시하기 위하여, 법인세비용차감전순이익에서 법인세비용을 차감한 이익을 (세후)계속사업이익으로 별도 표시한 것이다. 따라서 계속사업이익에는 영업이익에서 영업외비용을 차감한 경영성과의 정도를 납세후 기준으로 측정한 것이 된다. 영업외비용에서 큰 비중을 차지하는 항목은 이자비용이므로, 계속사업이익 또는 **법인세비용차감전이익**은 자본구조(부채의존도)의 차이까지 반영된 성과 측정치이다.

8) 재무상태표와 손익계산서의 관계는 다음의 등식 관계에서 파악할 수 있다. [기말 자기자본=기초 자기자본+순이익−순배당]. 따라서 손익계산서상에서 당기 유보이익은 재무상태표에서 소유자지분의 변동으로 표시된다. 그런데 소유자(주주)의 지분 변동은 당기 유보이익의 증감으로 이어지는 순이익의 증감만이 아니고, 유형자산평가손익, 매도가능금융자산평가손익, 파생금융상품평가손 등의 손익항목(이를 재무상태표에서 '**기타포괄손익**'이라고 표시)에 의해서도 초래된다.

천의 내역을 표시하게 된다. 만약 기타포괄손익이 없다면, 포괄손익은 당기순손익과 같다.

주당이익(earning per share)은 지배기업 소유주에게 귀속되는 당기순이익을 평균유통주식수로 나누어 보통주 1주당의 이익을 측정한 것이다.[9)]

(4) 연결포괄손익계산서

종속회사를 거느리고 있는 지배회사는 **연결포괄손익계산서**를 작성해야 한다. 당기순이익과 **총포괄이익**을 표시하되, 당기순손익과 총포괄이익 각각에 대하여 지배주주지분(지배주주 당기순이익, 지배주주 총포괄이익)과 비지배주주지분(비지배주주 당기순이익, 비지배주주 총포괄이익)으로 구분하여 표시한다.

연결포괄손익계산서의 형식과 포괄손익을 표시하는 방법의 하나는 [표 2-4]의 왼쪽처럼 수익과 비용을 여러 단계로 구분한 다음 당기순이익을 표시하고, 이어서 하단에 기타포괄이익을 표시하는 **단일(일단계)표시 방법**이다. 다른 방법은 [표 2-4]의 오른쪽처럼 수익과 비용을 별도로 표시한 다음, 별도의 연결포괄손익계산서에 순이익 하나만을 표시하고, 포괄손익관계는 별도로 분리 표시하는 **다단계(분리)표시 방법**이다.

9) **평균유통주식 수**는 기업의 발행보통주식 수에서 자기주식을 차감하고, 당기 중에 유상증자, 무상증자, 주식분할 등이 있으면 그 발행일 기준으로 기간경과에 따라 가중평균한다. 주당이익은 전환증권(전환사채, 전환우선주 등)이 있으면 기본주당순이익과 희석주당순이익으로 구분하여 공시한다. **기본주당순이익**(primary EPS)과 달리 **희석주당순이익**(diluted EPS)은 전환될 경우의 당기순익을 전환될 경우 증가되는 가중평균유통보통주식수로 나누어 구해진 것이다. 전환이 매우 높은 보통주상당증권을 보통주에 포함하여 산정하는 기본주당순이익(primary EPS)과 희석효과를 갖는 모든 증권이 전환되는 것을 가정한 완전희석주당순이익(fully diluted EPS)으로 구분하기도 한다.

[표 2-4] 연결포괄손익계산서의 형식-단일형표시와 다단계(분리)형정렬표시

단일형	분리형
매출액 매출원가 매출총이익 판매비와 관리비 영업이익 기타수익 금융수익 기타비용 금융비용 지분법손익 법인세비용차감전순이익 법인세비용 당기순이익 (당기순이익의 귀속) 지배기업 지배주주지분 비지배주주지분 기타포괄이익 토지재평가이익 파생금융상품평가손실 등 당기총포괄이익 (당기총포괄이익의 귀속) 지배기업 지배주주지분 비지배주주지분	당기순이익 기타포괄손익 토지재평가이익 투자금융자산평가이익 파생금융상품평가손실 당기총포괄이익 (포괄손익의 귀속) 지배기업 지배주주지분 비지배주주지분

2. 손익계산서 분석의 초점

재무상태표를 분석할 때는 자산과 자본구성의 변화를 보는 것이 초점이지만, 손익계산서를 분석할 때는 비용구조(cost structure)의 변화를 보는 것이 중요하다.

이를 위해서는 매출액에 대해 각 비용항목이 차지하는 비율을 구해 보고(백분율 또는 공통형손익계산서라고 함) 여러 해 동안의 추세를 분석하여 어느 비용항목의 증가나 감소가 두드러진지를 식별해 내는 것이 필요하다.

손익계산서에서 경영성과를 측정하는 여러 회계이익과 매출액을 비교하면 마진(margin)의 크기를 측정할 수 있는데, 이것은 수익성평가의 기초가 된다. 이를 경쟁업체나 산업평균과 비교해 보면 매출원가, 판매비와 관리비, 영업외비용 중 어느 부문이 경영성과의 변동을 초래하는지를 평가할 수 있게 된다.

마진의 크기를 비교하는 것은 기업의 이익창출능력을 상대적으로 평가하는 것이 된

다. 이때 기업의 핵심경영활동 즉, 생산 · 판매 · 관리활동으로 이루어지는 본 영업활동의 성과를 나타내는 영업이익기준의 영업마진(operating margin)과 영업외부문(재무활동)까지 반영된 순이익기준의 순마진(net margin)을 구분하는 것이 중요하다. 영업마진은 지속가능한 이익창출능력을 평가하는 데 기준이 된다.

3. 손익계산서자료 이용상의 유의점

손익계산서자료는 위에서 설명한 것처럼 일정 기간 동안의 수익과 비용을 대응시켜 매출총이익, 영업이익, 당기순이익 등을 계산하고 있어, 경영성과의 내용을 평가하는 기초가 된다. 손익계산서상에 당기순이익이 많이 계상되었다면 일단 기업의 경영성과가 양호함을 뜻한다. 그러나 손익계산서를 이용하여 분석할 때는 다음과 같은 측면에서 주의할 필요가 있다.

첫째, 회계처리 방법의 선택 여하에 따라서 비용이 과소(과대)계상되어 결과적으로 이익은 과대(과소)계상될 수 있다는 점이다. 이 점은 6장에서 상술하겠지만 여러 가지의 대체적인 회계처리 방법 중에서 어떤 회계처리 방법을 사용하였느냐에 따라 회계이익은 달라질 수 있기 때문이다.

원자재 값이 상승하고 있는 상황에서 재고자산을 선입선출법(먼저 들어온 원자재가 먼저 만들어져 매출된 것으로 회계처리하는 방법)으로 계상하면 상대적으로 비용은 과소하게, 이익은 과다하게 보고된다. 반대로 후입선출법으로 계상하면 비용은 과다하게, 이익은 과소하게 보고된다. 회계처리 방법의 다양성 문제가 회계보고이익에 미치는 영향에 대해서 염두에 둘 필요가 있다.

둘째, 회계이익은 그 기업의 현금흐름(cash flow)을 나타내는 것이 아니라는 점에 주의할 필요가 있다. 당기순이익을 많이 올렸다는 것이 반드시 자금사정이 넉넉한 것을 의미하는 것이 아니라는 의미이다. 회계이익은 당해 회계연도 동안의 매출수익에서 그 매출에 소비된 제반비용을 차감한 것인데, 설령 이 회계이익이 높게 계상되었더라도, 매출채권과 재고자산이 과다하면 자금난을 겪게 되는 것이다. 흑자도산하는 기업이 이러한 경우의 전형적인 예이다. 이는 손익계산서 작성이 현금주의가 아니어서 외상매출처럼 현금유입 없는 매출수익이 이익에 반영되기 때문에 생기는 결과이다. 경영분석 시에 현금흐름을 중시하는 이유는 기업과 관계되는 거래의 최종적인 인식기준이 현금이기 때문이다. 채권자에게의 원리금지급, 주주에게의 배당지급, 세금납부 등이 모두 현금결제에 의해서 이루어진다. 기업의 이해관계자들은 자신들의 부(富)의 극대화를 꾀하는데, 부의 최종적인 인식기준도 현금이다. 회계이익과 현금흐름의 차이를 분석하는데는 일차적으로 손익계산서항목 중에서 비현금성비용(non-cash expenses)항목에 주의할 필요가 있다. 비현금성항목은 감가상각비처럼 현금유출이 없는데도 비용으로 차감된 항목을 말하는데, 순이익을 기준으로 영업활동으로부터 창출된 현금을 계산하려면, 순이익에 감가상각비를 다시 더하면 될 것이다.

셋째, 재무상태표와 손익계산서 모두에 관련되는 유의사항 한 가지는 외부감사인의 감사의견을 고려해야 한다는 점이다. 상법에서는 재무제표의 신빙성을 높이기 위해서 외부감사인으로 하여금 기업의 재무제표가 기업회계기준에 따라 적절하게 작성되었는지 여부에 대한 감사의견을 표명하도록 요구하고 있다. 감사의견에는 적정의견, 한정의견, 부적정의견 또는 의견거절이 있다.

- 적정의견: 감사인의 감사결과, 재무제표가 일반적으로 인정되는 기업회계기준에 따라 적정하게 작성된 경우 표시된다.
- 한정의견: 재무제표 작성에 적용된 회계처리 방법과 재무제표 표시 방법 중 일부가 기업회계기준에 위배되거나 감사의견을 형성하는 데 필요한 합리적인 증거를 부분적으로 얻지 못한 경우 표시된다.
- 부적정의견: 재무제표가 기업회계기준에 위배되는 사항이 특히 중대하여 재무상태 및 경영성과를 적정하게 표시하고 있지 않다고 인정될 때 표시된다.
- 의견거절: 감사의견을 형성하는 데 필요한 합리적인 증거를 얻지 못하거나 기업의 존립에 의문을 제기할 만한 객관적인 사항이 특히 중대하여 의견을 표명할 수 없는 경우를 말한다.

따라서 네 가지 감사의견 중에서 어떤 의견이 표시되어 있는지를 보고 그 재무제표의 신빙성 정도를 평가한 다음, 당해 기업의 재무상태나 경영성과를 분석할 필요가 있다.

4절 자본변동표, 현금흐름표, 주석

경영분석에 이용되는 주요 재무보고서에는 앞서 설명한 재무상태표와 (포괄)손익계산서 외에 자본변동표, 현금흐름표 그리고 주석사항이 제시된다.

1. 자본변동표

자본변동표(statement of changes in equity)는 재무상태표 [표 2-2] 상에 표시되는 자본의 구성항목인 자본금, 자본잉여금, 이익잉여금의 일정 기간 동안의 변동내용을 상세히 보여주는 재무보고서이다.

자본(소유자지분)의 변동을 초래하는 거래는 두 가지로 나누어 볼 수 있었다. 하나는 주주들의 출자, 증자 등의 자본거래이고, 다른 하나는 영업활동의 성과에 따라 발생하는 손익거래(당기순손익)으로 인하여 초래된다. 2절에서 설명한 것처럼 자본항목은 자본금, 자본잉여금, 이익잉여금, 기타포괄손익누계액, 기타자본항목 으로 세분되는데, 자본변동표는 이러한 구성항목들의 기초잔액, 변동사항, 기말잔액의 내역을 표시해 준다.

[표 2-5] **연결자본변동표**

연결자본변동표

(주)삼성전자 제47기 2021.01.01부터 2021.12.31까지 (단위: 십억 원)

과목		지배기업 소유주지분					비지배지분	자본합계
		자본금	주식발행초과금	이익잉여금	기타자본항목	합계		
2021.01.01(기초자본)		897.5	4,403.9	271,608.2	(8,687.2)	267,670.3	8,277.7	275,948.0
자본의 변동	총포괄손익							
	당기순이익			39,243.8		39,243.8	663.7	39,907.5
	매도가능금융자산평가			3,232.9	(359.1)	(2,873.8)	(107.1)	(2,980.9)
	해외사업장환산외환차이				(7,165.0)	7,165.0	118.6	7,283.6
	배당(소유주와의 거래)			(20,480.7)		(20,480.7)	(32.0)	(20,512.7)
	자기주식의 취득							
	자기주식의 처분							
	기타			(0.5)	9.6	(10.2)	(9.8)	(20.0)
2021.12.31(기말자본)		897.5	4,403.9	293,064.7	(2,128.5)	296,237.7	8,662.2	304,839.9

2. 현금흐름표

현금흐름표(cash flow statement)는 일정 기간 동안 기업의 현금흐름의 변동 내용을 표시하는 재무보고서이다. 현금흐름표에서는 기업의 현금흐름에 영향을 미치는 경영활동을 다음 세 가지로 구분하고 있다.

- **영업활동**: 기업은 이익을 창출하기 위하여 원자재 구매－제품생산－제품판매－판매대금회수의 과정을 거치는데, 이 생산－판매－관리활동의 경상적인 영업활동을 말한다.
- **투자활동**: 시설투자나 자산매각처럼 영업활동을 가능토록 하는데 필요한 자산의 취득 또는 처분활동을 말한다.
- **재무활동**: 은행차입, 증자 등 채권자나 소유주로부터 필요 자금을 조달하거나 상환하는 활동을 말한다.

현금흐름표에서는 위의 세 가지 활동으로 인하여 현금흐름이 증감된 내역을 5장 [표 5-3]과 같이 표시하고 있는데, 상세한 내용은 5장에서 설명한다.

3. 주석

주석(notes)은 재무제표 정보의 유용성을 높이기 위하여 재무제표의 전반 또는 특정 과목과 관련된 세부적 내용을 서술적으로 기재한 것이다. 재무제표 본문에는 표시되지 않지만, 이를 보충하는 수단으로 제시되는 각주에는 기업의 미래 수익성과 위험, 재무제표와 관련된 다음과 같은 정보가 제시된다.

- (지배)회사의 사업(영업)부문의 내역, 매출의 구성 내역
- 연결재무제표의 작성기준, 연결범위, 연결회사 개요, 종속회사 투자내역
- 연결실체 간의 주요 거래 내역, 연결재무제표 작성에 적용된 주요 회계정책
- 회사가 채택한 중요한 회계처리방침, 자산 · 부채의 평가기준
- 회계처리기준 또는 회계추정을 변경한 경우에는 그 변경내용과 변경사유, 회계변경이 재무제표에 미치는 영향
- 사채 및 차입금, 매도가능금융자산의 내역
- 외화자산과 외화부채 및 외화환산손익의 내역
- 우발채무, 리스계약, 소송의 내역
- 특정 금융자산, 금융부채의 내역, 신용등급 및 위험관리에 대한 정보
- 금융수익과 금융비용에 대한 내역
- 자본금 변동 내역, 이익잉여금 처분 내역, 전환증권의 내역
- 주당이익(earnings per share)의 산출 내역
- 배당금 산정 내역과 배당성향 및 배당수익률

- 현금흐름표와 관련하여 현금의 유입과 유출이 없는 주요 거래 내역
- 사업부문별 정보와 중단된 사업에 관한 정보, 공정가치에 대한 정보
- 관계회사 또는 거래처의 파산과 같은 계속기업으로서 존속가능성에 영향을 미치는 특정 사항의 위험과 불확실성
- 재무상태표에 표시되어 있지 않은 미래 자원(유전의 발견 등)의 내용
- 스톡옵션 부여 및 행사의 세부내용
- 종업원에 대한 복지정책, 퇴직급여부채, 인적자원에 대한 교육훈련 내용 등

기업이 정기적으로 제출하는 사업보고서에는 재무제표(재무사항) 이외에도 다음과 같은 비회계자료가 제시된다.

- **회사의 개황**: 회사의 목적사업과 연혁, 의결권 현황 등
- **사업의 내용**: 사업의 개요, 경영환경변화 및 주요 정책변경 내용, 주요 제품과 원재료의 가격추이, 생산능력 및 설비신설현황, 매출, 수주상황, 진행 중인 투자와 향후 투자계획, 파생상품에 관한 사항, 경영상의 주요 계약, 연구개발활동, 위험관리 내용 등
- **지배구조 및 관계회사현황**: 지배구조의 개요, 관계(계열)회사현황, 타법인 출자현황
- **주주, 임원 및 직원에 관한 사항**: 최대주주의 주식소유현황, 임원의 보수 등
- **주식에 관한 사항**: 주식의 분포, 자기주식, 최근 주가 및 주식거래실적 등
- **이해관계자와의 거래 내용**: 주주, 임원, 직원 및 기타 이해관계자와의 거래 내용

5절 비회계적 경영분석자료

기업경영을 분석하는 데 있어서는 위의 4절까지 설명한 재무제표 이외에도 여러 가지 비회계자료(non-accounting data)가 필요하다. 이에는 계량화시킬 수 있는 양적 자료도 포함되지만 주로 비계량적인 질적 자료가 주종을 이룬다. 그러나 이들 자료는 경영진단을 위해서 기업 스스로가 제공하지 않으면 얻을 수 없는 자료가 대부분이어서 외부분석의 입장에서는 이용하기 어려운 것이 많다. 또한 이들 비회계자료를 의미 있는 정보로 가공·처리하는 데는 주관적 판단이 작용한다는 특징이 있다.

기업경영분석에 필요한 비회계자료는 자료 제공의 주체에 따라 내부분석자료와 외부분석자료로 구분할 수 있다.

1. 내부자료

내부분석의 입장에서 이용할 수 있는 비회계자료를 기업의 경영전략과 주요 경영관리기능별로 나누면 [표 2-6]과 같이 정리해 볼 수 있다.

여기에 소개하는 관계자료는 비교적 일반적인 자료이므로 경영분석의 목적이 보다 구체적이고 특수한 부문에 대해 집중적으로 분석하는 것이라면 추가적인 세부자료가 필요할 것이다.

[표 2-6] **비회계적 경영분석자료**

자료의 구분	자료내용
기본자료	① 기업형태 ② 기업의 사명과 설립목적 ③ 회사의 정관 ④ 회사의 역사 ⑤ 조직도 ⑥ 이사회의 구성과 배경(교육, 경력) ⑦ 관계회사의 내역 ⑧ 주주의 분포상태(소유구조) ⑨ 공장의 입지 ⑩ 취급 제품 및 진출시장 · 지역 ⑪ 최근 수년간의 제품별 매출액 성장률 ⑫ 최근 수년간의 시장점유율 추세
경영전략 · 장기경영계획 관계자료	① 장기경영계획의 목표와 정책, 주요 방침 ② 기업환경변화에 대한 분석자료(업종의 전망 등) ③ 회사 자체에 대한 강 · 약점 분석자료 ④ 제품별 · 시장별 경쟁력(가격요소, 비가격요소) ⑤ 상황변화에 대한 상황적응계획(contingency plan) ⑥ 신제품, 신시장 개발계획 및 실적 ⑦ 다국적(해외) 경영전략(현지법인, 해외지점현황 및 경영실적자료) ⑧ 수직적 계열화(생산통합도)에 관한 자료 ⑨ 부문별 경영계획과 목표, 실행 방법 ⑩ 제품 및 시장 포트폴리오 재구성 계획 ⑪ 특허권, 로열티 ⑫ 기업과 관계되는 법규 ⑬ 대정부관계
조직 및 인사 관계자료	① 조직의 형태 및 특징 ② 조직관리계획과 방침 ③ 직무분석자료(직무의 기능별 · 직종별 분류, 직무평가제도) ④ 권한과 책임의 분담(권한위양의 정도) ⑤ 조직 내 커뮤니케이션의 경로 ⑥ 인원현황, 장기인력수급계획(인력 소요의 예측 및 정원관리) ⑦ 인력개발, 교육훈련계획 및 실적, 교육 및 기술수준 ⑧ 보수관계자료(임금수준, 임금체계, 임금결정 방법, 각종 수당 · 복리후생비, 인센티브 상여금의 내역, 퇴직금제도, 임금격차)

조직 및 인사 관계자료	⑨ 복리후생시설과 제도 ⑩ 인사고과제도(평정 방법, 승진제도 및 현황, 인사규정) ⑪ 노사관계(작업조건, 고용의 안정성, 노동조건, 노조운영, 인간관계) ⑫ 내부평가제도(내부평가절차와 지침), 경영성과측정 방법, 인센티브제도, 조직단위별 성과측정제도, 목표관리제도, 제안제도, 고정처리제도 등의 하의상달제도) ⑬ 이직률과 이직원인
생산관계자료	① 제품별 생산실적과 계획(계절성 품목일 경우 월별 실적) ② 주요 제조공정, 입지조건 ③ 생산능력(capacity)과 제조단가 ④ 조업도(공장가동률)수준 ⑤ 생산부문 종업원의 구성 및 현재의 기술수준, 숙련도 ⑥ 비용우위요소(누적 경험, 규모경제) ⑦ 비용구조(변동비 대 고정비) ⑧ 원자재 구매실태, 하청기업 관리실태(국내수입비중, 조달가격) ⑨ 재고관리실태 ⑩ 품질관리실태
연구개발 관계자료	① 장기연구개발계획 및 단기실천계획 ② 연구개발비(대 매출액비율), 시설과 투입인력 ③ 기술관련 정보수집체계 ④ 신기술개발실적 ⑤ 기술도입실적, 외부기관과의 공동연구 · 위탁연구실적 ⑥ 연구개발결과의 실용화실적 ⑦ 장 · 단기 교육훈련 계획 및 실적(교육내용, 인원, 시간, 비용, 시설) ⑧ 전산화계획 및 실적 ⑨ 전산화에 따른 업무효율화 효과측정
마케팅 관계자료	① 제품별 · 주요 거래처별 판매실적 및 판매계획 ② 판매단가 및 가격정책 ③ 제품의 종류, 질과 서비스 ④ 판매경로 및 판매조직 ⑤ 광고 및 판매촉진책(인지도, 평판, AS수준) ⑥ 지점 및 대리점망 현황 ⑦ 해외시장관계 ⑧ 판매대금 회수실적(외상판매비중, 결제기간)
재무관계자료	① 예산편성지침 및 규정 ② 자본예산 · 손익계산자료(사업별 · 비용별 우선순위계획) ③ 자본투자사업에 대한 사전 경제적 타당성 검토자료 ④ 투자사업별 우선순위 지침 ⑤ 이익계획 ⑥ 증자실적 및 자금계획(부채차입, 주식발생계획) ⑦ 영업레버리지 · 재무레버리지 ⑧ 거래은행 및 거래실적(연체 유무) ⑨ 내부통제제도(부문별 예산절감실적 및 계획) ⑩ 예비비집행내역 ⑪ 원가계산자료 ⑫ 재고자산의 구매 · 사용 및 재고현황 ⑬ 신용공여합계, 담보상황 ⑭ 외상매출금내역 및 신용정책 ⑮ 배당실적 ⑯ 시장가치평가자료(주가, 주가수익배수(PER), 거래량 등)

2. 외부자료

기업경영의 업적을 평가하거나, 미래예측을 위해서는 경제, 산업, 기업관련 자료를 외부에서 얻어야 한다. 국민소득, 어음부도율, 물가, 통화량, 이자율 등에 관한 경제동향자료나 특정 산업동향 분석자료, 주식 · 채권에 관한 투자정보나 주가지수와 같은 증권시장자료, 재무제표 사업보고서를 포함한 금융감독정보, 기업경영분석 자료를 얻을 수 있는 자료제공처를 정리하면 [표 2-7]과 같다.

[표 2-7] **경제동향, 증권시장관련 자료**

자료구분	내 용	제공처 및 자료명
경제동향자료	• 총량경제지표(경제성장률, GDP, 1인당국민소득, 물가 등) • 경기변동지표(경기예고지표, 실업 · 재고지수, 생산지수, 건축허가면적 등) • 통화 및 재정금융통계(통화량, 이자율, 물가 등) • 무역 · 해외경제동향(수출입, 국제수지, 외환 보유액, 대 주요국 환율, 주요국 금리 · 상품지수, 원가재가격, 주요국 경제지표 등)	• 기획재정부(www.mosf.go.kr) 통계청(월간경제동향, 한국통계연감) • 한국은행(www.bok.or.kr) 한국은행 경제통계시스템 (ecos.bok.or.kr) (조사통계월보, 경제통계연보, 주요 경제지표, 기업경영분석, 국제금융, 환율동향속보 등)
증권시장자료	• 증권시장통계(주가지수, 거래량, 발행시장 · 유통시장통계 등) • 투자자료(주가수익비율(PER), 주당순자산배율(PBR), 국공채 · 회사채수익률, 채권등급, 배당수익률 등) • 산업동향정보 • 개별기업 투자정보(상장회사개요, 사업전망, 주가관련지표, 주요 재무비율, 공시사항 등)	• 금융감독원(www.fss.or.kr) (금융통계월보, 자본시장 연보) • 한국거래소(www.krx.co.kr) (주식, 증권통계연보) • 상장회사협의회(www.klca.or.kr) (상장, 상장회사총람) • 금융투자협회(www.kofia.co.kr) (증권시장지, 증권) • 주요 증권회사, 경제연구소(금리 · 환율전망, 상장기업분석 등)
금융감독원자료	• 상장회사 사업보고서, 재무제표, 공시사항 • 금융회사 경영정보, 발행시장/유통시장 정보 금융통계 용어해설 • 채권관련 정보	• dart.fss.or.kr/(전자공시시스템) • 금융통계정보시스템(fisis.fss.or.kr) • 금융투자협회(kofiabond.or.kr)
기업경영분석 자료	• 업종별 재무제표 및 경영분석비율 주요국 경영분석지표 • 중소기업 경영실태(설비투자, 기술개발, 구매, 판매, 도급거래, 고용) 및 경영분석비율	• 한국은행(bok.or.kr) 기업경영분석 • 한국산업은행(kdb.or.kr) 재무분석 • 중소기업협동조합중앙회 (kfsb.or.kr) 중소기업 실태조사보고

경영분석의 현주소 (2)

국제회계기준(IFRS)과 경영분석

○ IFRS도입의 배경

경영분석의 기초자료로 사용되는 재무제표는 그동안 국가별로 서로 다른 일반회계기준(GAAP)을 적용하여 작성하여 왔다. 그러나 2011년부터는 단일 국제회계기준인 국제회계기준(IFRS: international financial reporting standards)을 적용하여 회계보고서를 작성하게 되었다. 우리나라는 2011년부터는 모든 상장기업이 의무적으로 IFRS을 적용하도록 된 것이다. 비상장회사들은 IFRS 의무적용대상기업이 아니지만, 수정보완된 '일반기업회계기준'(2009. 12 제정)이나 IFRS를 선택하여 공시하도록 되었다.

그간 각국의 자본자유화가 크게 진전되면서 회계기준 통일의 필요성이 증대되었고, 각국이 서로 다른 회계기준의 회계자료를 이용한 경영분석 시에 국제비교의 한계점, 그리고 금융위기를 겪으면서 미국의 엔론 사건 등의 분식회계 사건으로 초래된 회계 불투명성의 문제는 세계 주요 나라에서 IFRS의 도입을 서두르게 한 배경이 되었다.

IFRS을 도입하면 채택 국가는 모두 단일회계기준인 IFRS을 적용하게 되는데, 다음과 같은 여러 가지 **장점**이 있는 것으로 알려져 있다.

- 국가 간 재무제표의 비교가능성과 회계투명성이 개선된다.
- 외국 증권(금융)시장에의 접근이 더 용이해지고, 자본비용이 저렴해진다.
- 다수 증권시장에 중복 상장된 회사들은 이중의 재무보고서를 작성하지 않아도 되므로 회계처리비용이 절감된다.
- 각국마다 회계기준을 제정할 필요성이 줄어들어 회계기준 제정비용이 절감된다.

○ IFRS의 특징과 주된 변화

기존의 회계기준과 비교하여 IFRS의 차이점의 주요 내용을 정리하면 다음과 같다.

- **연결재무제표 중심**: 기존의 회계기준은 종속회사가 있을 경우도 이를 포함하지 않고 별도로 보고하는 '개별(회사)재무제표' 중심이었다. 그러나 IFRS는 자회사와 해외법인의 실적도 포함하여 재무제표를 작성하는 **연결재무제표가 기본 재무제표**이다. 즉, IFRS는 50% 초과소유주주 또는 실질 지배력이 있는 종속기업이 있는 경우, 평가대상이 개별기업만 아니고 종속기업도 포함한 경영성과를 단일 연결실체로 보고, 지배회사 소유자의 몫과 비지배 지분의 몫을 구분 표시하는 연결재무제표를 공시하여야 한다.
- **포괄손익계산서의 작성**: 기존 손익계산서에 재무상태표의 기타포괄손익을 포함하여, 순자산의 변동 중 소유주와 관련된 사항은 자본변동표의 구성항목으로 표시하

고, 비소유주와 관련된 순자산의 변동은 포괄손익계산서에 표시하게 된다.

- **원칙중심의 회계처리**(principles based approach): 기존의 회계기준은 개별 사안마다 지침이 존재하는 **규칙중심**의 회계처리(rules based approach)이었다. 그리고 새로운 상황이 발생하면 그 때마다 적용할 새 회계기준(실무적용 지침서)을 정해왔다. 그러나 IFRS는 개별 지침이 없이 중점적인 원칙만 제시되고 이 원칙에 따른 재량적 판단에 따라 회계처리하는 **원칙중심의 회계처리**이다. 새로운 상황이 발생하면 이 원칙을 스스로 해석하여 능동적으로 회계처리하는 방식이다.
- **재무제표의 양식**: IFRS에서는 재무제표의 양식, 포함되어야 할 항목의 순서나 형식을 규정하지 않고 있다. 정보이용자가 기업을 이해하는 데 필요하다면 재무제표에 항목, 제목 및 중간합계를 추가하여 표시할 수 있다. 재무상태표의 경우, 재고자산, 유형자산 등처럼 별도로 구분, 표시되어야 할 최소한의 항목만을 제시하고 있다. 손익계산서의 경우도 그 양식, 포함되어야 할 항목, 배열순서 등 그 표준형식을 규정하지 않고 있다. 다만, 매출수익, 매출원가, 당기순손익, 총포괄손익 등처럼 반드시 개별금액으로 나타내어야 할 항목만을 정하고 있다. IFRS에서는 핵심 영업활동에서의 이익창출능력 평가의 근간이 되는 "영업손익"의 정의조차 규정하지 않고, 기업의 자율에 맡기고 있어 정보이용자의 세심한 주의가 필요하다.
- **공정가액**(fair value)**평가 방법의 적용**: 기존의 회계기준은 자산 · 부채평가 시에 기본적으로는 역사적 취득원가 기준으로 작성되는 평가 방법(원가모형)이었다. 그러나 IFRS는 원칙적으로 자산의 경제적 실질(시장가격 등)이 반영되는 **공정가치평가 방법이**다. 공정가액은 시장가격이 있으면 시장가격, 시장가격이 없으면 유사시장가격이나 추정가격으로 평가하는데, 금융상품은 공정가치로 평가하고, 유 · 무형자산은 원가와 공정가치 중에서 선택하도록 되어있다. 이는 기업 스스로가 소유 자산의 실제 가치를 정확하게 평가하여야 하는 책임이 있음을 의미한다. 만약에 재무보고서의 공시에서 중대한 오류가 발생하여 투자자에게 피해를 준다면 국제적 소송의 가능성이 증가하고, 경영판단 오류에 따른 위험이 증가하게 된다. 자율성이 높아지는 반면에 무거운 책임이 주어짐을 의미한다.
- **주석의 명시와 중요성**: 재무제표 본문에는 표시되지 않지만, 회계 방법 변경의 내역과 미래 기업경영에 영향을 미칠 주요 정보 등을 명시하게 되어 주석의 중요성이 부각된다. 발생할 수 있는 리스크에 대한 상세한 내용과 더불어 앞의 4절 3항에 예시한 것과 같은 사항들의 공시를 요구하고 있다.

○ 토론

1. 국제회계기준(IFRS) 도입의 배경과 주된 변화는 무엇인가?
2. IFRS 도입으로 인해 기대되는 유용성과 초래된 문제점은 무엇인가?

요 약

경영분석의 기초자료로 이용되는 재무제표에는 재무상태표, 포괄손익계산서, 자본변동표, 현금흐름표가 있다. 재무제표의 회계수치에는 기업환경, 경영전략, 경영활동, 회계시스템, 회계기준, 회계정책 등이 영향을 미친다.

재무상태표는 기업의 유동성과 안정성을 평가할 수 있는 기초가 된다. 재무상태표에서 자산구성(유동자산 대 비유동자산의 비중)을 분석하면, 기업의 유동성을 평가할 수 있으며, 자본구성(부채 대 자기자본의 비중)을 분석하면, 기업의 안정성을 평가하는 기초가 된다. 경영분석의 기초자료로서 재무상태표를 이용할 때는, 재무상태표가 서로 상이한 시점에서 취득한 자산과 조달된 자본이 누적적으로 계상된 것이라는 점, 장부가치와 시장가치가 큰 차이를 보일 수 있다는 점, 미래수익발생능력이 있는 중요자산이 누락될 수 있다는 점, 어느 특정일 기준의 정태적 자료라는 점 등에 유의해야 한다.

포괄손익계산서는 수익성변동분석의 기초가 된다. 손익계산서에서 비용구조(각 비용항목 대 매출액의 비중)를 분석하면, 경영성과의 변동을 초래하는 주요 비용항목이나 수익항목을 평가할 수 있다. 손익계산서를 이용할 때는, 적용된 회계처리 방법에 따라서 비용이나 이익이 과소 또는 과대계상될 수 있다는 점, 회계이익의 계상은 현금주의가 아니므로, 별도의 현금순환과정에 대한 분석이 보완될 필요가 있다는 점에 유의할 필요가 있다.

국제회계기준(IFRS)의 도입으로 재무제표의 형식, 구성내용에 큰 변화가 있게 되는데, 기업의 재무건전도를 분석하는데 필요한 재무제표의 재구성 문제를 검토해야 한다.

경영분석이 심도 있게 수행되기 위해서는 기업의 경영전략 · 장기경영계획 · 조직 및 인사 · 생산 · 판매 · 재무 등 다양한 비회계적 자료를 참고하거나 증권시장자료 등 다양한 외부정보원을 이용할 필요가 있다.

주요 용어

회계시스템	회계기준	회계정책
재무상태표	재무상태표등식	유동성
자산구성	안정성	자본구성
수익 · 비용 대응의 원칙	손익계산서등식	비용구조
현금주의회계	발생주의회계	비현금성비용
지배주주지분	비지배주주지분	자본변동표
감사의견	비회계적 경영분석자료	국제회계기준(IFRS)
원칙중심의 회계처리	공정가치	주석

연습문제

01 재무제표에 표시되는 수치들은 일차적으로는 기업의 다양한 경영활동 – 투자활동, 자본조달활동, 운영활동의 결과가 반영된 것이다. 재무상태변동표와 손익계산서의 체계를 제시하고, 주요 항목(자산, 부채, 매출총이익, 영업이익, 순이익)에 어떤 경영활동이 반영된 것인지를 설명하라.

02 경영활동의 결과를 재무제표라는 양식으로 작성할 때, 재무제표의 작성에 적용되는 회계시스템, 회계기준, 회계정책 여하에 영향을 받는다.

(1) 회계시스템, 회계기준, 회계정책은 어떻게 상이한지를 설명하라.

(2) 현금주의회계, 발생주의회계의 기준인 것은 위의 3가지 구분 중 어느 것과 연관되는가? 또 재무제표가 현금주의가 아니고 발생주의에 입각하여 작성되는 이유는 무엇인가?

03 상장기업은 2011년부터 국제회계기준(IFRS)에 따라 재무보고서를 작성, 공시하고 있다.

(1) 기존의 회계기준과 IFRS의 주된 차이점을 요약 비교하라.

(2) IFRS에서는 기존의 손익계산서에서 제시되던 순익에 '기타포괄손익'과 '총포괄이익'을 포함시켜 '포괄손익계산서'를 작성한다. '기타포괄손익', '총포괄이익'이란 무엇인가?

04 재무제표에 대한 다음의 설명 중 잘못 서술하고 있는 항목에 대해 바른 설명을 제시하라.

(1) 자산항목들은 위로부터 유동성(liquidity)기준 순서대로 기록된다.

(2) 자산항목은 취득원가로 표시된다.

(3) 소유자 몫, 즉 자본의 변동은 출자와 관련된 자본거래로 초래되는 부분만 계상된다.

(4) 자산재평가잉여금, 매도가능증권 평가손익 등의 기타포괄손익은 당기순손익에 계상에 포함된다.

(5) 비지배주주지분에는 종속회사의 모든 주주에게 귀속되는 지분을 계상한 것이다.

(6) 퇴직급여충당금과 같은 부채성충당금도 부채비율을 계상할 때 포함된다.

(7) 기업의 지속가능 이익창출능력을 평가할 때 기준이 되는 것은 '당기순이익(손실)'이다.

(8) 경쟁업체 간의 이익창출능력을 평가하는 기준은 '매출총이익(손실)'이다.

(9) 회계이익과 현금흐름의 크기가 다른 이유는 감가상각비와 같은 현금유출이 없는 비용 때문이다.

(10) 원자재의 값이 상승하고 있는 상황에서 재고자산을 선입선출법으로 계상하면 상대적으로 비용은 과다하게 보고된다.

05 재무상태표와 포괄손익계산서 자료를 이용하여 재무건전도를 평가할 때, 분석의 초점과 분석상의 유의점을 비교 설명하라. 또 공시자료에서 '주석사항'은 왜 필요한가?

06 다음 3장에서는 사례기업으로서 삼성전자와 LG전자의 자료가 제시된다. 양사의 최근 사업보고서를 금융감독원 전자공시시스템(http://dart.fss.or.kr/)에서 찾아보고, 사업보고서의 주석사항(footnote)상의 중요내용을 요약하라. 이들 주석사항의 정보가 유용한지를 평가하라.

2편

재무건전도의 평가

CONTENTS

2편 개요

앞의 1편 1, 2장에서는 현대경영분석의 체계를 경영정보의 수요와 공급의 관점에서 체계화 하고, 경영분석의 기초자료로 활용되는 재무제표자료에 대하여 설명하였다.

본 2편에서는 정보이용자들이 필요로 하는 경영정보를 만들어 내는 경영분석기법 중에서 주로 재무제표자료를 이용하여 과거 일정 기간 동안의 재무건전도를 평가하는 분석 방법들을 다룬다.

먼저 3장에서는 전통적 경영분석 방법 중에서 가장 널리 이용되고 있는 재무비율분석에 대하여 다룬다. 기업이해관계자들이 기업의 수익성, 활동성, 유동성, 안정성, 생산성, 성장성 등에 대한 정보를 추출하는 방법에 대하여 설명한다.

4장에서는 개별재무비율을 종합적으로 이용하여 경영성과의 변동원인을 분석하는 ROI기법, ROIC 기법, 종합지수법에 대해서 다룬다.

현금흐름정보는 재무비율들이 전달하지 못하는 내용을 담고 있고 유용성이 높다. 5장은 현금흐름의 특징과 변동원인, 현금창출능력을 분석하는 체계를 다룬다.

재무제표분석은 여러 가지 한계점을 지니고 있다. 반면에 통계적 방법이 함께 활용되면 유용성이 높아질 수 있다. 6장은 재무제표분석의 회계적 · 통계적 논점에 대해서 다룬다.

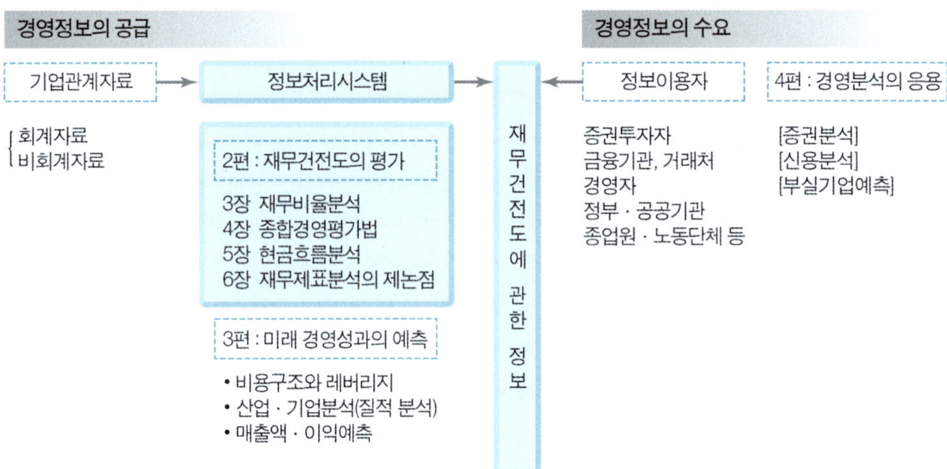

3장

재무비율분석

증권투자자, 금융기관, 내부경영자 등 기업이해관계자들이 자신들의 의사결정과 관련하여 관련 기업의 재무건전도에 대한 정보를 필요로 할 경우, 가장 손쉬운 방법으로써 오랫동안 사용되어온 것은 재무비율분석이다.

본장에서는 재무건전도에 대한 정보를 제공해 주는 여러 가지 재무비율에 대하여 설명한다.

학습목표

- 재무건전도를 평가하는 데 널리 이용되고 있는 주요 재무비율의 계산 방법
- 기업의 이익발생능력, 자산투자의 효율성, 부채의 원리금상환능력, 자금사정, 안정성, 생산요소들이 달성하고 있는 경영능률, 성장잠재력, 시장가치기준의 평가에 관한 정보를 추출하는 방법

1절 재무비율분석의 의의

재무비율(financial ratio)은 재무제표에서 경제적 의미와 논리적인 연관관계가 분명한 특정 두 항목을 서로 대비하여 이해하기 쉬운 지표로 나타낸 것이다. 기업경영 내용에 대한 의미 있는 정보를 처리하는 가장 손쉬운 방법이면서도 매우 다양한 정보를 제공해 주기 때문에 금융기관, 투자자 그리고 경영자 등 기업이해관계자의 의사결정에 유용하게 이용되고 있다. 그러나 재무비율분석은 여러 가지 한계점이 있기 때문에 이를 식별하고 분별력 있게 사용할 필요가 있다.

1. 재무비율분석의 유용성

재무비율분석이 기업의 재무건전도를 평가하는 데 가장 오랫동안 널리 이용되어온 것은 다음과 같은 여러 가지 유용성이 있기 때문이다.

첫째, 가장 저렴하고 손쉽게 구할 수 있는 재무제표를 이용하여 산출하기 때문이다.

둘째, 재무비율은 재무제표로부터 논리적 연관성이 있는 두 항목 간의 비율로서, 계산이 용이하다. 즉, 기술적으로 정보화하기 쉽다는 점이다.

셋째, 적은 수의 재무비율들로도 기업경영의 주요 내용을 평가할 수 있다. 재무제표의 구성항목이 매우 많아서 재무비율도 수 없이 산출할 수 있겠지만, 경제적 의미와 논리적 관계가 분명하여 의사결정자에게 실제로 의미있는 정보를 제공하는 것은 50여 가지를 넘지 않으므로 이용하기에 간편하다는 점이다.

넷째, 재무비율은 기업의 지급능력, 안정성, 효율성, 수익성 등에 관한 다양한 정보를 제공함으로써 여러 형태의 의사결정에 도움이 되는 비교적 풍부한 정보를 제공한다.

더욱이 특정 기업의 재무비율을 산업평균비율과 같은 표준비율과 상호비교함으로써 경영의 좋고 나쁨을 평가할 수 있고, 과거 수년간의 추세를 분석함으로써 경영내용이 개선되고 있는지 악화되고 있는지를 평가할 수 있으므로 유용한 정보가 되고 있다.

이러한 점 때문에 재무비율분석을 근간으로 하는 재무제표분석은 기업이해관계자들의 중요한 의사결정에 이용되면서 그 응용범위가 넓어지고 있다. 즉, 재무비율분석이 부실기업의 예측, 우량대출과 불량대출의 판별, 포트폴리오 투자결정, 경영정책의 수립 등에 다양하게 이용되고 있는 것이다.

많은 현대인들이 정기적으로 건강진단을 받는 것처럼 기업도 재무적 건강상태를 진단받을 필요가 있는데, 기업의 재무제표를 근간으로 하는 재무비율분석은 기업의 재무적인 건강상태를 평가하는 가장 효율적인 방법이 되고 있다.

2. 재무비율분석상의 유의점

재무비율분석의 유용성을 높이기 위해서는 재무비율분석의 한계점을 인식할 필요가 있다. 재무비율분석의 한계점에 대한 보다 상세하고 체계적인 설명은 6장에서 다루겠지만, 우선 재무비율분석을 경영평가에 활용할 때는 다음과 같은 몇 가지 한계점을 인식하고 분별력 있게 사용할 필요가 있다.

첫째, 재무비율분석은 결국 재무제표를 근간으로 하여 이루어지는 것이므로 재무제표 그 자체가 **신빙성** 있고 비교 가능한 회계자료이어야 한다. 만약 그렇지 못하다면 분석결과는 의미를 상실하고 만다.

둘째, 신빙성 있는 회계자료라 하더라도 자료의 특성을 고려하여 **수정** 내지 **조정**하는 작업이 필요하다. 예를 들면, 재무상태표(대차대조표)는 특정 시점의 잔액을 나타내는 것이므로 연중 평균자료를 사용하거나 기초 · 기말의 평균치를 이용할 필요가 있다. 특히 계절성을 띤 사업일 경우는 계절성을 고려한 회계자료를 이용하여야 할 것이다.

셋째, 재무비율은 기업의 재무적 건강상태(financial health)를 나타내는 하나의 **신호**(signal) 또는 **징후**(symptom)로서의 의미 외에, 확정적인 결론으로 사용해서는 안 된다는 점이다.

신체검사를 하여 혈압이 높다는 진단이 나왔다면 이는 신체의 이상을 나타내는 징후이지 병의 근본적인 원인을 나타내는 것이 아니듯, 재무비율분석의 결과 유동성이 나쁜 것으로 나타났다면 그 자체는 기업의 재무적 건강상태가 나쁠 수 있다는 하나의 증상일 뿐 근본적 원인은 아니다. 재무비율은 기업의 재무적 강점과 약점을 나타내 주는 부분적인 정보로서 그 다음 단계의 원인분석이 뒤따를 때 의미가 커진다. 그러므로 재무비율분석의 유용성을 높이기 위해서는 그 밖의 다른 분석 방법이나 질적 정보를 함께 활용하는 것이 요구된다.

넷째, 재무비율에 담겨진 정보내용은 **상대적**일 수 있으므로 해석에 유의할 필요가 있다. 즉, 분석목적에 따라 상대적으로 해석할 필요가 있는 것이다. 예를 들어, 기업에 현금화가 쉬운 유동성자산이 많으면 은행 같은 채권자 입장에서는 긍정적으로 평가되겠지만, 경영자나 주주 입장에서는 수익성이 낮은 자산에 과다투자 되고 있음을 의미하므로 긍정적일 수 없다.

다섯째, 비율분석은 과거 일정 기간의 재무제표에 근거한 재무건전도에 대한 평가이므로 비율분석결과 그 자체를 **미래예측**에 활용하는 데는 한계가 있다는 점이다. 사실 의사결정자들에게 필요한 정보는 기업의 미래 경영성과나 재무상태에 관한 정보이다. 과거 일정 기간의 재무건전도가 미래에도 계속될 것이라는 가정에서 재무비율분석을 하지만, 때로는 미래는 과거와 전혀 다르게 나타날 수 있다. 따라서 질적 정보나 다른 분석 방법을 보완하여 이같은 한계점을 극복할 필요가 있다.

3. 재무비율의 분류

재무비율은 재무상태표(대차대조표)와 손익계산서를 중심으로 한 재무제표의 두 항목에서 구해지는 것이므로 여러 항목들 간의 결합이 매우 다양하게 이루어질 수 있다. 그러나 앞에서 밝힌 것처럼 경제적 의미와 논리적 연관성이 높아서 실제로 많이 사용되고 있는 재무비율은 50여 개를 넘지 않는다. 이들 재무비율들은 여러 가지 형태로 분류되고 있는데, 자주 사용되는 재무비율을 분류하면 다음과 같다.

(1) 분석자료에 의한 분류

재무비율을 구성하는 두 항목이 재무상태표 혹은 손익계산서 중 어떤 것을 이용하여 비율이 얻어졌는가에 따라 다음과 같이 분류한다.

1. 재무상태표비율: 두 항목이 모두 재무상태표에서 얻어진 비율
2. 손익계산서비율: 두 항목이 모두 손익계산서에서 얻어진 비율
3. 혼합비율: 한 항목은 재무상태표에서, 다른 한 항목은 손익계산서에서 얻어진 비율

이와 같은 구분은 분석자료에 의한 것인데, 이들 분석자료 중에서 재무상태표는 특정 시점을 기준으로 작성된 것이고, 손익계산서는 일정 기간을 중심으로 만들어진 것이므로 다음과 같이 정태비율과 동태비율로 구분하기도 한다.

1 정태비율(static financial ratios): 한 시점에서의 재무상태를 나타내는 비율, 곧 재무상태표비율을 말한다.

2 동태비율(dynamic financial ratios): 일정 기간 동안의 영업성적을 나타내는 비율, 곧 손익계산서비율을 말한다. 예를 들어, 순이익 대 매출액비율은 동태비율에 속한다. 전술한 혼합비율의 경우처럼 손익계산서의 한 항목과 재무상태표의 한 항목으로 이루어진 비율은 내용상 동태비율의 성격을 지닌다.

(2) 분석 방법에 의한 분류

재무비율을 분석할 때 항목 대 항목의 상대적 비율을 보기도 하지만, 각 항목이 전체(손익계산서는 매출액, 재무상태표는 총자산)에서 차지하는 구성비율을 구하여 봄으로써, 비교·분석하기도 한다. 이와 같은 관점에서 재무비율은 구성비율과 관계비율(또는 항목비율)로 구분된다.

1 구성비율(component ratios): 재무상태표항목의 경우는 총자산을 100으로 하여 각 항목을 총자산에 대한 백분율로 표시하고, 손익계산서항목의 경우는 매출액을 100으로 하여 각 항목을 매출액에 대한 백분율로 나타낸 비율을 말한다. 이처럼 구성비로 표시된 재무제표를 공통형재무제표, 백분율재무제표라고 한다. 4장에서 상술하겠지만, 기업규모의 차이가 큰 기업 간의 상호비교에 유용하다.

2 관계비율(relative ratios): 재무제표를 구성하는 개별 두 항목이 선택되어 이루어진 비율로서 항목비율이라고도 한다. 보통 협의의 재무비율분석이라고 하면 이 관계비율을 이용한 분석을 말한다. 앞에서 분류한 정태비율과 동태비율은 모두 이 관계비율에 속한다고 할 수 있다.

(3) 의사결정자의 정보필요에 따른 분류

이상에서 설명한 분석자료, 분석 방법에 의한 분류 방법은 사실 형식적인 분류에 지나지 않는다. 실제 내용 면에서 중요한 분류는 의사결정자의 필요 정보에 따른 분류이다. 재무비율은 궁극적으로 기업의 여러 이해관계자들이 내리는 의사결정에 유용한 정보가 될 때 의의가 있다. 그래서 재무비율을 의사결정자의 정보필요성(information need), 즉 분석자의 분석목적에 따라 분류하면 수익성, 활동성, 유동성, 안정성, 성장성 관련 비율로 분류할 수 있다.

현대재무이론에서는 가치평가의 문제를 수익－위험의 상관관계에서 분석하고 있다. 이 같은 관점에서 분류한다면 다음과 같이 기업수익력 평가비율, 기업위험 평가비율, 기타 평가비율 3가지 비율군으로 나눌 수 있다. 이들 비율군들을 의사결정자의 정보필요성과 연관지어 분류해보면 다음 표와 같이 체계를 잡을 수 있다.

[표 3-1] 의사결정자의 정보필요성에 따른 재무비율의 분류

재무비율의 분류		정보내용	주요 재무비율
기업 수익력 평가비율	수익성비율	투하자본에 대한 경영성과, 이익창출능력	총자산이익률, 자기자본순이익률, 매출액이익률
	활동성비율	특정 자산의 이용효율성, 현금화속도, 자산투자의 적절성	매출채권회전율(평균회수기간) 재고자산회전율, 순운전자본회전율, 비유동자산회전율, 총자산회전율
기업위험 평가비율	유동성비율	단기채무의 상환능력, 자금사정	유동비율, 당좌비율, 순운전자본구성비율, 방어기간비율, 매입채무변제기간
	레버리지비율	채권보전의 안전도, 원리금 상환능력, 안정성	부채비율, 이자보상비율, 현금흐름보상률, 비유동비율, 비유동장기적합률
기타 평가비율	생산성비율	노동·자본 등 생산요소가 달성하는 경영능률, 자원배분의 합리성	부가가치율, 종업원 1인당 부가가치, 총자본투자효율, 설비투자효율, 자본집약도
	성장성비율	기업외형·수익력의 향상 정도	매출액증가율, 총자산증가율, 순이익증가율, 주당이익증가율
	보통주평가비율	수익가치나 자산가치가 증권시장에서 평가되고 있는 상대적 수준	주가수익비율(PER), 주당순자산비율(PBR), q비율

본서에서는 기업수익력평가 재무비율군으로서 수익성비율과 활동성비율을 포함시키고, 기업위험평가 재무비율군으로서 유동성비율과 레버리지비율을 포함시켜 설명한다. 그리고 생산성비율, 성장성비율, 보통주평가비율은 기타 평가비율군으로 분류하여 다루기로 한다.

2절 재무제표분석을 위한 사례

다음 3~5절에서는 경영분석에서 많이 사용되는 주요 재무비율의 계산 방법과 의미를 설명하게 될 것이다. 그런데 재무정보이용자의 입장에서 중요한 것은 자신의 분석목적을 분명히 하여 의사결정목적에 적합한 정보를 추출한 다음, 이를 의사결정에 합리적으로 이용하는 것이다. 각 재무비율이 담고 있는 정보의 의미를 알고, 이를 의사결정에 이용하는 능력을 기르는 것이 필요한 것이다. **사례연구**는 이 같은 능력배양에 도움을 주는 유용한 접근 방법이다.

본절에서는 이 같은 사례연구의 목적을 위하여 우리나라 전자산업의 삼성전자와 LG전자의 개황과 재무자료를 소개하고, 이하에서는 이 자료를 중심으로 경영내용 평가에 활용하는 측면을 설명하기로 한다.

1. 전자산업의 개황

전자산업은 일반 가전제품에서부터 컴퓨터, 통신장비, 반도체 등 전자부품, 항공우주산업분야 등 가공 최첨단 장비에 이르기까지 적용범위가 광범위한 산업영역이다. 전자산업은 전후방생산유발효과, 고용유발효과, 수출기여도가 높고, 기술인력의 연구개발을 통해 고부가가치를 창출할 수 있는 분야이다.

우리나라 전자산업의 대표적인 회사인 삼성전자와 LG전자에서 취급하고 있는 주 제품영역은 다음과 같다.

1) 가전제품(CE: Consumer Electronics): TV, 모니터, 냉장고, 세탁기 등
2) 정보통신제품(IM: Information technology & Mobile communications): 스마트 폰 등 HHP, 네트워크 시스템, 컴퓨터 등
3) 반도체: 모바일AP 등에 소요되는 반도체 제품
4) 디스플레이(DP): TV, 모니터, 노트북 PC, 모바일 등에 사용되는 TFT-LCD 및 QLED 디스플레이 패널 제품
5) 자동차부품(Vehicle Components) 분야: 차량용 인포테인먼트

가전제품(CE)은 일반적으로 내구성 제품으로 경기변동에 수요민감도가 높다. 또한 수출비중이 높아 환율과 세계 경기변화에 따른 영향도가 높다. 가전제품은 신흥시장에

서의 성장 잠재력이 높은 반면에, 해당 국가별로 시장 우위를 점하기 위한 경쟁사 간 공격적인 시장확대 활동들이 전개되고 있다. 가전제품부문 중 냉장고 · 세탁기 등의 백색가전제품의 경우는 시장성장률이 낮으나, 스마트 가전 · 로봇 청소기 · 의료기 등 신사업의 경우는 라이프스타일의 변화, 건강에 대한 관심 증대 등의 사회 트랜드에 따라 신규 시장으로서의 성장잠재력이 높다.

가정용 에어컨, 상업용 에어컨 및 중앙공조시스템을 비롯한 산업용 냉 · 난방공조기 등의 Air Solution은 건설경기 변동에 민감한 산업이지만, BdMS(Building Management System)이 발전하면서 통합 에너지 솔루션을 지향하는 부문이다.

TV시장은 2010년 이후 입체감을 느낄 수 있는 3D TV의 출시, 2011년부터 2012년에 걸친 인터넷 동영상 서비스(OTT) 등장, 스마트 기기와 연계되는 스마트 TV 시장의 태동, 2013년에는 화질 및 해상도가 혁신적으로 높아진 UHD TV의 출시, 2015년에는 SUHD TV, Curved TV와 같은 프리미엄 제품으로 TV 시장은 끊임없이 진화해 왔다. Display 및 음향 관련 최첨단 기술과 이를 상용화할 종합적인 하드웨어 통합기술을 필수로 하며, "데이터, 네트워크, AI 기반의 디지털" 시대를 선도할 최신 S/W 플랫폼과 차별화된 UX(User Experience) 구현 기술의 확보가 중요하다.

정보통신(IM)사업 부문에서 휴대폰산업은 1980년대 초 1세대 아날로그 방식으로 시작하여 2세대 디지털 방식, 멀티미디어 데이터의 고속 전송이 가능한 WCDMA 등 3세대 이동통신을 거쳐 대용량 데이터의 초고속 전송이 가능한 4세대 이동통신기술이 탑재된 LTE 시장으로 진화하여 왔다. 그러나 2015년에 들면서 세계 휴대폰시장은 전체 보급률이 2015년 77% 수준(시장규모는 약 18.5억대)으로 연간 약 3%의 성장을 기록하는 성숙시장이 되었다. 그러나 5G 서비서의 본격적인 확산과 함께 전체 휴대폰 판매량 중 스마트폰이 주류가 되면서 스마트폰 시장이 2016년 약 7%에서 2021년 76% 수준(연간 13.6억대)으로 확대되고 있다.스마트폰 시장이 성숙함에 따라 고성능 AP, 대화면 AMOLED Display, 폴더블 폼팩터, 멀티카메라, 생체 인증 등과 같은 하드웨어뿐 아니라 플랫폼 기반의 Application, UX, Game, Media, Mobile Payment, AI, AR 등 소프트웨어 경쟁력의 중요성이 더욱 부각되고 있다.

전자부품(DS)부문의 반도체 시장은 정보를 저장하고 기억하는 메모리반도체와 암산과 추론 등 논리적인 정보처리기능을 하는 System LSI(비메모리 반도체), 그리고 주문형 반도체(Foundry 서비스)로 구분된다.[1)]

1) 메모리반도체는 크게 읽고(Read) 쓸 수(Write)있는 램(RAM)제품과 읽기만 할 수 있는 롬(ROM)제품으로 구분된다. 램(RAM)은 전원이 꺼지면 기억된 내용은 지워져 버리기 때문에 휘발성메모리(Volatile Memory)라고 하며 컴퓨터 주기억장치, 응용프로그램의 일시적 로딩, 데이터의 일시적 저장 등에 사용된다. System

메모리반도체 시장은 스마트폰 시장의 성장률 저하 및 태블릿 시장의 역성장 등 모바일기기의 수요 감소로 성장률 둔화 요인이 있지만, 서버 등 정보 저장기기의 고용량화로 지속적인 성장이 이어질 것으로 예상하고 있다. 또한 사물인터넷(IoT), Automotive 등 신규시장이 창출되어 향후 수요가 급속히 증가할 것으로 예상되며 수요기반 또한 다변화 되어 수급 변동성은 줄어들 것으로 전망하고 있다. 주문형 반도체(Foundry 서비스)는 다른 업체가 설계한 반도체를 위탁 생산해서 공급해 주는 사업으로서 반도체 공정 기술의 고도화와 투자 부담의 증가로 생산 시설을 보유하지 않은 팹리스(Fabless) 업체가 증가하고 있다.

디스플레이(DP) 분야의 OLED 사업영역과 LCD 사업영역은 광원 · 광학 · 기구 · 방열 · 회로 등의 설계기술이 복합적으로 집약된 고정밀의 자본 · 기술집약적 산업이며, 에너지 절감 효과가 뛰어난 고효율 · 저전력 · 친환경 광원으로 다양한 영역에서 적용되고 있다. 이러한 기술 및 자본집약적 특성과 규모의 경제를 통한 대규모 생산이 필요한 특성으로 진입장벽이 높게 형성되어 있다.[2)] 경기변동에 민감하여 제품수요는 지속적으로 증가하더라도 생산업체 간 경쟁적 설비투자로 수요 · 공급 불균형이 주기적으로 반복되는 경향이 있다. OLED는 멀티미디어 콘텐츠, 인터넷 사용 등 디스플레이의 성능이 중시되는 스마트폰 시장에서 채용이 빠르게 증가하고 있다. OLED는 폴더블, 롤러블, 전장 등 다른 응용처로 확대 적용이 가능하며 앞으로 시장이 더욱 확대될 것으로 예상된다. 높은 해상도를 구현할 수 있는 LCD는 휴대전화에서부터 높대형 TV까지 응용처가 매우 다양하다. 2021년 기준으로 1,180 억달러의 글로벌 디스플레이 시장에서 OLED 시장과 LCD 시장의 비중은 30:70 수준이지만, OLED시장이 더 빠르게 성장할 것으로 보고 있다.

VC(Vehicle Components) 부문은 차량용 인포테인먼트(텔레매틱스, 디지털 콕핏, 카 오디오, 네비게이션) 제품을 중심으로 하는 자동차의 전장부품(Automotive) 부문이다. 라이프스타일 오디오(Lifestyle Audio) 산업 중에서 커넥티드 홈(Connected Home), 스마트 스피커 제품, True Wireless 헤드폰 분야는 전통적인 오디오 부문과 달리 큰 폭의 성장이 예상되

LSI 제품은 응용처에 따라 종류가 다양하며, 중앙처리 장치인 CPU(Central Processing Unit), 그래픽 처리 장치인 GPU (Graphics Processing Unit), ISP(Image Signal Processor), Modem (Modulator-Demodulator) 등을 내장한 모바일 기기용 SOC(System On Chip)가 가장 대표적인 제품이다. 한편, 주문형 반도체(Foundry 서비스)는 다른 업체가 설계한 반도체를 위탁 생산해서 공급해 주는 '수탁 반도체 제조 사업'이다.

2) 디스플레이(Display)는 각종 전자기기에 사용되는 화면표시장치를 지칭한다. 표시방식 측면에서 표시 소자가 능동적으로 구동되는(Active Matrix) 방식이 주류이며, OLED(Organic Light Emitting Diode)와 TFT-LCD(Thin Film Transistor Liquid Crystal Display)로 구분된다. OLED는 스스로 빛을 내는 유기물질을 이용한 화면표시장치로, 색 명암비와 색 일치율이 높고 색 재현 범위가 넓으며 응답 속도가 빠르다는 장점이 있다. LCD는 액정을 이용한 화면표시장치로서, 가볍고 얇으면서도 높은 해상도를 구현할 수 있고, 휴대성이 강조되는 기기에 유용성이 높다.

는 부문으로서 Amazon, Beats, Bose, Ultimate Ears 등이 치열한 경쟁을 벌이고 있다.

삼성전자와 LG전자가 차세대 성장산업으로 역점을 두기 시작한 분야는 자동차의 전장부품 부문이다. 이 부문은 자동차산업과 연관되어 있어 안전을 최우선시하는 높은 신뢰성과 자율주행 기술의 진전과 함께 앞선 기술이 중요한, 진입장벽이 높은 산업이다. 또한 자원의 선행 투입이 필요하고 사업화에 장기간이 소요되므로 개발 초기단계부터 완성차 업체와 장기간 긴밀한 협력관계를 유지해야 하는 산업이다. 차량 내 통신수요 증가 및 IT기기 사용 확대, 그리고 각국 정부의 환경 규제 정책과 보조금 지원 확대 등으로 차량용 인포테인먼트 제품과 친환경 차량부품 시장에서 고성장을 예상하고 있다. 경기변동, 정부규제, 보조금 지원 규모 변동 등이 자동차시장 수요에 영향을 미치며, 자동차부품 사업은 완성차 업체의 매출실적, 지역별 특성에 따른 차량 판매량 변동과 밀접한 관계를 갖는 경기변동성이 높은 특성이 있다. 전장산업의 커넥티비티(Connectivity) 및 엔터테인먼트 솔루션시장에서 주요업체(Alpine, Aptiv, Continental, Mitsubishi, Panasonic 등)간 경쟁이 매우 치열하다.

2. 삼성전자

삼성전자의 경영은 다음 표에서 보는 것처럼 가전사업(CE부문: TV, 냉장고, 세탁기, 에어컨 등), 정보통신(IM부문: HPP 휴대폰, 컴퓨터, 네트워크시스템 등), 전자부품(DS부문: DRAM, NAND Flash, 모바일AP 등)의 반도체사업, 디스플레이사업(DP부문: 스마트폰 TV 모니터용 OLED LCD 디스플레이 패널 등), 전장부품사업 등을 영위하는 Harman(디지털 콕핏, 텔레매틱스, 스피커 등)부문의 4가지 제품영역에서 이루어지고 있다. 구체적인 조직은 본사를 거점으로 한국과 CE, IM 부문 산하 해외 9개 지역총괄, DS 부문 산하 해외 5개 지역총괄의 생산·판매법인, Harman 부문 산하 종속기업 등 228개의 종속기업에서 이루어지고 있다.

2021년 말 기준 삼성전자 매출액은 [표 3-2]에서 보는 것처럼 부문간의 내부거래 포함하여 매출총액 300조 9,948억 원의 실적을 보였는데, 부문별로 보면, CE부문이 18.5%, IM부분이 36.3%, DS부분이 41.8%(반도체 31.3%, 디스플레이 10.5%), Harman부문이 3.3%를 구성하고 있다. 매출비중은 휴대폰의 정보통신부문(IM)이 가장 높지만 낮아지는 추세이고, 반도체 사업부문은 그 비중이 높아지고 있다. 영업이익 기준(내부거래 포함)으로 보면, 2021년에는 반도체 사업이 56.6%, 휴대폰 사업이 26.4%의 비중을 차지하였다.

[표 3-2] 삼성전자 사업부문별 제품군과 매출액 구성비

(단위: 억 원, %)

사업부문	제품군	2015년 말		2021년 말	
		매출액 비중	금액	매출액 비중	금액
가전사업 (CE)	TV, 냉장고, 세탁기, 에어컨, 프린터, 의료기기 등	23.4	46조 8,954억	18.5	55조 8,324억
정보통신 (IM)	휴대폰, 네트워크시스템, 컴퓨터, 디지털카메라 등	51.6	103조 5,543억	36.3	109조 2,514억
전자부품 (DS)	(1) 반도체 사업부문: DRAM, NAND Flash, 모바일AP 등	23.7	75조 261억	31.3	94조 1,586억
	(2) DP 사업부문: TFT-LCD, OLED 등	13.7	43조 5053억	10.5	31조 7125억
Harman	디지털콕핏, 텔레매틱스, 스피커 등			3.3	10조 399억
계		100%	200조 6,535억	100%	300조 9,948억

* 각 부문별 매출액과 그 비중 통계에는 부문간의 내부거래를 포함하고 있어 연결재무제표와 차이가 있음. 금융감독원, 전자공시시스템(http://dart.fss.or.kr/), 삼성전자 사업보고서(2022.3.31.)

** 영업이익 기준의 비중은 C&E 7.1%, IM 26.4%, 반도체 56.6%, DP 8.6%, Harman 1.2%임.

[표 3-3] 삼성전자 주요 제품 세계시장점유율 추이

	TV	스마트폰	DRAM	스마트폰 패널	디지털 콕핏
2021	29.5	20.0	43.3	51.1	25.3
2020	31.9	19.6	42.7	44.8	27.5
2019	30.9	20.9	43.7	43.6	24.8

주: 외부조사기관인 HIS, Strategy Analytics의 세계시장점유율 자료(수량기준). 디스플레이패널은 금액기준.

삼성전자는 주요 제품들이 세계적인 경쟁력을 갖추면서 위의 표에서 보는 것처럼 TV, 휴대폰, DRAM반도체, 스마트폰 패널이 세계 1~2위의 시장점유율을 보이고 있다. 부문별로 경쟁력을 보이는 요소를 중심으로 정리하면 다음과 같다.

(1) [가전제품사업(CE)부문] TV, 냉장고, 세탁기 등으로 구성되어 있는 CE부문에서 TV사업은 2021년까지 16년 연속으로 세계 시장점유율 1위를 유지하고 있다. TV시장에서 2021년에는 명암비와 화질을 획기적으로 개선한 Neo QLED TV, UHD 라인업에서 초대형 사이즈TV, 경험을 중시하는 소비자들의 라이프스타일에 맞춘 Lifestyle TV(The Terrace, The Premiere, The Sero 등), 그리고 소비자들의 다양한 니즈에 맞춘 비스포크(BESPOKE) 제품 등 차별화된 제품, 기술 및 디자인으로 경쟁력을 유지하고 있다.

(2) [정보통신(IM)부문] 휴대폰, 네트워크시스템, 컴퓨터, 디지털카메라 등으로 구성되어 있는 IM부문 중에서 휴대폰 사업은 2011년 이후 11년 연속 글로벌 1위의 입지를 확고히 하고 있다. 2019년에 세계 최초 5G 스마트폰 출시로 5G 시장을 선도하고 폴더

블 디스플레이를 탑재한 '갤럭시 폴드'로 신규 시장을 개척한 데 이어, 2020년에는 '갤럭시 Z 폴드2', '갤럭시Z 플립'를 출시하여 스마트폰 시장의 게임체인저가 될 수 있는 전략을 추진하고 있다(2021년 3분기말 기준 스마트폰 시장의 점유율: 삼성전자 23%, 애플 15%, 샤오미 14%, 오포 10%). 스마트폰 외에도 대화면 디스플레이의 멀티 태스킹이 가능한 태블릿, 혁신적인 피트니스 및 웰니스 기능이 대거 탑재된 스마트 워치와 뛰어난 사운드 경험을 제공하는 무선 이어폰이 포함된 웨어러블 제품의 공급으로 스마트폰 이용자에게 더욱 풍부하고 편리한 모바일 경험을 제공하고 있다.

(3) [반도체 사업부문(DS)] DS 부문은 DRAM, NAND Flash 등 제품을 생산 · 판매하는 메모리 반도체 사업, 모바일AP, 카메라 센서칩 등을 설계 · 판매하는 System LSI 사업, 반도체 제조 위탁 생산을 하는 Foundry 사업으로 구성되어 있다. 메모리 반도체 사업은 DRAM, NAND Flash 제품 등에 선단 공정 기술을 적용하고, 고부가 솔루션 중심의 사업 포트폴리오 운영을 통해 제품을 차별화하고 원가 경쟁력을 높이는 등 질적 성장에 주력하여 전 세계 메모리 시장에서 선두 자리를 계속 유지하고 있다. 2022년부터는 기존 공정대비 전력 소모를 크게 줄이는 최대 용량의 512GB DDR5 제품을 출시하여 수익성 제고에 기여할 것으로 보고 있다. System LSI 사업은 본격적인 자율주행차 시장의 개화로 자율주행차 반도체 수요도 연평균 9%(반도체 시장 전체 평균 5%)로 호황을 견인할 것으로 보고 모바일용 반도체 사업에서 차량용 반도체 사업으로 확장을 추진 중이다. 이와 관련하여 향후 10년간 371조 원의 반도체 투자액 중 46%를 시스템반도체에 투자할 계획이다. Foundry 사업은 선단 공정에서 요소 기술과 신구조 도입을 통해 기술 경쟁력을 확보하고, 2021년 4분기 4나노 제품 양산을 통해 대만 TSMC와의 기술 격차를 축소해 나가고 있다. 2022년에는 세계 최초 GAA(Gate All Around) 기술을 적용한 3나노 제품의 양산을 추진 중인데 반도체 부문에서는 성능이 우수하며 원가효율이 높은 신제품 개발 경쟁에서 앞서가는 것이 관건이 되고 있다.

(4) [DP부문] TFT-LCD, OLED 등으로 구성되어 있는 디스플레이 부문은 2007년 세계 최초로 OLED 제품의 상용화에 성공한 이후 현재까지 중소형 OLED 디스플레이 시장에서 독보적인 점유율을 유지하고 있다. Flexible OLED와 Rigid OLED 패널을 통해 프리미엄부터 보급형 제품까지 최적의 제품 포트폴리오를 구축하여 소비자의 고도화되는 니즈에 적극 대응하고 있다. 스마트폰에 편중된 중소형 패널 사업을 다각화하여, IT, Game, Auto 제품 등으로 제품 포트폴리오를 확대하고 있다.

(5) [Harman 부문] Harman 부문은 커넥티드카 제품 및 솔루션 등을 디자인하고 개발하는 전장부품 사업과 소비자 오디오 제품 및 프로페셔널 오디오 솔루션을 제공하는 라이프스타일 오디오 사업으로 구성되어 있다. 전장부품 시장의 선도업체로서 완성차

업체들에게 혁신 기술을 적용한 제품을 공급하는 한편, 카 오디오와 커넥티비티(Connectivity) 분야에서 지속적인 혁신을 통해 자동차 제조사와의 공존을 견고히 하고 브랜드 평판을 더욱 강화하는 전략을 추진하고 있다. 2020~21년 기간에는 반도체 공급 부족으로 자동차 제조사들의 자동차 생산이 줄면서, Harman부문 또한 생산차질로 인해 매출이 감소하고 재고가 증가한 것이 부문 실적을 저조하게 하였다. 2017년 삼성전자가 인수한 후 2021년에는 약 10조원의 매출에 3.6%의 비중을 차지하고 있다.

주력 사업의 경쟁력 강화와 미래 수요 증가 대응을 위한 지속적인 시설투자의 일환으로 2021년 중 반도체 및 DP사업의 첨단공정 증설 · 전환과 인프라 투자를 중심으로 48.2조원의 시설투자가 이루어졌다. 특히 무인자동차와 자율주행차 개발이 중요 사업영역으로 판단하면서 자동차용 반도체, 센서, OLED 수요가 급증할 전망 하에 신성장동력사업으로 자동차용 전장사업에 집중투자할 계획이다.

미래 경쟁력 확보에 관건이 되는 R&D투자에는 2021년 22조 6억 원의 연구개발비용(연구개발비/매출액 비율은 8.1%)이 집행되었다. R&D 활동의 지적재산화의 결과, 국내특허 8,437건, 미국 특허 8,565건 등을 등록하였고, 1984년 이후 현재 세계적으로 총 216,404건의 특허를 보유하고 있다.

2021년말 현재 유통주식수는 보통주 5,969백만주이다. 보통주 신용등급은 2021년말 현재 Moody's의 평가등급은 Aa3, 전망치는 안정적(Stable)이고, S&P의 평가등급은 AA-, 전망치는 안정적이다.

[표 3-4]와 [표 3-5]에서 주요 재무상황을 보면, 2021년 기준 지난 3년 평균 매출액은 5.1%, 영업이익은 6.7%, 당기순이익은 7.2%, 총자산은 7.0%의 성장률을 보였다. 연결기준으로 3년 평균 부채비율은 36.6%, 자기자본비율은 73.9%, ROE는 10.7%로서 견실한 재무구조와 양호한 수익성을 보이고 있다.

3. LG전자

LG전자의 주요 사업부문은 다음 [표 3-4]와 같이 가전(H&A: 냉장고, 세탁기, 에어컨 등 가정용 전기제품)부문, 홈엔터(HE: TV, Audio, 멀티미디어 제품)부문, BS(모니터, PC, 인포메이션 디스플레이 등)부문, 자동차부품(VS: 자동차 부품 등 텔레매틱스, AV, AVN 차량용 통신 및 멀티미디어 등)부문, LG이노텍(카메라모듈, 기판소재, 모터/센서 등) 부문 등 5개 부문으로 구성되어 있다. 경영은 2021년 말 현재 지배회사의 연결대상 종속기업 134개 사에서 이루

[표 3-4] LG전자의 사업부문별 매출액과 매출 구성비

사업부문	제품군	2015년 말		2021년 말	
		매출액 비중	금액	매출액 비중	금액
가전(H&A)	냉장고, 세탁기, 에어컨, 공기청정기, 건강·위생·스마트가전 등 가정용 전기제품	29.2%	16조5,313억	36.3%	27조1,097억
홈엔터(HE)	TV, Audio, 홈뷰티기기 등 영상기기, 멀티미디어 제품	30.8%	17조3,976억	23.6%	17조2,186억
BS	모니터, PC, 인포메이션 디스플레이 등	25.5%*	14조3,996억*	9.4%	6조9,625억
자동차부품(VS)	자동차 부품 등 텔레매틱스, AV, AVN 차량용 통신 및 멀티미디어 제품	3.2%	1조8,324억	9.6%	7조1,938억
이노택	카메라모듈, 기판소재, 모터/센서 등	10.9%	6조1,381억	20.0%	14조9,500억
기타**	생산설비 등, 내부거래 합산액	0.4%	2,100억	1.8%	1조2,870억
합계		100.0%	56조5,090억	100.0%	74조7,216억

주: 금융감독원, 전자공시시스템(http://dart.fss.or.kr/), LG전자 사업보고서(2022.3.31.) 각 부문별 매출액과 그 비중 통계에는 부문간의 내부거래를 포함하고 있어 연결재무제표와 차이가 있음

* LG전자의 휴대폰사업이 2020년에 종료되면서 이동통신(MC)의 사업조직이 없어지고, 나머지 부문은 LG 유플러스로 개편됨. 2015년 BS부문 실적에는 휴대폰사업의 실적이 반영된 것임.

** 영업이익 기준의 비중은 H&A 58.4%, H&E 22.6%, VS -6.3%, BS 12.6%, 이노택 12.2%임.

[표 3-5] LG전자 주요 제품 세계시장점유율 추이

	TV	모니터	모니터사이니즈	세탁기	텔레매틱스	AV/AVN	카메라모듈
2021	18.9	7.8	10.0	12.4	24.2	11.0	25.8
2020	16.5	7.6	10.5	11.6	21.8	7.6	14.9
2019	16.3	8.1	12.3	10.2	17.0	6.6	15.0

주: 외부조사기관인 HIS, Strategy Analytics의 세계시장점유율 자료(금액기준). 모니터, 모니터사이니즈는 수량기준.

어지고 있다. 매출총액은 부문간의 내부거래 포함하여 74.7조원의 실적을 보였는데, 부문별로 보면 가전(H&A)부문, 홈엔터(HE)부문, LG이노텍부문이 2021년 기준으로 각각 36.3%, 23.6%, 20.0%의 높은 비중을 차지하고 있다. 추세적으로는 가전부문과 이노택은 높아지고 있고, 홈엔터는 다소 낮아지는 추세이다. 영업이익 기준(내부거래 포함)으로 보면, 가전이 58.8%, 홈엔터가 22.6%의 비중으로 생활가전이 실적을 주도하고 있다.

(1) [가전(H&A)부문] 냉장고, 세탁기, 에어컨, 공기청정기, 건강·위생·스마트가전 등 가정용 전기제품으로 구성되는 가전(H&A: Home Appliance & Air Solution)부문은 LG전자의 매출에서 그 비중이 가장 높고 증가추세(2015년 29.2%에서 2021년 35.0%)에 있

다. 최근 H&A부문은 건강 및 위생 관련 관심이 높아짐에 따라 건강 위생 헬스케어 가전에 대한 새로운 수요 확대를 예상하고 있다. 그러나 가전업계는 경쟁 강도가 지속 상승하고 있으며, 이로 인해 경쟁사들도 사업영역 다각화 및 신규 사업 진출을 통하여 성장을 도모하고 있다. Air Solution 제품 부문은 차별화된 기술과 디자인을 통해 가정용 에어컨, 공기청정기 등 Aircare 시장에서 BECON(Building Energy Control) Cloud를 활용하여 고객의 에너지 사용 환경을 종합적으로 지원하는 효율적인 에너지 솔루션을 제공하며 기술선도 리더쉽을 바탕으로 경쟁우위를 유지하고 있다.

(2) [홈엔터(HE)부문] TV, AV제품 등의 멀티미디어 영상 음향기기, 홈뷰티 케어기기를 생산 · 판매하는 홈엔터(HE: Home Entertainment)부문은 지식 및 기술 집약도가 높은 산업 분야이다. 가장 높은 비중을 차지하고 있는 TV 시장은 2020년 상반기 COVID-19 영향으로 수요가 감소했으나, 2021년 OLED evo와 같이 화질이 진화된 OLED TV, 디자인 경쟁력이 한층 더 강화된 나노셀 TV와 초대형 UHD TV를 출시하여 선진시장과 프리미엄 TV 중심으로 수요가 회복되었고, 프리미엄 제품 중심으로 High-end 브랜드 이미지 구축과 제품 차별화 전략은 질적 성장 및 수익성 개선으로 이어지고 있다.

(3) [자동차부품(VS)부문] VS(Vehicle Component Solutions)부문은 차량용 인포테인먼트 제품, 전기자동차용 구동부품, 자율주행 부품 등 전장부품을 생산 · 판매하는 부문으로서 10% 내외의 비중을 차지하고 있다. 텔레매틱스 영역에서는 당사 모바일 사업의 통신 역량 및 차량용 5G 기술 선제 대응 등 차별화된 기술을 바탕으로 글로벌 시장 지위를 유지하고 있다. 디스플레이 오디오/내비게이션 영역에서는 당사 디스플레이 및 소프트웨어 역량을 활용하여 제품 차별화 노력을 지속적으로 추진하고 있다.

(4) [BS부문] 모니터, 노트북, PC 등의 IT 제품 및 인포메이션 디스플레이(ID) 제품과 태양광 패널 제품으로 구성되어 있는 BS(Business Solutions)부문은 9% 내외의 비중을 차지하고 있다. 모니터 사업은 계열사 협력을 기반으로 21 : 9 비율, UHD 및 게이밍 모니터 판매를 확대하고 있으며, 의료용/클라우드 디바이스를 신규 사업화하여 B2B 사업기회 영역을 확대하고 있다. PC는 초경량, 초대화면 노트북인 그램 17인치, 그램 16인치를 출시하며 프리미엄 제품 경쟁력을 강화하고 있다. 인포메이션 디스플레이 사업에서는 차별화된 전략 제품으로 화면 밝기를 획기적으로 높인 대형 OLED EX 패널, 로봇 서비스 사업에 기술력을 집약하여 고객의 다양한 요구 사항에 대응하는 전략사업을 추진하고 있다. 태양광 패널 사업은 경쟁심화 및 지속적인 사업부진 영향을 감안하여 영업정지(생산 및 판매 종료)를 공시하였다.

(5) [이노택 부문] 매출의 20% 내외의 비중을 차지하고 있는 이노텍부문에서 카메라 모듈(Camera Module) 산업은 고부가가치의 기술 집약적 산업이며 카메라모듈의 성능이

완제품의 경쟁력으로 직결되어 첨단기술 및 고객의 요구변화에도 민감하게 영향을 받는다. 프리미엄 스마트폰을 대상으로 한 다양한 기능(멀티 카메라, Auto Focus, 손떨림 보정, Zoom 등)을 갖춘 고성능 · 고화소 카메라모듈 수요가 점차 증가하고 있다.

미래 경쟁력 확보를 위해 2021년 중 3조 1,826억 원의 시설투자, 그리고 연구개발비 3조5,177억 원의 연구개발 투자(연구개발비/매출액 비율은 6.2%)가 이루어졌으며, 2021년 말 기준 누적으로 국내 22,788건, 해외 58,583건의 등록된 특허권을 보유하고 있다.

2021년 12월 31일 현재 유통주식수는 보통주식 162,884,638주이고, 최근 5년간 자본금 변동사항이 없다. 국내신용평가사(한신평, NICE, 한기평)가 국내 발행 회사채에 대해 부여한 신용등급은 AA 등급이다.

[표 3-6]과 [표 3-7]에서 재무상황을 보면, 2021년 기준 지난 3년 평균으로 매출액은 57.9%, 영업이익은 13.1%, 당기순이익은 309.2%, 총자산은 6.5%의 성장률을 기록하면서 수익성의 큰 개선을 보였다. 연결기준으로 3년 평균 ROE는 6.9%, 부채비율은 172.2%, 자기자본비율은 36.7%를 보이면서 다소 높은 부채의존도로 안정성은 낮아지는 일면을 보이고 있다.

4. 삼성전자와 LG전자의 재무자료

모든 기업은 다양한 집단과 이해관계를 갖는다. 기업 내부의 경영자 및 종업원은 물론이고 자금을 대출해 주고 있는 여러 금융기관, 자본을 투자한 대주주, 나아가 소액증권투자자들이 기업의 이해관계자들로서, 이들은 각자 자신의 입장에서 경영효율성, 신용도, 투자가치 등의 의미 있는 정보를 필요로 한다. 이러한 정보욕구를 충족시킬 수 있는 1차자료는 각종 재무자료이다.

다음 [표 3-6], [표 3-7]은 사례연구를 통하여 이러한 정보를 만들기 위해 제시된 삼성전자, LG전자의 연결재무상태표, 연결포괄손익계산서이다. 이 자료들로부터 양사의 재무적 강 · 약점을 분석해 보자.

[표 3-6] 삼성전자와 LG전자의 연결재무상태표

(단위: 십억 원)

항 목	삼성전자				LG전자			
	2018	2019	2020	2021	2018	2019	2020	2021
I. 유동자산	174,697.4	181,385.3	198,215.6	218,163.2	19,362.9	19,753.5	23,239.4	27,487.8
1.당좌자산	130,102.0	138,269.4	152,789.3	161,453.8	10,730.9	11,208.8	13,137.6	14,382.7
현금 및 현금성자산	30,340.5	26,886.0	29,382.6	39,031.4	4,270.4	4,777.4	5,896.3	6,051.5
단기금융상품	65,893.8	76,252.1	92,441.7	81,709.0	88.9	71.1	86.3	164.7
매출채권	33,867.7	35,131.3	30,965.1	40,713.4	6,371.6	6,360.3	7,154.9	8,166.5
2.재고자산	28,984.7	26,766.5	32,043.1	41,384.4	6,021.4	5,863.4	7,447.2	9,754.0
3.기타유동자산	15,610.7	16,349.4	13,383.1	15,325.0	2,610.6	2,681.3	2,654.7	3,351.0
Ⅱ. 비유동자산	164,659.8	171,179.2	180,020.1	208,458.0	24,965.6	25,106.4	24,964.8	25,993.7
1.유형자산	115,416.7	119,825.5	128,952.9	149,928.5	13,334.0	14,505.4	13,974.0	14,700.8
2.무형자산	14,891.6	20,703.5	18,468.5	20,236.2	3,001.2	2,692.0	3,139.1	2,443.2
3.투자자산	7,313.2	7,591.6	8,076.8	8,932.3	5,632.0	4,750.8	4,702.5	5,446.3
4.장기금융자산	8,076.8	9,969.7	13,778.2	15,491.2	123.9	135.9	215.4	282.5
5.기타비유동자산	18,961.5	13,088.9	10,743.8	13,869.8	2,874.6	3,022.3	2,933.9	3,120.8
[자산총계]	339,357.2	352,564.5	378,235.7	426,621.2	44,328.4	44,859.9	48,204.2	53,481.5
I. 유동부채	69,081.5	63,782.8	75,604.4	88,117.1	17,135.0	17,657.9	20,207.5	23,619.9
1.매입채무	8,479.9	8,718.2	9,739.2	13,453.4	7,216.7	6,820.6	8,728.2	8,741.9
2.단기차입금	13,586.7	14,393.5	16,553.4	13,687.8	1,405.1	1,643.7	1,450.1	1,895.6
3.미지급금	10,711.5	12,002.5	11,899.0	15,584.9	4,790.3	4,711.0	5,404.2	5,926.0
4.기타유동부채	36,303.4	28,668.6	37,412.7	45,391.1	3,722.9	4,482.6	4,625.0	7,056.4
Ⅱ. 비유동부채	22,522.6	25,901.3	26,683.4	33,604.1	10,886.5	10,776.8	10,454.6	9,763.5
1.사채	962.0	975.3	948.1	508.2	0.0	0.0	0.0	0.0
2.장기차입금	85.1	2,197.2	1,999.7	2,866.2	9,496.1	8,843.7	8,469.6	8,036.0
3.기타비유동부채	21,475.5	22,728.8	23,735.5	30,229.7	1,390.4	1,933.1	1,985.0	1,727.6
[부채총계]	91,604.1	89,684.1	102,287.7	121,721.2	28,021.5	28,434.7	30,662.1	33,383.4
Ⅲ. 자본								
[지배주주지분]	240,069.0	254,915.5	267,670.3	296,237.7	14,253.3	14,330.1	15,437.5	17,230.6
1.자본금	897.5	897.5	897.5	897.5	904.2	904.2	904.2	904.2
2.자본잉여금	4,403.9	4,403.9	4,403.9	4,403.9	3,088.2	3,088.2	3,088.2	3,088.2
3.이익잉여금	242,699.0	254,582.9	271,068.2	293,064.8	12,075.4	11,857.3	13,652.8	14,433.6
4.기타포괄이익누계액	-236.3	1,111.3	2,402.2	3,232.9	-1,604.7	-1,309.8	-1,997.9	-1,106.6
5.기타자본	-7,695.1	-6,080.1	-11,101.5	-5,361.4	-209.8	-209.8	-209.8	-88.7
[비지배주주지분]	7,684.2	7,964.9	8,277.7	8,662.2	2,053.6	2,095.1	2,104.6	2,867.4
[자본총계]	247,753.2	262,880.4	275,948.0	304,899.9	16,306.9	16,425.1	17,542.1	20,098.0
[부채 및 자본총계]	339,357.2	352,564.5	378,235.7	426,621.2	44,328.4	44,859.9	48,204.2	53,481.5

[표 3-7] 삼성전자와 LG전자의 연결포괄손익계산서

(단위: 십억 원)

항 목	삼성전자				LG전자			
	2018	2019	2020	2021	2018	2019	2020	2021
Ⅰ.매출액	243,771.4	230,400.9	236,807.0	279,604.8	61,341.7	56,435.7	58,057.9	74,721.6
(매출액증가율)		-5.5	2.8	18.1		-8.0	2.9	28.7
Ⅱ.매출원가	132,394.4	147,239.5	144,488.3	166,411.3	46,260.6	41,770.0	42,549.2	55,848.8
Ⅲ.매출총이익	111,377.0	83,161.3	92,318.7	113,193.5	15,081.0	14,665.7	15,508.7	18,872.9
Ⅳ.판매비와 관리비	52,490.3	55,392.8	56,324.8	61,559.6	12,377.8	11,372.4	11,603.6	15,009.1
Ⅴ.영업이익	58,886.7	27,768.5	35,993.9	51,633.9	2,703.3	3,293.3	3,905.1	3,863.8
Ⅵ.영업외수익	12,024.2	12,353.3	14,158.2	11,478.5	1,661.8	528.8	2,917.0	2,919.1
금융수익	9,999.3	10,161.6	12,267.6	8,543.2	487.4	379.3	593.9	596.2
지분법이익	539.8	413.0	506.5	729.6	-77.2	-1,052.1	-24.2	448.9
기타수익	1,485.0	1,778.7	1,384.1	2,205.7	1,251.6	1,201.6	2,347.3	1,874.1
Ⅶ.영업외비용	9,750.9	9,689.6	13,807.0	9,760.5	2,356.5	2,234.1	3,478.7	3,239.5
금융비용	8,608.9	8,274.9	11,318.1	7,704.6	796.6	560.7	892.8	690.4
기타비용	1,142.0	1,414.7	2,488.9	2,056.0	1,560.0	1,673.4	2,586.0	2,549.1
(영업외수지)	2,273.3	2,663.7	351.2	1,718.0	-694.7	-1,705.3	-561.8	-320.4
Ⅷ.법인세비용차감전계속사업이익	61,160.0	30,432.2	36,345.1	53,351.8	2,008.6	1,588.0	3,343.3	3,543.4
Ⅸ.법인세비용	16,815.1	8,693.3	9,937.3	13,444.4	535.8	593.2	596.4	978.6
Ⅹ.계속사업이익	44,344.9	21,738.9	26,407.8	39,907.5	1,472.8	994.8	2,746.9	2,564.8
Ⅺ.중단사업이익	0.0	0.0	0.0	0.0	0.0	-814.9	-683.1	-1,149.9
Ⅻ.당기순이익	44,344.9	21,738.9	26,407.8	39,907.5	1,472.8	179.9	2,063.8	1,415.0
(지배주주)당기순이익	43,890.9	21,505.1	26,090.8	39,243.8	1,240.1	31.3	1,968.3	1,031.7
(비지배주주)당기순이익	454.0	233.8	317.0	663.7	232.7	148.7	95.5	383.3
XIII.총포괄이익	44,332.6	24,755.1	22,733.9	49,909.7	1,332.2	377.4	1,343.4	2,319.4
(지배주주)총포괄이익	43,882.5	24,467.0	22,374.4	49,037.9	1,098.4	221.1	1,243.3	1,889.0
(비지배주주)총포괄이익	450.1	288.1	359.5	871.8	233.9	156.3	100.0	430.4
EPS(주당이익:원)	6,461	3,166	3,841	5,777	6,882	4,584	14,527	12,104
감가상각비	43,604.6	37,442.7	41,618.6	49,055.6	3,820.0	4,359.0	3,486.9	2,170.4
EBITDA	102,491.2	65,211.2	77,612.4	100,689.5	6,523.3	7,652.3	7,392.0	6,034.2

3절 기업수익력평가 재무비율

본절에서는 기업수익력을 평가할 수 있는 수익성비율과 활동성비율에 대해서 그 계산 방법과 의미에 대해서 살펴본다.

1. 수익성비율

수익성비율은 투자자본에 대한 경영성과의 정도, 비용을 보전하고 이익을 낼 수 있는 능력에 관한 정보를 제공해 준다. 따라서 투자자, 경영자, 채권자 등 이해관계자들이 의사결정을 할 때에 가장 중요한 정보로 활용되고 있다.

예컨대 증권투자자가 투자종목을 선택할 때, 경영자가 사업을 확장하거나 새로운 사업을 시작할 때, 금융기관이 대출자금의 안전성을 평가할 때 수익성비율을 중시하고 있다. 기업이 장기적으로 성장하고 경쟁에서 살아남을 가능성을 잘 나타내는 대표적인 비율이 수익성비율인 것이다.

수익성비율은 대부분 이익관련 항목을 투자자본으로 나누어 계산한다. 이러한 의미에서 수익성비율을 **투자이익률**(ROI: return on investments)이라고 한다.

$$\text{ROI(투자이익률)} = \frac{\text{투자이익}}{\text{투자자본}}$$

여기서 투자자본(investments)의 기준을 무엇으로 삼느냐 또 투자자본이 거두어들이는 이익(return)을 무엇으로 측정하느냐에 따라 여러 가지 수익성비율이 나올 수 있다.

흔히 [표 3-9]에서 예시하는 것처럼 투자자본으로는 총자본, 자기자본, 영업자본, 장기자본과 매출액을 기준으로 삼을 수 있고, 투자성과의 측정치로는 당기순이익, 계속사업이익, 영업이익과 매출총이익을 사용할 수 있다. 따라서 여러 가지의 결합비율이 나오는데, 이들 중에서 논리적 연관성이 있어 많이 사용되는 수익성비율로는 다음에 설명하는 6개 정도의 비율이 있다.

[표 3-9] 수익성비율의 구성

(투자자본)	
영업자산	유동부채
영업외자산	비유동부채 } 장기자본
	자기자본 } 장기자본
총자산	총자본

(투자이익)	(비용효율성에 영향을 주는 경영활동)
매출액	
(매출총이익)	← 생산활동 ┐ 핵심 경영활동
(영업이익)	← 판매 · 관리활동 ┘ 핵심 경영활동
(계속사업이익)	← 자본조달 · 재무활동
(법인세차감전순이익)	
(당기순이익)	← 세금효과

수익성비율을 이용할 때 주의해야 할 것은 분자인 투자이익의 측정은 손익계산서상의 회계이익을 이용하게 되므로 기업의 실질적인 현금흐름과 차이가 있을 수 있다는 점이다. 즉, 회계이익이 크게 발생한 기업이라도 단기적 자금사정은 나쁠 수 있다. 따라서 수익성분석에는 자금사정이 좋고 나쁨을 평가하는 유동성분석이나 현금흐름분석으로 보완할 필요가 있다.

(1) 총자산이익률

총자산이익률(ROA: return on assets)은 여러 가지 회계이익을 총자산으로 나눈 비율이다. ROA비율이라고도 하는데, 뒤에 다루는 자기자본순이익률(ROE)과 함께 대표적으로 쓰이는 수익성비율이다. 이 비율은 자본의 원천이 자기자본인지 타인자본인지를 구분하지 않고 주로 경영자의 입장에서 기업에 조달된 총자본(총자산)에 대한 투자효율성을 평가하는 비율이다.

먼저 영업이익을 총자산으로 나눈 총자산영업이익률은 기업이 운용하고 있는 총자산에 대하여 기업의 핵심 영업활동(생산 · 판매 · 관리활동)으로부터 이익을 낼 수 있는 능력이 얼마나 양호한지를 나타낸다.

$$\text{총자산영업이익률} = \frac{\text{영업이익}}{\text{총자산}}$$

총자본은 주주와 채권자의 지분을 모두 합한 것이므로 이에 대응되는 투자성과 측정치로는 주주에게의 보상분과 채권자에게 귀속되는 지급이자가 계상되기 전의 이익수준, 즉 이자 및 법인세비용차감전순이익(EBIT: earning before interest and tax)을 사용하는 것이 논리적으로 타당한 측면이 있다. EBIT와 영업이익 사이에 큰 차이가 없으면 총자산영업이익률이 이러한 측면의 정보를 나타낸다고 할 수 있다.

한편, 순이익을 총자산으로 나누어 구하는 총자산순이익률은 순이익이 타인자본 제공자에게 지급하는 지급이자까지 차감한 것이므로 자본구조의 차이까지도 고려한 수익성지표가 된다.

$$총자산순이익률 = \frac{순이익}{총자산}$$

환언하면 총자산영업이익률이 자본구조의 영향을 통제하고 타인자본 의존도가 각기 다른 기업들의 핵심 영업활동(생산 · 판매 · 관리활동)에서의 수익성을 평가하는 데 적절한 반면에, 총자산순이익률은 영업외활동으로부터의 손익, 특별손익 그리고 법인세부담, 즉 재무활동의 성과까지 고려한 수익성비율이다.

예를 들어, 전자업계 경쟁업체인 S사와 L사의 수익지표가 다음과 같다고 하자.

	S사	L사
총자산영업이익률	8%	15%
총자산순이익률	7%	3%

공통적으로 영위하고 있는 전자업이라는 영업상의 특성을 감안하여 이익창출능력을 평가하면 L사가 양호한 것으로 평가된다. 그러나 L사는 부채의존도가 반영된 영업외활동, 자본조달과 같은 재무활동의 효율성 면에서 적지 않은 문제가 있음을 보여주고 있다. 이러한 의미에서 어떤 기업의 수년간의 총자산영업이익률 평균은 순수한 본영업활동(생산 · 판매 · 관리활동)으로부터 기대할 수 있는 이익창출능력, 즉 영업활동의 평균 재투자수익률을 나타내는 지표로 사용되기도 한다.

(2) 자기자본순이익률

자기자본순이익률(ROE: return on equity)은 ROE비율이라고도 하는데, 주주지분인 자기자본에 대한 투자효율성을 나타내는 비율로, 순이익을 자기자본으로 나누어 구한다. 자기자본은 자본금뿐만 아니라 이익잉여금과 자본잉여금까지 포함한 금액을 사용한다. 앞에서 설명한 ROA비율이 경영자 입장에서 이익발생능력을 평가하는 비율이라면, 이 ROE비율은 주주 입장에서 수익성을 평가하는 비율이다.

$$자기자본순이익률 = \frac{순이익}{자기자본}$$

투자성과 측정치로서 순이익을 자기자본과 대응시키는 이유는 주주의 입장에서 볼 때 주주의 몫인 자기자본에 대한 성과배분의 크기는 타인자본에 대한 이자지급과 우선주에 대한 우선주 배당지급 후의 순이익에 의해 좌우되기 때문이다.

자기자본순이익률은 주주의 입장에서 자기자본의 투자효율성을 나타내는 것이므로, 주주들이 최소한 어느 정도의 자기자본순이익률을 요구하는지가 평가기준이 될 것이다. 이처럼 주주들이 요구하는 최소한의 투자수익률을 주주의 요구수익률(RRR: required rate of return) 또는 기업의 자기자본비용(cost of equity capital)이라고 하는데, 이 요구수익률 또는 자기자본비용보다 당해 기업의 자기자본순이익률이 높은지, 낮은지를 평가하는 것이 중요하다.[3)]

한편, 주주의 입장에서 수익성을 평가할 때, 타인자본의 적절한 이용은 주주의 부를 증가시키는 일면을 가지므로 이 관계를 분석하면 유용한 정보가 될 수 있다. 다음 관계식은 자기자본순이익률(ROE)이 총자산영업이익률(ROA), 부채의 평균이자율(i), 부채의존도$\left(\frac{D}{E}\right)$, 법인세율(t)에 의해서 결정됨을 의미한다.[4)]

$$ROE = \left[ROA + (ROA - i)\frac{D}{E}\right](1-t) \qquad \cdots\cdots (3\text{-}1)$$

여기서, ROE: 자기자본순이익률
ROA: 총자산영업이익률　　　t: 법인세율
i: 타인자본의 평균이자율(부채비용)
D: 총부채　　　E: 자기자본

이 식에 의하면 핵심 영업활동에서 벌어들이는 수익성(총자산영업이익률)이 부채비용보다 높은 한, 부채의존도가 높아질수록 주주의 수익성(자기자본순이익률) 증가에 기여한다. 반대로 총자산영업이익률이 부채비용에 미치지 못하면 부채증가는 오히려 자기자본순이익률을 감소시킨다.

3) 자기자본비용에 대해서는 본서 11장 3절 "자본비용"편이나 재무관리 관련 서적을 참조하기 바람.

4) 이에 대한 증명은 다음과 같다.

$$ROE = \frac{NI}{E} = \frac{[EBIT - i \cdot D](1-t)}{E} = \frac{[ROA \cdot (D+E) - i \cdot D](1-t)}{E}$$

$$= \frac{[ROA \cdot D + ROA \cdot E - i \cdot D](1-t)}{E} = \left[ROA + (ROA - i)\frac{D}{E}\right](1-t)$$

여기서, NI: 순이익, $EBIT$: 영업이익, ROA: 총자산영업이익률 따라서 핵심 영업활동에서의 수익성, 즉 총자산영업이익률(ROA)이 최소한 부채비용(i)을 상회하여야 부채사용이 주주의 부를 증가시키는 데 기여한다. 그러나 ROA가 i보다 크다고 해서 무한정의 부채차입이 정당화되는 것은 아니다. 부채차입이 지나치게 높으면 채무불이행의 가능성, 즉 파산가능성이 높아지기 때문이다.

대출신청업체의 신용도를 평가하는 금융기관에서는 다음과 같은 대출효율성계수를 이용하고 있는데, 이는 여기서 설명하는 ROA와 i의 비교 방법과 유사하다.

대출효율성계수 = 이자지급전 총자본경상이익률/가중평균지급이자율

(3) 영업자산영업이익률, 투하자본세후영업이익률

기업에 투하된 자산은 본 영업활동에 직접 사용되는 자산인 영업자산(operating assets)과 직접 사용되지 않는 영업외자산(non-operating assets)으로 나눌 수 있다. 영업자산은 기업의 총자산에서 비업무용 부동산, 건설중인 자산, 관계회사 출자금과 같은 투자자산 등처럼 영업활동에 직접 사용되지 않는 영업외자산을 제외한 자산이다.

영업자산영업이익률은 영업이익을 영업자산으로 나눈 것으로서, 직접 영업활동에 투하된 자산의 수익성을 측정하는 비율이다. 이 비율은 계열회사가 많은 지배회사나 지주회사처럼 영업외자산을 많이 보유한 회사에 대한 영업실적의 평가에 특히 유용하다.

$$\text{영업자산영업이익률} = \frac{\text{영업이익}}{\text{영업자산}} = \frac{\text{영업이익}}{\text{총자산}-(\text{건설중인자산}+\text{투자자산})}$$

이와 유사한 비율로서 4장과 11장에서 설명하는 FCF(잉여현금흐름)분석에서는 다음의 영업투하자본세후영업이익률(ROIC: return on invested capital)을 사용한다.

$$\text{영업투하자본세후영업이익률} = \frac{\text{세후영업이익}}{\text{영업투하자본}}$$

분모의 영업투하자본은 위에서 설명한 영업자산의 개념과 유사한 것으로서 영업외활동에 사용되고 있는 영업외자산(투자자산, 금융자산 등)을 제외한 것으로서, 영업이익 창출에 직접 사용되고 있는 자본을 가리킨다. 분모의 세후영업이익은 영업이익을 법인

세납부 후 기준으로 측정한 것이다. 이렇게 측정되는 ROIC가 기업의 가중평균자본비용보다 상회하면 실질적인 기업가치창출능력이 있는 기업으로 평가된다.

(4) 매출액이익률

매출액이익률(ROS: return on sales)은 일정 기간 동안의 외형인 매출액과 이로부터 여러 가지 비용을 뺀 이익항목들을 대비시켜 구하는 비율이다. 이를 ROS비율이라고도 한다.

앞에서 설명한 ROA나 ROE가 투자자본에 대한 이익발생능력을 평가하는 것인 반면, ROS비율은 매출액에서 제반 비용을 차감하고 이익을 낼 수 있는 능력을 평가하는 것이므로 경영자의 영업분석(operational analysis)에 도움을 준다.

이때 분자의 이익항목이 무엇이냐에 따라 주로 3가지의 ROS비율이 사용된다. 즉, 이익항목이 매출총이익이면 매출액총이익률, 영업이익이면 매출액영업이익률, 순이익이면 매출액순이익률이 된다. 이 비율들은 모두 매출에 대해 비용을 공제한 마진(profit margin), 비용효율성(cost efficiency)을 나타낸다. 이 중에서 사용빈도가 높은 것은 매출액영업이익률과 매출액순이익률이다.

$$\text{매출액영업이익률} = \frac{\text{영업이익}}{\text{매출액}}$$

$$\text{매출액순이익률} = \frac{\text{당기순이익}}{\text{매출액}}$$

매출액영업이익률은 매출액에서 기업의 핵심 영업활동인 생산 · 판매 · 영업 · 관리활동에서 발생하는 비용을 차감하여 구해지는 영업이익을 매출액으로 나눈 것이다. 따라서 핵심 영업활동에서의 이익발생능력, 영업마진을 나타낸다. 이러한 의미에서 영업효율성(operating efficiency)을 측정하는 비율로 이용되고 있다. 영업상의 특징이 유사한 동종산업 내의 경쟁업체들 간의 경쟁력을 비교하는 척도로 사용하기도 한다.

매출액영업이익률을 다음과 같이 분해하면 핵심 영업활동으로부터의 영업효율성을 생산부문의 생산효율성(production efficiency: 매출액총이익률=매출총이익÷매출액)과 관리 · 영업부문의 관리효율성(managerial efficiency: 영업이익÷매출총이익)으로 구분하여 표시할 수 있다. 따라서 마진변화가 어느 부문활동의 효율성변화에 기인하는지, 즉 부문별 비용통제의 효율성을 평가할 수 있게 된다.[5)]

$$\text{매출액영업이익률} = \frac{\text{영업이익}}{\text{매출액}} = \frac{\text{매출총이익}}{\text{매출액}} \times \frac{\text{영업이익}}{\text{매출총이익}}$$

(영업효율성) = (생산효율성) × (관리효율성)

매출액순이익률은 매출액에서 기업의 핵심 영업활동인 생산·판매·관리활동에서 발생하는 영업비용 이외에도 이자비용과 같은 영업외비용, 특별손익, 그리고 법인세비용까지를 차감한 순이익을 매출액으로 나누어 구한 것이다. 이자비용과 같은 영업외비용은 기업의 자금조달 결정과 같은 재무활동의 결과이므로 이 비율은 기업의 **재무효율성**(financial efficiency)을 측정하는 비율로서 의미가 있다.

그러나 재무효율성을 엄격히 평가하자면 다음 관계에서 보는 것처럼 계속사업이익 대 영업이익의 비율을 사용할 수 있다. 매출액순이익률은 다음과 같이 자본조달정책의 효율성, 투자정책의 효율성 그리고 세금효과로 구분할 수 있는데 여기서 계속사업이익 대 영업이익비율은 이자비용에 영향을 주는 자본조달정책의 효율성, 납세전순이익 대 계속사업이익비율은 자산매각처분이익이나 손실처럼 투자정책의 효율성 그리고 납세후순이익 대 납세전순이익비율은 세금효과를 나타낸다.

$$\frac{\text{당기순이익}}{\text{매출액}} = \frac{\text{영업이익}}{\text{매출액}} \times \frac{\text{계속사업이익}}{\text{영업이익}} \times \frac{\text{납세전순이익}}{\text{계속사업이익}} \times \frac{\text{당기순이익}}{\text{납세전순이익}}$$

(재무효율성)　(영업효율성)　(자본조달정책의 효율성)　(투자정책의 효율성)　(세금효과)

이처럼 매출액순이익률은 재무활동 면에서의 효율성을 측정하는 한 방법이 되므로 기업 간의 비교에서는 자본구조의 차이까지도 감안된 실적이 반영되게 된다. 기업의 매출액영업이익률이 안정적인 반면에 매출액순이익률이 불안정하다면 본 영업활동(생산·판매·영업·관리활동)은 안정적임을 뜻하지만, 높은 부채의존 등 재무활동에는 문제가 있음을 암시한다.

(5) 수지비율

수지비율은 총수익에 대한 총비용의 비율로서, 수익에 비교하여 총괄적인 비용관리

5) 매출총이익률은 (1－매출원가율)이므로 총마진(gross margin)을 나타낸다. 판매비와 관리비 대 매출총이익률은 경비효율이라고도 한다.

가 얼마나 효과적인가를 나타내는 비율이다.

$$\text{수지비율} = \frac{\text{총비용}}{\text{총수익}} = \frac{\text{매출원가} + \text{판매비와 관리비} + \text{영업외비용}}{\text{매출액} + \text{영업외수익} + \text{기타수익}}$$

총수익은 매출액, 영업외수익, 기타수익을 합한 것이고, 총비용은 매출원가 및 판매비와 관리비로 구성되는 영업비용, 그리고 영업외비용을 포함한 것이다.

수지비율이 실질적으로 나타내고자 하는 의미는 앞서 설명한 매출액이익비율과 다를 바 없다. 수지비율은 직접적으로 비용항목을 중심으로 분석하는 것이고, 매출액이익률은 이익을 강조한 비율인 것이다.

특정 개별비용항목이 총비용 혹은 매출액에서 차지하는 비중을 나타내는 비율(특정 비용항목 ÷ 총비용 혹은 매출액)은 운영비용비율로서 정보이용자에 따라서 의미 있게 사용될 수 있다. 예를 들어, 인건비를 매출액으로 나누어 보면 비용 중 인건비가 차지하는 비중을 평가해 볼 수 있다. **금융비용부담률**은 금융비용이 매출액에서 차지하는 비중을 측정한 것으로서 부채사용이 기업 수익성에 미치는 영향을 평가할 때 사용한다.

$$\text{금융비용부담률} = \frac{\text{금융비용}}{\text{매출액}}$$

금융비용부담률은 다음 관계가 있으므로 차입금평균이자율이나 차입금의존도가 낮아지거나 총자산회전율이 높아지면 금융비용부담률을 낮출 수 있다.

$$\underset{\text{(금융비용 부담률)}}{\frac{\text{금융비용}}{\text{매출액}}} = \underset{\text{(차입금평균이자율)}}{\frac{\text{금융비용}}{\text{차입금}}} \times \underset{\text{(차입금의존도)}}{\frac{\text{차입금}}{\text{총자산}}} \times \underset{\text{(총자산회전율의 역수)}}{\frac{\text{총자산}}{\text{매출액}}}$$

비용구성비율로서 자주 사용되는 것으로는 다음과 같은 것이 있다.

$$\frac{\text{매출원가}}{\text{총비용}} \quad \frac{\text{연구개발비}}{\text{총비용}} \quad \frac{\text{인건비}}{\text{총비용}} \quad \frac{\text{세금과 공과}}{\text{총비용}} \quad \frac{\text{금융비용}}{\text{총비용}}$$

(6) 주당이익(EPS)

주당이익(EPS: earnings per share)은 기업의 순이익을 가중평균유통주식 수로 나눈 주당순이익을 말한다.

$$주당이익 = \frac{당기순이익 - 우선주배당금}{가중평균유통주식\ 수}$$

순이익 그 자체는 총액이어서 개개인의 주주에 돌아올 이익의 크기를 반영하지 못한다. 주주에게는 자신이 소유한 한 주에 돌아올 이익의 몫을 측정하는 주당이익(EPS)이 더 중요한 의미를 갖는다. 따라서 주당이익은 증권투자지표로서 중요하게 쓰이고 있다. 기업에 따라서는 총괄적인 경영목표치로서 사용되기도 한다.

이렇듯 중요한 지표이지만, 기업의 수익성을 적절히 나타내지 못하는 허구성을 보일 경우도 있다는 점에 주의할 필요가 있다. 즉, 수익성 자체는 호전되지 않아도 EPS는 증가추세를 보일 수 있다는 점이다.

예를 들어, 발행주식 수 1,000주의 A기업의 $t=0$시점에서의 자기자본이 1,000,000원, 순이익이 200,000원이었는데, 순이익 중 50,000원을 배당금으로 지급하고 150,000원을 사내유보시켰다면 $t=0$시점에서의 주당이익 EPS_0는 200원, 자기자본순이익률은 20%이다. 그런데 차기 $t=1$시점에서 순이익이 207,000원을 기록했다면 $t=1$시점에서의 주당이익 EPS_1은 207원이 된다. 따라서 주당이익이 7원의 증가를 나타내어 수익성은 증가하고 있다고 결론을 내릴 수 있을지 모른다. 그러나 자기자본의 크기는 유보이익 150,000원을 포함하여 1,150,000원으로 증가한 결과 자기자본순이익률은 18%(207,000 ÷ 1,150,000)로 하락하게 된다. 이와 같은 현상은 이익의 일부가 사내유보되어 주주의 지분인 자기자본의 크기가 커지기 때문에 나타나는 결과이다.

이 밖에도 전환증권이 발행되었을 때, 주당이익은 희석화되기 때문에 주식분할 · 유상증자 등의 경우와 마찬가지로 주당이익의 시계열분석 시에는 주의할 필요가 있다.

(7) 사례기업의 수익성평가

다음 표는 삼성전자와 LG전자의 재무자료를 근거로 앞서 설명한 주요 수익성지표를 추정한 것이다.

삼성전자는 LG전자보다도 모든 수익성지표에서 매우 양호한 수익성을 보이고 있다.

본 영업에서의 이익창출능력, 재무효율성, 비용효율성 모두 삼성전자가 양호하다. 추세적으로 보면 삼성전자는 동기간 개선되는 추이를 보이고 있지만, LG전자는 2021년에 들면서 다소 나빠지는 추세를 보이고 있다.

[표 3-10] 삼성전자와 LG전자의 수익성비율*

재무비율	삼성전자			LG전자		
	2019	2020	2021	2019	2020	2021
총자산영업이익률(%)	8.0	9.9	12.8	7.4	8.4	7.6
총자산순이익률	6.3	7.2	9.9	0.4	4.4	2.8
자기자본순이익률	8.5	9.8	13.7	1.1	12.2	7.5
매출액영업이익률	12.1	15.2	18.5	5.8	6.7	5.2
매출액순이익률	9.4	11.2	14.3	0.3	3.6	1.9

주: 재무상태표 수치를 이용하는 비율은 기초와 기말의 평균금액을 적용하여 계산.

* 본서에서는 '삼성전자와 LG전자 사례'를 3장~11장에 걸쳐 경영분석 실제에 적용하는 방법을 제시하면서, 재무비율 등의 계산은 '스프레드 EXCEL'을 사용. EXCEL 활용방법은 한빛 아카데미 홈페이지 자료실(https://hanbit.co.kr/src/4618)에서 다운로드 받은 후 참고.

2. 활동성비율

기업은 영업활동을 수행하기 위하여 매출채권, 재고자산, 유형자산 등에 투자한다. 이렇게 투자된 자산들은 생산 · 판매 · 관리활동을 거치면서 매출과 이익을 창출하게 된다. 기업에 따라서는 동일한 매출액을 달성하면서도 이에 필요한 매출채권, 재고자산, 고정자산 등에 과다하게 투자하는 기업이 있다. 이를 테면 100억 원의 총자산 투자를 통하여 200억 원의 매출을 올리는 기업이 있는 반면, 동일한 규모의 총자산 투자로 매출이 50억 원인 기업이 있다면, 후자가 동일한 금액의 매출을 올리는데 필요한 자산투자를 과다하게 하고 있는 기업이다.

활동성비율(activity ratios)은 매출액과 이를 뒷받침하기 위해서 투자된 각종 자산들과의 관계를 측정하여 이들 자산이 얼마나 효율적으로 이용되고 있는지, 과다 혹은 과소투자 되고 있는지를 평가하는 재무비율들이다. 특정 자산에 대한 관리의 효율성 정도를 표현한다는 의미에서 효율성비율(efficiency ratios) 또는 자산관리비율(asset management ratios)이라고도 불리운다. 또 비율의 계산은 기업의 매출액을 평가하고자 하는 특정 자산으로 나누어 회전율로 표시한다는 특징 때문에 회전율비율(turnover ratios)이라고도 한다.

$$\text{활동성비율} = \frac{\text{매출액}}{\text{특정자산}} = \text{○○ 자산회전율}$$

활동성비율은 정보이용자에게 다음과 같은 여러 가지 의미를 제공한다.

첫째, 회전율로 구해지는 활동성비율은 그 특정 자산에 얼마의 자금이 묶여 있는지에 대한 정보를 제공해 준다. 즉, 특정 자산이 정상적인 영업활동의 순환 과정(현금 → 재고자산(구매 · 생산) → 매출 → 매출채권 → 현금)에서 어느 특정 단계에 얼마의 자금이 묶여있는지를 표시해 준다. 따라서 특정 자산이 현금화되는 속도를 보여 주는 한 방법이기도 하다.

둘째, 회전율은 특정 자산에 투하된 자본 한 단위당 얼마의 매출이 실현되었는가를 뜻하므로 특정 자산 또는 투자의 집약도를 뜻한다고 할 수 있다. 따라서 특정 자산에 대한 투자가 과다한지 아니면 과소한지, 자산투자의 적정성을 평가하는 방법이 된다.

셋째, 회전율은 추가 투자사업의 투자소요액을 추정할 때 이용될 수 있다. 즉, 성장기업이 매출액증가를 뒷받침하는 자산투자소요액이 얼마나 되는지를 추정하거나 새로운 투자사업을 수행하고자 할 때 신규투자소요액이 얼마나 되는지를 추정할 수 있다. 예상되는 매출액을 특정 자산의 적정회전율로 나누면 그 특정 자산에 대한 투자소요액이 개략적으로 구해질 수 있기 때문이다.

넷째, 활동성(자산투자의 효율성)은 자본이익률을 결정짓는 중요 요소로서 기업의 수익성과 깊은 연관을 갖는다. 4장에서 설명하겠지만 자본이익률은 다음과 같이 마진과 회전율의 곱이 되기 때문이다.

$$\text{자본이익률} = \frac{\text{이익}}{\text{자본}} = \underset{\text{(마진)}}{\frac{\text{이익}}{\text{매출액}}} \times \underset{\text{(회전율)}}{\frac{\text{매출액}}{\text{자본}}}$$

(1) 매출채권회전율, 평균회수기간

매출채권회전율(receivables turnover)은 매출액을 매출채권(외상매출금, 받을어음)으로 나눈 비율로서, 매출채권이 현금화되는 속도 또는 매출채권에 대한 투자효율성을 측정하는 데 이용된다.[6)]

6) 매출채권에 포함되는 어음은 상거래와 직접 관련된 받을어음(진성어음이라고도 함)만이 포함되고, 자금조달과 관련되 금융(융통)어음은 제외된다.

$$매출채권회전율 = \frac{매출액}{매출채권} = \sim회$$

그런데 매출채권회전율은 다음과 같이 평균회수기간인 날짜 수(日數)로 표시하면 자금이 매출채권에 묶여 있는 정도가 분명해진다. 평균회수기간(average collection period)은 매출채권회전율의 역수에 365일을 곱하여 계산한다.

$$평균회수기간 = \frac{1}{매출채권회전율} \times 365일$$

$$= \frac{매출채권}{매출액} \times 365일 = \sim일$$

예를 들어, 경쟁업체인 A와 B사의 매출액과 매출채권이 다음과 같다면, 매출채권회전율은 각기 4회전, 3회전이고 매출채권 평균회수기간은 각기 90일, 120일이다. 이로부터 A사의 경우가 매출채권의 현금화되는 속도가 더 빠름을 알 수 있다.

	매출액	매출채권	매출채권회전율	평균회수기간
A사	100억	25억	4회전	90일
B사	300억	100억	3회전	120일

한편, 매출채권회수기간을 이용하면 자산투자의 적정성을 평가할 수 있다. A사는 1원의 매출채권 투자를 통해서 4원의 매출을 올리고 있는 반면에, B사는 3원의 매출을 올리고 있으므로 B사의 경우가 매출채권에 대한 투자가 과다한 것이다. 반대로 A사는 매출채권에 대한 투자를 효율적으로 하고 있다고 볼 수 있다.

매출채권의 효율적 이용도에 대한 분석은 그 기업의 신용정책(credit policy)을 감안하여 보완할 필요가 있다. 가령 어느 기업의 평균회수기간이 30일이고 다른 경쟁업체가 50일이라면 일단 매출채권관리가 양호함을 뜻하나, 거래처(제품수요자) 입장에서 보면 결제기간이 경쟁업체보다 훨씬 빠른 것이므로 좋게만 평가할 수 없는 사안이다. 또한 기업의 목표회수기간이나 판매조건과 비교하여 평가하여야 할 것이다.

(2) 재고자산회전율

재고자산회전율(inventory turnover)은 매출액을 재고자산으로 나누어 구한 비율로서, 재고자산이 연간 몇 회전, 얼마 만에 현금화하는지를 나타낸다.

$$\text{재고자산회전율(매출액기준)} = \frac{\text{매출액}}{\text{재고자산}} = \sim\text{회}$$

$$\text{재고자산회전율(매출원가기준)} = \frac{\text{매출원가}}{\text{재고자산}} = \sim\text{회}$$

따라서 그 의미로 보면 재고자산관리의 효율성을 나타낸다고 말할 수 있다. 이 회전율이 낮으면 재고자산에 과다투자 되고 있어 자금이 재고자산에 묶여 있는 기간이 장기화되고 있음을 뜻한다. 반대로 이 회전율이 높으면 재고자산이 창고 속이나 매장의 선반 위에 쌓여 있는 기간이 짧은 결과이므로 재고자산관리가 효율적임을 뜻한다. 그러나 이 비율이 지나치게 높게 되면 적정한 재고자산을 보유하고 있지 못하여 긴급수요에 대처하지 못한다는 단점도 있으므로 해석의 상대성에 유의해야 한다.

재고자산회전율을 구할 때 문제되는 것은 분자에 매출액을 사용하느냐 아니면 매출원가를 사용하느냐 하는 점이다. 분모의 재고자산이 원가로 측정된 것이기 때문에 논리적인 일관성을 유지하기 위해서는 분자에 매출원가를 사용하는 것이 더 합당하다. 그러나 매출원가자료는 매출액자료보다 구하기 힘든 경우가 많으므로 매출액기준을 사용하는 때가 많다. 어느 경우이든지 일관성 있게 사용하여야 할 것이다.

아울러 분모의 재고자산은 어느 특정일 기준의 재무상태표의 잔액이므로 매출채권회전율처럼 왜곡되기 쉽다는 점도 유념해야 한다. 특히 제품이나 상품이 계절성을 띠거나 호·불경기에 따라 재고자산의 변동이 심한 경우는 월평균 재고자산이나 기말과 기초재고의 평균을 사용하는 것이 합리적이다. 이 밖에도 생산사이클, 재고자산에 대한 회계처리 방법의 차이를 염두에 둘 필요가 있다.

재고자산회전율도 회전속도를 보기 위해서 매출채권의 평균회수기간처럼 재고자산회전율의 역수를 구하여 365일을 곱하는 방법이 사용될 수 있다. 또 재고자산은 원재료, 재공품, 제(상)품으로 나누어질 수 있으므로 이들 각각에 대해 회전율을 구하여 특정 재고자산에 대한 관리의 효율성을 평가할 수 있다.

(3) 순운전자본회전율

순운전자본(NWC: net working capital)은 유동자산에서 유동부채를 차감한 것으로서, 단기성 부채를 상환하고도 남는 유동성 자산의 크기를 타나내다.

순운전자본회전율(net working capital turnover)은 매출액을 순운전자본(=유동자산−유동부채)으로 나누어 구한 비율로서 순운전자본 이용의 효율성, 순운전자본의 회전속도를 나타내는 비율이다.

$$순운전자본회전율 = \frac{매출액}{순운전자본}$$

순운전자본회전율을 측정할 때 유의할 것은 단기금융상품, 단기차입금과 같이 영업순환과정과 관계 없는 유동자산, 유동부채항목은 포함시켜서는 안 된다는 점이다.

이 회전율이 높으면 일단 순운전자본 이용의 효율성이 높다고 평가할 수 있지만, 반면에 너무 낮으면 순운전자본이 부족함을 뜻하므로 이에 대한 대책이 필요할 것이다. 반면에 너무 낮으면 순운전자본에 자금이 많이 묶여 있음을 뜻하므로 신용정책, 판매촉진책, 재고정책, 구매정책 등을 재검토할 필요가 있을 것이다.

매출채권회수기간을 구하는 방법처럼 순운전자본회전율의 역수에 365일을 곱하면 순운전자본회수기간이 구해진다. 비영업 유동자산과 유동부채를 제외시킨 순운전자본회수기간은 기업이 정상적인 영업순환과정(현금 → 재고자산(구매, 생산) → 매출 → 매출채권 → 현금)을 한 번 거치는 데 소요되는 기간이 된다. 따라서 기업의 유동성이나 현금흐름 건전도를 평가하는 데 중요한 정보로 이용될 수 있다.

(4) 비유동(고정)자산회전율

비유동(고정)자산회전율(fixed asset turnover)은 매출액을 유형자산과 무형자산의 합으로 나누어 구한 비율로서, 비유동(고정)자산 이용의 효율성과 비유동자산에의 자본고정화의 정도를 측정하는 비율이다.

$$비유동(고정)자산회전율 = \frac{매출액}{유형자산+무형자산}$$

이 비율이 높으면 일단 유·무형자산을 적게 투자하여 상대적으로 높은 매출을 실현하고 있음을 의미하므로 비유동자산 이용의 효율성이 높다고 평가할 수 있다.

그러나 주의할 점은 감가상각이 거의 끝나가는 노후화된 기계를 많이 보유하고 있다면 장부상의 비유동자산 순액은 적게 계상되고, 따라서 회전율 자체가 높게 계산되어 활동성이 높은 것으로 잘못 평가될 수 있다는 점이다. 노후화된 기계를 많이 보유하고 있다면, 제조원가는 높을 것이고 수익성비율은 불량할 것이다. 경험적으로 수익성비율이 불량함에도 불구하고 비유동자산회전율은 높다면, 그 원인은 노후화된 기계를 많이 보유하고 있는 데 기인하는 경우가 많다.

유의할 다른 한 가지는 유형자산에 대한 자산재평가가 언제 이루어졌고, 장부가치와 시장가치의 차이가 얼마나 큰 지를 점검하는 것이다. 인플레이션이 장기화되는 상황에서 자산재평가가 적절히 이루어지지 않은 경우 자산이 과소계상되어 이 회전율이 높게 나타나기도 하므로 주의하여 해석할 필요가 있다.

비유동자산회전율을 여러 기간에 시계열자료로 분석하면 기간별로 심한 기복을 보이는 경우가 많다. 왜냐하면 매출이 증가할 때 비유동자산에 대한 투자는 불규칙적으로 일시에 이루어지는 것이 일반적 속성이기 때문이다.[7)]

(5) 총자산회전율

위에서 설명한 회전율비율은 매출액을 해당 특정 자산으로 나누어 정상적인 영업활동 순환과정상의 특정 단계에 현금이 묶여 있는 정도를 파악함으로써 그 특정 자산에 대한 투자효율성을 평가하는 비율이었다. **총자산회전율**(total asset turnover)은 매출액을 총자산으로 나누어 구하는 비율로서 기업이 보유하는 전체 자산에 대한 이용(투자) 효율성을 측정하는 비율이다.

$$\text{총자산회전율} = \frac{\text{매출액}}{\text{총자산}}$$

총자산회전율이 높으면 기업 전체로 볼 때 자산 1단위를 투자하여 상대적으로 높은 매출을 실현하고 있음을 뜻하므로 기업운영에 투하된 총자산의 이용이 효율적인 것으로 평가할 수 있다. 일반적으로 이 회전율이 높으면 마진이 낮게 된다.

총자산 이용의 효율성을 측정하는 것이 총자산회전율인 반면에 자기자본이용의 효율성을 나타내는 비율이 자기자본회전율이다. 이 회전율이 높으면 일단 자기자본이용의 효율성이 높다고 평가할 수 있지만, 지나치게 높을 때는 타인자본에 비해 자기자본이 너무 적지 않은가를 검토해 볼 필요가 있다.

7) 이러한 속성이 비유동자산회전율에 미치는 영향에 대해서는 G. I. White, A. C. Sondhi & D. Fried, *The Analysis and Use of Financial Statements* (Wiley, 1995), 209~211를 참조하기 바람.

$$자기자본회전율 = \frac{매출액}{자기자본}$$

(6) 비제조업 고유의 활동성비율

이상에서 설명한 활동성비율은 제조업을 전제로 하여 제조업의 주된 영업순환과정상의 주요 단계에서 자산이용(투자)의 효율성을 평가하는 것이었다.

그러나 비제조업의 경우는 영업순환과정이 다르고, 영업성과를 좌우하는 핵심성공요소(key success factor) 내지 중요성과지수(KPI: key performance index)가 다르게 마련이다. 예를 들어, 고정비가 많이 발생하는 항공업의 경우는 평균운항거리나 이착륙횟수가 핵심성공요소이다. 왜냐하면 평균운항거리가 길어질수록 단위 운항거리(마일)당 평균비용이 저렴해지므로 이것이 경영평가의 기본단위가 된다. 그래서 매출액을 평균운항거리로 나누게 되면 항공업에 있어 핵심평가단위에 대한 이용효율성을 평가할 수 있다.

마찬가지 논리로 병원에서는 병상의 수, 레스토랑에서는 좌석의 수, 호텔에서는 객실의 수, 슈퍼마켓에서는 공간면적이 이들 업종의 경영평가의 기본단위가 된다. 따라서 매출액을 이러한 핵심기본단위로 나누어서 이들 업종에서 가장 중요한 경영요소나 시설이 효율적으로 이용되고 있는지를 평가할 때 사용한다.

(7) 사례기업의 활동성평가

자산투자 또는 자산관리의 효율성을 평가할 수 있는 활동성지표를 보면, 매출채권에 대한 투자효율성만 삼성전자가 높고, 나머지 부문의 자산투자 효율성은 LG전자가 양호하다. 특히 총자산과 자기자본 기준으로 보면 LG전자가 2~4배 정도 양호하다. 추세적으로는 매출채권, 재고자산, 총자산회전율이 양사 모두 개선되고 있어, 이들 자산에서 자금이 회수되고 있음을 암시하고 있다.

[표 3-11] 삼성전자와 LG전자의 활동성 비율

재무비율	삼성전자			LG전자		
	2019	2020	2021	2019	2020	2021
매출채권회전율(회)	6.7	7.2	7.8	8.9	8.6	9.8
평균회수기간(일)	54.7	50.9	46.8	41.2	42.5	37.4
재고자산회전율(회)	5.3	4.9	4.5	7.0	6.4	6.5
비유동자산회전율(회)	1.4	1.3	1.4	2.3	2.3	2.9
총자산회전율(회)	0.7	0.6	0.7	1.3	1.2	1.5
자기자본회전율(회)	0.9	0.9	1.0	3.4	3.4	4.0

주: 재무상태표와 관련된 비율의 수치는 기초와 기말의 평균금액을 적용하여 계산.

4절 기업위험평가 재무비율

기업은 여러 가지 유형의 위험에 노출된 환경 하에서 경영을 하게 된다. 또 기업환경에 대응하여 어떻게 영업활동, 투자활동 및 재무활동을 하느냐에 따라서 경영효율성, 현금창출능력이 달라지고, 결과적으로 다음 표에서 보는 것처럼 기업이해관계자에게 유동성위험, 지급불능위험 등을 보여주게 된다. 이 같은 결과는 재무제표에 표시되므로 적절한 재무비율분석을 통해서 기업위험이 평가될 수 있다.

본절에서는 기업의 유동성과 지급능력, 상환능력과 관련된 위험을 평가할 수 있는 재무비율군인 유동성비율과 레버리지비율에 대하여 살펴본다.

[표 3-12] 기업위험에 대한 재무제표분석의 구조

기업활동	현금창출능력	현금소요	재무제표분석
영업활동	매출수익	운전자본투자	단기유동성위험
투자활동	기존 시설의 매각 또는 신규투자	생산설비투자	장기부채상환위험
재무활동	부채차입능력	원리금상환	

1. 유동성비율

기업에 자금을 대출해 주는 금융기관이나 외상으로 상품을 공급하는 거래처 입장에서는 대출업체나 거래업체의 단기채무에 대한 변제능력(solvency), 자금사정의 좋고 나쁨을 평가하는 것이 매우 중요한 일이 된다. 유동성비율들은 기업의 단기채무에 대한 변제능력이나 자금사정에 대한 정보를 제공해 주는 재무비율이다.

본래 유동성(liquidity)이란 어느 자산이 단기에 정상적인 가격으로 현금화될 수 있는 가능성을 말한다. 기업의 보유자산 중에서 유동자산은 1년 이내에 현금화가 가능한 자산들로서 현금 및 현금등가물, 단기금융상품(유가증권), 매출채권, 재고자산 순으로 현금화될 가능성이 높다. 따라서 1년 이내에 만기가 도래하거나 조만간 갚아야 할 단기성부채에 대한 변제능력을 분석하는 것은 기본적으로 유동성자산의 크기와 유동부채와의 크기를 비교하는 것으로부터 출발하고 있다.

유동성비율이 단기채무에 대한 지급능력을 평가하는 데 도움을 주는 정보가 되기 위해서는 다음과 같은 몇 가지 점을 고려하여야 한다.

첫째, 단기성채무를 상환하는데 일차적으로 충당되는 유동성자산은 단기에 현금화되는 속도와 그 확실성 정도가 제각기 다르므로 이 점을 고려하여야 한다. 유동자산 중에는 단기금융상품보다는 매출채권이, 매출채권보다는 재고자산이 현금화되는 속도가 늦고 그 확실성이 낮다.

둘째, 유동자산이 현금화되는 속도는 영업활동으로부터 구체적인 현금순환과정, 즉 현금 → 재고자산(생산활동) → 매출(매출활동) → 매출채권 → 매출채권회수 → 현금화의 과정에서 결정되는 것이므로, 현금이 각 단계에 묶여있는 기간을 파악하는 것이 필요하다. 이 점에 대한 자세한 분석은 활동성분석(재고자산회전율, 매출채권회전율, 매입채무결제기간 등)에서 설명하였지만, 유동성분석과 활동성분석은 이러한 점에서 상호보완적인 분석이 된다.

셋째, 유동성이 높다고 해서 반드시 지급능력이 높은 것만은 아니므로 지급능력을 직접적으로 판단할 수 있는 현금흐름분석 방법이 보완적으로 사용될 필요가 있다. 단기채무의 변제에 사용되는 것은 현금 그 자체이지 유동성자산이 아니어서 때로는 유동성자산이 많아도 지급불능(insolvency)인 상태에 놓일 수 있다. 반대로 유동성자산이 부족하더라도 부채차입능력이 뛰어나면 지급불능인 상황을 잘 넘길 수도 있다. 따라서 단기채무에 대한 지급능력을 보기 위한 유동성비율분석은 부채차입능력에 대한 분석이 보완되어야 하고, 나아가서는 기업의 현금상태에 대한 분석이 뒤따라야 한다.

(1) 유동비율

유동비율(current ratio)은 1년 이내 현금화가 가능한 유동자산을 1년 이내에 만기가 돌아오는 유동부채로 나누어 봄으로써, 단기채무에 충당할 수 있는 유동성자산이 몇 배나 되는가를 측정하여 단기채무상환능력을 판단하는 비율이다.

$$유동비율 = \frac{유동자산}{유동부채}$$

이 비율은 단기채무 상환능력을 평가하는 데 가장 쉽게 적용해 볼 수 있는 것이기 때문에 19세기 말 구미의 금융기관이 발전하면서 단기여신결정을 위해서 제일 먼저 사용하기 시작한 비율이기도 하다.

비율이 높을수록 단기채무에 대한 지급능력이 양호하다고 볼 수 있는데 전통적으로 200% 이상이 채권자에게 안전대(margin of safety)로 평가되어 왔다. 그러나 이 기준에 절대적 의미를 부여할 필요는 없다. 유동성에 대한 평가는 경제상황, 기업형태, 경영규모 등에 따라서 다르게 내려질 수 있기 때문이다.

이 밖에도 유동성분석은 분석자의 입장에서 양호와 불량의 기준이 달라질 수 있다. 예를 들어, 유동비율이 높은 것은 채권자의 입장에서는 상환능력이 높은 것으로 평가할 수 있지만, 경영자 입장에서 보면 과다한 유동자산에 대한 투자(financial slack)는 곧 수익성을 저하시키는 요인이므로 반드시 좋게 평가할 수는 없다.

(2) 당좌비율

유동자산 중에서 현금화되는 속도가 늦고, 현금화되는 과정에서 불확실성이 높은 재고자산을 차감한 것을 당좌자산(quick asset)이라고 한다. 이 당좌자산과 단기부채를 대응시키는 것이 당좌비율(quick ratio)인데, 단기채무에 대한 지급능력을 평가하는 데 더 효과적일 때가 있다. 당좌비율은 산성비율(acid-test ratio) 또는 신속비율이라고도 한다.

$$당좌비율 = \frac{당좌자산}{유동부채} = \frac{유동자산 - 재고자산}{유동부채}$$

특히 경기변동에 민감한 재고자산이나 부패가능성이 있는 재고자산을 많이 갖고 있는 기업의 경우는 유동비율보다도 당좌비율이 더 중요한 의미를 지닌다. 유동비율은 양호한데 당좌비율이 불량하면 그 원인은 재고자산에 대한 과대한 투자 때문일 것이다.

이 비율은 전통적으로 100% 이상이면 유동성이 양호하다고 보고 있지만, 유동비율에 대한 해석과 마찬가지로 여러 가지 요소와 함께 평가할 문제인 것이다. 또한 유동비율과 당좌비율처럼 두 항목이 모두 재무상태표항목만으로 된 관계비율은 그 항목들이 결산기에 조작될 가능성이 높으므로 이 점에 주의하여 분석하여야 한다.

(3) 순운전자본 대 총자본비율

순운전자본(net working capital)은 유동자산에서 유동부채를 차감한 것이다. 단기성 부채의 변제에 충당하고 유동자산이 얼마나 여유가 있는지 그 절대적 크기를 나타낸 것이므로 단기채무에 대한 지급능력을 평가하는 한 기준이 된다. 유동비율은 유동자산을 유동부채로 나눈 상대적 비율이고, 순운전자본은 양자의 차이로 표현된 실수라는 점에 차이가 있다.

순운전자본을 총자본에 대한 구성비율로 표시하면 기업의 유동성 정도를 평가할 수 있는 한 방법이 된다.

$$\text{순운전자본구성비율} = \frac{\text{순운전자본}}{\text{총자본}} = \frac{\text{유동자산} - \text{유동부채}}{\text{총자본}}$$

이 비율은 유동성비율 중에서 비교적 기업의 부실(도산) 예측에 도움을 주는 비율로 밝혀지고 있다.[8)]

이 비율도 앞의 유동비율이나 당좌비율과 마찬가지로 두 항목 모두 재무상태표를 이용한 비율이어서 정태비율이 갖는 한계점, 즉 특정 시점의 잔액을 이용하여 작성된 것이므로 기업의 평균적인 유동성을 나타내는 데는 부족한 일면이 있다. 기초와 기말잔액의 평균을 이용하여 정태비율이 갖는 한계점을 보완할 수 있겠으나, 이 같은 비율이 곧바로 현금상태를 나타내는 것은 아니므로 지급능력을 표시하는 데는 여전히 한계점을 지니게 된다. 이러한 한계점을 줄이기 위해서 근래에는 다음에 설명하는 동태적인 유동성비율이 사용되기도 한다.

8) Altman이나 Beaver의 기업부실예측모형에서는 이 구성비율을 유동성을 나타내는 대표적인 비율의 하나로 사용하고 있다. 본서 13장 참조.

(4) 동태적 유동성비율

이상에서 설명한 정태적 유동성비율이 갖는 한계점을 보완하고 기업의 현금상태(cash position)를 측정하여 보다 적절히 지급능력을 평가할 수 있는 비율이 동태적인 유동성비율이다.

이의 대표적인 것으로는 **방어기간**(defensive interval)이 사용되고 있다. 방어기간은 당좌자산을 1일평균 현금지출비용액으로 나눈 것이다.

$$방어기간 = \frac{현금 \cdot 예금 + 단기금융상품 + 매출채권}{(매출원가 + 판매비와\ 관리비 - 감가상각비) \div 365일}$$

$$= \frac{현금 \cdot 예금 + 단기금융상품 + 매출채권}{1일평균\ 현금지출비용액}$$

분자의 당좌자산은 유동자산에서 유동성이 가장 낮은 재고자산을 차감한 것으로서 현금, 예금, 단기금융상품, 매출채권처럼 매일 매일의 비용지출에 곧바로 충당할 수 있는 준현금자산을 말한다. 분모에는 매출원가, 판매비와 관리비 등의 연간 비용에서 비현금성비용항목(non-cash charges)인 감가상각비 등을 차감하여 연간 현금지출영업비용총액을 측정하고 이를 365일 또는 영업일수로 나누어 1일 평균 현금지출비용액을 계상한 것이다. 따라서 이 비율은 준현금과 같은 **방어자산**(defensive assets)인 당좌자산이 일상적인 영업비용현금지출을 며칠 동안 충당할 수 있는 규모인지를 나타내므로 자금사정을 보다 적절히 나타낸다고 할 수 있다.

이외에도 이 같은 동태적인 성격을 지닌 비율로서는 다음과 같이 당좌흐름비율과 단기부채까지 고려한 무신용기간비율이 있다. **당좌흐름비율**(quick flow ratio)은 월간기준으로 기업의 경상운영비와 금융비용지급에 충당할 예비현금의 보유량을 뜻한다. **무신용기간**(no credit interval)은 거래처로부터 외상매입에 의한 신용이 당장 중단된다고 할 경우 기업이 버틸 수 있는 일수가 얼마인지를 측정한 것이다. 이 밖에 포스터(G. Foster)는 이와 유사한 비율로서 현금등가(현금+유가증권)를 단기부채나 총자산으로 나눈 **현금사정비율**이 기업의 자금사정과 재무적 여력을 보다 적절히 나타낼 수 있는 것으로 보고 있다.[9)]

9) George Foster(1986), *Financial Statement Analysis*, 2nd. Prentice-Hall, p. 64.

$$\text{당좌흐름비율} = \frac{\text{당좌자산}+(\text{연간 매출액}\div 12)}{(\text{매출원가}+\text{판매비와 관리비}+\text{금융비용}-\text{감가상각비})\div 12}$$

$$\text{무신용기간} = \frac{\text{당좌자산}-\text{매입채무}}{(\text{영업비용}-\text{감가상각비})\div 365\text{일}}$$

$$\text{현금사정비율} = \frac{\text{현금}+\text{유가증권}}{\text{단기부채(또는 총자산)}}$$

한편, 거래처 입장에서는 상대기업이 외상매입금이나 지급어음과 같은 매입채무를 얼마나 빨리 결제하는가 하는 정보가 상대적으로 중요하다. 매입채무변제기간은 거래기업이 매입채무를 평균적으로 며칠만에 결제하고 있는가를 나타내는 것으로 연간 매입채무를 구매액으로 나누어 측정한다. 분모의 구매액은 매출원가에 기말재고액을 합한 다음 기초재고액을 차감한 금액을 사용하게 된다.

$$\text{매입채무변제기간} = \frac{365\times\text{매입채무}}{\text{구매액}}$$

(5) 사례기업의 유동성평가

유동비율에 근거한 단기채무에 대한 지급능력과 현금사정을 볼 수 있는 동태적 유동성비율을 보면, 삼성전자가 모두 양호한 수준을 보이고 있다. LG전자는 2020년에는 상대적으로 낮은 수준에서 현금사정이 다소 개선되고 있다.

[표 3-13] 삼성전자와 LG전자의 유동성 비율

재무비율	삼성전자			LG전자		
	2019	2020	2021	2019	2020	2021
유동비율(%)	268.0	272.3	254.3	112.4	113.5	115.7
당좌비율	202.0	208.8	191.9	63.1	64.3	62.8
방어기간비율(일)	242.0	264.9	252.3	75.6	82.2	71.3
현금사정비율(배)	1.5	1.6	1.5	0.3	0.3	0.3

주: 재무상태표 계정과 관련된 비율은 기초와 기말의 평균금액을 적용하여 계산.

2. 레버리지비율

레버리지(leverage)비율은 기업경영의 안정성과 장기부채 사용에 따른 원리금상환능력, 즉 채무불이행위험에 관한 정보를 제공해 준다. 이러한 의미에서 안정성비율(safety ratios)이라고도 한다.

본래 레버리지란 자본조달 시에 부채를 이용하는 것을 말한다. 재무구조상 부채의존의 수준은 금융기관과 같은 채권자와 기업에 필요한 자본조달의 방법을 결정하는 경영자 또는 주주에게 각각 다른 정보로 이용된다.

먼저 채권자 입장에서 보면 부채의존도는 채권회수에 대한 위험부담의 정도를 나타낸다. 총자본 중에서 타인자본이 차지하는 비중이 높아지면 채권을 회수할 수 없는 위험은 커지게 되므로, 채권자에게는 채권보전의 안전성을 나타내는 비율이 된다. 이와 함께 이자를 갚을 능력과 원금을 상환할 수 있는 능력을 평가하는 비율들은 안전성 또는 신용위험을 평가하는 데 유용한 정보로 사용된다.

한편, 기업경영자에게 있어서 기업운용에 필요한 자금 중 어느 정도를 타인자본에 의존할 것인가 하는 자금조달결정은 매우 중요한 의사결정인데, 부채관계비율은 이러한 자금조달결정에 사용된다.

부채사용은 고정비적 성격의 이자를 지급하게 되므로 이른바 손익확대효과(leverage effect)를 가져온다. 즉, 부채사용은 이익이 증가하는 상황에서는 더 큰 이익을 발생토록 해주지만, 이익이 감소되거나 손실이 발생하는 상황에서는 그 부정적 효과를 더욱 크게 한다. 이익이 증가할 가능성도 높아지지만 그만큼 위험도 커짐을 의미한다. 결국 적정한 타인자본의 사용에 대한 결정은 타인자본 사용으로 인한 이익증가와 위험증가와의 상반관계를 고려하는 문제인데, 레버리지비율은 이러한 자본조달결정에 참고자료가 된다.

(1) 부채비율

부채비율은 부채를 자기자본으로 나눈 관계비율을 사용하거나, 부채를 총자본으로 나눈 구성비율을 사용하기도 한다. 전자는 부채비율, D/E비율(debt to equity ratio) 그리고 후자는 부채구성비율, D/A비율(debt to asset ratio)이라고 부른다.[10] 이 밖에도 자본구조의 안정성을 볼 때 D/A비율과는 달리 총부채 중에서 이자를 지급하는 부채인

10) 사용자에 따라서는 D/E비율을 B/S비율, D/A비율을 B/A비율로 부르기도 한다.

차입금과 회사채의 합이 총자본에서 차지하는 비율로 표시한 **차입금의존도**를 사용하기도 한다. 또 총자본에서 자기자본이 차지하고 있는 비중인 **자기자본구성비율**으로도 나타내기도 한다.

$$\text{부채비율(D/E)} = \frac{\text{총부채}}{\text{자기자본}}$$

$$\text{부채구성비율(D/A)} = \frac{\text{총부채}}{\text{총자본}}$$

$$\text{차입금의존도} = \frac{\text{차입금}+\text{회사채}}{\text{총자본}}$$

$$\text{자기자본구성비율} = \frac{\text{자기자본}}{\text{총자본}}$$

이들 부채비율은 앞서 설명한 것처럼 채권자들의 위험부담 정도와 손익확대효과 정도를 평가하는 기초정보로서 중요한 의미가 있다. 부채비율이 높을수록 채권자들의 채권보전의 안전도는 떨어지고, 손익확대효과는 커지는 것을 의미한다.

부채비율(이하에서는 D/E를 중심으로 설명한다)을 이용하는 데는 이용에 앞서 몇 가지 비율 측정상의 문제를 고려해 볼 필요가 있다.

첫째, 부채 계상에 있어 이자를 지급하는 부채만을 포함할 것인가, 아니면 매입채무나 미지급금과 같은 이자를 지급하지 않는 부채까지도 포함시킬 것인가의 문제이다. 후자는 정상영업 과정에서 자동적으로 발생하는 부채의 성격을 지니고 있으므로 채권보전의 안전도를 평가하는데 제외하는 것이 타당할 수 있다. 그러나 대부분의 채권자들은 보수적으로 모든 부채를 포함하는 것을 관례로 하고 있다.

둘째, 부채와 자기자본의 범위를 정할 때 회계적 기준보다는 실질적 기준에 의하여 분류하는 문제이다. 부채의 범위에 재무제표에 부채로 표기되어 있지 않지만 실질적 부채에 해당되는 리스(lease)나 자회사 채무보증과 같은 부외부채(off-balance-sheet debt)와 부채성격이 짙은 우선주 등을 포함시킬 수 있다. 반면에 자기자본의 계상에 있어서는 이연법인세와 같은 부채항목을 포함시킬 수 있다. 또 주주의 지분에 무형자산을 뺀 유형순자산가치(tangible net worth)만을 포함시킬 수도 있다.

셋째, 이들 자기자본과 부채에 포함시킬 항목이 정해졌을 때, 이를 장부가치(book value)기준으로 할 것인가 아니면 시장가치(market value)를 기준으로 삼을 것인가의 문제이다. 장부가치기준으로 하면 자료이용과 계산이 편리하다는 장점이 있지만 실세를 반영하지 못하는 단점이 있다. 특히 높은 인플레이션의 상황에서는 자기자본, 총자본은 과소평가되는 경향이 있어 장부가액기준은 왜곡된 정보를 줄 수 있다. 반대로 시장가치기준으로 측정하면 실세를 잘 반영하여 실질적인 부채의존도를 나타내지만 이의 측정에 어려움이 있다.

시장가치기준으로 측정할 때의 다른 문제점은 신용위험이 높은 기업의 부채비율이 양호하게 나올 가능성이 있다는 점이다. 즉, 신용위험이 높은 기업은 보다 높은 할인율이 적용되므로 부채의 시장가치는 낮게 평가되는데, 이는 D/E비율의 분자를 작게 하여 결과적으로 신용위험이 높은 기업이 D/E비율이 낮게 나올 수 있는 것이다. 이러한 문제점을 줄이기 위해서 부채는 장부가치로, 자기자본은 시장가치로 측정하는 방법을 사용할 수 있다.

$$\text{부채비율(D/E)} = \frac{\text{총부채(장부가치)}}{\text{자기자본(시장가치)}}$$

부채비율은 전통적인 유동성비율처럼 두 항목이 모두 일정 시점의 재무상태표로부터 계산된 것이기 때문에 정태적인 성격을 지니고 있어, 원리금 지급능력을 나타내는 정보로 이용되기에는 부족한 면이 있다. 이하에서 설명하는 이자보상비율이나 현금흐름보상률은 여러 가지 금융비용과 현금흐름을 대응시켜 이자지급능력을 평가하는 동태적인 안전성비율이다.

(2) 이자보상비율

이자보상비율(TIE: times interest earned 또는 interest coverage ratio)은 이자지급능력을 나타내는 비율이다. 이는 영업이익 또는 EBIT를 지급이자로 나누어 구하거나, 이자 및 법인세비용차감전 현금흐름, 즉 영업이익 혹은 EBIT에 감가상각비를 더한 현금흐름을 이자비용으로 나누어 구한다. 후자를 현금흐름기준 이자보상비율이라고 한다.

$$\text{이자보상비율} = \frac{\text{영업이익(EBIT)} + \text{(감가상각비)}}{\text{이자비용}}$$

이 비율의 크기는 영업활동으로부터 얻어지는 현금흐름이 이자비용에 충당되는데 몇 배의 여유가 있는지, 그 안전도(margin of safety)를 나타내는 것이다. 따라서 이자보상비율이 1 이하이거나 1에 근접해질수록 이자를 지급하지 못할 가능성이 높아짐을 의미한다. 우리나라 기업들의 이자보상비율은 외환위기 이후 4~5배 수준으로 크게 개선되고 있다. 이자보상비율은 부실기업의 예측, 퇴출기업의 평가에 중요한 기준으로 사용되고 있다.[11)]

이자보상비율은 이자비용만을 고려하고 있으나 기업이 고정적으로 부담하는 금융비용에는 이자비용 이외에도 리스료, 임차료 같은 것이 있다. 이러한 고정금융비용까지 포함하여 지급능력을 보는 비율이 **고정금융비용보상률**(fixed charge coverage)인데, 이는 다음과 같이 계산한다.

$$\text{고정금융비용보상률} = \frac{\text{이자 · 법인세비용차감전 현금흐름} + \text{기타금융비용}}{\text{이자비용} + \text{기타금융비용}}$$

(3) 현금흐름보상률

위에서 설명한 이자보상비율은 이자지급능력만을 본 것이지 원금상환능력까지를 감안한 것이 아니다. 또한 고정금융비용에는 우선주에 대한 배당금이 포함되어 있지 않다. **현금흐름보상률**(cash flow coverage)은 총괄적으로 원리금상환능력을 보기 위해서 고정금융비용, 우선주배당금, 그리고 당기에 상환을 요하는 부채원금액을 영업활동으로부터의 현금흐름과 대비한 것이다.[12)]

$$\text{현금흐름보상률} = \frac{\text{이자 · 법인세비용차감전 현금흐름} + \text{기타금융비용}}{\text{고정금융비용총액} + \frac{\text{우선주배당금}}{(1-t)} + \frac{\text{당기요상환부채액}}{(1-t)}}$$

신용분석에서는 지급불능의 가능성을 평가하기 위하여 아래의 **상환계수**를 이용하고 있는데, 이는 현금흐름보상률과 유사하다.

11) 이자보상비율은 퇴출기업 심사 때 평가의 기준비율이 되고 있다. 최근에는 이자보상비율이 1 미만이거나 3년간 평균 이하인 기업은 잠재부실기업으로서 퇴출심사대상에 포함시키고 있다. 그런데 현행 감독당국의 계산 방법에는 영업이익에 감가상각비를 더하지 않고 있기 때문에 감가상각비가 많이 계상되는 항공산업이나 자본집약산업의 경우는 불리하게 작용할 수밖에 없다. 실제로 D항공사는 이자보상비율이 0.5배인 것으로 발표된 바 있었는데, 감가상각비를 포함한 **현금기준 이자보상비율**을 구하면 1.32배로 높아지기도 하였다. 또한 영업외수익도 포함되지 않음으로써 영업외수익이 많은 기업도 불리한 결과를 감수하게 된다.

12) 우선주배당금이나 당기 요상환부채액을 (1－법인세율)로 나눈 것은 이 부분은 법인세감면효과가 없기 때문이다.

$$상환계수 = \frac{영업활동으로부터의\ 현금흐름}{연간지급이자 + 요상환원금}$$

(4) 현금흐름 대 자본지출비율

영업활동에서 창출된 현금흐름은 원리금상환에 충당될 뿐만 아니라 여러 가지 투자사업에도 사용된다. 성장기업일수록 재투자를 위한 자금조달의 필요성이 높아지게 되므로 성장을 위해 내부자금을 많이 이용하게 되면 원리금상환에 부담을 줄 수 있다. 결국 기업의 장기적인 지급능력은 생산설비투자에 필요한 외부자금조달금액과 내부자금 가운데서 투자사업에의 지출액을 차감한 후 부채상환에 충당할 수 있는 자금의 크기에 달려 있다고 볼 수 있다.

이러한 관계 때문에 기업의 현금창출능력과 투자소요액을 대비하게 되면 부채상환능력이 얼마나 양호한지를 평가할 수 있다. 현금흐름 대 자본지출비율은 이 같은 측면을 측정하는 비율이다.

$$현금흐름\ 대\ 자본지출비율 = \frac{현금흐름}{자본지출액}$$

이 같은 종류의 비율로 비버(W. Beaver)는 영업활동 현금흐름 대 총부채비율을 부채부담능력을 적절히 측정하는 지표로 보고 있으며, 기업부실예측에 유용한 것으로 지적하고 있다.[13)]

$$현금흐름\ 대\ 총부채비율 = \frac{현금흐름}{총부채}$$

(5) 비유동(고정)비율, 비유동(고정)장기적합률

조달된 자본이 비유동(고정)자산의 구입에 사용되면 이는 자금이 장기적으로 묶이게 됨을 뜻한다. 따라서 기업의 안정성을 위해서는 비유동자산은 장기적으로 안정성 있는 자금으로 조달하는 것이 바람직하다. 조달된 자본이 비유동자산에 운용되고 있는 정도

13) William H. Beaver(1966), "Financial Ratios as Predictors of Failure," *Journal of Accounting Research*, 71~111.

를 측정함으로써 자본조달의 조달과 운용 사이의 균형관계를 파악하여 안정성을 간접적으로 판단하는 비율로서 비유동비율과 비유동장기적합률이 있다.

비유동비율(fixed ratio)은 이 같은 측면을 보기 위하여 장기적으로 자금이 고착되는 비유동자산을 장기성자금인 자기자본으로 나누어 구한 비율이다.

$$\text{비유동비율} = \frac{\text{유형자산} + \text{무형자산} + \text{투자자산}}{\text{자기자본}}$$

장기적으로 자금이 고착되는 비유동자산은 가급적 가장 안정적이고 장기성자금인 자기자본으로 충당하는 것이 기업의 장기 안정성을 위해 바람직하므로 이 비율은 낮을수록 안정성이 있다고 판단할 수 있다.

일반적으로 비유동자산에 대한 투자는 자기자본의 범위 내에서 이루어지는 것이 안정적이지만, 실제로 거액의 설비투자를 필요로 하는 기간산업에 있어서는 소요자금을 모두 자기자본으로만 충당하는 데는 어려움이 있다. 장기부채도 안정성 있는 장기자금이므로, 이러한 사업에 대한 투자는 자기자본과 장기부채를 합한 범위 내에서 하게 되면 안정성이 있다고 볼 수 있다.

비유동장기적합률(fixed assets to net worth & fixed liabilities)은 이러한 취지에서 비유동자산을 자기자본과 장기부채의 합으로 나누어 구한 비율이다.

$$\text{비유동장기적합률} = \frac{\text{투자자산} + \text{유형자산} + \text{무형자산}}{\text{자기자본} + \text{장기부채}}$$

비유동비율과 마찬가지로 이 비율은 낮을수록 자본의 조달과 운용 간의 균형이라는 측면에서 안정성을 나타내고 있다고 평가할 수 있다.

(6) 사례기업의 안정성평가

재무상태표에 나와 있는 총부채 기준으로 자본구조와 안정성을 보면, LG전자의 부채의존도가 크게 높다. 이자지급능력은 양사 모두 2021년에 들면서 개선되는 추세를 보이고 있다. 비유동자산에 대한 투자를 안정적인 자기자본에 의존하는 정도를 나타내는 비유동비율 기준으로 평가하면 LG전자는 비유동자산 투자자금을 부채로 조달하고 있음을 보여주고 있다.

[표 3-14] 삼성전자와 LG전자의 안정성 비율

재무비율	삼성전자			LG전자		
	2019	2020	2021	2019	2020	2021
부채비율(%)	35.5	35.6	38.6	172.5	174.0	170.2
자기자본비율	73.8	73.7	72.2	36.7	36.5	37.0
차입금의존도	4.7	5.1	4.5	24.0	21.9	19.5
이자보상비율(배)	3.4	3.2	6.7	5.9	4.4	5.6
비유동비율(%)	56.0	56.3	57.6	134.2	128.8	118.0
비유동장기적합률	51.1	51.3	52.2	80.7	79.3	76.7

* 부채비율은 장부가치 기준의 D/E비율임.

5절 기타 재무비율

앞의 3, 4절에서는 수익성과 위험을 평가할 수 있는 재무비율에 대해서 살펴보았다. 본절에서는 성장성, 생산성, 보통주평가비율에 대해서 살펴본다.

1. 성장성비율

성장성비율은 일정 기간 중에 기업의 경영규모 및 경영성과가 얼마나 향상되었는지를 나타내는 비율이다. 대부분 총자산, 매출액 또는 순이익의 증가율로 측정하는데 내용상으로는 성장잠재력, 미래 수익발생능력이나 이익실현의 확실성 정도, 시장에서의 경쟁적 지위를 뜻하는 정보내용을 담고 있다.

성장성관계비율은 여러 정보이용자에게 다양한 의미를 지니게 된다. 어느 기업의 이익성장률이 높다면 투자자에게는 미래 이익실현의 확실성이 상대적으로 증대하여 시세차익(capital gain)이 높아질 것임을 암시한다. 특정 산업이 경제 전체의 평균성장률보다 높으면 고성장산업으로서 유망업종으로 일단 간주될 수 있고, 어떤 특정 기업이 당해 산업 내의 경쟁기업보다 성장률이 높으면 상대적으로 시장에서의 경쟁적 지위의 확보가 빠른 것으로 평가할 수 있다.

성장성비율을 이용하여 경영분석을 하고자 할 때는 몇 가지 유념해야 할 점이 있다.

첫째, 재무제표 각 항목의 일정 기간에 걸친 증가율로 측정된 성장성은 명목증가율인데, 높은 인플레이션이 지속적일 때는 실질증가율에 의한 분석이 요구된다. 여러 가지 디플레이터(deflator)를 써서 불변가치로 바꾸고, 실질증가율을 구하는 작업이 필요하다.

둘째, 성장률이 높으면 미래 이익발생능력, 시장에서의 상대적 지위가 높아지지만, 반대로 기업의 유동성이 저하되거나 자금사정이 악화되는 경향이 있다. 이는 성장률이 높을수록 투자할 사업이 많아져 현금유입보다도 현금유출이 크게 증가하는 경우가 많기 때문이다. 따라서 성장성분석은 유동성분석과 연계하여 종합적으로 평가할 필요가 있다.

셋째, 기업의 높은 성장률은 계속적으로 유지되기 어렵다. 제품의 특성, 새로운 기술의 발달, 산업 내의 경쟁구조 등에 의해 영향을 받아 성장률이 변화하게 마련이다. 따라서 성장성분석이 미래예측에도 이용되기 위해서는 증가율 자체의 측정뿐 아니라 성장률에 영향을 주는 질적 요소에 대한 분석, 즉 산업구조분석과 기업경쟁력분석 등을 보완하여 그 성장이 지속 가능한지를 판단해야 한다.

(1) 매출액증가율

매출액증가율은 금기 매출액증가분을 전기 매출액으로 나눈 증가율로서, 기업의 외형적인 신장세를 나타내는 대표적인 비율이다. 경쟁기업보다 높은 매출액증가율은 결국 시장점유율의 증가를 의미하므로 경쟁력 변화를 보는 한 방법이 된다.

$$\text{매출액증가율} = \frac{\text{금기매출액} - \text{전기매출액}}{\text{전기매출액}}$$

매출액성장의 원천은 ① 기존 제품(서비스) 판매량의 증가 ② 가격인상 ③ 신제품 판매량의 증가 ④ 타 회사 인수로 나누어 볼 수 있다. 이들 원천별 분석을 통하여 그 성장이 지속 가능한지를 평가하는 것이 중요하다.

(2) 총자산증가율

총자산증가율은 일정 기간 동안의 총자산증가분을 기초의 총자산으로 나눈 증가율로서, 기업의 외형적 규모(총자산)의 신장을 나타내는 비율이다.

$$총자산증가율 = \frac{기말총자산 - 기초총자산}{기초총자산}$$

총자산증가율은 매출액증가율과는 달리 일정 시점을 기준으로 작성된 재무상태표를 이용한 것이고, 자산재평가 실시 여부와 실시시기에 따라서 장부상의 자산가액이 실제보다 과소계상되는 경향이 있으므로 여러 기업 간의 상호비교분석 시에는 이러한 점을 유의할 필요가 있다.

총자산증가율과 매출액증가율을 서로 비교하면 기업성장이 바람직한 방향으로 이루어지는지에 대한 평가가 가능하다. 만약 매출액증가율보다도 총자산증가율이 높으면 상대적으로 자산에 대한 과다투자가 이루어지고 있음(총자산회전율의 하락)을 의미하므로 긍정적인 평가를 내리기 어렵다.

(3) 순이익증가율, 주당순이익성장률

순이익증가율은 기업활동의 최종성과인 순이익이 전기에 비해 증가한 정도를 나타내는 지표로서, 정상적인 영업활동의 성과인 영업외손익뿐 아니라, 특별손익을 모두 반영한 총괄적인 경영성과의 변화율을 나타낸다. 정상적인 영업활동성과만의 증가율을 보고자 할 때는 **영업이익증가율**을 사용한다.

$$순이익증가율 = \frac{당기순이익 - 전기순이익}{전기순이익}$$

보통주주에게 더욱 의미가 있는 것은 순이익 그 자체보다 한 주당 귀속될 순이익, 즉 **주당순이익(EPS)성장률**이다. 이 비율은 투자자에게 미래 이익발생능력에 대한 전망을 가능케 하는 한 지표가 된다.

$$\text{주당순이익성장률} = \frac{\text{당기 EPS} - \text{전기 EPS}}{\text{전기 EPS}}$$

특정 기업의 이익발생능력의 성장성을 평가하는 한 방법은 그 기업이 달성할 수 있는 최소한의 성장률이다. 최소한의 성장률은 외부금융에 의존하지 않고 성장에 필요한 투자자금을 사내 유보자금으로만 조달하는 경우의 성장률이다. 이를 **지속가능성장률**(sustainable growth rate)이라고 하는데, 다음과 같이 사내유보율(f)에 그 재투자자금의 투자수익률인 자기자본순이익률(ROE)을 곱하여 추정한다.[14)]

$$g = f \cdot ROE \qquad \cdots\cdots (3\text{-}2)$$

여기서, g: 주당순이익(배당)성장률
ROE: 자기자본순이익률
f: 사내유보율

성장성분석을 효과적으로 행하는 한 방법은 [그림 3-1]처럼 수직축에 매출액증가율을 표시하고, 수평축에 순이익증가율을 표시하여 양자를 동시에 분석하는 것이다. 매출액증가율은 시장환경을 감안할 때의 외형상의 신장을 나타내고, 순이익증가율은 비용통제의 효율성까지 감안된 것으로서 얼마나 내실 있는 경영을 했는지의 측면에서 신장률을 뜻한다. 따라서 단기적으로는 매출액증가율보다도 순이익증가율이 높은 것이 바람직한 방향이 된다.

이제 분석대상 산업의 평균성장률을 기준으로 상, 하 그리고 순이익 평균증가율 기준으로 좌, 우를 구분하여 4가지 상황으로 나누면 업계에서의 상대적 지위, 제품라인별 성장내용을 평가할 수 있다. Ⅰ사분면의 경우는 평균 이상의 외형신장과 내실 있는 경영을 하고 있는 경우인 반면, Ⅲ사분면은 평균 이하의 외형신장과 내실 있는 경영을 하지 못한 경우이다. Ⅱ사분면의 경우는 시장여건은 좋았지만, 내실 있는 경영을 하지 못한 경우이고 Ⅳ사분면의 경우는 시장여건은 나쁘지만, 내실 있는 경영을 하고 있는 경우에 해당된다.

14) 자기자본순이익률이 $ROE = \left[ROA + (ROA - i)\frac{D}{E}\right] \cdot (1 - t)$가 되는 관계에 대해서는 3절의 1항 수익성비율 ROE 설명내용을 참조.

그림 3-1 전자업의 성장 매트릭스의 분석

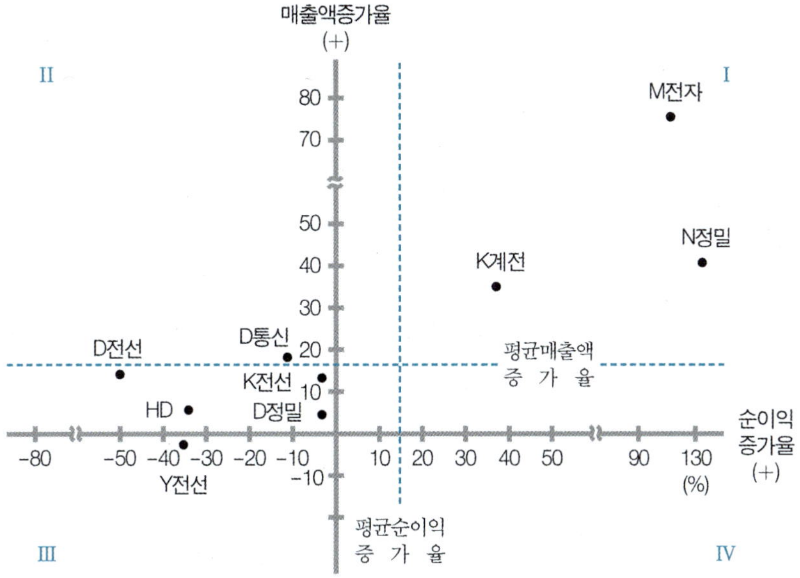

(4) 사례기업의 성장성평가

성장성지표를 보면, 양사는 2019년에는 성장세가 크게 둔화되었다가 2020년에는 회복하였고, 2021년에는 다시 하락세를 보이고 있다. 이익증가율은 큰 기복을 보인 반면에 총자산증가율은 지속적으로 높아지고 있어서 외형신장에 비해서 내실있는 경영을 하지 못하고 있는 것으로 나타나고 있다.

[표 3-15] 삼성전자와 LG전자의 성장성 비율

재무비율	삼성전자			LG전자		
	2019	2020	2021	2019	2020	2021
매출액증가율(%)	-5.5	2.8	18.1	-8.0	2.9	28.7
영업이익증가율	-52.8	29.6	43.5	21.8	18.8	-1.1
순이익증가율	-51.0	21.5	51.1	-87.8	1,646.9	-31.4
총자산증가율	3.9	7.3	12.8	1.2	7.5	10.9

주: 재무상태표 관련된 비율의 수치는 기초와 기말의 평균금액을 적용하여 계산.

2. 생산성비율

기업이 일정한 경영성과(순이익 등)를 달성하기 위해서는 노동, 자본 등 생산요소가 투입되어야 한다. 생산성비율은 기업경영활동에 투입되는 노동, 자본 등 여러 가지 생산요소가 달성하는 경영능률과 성과배분의 합리성을 평가하는 비율이다.

생산성(productivity)은 기본적으로 생산요소 투입 대비 생산(산출)의 비율을 의미한다. 보통 적은 생산요소 투입을 통해서 많은 산출을 올리면 생산성이 높은 것으로 평가하여 왔다. 그런데 생산성은 이를 표시할 때, 물량으로 표시하느냐 혹은 금액(가치)으로 표시하느냐에 따라서 다음과 같이 물적 생산성과 금액(가치)생산성으로 구분된다.

$$\text{물적 생산성} = \frac{\text{생산량}}{\text{기계대수} \cdot \text{원료투입량} \cdot \text{종업원 수} \cdot \text{작업시간}}$$

$$\text{금액(가치)생산성} = \frac{\text{부가가치} \cdot \text{매출액}}{\text{자본} \cdot \text{인건비} \cdot \text{종업원 수}}$$

생산성의 측정은 생산요소별로 측정하기도 한다. 즉, 생산량은 생산요소인 노동·자본·경영의 투입량과 결합에 따라 좌우되므로, 생산성을 생산요소별로 나누어 노동생산성·자본생산성으로 구분하여 측정하기도 한다.

근래의 생산성분석은 부가가치기준으로 분석하는 것이 일반화되고 있다. 이렇게 된 배경은 국내외 경제환경의 변화로 경쟁이 치열해지면서 외형, 즉 판매실적 위주의 경영보다도 내실을 다지는 비용절감에 의한 경영합리화가 곧 기업의 생존을 좌우하는 상황으로 변해가고 있기 때문이다.

(1) 부가가치의 측정

하나의 제품이 만들어져 최종소비자에게 전달되는 데는 보통 여러 생산단계를 거치게 되는데, 부가가치(value added)란 특정 생산단계에서 새로이 창출된 가치를 말한다.

예를 들어, 플라스틱제품의 경우 [그림 3-2]처럼 원재료 생산에서 가공, 조형, 유통, 소매의 과정을 거쳐 최종소비자에게 전달되는데, 각 생산단계에서 새로이 창출된 가치인 부가가치는 음영으로 표시된 부분이 된다. 이 중에서 조형단계에 종사하는 업체의 부가가치는 매우 높음을 볼 수 있지만, 반대로 원재료 생산, 가공업체, 소매업체는 낮은 부가가치를 보이고 있다.

그림 3-2 부가가치의 구성(플라스틱제품의 경우)

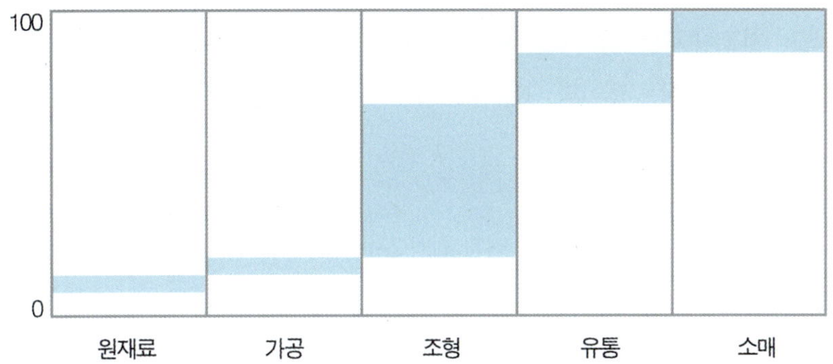

부가가치를 계산하는 방법에는 가산법과 감산법 두 가지가 있다.

감산법(減算法)은 어떤 특정 생산단계에 있는 기업이 생산한 총가치인 기업의 매출액(수익)에서 그 생산을 위하여 외부로부터 도입한 기존가치, 즉 중간투입물(intermediate input)인 재료비, 부품구입비, 용역비 등을 공제하여 구한다.

부가가치 = 매출액 − 타기업의 생산가치
= 매출액 − (재료비 + 구입부품비 + 구입전력 · 용수비
+ 외주가공비 + 구입용역비 + ……)

이와 같이 차감하여 구하는 방법은 부가가치를 생산(output)측면에서 파악한 것이다. 한국산업은행에서 사용하고 있는 부가가치 계산 방법은 감산법인데, 구체적으로 다음과 같이 추정하고 있다.

부가가치 = 생산액 − 직접생산비 { 원재료비, 연료비, 구입전력비, 구입용수비 } …… (3-3)

부가가치를 감산법에 의해서 구할 때의 문제는 회계계정과목으로부터 중간투입물에 해당되는 항목을 구별해 내는 것이 용이하지 않을 경우가 많다는 점이다. 다음에 설명하는 가산법은 이러한 문제점을 많은 부분 해결해 준다.

부가가치를 **가산법**(加算法)에 의하여 계산하는 방법은 분배측면에서 파악하는 방법

이다. 즉, 어떤 기업이 생산활동에서 창출한 가치는 그 가치창출에 참여한 생산요소의 공여자에게 분배된다. 기업이 창출한 가치는 주주에게는 이윤, 종업원에게는 노동의 대가인 임금, 지주에게는 임차료, 채권자 같은 자본공여자에게는 이자, 국가에 대해서는 세금형태로 분배되는 것이다. 따라서 이들 구성요소를 모두 합하여 부가가치를 구할 수 있다.[15)]

부가가치 = 순이익 + 인건비 + 임차료 + 이자비용 + 세금과 공과 + 감가상각비 ······ (3-4)

손익계산서와 제조원가명세서가 [표 3-10]처럼 구해졌다면 부가가치를 구성하는 항목은 ○으로 표시된 계정과목이 된다. 한국은행에서 채택하고 있는 계산 방법은 가산법의 계산으로서 인건비, 금융비용, 임차료에 다음과 같은 계정과목을 포함시키고 있다.

부가가치 = 순이익 + 인건비 {판매관리비 중 급료, 임금, 상여, 제수당, 퇴직금, 복리후생비, 제조원가명세서 중 노무비, 복리후생비} + 순금융비용 {이자비용에서 이자수익 차감}

+ 임차료 {지대, 집세, 동산 · 부동산임차료} + 세금과 공과 + 감가상각비

부가가치를 이상에서 설명한 식 (3-3)의 감산법과 식 (3-4)의 가산법에 의해서 실제로 구할 때 당면하는 문제는 생산요소투입량에 관한 정보, 이를테면 종업원의 수 등은 재무제표정보가 아니라는 점과 계산에 필요한 제조원가명세서는 외부분석자가 이용하기 어려울 때가 많다는 점이다.

15) 납세후순이익에 감가상각비를 합한 것은 가치의 분배가 구체적으로 현금의 형태로 이루어지기 때문이다. 감가상각비까지 합친 부가가치를 **조부가가치**(粗附加價値)하고 하고, 이를 뺀 부가가치를 **순부가가치**(純附加價値)로 구분하기도 한다. 감가상각비를 포함시키지 않고 계산하는 이유는 설비자산에 대한 비용은 타기업 생산가치의 소모분이라는 관점에서이다.

[표 3-16] 부가가치의 구성 계정과목

손익계산서 과목	판매비와 관리비	임원보수	○
		급료	○
		임금	○
		상여수당	○
		복리후생비	○
		소모품비	×
		감가상각비	○
		임차료	○
		보험료	×
		수선비	×
		전력비	×
		세금과공과	○
		운임·보관료	×
		여비·교통비	×
		통신비	×
		광고비	×
	영업외비용	이자비용	○
		사채발생차금상각비	○
		대손상각비	×
		창업비상각비	×

제조원가명세서 과목	재료비	원재료비	×
		매입부품비	×
		연료비	×
		공장소모품비	×
	노무비	임금	○
		급료	○
		종업원상여수당	○
		복리후생비	○
	경비	감가상각비	○
		재고감모손	×
		임차료	○
		수선비	×
		전력료	×
		여비·교통비	×
		후생비	○
		보험료	×
		세금과공과	○
		통신비	×
		보관·운반비	×
		외주가공비	×

○는 부가가치항목, ×는 전생산단계 부가가치항목

부가가치액이 산정되면 이를 이용하여 생산성분석을 하는데, 많이 이용되는 생산성 비율에는 부가가치율, 생산요소별로 생산성을 보는 노동생산성비율과 자본생산성비율이 있다. 이들 생산성비율은 전술한 것처럼 생산요소별로 경영능률의 정도와 성과배분의 합리성을 나타내는 정보로서 의미가 있다.

(2) 부가가치율과 노동소득분배율

부가가치율은 일정 기간 중에 창출된 부가가치액을 같은 기간 중의 매출액으로 나누어 계산한 비율로서, 매출액 중에서 생산활동, 가치창출활동에 참여한 생산요소 제공자에게로 귀속되는 소득의 비율을 나타낸다.

$$\text{부가가치율} = \frac{\text{부가가치액}}{\text{매출액}}$$

부가가치율의 개념은 국제무역에서의 외화가득률의 개념과 유사하다. 외화가득률은 수출액에서 수출을 위해 외국에서 들어온 수입액을 차감한 금액의 비율로서 그 나라의 순소득으로 계상되는 비율이다. 이처럼 부가가치율은 그 생산단계 생산요소 제공자들에게 귀속되는 소득의 비율을 뜻한다.

부가가치액은 매출액에서 타기업이 생산한 중간투입물인 재료비, 외주가공비 등을 차감한 것이므로 생산 과정의 통합도가 높아지게 되면 부가가치율이 높아진다. 그래서 원자재 생산쪽으로 통합시켜 나가는 후방적 계열화(backward integration)나 판매쪽으로 통합시켜 나가는 전방적 계열화(forward integration)가 추진되면 부가가치율이 높아지게 된다.

부가가치율은 부가가치를 구성하는 요소들의 합으로 나타낼 수 있으므로 다음 식과 같이 표시하여 어느 생산요소의 소득률이 높은지를 평가하는 데 사용할 수 있다.

$$\text{부가가치율} = \frac{\text{순이익}}{\text{매출액}} + \frac{\text{인건비}}{\text{매출액}} + \frac{\text{임차료}}{\text{매출액}} + \frac{\text{이자비용}}{\text{매출액}} + \frac{\text{세금과 공과}}{\text{매출액}}$$

이 밖에도 부가가치율분석은 부가가치 중에서 각 요소소득이 차지하는 비중으로 표시하여 분석하기도 한다. 즉, 부가가치 중에서 이자비용, 인건비, 순이익 등이 차지하는 비중을 분석한다. 이 가운데서 노사문제와 관련하여 많이 쓰이는 것이 노동소득분배율이다. 노동소득분배율은 인건비가 부가가치총액에서 차지하고 있는 비중을 나타낸 것으로서 생산성기준으로 임금을 결정할 때 기초정보가 되고 있다.

$$\text{노동소득분배율} = \frac{\text{인건비}}{\text{부가가치}}$$

생산기준의 임금결정방식인 럭커플랜(Rucker plan)에서는 다음과 같이 부가가치에 기준노동소득분배율을 곱하여 기준임금총액을 구하고 여기서 기지급임금을 차감하여 추가임금지급액을 산출한다.

$$\text{기준임금총액} = \text{부가가치} \times \text{임금점수(기준노동소득분배율)}$$
$$\text{추가임금지급액} = \text{기준임금총액} - \text{기지급임금}$$

(3) 자본생산성비율

자본생산성이란 생산요소의 하나인 투자자본의 단위당 경영능률을 나타내는 것으로서, 가장 대표적인 자본생산성비율은 **총자본투자효율**이다. 이 비율은 기업에 투하된 자본 한 단위가 1년 동안 얼마만큼의 부가가치액을 창출하였는가를 나타내는 비율이다. 이 비율이 높을수록 총자본이 효율적으로 운영되었음을 의미한다.

$$\text{총자본투자효율} = \frac{\text{부가가치}}{\text{총자본}}$$

자본생산성비율의 보조비율로 이용되는 것에는 **설비투자효율**이 있다. 설비투자효율은 기업이 생산활동에 실제로 사용하고 있는 설비자산(유형자산－건설중인 자산)의 한 단위가 어느 정도의 부가가치를 창출하였는가를 나타내는 비율이다.

$$\text{설비투자효율} = \frac{\text{부가가치}}{\text{유형자산} - \text{건설중인 자산}}$$

(4) 노동생산성비율

노동생산성이란 가장 중요한 생산요소인 노동력의 단위당 성과를 나타내는 지표를 말한다. 가장 대표적인 것으로는 부가가치를 종업원 수로 나눈 **종업원 1인당 부가가치**가 쓰이고 있다.

$$\text{종업원 1인당 부가가치} = \frac{\text{부가가치}}{\text{종업원 수}}$$

이 1인당 부가가치가 높을수록 노동력이 효율적으로 이용되어 보다 많은 부가가치를 창출하였다는 것을 의미한다. 제조업이나 자본집약산업의 경우는 실물자산이 생산요소로서 중요하므로 설비투자효율 같은 자본생산성지표가 생산성평가에 적절하지만, 서비스업이나 노동집약산업의 경우는 생산요소로서 인적자원이 보다 중요시되므로 종업원 1인당 부가가치와 같은 경영지표가 유용성이 높다.

이 밖에도 노동력 한 단위당의 생산성을 측정하는 방법으로 종업원 1인당 매출액(=매출액÷종업원 수)이나 종업원 1인당 순이익(=순이익÷종업원 수)이 이용되기도 한다.

노동생산성비율을 자본집약도로 나타내는 비율과 병용하면 더욱 의미 있는 정보가 만들어질 수 있다. **자본집약도**란 총자본을 종업원 수로 나누어 계산하는데, 종업원 한 사람에 얼마의 자본액이 투자되고 있는가를 나타내는 것으로서 기업경영이 자본집약적으로 이루어지는지, 노동집약적으로 이루어지는지를 측정하는 비율이다. 이와 같은 의미가 있는 것으로는 **노동장비율**과 **기계장비율**이 있는데, 이는 각각 설비자산(=유형자산－건설중인 자산)을 종업원 수로, 기계장비를 종업원 수로 나눈 것이다. 이들은 기업경영방식의 근대화 정도를 측정하는 한 방법이 된다.

$$\text{자본집약도} = \frac{\text{총자본}}{\text{종업원 수}}$$

$$\text{노동장비율} = \frac{\text{설비자산}}{\text{종업원 수}} = \frac{\text{유형자산}-\text{건설중인 자산}}{\text{종업원 수}}$$

$$\text{기계장비율} = \frac{\text{기계장치}}{\text{종업원 수}}$$

노동생산성을 나타내는 대표적인 비율인 종업원 1인당 부가가치는 다음 관계식에서 보는 것처럼 자본집약도와 자본생산성에 의해서 결정됨을 볼 수 있다.

이 관계로부터 노동력이라는 생산요소가 생산성향상에 기여하는 몫에 대한 평가는 자본요소의 생산성을 나타내는 자본생산성과 자본집약도를 동시에 검토하여야함을 알 수 있다. 즉, 이 관계에서 보면, 설비투자에 의한 노동장비율을 높이지 않고 생산성의 향상을 기대할 수 없으며, 노동장비율을 높여도 그 설비를 유효하게 이용하지 않으면(부가가치가 낮으면), 생산성이 향상될 수 없다.

$$\underset{(\text{종업원 1인당 부가가치})}{\text{노동생산성}} = \frac{\text{부가가치}}{\text{종업원 수}} = \frac{\text{총자본}}{\text{종업원 수}} \times \frac{\text{부가가치}}{\text{총자본}}$$
$$= (\text{자본집약도}) \times (\text{총자본투자효율})$$

$$\underset{(\text{종업원 1인당 부가가치})}{\text{노동생산성}} = \frac{\text{부가가치}}{\text{종업원 수}} = \frac{\text{설비자산}}{\text{종업원 수}} \times \frac{\text{부가가치}}{\text{설비자산}}$$
$$= (\text{노동장비율}) \times (\text{설비투자효율})$$

$$\underset{(\text{종업원 1인당 부가가치})}{\text{노동생산성}} = \frac{\text{부가가치}}{\text{종업원 수}} = \frac{\text{기계장치}}{\text{종업원 수}} \times \frac{\text{부가가치}}{\text{기계장치}}$$

$$= (\text{기계장비율}) \times (\text{기계투자효율})$$

한편, 노동생산성은 다음에 보는 것처럼 1인당 매출액과 부가가치율 그리고 노동분배율과 1인당 인건비의 관계에서 분석될 수 있다.

$$\text{노동생산성} = \frac{\text{부가가치}}{\text{종업원 수}} = \frac{\text{매출액}}{\text{종업원 수}} \times \frac{\text{부가가치}}{\text{매출액}}$$

$$= (\text{1인당 매출액}) \times (\text{부가가치율})$$

$$\text{노동생산성} = \frac{\text{부가가치}}{\text{종업원 수}} = \frac{\text{인건비}}{\text{종업원 수}} \times \frac{\text{부가가치}}{\text{인건비}}$$

$$= (\text{1인당 인건비}) \times (\text{노동소득분배율})$$

$$\text{인건비총액} = \text{매출액} \times \text{부가가치율} \times \text{노동소득분배율}$$

따라서 위의 관계를 이용하면, 노동생산성과 임금수준의 관계를 파악할 수 있다. 여기서 인건비총액이 증가하기 위해서는 매출액 증가 또는 부가가치율 증가 또는 노동분배율의 상승이 전제되야 함을 볼 수 있다.

이 밖에도 매출액 · 부가가치율 · 노동분배율 3자의 곱은 인건비총액이 되는 관계를 이용하면 인건비를 흡수하는 데 필요한 매출액수준, 필요한 노동생산성을 구할 수 있게 된다.

3. 보통주평가비율

보통주평가비율(valuation ratios)은 증권시장에서 형성되는 주식가격과 회계수치를 대응시켜 작성한 비율로서, 기업의 수익가치나 자산가치에 대한 증권시장에서의 평가수준을 나타내는 비율이다.

주식가격은 기업의 수익성과 위험을 종합적으로 반영하고 있어, 기업 전체의 실질적 가치를 가장 적절하게 나타내는 것으로 인식되고 있다. 따라서 정보이용자에게 상술한 전통적인 재무비율에서는 얻을 수 없는 내용을 제시하는 면이 있다. 특히 증권투자자에게는 투자대상기업의 투자가치에 대한 정보를 전달한다는 점에서 중요성이 크다.[16)]

보통주평가비율은 주식가격을 이용한 것이므로, 비상장기업을 분석할 때는 제약이 있게 된다. 또한 증권시장이 이용 가능한 정보를 충분히 반영치 못하는 비효율적 시장이라면, 이들 보통주평가비율의 유용성은 그만큼 떨어진다고 볼 수 있다.

(1) 주가수익배수(PER)

주가수익배수(PER: price-earnings ratio) 또는 P/E비율은 주식의 시장가격을 주당순이익(EPS)으로 나눈 값으로서, 이익승수(earning multiplier)라고도 불리운다.

$$\text{주가수익배수(PER)} = \frac{\text{주식의 시장가격}}{\text{주당순이익(EPS)}}$$

PER는 현주가를 주당순이익으로 나눈 것이므로, 기업이 벌어들이고 있는 1원의 이익에 대해서 증권시장의 투자자들이 얼마의 대가를 지불하고 있는가를 측정한 것이다. 즉, 기업의 단위당 이익발생능력(수익가치)에 대한 상대적 주가수준을 나타낸 것이다.

화폐가치 1원은 똑같은 것이지만 투자자가 지급하는 대가가 다른 것은 각 기업이 벌어들이는 이익발생능력의 질에 차이를 반영한 결과이다. 즉, 기업의 수익성, 성장성, 위험성, 회계처리 방법의 차이 등이 모두 총체적으로 반영된 지표가 PER라고 할 수 있다. 따라서 PER는 각 기업의 이익력에 대한 신뢰도지수라고도 할 수 있다.

(2) 주당순자산배율(PBR)

순자산은 총자산에서 총부채를 차감한 것으로서 주주에게 귀속될 자산가치를 측정한 것이다. 순자산총액을 발행주식 수로 나눈 주당순자산은 주식 1주당의 자산가치를 나타낸 것이다.

주당순자산배율(PBR: price to book value ratio) 또는 P/B비율은 주식의 주당시장가격을 주당순자산[BPS=(총자산−총부채)÷발행주식 수]으로 나눈 비율이다. 총액기준으로는 자기자본의 시장가격을 장부가액으로 나눈 것(market price to book value)이므로 M/B비율이라고도 한다.

16) 주가배수 PER, PBR를 투자결정에 응용하는 방법에 대해서는 장영광(2018), 증권투자론, 신영사, 7장이나 본서 10장 "증권분석" 5절을 참조할 것.

$$\text{PBR} = \frac{\text{주가}}{[(\text{총자산}-\text{총부채}) \div \text{발행주식 수}]} \quad (\text{1주당가치기준})$$

$$\text{M/B비율(시장가격 대 장부가액비율)} = \frac{\text{주가} \times \text{발행주식 수}}{\text{자기자본의 장부가액}} \quad (\text{총액기준})$$

PBR비율의 분모는 주주의 입장에서 자산가치를 장부가액기준으로 나타내는 것이므로, 이 비율은 주주지분의 자산가치에 대한 상대적 주가(시장가치)수준을 나타낸 것이다. 환언하면 기업의 자기자본의 실질적 가치를 나타내는 시장가격(분자)과 회계기준의 역사적 원가로 기록된 장부가액(분모)과의 괴리 정도를 측정한 비율인 것이다. 이러한 의미에서 **자기자본평가지수**(equity valuation index)라고도 부른다. 미래수익성 전망이 좋고 자산운용이 효율적일수록 시장가격과 장부가액과의 차이는 커져 PBR비율은 높게 된다.

(3) q비율

q비율(q ratio)은 토빈(J. Tobin)이 제시한 것으로서, 증권시장에서의 자산의 시장가격을 실물시장에서의 자산의 대체원가로 나눈 비율을 말한다.

$$\text{q비율} = \frac{\text{자산의 시장가격}}{\text{자산의 대체원가}} = \frac{\text{증권시장에서의 평가액}}{\text{실물시장에서의 평가액}}$$

자산 전체에 대한 평가액은 증권시장과 실물시장에서 큰 차이를 보일 수 있다. 기업이 새로운 사업에 진출하면서 성장전략을 추구할 때 그 사업에 필요한 시설이나 물적자원을 모두 구입하여 진출(내부개발)할 수도 있지만, 그 사업을 벌이고 있는 기존 업체를 인수(M&A)함으로써도 가능하다.

전자는 실물시장에서 자산을 취득하는 것이고, 후자는 증권시장에서의 주식매입 등의 방법을 이용하는 것이다. q비율은 이 두 시장에서의 평가의 괴리 정도를 나타낸 것이다. 이 비율은 기업합병 · 매수(M&A)의 의사결정과 관련하여 관심을 받고 있는 비율인데, 1보다 적으면 적을수록 실물자산의 직접 취득보다는 M&A방법이 경제성이 있음을 뜻한다.

한국 기업의 주요 재무지표 변동 추이

아래 표는 한국은행이 매년 발표하고 있는 "기업경영분석"(1997~2020)에서 정리한 한국 제조업체의 주요 재무비율의 평균과 변동 추이를 보여주고 있다.

먼저 대표적 수익성비율인 자기자본순이익률(ROE) 변동 추이를 보면, IMF 외환위기 때 ROE가 −15.9%까지 하락하였다가 2007년까지 10% 이상으로 수익성이 회복된 바 있다. 그러나 2008년 글로벌 금융위기를 맞은 이후 최근까지 6%~8%(2009년, 2017년 제외)의 낮은 수익성을 보여주고 있다.

이러한 변동 추이의 원인은 4장 3절에서 설명될 Du Pont System(① 매출액순이익률(비용효율성), ② 총자산회전율(자산투자의 효율성), ③ 부채비율(자본조달의 안정성)의 결합관계)에 근거하여 분석해 볼 수 있다. [표 1]와 이를 그림으로 정리한 [그림 1]에서 보면 총자산회전율보다는 매출액순이익률과 부채비율의 하락이 주된 설명요인임을 알 수 있다.

자산투자의 효율성을 나타내는 총자산회전율은 2010년대 초 1.4배 수준까지 개선되었다가 다시 1.0 이하로 하락하고 있음을 보여주고 있는데 장기추세로 보면 ROE변동 추이와 상관성이 낮은 것으로 나타나고 있다. 이는 자산투자가 수익성 회복으로 나타나는데 장기간이 소요되기 때문일 수 있다.

[표 1] 자기자본순이익률(ROE) 구성비율의 변동 추이

[자기자본순이익률]

연도	1997	1998	1999	2000	2001	2002	2003	2004	2005	2006	2007	2008	
비율	11.0	−15.9	0.0	−5.8	0.0	17.3	9.6	15.6	12.9	10.4	11.1	6.1	
연도	2009	2010	2011	2012	2013	2014	2015	2016	2017	2018	2019	2020	평균
비율	11.3	6.8	6.1	6.9	7.3	6.4	7.0	7.7	10.4	8.8	4.8	5.1	6.7

[①매출액순이익률]

연도	1997	1998	1999	2000	2001	2002	2003	2004	2005	2006	2007	2008	
비율	−1.0	−4.4	0.0	−2.0	0.0	6.3	3.8	6.2	5.3	4.5	4.8	2.4	
연도	2009	2010	2011	2012	2013	2014	2015	2016	2017	2018	2019	2020	평균
비율	4.9	1.8	1.6	1.8	3.5	3.3	4.0	4.8	6.3	5.5	3.2	3.5	2.9

[②총자산회전율]

연도	1997	1998	1999	2000	2001	2002	2003	2004	2005	2006	2007	2008	
비율	0.9	0.8	0.8	1.0	1.0	1.1	1.1	1.2	1.2	1.2	1.2	1.2	
연도	2009	2010	2011	2012	2013	2014	2015	2016	2017	2018	2019	2020	평균
비율	1.1	1.3	1.4	1.4	1.1	1.0	0.9	1.0	0.9	0.9	0.9	0.8	1.1

[③부채비율(D/E)]

연도	1997	1998	1999	2000	2001	2002	2003	2004	2005	2006	2007	2008	
비율	396.3	303.2	214.7	210.6	182.2	135.4	123.4	104.2	100.9	98.9	107.1	123.2	
연도	2009	2010	2011	2012	2013	2014	2015	2016	2017	2018	2019	2020	평균
비율	110.0	182.2	179.2	174.3	92.9	89.2	85.5	80.2	77.0	73.6	73.5	76.2	141.4

이와 다르게 매출액순이익률은 ROE와 높은 상관성이 있는 추이를 보여주고 있다. 이를 [표 2]에서 매출액 대비 주요 비용의 구성비 자료로 보면 매출원가, 재료비, 인건비, 금융비용, 연구개발비는 24년간 평균적으로 81.8%, 51.2%, 9.9%, 2.5%, 1.9% 수준이었다. 이를 추세적으로 보면, 인건비는 2015년 이전까지 9% 내외의 비중을 보이다가 2016년 이후부터는 11%로 다소 증가하고 있다. 연구개발비는 2012년까지 2.0% 미만 수준이었는데 2014년 이후부터는 2.0%~2.6% 비중으로 증가하고 있다.

반면에 재료비 구성비는 2014년까지 50% 이상의 비중을 보이다가 2020년에는 45% 순으로 하락하였다. 또 금융비용의 비중은 2003년 이전에는 3%~9%의 높은 비중을 보이다가 2016년 이후는 0.9%보다 낮은 수준으로 하락하고 있다.

이상의 추이를 보면 재료비와 금융비용부담률(금융비용/매출액)의 하락은 자기자본순이익률의 상승으로 이어졌고, 연구개발비와 인건비의 상승은 매출액순이익률의 하락에 영향을 미친 것으로 분석된다.

한편 금융비용부담률을 차입금평균이자율, 차입금의존도, 총자산회전율의 역수, 3요인과의 관계(본 장 제3절 (5) 참조)에서 분석할 수 있다. 차입금의존도는 2011년과 2012년을 제외하면 2003년 이후 20%대로 하락하였고, 차입금이자율은 2001년에 10% 이하가 된 후 2015년 이후는 3%대로 하락하였다. 종합하면 금융비용부담률이 2000년대 중후반 이후 지속 하락한 것은 차입금평균이자율과 차입금의존도의 하락에 크게 기인한 것으로 분석된다.

[표 2] 매출액 구성 주요 비용의 변동 추이

[매출원가/매출액]

연도	1997	1998	1999	2000	2001	2002	2003	2004	2005	2006	2007	2008	
비율	80.0	81.5	80.8	80.8	81.7	80.6	80.0	80.3	81.8	82.5	82.5	83.1	
연도	2009	2010	2011	2012	2013	2014	2015	2016	2017	2018	2019	2020	평균
비율	82.9	82.1	84.1	84.1	83.6	84.0	82.3	80.8	79.8	80.4	82.3	81.6	81.8

[재료비/매출액]

연도	1997	1998	1999	2000	2001	2002	2003	2004	2005	2006	2007	2008	
비율		49.4	49.0	50.0	50.0	50.0	51.2	52.4	53.8	53.8	53.7	55.2	
연도	2009	2010	2011	2012	2013	2014	2015	2016	2017	2018	2019	2020	평균
비율	59.4	54.2	56.5	54.4	52.6	52.0	48.2	46.5	46.6	47.1	47.0	45.5	51.2

[인건비/매출액]

연도	1997	1998	1999	2000	2001	2002	2003	2004	2005	2006	2007	2008	
비율	10.7	9.8	9.8	9.7	10.0	10.1	10.3	9.7	9.9	9.8	10.2	9.1	
연도	2009	2010	2011	2012	2013	2014	2015	2016	2017	2018	2019	2020	평균
비율	8.8	8.5	8.2	8.5	9.1	10.0	10.8	11.2	10.6	10.6	11.2	11.7	9.9

[연구개발비/매출액]

연도	1997	1998	1999	2000	2001	2002	2003	2004	2005	2006	2007	2008	
비율	-	-	-	-	1.3	1.4	1.6	1.8	1.7	1.8	1.8	1.7	
연도	2009	2010	2011	2012	2013	2014	2015	2016	2017	2018	2019	2020	평균
비율	1.6	1.6	1.6	1.7	2.0	2.0	2.1	2.2	2.1	2.2	2.5	2.6	1.9

[금융비용/매출액]

연도	1997	1998	1999	2000	2001	2002	2003	2004	2005	2006	2007	2008	
비율	6.0	9.0	6.9	4.7	6.0	4.5	3.6	1.3	1.2	1.2	1.4	1.4	
연도	2009	2010	2011	2012	2013	2014	2015	2016	2017	2018	2019	2020	평균
비율	1.4	1.2	1.2	1.1	1.0	1.0	1.0	0.9	0.8	0.9	0.9	0.9	2.5

[차입금의존도]

연도	1997	1998	1999	2000	2001	2002	2003	2004	2005	2006	2007	2008	
비율	54.2	50.8	42.8	41.2	40	31.7	28.3	24	22.9	22.4	24.9	26.3	
연도	2009	2010	2011	2012	2013	2014	2015	2016	2017	2018	2019	2020	평균
비율	26	34.3	33.8	33.8	24.4	25.3	24.7	23.7	22.7	22.3	22.8	23.4	30.3

[차입금 평균이자율]

연도	1997	1998	1999	2000	2001	2002	2003	2004	2005	2006	2007	2008	
비율	10.6	13.5	11.5	10.5	9.4	7.7	6.8	5.9	6.0	6.3	6.4	6.5	
연도	2009	2010	2011	2012	2013	2014	2015	2016	2017	2018	2019	2020	평균
비율	6.1	6.0	6.0	5.7	4.4	4.1	3.6	3.5	3.3	3.5	3.5	3.0	6.4

[그림 1] 자기자본순이익률(ROE) 구성비율의 변동 추이

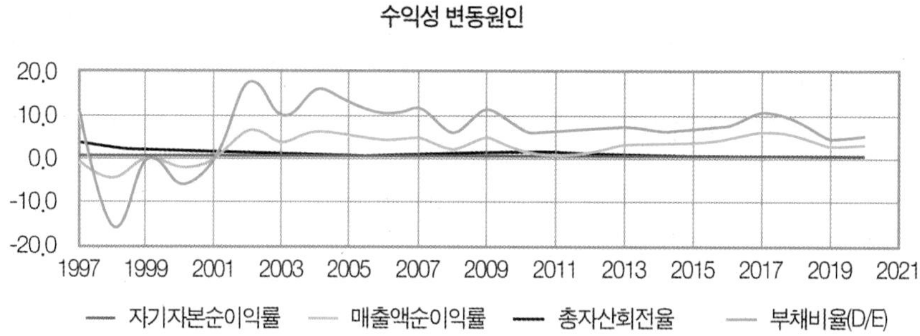

[그림 2] 주요비용 매출액 구성비율

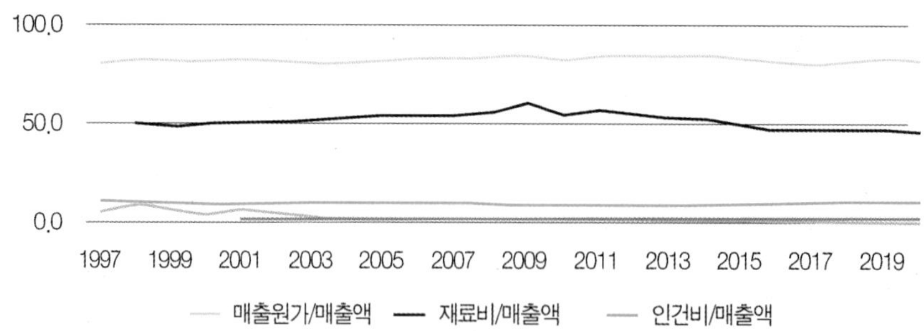

요 약

재무제표에서 경제적 의미와 논리적인 연관성이 있는 두 항목을 서로 나누어 구하는 재무비율은 기술적으로 간단할 뿐만 아니라, 기업의 재무적 건전도에 대한 다양한 정보를 제공해 준다.

보편적으로 널리 이용되고 있는 40~50여 개의 재무비율은 여러 가지 방법으로 분류될 수 있지만, 의사결정자의 정보필요성과 연관지어 분류하면, 기업수익력평가비율(수익성비율 · 활동성비율), 기업위험평가비율(유동성비율 · 레버리지비율), 그리고 기타비율(생산성비율 · 성장성비율 · 보통주평가비율)로 구분해 볼 수 있다.

많이 이용되고 있는 재무비율의 계산 방법과 정보내용을 요약하면, ① 수익성비율은 투자자본에 대한 이익창출능력과 영업성과의 정도를 측정하는 비율이다. ② 활동성비율은 특정 자산의 효율적 이용도, 현금화 속도, 투자자산들에 대한 과대투자 여부를 측정하는 비율이다. ③ 유동성비율은 단기채무에 대한 변제능력 · 자금사정 · 유동성 정도를 측정하는 비율이다. ④ 레버리지비율은 채권회수에 대한 위험부담의 정도, 장기부채의 원리금지급능력, 재무구조의 안정성을 측정하는 비율이다. ⑤ 성장성비율은 일정 기간 중의 경영규모와 경영성과의 증가율, 성장잠재력, 상대적 지위의 변화 등을 측정하는 비율이다. ⑥ 생산성비율은 생산요소가 달성하는 능률, 경영성과의 발생원인과 경영합리화, 성과배분의 합리성을 측정하는 비율이다. ⑦ 보통주평가비율은 주식가격과 관련된 비율로서, 기업의 수익가치 · 자산가치 · 위험을 고려할 경우의 시장에서의 상대적 평가수준을 측정하는 비율이다.

주요 용어

정태비율	동태비율	구성비율
관계비율	수익성비율	ROI비율
총자산영업이익률(ROA)	자기자본순이익률(ROE)	대출효율성계수
매출액이익률(ROS)	수지비율	주당이익(EPS)
유동성비율	유동비율	당좌비율
방어기간비율	매입채무변제기간	레버리지비율
부채비율(부채구성비율)	이자보상비율	비유동(고정)비율
활동성비율	매출채권회전율(평균회수기간)	재고자산회전율
총자산회전율	생산성비율	부가가치
총자본투자효율	노동생산성	자본집약도
성장성비율	지속가능성장률	보통주평가비율
주가수익배수(PER)	주당순자산배율(PBR)	q비율

연습문제

01 재무비율을 수익성, 활동성, 유동성, 안정성, 성장성비율로 구분하는 것은 무슨 기준에 따른 분류인가? 수익-위험의 상반관계에 따라 3가지 비율 군으로 나눈다면 어떻게 분류할 수 있는가?

02 각종 재무비율을 계산하여 다음과 같은 정보를 얻고자 한다. 이에 적절한 재무비율과 그 계산방법을 제시하라.

(1) 기업이 운용하고 있는 총자산에 대하여 기업의 핵심 영업활동(생산 · 판매 · 관리활동)으로부터 이익을 낼 수 있는 능력

(2) 총자산에 대하여 영업외 활동으로부터의 손익, 특별손익, 법인세부담 그리고 부채의존도의 차이까지 반영된 이익창출능력

(3) 총자산에서 비업무용 부동산, 건설중인 자산, 관계회사 출자금과 같은 투자자산처럼 영업활동에 직접 사용되지 않는 영업외자산을 제외한 자산에 대한 이익창출능력

(4) 매출액에 대한 기업의 핵심 영업활동인 생산 · 판매 · 영업 · 관리활동에서 발생하는 비용효율성

(5) 정상적인 영업순환과정에서 자금이 재고자산에 묶여 있는 기간

(6) 일정한 매출을 실현하는데 소요되는 비유동자산을 적게 또는 많게 투자하는지, 즉 비유동자산 이용의 효율성

(7) 준현금성자산이 1일 평균 현금지출비용액을 얼마나 충당할 수 있는지, 현금상태 평가정보

(8) 총부채 중에서 매입채무와 같은 무이자부채를 제외하고 이자를 지급하는 부채가 총자본에서 차지하는 의존도

(9) 기업이 차입한 부채에 대한 이자지급능력

(10) 지급이자 뿐 아니라 원금을 포함한 상환능력

(11) 자금이 장기적으로 묶이게 되는 비유동자산 투자를 장기적으로 안정성 있는 자금으로 조달(충당)하고 있는 정도

(12) 투자자본 한 단위가 창출하는 부가가치의 정도, 총자본투자효율(자본생산성)

(13) 기업의 단위당 이익발생능력(수익가치)에 대한 상대적 주가수준

(14) 영업상의 특징이 유사한 동종산업 내의 경쟁업체들 간의 경쟁력을 비교할 수 있는 정보

03 재무비율분석과 관련된 다음의 설명 중 잘못 서술하고 있는 항목에 대해 바른 설명을 제시하라.

(1) EPS가 증가추세를 보이면 수익성 자체는 호전되고 있다.

(2) 차입금평균이자율이나 차입금의존도가 낮아지거나 총자산회전율이 낮아지면 금융비용부담률은 낮아진다.

(3) 단기금융상품, 매출채권이, 재고자산 중에서 현금화되는 속도가 늦고 그 확실성이 낮은 것은 단기 금융상품이다.

(4) 매출액증가율보다도 총자산증가율이 높으면 상대적으로 자산에 대한 과소투자, 총자산회전율의 상승을 의미한다.

(5) 외부금융에 의존하지 않고 성장에 필요한 투자자금을 사내 유보자금으로만 조달하는 경우의 최소한의 성장률(지속가능성장률)은 사내유보율에 총자본영업이익률(ROA)을 곱하여 추정한다.

(6) 노동력이라는 생산요소가 생산성 향상에 기여하는 몫은 노동 요소의 생산성을 나타내는 노동생산성과 자본집약도를 동시에 검토하여 평가해야 한다.

(7) 주주지분의 자산가치에 대한 상대적 주가(시장가치)수준을 나타낸 것이 PER이다.

(8) 자본이익률에 대한 평가는 마진과 회전율의 곱의 관계에서도 평가할 수 있다.

(9) 자기자본순이익률(ROE)의 변동은 총자산순이익률, 부채의 평균이자율, 부채의존도와의 관계에서 분석될 수 있다.

04 이익창출능력 평가와 관련된 다음 사항에 대하여 설명하라.

(1) 투자수익률(ROI) 관계비율의 구성을 체계적으로 설명하고, 어떤 형태의 정보를 얻을 수 있는지를 설명하라.

(2) 수익성지표로서 총자산영업이익률, 총자산순이익률, 매출액영업이익률, 매출액순이익률의 차이점을 설명하라.

(3) 정보이용자가 어떤 기업에 대해서 영업효율성, 재무효율성, 생산효율성, 관리효율성을 평가하고자 한다. 어떤 재무비율을 가지고 이러한 정보를 얻어낼 수 있는지를 설명하라.

05 신설기업이나 새로운 사업에 투자하기를 바라는 기업은 그 재무구조와 자산구조의 결정을 위하여 해당산업의 표준비율에 근거를 하는 경우가 많다.

가구업을 시작하려는 D사는 2022년 1,400억 원의 매출을 기록할 수 있을 것으로 예측된다. 이 매출이 실현되고 아래에 제시된 가구업 표준재무비율대로 재무구조와 자산구조를 구성한다고 가정하여, D사의 2022년 추정 재무상태표를 완성하라.

가구업 표준재무비율

매출액 대 자기자본	= 5배	유동부채/자기자본	= 55%
비유동자산 대 총부채	= 50%	유동비율	= 2.5배
매출액 대 재고자산	= 10배	매출채권회수기간	= 42일
비유동자산 대 자기자본	= 37.5%	당좌비율	= 1.2배
		(1년은 360일 기준)	

추정 재무상태표

(단위: 백만 원)

현금	2,167	유동부채	(　　　)
매출채권	(　　　)	비유동부채	(　　　)
재고자산	(　　　)	자기자본	(　　　)
기타유동자산	(　　　)		
비유동자산	(　　　)		
총자산	(　　　)	총자본	(　　　)

06 B사의 2021년 재무자료는 다음과 같다. 이를 근거로 2021년도의 매출액과 매출원가를 계산하고 재무상태표를 완성하라. (1년 360일 기준)

부채/자기자본	= 60%	당좌자산 대 재고자산비율	= 100%
총자본회전율	= 1.5회	매출채권회수기간	= 40일
매출액총이익률	= 30%	재고자산회전율(매출원가기준)	= 6회
비유동자산	= 6,480,000원		

재무상태표

2021년 12월 31일 현재 (단위: 천 원)

현 금	( )	매 입 채 무	( )
매 출 채 권	( )	자 본 금	3,000
재 고 자 산	( )	이 익 잉 여 금	( )
비 유 동 자 산	6,480		
(총 자 산)	( )	(부채 및 자본)	( )
매 출 액	( )		
매 출 원 가	( )		

07 생산성분석에 관한 다음 사항에 대하여 설명하라.

(1) 부가가치 정보가 수익성비율을 통해 얻는 정보보다 유용한 측면

(2) 재무제표 항목으로부터 중간투입물에 해당하는 항목

(3) 생산요소 별로 경영능률에 기여하는 몫을 측정하는 방법

(4) 노동생산성을 증가시키는 요인과 방법

08 재무비율분석 결과를 해석하는 데는 주의를 요한다. 다음 사항에 대한 유의점을 설명하라.

(1) 자금사정에 관한 평가와 관련된 유동성비율 정보

(2) 부채관계비율의 측정

(3) 활동성비율에서 얻어낼 수 있는 정보

(4) 재무비율분석 전반의 유용성과 한계점

4장

비율분석을 이용한 종합경영평가

전장에서는 기업의 재무건전도를 평가할 수 있는 주요 재무비율에 대하여 설명하였다.
여러 가지 재무비율을 통하여 투자자본에 대한 이익발생능력, 자산투자의 효율성, 단기채무에 대한 상환능력, 자금사정, 부채의 원리금 상환능력, 채권보전의 안전성, 생산요소들이 달성하고 있는 경영능률, 성장잠재력 등에 관한 정보가 추출될 수 있음을 보았다.

본장에서는 실제로 이들 재무비율을 이용하여 종합적으로 기업의 경영성과와 재무상태의 평가에 이용하는 방법에 대하여 다루고자 한다.

학습목표

- 경영평가 방법으로서 상호비교법과 추세분석 방법, 공통형 재무제표분석 방법
- Du Pont System에 의한 ROI의 변동원인 분석 방법
- ROIC에 의한 이익창출능력분석 방법
- 금융기관의 신용평점제도 등에 활용되는 종합지수법에 의한 경영평가 방법

1절 상호비교법

1. 상호비교법의 의의

상호비교법(comparative analysis)은 특정 시점에서 분석대상기업의 재무비율을 적절한 비교기준(bench mark)인 표준비율과 비교함으로써 경영상태의 양부(良否)를 판단하는 방법이다.

예를 들어, A기업의 자기자본순이익률이 10.0%이고 A기업이 속해 있는 산업 내 대부분의 기업들의 그것이 15.0%이라면, 경쟁기업과 상호비교할 때 A기업의 이익발생능력은 불량하다고 판단하는 방법이다. 이러한 의미에서 상호비교는 기업간비교, 횡단면분석, 수직적 분석이라는 용어로도 쓰이고 있다.

그런데 상호비교를 통해서 경영상태를 판단하기 위해서 가장 중요한 전제조건은 상호비교의 기준이 되는 적절한 표준비율이 설정되어야 하고, 또한 비교대상기업이 공통적 성격을 지녀야 한다는 점이다.

공통적 성격이란 비교대상기업이 영업내용이 유사한 동종 산업 내의 기업이어야 하고, 기업규모가 비슷하여야 하며, 사용되고 있는 회계처리 방법이 같아야 함을 말한다. 비교대상기업 간에 이러한 공통적 성격이 결여되어 있으면 그만큼 상호비교분석의 유용성은 줄어들게 된다.

2. 표준비율

상호비교할 때 적절한 비교기준이 되는 표준비율(ratio standards)로는 이상적 표준비율, 산업평균비율, 경쟁업체비율이 사용될 수 있는데 실제로는 산업평균비율이 가장 많이 쓰이고 있다.

(1) 이상적 표준비율

상호비교할 때 비교기준으로서 특정 재무비율의 이상적인 값(ideal bench mark)을 정하여 분석할 수 있다. 특정 재무비율의 이상적인 비율은 그 나라의 국민경제적 여건과 그 기업이 속해 있는 산업상의 특성 등을 고려하여 설정될 수 있다. 그러나 이는 결코 쉬운 작업이 아니므로, 경험적으로 인정되는 재무비율의 이상치를 사용해 오고 있다. 이러한 표준비율로서 미국에서 오랫동안 사용되고 있는 것은 유동비율 200% 이상, 당좌비율 100% 이상, 부채비율 100% 이하, 고정비율 100% 이하 등이 있다.

이러한 이상적인 표준비율이 항상 적용 가능한 비교기준치가 되는 것은 아니다. 이들 이상적 표준비율은 특정 국가의 경제적 여건이나 산업상의 특성을 고려하지 않은 기준치이고, 재무비율의 이상치란 어느 관점에서 보느냐에 따라 달라지기 때문이다.

이를테면 유동비율이 300%인 기업이 있을 경우, 단기채권자의 입장에서는 유동성이 높은 것을 의미하므로 긍정적으로 평가하겠지만, 그 기업의 경영자나 소유자의 입장에서 보면 기업자금이 수익성이 낮은 유동자산에 과다하게 투자되었다는 것을 의미하므로 결코 좋은 일이 못되는 것이다.

(2) 산업평균비율

상호비교의 기준비율로서 가장 널리 사용하고 있는 것은 산업평균비율이다. 즉, 동일산업에 속하는 모든 기업의 재무비율의 평균치(mean)와 비교하여 특정 기업의 경영성과나 재무상태의 좋고 나쁨을 평가하는 것이다.

산업평균비율을 사용하여 상호비교분석을 하고자 할 때는, 먼저 그 기업이 어떤 산업에 속하는지를 판단하여야 한다. 보편적인 정의에 의하면 동일산업 내의 기업으로 분류되기 위해서는 서로 대체적 관계에 있는 동질적 최종제품을 생산하는 기업집단 내의 한 기업으로 식별될 수 있어야 한다.

우리나라에서 작성되고 있는 산업평균비율의 자료는 한국은행의 「기업경영분석」을 들 수 있다. 이들 자료는 [한국표준산업분류(통계청, 2008년, 9차개정)]의 대분류, 중분류, 소분류, 세분류, 세세분류의 4단계 분류방식에 준하여 산업분류를 하고 있다. 사례기업인 삼성전자 혹은 LG전자를 평가하기 위해서 한국은행의 「기업경영분석」 자료를 이용한다면 산업중분류 중[C26. 전자부품, 컴퓨터, 영상, 통신장비] 산업의 재무비율([표 4-3]에서 제시되고 있는 산업평균비율)을 기준비율로 적용할 수 있을 것이다.

이들 산업평균비율을 이용할 때 문제가 되는 것은 여러 업종에 동시에 진출하고 있는 다각화기업의 평균비율을 어떻게 구하느냐 하는 점이다. 이러한 경우 여러 품목 중에서 어느 한 품목이 그 기업의 매출액에서 매우 큰 비중을 차지하고 있다면 그 지배적인 품목의 산업평균비율을 그대로 사용하여도 무방할 것이다. 그러나 여러 품목 간에 매출액 구성비가 비슷할 경우는 각 제품의 산업평균비율을 그 제품의 매출액 구성비에 따라 가중평균하여 사용하는 방법이 합리적일 것이다.

(3) 경쟁업체비율

상호비교의 기준비율로서 당해 기업과 경쟁관계에 있는 경쟁업체의 재무비율을 이용하는 것이 유용할 때도 있다. 경쟁업체 간에는 영업규모나 특성 등이 더욱 유사하므로, 비슷한 여건에서 나타난 경영성과나 재무상태의 차이를 대조적으로 파악하는 것이 더 적절할 것이다.

경쟁업체비율을 비교의 기준으로 삼는 것은 현실적으로 공공자료에서 산업분류가 잘 이루어지지 않아 산업평균비율을 이용하기 곤란한 경우에 시도되기도 한다. 이 밖에도 부실산업 내에서 경영평가를 할 때도 경쟁업체비율이 더 적절한 비교기준이 되기도 한다. 고전하고 있는 산업에서는 해당산업의 평균보다는 그 업계에서 상대적으로 경영상태가 나은 기업을 비교기준으로 삼는 것이 합리적일 것이기 때문이다.

3. 공통형 재무제표

상호비교할 때 크게 문제가 되는 것의 하나는 기업규모가 크게 차이나는 기업 간의 상호비교이다. 기업규모가 크게 상이하다는 것은 경영관리의 패턴과 기업행동양식이 제각기 특이한 일면을 지닐 수 있음을 뜻한다. 예를 들어, 동종산업 내의 기업들이라 하더라도 자산규모가 5억 원인 기업은 5천억 원인 기업과는 자산구조 · 재무구조 · 비용구조 면에서 크게 차이나는 여러 가지 특수성을 지니게 된다.

이러한 경우 비교하고자 하는 기업들에 대해서 규모의 차이를 제거하고 상호비교하는 한 방법으로 작성되는 것이 공통형 재무제표이다.

공통형 재무제표(common-size financial statements)는 재무상태표의 경우(공통형 재무상태표), 자산총계나 부채 · 자본총계를 100%로 하고 자산의 각 항목, 부채 · 자본의 각 항목의 구성비를 백분율로 표시하여 작성된다. 손익계산서의 경우(공통형 손익계산서)는 순매출액을 100%로 하여 각 비용, 수익항목의 구성비를 백분율로 표시하여 작성된다. 이렇게 각 구성항목이 전체에 대한 구성비로 표시되면 규모의 차이가 제거되어 기업 간의 자산구조 · 재무구조 · 비용구조에 대한 상호비교가 가능하게 된다.

[표 4-1]과 [표 4-2]는 3장에서 예로 든 삼성전자와 LG전자의 재무제표를 이용하여 작

성한 공통형 재무상태표와 공통형 손익계산서이다. 먼저 총자산을 100으로 하여 각 자산 · 자본항목의 구성비를 백분율로 표시하여 **공통형 재무상태표**를 작성하면 기업규모의 차이가 큰 기업 간의 비교에 있어서 어느 자산에 대한 투자 비중이 높은지, 어느 자본조달원에 크게 의존하고 있는지를 상호평가할 수 있다.

두 기업의 자산구성비율을 살펴볼 때, 삼성전자는 상대적으로 유동자산(특히 단기금융상품)에의 투자비율이 더 높다. 반면에 LG전자는 비유동자산에 대한 투자 비중이 높고 유동자산 중 매출채권과 재고자산에 대한 투자가 많다.

비유동자산 구성비율에서는 두 기업의 차이가 더욱 확실히 드러난다. 삼성전자는 기업경영과 직접 연관이 있는 유형고정자산에 대한 투자가 높은 반면에, LG전자는 투자자산에 대한 투자 비중이 높아지고 있다.

자본조달측면에서 보면, 삼성전자의 경우 부채와 자본비율이 약 27대 73인데 비해, LG전자는 약 62대 38로서, 기업경영의 불안요소가 되는 부채에 대한 의존도가 높다.

한편 매출액을 100으로 하여 각 비용 · 수익항목의 구성비를 백분율로 나타내는 **공통형 손익계산서**를 작성하면, 매출액 규모에 큰 차이가 있는 기업 간 비교에 있어서 어느 비용의 비중이 높은지를 평가할 수 있다.

삼성전자는 LG전자에 비하여 매출원가율이 크게 낮아 영업이익률과 순이익률이 매우 높은 수준을 보이고 있다. 공통의 산업상의 특성을 감안할 때 삼성전자의 생산효율성이 높음을 암시하는 반면에 LG전자는 판매관리비의 비중이 낮게 나타나고 있어, 관리활동 면에서는 조금 더 효율적인 면을 보인다.

[표 4-1] 사례기업의 공통형 재무상태표

(단위: %)

항목	삼성전자			LG전자		
	2019	2020	2021	2019	2020	2021
Ⅰ. 유동자산	51.4	52.4	51.1	44.0	48.2	51.4
1. 당좌자산	39.2	40.4	37.8	25.0	27.3	26.9
현금 및 현금성자산	7.6	7.8	9.1	10.6	12.2	11.3
단기금융상품	21.6	24.4	19.2	0.2	0.2	0.3
매출채권	10.0	8.2	9.5	14.2	14.8	15.3
2. 재고자산	7.6	8.5	9.7	13.1	15.4	18.2
3. 기타유동자산	4.6	3.5	3.6	6.0	5.5	6.3
Ⅱ. 비유동자산	48.6	47.6	48.9	56.0	51.8	48.6
1. 유형자산	34.0	34.1	35.1	32.3	29.0	27.5
2. 무형자산	5.9	4.9	4.7	6.0	6.5	4.6
3. 투자자산	2.2	2.1	2.1	10.6	9.8	10.2
4. 장기금융자산	2.8	3.6	3.6	0.3	0.4	0.5
5. 기타비유동자산	3.7	2.8	3.3	6.7	6.1	5.8
자산총계	100.0	100.0	100.0	100.0	100.0	100.0
Ⅰ. 유동부채	18.1	20.0	20.7	39.4	41.9	44.2
1. 매입채무	2.5	2.6	3.2	15.2	18.1	16.3
2. 단기차입금	4.1	4.4	3.2	3.7	3.0	3.5
3. 미지급금	3.4	3.1	3.7	10.5	11.2	11.1
4. 기타유동부채	8.1	9.9	10.6	10.0	9.6	13.2
Ⅱ. 비유동부채	7.3	7.1	7.9	24.0	21.7	18.3
1. 사채	0.3	0.3	0.1	0.0	0.0	0.0
2. 장기차입금	0.6	0.5	0.7	19.7	17.6	15.0
3. 기타비유동부채	6.4	6.3	7.1	4.3	4.1	3.2
부채총계	25.4	27.0	28.5	63.4	63.6	62.4
Ⅲ. 자본						
지배주주지분	72.3	70.8	69.4	31.9	32.0	32.2
1. 자본금	0.3	0.2	0.2	2.0	1.9	1.7
2. 자본잉여금	1.2	1.2	1.0	6.9	6.4	5.8
3. 이익잉여금	72.2	71.7	68.7	26.4	28.3	27.0
4. 기타포괄이익누계액	0.3	0.6	0.8	-2.9	-4.1	-2.1
5. 기타자본	-1.7	-2.9	-1.3	-0.5	-0.4	-0.2
비지배주주지분	2.3	2.2	2.0	4.7	4.4	5.4
자본총계	74.6	73.0	71.5	36.6	36.4	37.6
부채 및 자본총계	100.0	100.0	100.0	100.0	100.0	100.0

[표 4-2] 사례기업의 공통형 손익계산서

(단위: %)

항목	삼성전자			LG전자		
	2019	2020	2021	2019	2020	2021
매출액	100.0	100.0	100.0	100.0	100.0	100.0
매출원가	63.9	61.0	59.5	74.0	73.3	74.7
매출총이익	36.1	39.0	40.5	26.0	26.7	25.3
판매비와 관리비	24.0	23.8	22.0	20.2	20.0	20.1
영업이익	12.1	15.2	18.5	5.8	6.7	5.2
영업외수익	5.4	6.0	4.1	0.9	5.0	3.9
금융수익	4.4	5.2	3.1	0.7	1.0	0.8
지분법이익	0.2	0.2	0.3	-1.9	0.0	0.6
기타수익	0.8	0.6	0.8	2.1	4.0	2.5
영업외비용	4.2	5.8	3.5	4.0	6.0	4.3
금융비용	3.6	4.8	2.8	1.0	1.5	0.9
기타비용	0.6	1.1	0.7	3.0	4.5	3.4
(영업외수지)	1.2	0.1	0.6	-3.0	-1.0	-0.4
법인세비용차감전순이익	13.2	15.3	19.1	2.8	5.8	4.7
법인세비용	3.8	4.2	4.8	1.1	1.0	1.3
계속사업이익	9.4	11.2	14.3	1.8	4.7	3.4
중단사업이익	0.0	0.0	0.0	-1.4	-1.2	-1.5
당기순이익	9.4	11.2	14.3	0.3	3.6	1.9
(지배주주)당기순이익	9.3	11.0	14.0	0.1	3.4	1.4
(비지배주주)당기순이익	0.1	0.1	0.2	0.3	0.2	0.5
총포괄이익	10.7	9.6	17.9	0.7	2.3	3.1
(지배주주)총포괄이익	10.6	9.4	17.5	0.4	2.1	2.5
(비지배주주)총포괄이익	0.1	0.2	0.3	0.3	0.2	0.6
EPS(주당이익:원)						
감가상각비	16.3	17.6	17.5	7.7	6.0	2.9
EBITDA	28.3	32.8	36.0	13.6	12.7	8.1

2절 추세분석법

1. 추세분석의 의의

추세분석(trend analysis)이란 일정 기간 동안의 재무비율 증감이나 변화추세를 파악하여 재무상태가 개선되고 있는지 아니면 악화되고 있는지를 분석하는 것을 말한다. 장기적인 추세를 분석하여 재무상태의 변화를 평가하게 되면 상호비교에서는 얻을 수 없는 정보를 알아 낼 수 있는 장점이 있다.

이를테면 어느 기업의 자기자본순이익률이 10%로서 산업평균비율 15%에 비교하여 불량하다는 결론을 얻게 되더라도, 과거 5년 동안 3%에서 6%, 6.5%, 7%, 9% 그리고 금년에 10%로 상승하였다면, 이 기업은 장기적으로 볼 때 경영성과가 개선되고 있음을 반영한 것이므로 긍정적인 평가가 내려질 수 있는 것이다. 이러한 의미에서 추세분석은 기업내분석, 시계열분석, 수평적 분석이라고도 한다.

추세분석은 몇 가지 전제조건이 갖추어질 때 그 유용성이 높다. 먼저 분석기간 동안 분석대상기업의 영업성격이 그대로 유지되었을 뿐 아니라, 일관성 있게 회계처리 방법을 사용하였을 경우 유용성이 높다. 그러나 만약 그 기업이 분석기간 동안 합병이나 경영다각화 등으로 영업성격이 바뀌었거나, 재고자산의 평가, 감가상각비 등의 회계처리 방법을 변경하였다면 추세분석의 결과는 유용성이 떨어진다. 2011년 전후로 많은 기업들이 적용하는 회계기준이 국제회계기준(IFRS)로 바뀌게 되는데, 이러한 회계기준, 회계처리 방법의 변경이 있는 전후기간에는 추세분석 의 유효성이 떨어질 수밖에 없음에 유의할 필요가 있다.

2. 추세분석의 방법

추세분석은 보통 재무비율의 추세분석, 비교재무제표의 이용, 추세지수의 이용, 다기간 공통형 재무제표의 이용, 상관추세분석 등의 방법을 통하여 행하여진다.

(1) 재무비율의 추세분석

추세분석은 시간의 흐름에 따른 각종 재무비율의 변화 추세를 동태적으로 파악하여 경영성과와 재무상태의 개선 여부를 평가하는 것을 말한다. 과거 수년간에 걸친 주요 재무비율이 증가추세를 보이면 개선되고, 감소추세를 보이면 악화(부채비율과 비유동비율의 해석은 반대)되는 것으로 평가한다.

[표 4-3]은 삼성전자 재무비율의 2019~2021년간의 추세분석을 하기 위하여 3장에서 다루었던 주요 재무비율을 모아 놓은 것이다. 이 기간 중 수익성과 활동성은 개선되었지만, 유동성과 안정성은 다소 악화되고 있음을 보여주고 있다.

[표 4-3] 재무비율의 추세분석

삼성전자 (단위: %, 회, 일)

재무비율		2019	2020	2021	산업평균(2020)*
수익성	총자산영업이익률(%)	8.0	9.9	12.8	6.6
	총자산순이익률	6.3	7.2	9.9	5.7
	자기자본순이익률	8.5	9.8	13.7	7.5
	매출액영업이익률	12.1	15.2	18.5	9.3
	매출액순이익률	9.4	11.2	14.3	7.7
활동성	매출채권회전율(회)	6.7	7.2	7.8	6.5
	평균회수기간(일)	54.7	50.9	46.8	6.1
	재고자산회전율(회)	5.3	4.9	4.5	11.8
	비유동자산회전율(회)	1.4	1.3	1.4	1.1
	총자산회전율(회)	0.7	0.6	0.7	0.7
	자기자본회전율(회)	0.9	0.9	1.0	1.0
유동성	유동비율(%)	268.0	272.3	254.3	170.2
	당좌비율(%)	202.0	208.8	191.9	138.8
	방어기간비율(일)	242.0	264.9	252.3	159.3
	현금사정비율(배)	1.5	1.6	1.5	0.7
레버리지	부채비율(D/E장부가치기준, %)	35.5	35.6	38.6	34.4
	자기자본비율(%)	73.8	73.7	72.2	74.4
	차입금의존도(%)	4.7	5.1	4.5	9.7
	이자보상비율(배)	3.4	3.2	6.7	3.0
	비유동비율(%)	56.0	56.3	57.6	88.4
	비유동장기적합률(%)	51.1	51.3	52.2	82.2
성장성	매출액증가율(%)	-5.5	2.8	18.1	7.8
	영업이익증가율	-52.8	29.6	43.5	67.9
	순이익증가율	-51.0	21.5	51.1	45.4
	총자산증가율	3.9	7.3	12.8	7.0

* 산업평균(2020)은 한국은행, 기업경영분석(2020)에서 발췌한 C26 전자산업(대기업)의 관련 재무비율임.

(2) 비교재무제표

비교재무제표(comparative financial statements)는 어느 두 시점 간의 재무상태표, 손익계산서 각 항목의 증감을 금액으로 표시하여 그 기간에 일어난 재무상태의 변화, 성장추세를 나타내는 재무제표이다. 따라서 비교재무상태표는 어느 두 시점 사이에 있었던 자산운용의 변화나 자본조달원천별 변화가 큰 항목을 보여준다. 이러한 측면을 보여주므로 다음 5장에서 설명하는 현금흐름표 작성 시 기초자료로 이용되고 있다.

비교손익계산서도 마찬가지로 어느 두 기간에 있어 손익계산서의 각 항목의 증감을 금액으로 표시한 것인데, 순이익 변동의 원인이 될 정도로 크게 증가 또는 감소한 제반 비용과 수익항목을 식별할 수 있게 해 준다.

[표 4-4]는 삼성전자의 2020~2021년 사이의 비교재무상태표이다. 자산투자측면에서 보면, 유동자산보다는 비유동자산에 대한 투자가 많았다. 유동자산 중에서는 매출채권, 재고자산에 대한 투자가 크게 증가하였다. 자본조달측면에서 보면 단기차입금이 감소하고 장기차입금의 비중이 상대적으로 높아지고 있다. 영업상의 매입채무, 미지급금의 의존도도 높아짐을 볼 수 있다.

(3) 지수재무제표와 다기간 공통형 재무제표

상호비교법과 추세분석법이 병용된다면 더욱 효과적인 분석이 될 수 있다. 즉, 수년간에 걸쳐 재무상태가 변화되는 추세를 분석할 때, 그 시계열기간 내의 전체 연도에 걸쳐 산업평균비율과 같은 표준비율과 비교하면 표준비율의 추세와 분석대상기업의 추세를 비교할 수 있으므로 새로운 정보를 얻을 수 있게 된다.

이때 기업규모의 크기가 매우 상이한 비교대상기업과 추세비교를 하게 될 경우 규모의 차이 때문에 분석에 어려움이 있다. 이와 같이 시계열분석에서의 규모의 차이를 제거하기 위해서 작성되는 것이 지수재무제표이다. 이 지수재무제표는 재무상태표, 손익계산서 공히 기준연도를 정하여 기준연도의 각 항목을 100으로 놓고 그 이후 연도부터는 (비교연도 각 항목의 잔액 ÷ 기준연도 각 항목의 잔액) × 100으로 하는 지수를 계산하여 그 증감의 추세를 볼 수 있도록 작성된 것이다.

한편 다기간 공통형 재무제표는 앞절에서 설명한 상호비교분석 시에 기업규모의 차이를 제거하기 위해서 작성되는 공통형 재무제표를 특정 기업에 한정하여 여러 기간에 걸쳐 확장시킨 것이다. 기업의 총자산이나 매출액 규모는 매년 달라지겠지만, 각 연도의 총자산, 매출액을 100으로 하면 자산구조, 재무구조, 비용구조 면에서의 변화추세를 파악할 수 있다.([표 4-1], [표 4-2] 참조)

[표 4-4] 비교재무상태표

삼성전자 (단위: 십억 원, %)

항목	2020	2021	증감액	증감률(%)
Ⅰ. 유동자산	198,215.6	218,163.2	19,947.6	10.1
1. 당좌자산	152,789.3	161,453.8	8,664.5	5.7
현금 및 현금성자산	29,382.6	39,031.4	9,648.8	32.8
단기금융상품	92,441.7	81,709.0	-10,732.7	-11.6
매출채권	30,965.1	40,713.4	9,748.4	31.5
2. 재고자산	32,043.1	41,384.4	9,341.3	29.2
3. 기타유동자산	13,383.1	15,325.0	1,941.9	14.5
Ⅱ. 비유동자산	180,020.1	208,458.0	28,437.8	15.8
1. 유형자산	128,952.9	149,928.5	20,975.6	16.3
2. 무형자산	18,468.5	20,236.2	1,767.7	9.6
3. 투자자산	8,076.8	8,932.3	855.5	10.6
4. 장기금융자산	13,778.2	15,491.2	1,713.0	12.4
5. 기타비유동자산	10,743.8	13,869.8	3,126.0	29.1
자산총계	378,235.7	426,621.2	48,385.4	12.8
Ⅰ. 유동부채	75,604.4	88,117.1	12,512.8	16.6
1. 매입채무	9,739.2	13,453.4	3,714.1	38.1
2. 단기차입금	16,553.4	13,687.8	-2,865.6	-17.3
3. 미지급금	11,899.0	15,584.9	3,685.8	31.0
4. 기타유동부채	37,412.7	45,391.1	7,978.4	21.3
Ⅱ. 비유동부채	26,683.4	33,604.1	6,920.7	25.9
1. 사채	948.1	508.2	-439.9	-46.4
2. 장기차입금	1,999.7	2,866.2	866.4	43.3
3. 기타비유동부채	23,735.5	30,229.7	6,494.2	27.4
부채총계	102,287.7	121,721.2	19,433.5	19.0
Ⅲ. 자본				
지배주주지분	267,670.3	296,237.7	28,567.4	10.7
1. 자본금	897.5	897.5	0.0	0.0
2. 자본잉여금	4,403.9	4,403.9	0.0	0.0
3. 이익잉여금	271,068.2	293,064.8	21,996.6	8.1
4. 기타포괄이익누계액	2,402.2	3,232.9	830.7	34.6
5. 기타자본	-11,101.5	-5,361.4	5,740.1	-51.7
비지배주주지분	8,277.7	8,662.2	384.5	4.6
자본총계	275,948.0	304,899.9	28,951.9	10.5
부채 및 자본총계	378,235.7	426,621.2	48,385.4	12.8

3절 ROI 변동원인분석

1. ROI 분석의 의의와 분석체계

3장 1절에서 설명한 수익성관계비율 ROI(투자수익률)는 기업의 총괄적인 경영성과를 분석하는 지표였다. 이 ROI의 변동원인을 분석하여 사업부의 업적을 평가하고 내부통제에 활용하는 기법이 오래 전부터 미국 듀퐁(Du Pont)사에서 개발되어 사용되어 왔다. 듀퐁시스템 분석 방법으로 알려진 이 방법은 근래에는 ROI 변동원인을 분석하는 것뿐 아니라, 경영전략수립이나 경영계획 및 통제활동에 유용한 재무기법으로 이용되고 있다.

(1) ROA 변동원인분석

듀퐁시스템(Du Pont System)의 기본분석체계는 총자본순이익률(ROA)을 다음 식과 같이 분모·분자에 매출액을 곱하여 매출액순이익률과 총자본회전율의 곱의 관계에서 분석하는 것이다.

$$\begin{aligned}\text{총자본순이익률} &= \frac{\text{순이익}}{\text{총자본}} \\ &= \frac{\text{순이익}}{\text{매출액}} \times \frac{\text{매출액}}{\text{총자본}} \\ &= (\text{매출액순이익률}) \times (\text{총자본회전율}) \qquad \cdots\cdots \text{(4-1)}\end{aligned}$$

여기서 총자본순이익률이 제품의 순마진을 나타내는 매출액순이익률과 총자본의 효율적 이용도를 나타내는 총자본회전율 두 가지로 구성됨을 볼 수 있다.

지금 전자업 A, B 두 회사가 있는데, 총자본순이익률이 공히 20%라고 하면 외형적으로 볼 때 총괄적인 경영성과는 같다고 할 수 있을지 모른다. 그러나 A, B사의 매출액순이익률과 총자본회전율이 다음과 같다면 수익성의 구성원천이 크게 다름을 볼 수 있다

	총자본순이익률		매출액순이익률		총자본회전율
전자업 A사	20%	=	10%	×	2회전
전자업 B사	20%	=	5%	×	4회전
보석상 C사	15%	=	30%	×	0.5회전
할인점 D사	15%	=	1%	×	15회전

A사의 경영관리상의 특징은 고마진·저회전에 있다고 할 수 있고, B사는 저마진·고회전(박리다매형 영업)에 그 특징이 있다. 이처럼 ROI의 구성요인별로 나누어 보면 A, B 두 기업이 크게 다른 경영패턴을 보이고 있음이 드러난다. 경영성과는 동일하더라도 마진과 회전 면에서 큰 차이가 나는 예는 위에서 보는 보석상 C사와 할인점 D사의 예에서도 잘 나타나 있다.

이러한 분석체계는 특정 기업의 수년간에 걸친 ROI의 변동원인을 밝히는 데에도 그대로 이용되기 때문에 그 기업 수익성의 악화 혹은 개선의 원인이 어디에 있는지를 알 수 있게 한다. 예를 들어, 전자업 A사의 2010년, 2011년의 ROA와 ROA원천별 재무지표가 다음과 같다고 가정하자.

			매출액순이익률		총자본회전율
2020년	20%	=	10%	×	2회전
2021년	8%	=	4%	×	2회전

총자본회전율에는 변동이 없으므로 수익성 하락의 원인이 마진의 축소에 있다고 판단할 수 있다. 따라서 이 기업의 수익성 악화의 원인은 제반 비용의 통제나 판매가격 정책에 문제가 있음을 암시한다.

(2) ROE 변동원인분석

ROE(순이익/자기자본)는 주주입장에서 수익성을 평가하는 대표적 지표이다. 듀퐁분석체계는 자기자본순이익률(ROE)의 변동원인분석에도 확장 적용할 수 있다. 자기자본순이익률은 아래의 식처럼 분모·분자에 각각 매출액과 총자본을 곱하여 보면 매출액순이익률, 총자본회전율, 그리고 부채레버리지비율의 곱으로 표시된다.

$$\begin{aligned}\text{자기자본순이익률} &= \frac{\text{순이익}}{\text{자기자본}} \\ &= \frac{\text{순이익}}{\text{매출액}} \times \frac{\text{매출액}}{\text{총자본}} \times \frac{\text{총자본}}{\text{자기자본}} \\ &= \frac{\text{순이익}}{\text{매출액}} \times \frac{\text{매출액}}{\text{총자본}} \times \left(1 + \frac{\text{부채}}{\text{자기자본}}\right) \\ &= (\text{매출액순이익률}) \times (\text{총자본회전율}) \times (\text{부채레버리지비율}) \quad \cdots \text{(4-2)}\end{aligned}$$

총자본순이익률(ROA)의 변동원인분석에서와 마찬가지로 타기업의 자기자본순이익률 구성요인과 비교하여 경영패턴의 특징을 평가할 수 있을 뿐 아니라, 수년간의 자기자본순이익률 변동원인이 수익성(마진), 활동성 또는 부채의존도 중 어디에 기인하는지를 분석할 수 있다.

사례기업 삼성전자의 경우 자기자본순이익률이 2019년 8.5%에서 2021년 13.7%로 개선되었다. 그 주된 요인이 무엇인지 듀퐁시스템에 의해서 분석하여 보기로 하자. [그림 4-1]의 좌측에서 보는 것처럼 활동성은 별 변동이 없지만(총자산회전율: 0.7회 → 0.7회) 마진폭이 상승(매출액순이익률: 9.4% → 14.3%)하고 부채레버리지의 하락은 오히려 금융비용의 하락(3.6% → 2.8%)으로 나타나고 있어 ROE 개선에 기여하고 있는 것으로 나타나고 있다.

그러나 이상에서 설명한 것과 같은 ROE 변동원인에 대한 일차적 원인규명만으로는 재무정보이용자에게 충분한 정보가 되지 못한다. 한걸음 더 나아가 도출된 결과의 궁극적 원인이 무엇인지 분석될 필요가 있다. 마진축소에 기인하면 왜 마진이 축소되었는지, 활동성이 둔화되었으면 어느 자산투자가 과다한 것인지, 그리고 부채레버리지 면에서 변화가 있으면 안정성에 어떤 변화가 있었는지에 대하여 분석이 이어져야 한다.

그림 4-1 듀퐁시스템에 의한 ROE 변동원인분석(삼성전자의 예)

	2019	2020	2021
매출액	100.0	100.0	100.0
매출원가	63.9	61.0	59.5
판매관리비	24.0	23.8	22.0
금융비용	3.6	4.8	2.8
현금예금	7.6	7.8	9.1
단기금융상품	21.6	24.4	19.2
매출채권(일)	54.7	50.9	46.8
재고자산(회)	5.3	4.9	4.5
유동자산 계	51.4	52.4	51.1
비유동자산 계	48.6	47.6	48.9
매입채무	2.5	2.6	3.2
단기차입금	4.1	4.4	3.2
유동부채 계	18.1	20.0	20.7
차입금 · 사채	0.9	0.8	0.8
비유동부채 계	7.3	7.1	7.9
자기자본	74.6	73.0	71.5

* 매출채권은 회수기간, 재고자산은 회전율 수치임. 나머지 비용항목은 매출액백분율. 자산 · 부채항목은 총자산 백분율임.

ROE 변동에 대한 2단계 원인분석은 다음과 같이 세 부분으로 나누어 진행될 수 있다.

1 매출액순이익률(순마진) 변동의 원인

먼저 ROE 변동원인이 마진의 변동에서 비롯되었다면, 구체적으로 어떤 비용항목(cost)의 증가(감소)가 순이익의 감소(증가)를 초래하였는지를 분석해야 한다. 왜냐하면 매출액순이익률(순마진)의 변동은 순이익 크기를 좌우하는 비용의 크기에 달려 있기 때문이다. 이때 이용하는 분석자료는 개별비용항목이 전체 매출액에서 차지하는 비중을 나타내는 다기간 **공통형 손익계산서**이다.

삼성전자의 예에서 마진의 상승은 [그림 4-1] 우측 상단 박스에서 볼 수 있는 것처럼 2021년 기간중 비용항목 중에서 매출원가와 판매관리비, 그리고 금융비용의 하락에 기인한다.

2 총자본회전율(활동성) 변동의 원인

ROE 변동의 일차적 원인이 활동성(총자산회전율) 둔화에 있었다면, 구체적으로 어느 자산투자(asset investment)가 비효율적이었는지에 대해서 초점을 맞출 필요가 있다. 총자산회전율이 둔화되는 것은 매출액에 비하여 상대적으로 자산투자가 많이 이루어지기 때문이다. 이때 분석자료로는 개별자산항목이 총자산에서 차지하는 비중을 나타내는 다기간 **공통형 재무상태표**를 이용하거나 자산회전율 비율을 이용한다.

삼성전자의 예에서 보면 이 기간 중 [그림 4-1]의 우측 중간박스에서 보면 단기금융상품에 대한 투자비중은 줄어들고 있는 반면에 매출채권과 재고자산에 대한 투자가 늘고 있다.

3 부채레버리지 변동의 원인

마지막으로 부채레버리지 또한 자기자본순이익률에 변동을 가져오는 한 요인인데, 부채레버리지 변동이 다른 두 가지 수익성 변동요인인 매출액순이익률(금융비용의 증감)과 총자본회전율에 어떤 영향을 미쳤는지를 분석한다. 이와 함께 부채레버리지 면에서의 변동은 자본조달(financing)의 안정성 면에 어떤 영향을 미쳤는지를 분석한다. 이 같은 측면은 타인자본 중에서 단기성부채와 장기성부채에 대한 비중의 변화를 보면 분석할 수 있다. 만약 단기성부채의 비중이 높아지면 안정성 면에서 부정적인 영향을 미칠 것으로 평가될 것이다.

[그림 4-1]의 우측 하단박스에서 보면 삼성전자의 부채의존도는 이 기간 중에 다소 높아지고 있는데, 단기차입금의 비중은 감소하였음을 보여주고 있다. 이는 금융비용의 부담을 경감시키고 자본조달의 안정성에도 긍정적으로 영향을 미치는 것으로 나타나고 있다.

2. 주요 재무비율 간의 관계성

이상에서 설명한 듀퐁시스템에 의한 ROE 변동원인분석은 종합적인 경영성과의 지표라 할 수 있는 자기자본순이익률이 3가지 주요 재무비율(매출액순이익률, 총자산회전율, 부채레버리지비율)에 의해서 설명될 수 있음을 뜻한다. 이제 이들 대표적인 주요 재무비율이 서로 어떻게 관련되고 있는지를 재무제표자료와 연결지어 고찰해 보면 [그림 4-2]와 같이 표시할 수 있다.

매출액순이익률은 손익계산서의 주요 두 항목인 순이익과 매출액을 대비한 것으로서 제반 비용을 공제한 마진의 크기를 측정한 것이다. 따라서 **비용효율성**(cost efficiency)을 평가할 수 있다.

총자산회전율은 손익계산서의 주요 항목인 매출액과, 재무상태표의 주요 항목인 총자산을 대비하여 **자산투자의 효율성**(asset investment efficiency)을 측정한 것이다.

부채레버리지비율은 재무상태표의 두 가지 주요 항목인 자기자본과 총자본을 비교하여 **자본조달**(financing) 면에서 부채의존도를 측정한 것이다. 반면에 **총자산이익률**(ROA)은 자기자본순익률(ROE) 분해와 다르게 손익계산서의 이익항목과 재무상태표의 총자산항목을 비교하여 자산의 이익창출능력을 측정한 것으로서 부채레버리지를 고려하지 않은 평가지표이다.

이상에서 볼 수 있는 것처럼 ROE 변동원인분석은 기업경영내용의 핵심을 이루는 비용, 자산투자, 자본조달 면에서의 변동내역을 파악하는 방법이므로 종합적인 경영평가 방법이라고 할 수 있다.

그림 4-2 주요 재무비율: 재무제표와의 관계성

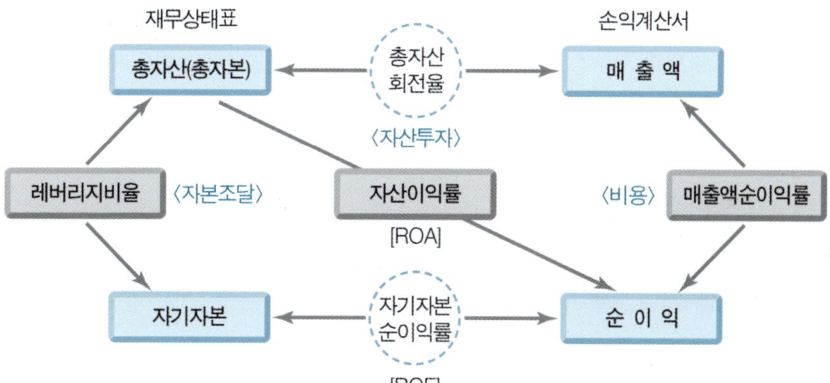

3. ROI분석의 유용성과 한계성

듀퐁시스템체계에 의한 ROI 변동원인분석법은 1항에서 설명한 것처럼 ROI의 변동원인이 경영활동의 가장 중요한 측면인 마진, 활동성, 레버리지 중 어디에 있는지를 파악케 하는 매우 유용성이 높은 방법이다. 이 밖에도 ROI분석은 수익성 변동원인을 5가지 요인으로 나누어 확장 · 분석할 수 있고, 경영정책변수와 연관시키거나 미래 경영성과

예측에 활용할 수 있다. 또 주당이익, 주당배당의 분해분석, 주가예측에도 응용함으로써 유용성을 높일 수 있다.

(1) 5분해에 의한 ROE 변동원인분석

앞에서는 ROE의 변동원인을 매출액순이익률, 총자산회전율, 부채레버리지로 3분해하여 분석하였다. 그러나 ROE는 다음과 같이 5가지 재무비율의 결합관계로 표시될 수 있으므로 변동원인을 더욱 세분하여 분석할 수 있다.

$$\frac{\text{순이익}}{\text{자기자본}} = \frac{\text{세후순이익}}{\text{납세전순이익}} \times \frac{\text{납세전순이익}}{\text{영업이익}} \times \frac{\text{영업이익}}{\text{매출액}} \times \frac{\text{매출액}}{\text{총자산}} \times \left(1+\frac{\text{부채}}{\text{자기자본}}\right)$$

$$= (\text{법인세부담률}) \times (\text{이자부담률}) \times \begin{pmatrix}\text{영업비용의}\\ \text{효율성}\end{pmatrix} \times \begin{pmatrix}\text{자산투자}\\ \text{효율성}\end{pmatrix} \times \begin{pmatrix}\text{부채}\\ \text{레버리지}\end{pmatrix} \quad \cdots\cdots \text{(4-3)}$$

여기서 [세후순이익÷납세전순이익]은 법인세부담률, [납세전순이익÷영업이익]은 이자부담률을 나타내므로 이 같은 분석 방법은 3분해할 때보다도 법인세부담률, 이자부담률 등이 추가적으로 분석된다는 점이 특징이다.

(2) 경영정책변수와의 관계

ROI 구성요인과 경영정책변수와는 다음과 같이 연결되므로 전략적 의사결정에 변화가 있을 때, 이들의 변화가 ROI에 미치는 영향을 평가할 수 있다.

자기자본순이익률의 구성요인인 매출액순이익률(마진)에는 기업의 매출액수준에 영향을 주는 가격정책, 인건비수준에 영향을 주는 임금정책, 재료비수준에 영향을 주는 구매정책, 이자비용수준에 영향을 주는 자본조달정책 등이 관계되어 있다.

총자산회전율(활동성)에는 현금보유량 · 매출채권수준을 결정하는 신용정책, 재고자산(원자재, 재공품, 완제품)수준을 결정하는 재고관리정책, 유형자산수준을 결정하는 투자정책 등이 관련되어 있다.

부채레버리지에는 타인자본 의존도를 결정하는 자본조달정책, 특히 장 · 단기 자본조달에 관한 의사결정이 반영된다.

이와 같이 ROI 구성요인과 경영정책변수를 연관시켜 보면 미래 경영정책의 변화가

수익성에 미치는 영향을 평가할 수 있게 되므로 미래 경영성과 예측에 활용될 수 있다.

여기서 유의하여야 할 점은 ROI를 구성하는 세 가지 요인, 즉 매출액순이익률, 총자산회전율, 부채레버리지 사이에는 서로 상반관계(trade-off)가 존재할 수 있다는 점이다.

이를테면 부채레버지가 증가했을 경우, 다른 두 구성요인에 변함이 없다면 자기자본순이익률(ROE)은 증가하겠지만 실제로는 그렇지 않다. 부채레버리지가 증가하게 되면 이자비용이 증가하므로 매출액순이익률이 하락할 뿐만 아니라 총자본 규모가 커지게 되므로 총자산회전율이 하락하는데 영향을 미친다.

매출액순이익률과 총자산회전율과의 관계도 일반적으로 마찬가지이다. 고가격정책을 사용하면, 마진이 높아지는 반면에 활동성(회전율)은 저하되게 된다. 반대로 저가격정책을 사용하게 되면, 마진이 낮아지는 반면에 활동성(회전율)은 높아진다. 그러나 원가절감의 결과 매출액순이익률이 높아지는 경우는 동시에 총자산회전율도 높아질 수 있으므로 ROI(ROA) 증가에 두 가지 요인 모두가 긍정적인 영향을 미칠 수 있다.

경영분석의 현주소 (4)

"워런 버핏의 투자원칙"에서 재무요소와 ROE

가치투자자의 대가로 정평이 나있는 미국투자회사 버크셔 헤더웨이(Berkshire Hethaway)의 워런 버핏(Warren Buffet) 회장의 투자방식은 주식에 투자하는 것이 아니라, 기업에 투자한다는 철학을 가지고, 기업의 사업내용과 장기전망을 분석한 뒤 내재가치를 추정하는 데 집중한다. Robert G. Hagstrom은 "The Warren Buffet way, 2nd ed., Wiley, 2005"에서 워런 버핏의 투자원칙을 다음과 같이 크게 4가지 요소, 세분하면 12원칙으로 정리하고 있다.

- 기업요소: 싸다고 무조건 매수대상으로 삼아서는 안 된다. 주가가 아니라 기업을 봐야 한다. 사업내용이 이해하기 쉽고 장기적인 전망이 밝은지 따져라. 잘 아는 업종에 투자하라. 실리콘밸리에서 벤처사업의 현재 성공확률은 3%에 불과하다. 본인이 잘 알고 있는 업종에 투자하라. 첨단기술주 거품과 같은 유행에 휩쓸리지 말라. 선물 · 옵션 등 파생상품은 거래하지 말라.
  1. 기업의 활동이 단순하고 이해하기 쉬운 기업에 투자하라.
  2. 일관되고 오랜 역사를 가진 기업에 투자하라.
  3. 장기적인 전망이 밝은 기업에 투자하라.

• **경영요소**: 투자자 입장에 선 회사를 찾아라. 경영진이 합리적이고 솔직한지를 확인해야 한다. 그 투자기업의 경쟁자를 분석하라. 펩시의 상승세에도 불구하고 코카콜라 경영진이 사업다각화를 포기한 것을 보고 집중매수한 결과 성공하였다.

4. 경영진이 합리적인 기업에 투자하라.
5. 경영진이 주주들에게 정직한 기업에 투자하라.
6. 경영진이 제도적 관행에 도전할 용기가 있는 기업에 투자하라.

• **재무요소**: 1개년도의 재무성과가 아니라, 4~5년 평균 재무성과에 근거한 회사의 ROE, FCFE, ROS, 시장가치증가율을 중시하라.

7. 자기자본순이익률(ROE)이 높은 기업에 투자하라.
8. 회사의 주주잉여현금흐름(FCFE)이 높은 기업에 투자하라.
9. 매출액순이익률이 높은 기업에 투자하라.
10. 사내유보금 이상으로 시장가치를 창출하는 기업에 투자하라.

• **가치요소**: 내재가치를 따져라. 내재가치가 현재의 주가보다 싸면 사라. 특히 사업전망을 쉽게 예측 못하는 분야는 위험하다. 매수한 기업가치를 믿는 장기투자를 선호하라.

11. 회사의 내재가치를 판단하라.
12. 주가가 내재가치보다 훨씬 낮을 경우에만 매입하라.

이상에서 요약된 워런 버핏의 투자원칙을 보면 재무요소로는 ROE, FCFE, ROS, 시장가치의 재무변수로 표현되는 4가지 원칙이 제시되고 있다. 우량기업과 불량기업의 판단기준으로 맨 먼저 적용하고 있는 재무변수가 ROE이다.

적정주가 수준을 추정할 때, PER PBR 등의 주가배수를 많이 사용한다(상세한 내용은 10장에서 다룸). 이 중에서 주가에 대한 설명력이 높다고 보는 PBR은 4장 본문에서도 설명한 것처럼 ROE와 PER가 주요 설명요인이다. 이는 적정주가 추정에서 고려해야 할 핵심요소가 ROE임을 의미한다.

○ 토론

1. ROE변동원인분석 방법이 종합적인 경영평가 방법으로서 유용한 분석 방법이 되는 이유는 무엇인가?
2. 워런 버핏은 재무요소로서 ROE를 중시하고 있는데, 증권회사가 제시하는 투자정보에서 ROE의 유용성을 보여주는 예를 수집하여 이에 대한 의견을 제시하라.

(3) EPS, DPS, PBR, 주가 변동원인분석에의 응용

듀퐁시스템에 의한 ROI 변동원인분석은 상기한 것처럼 자기자본순이익률 변동원인 분석이나 경영전략과의 관계분석에 이용될 뿐 아니라 다음과 같이 주당이익(EPS), 주당배당(DPS), 주당순자산배율(PBR)의 변동원인분석, 주가예측에도 응용될 수 있다.

주당이익(EPS)은 순이익을 발행주식 수로 나눈 것으로, 자기자본순이익률과 주당장부가액(주당순자산)의 곱으로 표시될 수 있으므로 다음과 같이 4분해된다.

$$\text{주당이익(EPS)} = \frac{\text{순이익}}{\text{발행주식 수}} = \underset{\text{(자기자본순이익률)}}{\frac{\text{순이익}}{\text{자기자본}}} \times \underset{\text{(BPS: 주당순자산)}}{\frac{\text{자기자본(장부가액)}}{\text{발행주식 수}}}$$

$$= \underset{\text{(마진)}}{\frac{\text{순이익}}{\text{매출액}}} \times \underset{\text{(회전율)}}{\frac{\text{매출액}}{\text{총자본}}} \times \underset{\text{(부채레버리지)}}{\frac{\text{총자본}}{\text{자기자본}}} \times \underset{\text{(주당순자산)}}{\frac{\text{자기자본}}{\text{발행주식 수}}} \qquad \cdots\cdots \text{(4-4)}$$

주당배당(DPS)은 배당금을 발행주식 수로 나눈 것으로, 주당이익(EPS)에 배당성향의 곱으로 표시될 수 있으므로 다음과 같이 5분해된다.

$$\text{주당배당(DPS)} = \frac{\text{배당금}}{\text{발행주식 수}} = \underset{\text{(주당이익)}}{\frac{\text{순이익}}{\text{발행주식 수}}} \times \underset{\text{(배당성향)}}{\frac{\text{배당금}}{\text{순이익}}}$$

$$= \underset{\text{(마진)}}{\frac{\text{순이익}}{\text{매출액}}} \times \underset{\text{(회전율)}}{\frac{\text{매출액}}{\text{총자본}}} \times \underset{\text{(부채레버리지)}}{\frac{\text{총자본}}{\text{자기자본}}} \times \underset{\text{(주당순자산)}}{\frac{\text{자기자본}}{\text{발행주식 수}}} \times \underset{\text{(배당성향)}}{\frac{\text{배당금}}{\text{순이익}}} \qquad \cdots\cdots \text{(4-5)}$$

주당순자산배율(PBR) 혹은 자기자본의 시장가격 대 장부가액(M/B)비율은 자기자본순이익률과 주가수익배율(PER)의 곱이므로 다음과 같이 4분해가 된다.

$$
\begin{aligned}
\text{주당순자산배율(PBR)} &= \frac{\text{자기자본시장가격}}{\text{자기자본장부가액}} \\
&= \frac{\text{순이익}}{\text{자기자본장부가액}} \times \frac{\text{자기자본시장가격} \div \text{발행주식 수}}{\text{순이익} \div \text{발행주식 수}} \\
&= (\text{자기자본순이익률}) \times (\text{PER}) \\
&= \frac{\text{순이익}}{\text{매출액}} \times \frac{\text{매출액}}{\text{총자본}} \times \frac{\text{총자본}}{\text{자기자본}} \times \text{PER} \\
&= (\text{마진}) \times (\text{활동성}) \times (\text{부채레버리지}) \times (\text{주가수익배율})
\end{aligned}
\quad \cdots\cdots \text{(4-6)}
$$

따라서 이들 주당이익(EPS), 주당배당(DPS), 주당순자산배율(PBR)이 변동했을 때, 그 변동원인이 어디에 있는지를 ROE 분석 방법과 마찬가지로 분석할 수 있게 된다.

증권분석에서는 주가의 결정요인에 대한 분석을 다각적으로 한다. 주가의 결정요인에 대한 분석도 앞서 설명한 듀퐁시스템(ROE)분석체계를 응용할 수 있다. 왜냐하면 주가는 다음 식 (4-7)에서 보는 것처럼 ROE, 주당순자산, 주당순이익의 관계에서 분석될 수 있기 때문이다. 따라서 [그림 4-3]과 같이 주가와 ROE 결정요인인 매출액이익률, 총자산회전율, 재무레버리지, 자산가치, 수익가치와의 관계에서 분석될 수 있고, 때로는 주가예측에 활용될 수 있다.

$$
\begin{aligned}
\text{주가} &= \text{주당순이익(EPS)} \times \frac{\text{주가}}{\text{주당순이익}}\ (\text{PER}) \\
&= \frac{\text{순이익}}{\text{자기자본}}\ (\text{ROE}) \times \frac{\text{자기자본}}{\text{발행주식 수}}\ (\text{주당순자산 BPS}) \times \text{PER} \\
&= \frac{\text{순이익}}{\text{매출액}} \times \frac{\text{매출액}}{\text{총자본}} \times \left(1 + \frac{\text{부채}}{\text{자기자본}}\right) \times \text{BPS} \times \text{PER} \\
&= (\text{마진}) \times (\text{활동성}) \times (\text{레버리지}) \times (\text{자산가치}) \times (\text{수익가치})
\end{aligned}
\quad \cdots\cdots \text{(4-7)}
$$

그림 4-3 ROE와 주가의 결정요인

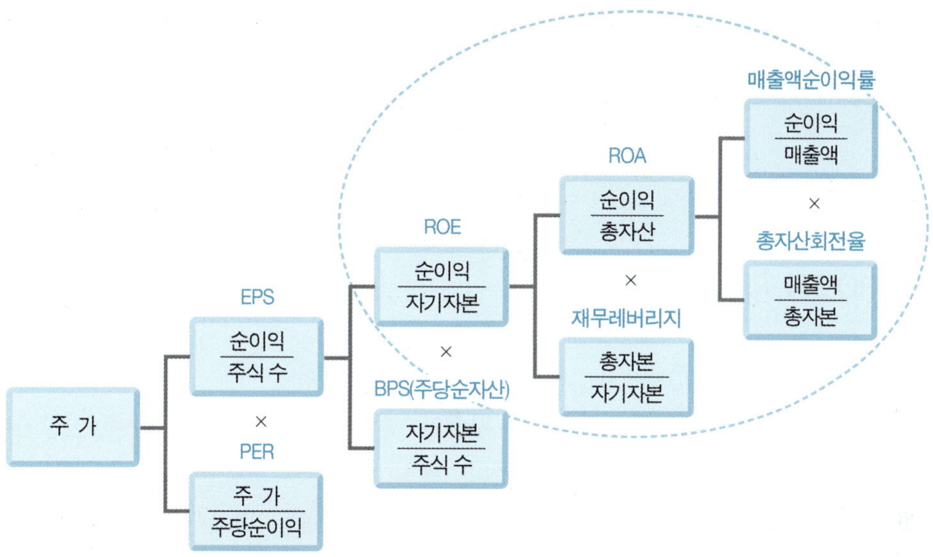

(4) ROI분석의 한계점

ROI분석은 이상에서 살펴본 것처럼 경영성과의 변동원인을 기본적으로 비용효율성, 자산이용의 효율성, 자본조달의 안정성 면에서 분석하여 재무건전도 변화의 특징을 종합적으로 파악할 수 있는 유용한 경영평가 방법이다. 경영정책의 수립, 미래예측에도 활용되기도 한다.

그러나 ROI 변동원인분석법은 과거 일정 기간의 회계자료를 이용하는 것이므로 6장에서 상술하게 될 여러 가지 회계학적 문제점을 지니게 된다. 가장 큰 문제점은 회계처리 방법의 다양성 때문에 ROI 변동원인을 산업평균이나 경쟁업체와 상호비교할 때 발생한다.

감가상각비, 연구개발비 등의 회계처리 방법이 크게 상이하면 매출액순이익률(비용효율성)을 단순하게 상호비교하는 것이 무리일 수 있다. 총자본회전율(자산이용의 효율성)의 비교에 있어서도 자산재평가 시기에 큰 차이가 나면 장부가치와 실질가치의 차이가 클 것이므로 ROI 상호비교의 유용성이 감소한다.

이 밖에도 ROI분석은 회계자료를 근간으로 하는 분석이므로 수익성을 결정짓는 질적인 측면이나 전략적 측면이 충분히 반영되지 않을 가능성도 있다는 한계점을 지닌다.

4절 ROIC분석

1. 수익성비율 ROIC

(1) ROIC의 의의

앞의 3절에서 설명한 'ROE(자기자본순이익률)변동원인분석'은 투자성과(return) 측정치로서 '순이익'을, 투자액(investment)의 측정치인 '자기자본'으로 나누어, 주주 입장에서 수익성의 변동원인을 분석하는 방법이었다. 특히 수익성의 변동원인을 마진(비용효율성), 회전율(자산투자의 효율성), 레버리지비율(자본조달의 안정성) 면에서 분석함으로써 종합적인 경영평가에 활용하는 유용한 방법이었다.

본 절에서 설명하는 'ROIC(return on invested capital), **영업투하자본세후영업이익률**'은 다음 식과 같이 투자성과 측정치로서 '세후영업이익'을, 투자액의 측정치로서 '영업투하자본'을 대응시킨 수익성 재무비율이다.

$$\text{ROIC(영업투하자본세후영업이익률)} = \frac{\text{세후영업이익}}{\text{영업투하자본}} \quad \cdots\cdots \text{(4-8)}$$

주주 입장에서 수익성을 측정하는 ROE와 달리, ROIC는 핵심경영활동에서의 이익창출능력, 지속 가능한 이익창출능력을 평가하는 수익성비율이다. 이 분석방법은 잉여현금흐름(FCF)분석(5장)과 가치평가(11장)의 기초가 된다.

이제 '영업투하자본'이 '총자본'과 어떻게 다르고, '세후영업이익'이 '영업이익'과 어떻게 다른지를 살펴보자.

(2) 영업투하자본의 측정

기업의 경영활동은 생산 · 판매 · 관리활동과 연관된 핵심 **영업활동**과 이를 지원하는 재무활동 등의 **영업외활동**으로 구분할 수 있다.

그림 4-4 재무상태표와 영업투하자본의 계산

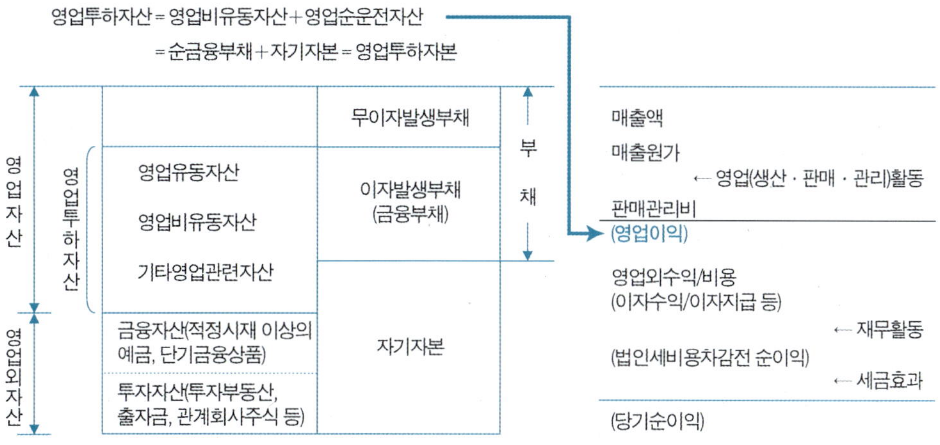

분모의 **영업투하자본**(IC: invested capital)은 기업이 세후영업이익을 벌어들이기 위해 기업의 핵심경영활동, 즉 생산 · 판매 · 관리 등의 영업활동에 투하된 자금을 말한다. 영업투하자본(IC)을 측정하기 위해서는 [그림 4-4]에서 보는 것처럼, 우선 먼저 재무상태표의 자산을 순수한 영업과 직접 관련된 **영업자산**과 그렇지 않은 **영업외자산**으로 구분해야만 한다.

영업자산(operating assets)은 본업의 생산 · 판매 · 관리활동과 연관된 자산으로서, 매출채권, 재고자산, 매출에 필요한 영업현금 등의 유동자산과 기계장치 등의 비유동자산처럼 손익계산서상의 영업이익의 증감에 직접 영향을 미치는 자산이다.

영업외자산(non-operating assets)은 영업활동에 직접 투여되지 않은 자산으로서, 비유동자산 중에서는 투자자산(투자부동산, 출자금, 관계회사주식 등), 건설중인 자산, 이연자산 등을 말하며, 유동자산 중에서는 단기금융상품, 적정수준 이상의 예금 등의 **금융자산**(financial assets)을 말한다. 이들 영업외자산은 기업이 여유현금이 있을 때, 본 영업활동이 아니라 유가증권, 투자자산 등에 투자한 것으로서, 손익계산서의 영업이익의 증감에는 기여하지 못하고 영업외수익에 영향을 미치는 자산이다. 각각 유동자산과 비유동자산 중에서 어떤 항목들이 영업외자산에 속하는지를 분명히 하여 이를 제외시켜야 한다.

그러나 이 같은 비영업유동자산을 제외한 자산의 금액이 모두 영업활동에 투자되는데 소요된 것이 아니다. 왜냐하면 유동부채 중에서 매입채무, 미지급비용, 퇴직급여충당부채 등의 항목과 같은 **무이자발생부채**(영업부채라고도 함)는 투하자본의 부담을 줄여주기 때문이다. 이처럼 영업자산에서 무이자발생부채를 차감한 것이 영업투하자산이다. 이를 순영업자산(net operating assets)이라고도 부른다.

요약하면, 영업투하자본의 측정은 다음 식에 의해서 측정할 수 있다.[1)]

영업투하자산 = 영업비유동자산 + 영업순운전자산
= 영업비유동자산 + (매출채권 + 재고자산 − 무이자발생 유동부채) …… (4-9)

(3) 세후영업이익의 측정

본래 손익계산서상의 '**영업이익**'은 세전기준으로 영업활동에서 창출된 경영성과를 측정한 것이다. 세후영업이익(NOPLAT: net operating profit less adjusted tax)은 영업활동(생산 · 판매 · 관리)에서 벌어들인 영업이익(EBIT)을 납세후기준으로 측정한 금액이다. 여기서 주목해야 할 것은 영업이익(EBIT)은 다른 이익개념과는 달리 경영성과 창출의 원천을 영업활동에만 한정한 것으로서, 자본구조(재무활동)의 영향을 전혀 받지 않은 경영성과 추정치라는 점이다. NOPLAT은 이 EBIT에서 조정된 세금을 차감하여 측정된 것이다. NOPLAT은 다음 2가지 방법 중 하나에 의해서 측정될 수 있다.

1 영업이익기준:

NOPLAT = 영업이익(EBIT) − EBIT 대비 조정법인세(= 영업이익×법인세율) …… (4-10)

2 순이익기준:

NOPLAT = 순이익 + 순금융비용(1 − 법인세율) …… (4-11)

먼저 **영업이익기준**(1의 방법)의 NOPLAT 측정 방법에서 핵심적인 것은 영업이익(EBIT)에서 EBIT 대비 조정된 법인세를 차감한다는 점이다. 여기서 EBIT 대비 조정법인세란 손익계산서상의 법인세액이 아니라 영업이익기준으로 산정한 법인세를 말한다. 이를 손익계산서상의 법인세예정액으로부터 소급 추정한다면 이자비용의 법인세절감액(= 이자비용 × 유효법인세율)은 순이익기준일 때는 현금유출을 줄여준다. 그러나 영

1) 위의 방법, 식 (4-9)는 영업투하자본을 **자산운용 관점**에서 측정하는 방법이다. 이를 **자본조달 관점**에서 측정하면 다음 식 (4-10)과 같다. 즉, 장 · 단기차입금, 회사채와 같은 이자발생부채(금융부채)에서 단기금융상품과 투자자산처럼 금융수익이 있는 금융자산을 차감한 **순금융부채**, 그리고 보통주 자기자본을 합하여 계산할 수 있다. 이에 대한 설명은 다음 5장 2절2항의 각주 1)과 2)를 참고할 것.

업이익기준으로 계산한다면 반대로 법인세예정액에 가산(+)해 주어야 한다. 반면에 이자수익으로 인한 법인세증가액은 영업이익기준으로 할 경우에는 법인세예정액에서 차감(−)해 주어야 한다.

NOPLAT을 **순이익기준**(2의 방법)으로 측정한다면 순이익(포괄이익)에, 순금융비용의 법인세효과가 감안된 세후 **순금융비용**을 더하여 계산한다. 왜냐하면 순이익의 계산은 이자비용 등의 금융비용은 영업이익에서 차감하고, 이자수익 등의 금융수익은 영업이익에 가산하여 세전순이익을 계산하여, 여기에 법인세율을 곱한 법인세액이 차감된 것이기 때문이다. 따라서 납세후기준의 영업이익을 순이익기준으로 계산하자면 금융비용과 금융수익의 차이인 순금융비용에 세금효과를 고려하여 식 (4-11)처럼, 순금융비용(1−법인세율)을 더하여 계산한다.[2)]

이제 대표적인 수익성비율로 사용되고 있는 ROA(총자본이익률), ROE(자기자본순이익률), ROIC(영업투하자본세후영업이익률)의 차이점을 정리해 볼 수 있다. ROA의 분모, 총자산에는 영업외자산이 포함되어 있고, 분자의 영업이익이나 순이익에는 영업외 재무활동의 영향이 적절히 분리되어 있지 못하다. 또 ROE의 분모, 총자산에서 총부채를 차감한 순자산(자기자본)에도 자산에 대한 지분의 몫을 계상하고 있을 뿐이지, 레버리지효과가 포함되고 있어 이 두 가지 부분의 활동을 구분할 수 없다. 이와 달리 ROIC는 영업활동에 투하된 자산 중심으로 핵심 경영활동에서의 이익창출능력을 측정하고 있다.

2. ROIC의 변동원인분석

앞에서 ROIC가 순수한 영업활동에서의 수익성을 평가하는 재무비율임을 설명하였다. 그러면 ROIC의 변동원인은 어떻게 설명할 수 있을까? ROE, ROA변동원인분석 방법과 유사하게, 다음과 같이 ROIC는 영업마진(비용효율성)과 자산회전율(자산투자효율성)에 의해서 결정됨을 알 수 있다.[3)]

2) 이를 단계별로 보면 다음과 같이 설명할 수 있다.
NOPLAT = 영업이익(1 − 법인세율)
= NI + 이자비용 등(1 − 법인세율) − 이자수익 등(1 − 법인세율)
= NI + 순금융비용(1 − 법인세율)

3) 분모 투하자본(IC)증감액과 분자 세후영업이익(NOPLAT)의 차이를 잉여현금흐름(FCF)이라고 하는데, 이에 대해서는 다음 5장에서 설명함.

$$ROIC = \frac{NOPLAT(\text{세후영업이익})}{IC(\text{영업투하자본})}$$

$$= \underset{(\text{영업마진})\,(\text{비용효율성})}{\frac{\text{영업이익}}{\text{매출액}}} \times \underset{(\text{자본회전율})\,(\text{자본투자효율성})}{\frac{\text{매출액}}{\text{영업투하자본}}} \times (1-\text{법인세율}) \qquad \cdots\cdots (4\text{-}12)$$

따라서 ROIC가 제고되기 위해서는 영업마진을 높이는 방안, 자산회전율이 상승하는 방안이 강구되어야 한다.

한편 ROIC비율은 ROE비율과의 관계에서 보면, 재무레버리지효과를 분리하여 분석할 수 있다. 3장 수익성비율, ROE을 설명한 식 (3-1)에서 자기자본순이익률(ROE)과 총자본영업이익률(ROA)의 관계를 재무레버리지효과와 연계하여 설명한 바 있다.

$$ROE = \left[ROA + (ROA - i)\frac{D}{E}\right](1-t) \qquad \cdots\cdots (4\text{-}13)$$

이 관계식을 통하여 정상적인 영업활동에서의 수익성, 즉 총자산영업이익률(ROA)이 최소한 세전 부채비용(i)을 상회하여야 부채사용이 주주의 부를 증가시키는데 기여함을 볼 수 있었다.

위의 식에서 총자산영업이익률(ROA) 대신 ROIC을 대체하여도 동일한 등식이 성립한다. ROE는 순수영업활동의 세후 수익성을 나타내는 ROIC와 재무레버리지효과를 나타내는 두 부분으로 구성됨을 볼 수 있다.[4)]

$$ROE = \left[ROIC + (ROIC - i(1-t) \cdot \frac{D^*}{E}\right](1-t) \qquad \cdots\cdots (4\text{-}14)$$

여기서, $ROIC$: 영업투하자본세후영업이익률
i : 타인자본의 평균이자율(세전부채비용) t: 법인세율
D^* : 금융부채(이자지급부채) E: 자기자본

4) $ROE = \frac{NI}{E} = \frac{[NOPLAT - i \cdot D(1-t)]}{E} = \frac{[ROIC \cdot IC - i \cdot D(1-t)]}{E}$
$= \frac{[ROIC(D^* + E) - i \cdot D^*(1-t)]}{E} = \frac{[ROIC \cdot D^* + ROIC \cdot E - i \cdot D^*(1-t)]}{E} = ROIC + [(ROIC - i(1-t)) \cdot \frac{D^*}{E}]$

5절 종합지수법

1. 종합지수법의 의의

종합지수법(index method)은 기업의 경영성과나 재무상태를 단일지수 혹은 종합점수로 나타내어 기업경영의 양부(良否)를 종합적으로 평가하는 방법이다.

전장에서 설명한 각종 재무비율은 기업의 경영성과와 재무상태의 특정한 일면만을 나타내기 때문에 종합적인 판단을 얻는 데는 어려움이 있다. 유동성지표는 양호하지만 타지표, 이를테면 수익성지표는 불량하게 나올 수가 얼마든지 있다.

경영내용을 단일점수로 측정하여 종합적으로 경영평가를 하는 실례는 많다. 금융기관에서는 대출신청기업에 대하여 대출적격업체를 결정한다든지, 어음재할인 적격업체로 판정한다든지 하는 의사결정을 할 때 종합평가가 필요하다. 대출신청업체의 경영내용은 좋은 점과 나쁜 점이 혼재되어 있는데 특정 지표만을 이용하면 최종 의사결정을 하기 쉽지 않을 수 있다. 따라서 기업의 경영성과와 재무상태를 단일지표로 나타내는 종합지수가 필요한 것이다. 금융기관에서 사용되고 있는 신용평점제도(credit scoring system)는 대출관련 업체의 신용도를 단일점수로 종합적으로 평가하여 대출결정에 활용하는 제도이다.[5)]

정부투자기관에 대한 인센티브제도의 일환으로 실시되고 있는 정부투자기관 경영평가제도도 종합점수로 경영성과의 우열을 가리는 제도이다. 각급 대학에 대한 대학교육평가제도도 교육의 질을 판단할 수 있는 여러 가지 지표를 종합적으로 평가하여 단일점수로 학교의 서열을 매기는 방법이다. 이 밖에도 사업부별 또는 자회사별로 내부통제의 수단으로 활용되고 있는 내부경영평가제도도 비슷한 취지에서 종합지수법의 원리를 활용하고 있다.

5) 신용평점제도에 대해서는 12장 3절에서 상세히 설명함.

2. 종합지수법의 체계

(1) 일반적 종합평가체계

종합지수법에 의해서 경영평가하는 방법이 최초로 제시된 것은 1919년 월(A. Wall)에 의해서이다. 월에 의해서 제시된 종합지수법은 주요 평가지표를 재무비율로만 한정하고 있지만, 보다 일반화시켜서 종합평가체계를 제시하면 다음과 같다.

1 주요 지표(평가항목)의 선정

특정 기업이나 기관의 경영내용을 종합적으로 평가하는데 적합하다고 보는 대표적인 몇 가지 주요 지표를 선정한다. 재무비율 등의 정량적인 지표와 질적인 측면을 평가할 수 있는 정성적 주요 지표를 선정한다.

2 가중치의 부여

1에서 선정된 각 평가항목에 대하여 그 중요도에 따라 가중치를 부여한다.

3 개별항목별 점수분포의 추정

항목별 점수를 산정하기 위해서 보통 두 가지 방법이 이용될 수 있다. 첫째 방법은 과거 통계자료로부터 해당지표의 분포를 추출하여 보통 다섯 구간(A, B, C, D, E)별로 점수를 차등화시키는 방법이다. 예를 들어, 특정 개별항목의 중요도(가중치)가 10점으로 부여 되었다면 A=10점, B=8점, C=6점, D=4점, E=2점으로 점수를 부여하는 것이다.

다른 한 가지 방법은 실제수치와 표준치의 비율인 관계비율을 구하여 상대지수화한 다음 4의 단계에서 이를 점수화하는 방법이다.

4 항목별 점수의 산정

3의 분포상에서 확인된 해당등급이나 계산된 관계비율에 2의 가중치를 곱하여 항목별 점수를 구한다.

5 종합점수의 산출과 종합판정

4에서의 항목별 점수를 모두 합계하여 종합점수를 산출한다. 의사결정의 기준을 정하여 기준점수 이상(이하) 기업을 대출적격업체(대출부적격업체), 또는 경영우량기업(경영불량기업)으로 판정한다.

(2) 월(Wall)과 트랜트(Trant)의 지수법

종합지수법으로 가장 오랫동안 사용되어 온 월(A. Wall)과 트랜트(J.B. Trant)의 지수법은 몇 가지 소수 재무비율만으로 종합평가한다는 특징과 한계점을 지닌다.

이들이 제시하고 있는 ① 주요 재무비율과 ② 가중치는 [표 4-5]에 나타난 바와 같다. 월은 3가지의 정태비율과 4가지의 동태비율을 사용하고 있는데 유동비율과 부채비율에 높은 가중치(50%)를 부여하고 있다는 점에 특징이 있다. 반면에 트랜트는 자기자본회전율 대신에 매입채무회전율을 포함시키고 있으며, 동태비율(활동성비율)에 큰 가중치(65%)를 부여하고 있다.

주요 재무비율별 점수(3의 단계)는 관계비율을 구하여 산정한다. 즉, 각 재무비율마다 해당기업의 실제비율을 산업의 표준비율로 나누어 상대적 지수(관계비율)를 구한다. 이 방법에 따르면 관계비율이 1 이상일 경우 표준비율보다 양호하고, 반대로 1 이하일 경우 표준보다 불량함을 뜻한다. 다만 부채비율과 비유동비율은 낮으면 낮을수록 양호함을 뜻하므로 반대로 산업평균비율을 실제비율로 나누어 관계비율을 구하되 해석은 동일한 방법으로 한다.

항목별 점수산정(4의 단계)은 2의 가중치와 3의 관계비율을 곱하여 구하고, 종합판정은 종합지수가 100점 이상이면 양호, 그 이하이면 불량으로 판정한다.

[표 4-6]에서 삼성전자의 경우 월지수법에 의하여 평점을 매기면 121.0점으로 전반적으로 경영상태가 양호함을 알 수 있다. 삼성전자는 안정성항목에서는 높은 평점을 받은 반면에 재고자산 이용의 효율성에서는 낮은 평점을 받고 있다. 만약 이 같은 평가체계가 유동성비율과 활동성비율보다 수익성비율 중심으로 구성되어 있다면 종합평점은 다른 결과를 보였을 것이다.

[표 4-5] 월지수법과 트랜트지수법의 재무비율과 가중치 비교

재무비율	월의 가중치	트랜트의 가중치
유동비율	25%	15%
부채비율	25	10
비유동(고정)비율	15	10
매출채권회전율	10	10
재고자산회전율	10	20
비유동(고정)자산회전율	10	20
자기자본회전율	5	–
매입채무회전율	–	15

[표 4-6] 월(Wall)의 종합평점: 삼성전자(2021)

① 재무비율	② 가중치(%)	③ 삼성전자	④ 산업평균	⑤ 관계비율 (③/④)	⑥ 평점 (②×⑤)
유동비율	25	254.3	170.2	1.49	37.4
부채비율	25	35.6	38.6	1.08	27.1
비유동비율	15	57.6	88.4	1.53	23.0
매출채권회전율	10	7.8	6.5	1.20	12.0
재고자산회전율	10	4.5	11.8	0.38	3.8
비유동자산회전율	10	1.4	1.1	1.27	12.7
자기자본회전율	5	1.0	1.0	1.00	5.0
합계					121.0

(3) 신용평점제도

[표 4-7]는 우리나라 금융기관들이 건설회사에 대하여 "재무구조개선협약"과 관련하여 적용하고 있는 신용위험평가표이다. 조선업의 불황이 지속되면서, 부실회사들이 속출하고 있는데, 금융기관들은 이들에 대해 정상, 부실 여부를 판단하여 금융지원 지속 여부를 결정하는 신용평점제도를 적용하고 있다.

[표 4-10]에서 구체적 방법을 보면, 부채비율 등의 재무항목에 40%의 가중치, 회사업력, 경영진평판 등의 비재무항목에 60% 가중치를 주어 종합평점을 산출한다. 항목별 배점은 다섯 구간으로 나누어 각 가중치 내에서 A는 100%, B는 80%, C는 60%, D는 40%, E는 20%의 점수를 부여하여 산출한다. 항목별 배점결과를 모두 합하여 종합평점이 산출되면, 다음과 같이 신용결정을 내린다.

80점 이상(A등급): 정상

70점 이상(B등급): 신규자금지원

60점 이상(C등급): 워크아웃대상

60점 미만(D등급): 퇴출

[표 4-7] 신용평점제도의 예시(조선사 신용위험평가표)

구분	평가지표		가중치	A(5.0)	B(3.5)	C(2.0)	D(.5)
재무 항목 평가 (30%)	안정성(4)	차입금의존도(차입금/총자산)	0.80	20% 미만	20~30%	30~40%	40% 초과
	채무상환 능력(6)	이자보상배율(EBITDA/이자비용)	1.20	5.0 이상	3.0~5.0	1.0~3.0	1.0 미만
	수익성(8)	영업이익률(영업이익/매출액)	0.80	5% 이상	3~5%	0~3%	영업손실
		당기순이익률(당기순이익/매출액)	0.80	4% 이상	1~4%	1% 미만	당기순손실
	유동성(6)	(현금성자산-사용제한예금)/선수금	1.20	60% 이상	50~60%	40~50%	40% 미만
	활동성(6)	매출채권회전기간	1.20	70일 미만	70~90일	90~120일	120일 이상
비재무 항목 평가 (30%)	경영위험성 (12)	소유 및 지배구조	0.60	매우 양호	양호	보통	미흡
		경영진의 경험과 평판	0.80	10년 이상이고 양호한 평판	5년 이상 또는 양호한 평판	1년 미만 또는 보통의 평판	전무 또는 낮은 평판
		관계사 위험	1.00	매우 양호	양호	보통	미흡
	영업위험성 (24)	산업내 지위	1.20	세계순위 10위 이내	세계순위 30위 이내	세계순위 50위 이내	기타
		수주잔고	0.80	3년 이상	2년 이상 3년 미만	1년 이상 2년 미만	1년 미만
		선박의 건조경험	1.40	10척 이상	10척 미만	3척 이하	전무
		파생상품위험(환헤지비율)	1.40	100% ±5% 이내	100% ±20% 이내	100% ±40% 이내	100% ±40% 초과
	미래사업 위험 (24)	수주잔고 대비 RG 발급률	1.40	100%	90% 이상	70% 이상	70% 미만
		건조설비 투자완료 여부	1.40	충분	일부 추가 증설 필요	건설중인 설비에 대한 자금 확보 완료	건설중인 설비에 대한 자금 확보 불투명
		선박인도/공정진행 지연 여부	1.00	없음	2척 이상	4척 이상	6척 이상
		발주취소사례 존재 여부	1.00	없음	2척 이하	4척 이하	6척 이상
	기타사항 (10)	금융권 연체(대지급 포함)발생 여부	1.00	없음	10일 이내	30일 이내	30일 초과
		권리침해 여부	1.00	없음	매출액, 총자산 중 최대액의 2% 이내	매출액, 총자산 중 최대액의 2% 초과	계속기업 불확실

* 가중치 수치는 각 항목별 각 등급에 대한 가중치임. 가중치가 2.00이면 A등급: 10점, B등급: 8점, C등급: 6점 식으로 점수 부여.

** 종합평점: A등급: 80점 이상(정상), B등급: 70점 이상(신규자금지원), C등급: 60점 이상(워크아웃 대상), D등급: 60점 미만(퇴출)

자료: 한경, 2009. 1. 2.

3. 종합지수법의 유용성과 한계점

위에서 본 것처럼 종합지수법은 기업의 경영성과와 재무상태를 종합적으로 평가할 수 있다는 장점과 여러 주요 재무비율을 동시적으로 고려할 수 있다는 점에서 유용성이 인정되고 있다. 그래서 금융기관들의 대출결정 시 이용되는 신용평점제도의 기본내용도 이 종합지수법의 골격을 따르고 있는 것이다.

그러나 종합지수법은 다음과 같은 한계점을 지니므로 사용에 주의가 필요하다.

첫째, 주요 지표 또는 재무비율의 선정이 객관적이지 못하고 주관적이라는 점이다. 또한 주요 지표 선정의 범위를 명확하게 규정하기 어렵다는 한계점을 지닌다. 분석목적에 따라 유용한 지표와 범위는 달라질 수 있다.

둘째, 가중치 역시 객관적인 기준이 없이 경험적으로 주어진다는 점이다. 기업의 특수한 상황과 분석목적에 따라 가중치는 유동적이므로 이에 대한 합리적인 기준을 만들기가 어렵다.

셋째, 관계비율을 구할 때 쓰이는 표준비율의 명확한 기준이 없다는 점이다. 보통 산업평균비율을 사용하지만 경쟁기업의 재무비율이 더 적절한 평가기준이 될 때도 있다.

넷째, 이 방법은 선정된 개별재무비율들 사이의 상호의존성(inter-dependencies)을 무시하고 있다는 점이다. 때로는 상반되는 내용을 함축하는 경우, 예를 들면 유동성은 좋으나 활동성은 좋지 못하게 나온 경우에는 모호한 추론이 도출될 수 있다.

요 약

기업의 재무건전도를 종합적으로 평가할 때는 기본적으로 상호비교분석과 추세분석을 실시하고, ROE 변동원인분석, ROIC 변동원인분석 방법, 종합지수법을 활용한다.

상호비교법은 특정 시점에서 분석대상기업의 재무비율을 적절한 비교기준의 재무비율이나 표준비율과 비교함으로써 경영상태의 양부를 판단하는 방법이다. 상호비교 시 적절한 비교기준이 되는 표준비율로는 산업평균비율, 경쟁업체비율이 널리 쓰이고 있다.

공통형 재무제표는 재무상태표의 경우(공통형 재무상태표), 자산총계나 부채 · 자본총계를 100%로 하고, 자산과 부채 및 자본의 각 항목의 구성비를 백분율로 표시한 재무제표이다. 이를 이용하면 기업규모의 차이가 큰 경우도 자산구조와 재무구조의 차이나 특징을 평가할 수 있다. 손익계산서의 경우(공통형 손익계산서)는 순매출액을 100%로 하고, 비용의 각 항목, 이익의 각 항목의 구성비를 백분율로 표시하여 작성한다. 이를 이용하면 기업규모에 큰 차이가 있는 경우도 비용구조의 차이나 특징을 상호비교할 수 있다.

추세분석법은 일정 기간 동안의 재무비율의 증감이나 변화추세를 파악하여 재무상태가 개선되고 있는지, 아니면 악화되고 있는지를 분석하는 것이다. 추세분석법은 보통 재무비율의 추세분석, 비교재무제표의 이용, 다기간 공통형 재무제표의 이용 등의 방법을 통하여 행해진다.

ROI 변동원인분석법은 기업의 수익성 변동원인을 마진(비용효율성) · 활동성(자산투자효율성) · 레버리지(자본조달안정성) 변동관계에서 분석하는 것이다. 기업의 내부통제 · 경영정책수립 등에 활용되기도 하고, EPS, 주가의 변동원인분석에도 이용된다.

ROIC 변동원인분석법은 기업의 핵심 경영활동에서의 경영성과 측정치인 세후영업이익(NOPLAT)과 영업이익창출에 기여하고 있는 영업투하자산(IC)을 대비하여, 핵심영업활동 중심으로 이익발생능력을 평가하는 방법이다. 이 분석을 위해서는 ① 영업자산과 영업외자산을 구분하여 영업투자본(IC)을 추정하는 것과 ② 영업이익을 세후기준으로 측정하는 것이 필요하다.

종합지수법은 경영성과를 종합점수로 나타내어 기업경영의 양부를 종합적으로 평가하는 방법이다. 금융기관의 신용평점제도 등에 활용되고 있다.

주요 용어

상호비교법	표준비율	산업평균비율
공통형 재무상태표	공통형 손익계산서	다기간 공통형 재무제표
추세분석	비교재무제표	듀퐁시스템
ROA 변동원인분석	ROE 변동원인분석	세후영업이익(NOPLAT)
영업투하자산(IC)	영업투하자본세후영업이익률(ROIC)	
ROIC 변동원인분석	순금융부채	순금융비용
종합지수법	신용평점제도	

연습문제

01 분석대상기업의 재무비율에 기초하여 경영상태의 양부(良否)를 판단하는 한 방법은 비교기준인 표준비율과 상호비교하는 것이다. 표준비율로 많이 사용하는 것은 산업평균비율과 경쟁업체비율이다.

(1) 산업평균비율을 산정할 때 상호비교의 비교대상기업은 영업내용이 유사한 동종 산업 내의 기업이어야 하는 조건 이외에 어떤 조건이 필요한가?

(2) 기업규모가 크게 차이가 나는 기업 간의 상호비교을 위하여 작성하는 재무제표는 무엇인가?

02 일정 기간 동안의 재무비율 증감이나 변화추세를 파악하여 재무상태가 개선되고 있는지 아니면 악화되고 있는지를 분석하는 추세분석방법에는 재무비율의 추세분석, 비교재무제표분석, 다기간 공통형재무제표분석 방법이 있다.

(1) 추세분석이 유용하기 위한 전제조건은 무엇인가?

(2) 기업규모의 크기가 매우 상이한 비교대상기업과 추세비교를 하게 될 경우 규모의 차이 때문에 분석에 어려운 문제가 발생한다. 이러한 문제를 제거하기 위해 작성하는 재무제표는 무엇인가?

03 기업의 총괄적인 경영성과를 나타내는 수익성관계비율 ROI(투자수익률)의 왜 변동하였는지를 분석하여 기업의 내부통제, 업적평가, 경영전략 수립 등에 유용한 재무기법으로 이용하고 있다.

(1) ROE(자기자본순이익률)의 변동원인은 어떤 재무지표들의 결합관계에서 분석하는가?

(2) 다음 표의 자료로부터 ROE를 구하고, ROE의 변동원인이 무엇인지를 지적하라.

	매출액 순이익률	매출액 영업이익률	총자본 회전율	부채비율 (D/E)	자기자본순이익률 (ROE)
2021년	10%	15%	3회전	200%	?
2022년	6%	9%	2.8회전	240%	?

(3) 만약에 2021년의 부채비율(D/E)이 100%이었다면, ROE은 얼마이었는가? 이는 기업 재무정책에 무엇을 의미하는가?

(4) 만약에 2021년의 주당순자산이 10,000원이었다면, 주당이익(EPS)는 얼마이었는가?

(5) ROE 변동원인이 마진의 변동에서 비롯되었다면, 재무제표의 어떤 항목을 집중분석해야 하는가? 이에 관한 정보를 어떤 재무제표를 이용할 수 있는가?

(6) ROE 변동원인이 일차적 원인이 마진의 변동에서 비롯되었다고 확인되면, 재무제표의 어떤 항목을 집중분석해야 하는가? 이에 관한 정보를 어떤 재무제표를 이용할 수 있는가?

(7) ROE 변동원인이 일차적 원인이 활동성(총자산회전율) 둔화에 있었다면, 재무제표의 어떤 항목을 집중분석해야 하는가? 이에 관한 정보를 어떤 재무제표를 이용할 수 있는가?

(8) ROE 변동원인이 부채레버리지 면에서의 변동에 있다면 재무제표의 어떤 항목을 집중분석해야 하는가? 이에 관한 정보를 어떤 재무제표를 이용할 수 있는가?

(9) ROI(ROA, ROE) 의의 및 유용성, 그리고 경영정책변수와의 관계, 한계점은 무엇인가?

04 주주 입장에서 수익성을 측정하는 ROE와 달리, ROIC는 핵심경영활동에서의 이익창출능력, 지속 가능한 이익창출능력을 평가하는 수익성비율이다. ROIC 분석방법은 잉여현금흐름(FCF)분석과 가치평가의 기초가 된다.

(1) ROE와 ROIC 지표에서는 각각 투하자본, 경영성과를 어떻게 다르게 측정하는가?

(2) ROIC의 변동원인분석법은 ROE의 변동원인분석법과 어떻게 다른가? 측정방법을 설명하라.

05 (1) 4장 본문에서는 "삼성전자"에 대하여 주요 재무비율의 추세분석의 예를 살펴보았다. "LG전자"에 대하여 동일하게 적용한 추세분석 결과를 제시하라.

(2) 사례기업 삼성전자에 대하여 2020~2021년 사이에 ROIC가 하락한 원인을 ROE와 재무레버리지와의 관계에서 분석하라.

06 재무비율을 이용하여 특정 기업의 재무적 건전도를 평가하는 예를 교과서 본문에서는 삼성전자의 경우에 대해서 설명한 바 있다. LG전자에 대해서 제3장에 제시된 LG전자의 재무제표를 이용하여 다음 사항을 작성하고 재무건전도를 평가하라.

(1) 3개년 동안의 공통형 재무상태표와 공통형 손익계산서를 작성하고 자산투자, 자본조달, 비용구조 면에서의 특징을 설명하라.

(2) 주요 재무비율의 추세분석을 하여, 변화의 특징을 제시하라.

(3) 비교재무제표와 지수재무제표를 작성하여 주된 변화의 특징을 밝혀라.

(4) 듀퐁시스템분석에 의해서 LG전자의 ROI가 변동하고 있는 원인을 제시하라.

07 다음은 남강(주)의 지난 3년간의 재무비율 중 일부이다.

	2020	2021	2022	산업평균
유동비율	420%	260%	180%	200%
당좌비율	210%	100%	60%	100%
부채 대 총자본비율	47%	56%	68%	50%
비유동장기적합률	95%	97%	98%	93%
재고자산회전율	8.7회	5.4회	3.5회	3회
외상매출금평균회수기간	33일	36일	49일	50일
비유동자산회전율	11.6회	10.6회	12회	14회
총자본회전율	3.2회	2.6회	2회	2.4회
매출액순이익률	3.9%	2.5%	1.45%	1.5%
총자본순이익률	12.5%	6.5%	2.8%	3.6%
자기자본순이익률	15.7%	9.7%	5.4%	5%

(1) 총자본이익률이 저하된 이유를 설명하라.

(2) 부채가 늘어난 것은 유동부채의 증가 때문인가 혹은 비유동부채의 증가 때문인가? 판단의 근거를 밝혀라.

(3) 2021년도의 실제비율과 산업평균을 토대로 하여 이 회사의 재무상태와 영업성적을 종합적으로 판단하라. 단, 종합적인 판단에 사용할 주요 비율과 가중치는 다음과 같다.

주요 비율	가중치
유동비율	20%
부채 대 총자본비율	15%
비유동장기적합률	10%
재고자산회전율	10%
비유동자산회전율	15%
총자본이익률	30%
	100%

(4) 종합지수법에 의한 경영평가 방법을 설명하고, 신용평점제도에 어떻게 활용될 수 있는지에 대하여 설명하라. 또 이 방법의 한계점에 대하여 설명하라.

08 대현(주)는 중간규모의 자동차부품 제조판매업체이다. 다음에 제시한 자료는 이 회사의 재무상태표, 손익계산서와 산업의 평균 재무비율이다.

재무상태표

(단위: 천 원)

	2019	2020	2021	2022
현금	51,000	76,500	35,700	25,500
외상매출금	204,000	306,000	346,800	484,500
재고자산	255,000	382,500	637,500	1,032,800
(유동자산)	510,000	765,000	1,020,000	1,542,800
토지 · 건물	76,500	61,200	163,200	153,000
기계장치	102,000	188,700	147,900	127,500
기타비유동자산	61,200	35,700	10,200	7,600
총자산	749,700	1,050,600	1,341,300	1,830,900
지급어음	–	–	127,500	357,000
외상매입금	112,200	122,400	193,800	382,500
미지급금	51,000	61,200	71,400	96,900
(유동부채)	163,200	183,600	392,700	836,400
장기차입금	76,500	56,100	51,000	45,900
자본금	459,000	459,000	459,000	459,000
이익잉여금	51,000	351,900	438,600	489,600
(총자본)	749,700	1,050,600	1,341,300	1,830,900

손익계산서

(단위: 천 원)

	2020	2021	2022
매출액	3,315,000	3,442,500	3,570,000
매출원가	2,652,000	2,754,000	2,856,000
(매출총이익)	663,000	688,500	714,000
판매비와관리비	255,000	280,100	306,000
감가상각비	102,000	127,500	153,000
(영업이익)	306,000	280,900	255,000
이자비용	51,000	107,500	153,000
(법인세비용차감전순이익)	255,000	173,400	102,000
법인세비용(50%)	127,500	86,700	51,000
(당기순이익)	127,500	86,700	51,000

한편 다음 비율들은 산업평균비율로서 2020~2022년 기간에 안정적인 것으로 가정한다.

① 유동비율: 2.7
② 당좌비율: 1.0
③ 부채구성비율(D/A): 50%
④ 재고자산회전율: 7.0회
⑤ 외상매출금 평균회수기간: 32일
⑥ 비유동자산회전율: 13.0회
⑦ 총자산회전율: 2.6회
⑧ 총자본이익률: 0.09
⑨ 자기자본순이익률: 0.18
⑩ 매출액이익률: 0.035

(1) 대현(주)의 주요 재무비율을 제시하고 산업평균과 이 회사의 재무비율을 상호 비교하고, 비율분석을 통해서 나타난 이 회사의 경영상의 문제점과 강점을 지적하라.

(2) 듀퐁시스템을 이용하여 자기자본순이익률(2022년 5.38%)이 산업평균비율(18%)보다 크게 낮은 원인을 분석하라.

사례연구 (1)

동양맥주(OB) 대 조선맥주(HITE)

1. 주류시장 환경의 변화

주류산업은 1990년대 이전까지 정부의 통제를 받는 것이 많았다. 양곡관리, 과다경쟁방지, 조세원 확보라는 측면에서 주류회사의 통·폐합, 원료조달 및 생산·판매가격결정에 대하여 정부가 강력하게 통제하였다. 그러나 정부는 1990년대 들어 주류산업 규제완화 추진계획 하에 소주의 자도주(自道酒) 판매제도를 완화하고 주류 도매상 판매구역제도를 완전 폐지하였으며, 주정배정제도를 자유화하였다. 이러한 정부규제의 완화추세와 외산주류의 전면적 수입개방, 주류제조 면허 개방이라는 진입장벽의 철폐로 인하여 기존의 주류업체들은 내수시장에서의 독점적인 지위를 누릴 수 없게 되어 극심한 경쟁체제로 돌입하게 되었다.

1990년대 초반 동양맥주(주)와 조선맥주(주)가 양분해 온 맥주시장에 진로 쿠어스맥주가 진출하였고, 두산그룹은 소주제조업체인 '경월'을 인수하여 소주시장에 참여하였으며, '하이트'맥주의 성공으로 대규모 투자기회를 마련할 수 있었던 조선맥주는 사업다각화의 일환으로 1995년 초에 위스키시장에 뛰어들었고, 보해양조 역시 1995년 9월에 위스키시장에 진출하여 주류업체 간 영역구분이 없어지게 되었다.

주류시장 환경의 이 같은 변화는 시장의 신규 참여 업체에게는 조속한 시일 내에 입지를 확보해야 하고, 기존 업체에게는 시장을 방어해야 한다는 상반된 과제를 안겨주어 전례 없는 무한경쟁을 불러일으키게 하였다. 한편, 1990년대 들어 새롭게 나타나는 주류소비패턴의 특징은 경기호조에 따른 소득증대와 소비자 기호변화에 따라 고가주, 저도주의 성장세가 두드러진 점이다. 내수시장에서 커다란 지위를 차지하였던 소주와 막걸리, 약주 등 전통주의 소비가 감소 내지 정체되는 데 비해 맥주, 위스키시장은 지속적으로 확대되어 왔다. 다만 소주의 경우 소비자의 고가·저도주 선호라는 기호변화로 인해 출고량기준에서는 정체 내지 감소가 예상되지만, 매출액기준으로는 다소 증가하리라고 관련업계는 기대하고 있다.

국내 주류시장에서 가장 치열하게 판매경쟁을 벌이고 있는 주류분야는 주류별 출고동향에서도 알 수 있듯이 제1의 대중주의 위치를 점하고 있는 맥주시장이다.

최근 10년 동안 조선맥주가 차지하였던 시장점유율의 2배에 달하는 독점적 위치를 차지하던 동양맥주가 하락세에 접어들기 시작한 시기는 1993년도부터였다. 예상치 않은 '하이트'맥주의 대히트로 인하여 조선맥주가 1993년 30.4%를 기점으로 1994년 33.8%, 1995년 1월~6월

36.9%, 1995년 7월~9월 39.4%의 시장점유율을 기록한 반면에 동양맥주는 동기간 동안 시장점유율이 1993년 69.6%, 1994년 60.7%, 1995년 1월~6월 52.3%, 1995년 7월~9월 47.5%로 급격히 하락하고 있다. 한편, 1994년 맥주시장에 신규진출한 진로 쿠어스맥주 역시 1994년 5.5%, 1995년 1월~6월 10.8%, 1995년 7월~9월 13.1%의 점유율을 달성하여 시장에 성공적으로 진입한 것으로 평가되고 있다.

이 같은 '하이트'의 대성공과 진로 쿠어스라는 새로운 경쟁자의 출현으로 동양맥주는 시장에서의 절대강자의 위치를 빼앗기게 되었다.

2. 양사의 현황과 대책

1) 동양맥주(주)

동양맥주(주) [OB]는 1952년 5월에 설립된 이후 국내 최대의 맥주제조업체로 발돋움한 두산그룹의 모기업으로, 매출구성은 맥주 99.1%, 포도주 0.7%, 음료 0.2%로 대다수의 매출을 맥주에 의존하고 있다. **OB맥주**의 브랜드로 성장해온 동양맥주는 최근 수직적 계열구축을 위하여 병마개 제조업체인 삼화왕관의 경영권을 인수하는 한편 1995년 1월 1일부로 자산재평가를 실시하였다.

맥주시장의 꾸준한 성장세와 경기회복세에도 불구하고 진로의 맥주시장 진출, 조선의 하이트맥주의 급성장으로 1995년 상반기 매출액이 전년동기에 비해 2.7% 감소하였다. 또한 치열한 시장 쟁탈전으로 인한 판매비와 관리비의 급증, 맥아 · 호프와 같은 원자재 가격인상, 인건비 및 유통비용의 상승, 금융비용의 증가 등으로 1993년 순이익이 (−)성장한데 이어 1994년, 1995년도에는 각각 적자전환, 적자지속으로 수익성이 크게 저하되고 있다.

이러한 부진한 경영성과를 만회하기 위해 동양맥주는 1996년 1월 4일 공격적인 신년사업계획을 발표하였다. 구체적인 내용을 보면 1억1천만 상자(1상자: 5백ml 20병)를 매출하여 시장점유율을 55%선으로 끌어올릴 것을 주된 목표로 설정하였다. 이를 달성하기 위해 1996년의 경영목표를 '시장점유율의 확대'와 '손익구조 개선'으로 정하여 영업정보체계 구축, 일반유흥업소 등 2차 거래선에 대한 판촉활동을 강화키로 하였다. 또한 신수요창출을 위해 시장세분화를 통한 제품포트폴리오정책을 추진하여 OB라거, 넥스, 카프리 등 다양한 제품의 판촉을 강화하는 멀티브랜드전략을 추진하고 OB 1번지, 오베로 등 맥주 체인점을 확대할 계획을 갖고 있다. 비록 동양맥주가 신제품 출시, 원가절감, 가격인상 등의 수단을 통해 수익성을 개선시키려는 노력을 벌이고 있지만 적자지속에 따른 재무제표 수치의 저하추세는 당분간 계속될 것으로 업계는 전망하고 있다.

2) 조선맥주(주)

조선맥주(주) [HITE]는 1933년에 설립되어 1973년에 상장된 맥주전문 제조업체로 최근 시장점유율이 크게 신장하고 있다. 동사의 맥주 매출액은 전체매출의 99.7%로 맥주매출에 대한 의존도가 경쟁업체인 동양맥주의 매출구성과 비슷하지만 1995년 초 위스키 '딤플'을 출시하여 위스키시장에 성공적으로 진입함으로써 향후 매출구성은 좀더 다양화될 것으로 전망되고 있다. 치열한 경쟁 속에서도 맥주시장의 확대와 **하이트맥주**의 지속적인 호조로 1995년 상반기에는 전년동기 대비 35%의 대폭적인 매출신장을 보이고 있다. 또한 대폭적인 매출증가, 수입선을 전환하여 저가 수입맥아 구입에 따른 원가비용의 절감, 매출채권 회전기간을 단축시킨데 기인하는 금융비용의 감소 등으로 경상이익이 대폭 증가하고 있다.

조선맥주는 공장의 신 · 증설에 많은 자금을 투입하여 최근 수년간 재무구조가 악화되는 현상을 보여왔으나 1995년 1월 1일자로 자산재평가를 실시하여 재무구조가 크게 개선되었으며, 위스키시장에 성공적으로 진출한 것도 재무구조의 건실화에 일조를 할 것으로 여겨진다.

또한 조선맥주는 사업다각화를 통한 기업이윤의 극대화를 이루기 위해 구 영등포 공장부지에 21세기 복합타운 건설과 생수산업 및 중국 등에 합작공장설립의 추진을 계획 중이다.

3. 양사의 재무자료와 요구사항

[표 4-A-1]에서 [표 4-A-8]까지는 동양(OB)맥주와 조선(HITE)맥주의 재무상태표, 손익계산서, 제조원가보고서 그리고 주요 재무비율이다. 현재시점을 1995년으로 가정하여 이들 재무제표로부터 양사의 재무건전도를 평가하고, 경영성과가 악화 또는 개선된 원인을 ROE와 ROIC분석체계에 따라 분석하라.

※ 현금유출이 없는 비용으로써 감가상각비는 다음과 같다. (단위: 백만 원)

동양맥주: 32,665(1993년), 40,926(1994년)

조선맥주: 20,295(1993년), 26,198(1994년)

[그림 4-A-1] 맥주시장의 시장점유율 추이

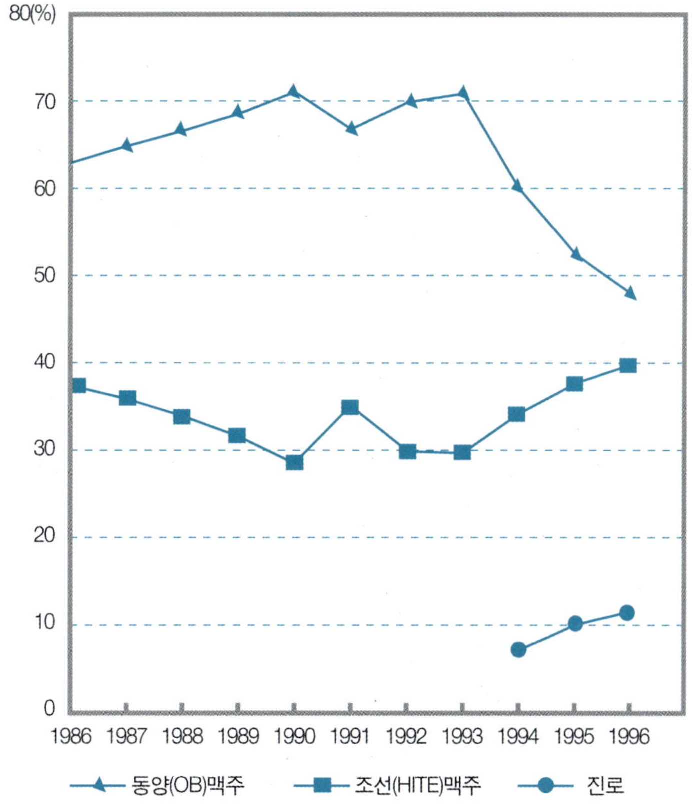

자료: 각사 사업보고서.

[표 4-A-1] 동양(OB)맥주의 재무상태표

(단위: 백만 원, %)

재무상태표	1992		1993		1994	
	금액	구성비	금액	구성비	금액	구성비
현금및예금	52,533	5.7	72,205	7.2	81,996	7.1
유가증권	2,242	0.2	5,540	0.4	2,989	0.3
매출채권	36,436	4.9	56,636	5.6	81,683	8.0
단기대여금						
기타당좌자산	29,967	3.3	21,446	2.1	27,364	2.4
당좌자산(계)	121,179	13.2	155,928	15.6	204,032	17.8
상품						
제품	4,902	0.5	2,882	0.3	8,343	0.7
재공품	20,524	2.2	22,547	2.3	26,674	2.3
원재료	49,261	5.4	31,384	3.1	18,239	1.6
기타재고자산	2,993	0.4	3,860	0.4	6,213	0.5
재고자산(계)	77,681	8.5	60,673	6.1	59,469	5.2
기타유동자산	11,905	1.3	14,615	1.5	19,595	1.4
유동자산(계)	210,765	23.0	231,216	23.2	279,097	24.3
투자자산(계)	64,883	7.1	68,178	6.8	90,509	7.9
(투자유가증권)	10,107	1.1	10,830	1.1	12,216	1.1
기타자산(계)	46,211	5.0	70,362	7.1	102,185	8.9
투자 및 기타자산(계)	111,093	12.1	138,540	13.9	192,693	16.8
토지	239,365	26.1	270,281	27.1	280,647	24.5
건물	145,096	15.8	152,215	15.3	153,383	13.4
기계장치	91,987	10.0	87,071	8.7	100,205	8.7
차량운반구	1,394	0.2	1,563	0.2	1,619	0.1
공구와 기구 비품	24,157	2.6	31,449	3.2	28,803	2.5
기타유형고정자산	42,838	4.7	44,593	4.5	42,911	3.7
(감가상각충당금)	88,379	9.6	114,799	11.4	145,552	12.7
건설가계정	50,997	5.6	40,605	4.1	67,557	5.9
유형고정자산(계)	595,834	64.9	627,777	62.9	675,124	58.8
무형고정자산(계)	191	0.0	264	0.0	453	0.0
비유동(고정)자산(계)	596,025	64.9	628,041	62.9	675,577	58.9
이연자산(계)						
자산총계	917,883	100.0	997,797	100.0	1,147,367	100.0
매입채무	56,133	6.1	31,477	3.2	40,961	3.6
단기차입금	103,545	11.3	161,692	16.2	225,158	19.6
미지급금	41,298	4.5	42,610	4.3	64,825	5.7
유동성장기부채	85,931	9.5	66,591	6.7	113,385	9.9
기타유동부채	116,974	12.7	152,103	15.2	189,841	16.5
유동부채(계)	404,880	44.1	454,473	45.5	634,169	55.3
장기차입금	57,261	6.2	49,222	4.9	77,787	6.8
사채	104,049	11.3	145,047	14.5	152,126	13.3
부채성충당금	19,360	2.1	20,722	2.1	24,042	2.1
기타고정부채	32,734	3.6	27,947	2.8	28,446	2.5
비유동(고정)부채(계)	213,404	23.2	242,938	24.3	282,400	24.6
부채총계	618,284	67.4	697,411	69.9	916,569	79.9
자본금	31,944	3.5	31,944	3.2	31,944	2.8
자본잉여금	259,969	2833	259,969	26.1	259,969	22.7
이익잉여금	7,686	0.8	8,472	0.8	−61,114	−5.3
자본조정						
자본총계	299,599	32.6	300,385	30.1	230,798	20.1
부채와 자본총계	917,883	100.0	997,797	100.0	1,147,367	100.0

[표 4-A-2] 조선(HITE)맥주의 재무상태표

(단위: 백만 원, %)

재무상태표	1992		1993		1994	
	금액	구성비	금액	구성비	금액	구성비
현금및예금	30,597	6.1	47,626	8.0	50,887	7.2
유가증권	1,299	0.3	8,626	1.4	12,364	1.8
매출채권	110,119	21.8	119,928	20.0	142,253	20.2
단기대여금	8,647	1.7	9	0.0	1,300	0.2
기타당좌자산	7,078	1.4	9,476	1.6	11,520	1.6
당좌자산(계)	155,740	31.2	185,666	31.0	218,323	31.0
상품	571	0.1	910	0.2	1,037	0.1
제품	2,447	0.5	2,584	0.4	3,638	0.5
재공품	4,941	1.0	7,545	1.3	9,153	1.3
원재료	28,715	5.7	31,036	5.2	20,574	2.9
기타재고자산	7,289	1.4	9,441	1.6	14,618	2.1
재고자산(계)	43,963	8.7	51,515	8.6	49,020	7.0
기타유동자산	10,484	2.1	25,528	4.3	7,255	1.0
유동자산(계)	212,187	42.0	262,709	43.9	274,598	39.0
투자자산(계)	12,517	2.5	17,414	2.9	25,807	3.7
(투자유가증권)	1,606	0.3	1,603	0.3	4,310	0.6
기타자산(계)	39,871	7.9	29,599	4.9	19,881	2.8
투자 및 기타자산(계)	52,388	10.4	47,013	7.9	45,688	6.5
토지	34,889	6.9	38,883	6.5	50,379	7.2
건물	30,786	6.1	31,269	5.2	36,546	5.2
기계장치	71,037	14.1	132,705	22.2	172,346	24.5
차량운반구	1,786	0.4	1,949	0.3	2,319	0.3
공구와 기구 비품	44,870	8.9	17,496	2.9	21,690	3.1
기타유형고정자산	10,839	2.1	51,247	8.6	54,597	7.7
(감가상각충당금)	68,173	13.4	79,249	13.4	91,476	13.0
건설가계정	45,175	8.9	15,049	2.5	45,086	6.4
유형고정자산(계)	239,383	47.4	288,597	48.2	382,964	54.4
무형고정자산(계)	27	0.0	37	0.0	60	0.0
비유동(고정)자산(계)	239,411	47.4	288,634	48.2	383,024	54.4
이연자산(계)	1,006	0.2	365	0.1	244	0.0
자산총계	504,992	100.0	598,721	100.0	703,555	100.0
매입채무	17,332	3.4	17,039	29	22,292	3.1
단기차입금	84,165	16.7	110,406	18.4	81,689	11.6
미지급금	26,104	5.2	17,002	2.8	41,092	5.8
유동성장기부채	86,983	17.2	71,340	11.9	126,457	18.0
기타유동부채	59,217	11.8	72,201	12.1	124,379	17.6
유동부채(계)	237,801	54.2	287,988	48.1	395,909	56.3
장기차입금	86,350	17.1	123,719	20.7	121,535	17.3
사채	69,769	13.8	92,848	15.5	82,808	11.8
부채성충당금	9,123	1.8	9,222	1.5	10,049	1.4
기타고정부채	11,523	2.3	10,662	1.8	14,437	2.1
비유동(고정)부채(계)	176,766	35.0	236,450	39.5	228,830	32.5
부채총계	450,567	89.2	524,438	87.6	624,739	88.8
자본금	21,745	4.3	29,770	5.0	30,888	4.4
자본잉여금	24,899	4.9	36,672	6.1	35,484	5.0
이익잉여금	7,781	1.5	7,911	1.3	11,507	1.6
자본조정					937	0.1
자본총계	54,425	10.8	74,283	12.4	78,816	11.2
부채와 자본총계	504,992	100.0	598,721	100.0	703,555	100.0

[표 4-A-3] 동양(OB)맥주의 손익계산서

(단위: 백만 원, %)

손익계산서	1992		1993		1994	
	금액	구성비	금액	구성비	금액	구성비
매출액	460,169	100.0	493,426	100.0	498,599	100.0
매출원가	346,532	73.3	365,329	74.0	395,574	79.3
매출총이익	113,637	24.7	128,097	26.0	103,025	20.7
판매 및 일반관리비	74,245	16.1	78,958	16.0	115,795	23.2
급료 · 임금 · 수당	13,538	2.9	15,306	3.2	19,801	4.0
퇴직금 및 충당금전입	1,211	0.3	1,651	0.3	2,171	0.4
복리후생비	2,321	0.5	2,362	0.5	3,121	0.6
수도광열비						
세금과공과	761	0.2	888	0.2	1,725	0.3
임차료	968	0.2	1,043	0.2	1,196	0.2
감가상각비	2,403	0.5	2,349	0.5	2,162	0.4
접대비(기밀비)	2,679	0.6	2,638	0.5	6,514	1.3
광고선전비	14,535	3.2	15,683	3.2	32,162	6.5
운반비	24,382	5.3	24,531	5.0	28,553	5.7
판매수수료 및 판촉비						
연구개발비 및 개발비	1,977	0.4	246	0.0	1,186	0.2
대손상각	251	0.1	194	0.0	396	0.1
기타판매관리비	9,219	2.0	12,067	2.6	16,809	3.3
영업이익	39,392	8.6	49,139	10.0	−12,769	−2.6
영업외수익	13,372	2.9	17,097	3.5	23,686	4.8
수입이자와 할인료	6,866	1.5	8,177	1.7	11,934	2.4
유가증권이자 · 배당	2,802	0.7	4,896	1.0	6,860	1.3
외환차익 · 환산이익	60	0.0	33	0.0	253	0.0
기타영업외수익	3,640	0.8	3,991	0.8	4,640	0.9
영업외비용	51,209	11.1	63,464	12.9	77,174	15.5
지급이자와 할인료	30,723	6.7	36,518	7.4	45,723	9.2
사체이자	16,271	3.5	24,461	5.0	29,465	5.9
외환차손	138	0.0	35	0.0	40	0.0
기타상각	1,103	0.2	447	0.1	294	0.1
자산평가손	52	0.0	469	0.1	394	0.1
기타영업외비용	2,923	0.7	1,534	0.3	1,259	0.2
경상이익	1,554	0.3	2,771	0.6	−66,258	−13.3
특별이익	1,659	0.4	76	0.0	1,097	0.2
특별손실	60	0.0	114	0.0	180	0.0
법인세차감전순이익	3,153	0.7	2,733	0.6	−65,340	−13.1
법인세	411	0.1	406	0.1	133	0.0
당기순이익	2,742	0.6	2,327	0.5	−65,473	−13.1

[표 4-A-4] 조선(HITE)맥주의 손익계산서

(단위: 백만 원, %)

손익계산서	1992		1993		1994	
	금액	구성비	금액	구성비	금액	구성비
매출액	195,308	100.0	204,881	100.0	273,716	100.0
매출원가	114,262	58.5	119,199	58.2	161,782	59.1
매출총이익	81,046	41.5	85,682	41.8	111,934	40.9
판매 및 일반관리비	45,582	23.3	50,000	24.4	65,754	24.0
급료 · 임금 · 수당	8,734	4.5	11,348	5.6	13,801	5.0
퇴직금 및 충당금전입	2,175	1.1	925	0.5	1,831	0.7
복리후생비	1,640	0.8	1,474	0.7	2,204	0.8
수도광열비	85	0.0	98	0.0	114	0.0
세금과 공과	492	0.3	445	0.2	593	0.2
임차료	15	0.0	77	0.0	86	0.0
감가상각비	1,496	0.8	1,546	0.8	1,662	0.6
접대비(기밀비)	160	0.1	164	0.1	178	0.1
광고선전비	11,738	6.0	15,347	7.5	21,444	7.8
운반비	12,205	6.2	10,903	5.3	14,193	5.2
판매수수료 및 판촉비	778	0.4	901	0.4	959	0.4
연구개발비 및 개발비 대손상각	314	0.2	39	0.0	89	0.0
기타판매관리비	5,649	2.9	6,734	3.4	8,598	3.0
영업이익	35,563	18.2	35,682	17.4	46,180	16.9
영업외수익	9,780	5.0	11,173	5.5	15,124	5.5
수입이자와 할인료	4,855	2.5	5,482	2.7	5,651	2.1
유가증권이자 · 배당	165	0.1	465	0.2	1,501	0.5
외환차익 · 환산이익	49	0.0	28	0.0	605	0.2
기타영업외수익	4,711	2.4	5,204	2.5	7,367	2.7
영업외비용	40,396	20.7	44,645	21.8	54,229	19.8
지급이자와 할인료	21,716	11.1	25,657	12.5	30,162	11.0
사채이자	12,108	6.2	14,248	7.0	17,207	6.3
외환차손	233	0.1	139	0.1	29	0.0
기타상각	1,463	0.7	916	0.4	392	0.1
자산평가손	337	0.2	390	0.2	342	0.1
기타영업외비용	4,539	2.3	3,296	1.7	6,096	2.2
경상이익	4,947	2.5	2,216	1.1	7,075	2.6
특별이익	263	0.1	1,364	0.7	1,531	0.6
특별손실	144	0.1	1,362	0.7	631	0.2
법인세차감전순이익	5,066	2.6	2,218	1.1	7,975	2.9
법인세	1,558	0.8	403	0.2	2,969	1.1
당기순이익	3,508	1.8	1,815	0.9	5,006	1.8

[표 4-A-5] 동양(OB)맥주의 제조원가명세서

(단위: 백만 원, %)

제조원가구성추이	1992		1993		1994	
	금액	구성비	금액	구성비	금액	구성비
원재료비	161,153	47.7	182,514	50.7	209,146	52.8
노무비	20,632	6.1	21,624	6.0	24,567	6.2
경비	155,985	46.2	155,863	43.3	162,430	41.0
당기총제조비용	337,770	100.0	360,002	100.0	396,143	100.0
기초재공품재고액	24,543	7.3	20,524	5.7	22,547	5.7
기말재공품재고액	20,524	6.1	22,547	6.3	26,674	6.7
타계정대체액	289	0.1	266	0.1	309	0.1
당기제품제조원가	341,499	101.1	357,713	99.4	391,707	98.9

[표 4-A-6] 조선(HITE)맥주의 제조원가명세서

(단위: 백만 원, %)

제조원가구성추이	1992		1993		1994	
	금액	구성비	금액	구성비	금액	구성비
원재료비	49,300	43.8	61,792	49.8	87,617	52.4
노무비	11,532	10.2	12,150	9.8	15,501	9.3
경비	51,728	46.0	50,017	40.3	64,074	38.3
당기총제조비용	112,560	100.0	123,960	100.0	167,192	100.0
기초재공품재고액	7,567	6.7	4,941	4.0	7,545	4.5
기말재공품재고액	4,941	4.4	7,545	6.1	9,153	5.5
타계정대체액						
당기제품제조원가	115,186	102.3	121,355	97.9	165,584	99.0

[표 4-A-7] 동양(OB)맥주의 주요 재무비율

		1992	1993	1994
수익성 (%, 배)	총자본순이익률	0.32	0.24	−6.10
	총자본영업이익률	4.29	4.92	−0.01
	자기자본이익률	0.92	0.78	−24.65
	매출액순이익률	0.60	0.47	−13.13
	매출액경상이익률	0.34	0.56	−13.29
	매출액영업이익률	8.56	9.96	−2.56
	이자보상배율	1.07	1.04	0.13
	금융비용부담률	10.21	12.36	15.08
안정성 (%)	자기자본비율	32.64	30.10	20.12
	부채비율	206.37	232.17	397.13
	차입금의존도	37.66	41.76	49.54
	비유동비율	236.02	255.20	376.20
유동성 (%)	유동비율	52.06	50.88	44.01
	당좌비율	29.93	34.31	32.17
	부채상환계수	32.62	32.30	10.16
	현금흐름/부채	4.95	4.99	−3.06
활동성 (회)	경영자본회전율	0.66	0.63	0.58
	총자본회전율	0.54	0.52	0.46
	매출채권회전율	13.40	10.59	6.72
	재고자산회전율	7.32	7.13	8.30
	매입채무회전율	9.44	11.26	13.77
성장성 (%)	매출액증가율	21.46	7.22	1.04
	총자산증가율	16.93	8.70	14.99
	자기자본증가율	1.02	0.26	−23.17
	순이익증가율	−	−15.12	−2,913.23
생산성 (천 원, %)	부가가치(종업원 1인당)	92,947.98	62,526.25	43,830.99
	경상이익(종업원 1인당)	807.01	888.59	−19,545.32
	노동장비율	271,550.23	181,469.80	176,215.17
	자본집약도	442,070.62	307,098.37	316,395.90
부가가치 (천 원)	법인세차감전순이익	3,152,744	2,733,032	−65,341,339
	인건비	41,008,976	44,230,774	53,681,674
	금융비용	40,127,748	52,801,582	63,253,570
	임차료	68,379,127	65,937,820	62,424,219
	조세공과	1,779,619	2,047,373	2,987,924
	감가상각비	24,569,590	27,268,780	31,581,014
	계	179,017,804	195,019,361	148,587,062

[표 4-A-8] 조선(HITE)맥주의 주요 재무비율

		1992	1993	1994
수익성 (%, 배)	총자본순이익률	0.79	0.33	0.77
	총자본영업이익률	7.04	5.96	6.56
	자기자본이익률	6.86	2.82	6.54
	매출액순이익률	1.80	0.89	1.83
	매출액경상이익률	2.53	1.08	2.58
	매출액영업이익률	18.21	17.42	16.87
	이자보상배율	1.15	1.06	1.17
	금융비용부담률	17.32	19.48	17.31
안정성 (%)	자기자본비율	10.78	12.41	11.20
	부채비율	827.87	706.00	792.66
	차입금의존도	63.64	66.03	58.19
	비유동비율	536.15	451.85	543.94
유동성 (%)	유동비율	77.50	91.22	69.36
	당좌비율	57.61	64.47	55.14
	부채상환계수	26.55	26.54	28.35
	현금흐름/부채	5.00	4.03	4.44
활동성 (회)	경영자본회전율	0.52	0.43	0.48
	총자본회전율	0.44	0.37	0.42
	매출채권회전율	2.07	1.78	2.09
	재고자산회전율	4.60	4.29	5.45
	매입채무회전율	7.94	11.92	13.92
성장성 (%)	매출액증가율	0.50	4.90	33.59
	총자산증가율	33.60	18.56	17.50
	자기자본증가율	13.80	36.48	6.10
	순이익증가율	−6.10	−48.27	175.84
생산성 (천 원, %)	부가가치(종업원 1인당)	55,492.07	58,603.63	64,847.32
	경상이익(종업원 1인당)	3,619.04	1,598.76	4,319.17
	노동장비율	130,707.74	168,743.16	186,637.88
	자본집약도	322,955.14	398,164.97	397,520.08
부가가치 (천 원)	법인세차감전순이익	5,066,410	2,217,861	7,975,367
	인건비	26,561,129	28,177,356	36,389,870
	금융비용	28,969,106	34,422,705	41,718,593
	임차료	15,201	76,651	86,295
	조세공과	1,526,625	1,323,946	1,623,305
	감가상각비	13,719,193	15,006,111	18,426,488
	계	75,857,664	81,224,630	106,219,918

5장

현금흐름분석

앞의 3, 4장에서는 재무제표를 근간으로 하는 재무비율분석에 대해서 살펴보았다. 각종 재무비율이 기업의 수익성, 효율성 등에 관한 여러 가지 유용한 정보로 이용될 수 있음을 보았다.
그러나 재무비율분석만으로는 기업의 실질적인 재무건전도를 평가하는데 핵심이 되는 내용인 현금창출능력에 관한 정보를 얻기에는 부족하다.

본장에서는 기업의 현금흐름과 관련된 재무건전도를 평가하는 방법을 다룬다. 구체적으로 기업의 현금의 조달과 사용 면에서의 특징과 변동원인, 그리고 현금창출능력의 분석 방법을 다룬다.

학습목표

- 현금흐름정보의 중요성
- 잉여현금흐름(FCF)에 의한 현금창출능력평가 방법
- 현금흐름표에 의해서 현금흐름의 특징과 변동원인을 분석하는 방법

1절 현금흐름분석의 의의와 목적

1. 현금흐름분석의 의의

기업의 현금흐름과 관련된 재무건전도에 대한 정보는 기업이해관계자들에게 매우 중요한 정보가 된다. 특히 경영자나 금융기관 같은 채권자 입장에서는 현금흐름에 대한 정보가 매우 중요하다.

채권자 입장에서 볼 때 대출기업의 채무불이행의 가능성은 그 기업의 현금창출능력에 달려 있다. 많은 기업들이 겪게 되는 부도위기도 현금흐름의 악화에 상당부분 기인한다고 볼 때 철저한 현금흐름분석은 매우 중요하다. 이러한 측면에서 대출업체의 원리금상환능력을 평가하는 신용분석에서는 유동성 관계비율보다도 현금흐름 관계비율이 보다 유용하다고 보고 있다. 부실예측에서도 현금흐름비율이 더 예측력이 있는 것으로 나타나고 있다.

경영자들에게는 기업이 그간 필요한 현금을 어떻게 조달했으며 어떻게 사용하였는지를 평가하는 것이 성장전략을 수립할 때 중요한 정보가 된다. 지금까지의 현금의 조달과 사용 면에서의 특징 혹은 제약을 감안할 때 성장목표를 달성할 수 있는 현금소요액을 조달하는 대안이 무엇이며, 그것이 기업의 재무건전도에 어떤 영향을 미칠 것인가를 평가할 수 있어야 한다.

이 같은 현금흐름에 대한 정보는 앞의 3, 4장에서 다룬 재무비율분석을 통해서는 충분히 얻어질 수 없는 정보이다. 재무비율분석을 통하여 기업의 수익성, 효율성, 유동성 등에 관한 유용한 정보를 얻을 수 있었지만, 현금흐름의 특징이나 변동원인에 대한 체계적인 정보를 얻을 수 없다.

현금흐름분석(cash flow analysis)은 현금의 조달과 사용에 관련하여 포괄적인 현금흐름의 내용과 변동원인, 현금창출능력에 대한 분석을 중심으로 기업의 재무건전도를 평가하는 분석체계를 말한다. 재무비율분석이 인체의 주요 기관을 보고 건강상태를 진단하는 법이라면, 현금흐름분석은 혈액순환을 보고 진단하는 법이라고 비유할 수 있다.

2. 현금흐름분석의 기초자료

기본 재무제표인 재무상태표나 손익계산서 자체는 다음과 같은 문제점이 있기 때문에 현금흐름분석에 직접 이용할 수 없다.

재무상태표는 기업의 자산과 이에 대한 채권자 및 소유주의 지분에 대한 일정 시점에서의 잔액명세를 표시함에 있어서 일정 기간 동안의 자금흐름변동의 결과인 잔액, 즉 스톡(stock)만을 나타내 주기 때문에 재무상태의 변동상황과 그 원인을 포괄적으로 설명해 주지 못한다. 자금을 내부와 외부에서 어떻게 조달하여 어떻게 사용하였는지에 관한 전반적인 정보를 제시하여 주지 못한다.

손익계산서는 기본적으로 현금주의가 아닌 발생주의회계제도에 근거하여 작성되므로 비용의 임의배분과 추정이 불가피하여 손익계산서상의 당기순이익이 기업의 실질적인 현금사정을 나타내지 못하는 단점이 있다. 기업의 순현금유입액과 손익계산서상의 당기순이익(회계적 이익)은 다음과 같은 이유로 일치하지 않는다.

첫째, 회계보고서상의 당기순이익을 결정하는 데 있어서 수익과 비용의 인식은 현금기준이 아니기 때문이다. 수익으로 인식되어 당기순이익을 구성하는 항목이라도 매출채권처럼 매출이 현금유입으로 이어지지 않는 경우가 있다. 또 비용으로 인식되어 당기순이익의 계산 과정에서 차감되는 항목이라도 미지급 전기료처럼 현금으로 지급되지 않는 것이 있을 수 있다.

둘째, 당기순이익을 구성하는 비용항목으로서 감가상각비, 무형자산 상각비처럼 **현금유출이 없는 비용**인 비현금성비용(non-cash charges)항목이 포함되어 있기 때문이다. 감가상각비는 기계설비와 같은 비유동(고정)자산을 내용연수에 따라 연간 소모분 만큼을 비용화시킨 것이므로 실질적인 현금지출은 없는 것이다. 반대로 투자자산평가이익처럼 **현금유입이 없는 수익항목**은 실질적인 현금유입이 없다.

셋째, 현금이 유입되고 유출되는 것은 손익계산서의 수익과 비용항목으로 표시되는 경상적 이익획득 과정만으로 이루어지지 않는다는 점이다. 은행으로부터 자금을 차입하거나 주식발행으로 현금유입이 발생하고, 배당금지급의 재무활동 또는 자산취득 등과 같은 투자활동과 관련하여 현금유출이 초래된다.

넷째, 기업의 채권자나 주주들은 자신들의 부의 극대화를 꾀하는데, 이 부의 최종적인 결제수단은 회계이익이 아닌 현금이기 때문이다. 기업의 주된 영업활동인 구매·생산·판매활동이 지속적으로 이어지도록 순환시켜 주며, 마치 인체에서 순환되는 혈액과 같은 역할을 하는 원동력이 현금이다.

이와 같은 이유 때문에 현금흐름의 특징이나 변동원인에 대한 정보를 체계적으로 제공해줄 수 있는 분석 방법이 필요하다. 이러한 점에서 본장에서 다루고자 하는 현금흐름분석의 중요성을 찾아볼 수 있다.

3. 현금흐름분석에서 얻을 수 있는 정보

현금흐름분석의 일차적인 목적은 기업운용에 필수불가결한 현금흐름의 변동원인을 분석하여, 기업활동이 지속적으로 유지 · 성장하는데 필요한 자금이 적절히 공급되고 유통되는지를 파악하기 위한 것이다. 현금흐름분석을 통하여 얻어낼 수 있는 정보를 정리하면 다음과 같다.

- 기업의 유지 · 성장에 필요한 현금이 원활히 공급되고 순환되는가? 현금사정이 악화되어 지급불능의 상태에 이르게 될 위험은 없는가?
- 영업활동으로부터의 현금창출능력은 충분한가? 영업활동으로부터의 현금으로 성장을 위한 투자에 충당할 수 있는가? 충분하지 못하면 외부차입을 비롯한 외부금융은 어느 정도 필요한가?
- 내부금융과 외부금융 사이에 균형관계가 유지되고 있는가? 장 · 단기 현금의 조달과 사용 사이에 균형관계가 유지되고 있는가?
- 유망한 투자기회가 주어졌을 때 투자하고도 남는 충분한 잉여현금이나 재무적 여력을 보유하고 있는가? 배당금을 지급할 여력은 충분한가?

이 같은 현금흐름에 대한 정보는 두 가지 방법에 의해서 얻어질 수 있다. 순운전자산(NWA)이나 잉여현금흐름(FCF) 측정에 의한 현금창출능력의 분석 방법과 현금흐름표에 의한 분석 방법이 그것이다. 다음 2, 3절에서는 이들 방법에 대해서 차례로 살펴본다.

경영분석의 현주소 (5)

재무제표의 신뢰성과 현금흐름 정보

○ 재무구조개선약정에서 평가기준의 개선

재무구조조정약정제도(일정 금액 이상의 대출을 받고 있는 기업에 대하여 금융권이 정기적으로 재무와 신용위험을 평가하여 효율적 재무구조개선을 유도하는 제도)에서 해당 대기업그룹을 선정하는 심사를 할 때, 평가기준이 되는 주요 재무항목으로 지금까지는 이 중에서

부채비율을 가장 중요한 잣대로 적용하여 왔다. 그러나 1997년 외환위기 이후 대다수기업의 부채비율이 200% 이하로 크게 낮아져 부채비율이 변별력이 떨어진 점, 조선업 등의 업종에서는 선수금이 많아 재무비율로서 부채비율의 유효성이 부족한 점, 근본적으로 영업현금흐름 또는 EBITDA(법인세 이자 감가상각비 차감전 영업이익)이 기업의 실질적 가치를 잘 나타내는 점 등의 이유로 인하여 부채비율보다는 현금흐름을 더 중시하게 되었다. 구체적으로는 현금흐름표상의 **영업활동 현금흐름이 최근 3년 연속 마이너스이거나, 이자보상비율이 3년 연속 마이너스인지 여부**가 중요한 평가 잣대가 되고 있다.

○ 경제위기와 현금흐름표의 신뢰성

2000년 후반에 시작된 글로벌 금융위기는 많은 기업의 수익성을 악화시켰고, 자산가치의 하락을 초래하였다. 이는 재무제표의 신뢰성에도 영향을 미치게 만들었다.

많은 기업이 변동성이 큰 환차손 등 영업외비용, 1회성의 특별손실 등의 증가로 영업이익과 순이익 사이의 괴리가 커지면서 손익계산서항목 중에서 매출액과 영업이익 이외의 항목의 신뢰성이 저하되었다. 재무상태표도 금융자산과 부동산 가격의 급락으로 인하여 부채항목 이외는 정보가치의 유효성이 떨어지게 되었다.

반면에 현금흐름표는 기업의 실질가치를 반영하는 현금기준으로 작성되며, 상대적으로 이러한 영향이나 회계기준 변경의 영향을 적게 받는 재무제표이기 때문에 기업의 외부환경의 변화 속에서 가장 중요시하는 재무제표가 되고 있다. 이러한 배경 하에 전문가 그룹에서는 현금흐름표 → 재무상태표 → 손익계산서의 순서로 재무제표를 보는 경향이 증가하고 있다.

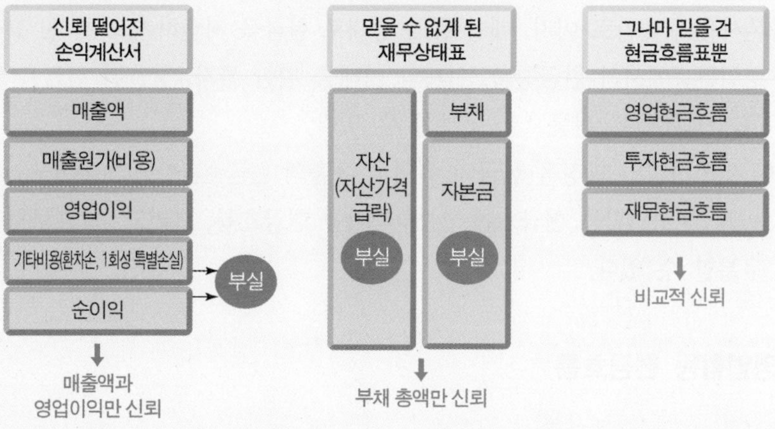

○ 토론

경제위기 상황을 경험하면서 전통적 재무제표의 신뢰성은 떨어지고 현금흐름표에 대한 신뢰성은 높아지는 이유는 무엇인가?

2절 현금창출능력의 분석

현금흐름분석의 주된 목적은 기업의 정상영업과 성장에 필요한 현금이 원활히 공급되고 순환되는지를 파악하고, 기업의 영업활동으로부터의 지속 가능한 현금창출능력(cash-generating ability)을 평가하는 것이다.

현금창출능력을 평가하는 한 방법은 '잉여현금흐름(FCF)에 의한 분석 방법'이다. 이 방법은 "현금흐름표"를 이용하지 않고도 현금흐름의 재무건전도를 평가할 수 있는 방법이다. 본 절에서는 세 가지 현금흐름의 구분, 잉여현금흐름의 개념과 측정방법, 그리고 이에 근거한 현금창출능력평가 방법을 설명한다.

1. 경영활동과 현금흐름의 구분

기업경영의 과정은 채권자와 주주로부터 타인자본과 자기자본으로 현금을 조달하여, 여러 유형자산과 유동자산 등에 투자(현금운용)하고, 이익을 올리면서 현금을 창출하는 과정이다. 이렇게 창출된 현금유입액은 미래를 위해서 재투자되기도 하고, 자본제공자에게 자본사용의 대가로 이자, 배당 등의 형태로 현금을 지급하기도 한다. 그래서 기업경영은 영업활동에서의 현금창출, 현재와 미래를 위한 투자, 창출된 현금을 채권자 또는 주주에게 배분하는 활동으로 구분할 수 있다.

이러한 기업경영의 과정을 현금의 유입과 유출의 현금순환과정(cash flow cycle)으로 정리해 보면 ① 영업활동 현금흐름, ② 투자활동 현금흐름, 그리고 ③ 재무활동 현금흐름으로 구분할 수 있다.

(1) 영업활동 현금흐름

영업활동 현금흐름(cash flow from operating activities)은 기업경영에서 핵심 경영활동이라고 할 수 있는 생산 · 판매 · 관리활동(영업활동)과 관련하여 발생하는 현금흐름을 말한다. 기업경영의 근간이 되는 것은 원재료를 비롯한 생산요소를 구입하여 제품을 생산하고, 판매활동을 통하여 이익을 획득하는 영업활동과정이다. 이 영업활동과정에서 현금이 원활히 순환되어야 지속가능경영을 기대할 수 있다.

생산요소를 구입하기 위하여 현금을 지출하고, 생산 과정과 판매 과정을 통하여 현금을 회수하는 과정에서 여러 가지 재공품, 판매되지 않은 완제품 등의 재고자산이 누적되고, 매출채권의 회수가 지연되면 정상적인 영업활동으로부터의 현금유입이 부진해 질 수 있다. 이 경우 외부로부터의 현금유입이 없이는 다음 생산활동에서의 생산요소(원자재, 노동력) 구입에 소요되는 현금이 부족하게 되고, 결과적으로 생산량이 줄게 되어, 판매규모도 연쇄적으로 축소될 것이다.

반대로 재고자산에 묶여 있는 현금이 적고 매출채권의 회수가 신속해지면, 현금순환이 원활해지고 영업활동으로부터의 현금유입이 풍부해 질 것이다.

이처럼 현금순환과정에서 제일 중요한 것은 이 정상적인 영업활동(생산 · 판매 · 관리활동)과정의 현금순환과정(operating cycle)이다. [그림 5-1]은 현금흐름을 표시한 것인데, 이 그림의 우측에 ⬚ 표시된 부분이 이에 해당된다.

구체적으로 영업활동으로 인한 현금유입에는 제품판매와 매출채권회수에 따른 현금유입 등이 포함되고, 영업활동의 현금유출에는 원자재구매, 영업비용지출 등이 포함된다.

(2) 투자활동 현금흐름

투자활동 현금흐름(cash flow from investing activities)은 자산의 취득이나 매각과 관련된 현금흐름을 말한다. 기업은 기계장치, 건물 등 비유동자산을 취득 또는 매각하기도 하고, 여유자금을 본영업과 연관이 없는 수익성자산(금융자산)에 투자하는 투자활동을 하게 되는데, 이에 관련된 현금흐름을 말한다.

구체적으로 투자활동으로 인한 현금유입은 투자 · 유형자산처분, 유가증권처분, 대여금회수 등이 포함되며, 현금유출에는 투자 · 유형자산취득, 유가증권취득, 현금대여 등이 포함된다. [그림 5-1]에서 우측 하단의 ◯ 표시 된 부문이다.

(3) 재무활동 현금흐름

재무활동 현금흐름(cash flow from financing activities)은 외부로터의 현금의 조달과 상환과 관련된 현금흐름을 말한다. 앞에서 설명한 영업활동으로부터의 현금순환이 원활하지 못하거나 대규모의 시설투자가 필요할 경우, 기업활동의 위축 없이 일정한 성장목표의 달성을 위해서는 기업은 외부로부터의 자금차입이나 주식발행의 방법에 의한 현금조달활동인 재무활동이 필요하다. 이 같은 외부로부터의 자금조달에 대한 반대

그림 5-1 현금흐름의 구분: 영업활동 현금흐름, 투자활동 현금흐름, 재무활동 현금흐름

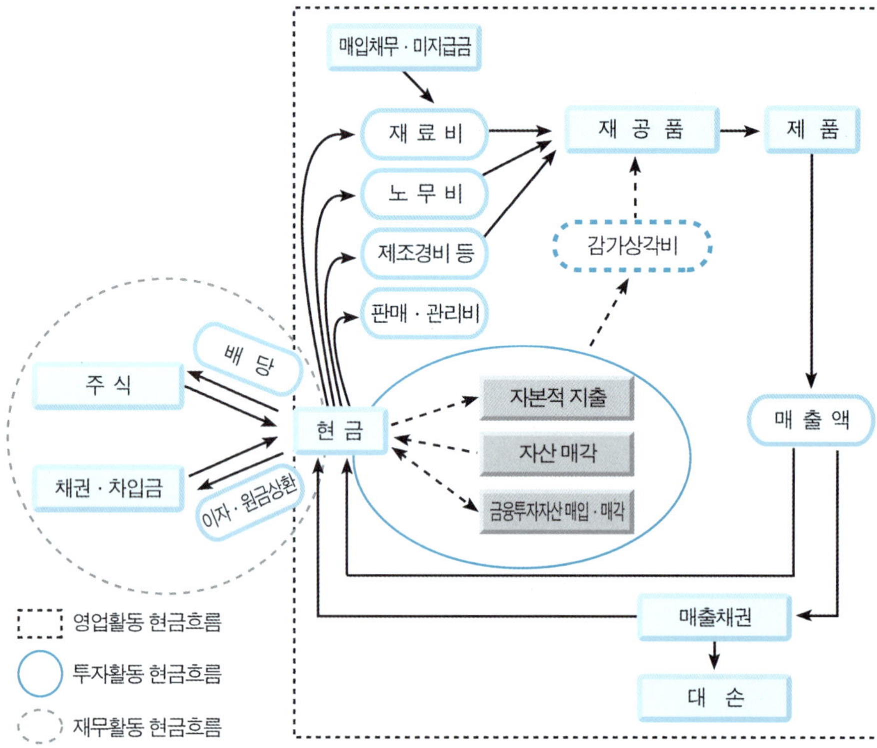

급부로 이자비용을 지급하거나 원금을 상환하면서 현금유출이 있게 된다.

구체적으로 재무활동으로 인한 현금유입에는 현금의 차입, 회사채발행, 신주발행 등이 포함되고, 현금유출에는 배당금지급, 차입금상환, 감자, 자기주식취득 등이 포함된다. [그림 5-1]의 좌측 중앙의 ◌ 부분이 이에 해당된다.

[표 5-1] 기업활동과 현금의 유출입 구분

기업활동	현금유입	현금유출
영업활동	제품의 판매(매출채권회수 포함)	상품 · 원자재 구매(매입채무지급 포함)
투자활동	유형비유동자산, 투자자산 등의 처분	유형비유동자산, 투자자산 등의 취득
재무활동	장 · 단기차입, 어음 · 사채의 발행, 주식발행 등	차입금상환, 자기주식취득, 배당금 지급 등

2. 잉여현금흐름(FCF)

(1) 현금흐름등식

이상에서 현금흐름을 세 가지 형태로 구분해 보았다. 기업이 영업활동으로부터 충분한 현금흐름을 창출하여 성장을 위한 투자자금까지 충당하고도 여유자금을 갖게 되면 재무건전도가 양호한 기업이다. 이 개념이 '잉여현금흐름'인데, 이 관계를 잘 이해할 수 있는 '현금흐름등식'에 대하여 살펴보자.

앞에서 설명한 '영업활동 현금흐름'에서 '투자활동 현금흐름'을 차감한 금액은 기업이 자산운용의 결과로 창출한 **자산창출 현금흐름**(cash flow from assets)이다. 이 '**기업이 창출한 순현금흐름**' 즉, '영업활동 현금흐름'에서 '투자활동 현금흐름'을 차감한 현금흐름을 **잉여현금흐름**(FCF: free cash flow)이라고 부른다. 잉여현금흐름은 그만큼 현재와 미래에 소요되는 투자액을 충당하고도 남게 창출한 순현금흐름이 라는 의미이다.

FCF = 영업현금흐름 – 투자활동 현금흐름(설비투자등의 투자액) …… (5-1)

잉여현금흐름은 자본제공자인 채권자와 주주에게 이자나 배당 등의 형태로 **배분**된다. 만약 이 '잉여현금흐름'이 부족(−)하게 되면, 외부로부터 회사채 발행이나 은행차입 혹은 유상증자로 부족자금을 충당해야 된다. 반대로 이 금액에 잉여(+)가 생기면 부채상환, 자기주식매입, 영업외금융자산투자 등에 사용하게 된다. 이 자본제공자와의 현금흐름으로 나타나는 현금흐름이 "재무활동 현금흐름"이다.

이 세 가지 현금흐름의 관계는 다음의 현금흐름등식, 잉여현금흐름(FCF)등식으로 표시할 수 있다.

[기업(자산)이 창출한 순현금흐름]	=	[자본제공자에게 배분되는 순현금흐름]	
영업활동 현금흐름−투자활동 현금흐름	=	재무활동 현금흐름	…… (5-2)
[잉여현금흐름(FCF)]	=	[채권자에게의 순현금흐름 + 주주에게의 순현금흐름]	

(2) 잉여현금흐름(FCF)의 측정

잉여현금흐름(FCF)을 측정하는 한 방법은 '영업활동 현금흐름'은 세후영업현금흐름으로, '투자활동 현금흐름'은 투하자본증가액으로 측정하는 것이다.

잉여현금흐름(FCF) = 세후영업현금흐름 − 총투자액(투하자본증가액)[1] …… (5-3)

여기서 세후영업현금흐름은 영업이익을 납세후 기준으로 측정한 현금흐름이다. 영업이익을 현금기준으로 추정하기 위하여 감가상각비 등 현금유출 없는 비용이 차감되어 계상되었으므로 더해 주고, 유형자산평가이익 등 현금유입 없는 수익은 가산되어 영업이익에 반영되어 있으므로 빼준다.(식5-4)

세후영업현금흐름 = [영업이익 + 감가상각비 등 현금유출 없는 비용
− 유형자산평가이익 등 현금유입 없는 수입 − 법인세] …… (5-4)

총투자액은 현재와 미래 영업이익을 창출하기 위해 투여되는 영업순운전자산(NWA) 투자액과 영업비유동자산에 대한 신규투자액을 말한다.[2]

영업순운전자산(NWA: net working asset)은 매출과 직접 관련이 있는 영업유동자산 항목(이를테면 영업현금, 매출채권, 재고자산, 선급비용 등)에서 매출과 직접 관련이 있는 영업유동부채항목(이를테면 매입채무, 미지급비용)을 차감한 것을 말한다.

영업순운전자산은 유동자산에서 유동부채를 차감하여 산출되는 순운전자본(NWC: net working capital)과는 구분되어야 한다. 유동자산 중에서 현금, 유가증권 등, 그리고 유동부채 중에서 은행차입금 등은 매출과 직접 관련이 없는 자산이므로 영업순운전자

---

1) FCF 측정은 다음의 재무상태표 등식에서 도출된 것이다.
[자산](영업자산 + 영업외금융자산) = [부채](영업부채 + 이자지급금융부채) + [자기자본] …… (1)
(영업자산 − 영업부채)는 영업투하자본이므로, 다음 관계가 성립한다.
영업투하자본 + 영업외금융자산 = 이자지급금융부채 + 자기자본 …… (2)
이제 이 식을 전년 대비 증가액 형태로 표시하면,
Δ영업투하자본 + Δ영업외금융자산 = Δ이자지급금융부채 + Δ자기자본 …… (3)
한편, [Δ자기자본 = 순이익 − 배당금], [순이익 = 세후영업이익 − 세후순이자비용]의 관계를 대입하면,
세후영업이익 − Δ영업투하자본 = 세후순이자비용 − Δ이자지급금융부채 + Δ영업외금융자산 + 배당금 (4)
[세후영업이익 − Δ영업투하자본 = (세후영업이익 + 감가상각비 등) − (Δ영업투하자본 + 감가상각비)
= **세후영업현금흐름 − Δ총영업투하자본**]
식(4)의 좌변은 FCF을 자산운용의 관점에서, 우변은 자본조달의 관점에서 측정하는 방법이 된다.

2) 세후영업현금흐름과 영업투하자본의 측정 방법은 이미 4장 4절에서 간단히 설명한 바 있다. 4장에서 설명한 ROIC(영업투하자산 세후영업이익률)은 이 두 가지를 비율로 측정한 것이다. ROIC 계산에서는 분모의 영업투하자산은 증감액이 아니라 기초잔액 또는 기간 중 평균 투하자본액이다.

산 계산에서는 제외된다.

순운전자본(NWC) = 유동자산 − 유동부채
영업순운전자산(NWA) = 매출관련 영업유동자산 − 매출관련 영업유동부채

영업순운전자산(NWA)의 증감액을 추정하는 것은 현금창출능력분석에 매우 중요하다. 매출과 직접 관련이 있는 영업유동자산에서 영업유동부채를 차감한 영업순운전자산이 증가한다면 영업순환흐름과정(구매 → 생산 → 판매 과정)에서 매출채권이나 재고자산에 많은 현금이 잠겨감으로써 매출에 비교하여 상대적으로 현금회수가 지연되고 있음을 뜻한다. 반대로 기간중 순운전자산이 감소한다면 매출채권이 많이 회수되거나 재고자산이 줄어듦으로써 영업순환흐름과정에서 현금회수가 많이 이루어지고 있음을 의미하게 된다.

ΔNWA = 기말NWA − 기초NWA
ΔNWA > 0: (−)의 현금창출(영업순환과정에서 현금이 잠겨감)
ΔNWA < 0: (+)의 현금창출(영업순환과정에서 현금이 회수됨)

영업비유동자산 신규투자액은 기계설비 등의 시설투자처럼 영업관련 비유동자산투자(NCS: net capital spending)를 말한다. 장기유가증권과 같은 영업외활동에 투여되는 투자자산은 제외되며, 투자액은 기말잔액이 아니라 기간 중의 증감액 기준으로 측정한다.[3)]

이상의 내용을 정리하면 FCF은 다음같이 측정할 수 있다.

FCF = 세후영업현금흐름 − 영업순운전자산 − 영업비유동자산 투자액
= [영업이익 + 감가상각비 등 현금유출 없는 비용
− 유형자산평가이익 등 현금유입 없는 수익 − 법인세]
− Δ영업순운전자산(NWA) − Δ영업비유동자산(NCS) …… (5-5)

단, 영업이익 = 매출액 − 매출원가 − 판매관리비
비유동자산* 순투자액 = 기말 비유동자산(순액) − 기초 비유동자산(순액) + 감가상각비
영업순운전자산** 투자액 = 기말 순운전자산 − 기초 순운전자산**
* 시장성유가증권과 같은 비영업자산을 제외한 것임.
** 영업순운전자산 = 영업유동자산 − 영업유동부채

3) 감가상각 대상의 **비유동자산**은 **순액기준**의 잔액의 차이에 감가상각비를 더하여 측정한다. 기말의 순액은 이미 감가상각비가 차감된 것이므로 기간 중의 자본지출액을 추정하기 위해서는 감가상각비를 다시 가산해 주어야 하기 때문이다. 비유동자산이 총액기준으로 측정된 수치이면, 총액의 차이가 순투자액이 된다.

다음 3절에서 설명하게 될 '현금흐름표'(간접식)에서는 세후영업 현금흐름을 영업이익이 아닌 순이익기준으로 추정한다. 식(5-5)에서 **영업이익기준**의 '영업활동 현금흐름' 부분을 **순이익기준**으로 표현하면 다음 식(5-6)과 같다.

세후영업현금흐름 = 순이익(NI) + 이자지급액(I)(1 − t) + 감가상각비 등
현금유출 없는 비용 − 유형자산평가이익 등 현금유입 없는 수익
± 유형자산처분손실 등 투자활동 · 재무활동관련비용(수익) …… (5-6)

순이익에는 이자비용, 제반 투자활동 · 재무활동관련비용(수익)과 법인세가 차감되어 있다. 따라서 납세후영업이익 기준에서 **순이익기준으로 변환**하기 위해서는, 먼저 순이익에 이자비용의 세금효과를 감안한 세후 이자비용액을 다시 더해 주어야 한다. 반대로 이자수익이 있으면 세금효과를 감안하여 세후 이자수익액을 다시 차감해야 한다. 이 밖에도 유형자산처분손실(이익) 등 투자활동 · 재무활동관련비용(수익)이 있으면 마찬가지 이유로 가감하여 조정한다. 법인세는 순이익에 이미 반영되어 있으므로 이중으로 차감할 필요가 없다.

한편 식(5-5)에서 영업순운전자산과 영업비유동자산 투자액 중에서 영업비유동자산은 장기적 성격의 자본적 지출의 투자액이다. 반면에 영업순운전자산은 경상적 영업활동에서의 운전자본 성격의 투자액이어서 [그림 5-1] 현금순환사이클에서 볼 수 있는 것처럼 당해 연도 세후영업현금흐름 창출에 더 연관되어 있다. 영업비유동자산 투자액(자본적 지출액)까지 반영된 FCF와 구분하여 세후영업현금흐름에서 영업순운전자산 투자액만을 차감한 것을 '**영업에서 창출한 현금흐름**'(CFO: cash from operation)이라고 부른다. 영업순환사이클 상에서 세후영업현금흐름이 영업순운전자산 투자에 충당하고 얼마나 여유가 있는지를 보여주는 측정치이기도 하다. 다음 절에서 설명되는 '현금흐름표(SCF)'에서는 이처럼 구분하여 영업순운전자산 투자액은 '영업활동 현금흐름'에 포함시키고, 영업비유동자산 투자액만 '투자활동 현금흐름'으로 표시하고 있다.[4] 다음 식(5-7)은 이 관계를 나타낸 것이다.

FCF = [세후영업 현금흐름 − Δ영업순운전자산(NWA)] − Δ영업비유동자산(NCS)
= [영업에서 창출한 현금흐름(CFO)] − Δ영업비유동자산(NCS) …… (5-7)
(SCF 영업활동 현금흐름) (SCF 투자활동 현금흐름)

4) 11장 FCF모형에 의한 가치평가에서는 '영업순운전자산 투자액'은 FCF의 처음 정의대로 '투자활동 현금흐름'으로 구분한다.

이상에서 FCF의 측정 방법을 설명하였는데, FCF은 ① 기업의 생산 · 판매 · 관리의 주된 영업활동과 연관된 현금흐름 기준으로 측정된 현금흐름, ② 미래 가치창출에 필요한 신규투자액까지 차감한 잉여현금흐름, ③ 자본제공자(채권자와 주주)들이 자신의 몫으로 분배받을 수 있는 현금이라는 특징을 지닌다. 이러한 근거로 FCF는 기업이 창출한 순현금흐름이 되므로 11장에서 설명되겠지만, 미래에 창출될 FCF의 현재가치를 측정하여 기업가치평가에 활용되고 있다.

FCF가 이상과 같은 의미가 있으므로 FCF가 (+)값으로 나타나면, 이는 신규투자액까지 차감하고 채권자와 주주에게 분배할 수 있는 현금흐름이 여유가 있음을 의미한다. 반대로 FCF가 (−)값으로 나타나면, 이는 신규투자액까지 차감하면 채권자와 주주에게 분배할 수 있는 현금흐름이 부족함을 의미한다.

여기서 FCF가 (−)값이 되는 것에 대한 해석에는 주의를 요한다. FCF가 (−)값이 나오게 되는 데는 영업활동 현금흐름이 많이 창출되지 못하여 그럴 수도 있고, 미래를 위한 신규투자액이 일시적으로 많아서도 발생할 수 있다. 투하자본증가액이 많은 것은 미래 영업현금흐름 창출의 근간이 되는 것이므로 부정적으로 평가될 문제가 아니다. FCF가 (+)값이 나오는 경우도 반대의 해석이 가능할 수 있다. 따라서 FCF가 (+), 혹은 (−)의 값으로 보이는 것에 대한 평가는 여러 기간에 걸친 추세와 투자자본증가액의 적절성을 보고 판단할 문제이다.

(3) 재무활동 현금흐름과 주주잉여 현금흐름(FCFE)

이상에서는 잉여현금흐름(FCF)을 자산운용의 관점에서 측정하는 방법이었다. 각주 1)의 식 (4) 우편에서 볼 수 있는 것처럼 FCF는 자본조달의 관점에서 측정해도 동일한 결과를 얻는다. 실제로 FCF는 자본제공자에게 자본조달의 대가로 이자나 배당 등을 지급하는데 사용된다. 이 자본조달과 관련된 '**재무활동 현금흐름**'은 구체적으로 채권자로부터 부채를 조달한 대가로 이자지급을 하거나 순차입(=추가차입액−부채상환액)하는 **채권자와의 현금흐름**(cash flow to creditors), 그리고 주주로부터 자기자본을 조달한 대가로 배당지급을 하거나 자기자본순증가액(=증자액−감자액)으로 나타나는 **주주와의 현금흐름**(cash flow to stockholders)로 나눌 수 있다.[5)]

5) 잉여현금흐름(FCF)이 양(+)이면 여유자금을 배분할 수 있으므로 '재무활동 현금흐름'은 현금의 순유출로 표시되고, FCF가 음(−)이면 여유자금을 외부에서 충당해야 하므로 '재무활동 현금흐름'은 현금의 순유입으로 표시된다.

잉여현금흐름(FCF) = 재무활동 현금흐름
= 채권자와의 순현금흐름 + 주주와의 순현금흐름
= [이자지급액 − 순차입액] + [배당지급액 − 자기자본 순증가액] …… (5-8)

이제 재무활동 현금흐름에서 채권자에게 배분되는 순현금흐름을 차감하면, 회사의 주인인 주주에게 배분되는 순현금흐름이 된다. 이를 앞에서의 FCF와 구분하여 **주주잉여 현금흐름**(FCFE: free cash flow to equity)이라고 부른다. 이는 다음과 같이 영업활동 현금흐름에서 투자활동 현금흐름, 그리고 재무활동 현금흐름 중 채권자에게 배분되는 순현금흐름까지 차감한 잉여현금흐름으로서, 주주에게 배분되는 순현금흐름(FCFE)이 된다.

FCFE = ①[순이익(NI) + 이자비용$(1-t)$ + 현금유출 없는 비용(NCC) 등	
− Δ영업순운전자산(NWA)]	(영업활동 현금흐름)*
−②[Δ영업비유동자산(NCA)]	(투자활동 현금흐름)
−③[이자지급액 − 순차입액]	(재무활동 현금흐름 중 채권자와의 현금흐름)
= [배당지급액 − 자기자본순증가액]	(주주와의 현금흐름) …… (5-9)

* 여기서는 현금흐름표(SCF) 구분처럼 Δ영업순운전자산(NWA)까지 포함시켜 표시함.

예제 5-1

㈜하나로의 재무상태표와 손익계산서 관련 자료가 다음과 같다. (단위: 억 원)

[재무상태표 자료]

2020년 말:	2021년 말:
유동자산=3,596	유동자산=3,625
유동부채=2,140	유동부채=1,787
순비유동자산(감가상각차감후)=2,261	순비유동자산=2,194
비유동부채=581	비유동부채=538
자기자본(자본금)=372	자기자본=462

* 유동자산, 유동부채는 모두 매출관련 영업유동자산, 영업유동부채

[손익계산서 자료]

2021년: 순이익=553, 영업이익(EBIT)=1,014, 법인세=368, 이자비용(세후)=93,
배당=285, 감가상각비=500

* 유형자산 처분손실 등 투자활동·재무활동관련비용(수익)은 없음.

(1) 2021년 이 회사의 세후영업현금흐름, 비유동자산 순투자액, 순운전자산 투자액을 구하라.

(2) 2021년 이 회사의 기업(자산)창출현금흐름, 곧 잉여현금흐름을 추정하라.

(3) 이 회사의 재무활동 현금흐름(채권자와 주주에게의 현금흐름(FCFE))을 구하고, 현금흐름(FCF)등식이 성립하는지를 보이라.

풀이

(1) 세후영업현금흐름=세전영업이익+감가상각비−법인세

=1,014+500−368=1,146

비유동자산 순투자액(NCS, 자본적 지출액)

=기말 비유동자산(순액)−기초 비유동자산(순액)+감가상각비

=2,194−2,261+500=433

영업순운전자본 순투자액=기말 순운전자본−기초 순운전자본

=(3,625−1,797)−(3,596−2,140)=382

(*영업순운전자본=영업유동자산−영업유동부채)

(2) 자산창출현금흐름(=잉여현금흐름 FCF)

=세후영업현금흐름−비유동자산과 순운전자본 투자액

=1,146−(433+382)=331

(3) 채권자와의 순현금흐름 =이자비용(세후)−(순차입액)

=93−(538−581)=136

주주와의 순현금흐름(FCFE) =배당지급액−(자기자본증가액)

=285−(462−372)=195

〈현금흐름등식〉

잉여현금흐름(FCF)=영업활동 현금흐름−투자활동 현금흐름

=1,146−(433+382)=331

재무활동 현금흐름=채권자와의 순현금흐름+주주와의 순현금흐름

=136+195=331

⇒ 자산창출현금흐름(=잉여현금흐름 FCF)=재무활동 현금흐름

3절 현금흐름표분석

정상영업과 성장에 필요한 현금이 원활히 공급되고 순환되는지 그리고 현금창출능력이 양호한지를 평가하는 다른 방법은 기본 재무제표의 하나인 “현금흐름표”를 분석하는 것이다.

1. 현금흐름표

현금흐름표(SCF: statement of cash flows)는 일정 기간 동안 기업의 영업, 투자 및 재무활동별로 현금유입과 현금유출을 측정하여, 기말 현금보유액이 기초에 비해 얼마나 증가·감소하였는지를 보여주는 재무보고서이다.[6] ‘현금흐름표’를 이용하면 현금흐름의 특징과 변동원인, 문제점, 현금창출능력을 분석할 수 있게 된다.

‘현금흐름표(SCF)’는 영업부문과 영업외부문을 구분하지 않는 IFRS회계기준에 의해서 작성되고 있다. 따라서 영업부문 중심으로 현금창출능력을 분석하는 ‘현금흐름등식(FCF등식)’과 다소 체계가 다르다. 따라서 ‘현금흐름표’를 이용한 현금흐름분석을 위해서는 앞의 2절에서 설명한 세 가지 기업활동과 연관 지어 ‘현금흐름표의 작성 체계’를 이해하고, 현금흐름등식과의 차이점을 인식해야 한다.

[표 5-2]의 오른쪽에는 2절에서 설명한 ‘현금흐름등식(FCF등식 식(5-2))’에 따라 세 가지 현금흐름이 구분되어 있다. 유의할 점은 영업활동 현금흐름이 영업이익 기준이 아닌 **순이익 기준** 식(5-6)의 현금흐름으로 [조정]되어 표시되어 있고, 앞 절의 설명처럼 순운전자산 증감액도 영업활동 현금흐름에 포함되어 표시되어 있다.

한편 [표 5-2]의 왼쪽에는 ‘현금흐름표(SCF)’의 체계에 따라, Ⅰ. 영업활동 현금흐름, Ⅱ. 투자활동 현금흐름, Ⅲ. 재무활동 현금흐름별로 현금유입과 유출을 추정하고 결과적으로 기말 현금보유액(VI)이 기초 현금(V)에 비해 얼마나 증가·감소(IV)하였는지를 보여주고 있다. 이 표의 중앙에는 세 가지 활동별로 현금흐름 구분의 상이점이 표시되

6) 현금흐름표의 작성은 ① 현금과 예금, ② 현금성자산(cash equivalent)(현금, 요구불예금, 만기 3개월 이내인 유가증권) ③ 순운전자본, ④ 순화폐성자산, ⑤ 총재무자원 중 어떤 것을 기준으로 하느냐에 따라 다르다. 현행 IFRS의 ‘현금흐름표’는 ①과 ②의 현금성자산 기준으로 작성된다.

어 있다. 포함되고 있는 항목들을 식으로 표시하면 다음과 같다. 밑줄로 표시된 부분이 '현금흐름등식(FCF등식)'과 다른 부분이다.[7)]

영업활동 현금흐름

=① 기업 내부에서 창출된 현금순유입액

+② 매출관련 유동자산과 매출관련 유동부채(순운전자산) 증감액

=① [당기순이익(손실)

+현금유출이 없는 비용(감가상각비, 무형자산상각비, 유가증권평가손실 등)

−현금유입이 없는 수익(유형자산평가이익, 비유동자산처분이익 등)]

② −[영업활동으로 인한 자산(영업현금, 매출채권, 재고자산 등)의 증감액]

+[영업활동으로 인한 부채(매입채무 등)의 증감액]

투자활동 현금흐름

=① 자산취득으로 인한 현금유출액

[기계장치 등 비유동자산 취득, 영업활동과 직접 관련이 없는 유가증권 등의 장단기 금융자산 취득, 투자자산의 취득 등 자산증가액]

+② 자산처분으로 인한 현금유입액

[기계장치 등 비유동자산 처분, 영업활동과 직접 관련이 없는 유가증권 등의 장단기 금융자산 매각, 투자자산의 매각 등 자산감소액]

재무활동 현금흐름

=① 자금조달에 의한 현금유입액

[이자수입, 부채(장 · 단기차입, 사채 발행), 자기자본(유상증자 등)의 증가액]

+② 자금상환 등에 따른 현금유출액

[이자비용, 부채(차입금 · 사채)상환, 자기주식매입, 배당금지급 등 자본의 감소액]

7) 이 현금흐름표는 영업활동 현금흐름을 당기순이익으로부터 가산 · 차감하는 **간접법**(indirect approach)에 의한 현금흐름표 작성법이다. 반면에 **직접법**(direct approach)은 수입 · 지출항목별로 현금유출입을 산출하는 방법이다. 기타 상세한 설명은 송인만(2015), 중급재무회계, 신영사를 참고할 것.
[표 5-2]에서 *표시는 순이익 기준으로 표시하기 위한 조정항목이고, **표시는 FCF등식에서는 투자활동 현금흐름으로 분류되었지만, 여기서는 영업활동 현금흐름에 표시된 것을 나타냄.(식(5-7)참조)

[표 5-2] 현금흐름표(SCF)체계와 현금흐름(FCF)등식의 차이점

IFRS 현금흐름표(SCF)	상이점	현금흐름(FCF)등식
Ⅰ. 영업활동 현금흐름	상이점	**Ⅰ. 영업활동 현금흐름**
당기순이익(손실)		당기순이익(손실)
[조정]		[조정]
법인세비용		−법인세비용
+현금의 유출이 없는 비용(감가상각비 등)		+현금의 유출이 없는 비용(감가상각비 등)
−현금의 유입이 없는 수익(유형자산평가이익 등)		−현금의 유입이 없는 수익(유형자산평가이익 등)
+투자활동 · 재무활동관련 비용(유형자산처분손실 등)*		+투자활동 · 재무활동관련 비용(유형자산처분손실 등)*
−투자활동 · 재무활동관련 수익(유형자산처분이익 등)*		−투자활동 · 재무활동관련 수익(유형자산처분이익 등)*
−이자수익 차감*		−이자수익 차감*
+이자비용 가산*		+이자비용 가산*
영업활동으로 인한 자산 · 부채의 증감		영업 순운전자산의 증감**
−영업유동자산(매출채권, 재고자산 등)의 증가(+감소)		−영업유동자산(매출채권, 재고자산 등)의 증가(+감소)
+영업유동부채(매입채무 등)의 증가(−감소)		+영업유동부채(매입채무 등)의 증가(−감소)
영업에서 창출한 현금흐름		
이자수입*	(Ⅲ)	
이자지급*	(Ⅲ)	
법인세지급		
Ⅱ. 투자활동 현금흐름		**Ⅱ. 투자활동 현금흐름**
+기계장치 등 영업비유동자산의 처분		+기계장치 등 영업비유동자산의 처분
−기계장치 등 영업비유동자산의 취득		−기계장치 등 영업비유동자산의 취득
+관계기업투자주식, 금융자산의 처분***	(Ⅲ)	+관계기업투자주식 처분
−관계기업투자주식, 금융자산의 취득***	(Ⅲ)	−관계기업투자주식 취득
+배당금 수입 등	(Ⅲ)	
		[잉여현금흐름 FCF]
Ⅲ. 재무활동 현금흐름		**Ⅲ. 재무활동 현금흐름**
+장 · 단기차입,		**[채권자에게 배분되는 현금흐름]**
−이자지급, 차입금상환,		−이자지급, 차입금상환,
−자기주식매입, 배당금지급 등		+장 · 단기차입,
+유상증자 등 자기자본의 처분		+비영업 금융자산의 처분(−취득)
		+영업현금의 처분(−취득)
		[주주에게 배분되는 현금흐름]
		−자기주식매입, 배당금지급 등
		+유상증자 등 자기자본의 처분
Ⅳ. 현금의 증가(기간 중 현금의 증가액)	(III)	
Ⅴ. 기초의 현금		
Ⅵ. 기말의 현금		

* 순이익 기준으로 표시하기 위한 조정항목

** FCF등식에서는 투자활동 현금흐름으로 분류되었지만 여기서는 영업활동 현금흐름에 표시(식(5-7) 참조)

*** 밑줄 친 부분만 'Ⅲ. 재무활동 현금흐름'에 해당

IFRS기준의 '현금흐름표(SCF)'의 구조와 '현금흐름(FCF)등식'의 구조의 몇 가지 차이점을 요약하면 다음과 같다.

첫째, 이자지급, 배당지급은 '현금흐름(FCF)등식'에서는 'Ⅲ. 재무활동 현금흐름'으로 분류하고 있지만, 현행 IFRS에서는 이들 항목을 'Ⅰ. 영업활동 현금흐름'으로 분류하는 것을 허용하고 있다. 이때 이자지급 등의 금액은 모두 **세후기준**(예: 이자지급액×(1−세율))으로 산정한다.

둘째, 투자자산과 같은 영업외 금융자산(financial assets)의 취득이나 처분은 '현금흐름(FCF)등식'에서 'Ⅲ. 재무활동 현금흐름'으로 분류하고 있지만, '현금흐름표'에서는 'Ⅱ. 투자활동 현금흐름'으로 분류하고 있다.

셋째, 현금 및 현금성자산(영업현금)은 '현금흐름(FCF)등식'에서 'Ⅲ. 재무활동 현금흐름'으로 분류하고 있지만, "현금흐름표"에서는 마지막 부분에서 기초·기말 현금증가액으로 표시한다.

2. 현금흐름표의 해석

현금흐름표(SCF)를 이용하여 현금창출능력을 분석하기 위해서는 이를 현금흐름(FCF)등식의 체계로 재구성해야 한다. [표 5-2]에서 상이점을 살펴본 것처럼, 다음과 같이 재분류하는 것이 필요하다.

IFRS 현금흐름표(SCF)		현금흐름(FCF)등식
'Ⅰ. 영업활동 현금흐름' 중		
이자지급, 배당지급	⇒	Ⅲ. 재무활동 현금흐름
'Ⅱ. 투자활동 현금흐름' 중		
영업외 금융자산의 취득이나 처분	⇒	Ⅲ. 재무활동 현금흐름
SCF 마지막부분의 기초·기말 현금증가액	⇒	Ⅲ. 재무활동 현금흐름

[표 5-3] **연결현금흐름표의 예시(삼성전자)**

(단위: 십억 원)

	2020	2021	증감
Ⅰ. 영업활동 현금흐름	65,287.0	65,105.4	(181.6)
영업에서 창출된 현금흐름	68,148.8	72,676.2	4,527.4
1. 당기순이익	26,407.8	39,907.5	13,499.6
2. [조정]*	41,618.6	49,055.6	7,437.1
감가상각비 등 비현금성비용	27,115.7	31,285.2	4,169.5

지분법이익 등 비현금성수익	(506.5)	(729.6)	(223.1)
투자 재무활동관련 비용(유형자산처분손실 등)	87.7	75.6	(12.1)
투자 재무활동관련 수익(유형자산처분이익 등)	(154.2)	(729.6)	(575.4)
금융수익	(3,718.8)	(2,485.7)	1,233.1
금융비용	2,306.8	1,917.7	-389.1
법인세 비용	9,937.3	13,444.4	3,507.1
기타	6,550.6	6,277.6	(272.9)
3. 영업활동으로 인한 자산 부채의 변동	122.4	(16,286.9)	(16,409.3)
매출채권의 증가(감소)	1,270.0	(7,302.6)	-8,572.6
재고자산의 증가(감소)	(7,540.7)	(9,712.4)	-2,171.7
장단기선급비용의 감소(증가)	(16.4)	(205.0)	-188.6
매입채무의 감소	3,885.7	1,027.0	-2,858.7
미지급금비용의 (감소)증가	5,332.7	3,340.7	-1,992.0
기타	(2,808.9)	(3,434.6)	-625.7
4. 이자의 수취**	2,220.2	1,406.7	(813.5)
5. 이자의 지급**	(555.3)	(434.4)	120.9
6. 배당금수입**	243.7	299.0	55.4
7. 법인세 납부액	(4,770.4)	(8,842.0)	(4,071.7)
Ⅱ. 투자활동 현금흐름	(53,628.6)	(33,047.8)	20,580.8
1. 투자활동으로 인한 현금유입	13,663.1	14,526.6	863.5
유형자산의 처분	376.7	358.3	(18.5)
무형자산의 처분	7.0	1.8	(5.3)
관계기업 및 공동기업 투자의 처분	0.0	19.2	19.2
장단기매도가능금융자산의 처분**	1,095.0	3,270.1	2,175.1
장기금융상품의 처분**	12,184.3	10,216.1	(1,968.2)
기타	0	661.168	661.168
2. 투자활동으로 인한 현금유출	(67,291.7)	(47,574.3)	19,717.3
유형자산의 취득	(37,592.0)	(47,122.1)	(9,530.1)
무형자산의 취득	(2,679.8)	(2,706.9)	(27.1)
관계기업 및 공동기업 투자의 취득	(83.3)	(47.1)	36.2
단기금융상품의 순증가**	(18,481.0)	10,610.9	29,091.9
장단기매도가능금융자산의 취득**	(329.7)	(1,329.5)	(999.8)
장기금융상품의 취득**	(8,019.3)	(6,981.8)	1,037.5
기타	(106.6)	2.2	108.8
Ⅲ. 재무활동 현금흐름	(8,327.8)	(23,991.0)	(15,663.2)
1. 재무활동으로 인한 현금유입	2,205.7	(2,558.7)	(4,764.3)
단기차입금의 순증가	2,191.2	(2,616.9)	(4,808.1)
사채 및 장기차입금의 차입	14.5	58.3	43.8
자기주식의 처분			
2. 재무활동으로 인한 현금유출	(10,533.5)	(21,432.4)	(10,898.8)
사채 및 장기차입금의 상환	(864.9)	(894.7)	(29.8)
자기주식의 취득			
배당금 지급	(9,676.8)	(20,510.4)	(10,833.6)
환율변동효과	(833.9)	1,582.0	2,415.9
현금 및 현금성자산의 순증가(감소)	2,496.6	9,648.8	7,152.3
기초 현금 및 현금성자산	26,886.0	29,382.6	2,496.6
기말 현금 및 현금성자산	29,382.6	39,031.4	9,648.8

** [조정], 영업활동으로 인한 자산부채의 변동의 내용과 활동별 현금유입 현금유출의 분류는 삼성전자 사업보고서(2021년)에서 정리한 것임. ( ) 안의 수치는 순현금유출액을 표시한 것임

** 잉여현금흐름(FCF)등식에 따라 재구성할 때 구분이 달라질 항목들 임.

IFRS 현금흐름표는 분류상의 문제 때문에 자료를 그대로 사용할 수 없다. 기업의 현금흐름 면에서의 특징과 문제점, 현금창출능력을 분석하기 위해서 제시된 현금흐름(FCF)등식의 체계로 재분류되었으면 다음과 같은 측면에서 현금흐름 면에서의 특징과 문제점, FCF창출능력을 분석한다.

1. 현금의 유입(조달)과 유출(사용)항목 중, 금액이 큰 항목을 중심으로 1년 동안 주로 어떻게 현금을 조달하여 어디에 현금을 사용(투자)하였는지를 평가한다.
2. '영업활동 현금흐름'으로 '투자활동 현금흐름'을 충당하고 여유가 있는지, 환언하면 FCF가 (+)값으로 나타나고 있는지를 평가한다. FCF가 (+)인 경우는 외부자금에 의존하지 않고도 설비투자 등을 할 수 있음을 의미하고, 반대로 FCF가 (−)인 경우는 외부자금에 의존해야 설비투자 등을 할 수 있음을 뜻한다. 만약 FCF가 (−)값으로 나타나면, 그 이유가 영업활동 현금흐름이 충분히 창출되지 못한데 기인하는지, 아니면 미래를 위한 신규투자액이 일시적으로 많아서도 발생했는지를 평가한다. 다기간에 걸친 FCF추세를 분석하여 음(−)의 FCF가 지속될 가능성이 있는지를 판단한다.
3. 영업활동 현금흐름의 크기와 이자비용액 또는 부채의 크기와 비교하면 영업활동에서 창출된 현금만으로 부채를 상환할 수 있는지, 기업의 채무이행능력을 평가할 수 있다. 또 영업활동 현금흐름에서 영업비유동자산 투자액을 차감한 **잉여현금흐름(FCF)의 크기와 이자지급액 혹은 부채의 크기를 비교**하면, 기업이 설비투자를 하면서도 채무이행을 할 수 있는지를 평가할 수 있다.
4. FCF가 (−)값일 경우 추가적인 현금차입의 필요성을 평가한다. 과다한 투자의 성장전략이 기업의 유동성에 미치는 영향과 지급불능의 가능성을 평가한다.
5. 앞의 평가 과정에서 조달, 원천 간에 심한 불균형이 있는지를 분석한다. 이를테면 영업활동 현금흐름(내부금융)보다 외부금융의 비중이 지나치게 높은지를 평가한다. 또 현금의 장·단기조달과 사용 사이의 불균형을 평가한다. 예를 들어, 단기차입금으로 시설투자를 하였다든지, 장기부채를 상환하면서 단기부채를 증가시켰다든지 하는 현금관리상의 문제점을 발견해 낸다.
6. 매출증가와 영업관련 순운전자산 증감을 비교하여 재고관리, 신용관리의 비효율성의 정도를 평가한다.
7. 이 밖에도 이익 처분의 내용, 배당을 많이 지급하지 못한 이유, 당기순손실이 발생한 연도에 있어서의 배당지급 가능 여부, 순이익이 증가하였음에도 불구하고 현금이 감소한 이유, 증자 자금이나 부채차입·사채발행에 의한 자금 사용의 적절성 등의 측면에서 문제점을 적출해 낸다.

[표 5-4] 연결현금흐름표를 재구성한 FCF와 FCFE의 추정(삼성전자의 예)

(단위:십억 원)

과 목	2020	2021	증감액	비고
I. 영업활동 현금흐름	59,412.9	80,914.2	21,501.3	
(연결현금흐름표상) 영업활동 현금흐름	65,287.0	65,105.4	(181.6)	
[조정]㉮-이자수입(세후)	1,620.8	1,026.9	(593.9)	재무활동으로 재분류하기 위하여 세후기준으로 제거, 법인세율=27.0% 가정
㉯-이자지급의 세금절감액 제거	(149.9)	(117.3)	32.6	재무활동으로 재분류하기 위하여 세절감액 제거,
㉰-기타조정항목	(7,344.9)	14,899.1	22,244.1	배당금수입 등
[영업활동 순운전자산 증감액]	122.4	(16,286.9)	(16,409.3)	FCF등식에서는 투자활동이지만 영업활동에 포함 표시(식(5-7) 참조)
II. 투자활동 현금흐름 [영업비유동자산 순투자]	(40,339.3)	(66,160.8)	(25,821.5)	투자활동 현금흐름 중 영업비유동자산투자
+투자활동으로 인한 현금유입	383.8	1,040.4	656.6	
-투자활동으로 인한 현금유출	(40,461.7)	(49,873.9)	(9,412.2)	
III. 잉여현금흐름(FCF)	19,196.0	(1,533.5)	(20,729.5)	기업의 순현금흐름창출액= I - II
㉮ - 이자 순지급액(세후)	194.1	62.7	(131.4)	법인세율=27.0% 가정
-이자지급(세후)	(405.4)	(317.1)	88.2	
+이자수입(세후)	599.5	379.8	(219.6)	
㉯ + 금융부채 순차입	1,340.7	(3,453.4)	(4,794.1)	
-기존 부채 상환액	(864.9)	(894.7)	(29.8)	
+신규 차입액	2,205.7	(2,558.7)	(4,764.3)	
㉰ - 영업외 금융자산 순증가/감소(+)	(13,550.7)	15,785.8	29,336.4	
㉱ - 현금성자산 순증가/감소(+)	2,496.6	9,648.8	7,152.3	기말현금성자산-기초현금성자산
[IV.채권자에게 배분된 현금흐름 소계]	(9,519.3)	22,043.9	31,563.1	채권자에게 배분되는 현금흐름=㉮+㉯+㉰+㉱
V. 주주잉여현금흐름(FCFE)	(9,676.8)	(20,510.4)	(10,833.6)	주주에게 배분되는 현금흐름= III - IV
- 배당금 지급	(9,676.8)	(20,510.4)	(10,833.6)	
- 자기주식의 순취득	0.0	0.0	0.0	자기주식 취득 및 처분

[표 5-3]은 삼성전자의 2020년~2021년의 연결현금흐름표이고, [표 5-4]는 이를 FCF등식의 체계로 재구성하여 현금창출능력을 분석한 것이다. 2021년 한 해의 현금흐름 면에서의 큰 특징을 보면, 세후영업현금흐름 80.9조 원을 창출하여, 설비투자(영업용 비유동자산)에 66.2조 원을 투자하고, 영업순운전자산(매출채권, 재고자산 등 증가)에 16.38조 원을 사용하였다. 영업외 금융자산에 15.8조 원을 순매도한 자금과 현금성자산 9.7조 원으로 배당금 증가에 20.5조 원을 사용함으로써 FCF가 -1.5조 원이 되는 결과를 가져왔다.

예제 5-2

다음은 (주)하나로의 손익계산서와 비교재무상태표이다. 이들 재무제표를 활용하여 현금흐름표를 작성하고, 현금흐름 면에서의 특징과 문제점을 평가하라.

손익계산서

(주)하나로 2021년	(단위: 천 원)
매출액	28,560,000
매출원가	22,848,000
감가상각비	300,000
판매 및 관리비	3,372,000
영업이익	2,040,000
지급이자	1,224,000
법인세 납세전이익	816,000
법인세(35%)	285,600
순이익	530,400
배당금	124,400
유보이익증가액	406,000

비교 재무상태표

(주)하나로 (단위: 천 원)

	2021년	2020년	증감액
[자산]			
유동자산			
현금 및 현금성자산	204,000	286,000	−82,000
매출채권	3,880,000	2,774,000	1,106,000
재고자산	8,262,000	5,100,000	3,162,000
(유동자산 소계)	12,346,000	8,160,000	4,186,000
비유동자산			
비유동자산(총액)	3,305,000	3,271,000	34,000
(감가상각충당금)	1,000,000	700,000	300,000
비유동자산(순액)	2,305,000	2,571,000	−266,000
(총자산 총계)	14,651,000	10,731,000	3,920,000
[부채 및 자본]			
유동부채			
매입채무	3,060,000	1,550,000	1,510,000
지급어음	775,000	570,000	205,000
단기차입금	2,860,000	1,020,000	1,840,000
(유동부채 소계)	6,695,000	3,140,000	3,555,000
비유동부채			
장기차입금	367,000	408,000	−41,000
자본			
자본금(발행주식수: 200,000주)	3,650,000	3,650,000	0
유보이익	3,939,000	3,533,000	406,000
(자본 소계)	7,589,000	7,183,000	406,000
(부채 · 자본 총계)	14,651,000	10,731,000	3,920,000

풀이

2021 현금흐름표

(주)하나로 (단위: 천 원)

관련 항목	금액	계산근거
영업활동 현금흐름		
1. 순이익	530,400	IS 2016 순이익
2. 감가상각비(현금유출이 없는 비용)	300,000	IS 2016 감가상각비
3. 매입채무 증가(+)	1,510,000	비교 BS 매입채무 증가액
4. 매출채권의 증가(−)	−1,106,000	비교 BS 매출채권 증가액
5. 재고자산의 증가(−)	−3,162,000	비교 BS 재고자산 증가액
(Ⅰ. 영업활동 순현금흐름)	−1,927,600	(1항+2항+3항+4항+5항)
투자활동 현금흐름		
1. 비유동자산 취득	−34,000	비교 BS 비유동자산총액 증가액
(Ⅱ. 투자활동 순현금흐름)	−34,000	(위의 합)
재무활동 현금흐름		
1. 지급어음 증가	205,000	비교 BS 지급어음 증가액
2. 단기차입금 증가	1,840,000	비교 BS 단기차입금 증가액
3. 장기차입금 상환	−41,000	비교 BS 장기차입금 증가액
4. 배당금 지급	−124,400	IS 배당금 항목
5. 보통주 자본금 증가	0	비교 BS 자본금 증가액
(Ⅲ. 재무활동 순현금흐름)	1,879,600	(1항+2항+3항+4항+5항)
기간중 순현금의 감소(증가)	−82,000	(세 현금흐름의 합: Ⅰ+Ⅱ+Ⅲ)
2016년 기초 현금잔액	286,000	비교 BS 2015 현금잔액
2016년 기말 현금잔액	204,000	비교 BS 2016 현금잔액(2016년 기초 현금잔액+기간 중 순현금 증감액)

* 현금흐름표의 작성은 일차적으로 두 시점 재무상태표의 차액으로 작성되는 비교재무상태표를 이용하여 자산과 부채·자본의 증감액을 추정한다. 기본적으로 자산의 증가와 부채·자본의 감소는 현금의 감소를 초래하므로 현금유출을 의미하고, 자산의 감소와 부채·자본의 증가는 현금의 증가를 초래하므로 현금유입을 의미한다. 순이익, 이자지급액, 배당지급액은 손익계산서의 자료를 이용한다.
* 비교 BS증감액 중에서 유보이익의 증감액은 사용하지 않음. 비유동자산 증감액은 총액기준임.
* 순현금의 감소액 82,000천 원은 비교 B/S에서의 현금감소액과 일치하여야함.

〈현금흐름분석〉

(주)하나로의 현금흐름표에 근거하여 이 회사의 현금흐름의 특징과 문제점을 정리하면 다음과 같이 요약할 수 있다.

- 이 회사는 2021년 한 해 FCF가 음(−)의 1,883십만 원을 창출하여 외부로부터 차입금(1,840.0십만 원)에 크게 의존할 수밖에 없었다. 이는 영업활동 현금흐름(내부금융)보다 외부금융의 비중이 지나치게 높은 불완전한 현금흐름 행태의 문제점을 보였다.
- 영업활동에서 원활치 못한 현금흐름을 외부자금 조달(재무활동 현금흐름)로 충당할 때 안정적인 장기차입금에 의존하지 못하고 단기차입금(1,840.0십만 원)에 의존함으로써 재무위험을 높였음을 볼 수 있다.

- 영업활동 현금흐름의 내용을 보면 내부에서 창출된 현금보다도 매출채권과 재고자산에 많은 현금(4,268.0십만 원)이 잠기면서 영업순환사이클상의 현금흐름이 원활치 못했다. 매입채무를 1,510.0십만 원으로 크게 늘리는 방법의 단기적인 미봉책을 사용하여 원활치 못한 현금흐름의 문제를 해결코자 하였다.

3. 현금흐름관련 재무비율과 현금 1회전기간 분석

기업의 현금흐름의 건전성이나 재무적 탄력성을 평가하는 데는 앞에서 설명한 영업에서 창출한 현금흐름(CFO)과 잉여현금흐름(FCF)을 포함하는 재무비율을 구해보거나, 현금이 영업순환사이클상에서 1회전하는 데 걸리는 소요기간을 측정하여 분석할 수 있다.

먼저 **현금흐름 재무비율**은 다음과 같이 영업에서 창출한 현금흐름(CFO=당기순이익+조정액+순운전자산투자액)이나 FCF(=영업활동 현금흐름−투자활동 현금흐름)를 유동부채, 차입금, 총부채, 비유동자산투자액 등과 대응시킨 재무비율 들이다.

① 영업현금흐름 대 총부채비율 $= \dfrac{\text{CFO}}{\text{총부채}}$

② 영업현금흐름 대 유동부채비율 $= \dfrac{\text{CFO}}{\text{유동부채}}$

③ 잉여현금흐름비율 $= \dfrac{\text{FCF}}{\text{영업비유동자산 투자액}}$

①, ②의 재무비율은 영업에서 창출한 현금흐름을 가지고, 장·단기부채를 상환할 능력이 있는지를 평가할 때 유용하다. ③의 재무비율은 1보다 작으면 (−)의 영업활동 현금흐름을 의미하는데, 설비투자 등에 외부금융을 이용할 수밖에 없었음을 의미한다.

한편 현금흐름의 건전성은 **현금순환의 1회전기간**을 측정하여 평가할 수도 있다. 현금이 영업순환사이클(생산 → 판매 → 관리)상에서 1회전하는 데 걸리는 소요기간을 측정하는 것은 기업의 현금사정이 악화되는지 또는 개선되는지 평가하거나, 현금관리능력을 평가하는 한 방법이 된다. 만약 영업순환사이클상에서 재고자산이나 매출채권에 현금이 잠겨있는 기간이 길어지면 현금사정이 나빠지고 있음을 의미하게 된다.

현금순환의 1회전기간은 3장에서 설명한 주요 활동성(회전율)비율을 다음과 같이 조합하여 측정된다.

현금 1회전기간 = (재고자산 회전기간) + (매출채권 회전기간) − (매입채무 변제기간)

$$\text{여기서, 재고자산 회전기간} = \frac{\text{재고자산}}{\text{매출원가}} \times 365\text{일}$$

$$\text{매출채권 회전기간} = \frac{\text{매출채권}}{\text{매 출 액}} \times 365\text{일}$$

$$\text{매입채무 변제기간} = \frac{\text{매입채무}}{\text{매출원가(재료비)}} \times 365\text{일}$$

예를 들어, 어느 기업의 매출액이 2,400억 원, 매출원가가 1,440억 원, 재고자산이 295억 원, 매출채권이 336억 원, 매입채무가 177억 원이라고 하자. 위의 식에 의하면 재고자산회전기간은 74.8일, 매출채권회전기간은 51.1일, 매입채무변제기간은 44.9일이 된다.

따라서 현금 1회전기간은 81.0일(74.8+51.1−44.9)이 된다. 이는 기업의 주된 영업순환과정인 구매 → 생산 → 판매 → 회수의 과정에서 현금이 81일 경과하여 회수됨을 의미한다.

이 현금 1회전기간이 구해지면, 기업의 목표회전기간이나 전연도 회전기간과 비교하여 현금창출능력이나 유동성의 변화 정도를 평가해 볼 수 있다. 또한 매출액 신장에 따른 자금경색의 정도를 평가할 수 있게 된다.

다음 [표 5-5]는 앞에서 설명한 현금흐름관련 재무비율, 현금 1회전기간, FCF의 측정을 사례기업인 삼성전자에 대하여 적용한 현금창출능력분석표이다.

이 표에서 볼 수 있는 것처럼, 분석기간 중 삼성전자는 영업활동순환과정 중에서 재고자산과 매출채권에 현금이 잠겨가면서 현금 1회전기간이 102일로 길어지고 있다.

잉여현금흐름(FCF)의 추이를 보면 영업활동 현금흐름으로 제반시설 투자활동에 38%~44%정도의 소요자금을 충당하고 있다. 이 밖에도 현금흐름과 관련된 재무비율은 이 기간 중 영업활동 현금흐름으로 장·단기부채를 상환할 능력이 양호함을 보여주고 있다.

[표 5-5] **사례기업 삼성전자의 현금창출능력분석**

항 목	2019	2020	2021
재고자산 회전기간(일)	69.1	74.3	80.5
매출채권 회전기간(일)	54.7	50.9	46.8
매입채무 변제기간(일)	21.3	23.3	25.4
현금1회전기간(일)	102.4	101.9	101.9
영업활동 현금흐름(십억 원)		59,412.9	80,914.2
투자활동 현금흐름(십억 원)		40,339.3	66,160.8
잉여현금흐름 FCF(십억 원)		19,196.0	(1,533.5)
영업활동 현금흐름 대 유동부채비율(%)		0.786	0.918
영업활동 현금흐름 대 총부채비율(%)		0.581	0.665
영업활동 현금흐름 대 영업비유동자산투자액비율(%)		0.376	0.440

요 약

현금흐름분석은 기업의 포괄적인 현금흐름변동의 내역과 원인, 현금창출능력에 대한 분석을 중심으로 현금흐름 면에서의 재무건전도를 평가하는 분석체계이다.

현금창출능력에 대한 분석은 순운전자산(NWA)과 잉여현금흐름(FCF)을 측정하여 평가할 수 있다. 순운전자산(NWA)은 매출관련 유동자산에서 매출관련 유동부채를 차감한 것이다. 기간 중 순운전자산의 증가는 영업순환과정에서 매출에 비교하여 상대적으로 현금회수가 지연되고 있음을 뜻하는 반면에, 순운전자산의 감소는 영업순환과정에서 현금회수가 신속히 되고 있음을 의미한다. 영업활동에서 창출된 현금흐름(CFO)은 '현금흐름표'를 이용하지 않고, [순이익+감가상각비 등의 조정액]에서 순운전자산 증감액을 차감하여 구해지는데, 영업순환과정에서의 현금창출능력을 평가하는 기초가 된다.

잉여현금흐름(FCF)은 영업활동 현금흐름에서 투자활동 현금흐름을 차감한 것인데, 구체적으로 투자세후영업이익에서 영업투하자본 증가액을 차감하여 측정한다. FCF가 (+)이면 미래를 위한 투자자금까지 공제하고 현금흐름에 잉여가 있고, 자본제공자에게 배분될 현금흐름에 여유가 있음을 의미한다. FCF는 자본제공자인 채권자와 주주에게 배분되는데, 이를 재무활동 현금흐름이라고 한다. FCF등식 [FCF(영업활동 현금흐름−투자활동 현금흐름)=재무활동 현금흐름]은 이 관계를 나타낸 것이다.

현금흐름분석은 현금흐름표를 이용하여 시도할 수 있다. 현금흐름표는 기업활동을 정상영업활동·재무활동·투자활동으로 구분하고, 이들 활동으로부터 발생되는 현금흐름 크기와 그 변동원인을 제시하고 있다. 현금흐름표(SCF)는 영업부분과 영업외부분을 구분하지 않는 IFRS체계에 따라 작성되고 있어서 FCF등식과 다소 차이를 보인다. 현금창출능력을 분석하기 위해서는 FCF등식 체계에 따라 재구성하는 것이 필요하다.

현금흐름 면에서의 재무건전도는 CFO 또는 FCF을 이용한 재무비율, 현금 1회전기간을 측정하여 평가하기도 한다.

주요 용어

현금흐름분석	현금흐름분석정보	비현금성비용
현금순환과정	영업활동 현금흐름	투자활동 현금흐름
재무활동 현금흐름	현금창출능력	순운전자산(NWA)
영업활동에서 창출한 현금흐름(CFO)		잉여현금흐름(FCF)
현금흐름(FCF)등식	주주잉여현금흐름(FCFE)	현금흐름표(SCF)
현금흐름 재무비율	현금 1회전기간	

연습문제

01 재무비율분석을 통하여 기업의 수익성, 효율성, 유동성 등에 관한 유용한 정보를 얻을 수 있지만, 현금흐름의 특징이나 변동원인에 대한 체계적인 정보를 얻을 수 없다.

(1) 손익계산서상의 당기순이익이 기업의 실질적인 현금사정을 나타내지 못하는 이유는 무엇인가?

(2) 현금흐름분석의 주된 목적은 기업의 정상영업과 성장에 필요한 현금이 원활히 공급되고 순환되는지를 파악하는 것이다. 구체적으로 현금흐름분석을 통하여 어떤 정보를 얻어낼 수 있는가?

02 현금흐름분석에서는 현금의 유입과 유출의 현금순환과정(cash flow cycle)을 ① 영업활동 현금흐름, ② 투자활동 현금흐름, 그리고 ③ 재무활동 현금흐름으로 구분한다.

(1) 영업활동 현금흐름, 투자활동 현금흐름, 재무활동 현금흐름은 어떻게 다른가?

(2) 잉여현금흐름(FCF: free cash flow)을 측정하는 방법으로서 '기업이 자산운용의 결과로 창출한 현금흐름', '자산창출 현금흐름'의 관점에서는 어떻게 측정하는가?

(3) 구체적으로 '영업활동 현금흐름'과 '투자활동 현금흐름'은 어떻게 측정하는가?

(4) 순운전자산(NWA)과 잉여현금흐름(FCF)은 어떻게 다른가?

(5) 영업순운전자산(NWA) 투자액과 영업비유동자산에 대한 신규투자액은 어떻게 구분되는가?

(6) FCF가 (−)로 측정되었다면, 이는 기업의 재무건전도에 무엇을 의미하는가? 이는 항상 부정적으로 평가되는 결과인가?

(7) FCF를 '재무활동 현금흐름'의 관점에서 보면 어떤 의미가 있는가? 주주잉여 현금흐름(FCFE: free cash flow to equity)과는 어떤 차이가 있는가?

(8) FCF를 '순이익' 기준으로 표현하자면, 어떻게 측정해야 하는가?

03 현금흐름은 '현금흐름표(SCF)'에 의해서 분석할 수 있는데, 이는 영업부분과 영업외부분을 구분하지 않는 IFRS체계에 따라 작성되고 있어서 영업부문 중심으로 현금창출능력을 분석하는 '현금흐름등식(FCF등식)'과 다소 체계가 다르다.

(1) 현금창출능력을 분석하기 위해서 '현금흐름표(SCF)'를 FCF등식 체계에 따라 재구성하고자 한다. IFRS기준 "현금흐름표"의 구조를 현금흐름(FCF)등식의 체계로 전환하는데 주된 고려요소는 무엇인가?

(2) 재구성된 '현금흐름표(SCF)'에 기초하여 현금창출능력 면에서의 특징과 문제점, FCF창출능력을 분석할 때, 어떤 면에 유의해야 하고 어떤 정보를 도출할 수 있는가?

(3) 금감원 전자 공시 시스템(http://dart.fss.or.kr/)에서 LG전자 사업보고서의 현금흐름표로부터 LG전자의 2020년~2021년도의 ① 영업활동에서 창출된 현금흐름(CFO), ② 영업활동 현금흐름, ③ 순운전자산 증감액, ④ 투자활동 현금흐름, ⑤ 잉여현금흐름(FCF), ⑥ 주주잉여 현금흐름을 추정하라.

04 현금흐름 창출능력은 CFO와 FCF를 이용한 재무비율, 현금 1회전기간을 측정하여 평가하기도 한다.

(1) 현금흐름 재무비율로서 ① 영업현금흐름 대 총부채비율, ② 영업현금흐름 대 유동부채비율, ③ 잉여현금흐름비율은 어떻게 측정하고 어떤 의미가 있는가?

(2) 다음 A, B 두 기업의 자료를 이용하여 현금창출능력을 평가하고자 한다. A, B 두 기업이 1년 동안 영업을 함에 있어서 순운전자산항목 중에서 매출채권 이외는 기간 중 변동이 없는 것으로 가정한다. (단위 : 백만 원)

구분	기초 매출 채권 잔액	기말 매출 채권 잔액	총수익 (매출)	총비용 (전액현금지출)	당기순이익	감가상각비
A기업	100	150	500	440	30	30
B기업	100	50	500	440	30	30

1) 두 기업에 대하여 순운전자산(NWA)의 증감액을 추정하라.
2) 두 기업의 '영업활동에서 창출된 현금흐름(CFO)'를 추정하고 현금창출능력을 평가하라.

05 다음은 소망기업의 비교재무상태표와 손익계산서이다. 이 자료를 근거로 물음에 답하라.

비교재무상태표

소망기업 (단위 : 백만 원)

자산	2020	2021	증감액	부채 · 자본	2020	2021	증감액
현금 및 현금등가물	5	3	−2	매입채무	25	8	−17
매출채권	15	22	7	미지급금	2	2	0
재고자산	12	15	3	미지급법인세	3	5	2
비유동자산(순액)	50	55	5	장기차입금	0	15	15
기타자산	8	5	−3	자기자본	60	70	10
(총자산)	90	100	10	(부채 및 자본)	90	100	10

손익계산서

소망기업 2021.1.1.~12.31. (단위 : 백만원)

항목		
매출액		50
비용		36
매출원가	25	
판매비와 관리비	5	
감가상각비	5	
이자비용	1	
법인세비용차감전순이익		14
법인세비용(50%)		7
당기순이익		7
(+) 유보이익(2020.12.31.)		40
(−) 배당금		3
유보이익(2021.12.31.)		44

(1) 위의 자료를 이용하여 소망기업의 현금흐름표를 작성하여라.

(2) 순운전자산(NWA)의 증감액을 측정하여 2021년의 현금창출능력을 평가하고, 현금흐름 면에서 재무건전도를 평가하라.

(3) 잉여현금흐름(FCF)을 측정하여 2021년의 현금창출능력을 평가하라.

(주)그린목재

○ 회사의 개황

(주)그린목재는 1978년에 설립된 상장회사이다. 주요 제품은 건축용 목재, 펄프, 종이, 합판, 특수목재품 등이고 주요 시장은 주택과 상업용 건설업과 가구 제조업분야이다.

자사가 조성한 조림지로부터 필요한 원목의 대부분을 조달하여 일부만 수입으로 충당하고 있고, 업종의 특성을 고려할 때 회사의 제품이 향후 3~5년 안에 부패나 진부화의 가능성은 없는 것으로 보인다.

그런데 설립 이래 꾸준한 안정적 성장을 기해오던 그린목재가 2014년 하반기부터 판매상의 어려움을 겪게 되었다. 2014년 한해 동안의 8% 매출신장은 최고경영층의 기대에는 미흡한 수준이었다. 그러나 최고경영층에서는 2015년에 수요증대를 기대하고 2014년 하반기에 생산을 증가시키기 시작하였다. 2015년에 들어서도 매출이 기대만큼 증가되지 않자, 회사는 가격할인과 신용조건 완화로 매출증가를 도모하려 했으나 시장의 수요는 증산된 제품을 충분히 소화시켜 주지 못하였다.

그러나 2016년 4 · 4분기에 들어서면서 정부의 주택부양책에 힘입은 탓인지 매출이 증가하기 시작하였다.

○ 은행의 요청

(주)그린목재의 주거래은행인 태평양은행에서는 대출업체로부터 분기별 재무제표를 제시받아 컴퓨터 프로그램에 의한 심사분석을 하고 있다.

[표 5-A-1]과 [표 5-A-2]는 그린목재의 최근 3년간의 재무제표인데, 분석결과 2016년에 들어서서 그린목재는 대출계약상의 요건인 유동비율 200% 이상, 부채구성비율 55% 미만인 조건을 충족시키지 못하고 있었다. 이러한 경우 법률적으로 은행이 원금의 즉시 상환을 요구할 수도 있었으나, 그린목재는 20여년 이상 계속적인 거래를 해 오던 고객이었기 때문에 원금상환요구는 보류하고 회사로 하여금 재무상태의 조속한 개선을 위한 방안을 마련하여 은행에 제출토록 요구키로 결정하였다.

○ 회사의 대책

(주)그린목재는 은행의 서한을 받고 자체 분석을 해 본 결과, 은행의 지적보다 상황이 더욱 심각함을 알게 되었다. 설상가상으로 회사는 이미 2016년 말 설비확장의 계약을 맺고 은행에 10억 원의 단기융자를 신청해 놓은 입장이었다.

회사의 경영층은 최근에 호조를 보이고 있는 주택 경기에 힘입어 재무상태가 개선될 수 있으리라고 확신하고 있지만, 최근 정부가 취하고 있는 긴축금융정책으로 인해 은행이 신규

대출은 물론 기존의 대출까지도 회수하려들지 않을까 하는 의구심 속에서 대책 마련에 부심하던 중 다음 세 가지 방안을 강구하기에 이르렀다.

첫째, 2017년 중 매출과 매출원가가 8% 정도 신장하리라 보고, 매출채권과 재고자산을 연말까지 산업평균수준으로 감소시킨다.

둘째, 제품의 품질과 마케팅 및 판매촉진을 크게 저해하지 않는 범위에서 판매비 및 일반관리비를 매출액의 7.5%, 그리고 기타비용을 1.2% 수준으로 감소시킨다.

셋째, 연 10%의 이자를 부담해야 하는 신규 단기차입의 이자지급 및 원금상환을 위해 2017년 중에는 현금배당을 하지 않는다.

특히 회사는 2017년 중에도 세율이나 이자율은 변동하지 않으리라는 가정을 하고 이러한 일련의 조치가 증권금융가에서 회사에 대한 호평을 불러 일으켜 2017년 말에는 주가수익비율(PER)이 6.5에 이르리라 기대하고 있다.

[표 5-A-1] (주)그린목재 재무상태표

(2014~2016) (단위: 백만 원)

	2014	2015	2016
현금	807	628	612
매출채권	2,682	2,896	4,605
재고자산	2,970	5,181	7,319
(유동자산합계)	6,459	8,705	12,536
비유동자산			
취득원가	2,786	3,153	3,588
(감가상각충당금)	(470)	(730)	(1,050)
장부순액	2,316	2,423	2,538
(자산총계)	8,775	11,128	15,074
단기차입금	500	800	2,860
매입채무	1,061	1,648	3,137
미지급금	540	800	1,150
(유동부채합계)	2,101	3,248	7,147
장기차입금	1,000	1,500	1,500
회사채	450	408	367
(비유동부채합계)	1,450	1,908	1,867
(부채총계)	3,551	5,156	9,014
자본금	3,650	3,650	3,650
잉여금	1,574	2,322	2,410
(자본총계)	5,224	5,972	6,060
(부채와자본총계)	8,775	11,128	15,074

a. 평균주식가격 - 2014: ₩27,900, 2015: ₩15,200, 2016: ₩ 1,600

b. P/E 비율 - 2014: 6.7, 2015: 5.6, 2016: 5.0

c. 이자율의 변화나 비유동자산의 증감은 해당연도 초에 발생한 것으로 가정할 것.

d. 발행주식 수: 3,650,000주

[표 5-A-2] (주)그린목재 손익계산서

(2014~2016년) (단위: 백만 원)

	2014	2015	2016
매출액	26,820	28,966	30,703
매출원가	21,216	23,550	26,140
(매출총이익)	5,604	5,416	4,563
판매비 및 관리비	2,006	2,407	2,648
감가상각비	250	260	320
기타비용	318	558	898
(총영업비용)	2,574	3,225	3,866
(영업이익(EBIT))	3,030	2,161	697
지급이자	91	275	469
(법인세차감전순이익(EBT)	2,939	1,916	228
법인세(세율: 48%)	1,411	919	110
(법인세차감후이익)	1,528	997	118
배당금	382	249	30
이익잉여금증가액	1,146	748	88
1주당순이익(EPS)(원)	4,190	2,730	330

분석의 목적상 감가상각비와 지급이자를 제외한 모든 비용은 변동비로 가정한다.

[표 5-A-3] 산업평균비율

매출액순이익률	2.9%	총자산영업이익률	20.2%
자기자본순이익률	17.5%	부채구성비율(D/A)	50.5%
이자보상비율	7.7배	재고자산회전율(매출액기준)	7.0회
비유동자산회전율	12.0회	총자산회전율	3.0회
매출채권평균회수기간	32일	유동비율	250%
당좌비율	100%		

○ 요구사항

본 사례연구에서 요구하는 의사결정을 내리는 데 도움이 되는 몇 가지 질문을 순서대로 열거한다. 이에 답하면서 은행의 입장과 이 회사 경영자의 입장에서 해결책을 제시하라.

(1) (주)그린목재의 주요 재무비율을 계산하고 재무적 강 · 약점을 평가하라.

(2) 2016년 그린목재의 자기자본순이익률(ROE)은 2014년 29.7%에서 1.9%로 급격히 악화되고 있다. ROI, ROIC변동원인분석법(Du Pont System)을 이용하여 악화된 원인을 분석하라.

(3) 2016년의 현금흐름표를 작성하고 이를 바탕으로 자금조달과 사용 면에서의 강 · 약점을 평가하라. 또 순운전자산의 변동액을 측정하여 현금창출능력을 평가하라.

(4) 2017년 6월 30일까지 은행여신을 상환하기 위하여 확보할 수 있는 현금창출가능액은 얼마인가? 만일 태평양은행이 추가적 여신을 승인하고 여신의 만기일을 2017년 1월 31일에서 2017년 6월 30일로 연장한다면, 그린목재는 2017년 6월 30일에 대출금을 상환할 수 있겠는가? (단, 2017년 매출액을 310억 원, 1년을 365일로 하여 계산하라. 순이익과 감가상각비에 의한 자금증가뿐만 아니라 그린목재의 재고자산과 매출채권 평균회수기간을 산업평균수준으로 감소시킴으로써 획득될 수 있는 영업활동 현금흐름 증가를 고려하라.)

(5) 이상의 재무분석결과를 근거로 할 때 은행이 추가적 대출을 승인하고 기존 여신의 만기일을 2017년 6월 30일까지 연장하여야 한다고 생각하는가?

(6) 여신의 만기일이 연장되지 않는다면, (주)그린목재는 어떠한 조치를 취하여야 하는가?

(7) 기업의 신용도를 평가하기 위해서는 이상의 재무비율분석과 현금흐름분석 이외에 어떤 측면을 더 고려하여야 할 것인가?

6장

재무제표분석의 제논점

앞의 3, 4, 5장에서는 재무비율분석과 현금흐름분석을 중심으로 기업의 재무건전도를 평가하는 방법에 대해서 설명하였다. 이 같은 경영분석 방법은 기술적으로 간단할 뿐 아니라 기업의 경영성과와 재무상태를 평가하는 데 매우 유용성이 높음을 알 수 있었다. 그러나 재무제표를 근간으로 하는 재무비율분석은 이용상에 주의하여야 할 여러 가지 한계점이 있다. 또한 유용성을 증가시키기 위해서 검토되어야 할 사항이나 논점들이 생기게 된다.

본장에서는 재무제표분석을 실행할 때 유념하여야 할 한계점과 논점에 대하여 다룬다.

학습목표

- 재무제표분석의 일반적 한계점으로서 회계자료상의 문제점
- 경제이익과 회계이익의 개념상의 차이점
- 회계수치의 질적 분석
- 회계처리 방법의 다양성
- 국제회계기준(IFRS) 적용으로 달라지는 내용과 경영분석상의 유의점
- 연결재무제표분석 방법
- 재무제표분석의 유용성을 높여주는 통계적 방법

1절 재무제표분석의 한계점

재무비율을 중심으로 하는 재무제표분석은 그 유용성도 크지만, 여러 가지 한계점을 지니고 있다. 본절에서는 재무제표분석의 한계점으로서 재무제표라는 회계자료가 가지고 있는 근본적 문제점, 기업 간 상호비교나 일정 기간에 걸친 추세분석의 문제점, 재무비율의 해석상의 문제점, 그리고 다각화기업의 재무제표분석의 문제점에 대하여 살펴본다.

1. 회계자료의 문제점

재무제표분석의 결과를 이용하는 회계정보이용자는 자신들의 의사결정에 유용하고도 목적적합한 정보를 원한다. 그런데 재무제표가 적정하게 작성되어 신뢰성을 갖추고 있다 하더라도 회계자료는 기업관련 경제적 실상을 효과적으로 측정하는 데 있어 그 능력에 한계가 있는 두 가지 문제점이 있다.

그 하나는 경제적 개념과 회계적 개념이 일치하지 않은 결과, 회계장부상의 기간이익이 기업의 실질적인 성과를 나타내는 자료로서 충실치 못하다는 점이다. 다른 한 가지는 재무결과를 보고하는 데에 있어 회계처리 방법이 다양하게 허용되고 있기 때문에 정보이용자의 주의가 필요하다는 점이다.

이러한 근본적인 문제점은 이하에서 상술하겠지만, 결국 재무제표정보가 기업의 경제적 실상을 반영함에 있어서 스스로의 능력을 제약하는 것이다.

(1) 회계이익과 경제이익의 차이

회계정보 중에서 기간이익은 경영활동의 성과를 평가하는 대표적인 성과측정치로서 정보이용자들이 가장 관심을 많이 갖는 재무제표항목이다. 이 회계이익(accounting income)은 다소 논란의 여지가 있는 여러 회계관습과 회계기준에 입각하여 수익과 비용을 대응시키는 과정에서 산출된다. 이렇게 장부가치로 측정되는 회계이익은 실질적인 부(富) 혹은 가치의 변동액을 측정한 것과는 거리가 있기 때문에 기업의 경제적 실상을 표현하는 데는 불충분하다.

반면에 기업의 실질적 부의 변동액을 측정하는 이익이라는 개념으로 경제이익(economic income)이라는 용어를 사용하고 있다. 이는 시장가치기준의 이익으로서 주주에게 귀속되는 미래 현금흐름을 적절한 할인율로 할인하여 측정한 부(富)이다.

회계이익이 경제이익과 차이를 보이는 이유로는 다음과 같이 세 가지를 들 수 있다.

첫째, 수익 · 비용의 인식기준이 다르기 때문이다. 수익과 비용을 대응시켜 산출되는 회계이익은 실현된 가치변동액만을 인식하지만, 경제이익은 자산가치의 변화를 발생한 시점에서 인식하여 측정된다. 즉, 회계이익은 실현주의 입장에서 이익을 측정하지만, 경제이익의 개념에서는 실질적인 가치변화가 발생한 시점에서 인식하는 발생주의의 관점에서 측정하여 실질적인 부의 변동액을 측정한다.

둘째, 일반물가수준변동을 반영하여 이익을 측정하느냐 그렇지 않느냐에 따라 차이가 있기 때문이다. 회계이익은 기본적으로 역사적 취득원가에 기초하여 산정되기 때문에 물가수준변동이 기간이익에 미치는 영향을 충분히 반영하지 못한다. 그러나 물가수준변동이 있을 때 기업의 실질적 가치나 주주의 실질적 구매력은 변동하게 되므로, 물가변동이 기간이익에 미치는 영향을 고려한 경제이익과 차이가 있게 된다. 국제회계기준(IFRS) 하에서는 비유동자산에 대한 자산재평가를 실시하여 공정가치(시장가치)로 측정할 수 있는 길이 열려있지만 근본적으로 한계가 있다.

셋째, 기업의 실질적 가치에 영향을 줄 것으로 기대되는 기업의 미래사건에 대한 처리에 차이가 있기 때문이다. 즉, 회계자료는 정기적(일년, 반기, 분기)으로, 지금까지의 실적치를 중심으로 계상되기 때문에 미래의 실질적 가치에 영향을 주는 사건들을 반영할 수 없다. 예를 들면, 미래이익은 신제품 도입으로 인한 미래 수요증가, 경쟁제품의 도입으로 인한 수요감소, 교육훈련으로 인한 노동생산성의 변화, 현재의 광고활동으로 인한 예상판매액의 증가 등의 이유 때문에 증감할 수 있다. 이러한 기대되는 미래이익 증감액의 현재가치가 경제이익이다. 이러한 내용이 주석사항에 기재될 수도 있지만, 기본적으로 회계이익은 과거 일정 기간의 수익과 비용만을 대응시켜 얻어진 기간이익이기 때문에 이러한 미래 기대이익의 변화액은 기업가치에 충분히 반영되지 않는다.

이처럼 회계이익은 실질적 가치변화를 반영하는 경제이익과 차이를 보이게 된다. 그러나 전술한 회계이익의 개념적인 문제에도 불구하고 현실적으로 회계이익이 변화될 수 있는 것은 이익측정상의 편의성 이외에도 주관성이 가급적 배제되고 객관성이나 검증가능성이 높다는 장점이 있기 때문이다. 반면에 경제이익은 현재가치 계산을 통하여 추정해야 하는데, 미래 현금흐름을 추정하고 현금흐름의 위험도에 적절한 할인율을 추정하는 작업이 현실적으로 용이하지 않다는 한계점이 있다.

결국 중요한 것은 재무제표상의 회계이익이 실질적 가치변화를 가급적 충분히 반영할 수 있도록 보완하여 보다 유용한 재무정보가 되도록 하는 것이다.

(2) 회계처리 방법의 다양성

재무제표분석에 이용되는 회계자료는 기간비교나 기업 간 비교에서 통일성(uniformity)과 비교가능성(comparability)이 결여되기 쉽다는 비판을 받는다. 그 이유는 기업의 경제활동을 측정하고 이를 회계자료의 형태로 보고할 때 회계담당자가 선택할 수 있는 회계처리 방법이 다양하기 때문이다. 따라서 회계담당자가 어떠한 회계처리 방법을 사용하느냐에 따라 비율분석 등에 이용되는 재무제표의 수치가 달라진다는 문제점을 지닌다.

1 대체적 회계처리 방법의 예

일반적으로 인정되는 대체적 회계처리 방법(alternative accounting policy)의 한 예로 재고자산평가 방법과 감가상각 방법을 들 수 있다.

- 재고자산평가 방법:
  - 선입선출법(FIFO): 먼저 들어온 원자재(상품)가 먼저 만들어져 팔린 것으로 회계처리
  - 후입선출법(LIFO): 나중에 들어온 원자재(상품)가 먼저 만들어져 팔린 것으로 회계처리
  - 평균법: 일정 기간 들어온 원자재(상품)의 매입원가를 평균하여 회계처리
- 감가상각 방법:
  - 정액법: 일정 기간 마모 또는 소비된 금액을 매기간 동일한 금액으로 상각
  - 정률법: 기초장부금액(원가에서 감가상각누계액을 차감한 잔액)에 매기간 동일한 감가상각률[$1-(\text{잔존가치}/\text{취득원가})^{1/n}$, 여기서 n은 내용연수]를 적용하여 상각, 초기에 많은 금액이 상각되고 기간이 경과함에 따라 상각액이 감소하게 하는 방법.

재고자산평가의 경우 회계원칙이 선입선출법(FIFO)인가 후입선출법(LIFO)인가에 따라 특히 물가상승이 빠르게 진행되는 기간에는 다음과 같이 재고자산과 매출원가의 크기가 달라진다.

간단한 예로 A회사가 6월 중 다음과 같이 상품을 구입하여 판매했다고 하자.

월 일	개	단가(원)
6월 1일	100	600
6월 10일	100	700
6월 15일	100	800
6월 25일	200	900

이 회사의 6월 중 판매량이 300개였다면 재고는 200개가 된다. 이 경우 LIFO법에 의한다면 매출원가는 260,000원(=200개×@900원+100개×@800원)이 된다. 한편 FIFO법에 의하면 매출원가는 210,000원(=100개×@600원+100개×@700원+100개×@800원)이 된다. 여기서 LIFO법에 의해 계산된 매출원가가 FIFO법에 의한 것보다 최근의 높아진 매입원가에 더 많이 반영되어 원가가 상대적으로 높게 계상되므로 이익은 과소계상된다는 것을 알 수 있다.

[표 6-1] **회계처리 방법의 다양성이 재무보고에 미치는 영향**

(단위: 천 원)

	① 갑 회사	을회사의 이익증가요인				
		② 선입선출법 사용	③ 정액상각법 사용	④ 연구개발비 상각(5년)	⑤ 자산수증 이익을 포함	⑥ 을 회사
매출액	10,000,000					10,000,000
매출원가	6,000,000					6,000,000
재고자산감소 (후입선출법)	400,000	(400,000)				–
판매비와 관리비	1,500,000					1,500,000
감가상각비 (정률법상각)	400,000		(100,000)			300,000
연구개발비 (당기비용처리)	100,000			(80,000)		20,000
총비용 합계	8,400,000	(400,000)	(100,000)	(80,000)	–	7,820,000
법인세전이익	1,600,000	400,000	100,000	80,000	–	1,680,000
법인세	832,000	208,000	52,000	42,000	–	873,000
계속사업이익	768,000	192,000	48,000	38,000	–	806,000
비유동자산처분이익	–	–	–	–	150,000	150,000
순이익	768,000	192,000	48,000	38,000	150,000	956,000
주당이익(600,000주)	1,280	320	80	60	250	1,590

회계처리의 다양성이 회계보고에 어떤 영향을 미치는가를 다른 사례를 통해 살펴보자. [표 6-1]에 나타난 갑, 을 두 기업은 동일한 영업활동을 하였지만 상이한 회계처리 방법을 사용하여 갑사의 주당이익(EPS)은 1,280원, 을사의 주당이익은 1,590원으로, 을사가 갑사보다 높은 주당이익을 실현한 것으로 나타나고 있다.

이 같은 주당이익의 차이를 가져오게 한 회계처리 방법과 그 효과를 대비하여 정리하면 다음 표와 같다.

[표 6-2] 주당이익의 차이를 초래한 회계처리 방법

(단위: 천 원)

항목	해당열	갑회사	을회사	순이익에 미치는 효과
재고자산	②	후입선출법(LIFO)	선입선출법(FIFO)	192,000
감가상각비	③	정률법 상각	정액법 상각	48,000
연구개발비	④	당기의 비용으로 처리	5년에 걸쳐 상각	38,000
자본이득	⑤	이익잉여금에 직접 계상	특별손익으로 계상	150,000

앞에서 든 예는 가상적인 것이지만, 실제로 회계처리 방법의 다양성이 재무보고에 미치는 영향은 적지 않다. 이처럼 회계처리 방법에 따라 재무제표분석에서 통일성과 비교가능성이 결여되는 문제점을 가져온다.

(3) 자의적 회계처리

경영자는 여러 대체적 회계처리 방법이 허용되어 있을 때, 회사의 경영내용이나 경영실적이 좋게 보이도록 자의적 회계처리(creative accounting)의 예로 이익조정과 이익조작을 들 수 있다. 이익조정(earnings management)은 기업회계기준의 범위 내에서 회계이익을 유리하게 보이도록 조정하는 것이다. 이익조작(earnings manipulation)은 기업회계기준을 위배하면서 이익을 조작하는 것이다.

경영자들이 이익조정이나 이익조작의 형태는 다음과 같은 특별한 상황에서 두드러지게 나타나는 것으로 보고되고 있다.

- 자금조달 특성상 유상증자를 성공시키기 위해서 순이익을 상향 조정.
- 금융기관과의 관계("재무구조개선약정" 등)에서 부채비율, 이자보상비율의 악화로부터 오는 불이익을 줄이기 위해서 이익을 상향 조정.
- 경영자의 성과보상이 회계이익에 연동되어 있을 때, 성과금을 높이기 위해서 이익을 상향 조정.

● 기업합병 · 매수(M&A)에서 인수조건을 유리하게 이끌기 위해서 이익을 상향 조정.
● 독과점규제 등 정부의 규제대상기업이 될 가능성이 있을 때 이익을 하향 조정.

분식회계로 알려진 "이익조작"은 재무정보이용자에게 큰 폐해를 준다. 재무정보이용자에게 주는 폐해는 비용이 과소계상되어 이익이 과대계상되는 경우에 있어서 더 크다고 볼 수 있다. 우리나라 등록법인들이 순이익을 과대계상하는 방법으로는 감가상각비 과소계상, 외화자산 · 부채평가 방법의 변경, 재고자산평가 방법의 변경, 퇴직급여충당금 과소계상, 부실채권 대손상각비 과소계상의 방법이 많이 사용되는 것으로 알려지고 있다.

일반적으로 기업체에서 기업회계기준을 위배하면서 이익을 과대계상하기 위하여 사용하는 방법을 소개하면 다음과 같다.[1)]

1 판매업자에게 위탁되었거나 반품된 재고자산을 매출액으로 기록한다.
2 자산의 미래가치가 의문시되는데도 비용을 자본화한다(비용과소계상).
3 사용 중인 자산을 재평가 절상하여 평가차익을 당기순이익에 포함시킨다.
4 재고자산을 높게 재평가한다.
5 고객으로부터의 선수금을 부채로 계상하지 않거나 부실채권의 대손상각을 과소하게 한다.
6 퇴직급여충당금을 과소하게 계상한다.
7 제조간접비의 원가배분을 가급적 완제품 재고자산에 할당하여 비용계상을 차기 회계연도로 미룬다.

(4) 회계처리 방법의 다양성과 자본시장의 효율성

회계처리 방법의 다양성과 관련된 논점의 한 가지는 회계처리 방법의 다양성으로 인하여 회계정보이용자들이 기업의 경제적 실상을 제대로 파악하지 못할 가능성이 얼마나 있느냐의 문제이다.

이는 자본시장이 회계정보를 비롯한 여러 가지 정보를 얼마나 효율적으로 반영하고 있느냐에 달려있다고 할 수 있다. 만약 자본시장이 비효율적이고 정보이용자들이 순진하여 회계처리 방법의 차이를 식별할 수 없다면, 회계처리 방법의 변경이 있을 때마다 기업을 다르게 평가할 것이다. 기업 간 비교에서도 과대이익을 계상하는 회계처리 방

1) 가장 많이 사용되는 분식회계 방법, 분식의혹 체크포인트, 분식회계 근절방안에 대해서는 본 장의 '경영분석의 현주소(6)'을 참조할 것.

법을 사용한 기업(예를 들어, 매출원가 추정 시에 후입선출법보다도 선입선출법 사용)이 양호하게 평가될 것이다.

이 같은 관점에서 증권가격과 회계이익의 관계를 설명하는 기계적 관계가설(mechanistic hypothesis)이 제시되고 있다. 즉, 순진한 투자자들은 회계처리 방법의 차이나 주당이익의 원천 등 질적인 차이에 대한 고려 없이, 보고되는 주당이익 그 자체가 기계적으로 증권가격에 반영된다고 보는 것이다. 따라서 순진한 투자자들만이 자본시장에 참여한다면 정보제공자들은 다양한 대체적 회계처리 방법들 중 자신들에게 유리한 결과를 가져다 줄 수 있는 회계처리 방법을 선택하여 투자자들을 오도할 것이다.

반대로 세련된 투자자들이 재무정보를 정교하게 해석하여 시장이 효율적으로 작동된다고 가정하면[2] 이 같은 논의가 무의미해질 수도 있다. 즉, 효율적 시장에서는 대체적 회계처리 방법에도 불구하고 투자자들은 회계처리 방법의 차이를 식별할 수 있어 주식가격은 편의(偏倚) 없이 기업의 경제적 실상을 반영하게 될 것이다.

결국 이 논의는 시장효율성의 문제와 관련이 되는데, 현재까지 진행된 실증연구결과에 따르면 특정 정보와 관련해서는 시장이 효율적이라고 볼 수 없는 측면도 존재하는 것으로 알려지고 있다. 그러나 회계처리 방법의 다양성이 가져오는 역효과를 지나치게 강조하는 것 또한 너무 성급한 일인 듯하다. 현단계에서 실제로 문제가 되는 것은 오히려 충분한 공시가 되지 않고 회계자료를 비교하는 데 많은 비용이 든다는 점이다. 재무보고서를 작성하는 기업의 입장에서는 가급적 한 가지 방법으로 일관성 있게 작성하여야 하고 수정했을 경우는 이에 대해 충분히 공시하여야 할 것이다. 이같이 완전공시와 정보처리비용의 극소화의 조화를 통하여 회계처리 방법의 다양성 때문에 생기는 재무보고상의 통일성과 비교가능성의 문제점을 줄일 수 있을 것이다.

2. 상호비교 · 추세분석의 문제점

각종 재무비율이 구해지면 기업의 재무적 건강상태에 대한 평가를 내리기 위해서 기본적으로 사용되는 방법이 두 가지 있었다. 한 가지는 일정 시점에서 표준비율이나 경쟁기업의 재무비율과 상호비교하여 경영성적의 좋고 나쁨을 판단하는 상호비교법이었고, 또 한 가지는 일정 기간 동안의 추세를 분석하여 경영내용의 개선 여부를 평가하는 추세분석법이었다.

2) 효율적 시장이란 증권가격이 이용 가능한 모든 정보를 신속 · 정확하게 반영하는 자본시장을 말한다. 본서 11장 4절 참조.

먼저 상호비교법은 상호비교의 기준이 되는 표준비율로서 산업평균비율을 많이 사용하는데, 이를 위해서는 산업분류가 적절히 이루어질 것이 전제되어야 한다. 또한 상호비교의 결과가 의미를 가지기 위해서는 상호 비교대상기업 간의 규모 차이가 적어야 하고, 사용되는 회계처리 방법이 유사해야 할 것이 요구된다.

특히 비교의 기준으로서 산업평균을 사용하는 데는 주의 깊게 검토하여야 할 문제점들이 있다.

첫째는, 산업분류가 적절히 이루어진 경우에도 산업 내의 대부분 기업이 공통적으로 경영이 불량하다면 그 산업평균은 비교기준으로서 적절할 수 없을 것이다. 오히려 당해 산업에서 가장 성공적인 기업의 업적과 비교하는 것이 더 합리적일 것이다.

둘째는, 산업평균과의 차이를 분석할 때 절대적 차이와 상대적 차이 중 어느 것에 근거하여 추론하여야 하는가의 문제점이다.

셋째는, 다음 절 통계적 논점에서 논의될 사항인데 비교기준으로서 평균, 중위수, 최빈수 중에서 어떤 대표값을 사용하여야 하는가의 문제점이다. 또한 평균을 비교기준으로 삼을 때 평균 방법으로서 단순평균이냐 가중평균이냐에 따라 비교기준이 달라진다.

마지막으로 횡단면분석을 할 때 재무제표작성 기준일이 서로 다르며 기업 간에 회계처리 방법이 통일되지 않음으로써 비교가능성이 줄어드는 문제점이 있다.

특히, 앞에서 설명한 회계처리 방법의 다양성문제는 상호비교에 있어서 비교가능성을 감소시킨다. 회계처리 방법이 기업 간에 크게 차이나면 재무비율의 상호비교 시에 있어서, 특히 수익성과 활동성 관계비율의 평가에 조심할 필요가 있다. 왜냐하면 재고자산, 매출원가, 비유동자산, 감가상각비 등의 계상에 있어서 회계처리 방법에 따라 비용이 과소 혹은 과대계상되어 수익성 평가가 잘못될 수 있기 때문이다. 활동성비율에 있어서도 마찬가지로 적용되는 기준에 따라서 자산의 크기가 다르게 추정될 것이므로 회전율 비교가 적절하지 못할 수 있다.

추세분석법에서는 분석대상기업이 분석기간 동안 동일한 회계처리 방법을 사용하고 기본 영업성격에 변화가 없어야 할 것이 전제된다. 만약 분석대상기간 동안 회계처리 방법을 변경하였다든지, 기업합병 등으로 인하여 기본 영업성격이 변하였다면, 분석상의 통일성을 상실하게 된다. 또한 시계열분석 시 시계열자료상에 지나치게 크거나 작은 관찰치(outliers)가 있을 경우도 추세경향치를 추출하거나 미래의 예측에 어려움이 있게 된다.

기업회계기준이 변경되면 추세분석 시 일관성 있는 분석이 어려운 상황이 발생할 수 있다. 국제회계기준(IFRS)을 적용하면 종전의 회계기준과 큰 차이가 나는 부분이 적지 않은데, 변경 기간 전후를 포함한 추세분석을 시도할 때는 이러한 측면을 감안하여 분석할 필요가 있다. 이러한 측면에서의 상세한 논의는 다음 2절 2항에서 다루기로 한다.

3. 재무비율의 계산과 해석상의 문제

재무비율분석의 목적은 복잡한 재무제표에 대한 해석을 단순, 용이하게 하기 위한 것이다. 다양한 항목으로 복잡하게 작성되어 있는 재무제표항목들 중에서 경제적 연관성이 높은 두 항목을 선택하여 비율을 구하는데, 비교적 적은 수의 비율로 압축하여 의미 있는 정보를 추출하는 것이다.

재무비율분석이 지니는 문제점의 하나는 비례성(proportionality)의 가정이다. 재무제표자료를 몇 개의 의미 있는 정보로 압축시켜 주는 재무비율이 경영분석에 이용될 수 있는 것은 비율로 표시하면 기업 간의 규모의 차이를 통제할 수 있다는 장점이 있기 때문이다.

예를 들면, 매출액순이익률은 분자의 순이익이나 분모의 매출액이 기업규모가 커지면 모두 비례적으로 증가하는 경향을 보인다는 가정을 한 것이므로, 기업규모가 크게 차이나는 기업 간에 매출액순이익률의 비교가 가능하다.

그러나 기업규모를 통제함으로써 중요한 정보가 상실될 수 있는 경우도 있다. 이러한 대표적인 예는 부실기업을 예측하는 경우로서 기업규모, 즉 대규모기업이냐 소규모기업이냐에 따라 부실가능성이 다른 것으로 알려져 있는데, 재무비율은 기업규모를 통제하고 있으므로 재무비율을 사용하여 부실예측모형을 제시하면 이 같은 측면의 정보가 상실될 수도 있다.

재무비율의 계산상의 문제점으로는 분자에 負(－)의 수치가 있어 비율이 부(負)로 표시되는 경우이다. 산업평균을 구할 때 이를 빼는 경우, 수정하는 경우, 아니면 그대로 이용하는 경우에 따라서 비교기준이 달라지는 문제점이 있게 된다. 이 같은 계산상의 문제점은 지나치게 크거나 작은 관찰치가 존재할 때도 마찬가지이다.

재무비율의 해석상의 문제점은 최종적인 해석을 할 때 명확한 최적기준이 없다는 것이다. 흔히 특정 재무비율을 평가할 때 양호한지 불량한지 이분법적(二分法的)으로 판단하게 된다. 예를 들어, 유동비율이 높다거나 회전율비율이 높으면 유동성이나 활동성이 양호한 것으로 평가하는 경향이 있다. 그러나 유동비율이 너무 높다는 것은 이익창출기회를 상실케 하는 유동자산에 대한 투자가 과다하다는 것을 뜻하기도 하므로 반드시 좋다고 이야기할 수 없다. 또 재고자산회전율이 높은 것은 재고자산이 과부족해서 추가적인 판매기회를 상실하여 기회손실을 입을 가능성도 있음을 암시하므로 반드시 좋은 것만은 아니다. 어떤 입장에서 분석하느냐에 따라 평가가 달라질 수밖에 없는 측면이 존재한다.

몇 가지 비율에 대해서 흔히 "이상적" 표준비율을 정하여 놓고 양부(良否)를 평가하는 것도 같은 맥락에서 비판이 된다. 예를 들어, 유동비율의 절대기준이 200%라는 것은 적절한 평가기준이 될 수 없다. 이상적인 표준비율과 같은 절대적 기준이 지지될 만한 확고한 선험적 이유나 실증적 증거가 제시되지 않고 있기 때문이다.

결국 최적기준이 없는 만큼 여러 분석자가 특수상황을 고려하여 재무비율의 의미를 해석함으로써 해석상의 문제를 줄여야 하는 과제를 안고 있다.

경영분석의 현주소 (6)

분식회계와 재무제표를 보는 법

분식회계는 엄청난 사회 · 경제적 파장을 가져온다. 우리나라에서의 SK글로벌, 하이닉스, 2016년의 대우조선 등의 분식회계 사건, 미국에서의 '엔론'사건에서 보는 것처럼 해당 기업의 주가가 폭락하면서 주주들에게는 막대한 금전적 손실, 채권금융기관에게는 대출자금의 회수불능, 회계법인에게는 손해배상액 급증의 폐해를 초래하게 하였다.

○ 가장 많이 사용되는 분식회계 방법: 재고자산, 매출채권 부풀리기

기업들이 분식회계를 하고자 한다면 그 목적은 경영성과 포장, 세금회피, 비자금 조성, 주가조작을 통한 차익 확보, 자금조달의 용이성 확보 등에 있다고 할 수 있다. 이와 같은 목적은 회계이익 증가를 통하여 달성할 수 있는데, 회계이익 증가를 가능하게 하는 분식방법으로는 다음 방법이 많이 사용되고 있다.

[그림] 가장 많이 사용되는 분식회계

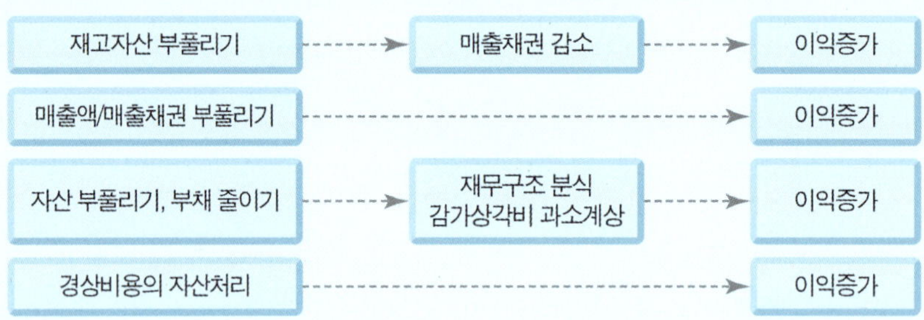

○ 분식의혹 재무제표의 체크 포인트

분식회계의 의혹이 있는 재무제표에 대해서 그 분식의 진위 여부를 체크하는 방법에 대하여 여러 가지 방법들이 제시되고 있는데, 다음과 같이 요약될 수 있다.

- 매출액 대비 재고자산, 매출채권, 단기대여금항목의 급증 여부
- 수익을 과대계상하기 위해서 무리한 신용조건의 완화, 밀어내기식 매출을 하였을 가능성
- 수요감소를 암시하는 재고자산의 급증 가능성
- 유형자산 감가상각비의 급감 여부
- 감가상각비 대비 유형자산 투자액 비율의 증감 추세분석을 통해 감가상각비 과소계상 여부를 판단
- 부채규모를 감안할 경우 이자(금융)비용의 적정성 여부

- 3년 이상의 영업이익, 현금흐름의 비정상적 추세
- 외환관련 순익규모, 기타 자산처분손익의 적정성, 전기오류 수정 · 소실 · 조작 여부
- 숨긴 차입금의 존재와 규모, 부채를 축소하고 부외부채로 처리했을 가능성 여부
- 관계회사와의 내부거래를 통한 은폐 여부
- IT관련 기업의 경우 무형자산관련 연구개발비 규모의 적정성 여부
- M&A가치(시너지효과)가 별로 없는 새로운 사업부문에 대한 과다투자(투자유가증권의 내역, 자금유출) 여부
- 주석사항에서 주요 자산, 부채 및 소송, 담보, 우발채무, 관계회사 등 특이성 여부
- 비적정 감사의견과 감사인의 변경이 있는 경우
- 회계변경의 결과로 적자가 흑자로 전환되었거나 이익이 크게 변동한 경우
- 5장에서 설명한 것처럼 회계이익과 영업활동현금흐름 간의 괴리가 큰 경우

○ 업종별 분식회계 체크 포인트

회계이익을 조작 또는 조정할 여지가 큰 항목은 업종별로 특징이 있다. 다음 표에 예시된 산업별 중점 체크 포인트 중심으로 분식회계가능성을 점검하는 것이 효과적일 때가 있다.

산업	중점 체크 포인트
금융업	대출금에 대한 대손충당금 설정
소매업	매출채권에 대한 대손충당금 설정, 재고자산 진부화에 따른 적절한 평가, 반품에 대한 고려
일반제조업	제품품질에 관련된 제품보증충당부채 설정의 적정성
자동차제조업	과잉설비와 관련한 감가상각의 적정성
컴퓨터제조업	기술적 변화, 매출채권과 재고자산의 적정성
소프트웨어개발업	제품의 시장성, 연구개발비의 자본화 적정성
통신업	기술적 변화, 감가상각의 적정성
제약업	연구개발비의 내역, 제품품질에 따른 부채계상 여부
건설업	공사진행률 산정의 적정성

자료: S. Penman(2007), *Financial Statement Analysis & Security Analysis*, 3rd ed. McGraw-Hill Irwin, p. 643.

○ 토론

1. 회계이익 증가를 가능하게 하는 분식 방법으로는 재고자산 부풀리기, 매출채권 부풀리기 방법이 많이 사용되는 이유는 무엇인가?
2. 분식회계의 의혹이 있는 재무제표에 대해서 그 분식의 진위 여부를 체크하는 방법으로서 위에 제시된 방법들 중에서 가장 효과적인 방법은 무엇이라고 생각하는가?
3. 분식회계 근절방안들을 제시하라.

2절 재무제표분석의 회계학적 논점

재무비율을 중심으로 한 재무제표분석은 앞 절에서 논의한 것처럼 회계이익과 경제이익의 차이, 회계처리 방법의 다양성 등의 문제점을 지니고 있다. 전통적인 회계자료는 실현주의에 입각하여 수익을 인식하고, 물가변동을 반영하거나, 미래수익력에 영향을 주는 기대사건을 반영하는 것이 제한적이다. 뿐만 아니라 다양한 회계처리 방법을 허용하고 있는 탓으로 통일성과 비교가능성을 유지하는 것이 어렵다는 한계점이 있다.

IFRS도입 이전의 회계제도는 역사적 취득원가주의를 채택한 것으로서 객관성(objectivity)과 검증가능성(verifiability)기준을 중시한 것이다. 그러나 정보이용자 입장에서 보면 객관성이나 검증가능성보다 의사결정에 목적적합한 유용한 정보의 제공이 더 중요하므로 회계자료는 주관적인 판단의 문제가 개입되더라도 유용성(usefulness)을 높이는 방향에서 수정될 필요가 있는 것이다. 즉, 회계의 객관성기준은 정보의 유용성과 상충될 때 의미가 반감되기 때문에, 회계정보 제공에는 객관성이 다소 희생되더라도 유용성을 증가시키는 시도가 필요하다.

본절에서는 회계자료를 유용성 있는 정보로 수정보완하는 방법에 관련된 문제들을 살펴본다. 먼저 회계자료의 질적 특성을 분석하는 방법, 인플레이션 하에서의 재무제표분석 방법, 미래수익력에 영향을 주는 기대사건의 공시문제에 대해서 살펴본다. 그 다음 지배-종속관계에 있는 계열회사들에 대한 경영평가 시에 필요한 연결재무제표분석에 대하여 설명한다.

1. 회계수치의 질적 분석

전통적인 경영분석 방법은 3, 4, 5장에서 설명하였듯이 재무제표에 나타난 회계수치를 그대로 이용한 비율분석이 중심이 된다. 그러나 기업의 재무건전도에 관한 정보는 겉으로 나타난 회계수치 이면(裏面)의 자산과 부채가 지니고 있는 질적 능력 내지 특성, 즉 회계수치와 실질가치와의 차이를 분석함으로써 더욱 의미 있는 결론을 유출할 수 있다.

이 같은 자산과 부채에 대한 질적 분석은 결국 미래 기업환경의 악화에 그 기업이 대처할 수 있는 여력의 정도, 위기극복능력, 유리한 투자기회의 활용능력에 대한 정보를 제공해 준다. 즉, 기업의 **재무적 융통성**(financial flexibility)에 대한 평가를 가능케 해 준다. 이러한 이유 때문에 근래 신용분석이나 증권분석에서는 미래 단기간의 재무적 융통성을 평가하기 위하여 자산과 부채에 대한 질적 분석을 중요시 하고 있다.

(1) 자산에 대한 질적 분석

자산의 질적 특성(asset quality)이란 기업이 보유하고 있는 자산의 이익 또는 현금창출능력, 장부가치와 시장가치와의 차이를 가져오는 자산의 질적 능력을 말한다. 이제 재고자산, 매출채권, 비유동자산으로 나누어 시장가치와 장부가치와의 차이를 가져오는 원인들을 보면 다음과 같다.

1) 재고자산의 질

재무상태표상에 나타나 있는 재고자산의 가치는 실제의 가치로 표시되지 않는 경우가 많은데 그 이유는 다음과 같다.

첫째, 재무상태표상의 재고자산가치는 회계적 기준에 의해 기록된 것이지 시장가치에 의한 것이 아니다. 대부분의 회계시스템에서는 재고자산의 시장가치가 취득원가 이하일 때 보수주의의 관점에서 저가주의를 채택하고 있다. 그러나 앞에서 설명한 것처럼 재고자산의 장부가액은 역사적 원가에 의해 기업의 매출원가를 계산하는 데 필요한 회계적 개념에 의한 가치이지 실질적 가치와는 차이가 있다.

둘째, 사용된 회계원칙이 선입선출법(FIFO)인가 후입선출법(LIFO)인가에 따라 재고자산의 크기가 달라진다. 특히 급격한 인플레이션 하에서는 큰 차이가 있다.

셋째, 제조기업의 재고자산은 원재료, 재공품, 완제품으로 구분하는데 각각 시장성(marketability)이 다르다. 예를 들어, 완제품의 수요가 안정적일 때는 완제품의 가치가 거의 그대로 반영되겠지만, 수요가 불안정하다면 오히려 시장성 있는 원재료가 불안정한 수요의 완제품보다 가치가 더 있게 된다.

넷째, 재무상태표상의 재고자산은 한 가지 종류의 제품으로 구성되어 있는 것이 아니라 많은 종류의 제품으로 구성되어 있으므로, 제품별로 나누어 재고자산회전율을 구하여 현금화하는 데 걸리는 시간을 평가할 필요가 있다.

마지막으로, 현금과 매출채권은 감사를 통하여 쉽게 검사될 수 있으나 재고자산의 가치는 입증하기가 어렵고, 은폐될 가능성이 가장 크다. 따라서 실질적 가치와 큰 차이가 있을 가능성이 높다.

여기에서 **은폐**는 **보수주의적 회계처리**와는 구분할 필요가 있다. 보수주의적 회계처리는 부정한 평가 방법이 아니고, 단지 수익이 실현되기 전에는 이익을 계상하지 않는 보수적인 회계정책에 의한 것을 말한다. 반면에 은폐는 감사인이나 이해관계자에게 잘못된 정보를 보고하는 부정한 방법을 의미하는 것으로써, 양자를 구분할 필요가 있다.

2) 매출채권의 질

매출채권의 질은 그 **회수가능성**(collectability)에 달려 있다. 이 회수가능성은 고객이 누구이며 영향력이 큰 구매자가 얼마나 있는지의 여부와 회수기한이 경과된 매출채권은 얼마나 되는지를 봄으로써 평가될 수 있다. 이 같은 회수가능성에 관한 정보는 비교적 쉽게 구할 수 있으므로 매출채권의 질적 평가는 재고자산의 질적 평가보다 쉬운 면이 있다.

매출채권은 이미 팔린 제품에 대한 채권이며 현금순환과정에서 현금에 가장 근접한 항목이므로 재고자산보다 유동성이 높으며 문제가 적다. 따라서 채권자의 입장에서 담보로 제공될 때도 재고자산보다 유리하다.

그러나 매출채권의 질을 평가하는 데는 3장에서 설명한 매출채권회전율 이외에 **매출채권 경과기간표**(receivables aging schedule)를 이용하여 현금화되어가는 속도에 대한 평가가 필요하다.

이 밖에도 대손의 가능성이 있는 금액과 판매한 상품에 문제가 있어서 반품될지도 모르는 정도를 고려할 필요가 있다.

3) 비유동자산의 질

비유동자산에 대해서도 유동자산의 질적 분석에서처럼 재무건전도에 미치는 영향, 그리고 장부가치와 실질적인 가치와의 차이 정도를 분석할 필요가 있다.

특히 대출자금의 상환을 검토하는 신용분석에서는 비유동자산의 매각을 통하여 현금화시키는 방안을 검토하게 되는데, 실제의 비유동자산의 가치는 여러 가지 요인에 의해서 달라지므로 다음과 같은 관점에서 비유동자산의 질적 분석이 필요하다.

① 매각할 경우 예상되는 **비유동자산의 시장성**(marketability) 정도를 평가하여야 한다. 어떤 비유동자산의 가치는 특정 제품을 매각하고자 할 때 그 성공 여부와 밀접한 관계가 있는 것이 있다. 예를 들어, 전문화된 직조기계는 직물시장이 붕괴하면 아무런 가치도 지니지 못한다. 반면 지리적 여건이 좋은 유휴지 같은 비유동자산은 비록 기업의 이익이 감소한다하더라도 그 가치를 유지하는 경우가 많다. 이처럼 시장성이 매우

높은 비유동자산의 예로는 투자자산, 경영성과가 좋은 자회사, 그리고 영업상의 특허권이나 독점권 등이 있다.

② 비유동자산의 처분이 회사의 다른 영업활동에 주는 영향을 평가하여야 한다. 또한 영업의 일부분을 매각할 경우에도 기존 영업활동에 심각한 영향을 미치지 않고 쉽게 팔 수 있는지를 고려하여야 한다.

③ 이미 담보설정이 되어 있는 비유동자산의 정도를 파악할 필요가 있다. 담보로 잡힌 부분이 많을수록 매각하는 비유동자산의 원매자는 제한되고 때로는 자산의 매각가격이 크게 평가절하되는 경향이 있는 점을 고려해야 한다.

④ 기업의 미래 현금흐름을 발생시킬 수 있는 모든 자산이 재무상태표 차변에 올라있지 않다는 점이다. 제약회사의 특허권이나 소비재 취급기업의 브랜드가치는 그 가치가 적절히 계상되어 있지 않은 경우가 많다.

⑤ 비유동자산과 같은 비화폐성자산은 비록 자산재평가가 실시되었더라도 시장가치보다 낮은 경우가 많다.

(2) 부채 · 자본에 대한 질적 분석

1) 부채의 질

재무건전도를 평가함에 있어서 부채의 질을 분석할 때는 부채의 크기 및 채무변제 우선순위, 강제성, 우발채무의 크기 등을 고려하여야 한다. 이를 위해서는 부채비율, 채권의 우선범위 그리고 사용 가능한 현금흐름과 부채수준과의 관계 등을 고려하는 것이 도움이 된다.

- 재무상태표 대변에 부채로 계상되어 있지는 않지만, 기업의 실질적인 부채에 해당되는 **부외부채**의 항목과 그 크기를 고려하여야 한다. 항공회사의 리스계약이나 노동조합과의 부채성 약속 등이 그 한 예이다.
- 비유동부채는 그 금액이 현가기준으로 계상되고 있더라도 현재 시점의 이자율이 아닌 발행(조달) 당시의 이자율로 계상된 장부가액인 경우가 많다. 이자율 변동의 영향을 크게 받는 부채의 크기와 그 불확실성을 고려하여야 한다.

2) 자본시장 이용가능성

자본의 질에 대한 평가는 자본조달 시에 그 기업이 자본시장이나 금융기관을 어느 정도 이용할 수 있는가(availability)의 여부에 중점을 맞추는 것이 도움이 된다. 이를 위해서는 다음 사항에 대한 검토가 이루어질 필요가 있다.

- 부채든 신주발행이든 자본조달은 과거에 적절한 시기에 적절한 판단에 의해 이루어졌는가? 비유동부채를 조만간 추가적으로 차입할 필요성은 없는가?
- 주주에 대한 이익분배는 적절히 수행되고 있는가? 주주들이 부담하는 기업의 위험도는 적정한 수준인가? 자기자본이익률은 이러한 위험과 시장의 평가수준과 관련하여 만족할 만한가?
- 만약 상장기업이라면 그 주식가격은 기업의 순자산가치를 초과하는가? 만약 주식가격이 현저하게 낮다면 그 이유는 무엇이고 주가가 현저히 낮더라도 신주발행에 의해 자본조달이 가능한가?

(3) 이익(손익계산서)의 질에 대한 분석

손익계산서에 계상되고 있는 보고이익은 얼마나 보수적인 회계처리 방법이 적용되었는지, 그리고 비경상적 · 비반복적 항목의 비중이 높은지에 따라 이익의 질(quality of earnings)이 다르게 평가된다. 특히 최근까지의 이익에 근거하여 미래이익을 예측하고자 할 때 이익예측의 신뢰성에 영향을 주게 된다. 이익의 질은 다음 두 가지 측면에서 평가될 필요가 있다.

첫째, 회계이익을 산정함에 있어서 얼마나 **보수적 회계처리 방법**이 사용되었는지가 고려되어야 한다. 손익계산서 작성 시 특히 매출액, 재고자산, 연구개발비, 감가상각비 계상 시에 어떤 회계처리 방법이 선택되었느냐에 따라서 보고이익은 달라진다. 이는 특정 기간 동안에 회계처리 방법을 변경할 경우 더욱 그러하다. 다음은 보수주의적으로 회계처리를 함으로써 이익의 질이 높게 평가되는 예이다.

1. 물가상승의 경제 하에서 후입선출법(LIFO)으로 재고자산평가
2. 불량매출채권과 관련하여 과감한 대손처리
3. 초기에 감가상각비를 많이 계상하는 가속상각, 특별상각법 회계처리
4. 영업권이나 무형자산에 대한 조기상각 또는 가급적 비용처리
5. 재무상태표에 표시되지 않는 자금조달의 최소화
6. 수익인식에서 보수주의적 회계처리
7. 특별이익이나 비현금이익항목 계상의 억제

둘째, 회계이익 중에 비반복적 · 비경상적 항목의 비중을 고려하여야 한다. 과거의 영업성과에 영향을 미친 항목은 미래에도 계속될 것으로 볼 수 있는 **반복적 항목**(recurring items)과 일시적, 일회성의 **비반복적 항목**(non-recurring items)으로 나눌 수

있다. 전자는 주된 영업활동인 생산 · 판매 · 구매와 관련된 경상적 수익 · 비용항목이고, 후자는 기업합병이나 자산매각 등과 같은 특수거래와 관련된 특별손익항목이다. 지속가능이익의 관점에서 반복적 · 경상적 항목의 비중을 평가한다.

셋째, 기업의 장기 수익력과 밀접한 관계가 있는 **재량적 비용지출**의 크기와 시기를 고려한다. 기업이 지출하는 비용은 강제적 비용(compulsory expenses)과 재량적 비용(discretionary expenses)으로 구분할 수 있다. 전자는 재료비나 인건비처럼 정상적인 영업활동을 위해서 그때그때마다 지출해야만 하는 비용을 말하고, 후자는 경영자의 재량적 판단에 따라 지출을 연기할 수도 있고 당장 집행할 수도 있는 비용을 말한다. 재량적 지출항목으로는 고정설비투자지출(감가상각비), 수선비지출, 연구개발비지출, 교육훈련비 지출 등을 들 수 있다. 기업이 재량적 항목의 지출을 미루면, 단기 실적은 상대적으로 높게 계상될지 모르지만, 장기 실적은 그 반대로 나타날 가능성이 높다. 그 기업의 장기 수익력증가와 밀접한 관계가 있는 것이 이 재량적 지출항목이므로 미래 이익예측에는 이와 같은 재량적 항목이 적시에 적절히 지출되고 있는지를 분석하여 장기적인 수익력을 평가할 필요가 있다.

2. 국제회계기준(IFRS)과 경영분석

우리나라 기업은 그간 우리나라만의 일반회계기준(GAAP)을 적용하여 작성하여 왔지만, 2011년부터는 모든 상장기업이 **국제회계기준**(IFRS: international financial reporting standards)을 적용하여 회계보고서를 작성하게 되었다. 재무제표 작성에 적용되는 회계기준(accounting standards)이 크게 바뀌면, 앞의 1절 2항에서 설명한 부분 이외에도 재무제표분석에 주의를 요하는 부분이 많게 된다.

(1) 주요 항목별 · 산업별 영향

IFRS회계제도는 그 이전의 구회계기준과 비교할 때, 2장에서 설명한 바와 같이 ① 연결재무제표 중심, ② 포괄손익계산서의 작성, ③ 원칙중심의 회계처리, ④ 공정가액 평가 방법의 적용, ⑤ 주석의 명시 등의 차이점이 있다.

이를 주요 항목별로 보면 다음과 같은 회계기준의 변화가 있고, 기업에 따라서는 적지 않은 영향을 받는다.

- **R&D(연구개발투자)의 회계처리**: 기존의 회계기준은 이를 비용으로 처리하는 것이 원칙이었지만, IFRS는 R&D투자를 자본으로 처리한다. 따라서 R&D투자가 많은 기업은 비용이 감소하고 이익과 자본이 증가하는 것으로 나타난다.
- **영업권의 회계처리**: 기존의 회계기준은 이를 비용으로 처리하였지만, IFRS에서는 영업권을 자산으로 계상한다. 따라서 영업권이 많은 기업은 비용이 감소하고 이익이 증가하는 것으로 나타난다. 브랜드가치도 자산으로 평가되므로, 브랜드가치가 높은 상품을 다수 보유한 기업은 자산과 자본의 증가효과를 얻게 된다.
- **운용리스의 회계처리**: 기존의 회계기준은 이를 비용으로 처리하였지만, IFRS에서는 비용처리하지 않고 부채로 처리한다. 따라서 운용리스가 많은 항공사 등은 비용이 감소하는 대신 부채가 증가하여 재무구조가 나빠지는 것으로 나타날 수 있다.
- **지급보증의 회계처리**: 지급보증이 있으면 기존의 회계기준은 이를 주석에 공시할 뿐이었는데, IFRS에서는 지급보증을 부채로 처리한다. 따라서 지급보증이 많은 회사는 부채가 증가하여 재무구조의 악화로 나타나게 된다.
- **공정가치기준의 회계처리와 자산재평가**: 기존의 회계기준은 자산평가 시에 기본적으로는 역사적 취득원가기준으로 작성되는 평가 방법이었다. 그러나 IFRS는 원칙적으로 자산의 경제적 실질(시장가격 등)이 반영되는 공정가치(fair value)평가 방법을 적용한다. 따라서 많은 기업들은 비유동 설비자산에 대하여 공정가치를 추정하기 위하여 자산재평가를 실시하게 된다. 유형자산의 내용연수, 잔존가치, 상각 방법을 실제 행태를 반영할 수 있게 되었다. 결과적으로 자산과 자본이 증가하고 단기적으로 자산재평가이익으로 인한 주당순이익이 개선되는 효과를 얻는다. 또한 부채비율이 감소하는 반면 자기자본순이익률(ROE)은 하락하게 된다.
- **대손충당금의 회계처리**: 기존의 회계기준은 제시된 객관적인 기준에 따라 산출된 대손추정액을 대손충당금으로 설정하였는데, IFRS에서는 자체 추정한 금액을 충당금으로 설정하게 된다. 기업에 따라서는 손익과 자본 증가를 가져온다.
- **상환우선주의 회계처리**: 기존의 회계기준은 자본으로 분류하였으나, IFRS에서는 상환해야하는 계약상의 의무를 부담하는 경우는 부채로 분류 처리한다. 따라서 의무성의 상환우선주가 있은 회사는 순익과 자본 감소의 영향을 준다.

IFRS의 적용은 이상과 같은 여러 가지 영향을 주는데, **산업별 영향**은 그 정도가 상이하다. 보험업, 정유업, 조선업, 리스업, 해운업 등의 경우가 다음과 같은 이유로 인하여 전과 다른 영향을 받게 된다.

- **정유회사**: 정유회사의 재고자산과 매출원가 회계는 주로 후입선출법(LIFO)에 따라

처리해 왔다. 그러나 후입선출법의 적용이 인정되지 않게 됨에 따라 **선입선출법이나 평균법**을 적용하게 된다, 따라서 원유 값이 상승하는 상황에서는 후입선출법이 적용될 때보다 상대적으로 매출원가가 과소 계상되므로 순이익이 증가하고, 결과적으로 법인세가 증가하게 되는 영향을 받는다.

- 건설, 조선회사: 건설회사, 조선회사의 매출수익은 **진행기준**으로 회계처리 되어 왔다. 예를 들어, 3년간에 걸쳐 1,200억 원의 공사가 진행되는데 이 공사의 삼분의 일이 진행되는 해는 매출수익으로 400억 원이 계상된다. 그러나 IFRS에서는 **완성기준**으로 회계처리하게 되므로 이 공사가 끝나기 전까지는 매출로 잡히지 않다가 공사가 완료되는 3년 말 시점에서 1,200억 원이 한 번에 매출로 잡힌다.
- 리스회사: 그간 리스료는 그 형태(운용리스 또는 금융리스)에 관계없이 손비처리(법인세 절감효과)가 되었기 때문에 리스 사용의 유인이 되었다. 그러나 IFRS에서는 운용리스의 경우는 손비처리가 되지 않고 부채로 인식하기 때문에 부채비율 악화를 염려한 회사들이 리스 이용을 줄일 가능성이 높아지고, 결과적으로 리스회사의 수익은 악화될 수 있다.
- 해운회사: 대부분의 거래를 외화로 결제하는 해운회사는 달러, 유로 등 회사가 선택한 통화로 장부를 작성하는 기능통화제가 도입되므로 환율변동에 따른 외화자산평가손실로 계상하지 않고, 부채로 계상함으로써 왜곡 가능성을 줄일 수 있게 되었다.
- 보험회사: 보험회사가 계상하는 "**비상위험준비금**" 항목에 대하여 기존의 회계기준은 이를 부채로 처리하였지만, IFRS에서는 자본으로 처리한다. 반면에 지급예정보험금은 부채로 계상됨으로써 상당한 자본확충을 해야만 하는 상황이다.

(2) IFRS의 적용과 재무제표분석 시의 유의점

IFRS가 본격적으로 적용됨에 따라 무엇보다도 상호비교와 추세분석 시에 주의를 요하는 부분이 많아진다.

1) 기업 간 상호비교분석 시의 유의점

IFRS가 적용되게 되면 채택한 국가 간에는 기본적으로 동일한 회계기준이 적용되므로 국제비교의 용이성은 높아지겠지만, 국내기업 간의 상호비교의 어려움은 커지게 된다. IFRS는 원칙중심의 회계처리방식이어서 회계보고서 작성자의 자율성 내지 재량적 판단이 많이 주어질 뿐 아니라 동일한 재무정보를 놓고도 기업별로 표현방식에 큰 차이가 날 수 있기 때문이다.

유의할 가장 중요한 부분은 기업에 따라서는 영업외수익항목이 종전과 같이 구분, 표시되어 있지 않거나, 일회성 수익(손실)항목이 구분되어 있지 않은 점이다. 앞에서 지적한 것처럼 IFRS에서는 핵심 영업활동에서의 이익창출능력평가의 근간이 되는 "영업손익"의 정의조차 규정하지 않고, 기업의 자율에 맡기고 있다. "**영업손익**"은 동종산업 내 경쟁업체 간의 경쟁력을 비교하거나 지속 가능한 미래 이익추정의 기초가 되기도 하고, 기업가치평가의 근간이 된다. 그런데 이의 표시가 되어 있지 않을 수도 있고, 또 되어 있는 경우도 전에는 영업외수익항목이 기타수익항목의 이름으로 포함되어 표시되기도 한다. 따라서 미래 이익예측과 경쟁기업 간에 재무건전도가 양호한지 불량한지를 평가하는 상호비교가 어려워지는 문제에 부딪치게 된다.

분석자는 서로 다른 체계로 작성된 재무제표를 기업 간 상호비교가 가능한 재무제표 체계로 재구성하는 것이 필요하다. 이를테면 경쟁업체 간의 경영효율성평가나 기업가치평가의 근간이 되는 손익은 전통적 영업이익이므로 서로 다른 체계로 작성된 재무제표를 2장에서 설명한 재무제표 체계로 재구성하여 경영분석하는 것이 필요하다.

2) 추세분석(시계열분석) 시의 유의점

IFRS의 적용은 추세분석에 있어서도 큰 혼란이 있을 수 있다. 특히 IFRS가 적용되는 전과 후의 수년간의 시계열자료를 이용한 추세분석에 어려움이 커지게 된다.

예를 들어, 앞서 적시한 것처럼 영업권은 비용으로 처리되어 왔지만, 이제는 자산으로 계상됨에 따라서 영업권이 많은 기업은 비용이 감소하고 이익이 증가하는 것으로 나타날 수 있다. 또 운용리스가 많은 항공사 등은 비용이 감소하는 대신 부채가 증가하여 재무구조가 나빠지는 것으로 나타날 수 있고, 지급보증이 부채로 처리됨에 따라서 지급보증이 많은 회사는 부채가 증가하여 재무구조의 악화로 나타날 수 있으며, 공정가액평가 방법이 적용되면서 자산재평가 실시가 증가하게 되는데 결과적으로 자산과 자본의 증가로 부채비율이 감소하는 반면 자기자본순이익률(ROE)은 하락하게 된다. 이뿐만 아니라 연결재무제표 작성의 대상이 되는 자회사의 구성이 크게 달라짐에 따라 경영성과와 재무상태의 큰 변화가 있게 되는 등, 많은 부분에서 자산, 부채, 자본, 이익의 급격한 증감이 초래되기도 한다.

이러한 문제를 줄이는 한 방법은 IFRS가 도입되는 시점을 기준으로 그 전 기간을 이에 준하여 재작성한 수정 재무제표를 만들어 추세분석의 문제를 줄이는 방법이다. 순이익의 급격한 증감이 있으면, 그것이 단순한 회계기준의 변화에 기인하는지, 아니면 이익발생능력의 질적 변화에 기인하는지를 판단해야 한다.

기업 간의 상호비교나 시계열 자료를 이용한 추세분석에 공통적으로 창조적 회계의 가능성과 주석사항의 이용에 관심을 가질 필요가 있다.

회계보고서 작성자의 자율성 내지 재량적 판단이 많이 주어지는 IFRS의 원칙중심의 회계처리방식에서는 자칫 유리한 것은 기재하고, 불리한 것은 누락시키는 소위 "**창조적 회계**"의 가능성이 존재한다. 따라서 분석자는 분식회계의 가능성을 점검하여야 한다.

또 IFRS에서는 "**주석사항**"의 기재가 강조되고 있는데, "주석"에 누락된 사항이나, 미래 수익성과 위험을 판단할 수 있는 정보가치가 있는 "주석"사항을 식별해 내는 노력이 더욱 필요하다. 주석사항 중에서 회계 방법 변경의 내역, 발생할 수 있는 리스크에 대한 상세한 공시내용, 지분법 정보, 영업이익, 자산손상, 금융상품 위험관리에 대한 주석사항 정보에 유의할 필요가 있다. 주석사항을 잘 분석하면 회계기준의 변화로 인한 상호비교나 추세분석의 한계를 어느 정도 극복할 수 있는 단서를 발견할 수 있다.

(3) 연결재무제표분석

연결재무제표(consolidated financial statements)는 법률적인 측면에서 독립적인 한 기업이 다른 기업을 경제적으로 지배·통제하고 있을 경우에 지배-종속관계에 있는 이들 기업을 하나의 경제적 실체로 인식하여 작성·공시되는 재무제표이다. IFRS 하에서는 연결재무제표 작성 대상기업의 요건으로 다음과 같이 정하고 있다.

연결대상기업은 종전과 달리 50% 초과소유지분을 가지고 있거나 실질적 지배력이 있는 경우이다. 실질적 지배력이 있는 것으로 인정받기 위해서는 다음 [표 6-3]에서 보는 것처럼 ① 협약에 의해 과반수 의결권을 행사하거나, ② 재무 영업정책을 결정하는 위치에 있거나, ③ 이사회 구성원의 과반수를 임면할 수 있거나, ④ 과반수 의결권을 행사할 수 있을 때이다.

개별재무제표가 특정 기업의 재무적 성과를 보여주는 반면, 연결재무제표는 지배회

[표 6-3] 연결재무제표 작성 대상 종속회사의 조건 비교

국제회계기준(K-IFRS)	구분	현행 회계기준(K-GAAP)
• 50% 초과 소유 주주	의결권기준	• 30% 초과한 최대 주주
• 국내외 기업 모두 포함 • 외부감사 대상이 아닌 회사나 SPC도 포함	자회사범위	• 국내 기업만 해당 • 비외감기업이나 SPC(특수목적회사)는 제외
• 약정에 따라 과반수 의결권 행사가능 시 • 재무와 영업정책을 결정할 수 있을 때 • 이사회 구성원의 과반수 임명 가능 시 • 이사회 의사결정에서 과반수 의결권행사 시	실질지배기준	• 의결권이나 이사회 구성원 임면권을 갖고 있을 때

사와 관련이 있는 종속회사들의 재무정보를 포함한 지배회사의 전체적인 재무정보를 제공하기 때문에 보다 포괄적인 경영성과를 파악할 수 있도록 해준다.

우리나라에서는 다수의 계열회사로 이루어진 재벌그룹이 많기 때문에 이러한 기업들에게는 연결재무제표에 의한 경영분석이 더욱 중요하다. 연결재무제표가 작성되면 계열기업 간의 대규모 상호매출, 판매대행을 통한 매출액 과대포장, 내부거래를 통한 손익조정 등의 문제점을 미리 방지할 수 있고, 궁극적으로 연결대상기업의 자본충실도를 적절히 평가할 수 있다.

연결재무제표에 기초한 재무제표분석은 다음과 같은 점에서 유의할 필요가 있다.

첫째, 연결재무제표는 지배-종속관계에 있는 기업들을 하나의 경제적 실체로 인식하여 작성된 지배회사 관점의 재무상태와 경영성과를 집약한 것이므로 개별기업에 대한 경영분석 방법과 동일한 방법을 적용하여 지배회사의 재무건전도에 대한 의미 있는 정보를 생성한다. 먼저 투자기업(자회사)이 연결대상에 포함된 **종속회사**와 포함되지 않은 **관계회사**로 분류 구분 파악하고, 지배주주지분과 지배주주귀속이익의 증감 추이, 주요 재무비율의 시계열분석을 실시한다.

둘째, 투자기업의 실적이 지배회사의 영향인지 아니면 종속회사의 영향인지를 파악해야 한다. 이를 위해서는 연결재무제표를 다음의 [표 6-4]와 같이 구분되는 별도재무제표 또는 개별재무재표와 비교하는 것이 유효한 방법이다.

연결재무제표는 연결회사 간의 연결조정사항들을 반영하기 때문에 개별재무제표와는 상당히 다른 결과를 가져올 수 있다. 지배회사의 별도재무제표와 연결재무제표를 비교하면 지배회사에 대한 종속회사(자회사)의 공헌도와 내부거래 및 미실현거래의 규모를 추정할 수 있다. 예를 들어, 연결매출액순이익률이 개별매출액순이익률보다 크다면 종속회사의 수익성이 양호하며, 지배회사의 기업가치를 증가시킨다고 볼 수 있다. 흑자를 기록하고 있는 지배회사가 경영상태가 매우 부실한 종속회사에 과도하게 투자했다면 연결당기순이익은 적자로 나타날 가능성도 있다.

[표 6-4] **연결재무제표, 별도재무제표, 개별재무제표의 차이점**

재무제표	차이점	투자지분 평가기준	
		종속회사	관계회사
연결재무제표	지배회사가 종속회사와 하나로 연결하여 작성한 재무제표	연결재무제표	지분법
별도재무제표	지배회사가 작성하지만, 자회사의 실적이 전혀 반영하지 않은 재무제표	원가법 또는 공정가치법	
개별재무제표	연결재무제표를 작성하지 않는 개별회사가 만드는 재무제표	–	지분법

셋째, 지배회사의 순이익이 연결재무제표 작성 전보다 줄어들고, 부채비율은 높아지는 것으로 나타난다면, 자회사의 경영실적이 나쁘고, 부채의존도가 높아 모회사에 큰 부담으로 작용하고 있음을 보여 준다고 할 수 있다. 지배회사가 채무보증 형태로 종속회사의 채무를 사실상 부담하는 경우 연결부채비율이 지배회사의 실질적 부채비율, 재무위험을 더 잘 나타낼 수 있다.

3. 그 밖의 회계적 논점

(1) 인플레이션 하에서의 재무제표분석

인플레이션(inflation)이란 물가수준이 지속적으로 상승하는 경제현상으로 재화와 용역을 구입할 수 있는 화폐의 실질구매력이 지속적으로 떨어지는 것을 말한다.

역사적 취득원가기준의 재무제표는 인플레이션 경제 하에서 물가수준변동의 영향이 반영되지 않음으로써 기업 내의 기간별 재무비율분석, 기업 간의 상호비교분석, 자산구조와 자본구조가 상이한 업종 간의 비교분석을 어렵게 하는 문제점이 있다.

IFRS에서는 비유동자산에 대한 회계처리를 공정가치로 하도록 되어있다. 따라서 물가상승에 따른 자산가격의 상승을 자산재평가를 통하여 현실화 하는 방법이 가능하다. 그러나 자산재평가한 후 일정 기간이 지나 자산가치가 과소평가되어 있든지, 또는 역사적 원가주의에 의해 재무제표가 작성되어 있으면 기업의 경영활동과 재무상태를 올바르게 나타내 주지 못하게 됨에 따라 재무제표분석에는 다음과 같은 문제점이 초래된다.

첫째, 한 기업 내에서의 기간별 추세분석을 왜곡 표시하게 된다. 왜냐하면 한 기업 내에서 기간별 재무비율을 구하여 분석하고자 할 때에는 ① 각 기간별 인플레이션율 또는 개별자산의 가격변동폭, ② 회계보고기간(예컨대 분기, 반기, 연차 재무제표 등), ③ 자산의 구성내용, 즉 화폐성자산과 비화폐성자산의 보유 정도에 따라 재무비율이 왜곡 표시되기 때문이다.[3)]

둘째, 기업 간 상호 비교분석을 왜곡시킨다. 특히 인플레이션 하에서 기업 간에 재무비율을 상호 비교분석하는 경우 비유동자산과 감가상각비에 관련된 분석은 왜곡될 가능성이 있다.

3) 화폐성, 비화폐성의 구분은 확정된 화폐액으로 표시할 수 있느냐의 여부에 의한다. 예컨대, 토지 등의 비유동자산은 물가변동 하에서는 매각시점에 따라 수취하는 화폐액이 달라질 수 있다. 이와 같이 확정된 화폐액으로 표시할 수 없는 항목을 비화폐성항목으로 분류하고, 외상매입금 등과 같이 어느 시점에서나 확정된 화폐액으로 표시할 수 있는 항목을 화폐성항목으로 분류한다.

예컨대 비유동자산에 많은 투자가 요구되는 산업 내의 A기업은 10년 전에 설립되어 가동되기 시작하여, 현재 자산의 내용연수에 가까워지고 있는 반면에, 같은 산업 내의 B기업은 1년 전에 A기업과 유사한 설비로 조업을 시작했다고 가정하자.

이 경우 A기업은 10년 전의 역사적 원가로 표시된 자산에 대응된 감가상각비만을 계상하고 있기 때문에 B기업의 감가상각비에 비하여 훨씬 적은 금액이 재무제표상에 계상될 것이다. 또한 총자산규모도 10년 전의 역사적 원가를 유지하고 있는 A기업이 B기업에 비하여 훨씬 적게 표시될 것이다. 따라서 다른 여건이 동일하다면 A기업의 투자수익률이 B기업의 투자수익률보다 훨씬 높게 나타날 것이다. 그렇다고 해서 A기업의 경영성과가 B기업의 경영성과보다 반드시 높으며, A기업이 B기업보다 훨씬 더 효율적인 운영을 하고 있다고 결론지을 수 없다.

셋째, 자산구성과 자본구조가 상이한 업종 간의 비교분석을 어렵게 한다. 비화폐성자산의 비중이 큰 산업에서는 인플레이션 하에서 물가변동에 따른 보유손익 또는 구매력이득을 보게 될 가능성이 많은 반면, 금융업과 같이 순화폐성자산(=화폐성자산-화폐성부채)의 비중이 큰 산업에서는 구매력손실을 입을 가능성이 많다.

역사적 원가에 기초한 재무제표를 이용하거나 공정가치평가가 적절히 이루어지지 못한 재무제표에 근거하여 재무비율분석을 시도할 경우 다음과 같은 점에 유의하여야 한다.

가장 큰 문제점은 수익성비율이 실제보다 높게 나타날 가능성이 있다는 점이다. 더욱이 물가변동으로 인하여 구매력손실 또는 보유손실이 발생하고 있음에도 불구하고, 손익계산서상에는 전혀 이러한 사실이 나타나지 않을 수 있다. 뿐만 아니라 이렇게 계상된 당기순이익에 기초하여 배당을 하게 되면 자본이 잠식당하게 될 위험마저 있는 것이다.

인플레이션 하에서 공정가치로 적절히 평가되어 있지 않은 재무제표에 근거한 재무비율분석이 왜곡될 수 있는 정도는 기업의 규모, 역사, 자산구성, 순화폐성자산의 보유수준에 달려 있다. 비유동자산의 비중이 많으면 감가상각비가 과소계상되는 경향이 높아 수익성관계비율이 과대평가된다. 순화폐성자산이 많으면 그만큼 구매력손실이 발생되는데, 이것이 수정되지 않으면 수익성비율이 과대평가되는 것이다. 이 밖에도 부채비율도 인플레이션의 영향에 민감한 비율로 알려지고 있다.

(2) 미래수익력에 영향을 주는 기대사건의 공시

회계이익과 경제이익이 일치하지 않는 것과 관련된 문제영역의 하나는 미래 기업수익력의 변화가능성에 대한 예측에 관한 것이다. 신제품개발과 같은 미래수익력에 영향을 미칠 것으로 기대되는 사건이 재무제표에 게시되면 재무보고서의 유용성이 높아질 것이다.

모든 투자의사결정은 미래에 대한 예측과 평가를 기초로 한다. 불확실성 하에서 이루어지는 평가는 객관적일 수도 없지만, 회계의 객관성기준은 정보의 목적적합성과 상충될 때는 의미가 반감하기 때문에 재무분석자는 기업의 미래성과에 미치는 기대사건의 영향에 관한 목적적합한 정보를 확보할 필요가 있다.

미래수익력변동에 대한 정보는 전통적인 재무제표 이외에 **영업활동 통계수치**(operating statistics)를 이용하거나, 기업의 미래이익의 지속 가능성을 판단하는데 유용한 사항들을 **주석**에서 확인하는 것이다. 그러한 영업통계수치로는 현재의 생산제품, 각 제품의 시장점유율, 신제품개발계획, 자본지출계획, 노동생산성에 관한 자료, 종업원 교육훈련에 대한 지출, 이직률에 대한 통계, 고용계약과 노사협의에 대한 정보, 고객의 태도, 매출환입 그리고 미납주문에 대한 정보, 연구개발, 광고에 관한 정보 등과 이에 관련된 비용지출에 관한 정보 등이 있다. 이들 자료 중에서 예산과 이익예측과 관련된 주석사항이나 공시사항에 유의할 필요가 있다.

3절 재무제표분석의 통계적 논점

전통적 재무제표분석은 단순한 기업 간의 상호비교분석이나 기간 간의 추세분석에 한정될 뿐, 세련된 통계적 방법이나 과학적인 검증 방법을 이용하는 면이 부족하였던 것이 사실이다. 단순히 산업평균과 비교하여 경영내용의 좋고 나쁨을 평가하는 식의 전통적 방법은 의미 있는 추론을 하기에는 불충분하고, 분석결과에 대한 해석을 오도할 수도 있었다.

그러나 재무비율의 시계열분석이나 횡단면분석 등 통계적 분석을 시도하면 보다 의미 있는 정보를 만들어내는 것이 가능하다. 또한 직관적 분석에서는 가능하지 않았던 미래예측이 체계적으로 가능하게 된다. 그러나 이러한 재무비율의 통계적 분석에도 여러 가지 문제점이 발생하게 되므로, 이의 이용과 해석에 주의할 필요가 있다. 본절에서는 이 같은 측면을 살펴보기로 한다.

1. 재무비율의 분포

지금까지의 재무비율분석, 특히 기업 간의 상호비교분석에서는 특정 기업의 비율과 표준비율이라고 보는 산업평균과의 차이를 비교하여 경영평가를 하였다.

그러나 산업평균만을 기준으로 하는 비교평가는 불충분하다. 왜냐하면 이 정보만으로는 산업 내에서 어느 정도 양호하고 어느 정도 불량한지를 평가할 수 없기 때문이다. 평균으로부터의 차이가 있을 때, 그 차이의 유의성(significance) 또는 심각성(seriousness)에 대한 정보가 필요한 것이다.

재무비율분석으로부터 의미 있는 경영평가를 위해서는 산업평균뿐 아니라 평균으로부터 편차의 크기와 방향에 대한 정보가 필요하다. 즉, 산업평균보다 양호하면 얼마나 양호한지, 불량하면 얼마나 불량한지, 재무비율의 분포로부터 산업 내에서의 상대적 위치에 대한 평가가 있어야 한다.

이 같은 평가는 재무비율의 분포가 **정규분포**(normal distribution)를 이룬다는 가정하에서 이루어질 수 있다. 즉, 정규분포의 가정을 하게되면 다음과 같이 특정 관찰치(특정 기업의 비율)에 대하여 Z(표준정규분포)값을 구할 수 있어 신뢰도구간(confidence interval) 측정이 가능해지므로 그 비율의 양부(良否)의 확률을 계산할 수 있게 된다.

$$Z = \frac{X - \overline{X}}{S}$$

여기서, $\overline{X}$: 산업평균
S : 표준편차
X: 특정 기업의 재무비율

($\overline{X} \pm 1S$)의 신뢰도구간: 68.26%(Z=1.0 이상일 확률 15.87%)
($\overline{X} \pm 2S$)의 신뢰도구간: 95.44%(Z=2.0 이상일 확률 2.28%)
($\overline{X} \pm 3S$)의 신뢰도구간: 99.73%(Z=3.0 이상일 확률 0.135%)

그림 6-1 재무비율의 분포

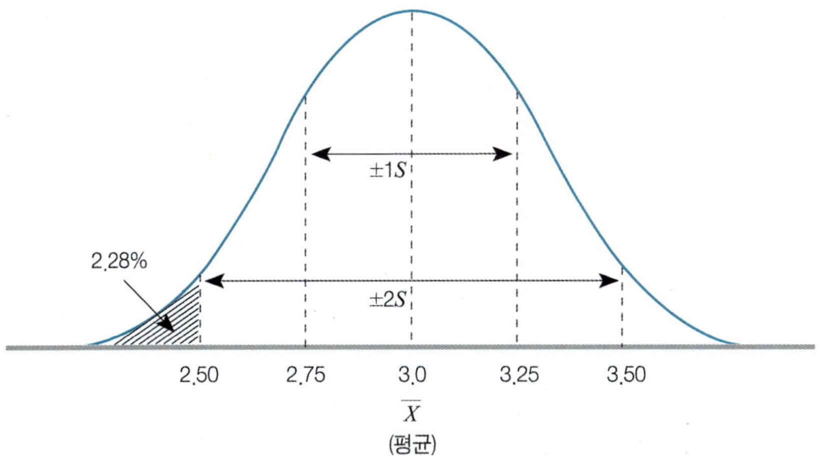

다음 예제에서 보는 것처럼 산업평균의 표준편차가 다르면 산업 내에서 얼마만큼 나쁜지에 대한 평가가 달라진다.

예제 6-1

조선업의 유동비율의 분포를 보면, 평균이 3.0, 표준편차가 0.25인 정규분포를 보이고 있다.
(1) 조선업 내의 A조선의 유동비율이 2.50이라면 유동성이 얼마나 나쁜가?
(2) 만약 유동비율의 산업평균의 표준편차가 1.0이라고 한다면 유동성은 얼마나 나쁜가?

풀이

(1) 먼저 표준정규분포값을 구하면 $Z = \frac{2.5 - 3.0}{0.25} = -2.0$

$Z=-2.0$ 이하일 확률은 부록 Z값 분포에서 찾으면 0.5−0.477=0.023
따라서 A조선보다 유동성이 악화된 기업은 약 2.3% 정도 있다.

(2) 마찬가지로 Z값을 구하면 $Z = \frac{2.5 - 3.0}{1.0} = -0.5$

$Z=-0.5$ 이하일 확률은 부록 Z값 분포에서 찾으면 0.5−0.1915=0.3085
따라서 A조선보다 유동성이 악화된 기업은 30.85%나 있으므로 (1)의 상황보다는 덜 심각하다.

이상에서는 산업비율의 분포를 정규분포로 가정하였다. 그러나 재무비율의 실제분포는 일반적으로 비대칭이고, 특히 오른쪽으로 꼬리가 긴(skewed to the right) 분포를 보이는 경향이 많다. 그 이유는 대부분의 비율이 상한값은 거의 무한이지만 하한값은 0 이하로 내려가지 않기 때문이다.

재무비율의 분포가 과연 정규분포를 이루는지에 대한 실증적 연구는 여러 학자에 의해서 시도된 바 있다. 디킨(E. B. Deakin)과 후레카와 홉우드(T. J. Frecka & W. S. Hopwood)의 연구에 의하면 부채비율(총부채 대 총자산) 이외의 대부분의 주요 비율이 정규분포가 아닌 것으로 나타나고 있다.[4)]

이처럼 정규분포가 아니어서 분포가 비대칭적(asymmetric)이라면 평균으로부터의 편차의 심각성을 평가하기 위해서는 추가적인 정보를 수집해야 한다. 적어도 도수분포(frequency distribution)나 여러 개의 십분위수(10 deciles), 4분위수(quartiles)를 이용하여 편차의 심각성을 평가할 필요가 있다.

4) E. B. Deakin(Jan. 1976), "Distributions of Financial Accounting Ratios: Some Empirical Evidence," *The Accounting Review*, 90~96 ; T. J. Frecka & W. S. Hopwood(Jan. 1983), "The Effect of Outliers on the Cross-Sectional Distributional Properties of Financial Ratios," *The Accounting Review*, 115~128.

2. 유용한 재무비율의 수

전통적인 재무제표분석에서 사용되는 재무비율은 보통 40~50여 비율이 사용되고 있음을 3장에서 설명한 바 있다. 이들 주요 재무비율로부터 기업의 유동성, 수익성, 활동성 등을 평가하는 단편적인 정보를 유추할 수 있었다. 그러나 경영평가 시 이처럼 많은 재무비율을 모두 고려하여야 하는가?

통계적 기법을 이용하면 5~10개 정도의 대표적 재무비율로도 중요한 상당부분의 정보를 얻을 수 있다. 많은 재무비율 간에는 상관관계가 높은 것이 있어서 중복되는 정보를 전해 주기 때문이다.

(1) 재무비율 간의 상관관계

재무비율들 간의 높은 상관관계(correlation)가 존재하므로 많은 재무비율들이 중복되는 정보를 제공해 주기 쉽다. 다음과 같은 이유로 대부분의 재무비율들이 서로 같은 방향으로 움직이는 경향이 있기 때문이다.

첫째, 대부분의 비율들이 공통의 구성요소를 가지고 있다. 예를 들면, 회전율 관계비율의 분모는 모두 매출액으로 이루어져 있다.

둘째, 하나의 재무제표항목들은 다른 항목과 같은 방향으로 움직이는 경향이 있다. 예를 들어, 매출액과 매출원가, 혹은 순이익과 배당금은 서로 같은 방향으로 움직이는 경향이 있다.

재무비율 간에 상관관계가 높은 것은 여러 실증적 연구에서도 밝혀지고 있다. 호리건(J. O. Horrigan)의 연구에 의하면[5] 유동비율과 당좌비율, 유동성비율과 운전자본회전율 간에는 높은 상관관계가 있는 것으로 밝혀지고 있는데, 이는 공통항목들의 효과 때문이다.[6]

이처럼 재무비율 간에 상관관계가 높게 나타나는 현상은 재무제표분석에 있어 중요한 의미를 지닌다. 먼저 보다 적은 소수의 재무비율만으로도 재무제표에 포함된 본질적인 정보를 전달할 수 있음을 의미한다. 중복되는 정보를 전달하는 것을 제외한다면 의미 있는 비율은 몇 가지 중요한 재무비율로 압축되기 때문이다.

재무비율 간의 상관관계의 문제는 이상에서 설명한 횡단면분석의 모형에서 뿐 아니

5) J. O. Horrigan(July 1965), "Some Empirical Bases of Financial Ratio Analysis," *The Accounting Review*, 558~568.

6) G. Foster(1968), *op. cit.*, 116~118.

라, 시계열분석에서도 나타날 수 있다. 특히 일정 기간 동안 산업비율분포는 시계열 상관관계를 갖는 경향이 있다.

그 이유는 첫째, 각 기업은 산업평균을 목표비율(target ratio)로 삼아 일정한 비율수준을 유지하려는 일면이 있으므로, 결과적으로 시계열상 정(+)의 상관관계를 보이게 된다.[7] 둘째, 비율 간의 상관관계 정도는 산업 내의 모든 기업에 공통적으로 영향을 주는 여러 가지 산업 및 경제전반에 걸친 사건에 달려 있기 때문에, 한 기업에 있어서 재무비율의 상대적 위치는 시간이 경과함에 따라 안정적인 경향을 보이게 된다.

(2) 소수의 유용한 재무비율들

그러면 상관관계가 낮아 중복되지 않고 독특한 정보를 전해 주는 소수의 재무비율에는 어떤 것이 있는가? 중복되지 않는 정보를 제공하는 재무비율이 어떤 것인지는 요인분석(factor analysis)이라는 통계적 기법을 사용하면 밝혀낼 수 있다. 요인분석은 공분산구조를 고려하여 중복되지 않고 독특한 독자적 정보를 제공하는 몇 개의 공통된 그룹으로 분류(grouping)해 주기 때문이다.

첸과 쉬머다(K. H. Chen & T. A. Shimerda) 그리고 핀치 · 유뱅과 밍고(G. Pinches, A. Eubank & K. Mingo)는 많은 재무비율들에 대해 요인분석을 실시하여 부실기업예측에 공통적인 정보를 제공하는 비율을 수개의 그룹으로 분류하고 있다. 그들은 서로 중복되지 않은 정보를 제공하는 **유용한 재무비율군**(useful financial ratios group)으로서 다음과 같은 비율들을 제시하고 있다.[8]

1 투자수익률비율(return on investment)

자기자본순이익률, 매출액영업이익률, 총자본영업이익률

2 자본회전율(capital turnover)

매출액/총자산, 매출액/비유동자산, 운전자본/총자산

3 재무레버리지(financial leverage)

자기자본/총부채, 비유동부채/총자산, 총부채/총자산, 자금흐름/총부채, 자금흐름/유동부채

7) B. Lev(Autumn 1969), "Industry Averges as targets for Financial Ratios," *Journal of Accounting Research*, 290~299.

8) K. H. Chen & T. A. Shimerda(Sep. 1981), "An Empirical Analysis of Useful Financial Ratios," *Financial Management*, 51~60 ; G.E. Pinches, A. A. Eubank & K. A. Mingo(Oct. 1975), "The Hierarchial Classification of Financial Ratios," *Journal of Business Research*, 295~31.

4 단기유동성(short-term liquidity)

유동자산/유동부채, 당좌자산/유동부채, 재고자산/운전자본, 유동부채/총자산

5 현금상태(cash position)

현금/매출액, 무신용기간, 당좌흐름(quick flow), 방어기간비율

6 매출채권회전율(receivables turnover)

매출액/매출채권, 매출채권/재고자산, 당좌자산/재고자산

7 재고자산회전율(inventory turnover)

매출원가/재고자산, 매출액/운전자본

한편, 곰볼라와 케츠(M. J. Gombola & J. E. Ketz)도 1971~1980년 사이의 미국의 783개 기업체에 대하여 58개 재무비율들로 요인분석을 하였는데 다음과 같은 8개 요인들의 비율들을 제시하고 있다.[9)]

- 현금상태: 현금/유동부채
- 현금흐름: 현금흐름/총자산
- 현금지출: 현금/현금지출비용
- 재무레버리지: 총부채/자기자본
- 투자수익률: 순이익/자기자본
- 재고자산집중도: 매출원가/재고자산
- 매출액순이익률: 영업활동으로부터의 운전자금/매출액
- 자본집중도: 유동자산/총부채

이상의 공통요인으로 분류된 유용한 재무비율군들은 서로 중복되지 않는 정보를 제공하는 것으로서 각 그룹에서 한 개의 재무비율만 선택하여 사용해도 충분한 것으로 평가되고 있다. 그러나 각 군에서 어떤 비율이 요인을 대표하는 비율이냐 하는 것은 아직 해결되지 않은 논점의 하나이다.

(3) 사용빈도가 높은 재무비율 등

깁슨(C. Gibson)은 실무적으로 사용빈도가 높은 재무비율들에 대해서 조사한 바가

9) M. J. Gombola & J. E. Ketz(Summer, 1983), "Financial Ratio Patterns in Retail and Manufacturing Organization," *Financial Management*, 45~46.

있다.[10] 이 조사에 의하면 수익성지표군들이 가장 많이 사용되며 그 다음으로 부채비율군과 유동성비율군임을 지적하고 있다. 각각의 지표군 가운데서 사용빈도가 높은 재무비율로는 다음 비율을 제시하고 있다.

- **수익성지표군**: 자기자본순이익률, 주당이익, 매출액순이익률, 총자산이익률
- **부채레버리지군**: 고정금융비용보상률, 이자보상비율, 부채비율, 재무레버리지
- **유동성지표군**: 당좌비율, 유동비율, 재고자산회전율, 매출채권회전율

3. 재무비율의 산업 간 차이

재무비율은 기업의 경영성과와 재무상태를 나타내는 것이어서 기업의 재무적 건강상태에 영향을 주는 원천적인 요인에 의해서 좌우된다. 기업의 재무적 건강상태에 영향을 주는 원천적인 요인 중의 하나는 그 기업이 속해 있는 산업요인이다. 산업별로 구조적으로 경쟁의 치열한 정도가 상이하고 영업상의 위험이 다르기 때문에 산업 간에 수익성이나 위험도에 차이가 있을 수 있다. 따라서 재무비율에도 산업 간에 의미 있는 차이가 존재할 수 있는 것이다.

호리건(J. O. Horrigan) 등의 실증적 연구에서는 **재무비율의 산업 간 차이**를 가져오는 산업효과(industry effect)가 존재함을 밝히고 있다.[11] 특히 유동성, 활동성 그리고 수익성 관계비율에서 산업 간에 의미 있는 차이가 있다고 주장하고 있다.[12]

산업별로 제품의 특성상 경쟁전략의 유형에 차이가 있게 되므로 재무변수에 차이가 있는 경우가 많다. 일반적으로 산업의 특성상 고마진 · 저회전전략이나 저마진 · 고회전전략 중에서 어느 한 전략을 추구하는 경향이 있다. 제품차별화가 잘 이루어지는 산업에서는 전자의 전략이 유효한 면이 있고, 제품차별화보다는 원가우위 또는 원가통제가 중요한 산업에서는 후자의 전략을 택하게 된다.

셀링과 스티크니(T. Selling & C. Stickney)는 산업의 자본집약도와 경쟁구조 면에서의 차이에 따라서 다음과 같이 두 재무변수(마진과 회전)로 표시되는 경영전략에 차이가 있음을 주장하고 있다.[13]

10) C. M. Gibson(May-June 1987), "How Chartered Financial Analysis View Financial Ratios," *Financial Analysis Journal*, 74~76.

11) J. O. Horrigan(1965), *op. cit.*, 558~568.

12) 재무비율에도 기업의 규모효과(firm-size effect)가 존재하여 중소기업과 대기업 사이에도 재무비율의 차이를 보일 수 있다. 대기업은 수익성과 레버리지비율이 낮고, 중소기업은 회전율과 단기유동성비율이 낮은 일면을 보이고 있다는 지적도 있다.

[표 6-5] 자본집약도, 경쟁구도, 경영전략(재무변수)의 관계

자본집약도	경쟁구조의 특성	경쟁전략
높음	독점	高마진전략
보통	과점	마진과 회전전략 혼합
낮음	완전경쟁	高회전전략

이 같은 측면 때문에 4장에서 설명한 바 있는 총자산영업이익률(ROA)의 두 가지 구성요소, 즉 매출액영업이익률(마진)과 총자산회전율(자산이용의 효율성)에서 산업 간 차이가 존재할 수 있음을 예상할 수 있다. [그림 6-2]는 산업을 총자산회전율(회전)과 매출액영업이익률(마진) 두 가지 측면에서 구분 표시한 것인데, 어느 산업이 마진 혹은 회전이 높음으로써 수익창출활동이 양호하고 불량한지를 평가할 수 있다.

그림 6-2 산업 간 마진 · 회전율 유형과 ROA의 차이

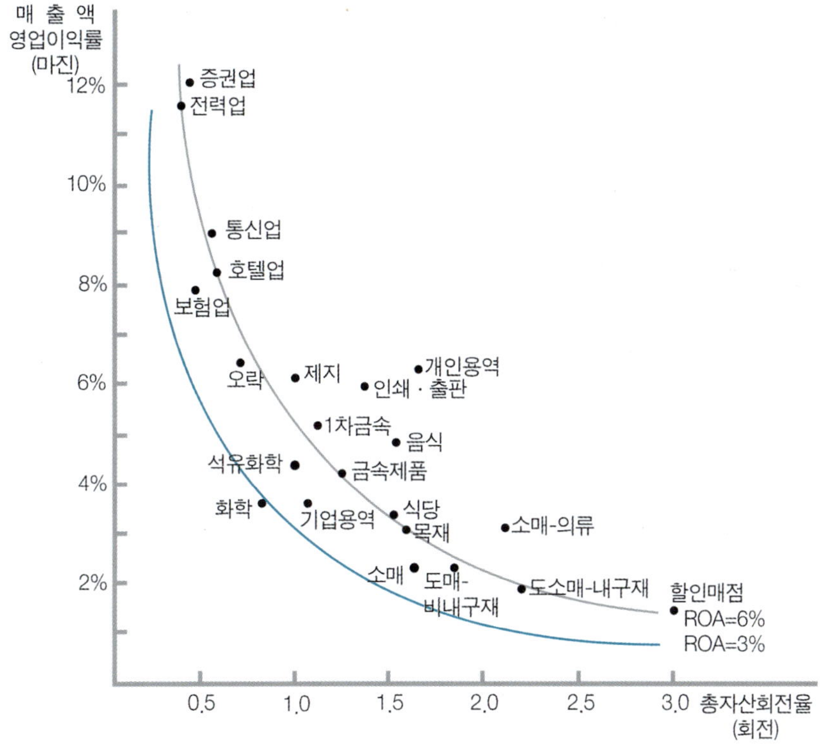

13) T. Selling & C. Stickney(Jan.-Feb. 1989), "The Effects of Business Environment and Strategy on a Firms Rate on Assets," *Financial Analysis Journal*, 43~52.

4. 재무비율의 국제비교

기업의 재무건전도는 앞에서 설명한 것처럼 산업적 요인에 의해서도 영향받는 바가 적지 않지만, 당해 기업이 속해 있는 국가의 국민경제적 요인에 의해서도 상당한 영향을 받는다고 할 수 있다.

여러 나라에 있어서 기업들의 재무건전도가 어떤 면에서, 어느 정도 차이가 나는지에 관한 정보를 필요로 하는 이해관계자들이 많아지고 있다. 해외시장에 다각적으로 진출하고 있는 글로벌 기업들은 국가 간의 경영성과에 대한 비교자료를 필요로 한다. 뿐만 아니라 자본시장 개방과 관련하여 외국투자자들은 국내기업의 경영성과에, 우리나라 투자자(기관)들은 해외기업에 관하여 지대한 관심을 기울이게 되는데, 이들에게 있어서 재무건전도에 대한 국제비교의 정보는 갈수록 중요해지고 있다.

여러 나라의 기업들에 대한 재무건전도를 상호비교하는 손쉬운 방법은 재무비율의 국제비교 방법이다. 국제회계기준(IFRS)을 채택하고 있는 국가 간에는 단일의 회계기준이 적용되므로 국제비교상의 통일성, 비교가능성은 종전보다 크게 높아진 편이다. 그러나 IFRS기준이 채택되기 전의 기간에 걸친 시계열자료를 가지고 국제비교를 할 때는 다음과 같은 측면에서 유의할 필요가 있다.

- 각 나라에서 적용되고 있는 회계원칙이나 기준의 차이
- 각 나라에서 적용되고 있는 세법의 차이, 재무보고와 세무보고에 적용되는 회계원칙의 차이
- 각 나라에서의 경영패턴, 특히 자금조달, 투자결정, 생산 · 판매 등의 운영결정상의 관행의 차이
- 각 나라에서의 정치 · 문화 · 제도적 환경의 차이

요 약

재무제표분석은 다음과 같은 한계점을 지니므로, 이를 인식하고 경영평가 활용에 유의할 필요가 있다. ① 재무비율분석의 기초로 이용하는 재무제표가 비록 적정하고 신빙성 있게 작성되었다고 하여도, 회계적 기준에 의해서 측정된 회계이익과 기업의 실질적인 부의 변동을 나타내는 경제이익은 차이가 있다. ② 회계처리 방법의 다양성 때문에 재무비율의 상호비교나 추세분석에서 비교가능성과 일관성이 결여될 수 있다. ③ 상호비교에서 표준비율로 사용되는 산업평균비율은 산업분류의 정확성이 전제되어야 한다. 따라서 산업분류가 어려운 경우나 다각화기업의 경영평가에는 한계가 있다. ④ 재무비율의 해석상의 문제는 최종적인 평가를 내릴 때, 명확한 최적기준(이상적인 표준비율)이 없고, 입장에 따라서 해석이 달라질 수 있다. ⑤ 재무비율분석은 계수화가 가능한 재무제표자료에 의거한 것이므로, 기업의 질적 측면, 예를 들어 기술수준 · 경영자의 경영능력 · 제품의 품질 · 생산시설 · 조직의 효율성과 같은 요소들은 다룰 수 없다.

회계자료를 유용성 있는 정보로 수정보완하기 위해서는 회계수치의 질적 측면을 고려하여야 한다. 또 인플레이션이 재무제표에 미치는 영향을 감안하여 경영분석을 할 필요가 있으며, 미래수익력에 영향을 주는 기대사건을 고려하기 위해서는 주석사항을 면밀히 분석할 필요가 있다. 이 밖에도 지배 · 종속관계에 있는 계열회사들에 대해서는 연결재무제표를 근간으로 경영분석이 중요하다.

통계적 방법을 이용하면, 전통적인 재무비율분석에서 얻을 수 없는 다양한 정보를 얻을 수 있다. 재무비율의 분포를 고려하면, 산업 내에서 경영이 어느 정도 양호하고, 어느 정도 불량한지를 평가할 수 있다. 재무적 건전도의 상당부분을 해석할 수 있는 소수의 재무비율으로는 ROI, 회전율, 재무레버리지, 단기유동성, 현금상태, 매출채권회전율, 재고자산회전율 비율이 있다.

주요 용어

회계이익	경제이익	실현주의
발생주의	대체적 회계처리 방법	기계적 관계가설
자산의 질	부채의 질	순화폐성자산
국제회계기준(IFRS)과 경영분석		주석사항
연결재무제표분석	재무비율의 분포	재무비율 간의 상관관계
유용한 재무비율	재무비율의 산업 간 차이	재무비율의 국제비교

연습문제

01 재무비율분석의 기초로 이용하는 재무제표가 비록 적정하고 신빙성 있게 작성되었다고 하여도, 이용상에 주의할 점이 있고, 유용성을 높일 수 있는 여러 가지 방법이 검토될 수 있다.

(1) 회계적 기준에 의해서 측정된 회계이익과 기업의 실질적인 부의 변동을 나타내는 경제이익은 차이가 있다. 회계이익이 경제이익과 차이를 보이는 이유는 무엇인가?

(2) 회계처리 방법의 다양성 때문에 재무비율의 상호비교나 추세분석에서 비교가능성과 일관성이 결여될 수 있다. 회계처리 방법의 다양성의 문제란 무엇인가? 회계처리 방법의 선택에 영향을 주는 요인에 대해 설명하라.

(3) 재무제표분석의 유용성을 평가할 때, ① 통일성과 비교가능성 기준, ② 객관성기준과 목적적합성 기준이란 무엇인가?

02 재무제표는 적정하고 신빙성 있게 작성되어야 의미있는 재무제표분석의 결과를 도출할 수 있다.

(1) 일반적으로 기업체에서 기업회계기준을 위배하면서 이익을 과대계상하기 위하여 사용하는 방법, 가장 많이 사용되는 분식회계 방법에는 어떤 것이 있나?

(2) 분식회계 의혹이 있는 재무제표에 대해서 분식회계 가능성을 판단할 수 있는 체크포인트에는 어떤 것이 있나?

03 재무비율분석은 계수화가 가능한 재무제표자료에 의거한 것이므로, 기술수준 · 경영자의 경영능력 · 제품의 품질 · 생산시설 · 조직의 효율성과 같은 기업의 질적 측면을 고려하여야 한다.

(1) 자산의 질적 특성이란 기업이 보유하고 있는 자산의 이익 또는 현금창출능력, 장부가치와 시장가치와의 차이를 가져오는 자산의 질적 능력을 말한다. 재고자산, 매출채권, 비유동자산으로 나누어 시장가치와 장부가치와의 차이를 가져오는 원인들에 대해서 설명하라.

(2) 재무건전도를 평가함에 있어서 부채의 질을 분석는 것이 중요하다. 부채의 질을 평가하는 내용 중에서 핵심은 무엇인가?

(3) 이익의 질을 평가하는 데는 다음과 같은 요소를 고려해야 한다.
① 회계이익을 산정함에 있어서 얼마나 보수적 회계처리 방법이 사용되었는지
② 비반복적 · 비경상적 항목의 비중이 많은지
③ 기업의 장기 수익력과 밀접한 관계가 있는 재량적 비용지출이 많은지
이 가운데 장기적, 지속가능 수익력을 평가하는데 큰 영향을 주는 요소는 무엇인가?

04 국제회계기준(IFRS)의 도입, 적용은 재무제표분석에 큰 변화를 가져오고 있다.

(1) IFRS가 기존 회계기준(GAAP)과 비교할 때 큰 차이점은 무엇인가?

(2) IFRS의 적용으로 R&D, 영업권, 운용리스, 지급보증에 대한 회계처리에 어떤 영향을 주는가?

(3) IFRS적용으로 공정가치기준의 회계처리의 일환으로 비유동유형자산에 대한 자산재평가가 증가하고 있다. 이러한 경향이 기업의 부채구조와 수익성에 미치는 영향을 평가하라.

(4) IFRS적용으로 상호비교, 추세분석 시에 유의할 점은 무엇인가?

(5) 연결재무제표의 중요성과 또 IFRS적용 시 연결재무제표 작성 대상 종속회사의 조건은 무엇인가? 연결재무제표분석 방법에 대하여 설명하라.

05 통계적 방법을 이용하면, 전통적인 재무비율분석에서 얻을 수 없는 다양한 정보를 얻을 수 있다.

(1) 재무비율분석에서 비율의 분포를 고려하여야만 하는 이유를 설명하고, 분포를 고려하여 경영의 양부를 평가하는 방법에 대해서 설명하라.

(2) 재무적 건전도의 상당부분을 해석할 수 있는 소수의 재무비율로는 어떤 재무비율이 있는가?

(3) 재무비율들에 대해 요인분석을 통해 부실기업예측에 공통적인 정보를 제공하는 비율을 수개의 그룹으로 분류하고 있다. 그들은 서로 중복되지 않은 정보를 제공하는 유용한 재무비율군에는 어떤 것이 있나?

06 사례기업인 삼성전자와 LG전자의 2021년 사업보고서를 금융감독원 전자공시시스템(http://dart.fss.or.kr/)에서 다운로드 받아 주석사항을 읽고 다음에 답하라.

(1) 2021년에 이루어진 회계처리 방법의 변경에는 어떤 것이 있는가?

(2) 이 회계처리 방법의 변경이 양사의 재무건전도를 평가함에 있어서 어떤 영향을 주는가?

3편

미래 경영성과의 예측

CONTENTS

3편 개요

앞의 2편(3, 4, 5, 6장)에서는 과거 일정 기간 동안의 재무제표를 근간으로 하여 과거에서부터 현재에 이르는 기간 동안의 재무건전도를 평가하는 분석체계에 대해서 살펴보았다.

이 같은 과거의 재무적 건강상태에 관한 분석자료도 여러 가지 형태의 미래 의사결정에 유용한 정보로 이용된다. 과거에서 현재까지의 실적이나 추세는 미래에도 계속될 가능성이 있기 때문에, 과거에 관한 정보이지만 미래 의사결정에 유용한 것이다.

그러나 제반 의사결정은 근본적으로 미래지향적인 것이기 때문에 궁극적으로 필요한 정보는 분석대상기업의 앞으로의 예상 영업실적과 재무상태에 관한 것이다. 전편에서 다룬 과거에 관한 업적분석뿐만 아니라 미래 경영성과를 좌우하는 원천적인 요인에 대한 분석이 필요한 것이다.

이러한 관점에서 본편에서는 미래 경영성과에 영향을 주는 요인들에 대한 분석과 구체적인 예측방법에 대해서 다룬다. 아래 그림은 본서의 전체 구성 중에서 3편이 차지하고 있는 위치를 나타낸 것이다.

먼저 7장에서는 기업의 미래 경영성과와 그 변동성에 영향을 주는 구조적 요인의 하나로서 비용구조와 경영성과의 관계에 대하여 살펴본다. 8장에서는 미래 경영성과에 영향을 주는 질적 측면으로서 산업요인과 기업요인에 대해서 살펴보고, 9장에서는 기업의 미래 매출액이나 이익을 예측하는 계량적 방법에 대해서 다룬다.

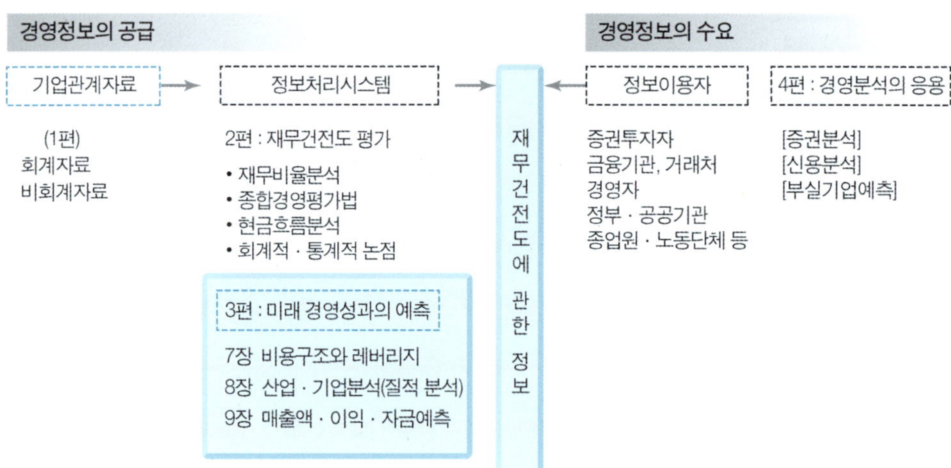

7장

비용구조와 레버리지분석

기업의 이해관계자들은 자신들의 의사결정과 관련하여 궁극적으로 필요로 하는 정보는 기업의 미래 경영성과에 관한 정보이다.

기업의 미래 경영성과는 외부경영환경, 기업 내에 이루어지는 여러 가지 경영의사결정에 의해서 영향 받기도 하지만, 기업의 비용구조, 자산구조, 재무구조와 같은 구조적 요인에 의해서 크게 좌우된다. 특히 고정비의 크기, 비용구조의 특성에 따라서 미래 경영성과의 수준과 그 변동성, 이익실현의 안전도가 크게 영향 받는다.

본장에서는 레버리지분석을 통해 기업의 비용구조가 미래 경영성과에 미치는 영향에 관하여 다룬다.

학습목표

- 미래 경영성과에 영향을 미치는 구조적 요인
- 손익분기점의 산출과 경영분석에의 활용법
- 고정비가 기업수익에 미치는 레버리지효과
- 영업레버리지, 재무레버리지, 결합레버리지의 측정과 경영분석에의 응용법
- 레버리지를 고려한 기업위험분석

1절 미래 경영성과에 영향을 미치는 구조적 요인

1. 미래 경영성과에 영향을 미치는 제요인

미래 경영성과는 일반적으로 미래에 예상되는 영업이익이나 순이익 그리고 주당순이익의 크기를 나타내는 수익성으로 표현된다. 때로는 매출액의 크기나 성장률로 표시되기도 하고, 이와 관련된 불확실성이나 위험도가 고려되기도 한다. 또한 보다 포괄적으로 수익성과 위험성이 모두 반영된다고 보는 주가에 근거하여 설명하기도 한다.

미래 경영성과를 예상하는 가장 일반적인 방법은 미래 이익의 크기와 이에 대한 불확실성에 근거하여 평가하는 것이다. 여기서 이익은 식 (7-1)에서 보는 것처럼 총수익(매출액)에서 총비용을 차감한 것이므로 미래이익의 크기와 그 불확실성의 정도는 판매단가와 판매량의 곱으로 결정되는 매출액과 총비용에 영향을 미치는 제요인에 의해서 좌우된다.

$$\begin{aligned} \text{이익} &= \text{총수익(매출액)} - \text{총비용} \\ &= \text{판매단가} \cdot \text{판매량} - f(\text{판매량}) \qquad \cdots\cdots (7\text{-}1) \end{aligned}$$

제품의 판매단가와 판매량 그리고 제반비용에 영향을 주어 미래이익(경영성과)을 결정짓는 일차적인 요인은 **외부 경영환경**이라고 할 수 있다. 기업의 외부 경영환경으로서 경제적 · 사회적 · 기술적 · 법적 환경 등이 미래 경영성과에 크게 영향을 준다. 이들 수많은 미래 환경요인은 기업경영의 미래 전망을 어둡게 하는 위협적인 요인이 될 수도 있고, 전망을 밝게 하는 유리한 기회적 요인이 될 수도 있다.

미래 경영성과는 2차적으로는 이들 외부 환경변화에 대응하여 내려질 기업의 제반 **경영의사결정**에 의하여 좌우된다. 즉, 외적 환경변화에 대응하여 내려지는 제품 · 시장의 선택에 관한 경영전략적 의사결정, 가격결정, 투자결정, 자본조달결정, M&A결정 등의 주요 의사결정이 얼마나 유효한가에 따라 미래 경영성과는 크게 영향받는다. 이 같은 주요 경영의사결정의 유효성에 대한 문제는 사실 경영학의 각 분야별 각론에서 다루어지는 것이므로, 여기에서는 이를 생략한다.

그림 7-1 미래 경영성과에 영향을 미치는 제요인

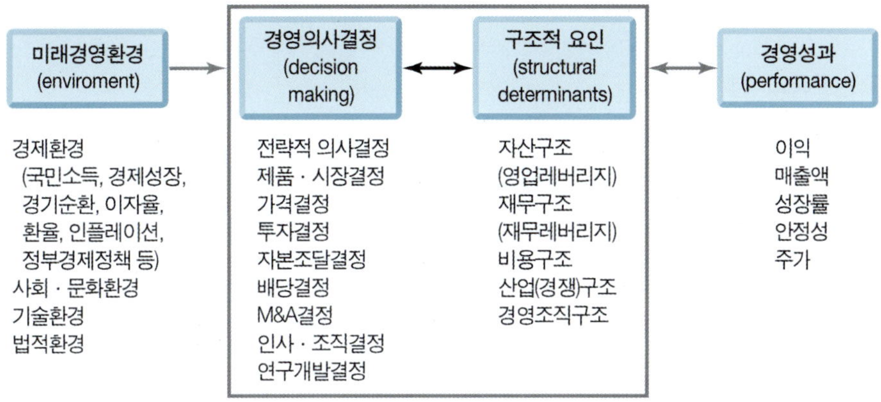

경영분석에서 중점적으로 다루는 것은 이들 주요 경영의사결정의 결과로 인해서 형성되는 **기업 내부의 구조적 요인**(structural determinants)들이 경영성과에 어떤 영향을 미치는가에 관한 것이다. 즉, 여러 가지 경영의사결정이 내려지게 되면 그 결과 자산구조(유동자산 대 비유동자산), 재무구조(타인자본 대 자기자본), 비용구조(고정비 대 변동비) 등이 정해지고, 취급하는 제품이나 시장영역에 따라 당해 산업의 구조적 특성의 제약을 받게 되어 이들은 경영성과를 원천적으로 좌우하는 구조적 요인이 된다. 또 인적자원이나 경영조직에 관한 의사결정의 결과에 의해서 좌우되는 경영조직구조도 경영성과에 영향을 주는 구조적인 요인으로 작용한다.

2. 미래 경영환경

기업의 미래 경영성과는 일차적으로 기업을 둘러싼 외부환경에 의해서 영향 받는다. 외부환경은 기업에게 기회와 위협의 원천이 되어 기업의 미래 수익성과 위험을 결정짓는 측면이 매우 크다. 이들 기업의 외부환경은 경제환경, 사회 · 문화환경, 기술환경, 노동환경 등으로 나누어 볼 수 있다.

(1) 경제환경

기업의 미래 매출액, 비용, 이익과 그 변동성에 가장 크게 미치는 요인은 경제환경이다. 국민소득, 경기순환, 이자율, 환율, 인플레이션 등은 기업마다 정도의 차이가 있을 뿐이지 미래 경영성과에 결정적 영향을 미친다.

1 국민소득과 경제성장

국내총생산(GDP)은 일국의 경제활동에 의해서 창출된 최종재화와 용역의 시장가치를 말하고, 이의 연간 증가율이 경제성장률이다. 이들 수준에 따라서 1인당 국민소득이 달라지고 특정 제품에 대한 수요에 영향을 준다.

2 경기순환

한 나라의 국민경제 전체의 활동수준은 반복적인 규칙성을 지니면서 회복 → 활황 → 후퇴 → 침체국면을 순환한다. 어느 순환국면인지에 따라서 생산, 고용, 소득 그리고 기업의 매출수익이 영향받는다. 특히 내구재산업, 비생활용품산업일수록 경기순환 변동에 큰 영향을 받는다.

3 이자율

이자율의 움직임은 시중의 자금흐름에 영향을 주고, 개별기업의 단기 자금사정에 영향을 미친다. 뿐만 아니라 타인자본의존도가 높을수록 주요 원가요소인 금융비용의 부담률을 높이고, 경기상황이나 성장전망에 따라서 이익의 큰 변동성을 초래한다. 시중이자율에 영향을 미치는 정부의 재정금융정책은 이러한 측면에서 중요하다.

4 환 율

환율이 변동하게 되면 자사제품의 국제경쟁력이 달라지고, 결과적으로 기업의 매출액과 수익성이 달라진다. 구체적으로 수출비중이 높은 기업은 환율이 상승(평가절하)하면 매출이 증가하고 대외경쟁력 및 채산성이 개선되는 효과를 갖는다.

5 인플레이션

인플레이션은 화폐가치를 하락시켜 화폐의 구매력을 감소시키는 결과를 가져온다. 물가상승률만큼 판매단가가 상승할 수도 있지만, 원자재 구입비 · 인건비 · 제조경비의 상승도 초래될 수 있으므로 기업수익성에 미치는 영향은 상반되게 나타날 수 있다. 인플레이션율만큼 시중이자율이 상승하면 금융비용 부담이 증가하므로 수익성이 악화될 수 있다. 또한 원유가격, 1차생산품가격, 주요 농산물가격의 상승으로 기업의 제조비용 상승과 소비자의 구매력 감소에 영향을 미치기도 한다.

(2) 사회 · 문화환경

사회 · 문화적 관행이나 패턴의 변화는 기업경영에 예측할 수 없는 방향으로 영향을 주는 경우가 적지 않다. 아동인구의 감소, 노년층의 증가, 건강중시 등 라이프스타일 변화, 개성화 · 다양화 · 고급화 등 수요구조의 변화, 소비자운동 · 환경보호단체운동의 증가 등의 변화는 산업에 따라서는 기회도 되고 위협이 되고 있다. 건강스포츠음료업, 환경관련산업 등에는 기회요인이 되지만, 아동의류 · 공해배출산업 등에는 위협요인이 높아질 수 있다.

(3) 기술환경

기술발전은 제품에 따라서는 진부화 속도를 빠르게 하므로 위험요소로 작용할 수 있다. 반면에 새로운 기술의 개발 · 보급은 신규수요를 창출하는 계기가 되기도 한다. 정보통신기술, 데이터기술, 친환경 모빌리티, 탈탄소환경기술, 스마트 의료, 그린에너지 관련 업종 등이 대표적 예가 될 것이다.

이 밖에도 정부규제 혹은 보호정책의 변화, 관련 법규의 폐지 혹은 입법 등의 법적 환경변화도 미래 경영성과에 영향을 주기도 한다.

3. 자산구조 · 재무구조 · 비용구조와 경영성과와의 관계

외부환경변화에 대응하여 기업이 여러 의사결정을 내리면 기업 내부에는 비용구조, 자산구조, 재무구조 면에서 여러 가지 구조적 특징을 지니게 되어 미래 경영성과에 영향을 준다.

자산구조, 재무구조, 비용구조가 어떻게 연관되어 미래 경영성과에 어떤 영향을 미치는지는 [그림 7-2]에서 살펴볼 수 있다.

먼저 기업의 투자결정이나 제품 · 시장선택에 대한 전략적 의사결정의 결과로 유동자산 대 비유동자산의 크기, 즉 **자산구조**(asset structure)가 결정된다. 또 투자에 소요되는 자금조달 방법의 결정에 따라 타인자본 대 자기자본의 크기인 **재무구조**(financial structure)가 결정된다.

한편 기업 내에서 발생하는 비용은 생산 · 판매량 같은 조업도에 따라 비례하는 변동비(재료비 등)와 그렇지 않은 고정비(감가상각비, 지급이자 등)로 나눌 수 있는데, 이들 비용의 상대적 비중을 **비용구조**(cost structure)라고 한다. 그런데 고정비는 다시 감가상각비처럼 자산운용(자산구조)과 연관이 있는 영업고정비와 지급이자처럼 자본조달(재무구조)과 관련된 재무고정비(지급이자 등)로 나누어 볼 수 있다.

그림 7-2 자산구조 · 재무구조 · 비용구조와 경영성과와의 관계

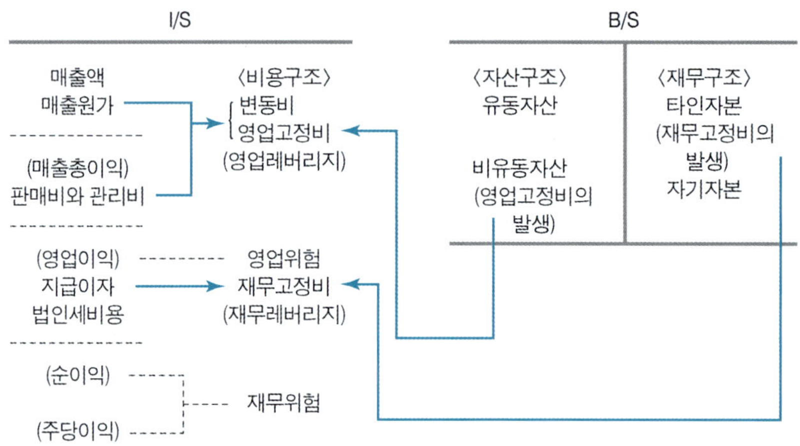

기업이 자산운용 면에서 기계설비와 같은 비유동자산을 많이 보유하고 있으면 영업활동수준에 관계없이 고정적인 영업고정비가 크게 발생하고, 자본조달 면에서 타인자본을 많이 사용하게 되면 영업활동의 양부에 관계없이 고정적 이자, 즉 재무고정비가 증가한다. 이처럼 기업의 비용구조는 자산구조와 재무구조와 연관되어 있다.

기업의 비용 중에서 이 같은 고정적 성격의 비용이 큰 비중을 차지하게 되면 경기변동 등에 의해 기업의 매출액 변동이 있을 때 영업성과(순이익)가 크게 변동하게 되어 상대적으로 충격이 크다. [그림 7-3]처럼 고정비의 비중이 높아질수록 매출액이 일정한 폭으로 신장할 경우 이익의 신장폭은 더 크고, 반대로 매출액이 일정한 폭으로 감소하면 이익의 감소폭(손실의 확대폭)이 더 커지는 지렛대 현상, 즉 **손익확대효과**가 발생하는데, 이를 **레버리지효과**(leverage effect)라고 한다.

그림 7-3 고정비로 인한 손익확대효과 원리

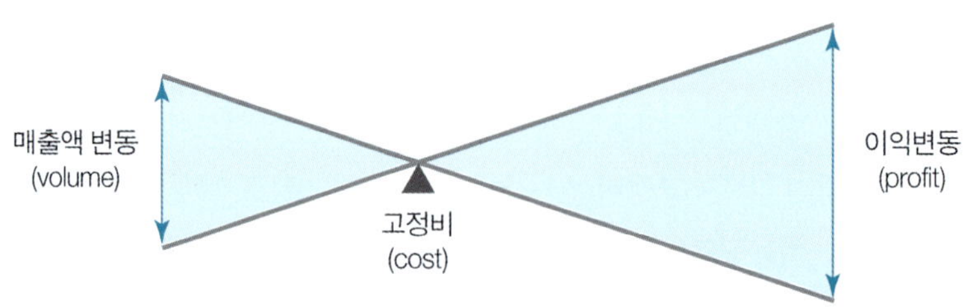

이처럼 매출액 변동에 따른 순이익의 변동을 분석하는 것을 레버리지분석이라고 한다. 이는 손익분기점분석과 함께 비용(cost)－조업도(volume)－이익(profit)의 관계를 다루는 것으로 CVP분석(cost-volume-profit analysis)의 하나라고 볼 수 있다. 이들 분석은 매출액변동과 이익(경영성과)과의 관계를 비용구조의 측면에서 분석하는 것이 초점이 된다.

이 같은 CVP분석(손익분기점분석이나 레버리지분석 등)은 기업경영에 관한 다음과 같은 정보를 얻을 수 있으므로 유용성이 높다.

- 기업이 손실을 면하기 위해서는 최소판매량이 어느 정도이어야 하는가? 또한 기업의 이익창출능력의 안전도는 어느 정도인가?
- 기업이 원하는 목표이익을 달성하기 위해서 필요한 판매량(판매액)은 얼마이고, 달성가능성은 얼마나 높은가?
- 경기변동 등에 따른 매출액변동이 예상될 때 이익의 변동성은 얼마나 큰가?
- 기업의 주요 의사결정－이를테면, 판매단가의 인상 혹은 인하 여부, 제품의 하청생산 여부, 광고비 증액 여부, 또는 기계설비의 자동화 여부 등의 의사결정은 기업이익의 안정성에 어떠한 영향을 미치는가?
- 기업의 영업상 및 재무상의 위험은 어느 정도인가?

2절 손익분기점분석

1. 손익분기점분석과 미래 경영성과

손익분기점(BEP: break-even point)은 매출액(총수익)과 총비용이 같아 이익이 영이 되는 조업도(매출량 또는 매출액)를 말한다. 즉, 이익도 손실도 나지 않는 수준의 조업도, 최소한 손실을 면하는 수준의 조업도를 가리킨다. 따라서 손익분기점을 구하여 이를 예상되는 미래 이익수준과 비교하게 되면 미래 경영성과, 즉 수익성의 안전도를 평가할 수 있다.

(1) 변동비와 고정비의 분류

손익분기점(BEP)을 구하기 위해서는 먼저 기업 내에서 발생하는 모든 비용을 고정비와 변동비로 구분할 수 있어야 한다. 즉, 모든 비용을 조업도에 따라 변동하는 변동비(variable cost)와 조업도수준에 관계없이 일정한 고정비(fixed cost)(총액기준의 총변동비, 총고정비)로 분류할 수 있어야 한다.[1)]

기업의 회계 계정과목으로부터 변동비와 고정비를 구분해 내는데 어려움이 있는 항목도 있지만 통상적으로 [표 7-1]과 같이 분류하고 있다. 변동비에는 주로 직접비용이 많고 고정비에는 간접비용이 많이 해당됨을 볼 수 있다.

[표 7-1] 변동비와 고정비의 분류

변동비	고정비
직접재료비	건물 · 기계의 감가상각비
직접노무비(성과급 급여)	관리직의 인건비(고정급 급여)
외주가공비	수선 · 유지비
운반비	제세공과료, 보험료, 임차료
소모품비	금융비용(지급이자 등)
판매수수료 등	연구개발비, 종업원훈련비 등

이처럼 조업도를 기준으로 하여 비용행태를 변동비와 고정비로 나누게 되면 여러 가지 관리적 의사결정과 미래 경영성과 예측에 도움이 되는데, 다음과 같은 비용행태(cost behavior)의 특성에 유의할 필요가 있다.

첫째, 조업도 수준에 관계없이 발생하는 비용이 고정비인데, 이는 총고정비 기준으로 정의한 것이다. 정확히 표현하면 조업도에 관계없이 **총고정비**는 일정하지만 조업도가 증가할수록 **단위당 고정비**는 체감한다. 따라서 여유생산능력이 있을 경우 조업도가 증가하면 단위당 생산원가는 하락하게 되어 기업의 수익성은 호전된다.

예를 들어, 위 표에서 보는 것처럼 문구제조업을 하는 A사와 B사가 있는데 두 회사 모두 연 50,000개를 생산할 시설능력을 보유하고 있고, 제품의 판매단가는 2,500원이다. 비용구조 면에서 볼 때, A사는 단위당 변동비가 1,000원이고, 총고정비는 10,000,000원이다. 반면에 B사는 단위당 변동비는 500원으로 A사보다 낮고, 총고정비는 20,000,000

1) **조업도**란 생산량, 매출량, 매출액, 작업시간, 거리, 호텔의 객실이용 수, 병원의 환자 수 등 여러 가지 의미로 사용되지만, 여기서는 생산량, 매출량 또는 매출액을 가리킨다. 특히 손익분기점분석에서는 매출량이나 생산량을 전제로 한다.

원으로 A사보다 높다.

이제 생산량이 증가할 때 단위당 고정비(=총고정비÷생산량)와 단위당 총제조비용(단위당 고정비+단위당 변동비)을 계산하면, [표 7-2]에 계산된 바와 같다. B사처럼 총고정비가 많으면 낮은 생산량수준에서는 단위당 고정비, 단위당 총제조비용이 높지만, 생산량이 증가할수록 단위당 고정비의 하락폭이 커서 단위당 총제조비용은 크게 낮아진다. 고정비가 많은 기업의 수익성은 생산판매량(조업도)에 달려 있음을 볼 수 있다.

[표 7-2] **문구제조업 A사와 B사의 비용구조**

(생산시설은 모두 50,000개, 판매단가 2,500원)

	A사	B사
단위당 변동비	1,000원	500원
총고정비	10,000,000원	20,000,000원
생산량	단위당 고정비(단위당 총제조비용)	
3,000개	3,333원(4,333원)	6,667원(7,167원)
5,000개	2,000원(3,000원)	4,000원(4,500원)
10,000개	1,000원(2,000원)	2,000원(2,500원)
15,000개	667원(1,667원)	1,333원(1,833원)
20,000개	500원(1,500원)	1,000원(1,500원)
30,000개	333원(1,333원)	667원(1,167원)
50,000개	200원(1,200원)	400원(900원)

둘째, 총고정비는 기업의 최대생산능력이 주어져 있을 때 그 **최대 생산능력 이내**에서 고정적이라는 점이다. 공장규모를 늘리게 되면 감가상각비도 증가되고, 여러 가지 제조간접비가 증가될 것이므로 총고정비는 증가한다. 따라서 고정비는 최대생산능력 내에서는 일정하지만, 최대생산능력에 변동이 생기면 계단식으로 증가하는 모양을 보인다. 즉, 적정범위(relevant range) 내에서만 고정적인 것이다.

이러한 의미에서 비용을 고정비와 변동비로 분류할 수 있다는 것을 전제로 하는 손익분기점분석은 최대생산능력이 일정한 것으로 가정하는 단기적이고 정태적인 분석수단이 된다.

셋째, 한 단위 더 만들어 팔 때마다 변동하는 변동비는 **총변동비** 기준으로는 변동하지만 **단위당 변동비** 기준으로는 일정하다는 점이다.

변동비에는 조업도가 증가함에 따라 일정 비율로 증가하는 비례비의 성격을 띤 것도 있지만, 체감하거나 체증하는 변동비도 있을 수 있다. 조업도의 증가에 따라 체감하는 변동비가 존재할 수 있는 것은 조업도가 증가하면 노동력 이용의 전문화, 숙련도의 증가, 기술수준의 향상, 수량할인 등 규모의 경제(economies of scale)가 실현되기 때문이다. 반면에 체증하는 변동비가 존재하게 되는 이유는 조업도가 적정규모를 넘어서면 비숙련공의 사용이 증가한다든지, 부서 간의 조정이 어려워진다든지 하는 과잉규모의 불이익으로 인하여 규모의 불경제(diseconomies of scale)가 작용하기 때문이다. 이처럼 체감적 변동비와 체증적 변동비가 상존하게 되는데, 이들의 영향이 상쇄될 것으로 가정하여 손익분기점분석에서는 변동비가 비례적으로 증가한다고 가정하여 분석하는 것이 일반적이다.

(2) 손익분기점의 계산

모든 비용이 고정비와 변동비로 분류될 수 있다면, 총수입과 총비용이 같게 되는 손익분기점의 매출량(또는 매출액)을 구할 수 있게 된다. 분석을 단순화시키기 위해서 손익분기점분석에서는 다음과 같은 가정을 하고 있다.

- 모든 비용은 조업도와 연관되어 발생하며, 고정비와 변동비로 구분될 수 있다.[2)]
- 비용과 수입의 행태는 이미 결정되어 있는 적정범위 내에서 선형관계이다. 특히 고정비는 적정조업도 범위 내에서 불변이다.
- 변동비는 조업도에 비례한다.
- 판매단가는 불변이다.
- 비용을 발생시키는 요소의 가격이 불변이다.
- 효율성과 생산성이 불변이다.

이제 다음과 같이 표시하기로 하자.

손익분기점에서의 판매량 = q^*(단위 표시),	q = 생산량 또는 판매량,
p = 제품의 판매단가,	v = 단위당 변동비,
FC = 총고정비,	VC = 총변동비,
TC = 총비용,	TR = 총수입

2) 기업 내 발생하는 비용은 조업도뿐 아니라 생산 방법, 경영규모, 기계의 성능, 작업숙련도 등의 요인에 의해서도 변동하지만, 손익분기점분석은 총비용이 조업도수준에 따라서만 변동하는 것으로 가정하므로 한계점이 있다.

이러한 가정 하에서 총수입선(TR)과 총비용선(TC)을 그림으로 표시하면 [그림 7-4]와 같다. 따라서 총수입과 총비용이 일치하게 되는 판매량 q^* 또는 판매액 $p \cdot q^*$가 손익분기점이 된다. 기업의 판매량이 q^*가 되면 이익도 손실도 없는 상태며, 판매량이 q^*를 넘어서면 이익이 발생하고, q^*에 미달하면 손실을 입게 되는 것이다.

그림 7-4 손익분기점

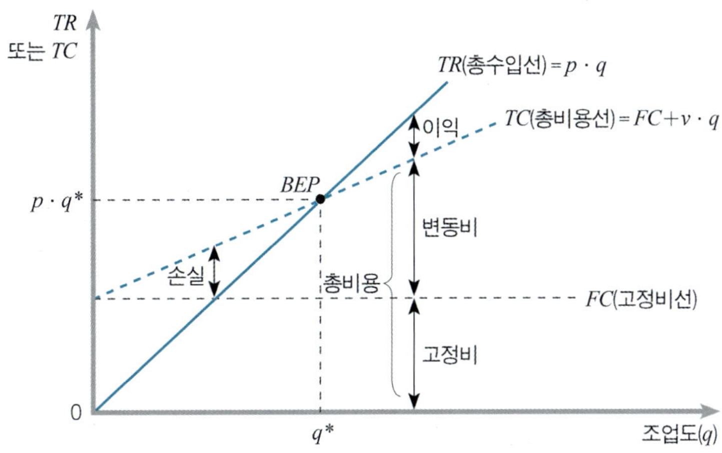

$TR = TC$가 되는 **손익분기점**은 다음 관계가 있으므로 식 (7-2)에서 보는 것처럼 총고정비를 [판매단가−단위당 변동비]로 나누어 구한다.[3)]

$$q^* = \frac{FC}{p-v} = \frac{\text{총고정비}}{\text{판매단가}-\text{단위당 변동비}} \quad \cdots\cdots (7\text{-}2)$$

$$= \frac{\text{총고정비}}{\text{단위당 공헌이익}}$$

여기서 분모 $(p-v)$를 **단위당 공헌이익**(contribution margin)이라고 한다. 따라서 손익분기점은 총고정비를 단위당 공헌이익으로 나눈 것이다. 제품의 판매단가에서 단위당 변동비를 뺀 부분은 제품 한 단위를 추가로 판매할 때 고정비를 보전(補塡)하고 이

3) 이 공식은 다음 관계에서 유도된 것이다. 총수입(TR)과 총비용(TC)은 다음과 같이 표시할 수 있는데, $TR = p \cdot q^*$, $TC = FC + VC = FC + v \cdot q^*$, $TR = TC$이어야 하므로,
$p \cdot q^* = FC + v \cdot q^*$, $(p-v)q^* = FC$, $q^* = FC/(p-v)$

익을 증가시키는 데 공헌하는 부분이므로 단위당 공헌이익이라고 한다.

공헌이익의 개념은 다음 식에서 더욱 분명히 이해될 수 있다. 지금 q개 매출량에서의 이익을 π라고 하면 기업의 이익은 다음과 같이 표시된다.

$$\pi = TR - TC = p \cdot q - (FC + v \cdot q) = (p - v)q - FC$$

매출량이 q개에서 Δq만큼 증가하였을 경우 추가적인 고정비 부담은 없으므로 즉, q개 매출량에서의 고정비도 FC이고 $(q+\Delta q)$개 매출량에서의 고정비도 FC이므로 이익증가분 $\Delta\pi$는 다음과 같다.

$$\Delta\pi = (p - v)\Delta q$$

이 식에서 볼 수 있는 것처럼 $p - v > 0$, 즉 판매단가가 단위당 변동비를 커버($p > v$)하기만 하면, 이것에 매출량 증가(Δq)를 곱한 것만큼 이익증가에 공헌하게 된다. 이러한 의미에서 손익분기점은 고정비를 공헌이익으로 완전히 보전하는 매출량의 수준이라고 할 수 있다.

한편 매출액($p \cdot q^*$), 즉 **금액으로 표시되는 손익분기점**은 식 (7-3)처럼 구할 수 있다.[4)]

$$p \cdot q^*(\text{손익분기점 매출액}) = \frac{\text{총고정비}}{1-\text{변동비율}} = \frac{\text{총고정비}}{\text{공헌이익률}} \quad \cdots\cdots (7\text{-}3)$$

식 (7-3)에서 제품의 판매단가에 대한 단위당 변동비의 비율인 v/p 혹은 총변동비/매출액을 **변동비율**이라고 하며, 1에서 변동비율을 차감한 $(1-v/p)$을 제품의 **공헌이익률**(contribution margin ratio)이라고 한다. 따라서 매출액으로 표시되는 손익분기점은 고정비를 공헌이익률로 나눈 것이다.

4) 제품이 판매단가가 일정하다고 가정하고 있으므로 식 (7-2)의 양변에 제품의 단가(p)를 곱하여 정리하면 손익분기점에서의 매출액(금액표시)은 식 (7-3)과 같게 된다.

$$p \cdot q^* = p \cdot \frac{FC}{p-v} = \frac{FC}{1-\frac{v}{p}} = \frac{FC}{1-\frac{v \cdot q}{p \cdot q}} = \frac{FC}{1-\frac{VC}{p \cdot q}}$$

예제 7-1

판매단가가 7,500원인 어린이 장난감을 만드는 A기업이 있다. A기업의 감가상각비 및 임차료 등의 총고정비가 200,000,000원, 재료비, 노무비, 경비 등의 단위당 변동비가 2,500원이다.

(1) A기업의 공헌이익, 변동비율, 공헌이익률, 손익분기점에서의 매출량, 매출액을 계산하라.

(2) 현재 생산시설의 여유가 있는데, 20,000개를 4,000원에 납품해달라는 추가주문이 있다. 이 주문은 받아들일만 한가?

풀이

(1) 공헌이익$=p-v=7{,}500-2{,}500=5{,}000$(원)

변동비율$=\dfrac{v}{p}=\dfrac{2{,}500}{7{,}500}=\dfrac{1}{3}$

공헌이익률$=1-\dfrac{v}{p}=1-\dfrac{1}{3}=\dfrac{2}{3}$

손익분기점에서의 매출량$=\dfrac{\text{총고정비}}{\text{공헌이익}}=\dfrac{200{,}000{,}000}{5{,}000}=40{,}000$(단위)

손익분기점에서의 매출액$=\dfrac{\text{총고정비}}{\text{공헌이익률}}=\dfrac{200{,}000{,}000}{2/3}=30{,}000{,}000$(원)

(2) 이 A기업의 경우 40,000개(금액기준 3억 원)를 팔아야 손실을 면할 수 있다. 생산시설의 여유가 있어 추가주문을 받을 수 있을 경우 판매단가가 2,500원(단위당 변동비) 이상으로 책정만 되면 비록 단위당 총원가에 못 미치더라도 기업의 이익증가에 공헌하게 된다. 20,000개의 추가주문을 받아 단위당 4,000원에 매출하면 변동비 2,500원을 차감하고 단위당 1,500원씩(총액기준 3천만 원) 이익증가에 공헌하게 된다.

예제 7-2

B기업의 손익계산서자료로부터 다음과 같이 손익분기점을 구하는데 필요한 부분을 발췌하였다. 손익분기점의 매출액을 구하라.

매출액	1,000,000(원)
비용	
변동비	500,000(원)
고정비	400,000(원)
순이익	100,000(원)

풀이

$$TR^*=\frac{FC}{1-\dfrac{VC}{TR}}=\frac{400{,}000}{1-\dfrac{500{,}000}{1{,}000{,}000}}=800{,}000(\text{원})$$

(3) 비용의 분해

손익분기점분석은 이상에서 본 것처럼 모든 비용이 고정비와 변동비로 분해될 수 있음을 가정하고 있다. 따라서 고정비와 변동비가 적절히 추정되어야 한다. 총비용을 고정비와 변동비로 분해하는 방법은 개별비용법과 총비용법으로 나누어 볼 수 있다.

1) 개별비용법

개별비용법은 각 비용항목을 조업도변화와 연계시켜 개별적으로 관찰하여 고정비와 변동비로 분해하는 방법이다. 재무제표자료에 나타나 있는 계정과목을 기준으로 분류한다는 측면에서 **계정과목법**이라고도 한다. [표 7-1]은 개별비용법에 의해서 비용을 분류하는 한 예이다.[5)]

이 개별비용법은 간단하다는 장점은 있지만 기본급에 성과급을 지급하는 인건비 항목의 예처럼 준변동비, 즉 변동비적 요소와 고정비적 요소를 아울러 가지고 있는 비용항목의 처리가 쉽지 않다는 문제점이 있다.

2) 총비용법

총비용법은 총비용을 수학적 또는 통계적 방법으로 고정비와 변동비로 분해하는 방법이다. 여기에는 비례율법, 산포도법 및 최소자승법이 있다.

1 비례율법

이 방법은 일정 기간에 걸친 매출액증가분에 대한 총비용증가분의 비율을 변동비율로 보고 비용을 분해하는 방법이다.

$$변동비율 = \frac{총비용증가분}{매출액증가분} = \frac{당기총비용-전기총비용}{당기매출액-전기매출액}$$

$$변동비 = 총비용 \times 변동비율$$

$$고정비 = 총비용 - 변동비$$

예를 들어, 매출액이 100억 원에서 120억 원으로 증가할 때 총비용은 60억 원에서 74억 원으로 증가하였다면, 변동비율은 14억 원/20억 원=0.7이 된다. 그리고 74억 원

5) 한국은행 「기업경영분석」에서는 변동비와 고정비를 다음과 같이 분해하고 있다.
변동비=총비용-**고정비**-특별손실
고정비=판매비와 관리비+노무비의 1/2+제조경비-외주가공비+영업외비용+재고조정 중의 고정비

의 총비용은 변동비 51.8억 원(=74억 원×0.7)과 고정비 22.2억 원(=74억 원−51.8억 원)으로 분해된다.

비례율법은 추정이 간편하지만 분석기간 중에 판매가격, 제품당 변동비, 고정비, 제품구성 등에 변동이 없을 경우에만 적용될 수 있다는 한계가 있다.

2 산포도법

산포도법은 과거 여러 기간에 걸친 매출액을 횡축에, 총비용을 종축에 표시하는 산포도(scatter graph)를 그린 다음에, 이 점들을 가장 잘 대표할 수 있는 선을 그어 비용을 분해하는 방법이다.

[그림 7-5]는 산포도법의 한 예인데, 산포점들을 가장 잘 대표하는 추세선을 그었을 때 그 기울기가 변동비율을 나타내고, 종축과 교차하는 점이 고정비를 나타낸다.

이 예에서는 고정비가 80억 원이고, 변동비율은 0.6이므로, 만약 매출액이 300억 원이라면 80억 원의 고정비와 180억 원의 변동비가 발생할 것으로 추정할 수 있다.

이와 유사한 간편한 방법은 2개의 최소수준의 총비용 평균점과 2개의 최고수준의 총비용 평균점을 잇는 방법이 이용되기도 한다. 이러한 방법들은 추세선을 눈짐작으로 그리는 방법이므로 간단한 방법이 될 수 있지만 정확하지 못하다는 단점이 있다.

3 최소자승법

추세선이 정확하지 못하게 눈짐작으로 그려진다는 산포도법의 문제점을 해결하기 위하여 정확한 추정 방법으로서 통계학적 방법인 최소자승법을 사용할 수 있다. 최소

그림 7-5 산포도법에 의한 비용분해

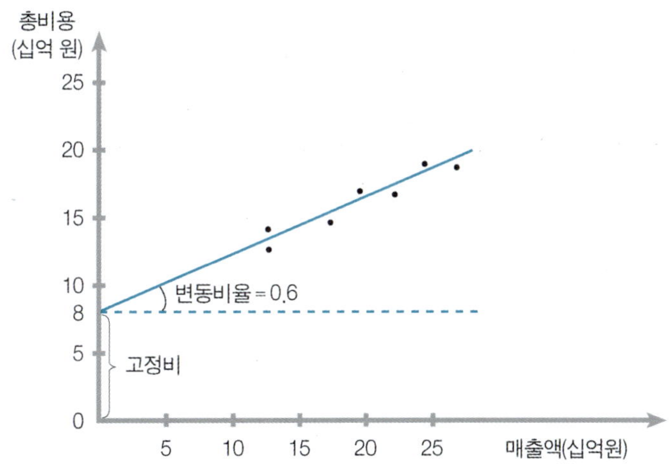

자승법은 각 산포점과 추세선상의 점과의 거리(오차)의 자승의 합계가 최소가 되도록 절편과 기울기를 추정하는 방법이다.

최소자승법에 의해 추세선(회귀방정식)의 절편과 기울기가 추정되면 마찬가지로 절편은 고정비이고, 기울기는 변동비율이 된다.

(4) 손익분기점분석의 활용

이상에서 살펴본 것처럼 손익분기점분석은 총수입과 총비용이 일치하는 매출량을 구하는 작업이 근간이 된다. 또한 공헌이익이라는 개념은 매출량 변화에 따른 이익 변화의 분석을 가능케 하므로 가격결정, 투자결정 등의 의사결정, 그리고 목표이익 달성을 위한 이익계획수립이나 경영관리에 이용되고 있다.

한편 경영분석에서는 손익분기점이 적자를 면하는 최소한의 매출량이 되므로 미래 **수익발생능력의 안전도**를 평가하는 기준으로 활용한다. 또 여러 가지 관리적 의사결정이 손익분기점에 미치는 영향을 분석하여 미래 경영성과를 예측하는 수단으로 이용될 수 있다. 이하에서는 손익분기점분석이 미래 경영평가에 어떻게 이용될 수 있는지를 설명한다.

1) 안전율의 측정

예상 매출량이 손익분기점에서의 매출량을 크게 상회하면 할수록 미래수익성의 안전도는 높다고 할 수 있다. 수익성의 안전도를 평가하기 위해 **안전율**(M/S비율: margin of safety)을 측정하는데, 이는 실제 또는 예상 매출량과 손익분기점에서의 매출량과의 차이를 실제(예상)매출량으로 나누어 계산된다.

$$\text{안전율(M/S비율)} = \frac{\text{실제(예상)매출량} - \text{손익분기점에서의 매출량}}{\text{실제(예상)매출량}} \times 100 \qquad \cdots\cdots (7\text{-}4)$$

앞의 A기업의 예에서 손익분기점에서의 매출량이 30,000단위였는데, 실제매출량이 60,000단위라면 안전율은 다음과 같이 50%가 된다.

$$\text{안전율}(M/S\text{비율}) = \frac{60,000 - 30,000}{60,000} \times 100 = 50\%$$

안전율이 높으면 높을수록 손실이 발생할 가능성이 그만큼 낮다는 것을 의미한다.

2) 목표이익달성의 타당성평가

손익분기점분석은 이익이 0이 되는 수준의 매출량을 구하는 것뿐만 아니라 이익계획(profit planning)의 일환으로 **목표이익**(target profit) 또는 **최저요구이익**[6]을 달성하기 위한 매출량과 매출액을 구하는 데 이용된다. 목표이익 또는 최저요구이익을 π라고 하면 π를 달성하기 위한 매출량(q)과 매출액은 다음과 같이 계산할 수 있다.

$$\pi = TR - TC = p \cdot q' - (FC + v \cdot q') = (p - v)q' - FC$$

$$\therefore q'(\text{목표이익달성에 필요한 매출량}) = \frac{FC + \pi}{p - v} = \frac{\text{총고정비+목표이익}}{\text{단위당 공헌이익}} \qquad \cdots\cdots (7\text{-}5)$$

즉, 목표이익 π를 달성하는 데 필요한 매출량 q'는 고정비와 목표이익의 합을 공헌이익으로 나누어 구한다. 여기에 제품의 단가를 곱하여 정리하면 매출액으로 표시된 식을 구할 수 있다.

$$\therefore p \cdot q'(\text{목표이익달성 매출액}) = \frac{\text{총고정비+목표이익}}{\text{공헌이익률}} \qquad \cdots\cdots (7\text{-}6)$$

이를 그림으로 표시하면 [그림 7-6]에서 보는 바와 같이, 총수입선과 총비용선의 직선거리는 이익과 손실을 나타내는데, 이 직선거리, $p \cdot q'$가 목표이익을 달성하기 위한

그림 7-6 목표이익과 손익분기점분석

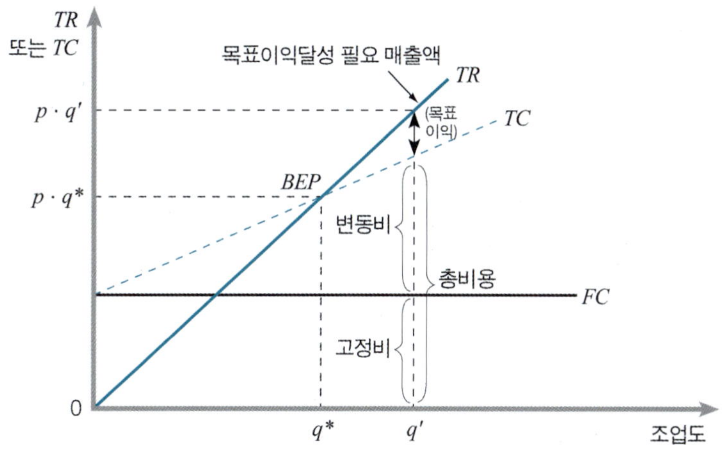

6) 최저요구이익이란 총자본 사용에 대해서 최소한 벌어들여야 할 목표이익수준으로서 총자본에 가중평균자본비용을 곱하여 측정하기도 한다.

매출량 또는 매출액이 된다. 따라서 예상되는 출매량(매출액)수준과 목표이익을 달성하는 데 필요로 하는 매출량(매출액)수준을 서로 비교하면, 미래수익 실현의 타당성을 평가할 수 있다.

3) 손익분기점의 변동에 영향을 주는 요인분석

손익분기점을 결정짓는 일차적인 요인은 식 (7-2)에서 볼 수 있는 것처럼 판매단가(p), 단위당 변동비(v), 고정비(FC)수준이다. 판매단가가 인상(인하)되든지 비용이 감소(증가)될 때 손익분기점은 낮아(높아)진다. 즉, 손익분기점은 기업의 가격결정이나 투자결정 등의 경영정책의 변화나 경영여건의 변화로 인해 변동한다.

따라서 미래 경영성과를 평가하는 데는 이들 판매단가의 변동, 고정비의 변동, 단위당 변동비의 변동을 초래하는 요인들을 체계적으로 분석하여 연계시키는 일이 필요하다. 몇 가지 예를 들면 다음과 같다.

1 자체생산 대 하청생산(make or buy)의 결정

기업의 투자결정 중 한 가지는 특정 제품을 자사에서 직접 생산(make)할 것이냐 아니면 타사에 하청을 주어 생산(buy)하도록 할 것이냐 하는 것이다. 자사에서 직접 생산하게 되면 추가적인 시설투자가 필요할 것이므로 고정비 증가를 수반한다. 반면에 하청생산을 하게 되면 고정비는 줄고 대신 하청단가만큼의 단위당 변동비가 증가하게 된다. 따라서 어떤 생산방식을 취하느냐에 따라 손익분기점이 달라진다.

예를 들어, 판매단가가 1,000원인 제품을 생산하는 데 자체생산하면 총고정비는 200,000원이고 단위당 변동비는 500원이다. 반면에 하청생산을 하게 되면 총고정비는 150,000원이고 단위당 변동비는 700원이라고 하면 각각의 손익분기점은 다음처럼 계산된다.

$$\text{자체생산} : q = \frac{200,000}{1,000 - 500} = 400(\text{개})$$

$$\text{하청생산} : q = \frac{150,000}{1,000 - 700} = 500(\text{개})$$

따라서 적자를 볼 가능성을 낮춘다는 관점에서 보면, 자체생산의 경우가 유리하다고 할 수 있다.

2 판매단가의 인상 · 인하

경영여건의 변화로 판매단가를 인상하거나 인하시킬 경우 비용구조 면에서 변화가 없다면 기업의 손익분기점은 변동하게 된다. 이를 가격인상 · 인하 후에 예상되는 매출량의 변화와 비교하여 의사결정에 이용할 수 있고, 미래 경영성과를 예측하는 데도 이용할 수 있다.

이 밖에도 공장자동화, 광고비 증액, 신용기간 연장 등의 주요 경영정책의 변화가 손익분기점에 미치는 영향을 분석하는 것도 마찬가지이다.

2. 다제품기업의 손익분기점분석

지금까지 설명한 손익분기점분석은 단일제품기업에 대해 적용할 수 있는 내용이다. 그러나 현실적으로 대부분의 기업은 하나의 제품만 생산한다기보다는 여러 가지 제품을 생산하고 있는 것이 보다 일반적이다. 이러한 다제품기업에 있어서의 손익분기점분석도 마찬가지 방법으로 하면 되지만, 실제로 제품별로 고정비나 변동비를 나누는 일은 용이하지 않다. 예를 들어, 공통고정비인 보험료나 임차료를 제품별로 배분하는 것은 매우 어려운 문제이다.

다제품기업의 손익분기점을 분석하는 완벽한 방법은 없지만 현실적으로 많이 활용되는 방법으로는 가중평균공헌이익률법이 있다.

가중평균공헌이익률법은 각 제품의 매출액 구성비율과 변동비율이 분석기간 동안 변함없다는 가정 하에서, 먼저 각 제품의 공헌이익률을 구한 다음, 매출액 구성비에 따라 가중평균공헌이익률을 구하고, 기업의 고정비를 이것으로 나누어 기업 전체의 BEP를 구한 후, 이를 다시 제품별로 할당하는 방법이다.

$$\text{제품별 공헌이익률} = 1 - (\text{제품별 변동비} / \text{제품별 매출액})$$

$$\text{가중평균 공헌이익률} = \sum_{i=1}^{n} [\text{제품 } i\text{의 매출액구성비} \times \text{제품 } i\text{의 공헌이익률}]$$

$$\text{손익분기점에서의 매출액} = \frac{\text{고정비}}{\text{가중평균 공헌이익률}} \qquad \cdots\cdots (7\text{-}7)$$

예제 7-3

A, B, C 세 제품을 취급하는 ㈜하나로의 제품별 매출액과 비용 관련자료가 다음과 같다. ㈜하나로의 고정비는 131억 원이다.

제품	예상매출액	매출액구성비	변동비율①	공헌이익률 ②
A	120억 원	50%	25%	75%
B	72억 원	30	40	60
C	48억 원	20	50	50
합계	240억 원	100%		

① 변동비율의 계산은 제품별로 변동비의 구분이 가능하다는 가정 하에서 (제품별 변동비÷제품별 매출액)을 계산하여 구해진 것임.

② 공헌이익률은 (1－변동비율)이므로 ①의 결과를 이용한 것임.

㈜하나로의 가중평균공헌이익률을 계산하고 기업 전체와 각 제품에 대해 매출액기준의 손익분기점을 계산하라.

풀이

(1) 가중평균공헌이익률의 계산 :

	(공헌이익률)		(매출액구성비)	
A:	0.75	×	0.5	= 0.375
B:	0.60	×	0.3	= 0.180
C:	0.50	×	0.2	= 0.100

가중평균공헌이익률 = 0.655

(2) (1)의 결과를 이용한 명륜사 전체의 손익분기점의 매출액(TR^*) 계산

$$TR^* = \frac{\text{고정비}}{\text{가중평균 공헌이익률}} = \frac{131\text{억 원}}{0.655} = 200\text{억 원}$$

(3) 각 제품별 손익분기점 계산 :

기업 전체의 손익분기점의 매출액이 계산되면 이를 제품별 매출액 구성비에 따라 제품별로 할당하여 제품별 손익분기점을 구한다.

A제품 BEP = 200억 원 × 0.5 = 100억 원

B제품 BEP = 200억 원 × 0.3 = 60억 원

C제품 BEP = 200억 원 × 0.2 = 40억 원

이 기업은 A제품 100억 원, B제품 60억 원, C제품 40억 원을 팔아야 적자를 면할 수 있다.

3절 레버리지분석

앞서 설명한 손익분기점분석에서는 손실을 면하는 최소한의 매출량을 찾아봄으로써 기업수익성의 안전도를 평가하거나 여러 가지 관리적 의사결정이 기업손익에 미치는 영향을 분석하였다. 여기서 얻어진 중요한 결론 중의 하나는 고정비가 차지하는 비중이 높아질수록 손익분기점은 높아져 기업수익성의 안전도는 떨어진다는 점이다.

고정비가 기업손익에 미치는 영향은 **고정비의 손익확대효과**를 통해서 보다 잘 이해될 수 있다. 즉, 고정비의 비중이 높아질수록 매출액이 증가할 때는 이익증가의 폭이 커지고, 반대로 매출액이 감소할 때는 손실확대(이익감소)의 폭이 커지는 손익확대효과(레버리지효과)가 발생한다. 본절에서는 고정비의 존재로 인하여 발생하는 레버리지효과와 미래 경영성과의 관계에 대하여 설명한다.

1. 레버리지분석의 의의

레버리지분석(leverage analysis)은 기업의 총비용 중에서 고정비가 차지하는 비중이 클수록 기업의 이익과 손실이 확대되는 원리를 분석하는 것이다. 고정비의 존재로 인해서 발생하는 이 같은 손익확대효과는 고정비가 지렛대의 역할을 하여 나타나기 때문에 레버리지효과(leverage effect)라고 부르고 있다.

고정비는 영업고정비와 재무고정비로 나누어 볼 수 있다. 영업고정비란 매출(제조)원가나 판매관리비 중에서 생산판매량에 관계없이 일정하게 발생하는 감가상각비나 임차료, 관리직의 고정인건비 등을 가리킨다. 영업고정비의 증가는 비유동자산(생산시설)을 증가시키거나 관리직에 많은 사람을 채용할 때 발생한다. 따라서 영업고정비의 존재로 인해 손익이 확대되는 영업레버리지는 기업의 투자의사결정, 즉 자산구조(자산믹스)와 관계되는 것이다.

한편 재무고정비란 지급이자나 우선주배당과 같은 재무활동(자금조달)상의 고정비용을 말한다. 재무고정비는 타인자본을 사용할 경우 발생하므로 재무고정비의 존재로 인하여 손익이 확대되는 재무레버리지는 기업의 자본조달결정, 즉 자본구조(자본조달믹스)와 관계가 있는 것이다.

그림 7-7 고정비 존재에 의한 손익확대효과 원리

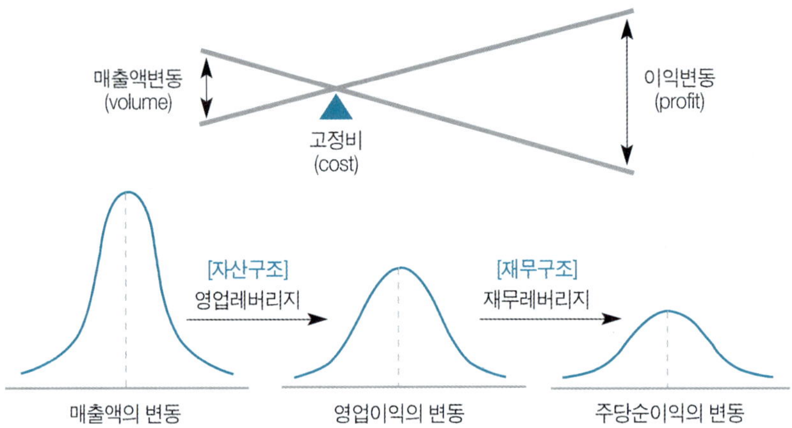

환언하면 손익계산서의 비용구조에 따라 결정되는 영업레버리지와 재무레버리지는 각각 재무상태표의 자산구조, 자본구조와 연관되어 있다. 이처럼 고정비의 존재로 인해서 손익확대효과가 발생한다면 이를 분석함으로써 미래 경영성과의 수준과 변동성을 평가하는 데 도움이 된다.

이제 분석상 손익확대효과는 영업고정비의 존재로 인하여 손익이 확대되는 **영업레버리지**(operating leverage)와 재무고정비의 존재로 인해 손익이 확대되는 **재무레버리지**(financial leverage)로 구분하여 분석할 수 있다. 또한 이 두 가지 고정비(영업고정비와 재무고정비) 모두 때문에 손익이 확대되는 **결합레버리지**(combined leverage)로 분석할 수 있다.

이하에서는 이들 각각의 레버리지효과에 대해서 살펴보고, 기업의 위험에 미치는 영향을 중심으로 경영분석에서 시사하는 바를 살펴보기로 한다.

2. 영업레버리지분석

(1) 영업레버리지의 의미

영업레버리지는 앞서 설명한 것처럼 영업비용 중에서 영업고정비의 지출을 수반하는 자산을 보유하기 때문에 발생한다. 영업레버리지분석의 목적은 영업고정비의 존재로 인하여 매출액의 변화에 비해 영업손익이 보다 크게 변화하는 영업손익확대효과를 분석하는 데에 있다.

이러한 레버리지효과는 왜 나타나게 되는가? 즉, 영업고정비가 증가될 경우 영업이익이 왜 확대되어 나타나는가? 기업이 생산시설을 대규모로 늘려 영업고정비가 크게 증가되었을 때, 생산판매량이 크게 증가하면 단위생산원가는 훨씬 저렴하게 되어 종전의 소규모 생산시설의 경우보다도 영업이익은 높은 수준이 된다. 그러나 반대로 생산판매량이 감소될 경우에는 영업고정비의 높은 부담 때문에 단위생산원가가 상승하여 손실이 크게 나타난다.

이 같은 원리에 의해서 영업고정비의 부담이 증가하면 매출액 변동에 대한 영업이익의 변동이 확대되는 손익확대효과가 발생한다.

그림 7-8 영업고정비로 인한 손익확대효과

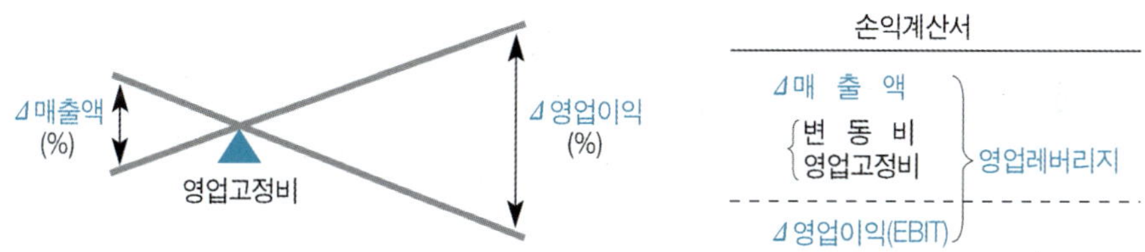

(2) 영업레버리지도

이러한 매출액 변화에 대한 영업이익 변화의 크기, 즉 손익확대효과의 정도는 **영업레버리지도**(DOL: degree of operating leverage)를 이용하여 측정하고 있다.

영업레버리지도는 매출액(량)의 변화율에 대한 영업이익(EBIT)의 변화율의 비율로 측정하는데, 이를 수식으로 표시하면 다음과 같다.

$$DOL = \frac{\text{영업이익의 변화율}}{\text{매출액(량)의 변화율}} = \frac{\frac{\Delta EBIT}{EBIT}}{\frac{\Delta S}{S}} \quad \cdots\cdots \ (7\text{-}8)$$

여기서, DOL : 영업레버리지도
$EBIT$: 이자와 법인세차감전이익(영업이익)
$\Delta EBIT$: 이자와 법인세차감전이익의 증감액(영업이익 증감액)
S : 매출액($= p \cdot q$)
ΔS : 매출액 증감액($= p \cdot \Delta q$)
단, p: 매출단가, q: 매출수량

식 (7-8)에서 S, $\triangle S$, $EBIT$, $\triangle EBIT$의 관계를 정리하면 영업레버리지도(DOL)는 다음과 같이 측정할 수 있다.[7)]

$$DOL = \frac{\dfrac{\triangle q(p-v)}{q(p-v)-FC}}{\dfrac{\triangle q}{q}} = \frac{q(p-v)}{q(p-v)-FC} = \frac{TR-VC}{TR-VC-FC} \qquad \cdots\cdots (7\text{-}11)$$

여기서, TR: 매출액(＝판매단가×판매량)
FC: 총영업고정비
VC: 총변동비(＝판매량×단위당 변동비)

식 (7-11)에서 보는 바와 같이 분모의 영업고정비가 클수록 영업레버리지도(DOL)는 1보다 크게 되어 손익확대효과가 커지게 된다. 높은 영업고정비 부담으로 인하여 DOL이 2라면 10%의 매출액 증감이 있을 때 영업이익의 증감은 2배인 20%가 됨을 뜻한다.

예제 7-4

현재 A사는 매출액이 100억 원이다. A사의 연간 영업고정비는 20억 원이고, 변동비로는 매출액의 50%가 지출된다. 한편 재무고정비(지급이자)는 10억 원이다. 앞으로 이 기업의 매출액은 현재 수준에서 20% 증가하여 120억 원으로 상승할 수도 있고, 20% 감소하여 80억 원으로 하락할 수도 있다. A사의 이러한 매출액 변동이 영업이익의 변동에 미치는 영향을 분석하라.

풀이

A사의 매출액이 80억 원, 100억 원, 120억 원이 될 경우 영업변동비는 매출액의 50%이므로 각각 40억 원, 50억 원, 60억 원이 될 것이고, 영업고정비 20억 원과 재무고정비 10억 원은 어느 상황이 되든 불변이다. 따라서 A사의 영업이익과 순이익은 다음과 같이 예상할 수 있다.

(단위: 억 원)

매출액	80	100	120
(−) 변 동 비(50%)	40	50	60
(−) 영 업 고 정 비	20	20	20
영업이익	20	30	40
(−) 재 무 고 정 비	10	10	10
순이익	10	20	30

7) 식 (7-8)에서 영업이익은 매출액에서 영업고정비(FC)와 영업변동비($v \cdot q$)를 차감한 것이므로 다음 식 (7-9)와 같이 표시할 수 있다. $EBIT = q(p-v) - FC$ …… (7-9)
EBIT의 증감액은 매출량이 q에서 $(q+\Delta q)$로 변화할 때 영업고정비(FC)는 동일하므로 식 (7-10)과 같이 측정된다. $\triangle EBIT = [(q+\triangle q)(p-v) - FC] - [q(p-v) - FC] = \triangle q(p-v)$ …… (7-10)
식 (7-8)에 식 (7-9)와 식 (7-10)을 대입하면 식 (7-11)의 결과를 얻는다.

이 자료로부터 A사의 영업레버리지도를 매출(조업도) 100억 원 기준으로 측정하면 다음과 같다.

$$DOL = \frac{TR-VC}{TR-VC-FC} = \frac{100-50}{100-50-20} \fallingdotseq 1.67$$

A사의 $DOL = 1.67$이 의미하는 바는 매출액 변동이 10% 예상될 때 영업이익의 변동은 이의 1.67배인 16.7% 변동될 것임을 뜻한다.

만약 이 기업의 영업고정비가 20억 원이 아니고 30억 원으로 높다면 다음과 같이 영업레버리지도는 2.5가 되어 손익확대효과가 커짐을 볼 수 있다.

$$DOL = \frac{TR-VC}{TR-VC-FC} = \frac{100-50}{100-50-30} = 2.5$$

손익확대효과의 정도는 위에서 본 것처럼 공식에 의해서 측정하기도 하지만 DOL의 정의대로 아래 표와 같이 매출액변화율과 영업이익변화율을 직접 대비하여 평가할 수도 있다.

$$DOL = \frac{\text{영업이익변화율}}{\text{매출액변화율}} = \frac{33.3\%}{20\%} = 1.67$$

	영업고정비가 20억 원일 경우			영업고정비가 30억 원일 경우		
	20% 감소		20% 증가	20% 감소		20% 증가
매 출 액	80	100	120	80	100	120
변 동 비	−40	−50	−60	−40	−50	−60
영 업 고 정 비	−20	−20	−20	−30	−30	−30
영 업 이 익	20	30	40	10	20	30
	33.3% 감소		33.3% 증가	50% 감소		50% 증가
	$DOL = \frac{33.3\%}{20\%} = 1.67$			$DOL = \frac{50\%}{20\%} = 2.5$		

(3) 생산방식과 영업레버리지도

일반적으로 고정비 부담의 정도는 기업의 생산방식에 의해서 많이 좌우된다. 보통 영업고정비가 커지면 영업변동비가 작아지고, 반대로 영업변동비가 커지면 영업고정비가 작아지게 된다. 그런데 이를 좌우하는 것 중의 하나는 **생산방식**이다. 예를 들어, 자동차 제조업체가 자동차부품을 대부분 자체생산하기로 한다면 생산설비에 대한 투자가 증가하므로 고정비 부담이 커지지만, 만약 부품생산을 하청업체에 맡겨 납품하도록 한다면 비용의 대부분이 변동비가 된다.

노동집약적 생산기술을 이용할 경우 변동비 부담이 높아지고, 자본집약적 생산기술을 이용할 경우 고정비 부담이 높아지는 것도 마찬가지 원리이다. 자본집약적 기업은 많은 시설투자로 영업고정비가 높지만 생산시설의 자동화로 인건비가 감소하여 단위당 변동비가 낮다. 반면에 노동집약적 생산기술에 의존하는 기업은 시설투자가 적어 영업고정비가 낮지만 인건비가 높아 단위당 변동비가 높다.

요약하면 부품구매에 의한 조립생산보다도 자체생산, 그리고 노동집약적 생산보다는 자본집약적 생산이 고정비 부담을 증가시켜 손익확대효과를 크게 한다.

레버리지분석에서 유의하여야 할 점은 **매출량 수준에 따라** 영업레버리지도가 다르다는 점이다. 손익분기점에서의 매출량을 막 지나는 점에서 영업레버리지도는 가장 높고, 손익분기점에서의 매출량에서 멀어질수록 영업레버리지도가 낮아진다. 이는 매출량이 증가하면 제품의 단위당 영업고정비가 감소하여 영업레버리지효과가 감소하기 때문이다.

따라서 매출액이 비교적 낮을 것으로 예상되면 DOL이 낮은 것이 유리하고, 매출액이 높을 것으로 예상되면 DOL이 높은 것이 유리하다. 따라서 생산기술이나 관리방식을 이러한 점을 고려하여 결정할 필요가 있다.

(4) 경영분석에의 시사점

영업고정비의 부담이 클수록 매출액의 증감에 따른 영업이익의 변화율이 증대된다는 사실은 미래 경영성과를 평가할 때, 다음과 같은 점을 시사한다.

첫째, 영업레버리지도와 연관지어 미래 경영성과를 평가할 때는 **경기전망**과 관련시켜 분석해야 한다는 점이다. 경기가 호전되어 실제 매출량이 손익분기점에서의 매출량을 초과하게 되면 영업레버리지에 의한 손익확대효과는 유리하게 작용되므로 영업레버리지도가 높을수록 이익폭이 확대된다. 반면에 경기가 악화되면 영업레버리지에 의한 손익확대효과는 부정적으로 작용하여서 영업레버리지도가 높을수록 손실폭이 더 확대된다. 경기의 악화가 예상되면 영업고정비를 많이 부담하고 있는 기업의 충격이 크다.

둘째, 기업의 **사업전망**과 관련지어 손익확대효과를 분석하여야 한다는 점이다. 사업전망이 밝은 기업이 영업레버리지가 높으면 이익확대를 기대할 수 있지만, 사업전망이 흐린 기업이 영업레버리지가 높으면 손실이 확대될 수 있기 때문이다.

앞으로 매출량이 증가될 것으로 기대되는 성장기업은 비유동자산에 대한 투자를 증가시킴으로써 높은 영업레버리지도를 유지하는 것이 이익폭을 확대하는 방법이 된다. 반면에 사업전망이 좋지 않은 사양기업은 비유동자산에 대한 투자를 억제하여 낮은 영업레버리지도를 유지하는 것이 손실폭을 감소시킨다.

셋째, 타기업의 인수나 시설투자, 혹은 생산방식(자체생산 혹은 하청생산 등)의 변경은 기업의 자산구조를 변화시키고 이에 따라 비용구조(영업고정비의 비중)를 변화시킨다. 결과적으로 영업레버리지효과의 변화를 가져와 영업위험(business risk)을 변화시킨다. 따라서 영업고정비의 부담을 증가시키는 이 같은 의사결정에는 기업의 영업레버리지도와 영업위험에 미치는 영향이 충분히 고려되어야 한다.

이와 같이 영업레버리지는 기업의 손익확대에 관한 유용한 정보를 제공한다. 따라서 경영자의 입장에서 관리적 의사결정을 할 때나 경영분석을 할 때 이를 이용하면 고정비 부담의 정도가 미래 경영성과에 미치는 영향을 평가할 수 있다.

3. 재무레버리지분석

(1) 재무레버리지의 의미

손익확대효과는 앞절에서 설명한 것처럼 영업고정비의 존재로 인하여 발생하기도 하지만 지급이자와 같은 **재무고정비**에 의해서도 나타난다.

기업이 투자자금조달을 자기자본보다는 타인자본에 크게 의존하게 되면 고정적으로 지급해야 하는 이자지급 채무가 커지게 된다. 타인자본에의 의존이 높아 고정적인 금융비용의 부담이 커지면 영업이익이 적을 때는 큰 손실을 감수하여야 한다. 그러나 반대로 영업이익수준이 높을 때는 상대적으로 자기자본의 비중은 낮기 때문에 이자지급 후 보통주주에게 귀속되는 주당순이익은 커지게 된다.

재무레버리지는 기업이 재무고정비를 수반하는 타인자본을 사용하는 것을 의미한다. 타인자본의 사용으로 재무고정비가 발생하고 이에 따라 나타나는 주당순이익(EPS) 또는 순이익의 확대효과를 **재무레버리지효과**라고 부른다.

재무고정비로는 부채에 대한 지급이자 이외에도 우선주에 대한 우선주배당이 포함된다. 이유는 우선주배당은 우선주의 발행 시에 배당률이 명시되고, 보통주 주주가 배당받기 위해서는 우선주에 대한 배당이 선행되어야만 하기 때문이다.

이처럼 재무구조상 타인자본의존도가 높아 재무고정비가 클수록 영업이익이 일정한 비율만큼 변화할 때 EPS의 변동폭이 커진다. 반면에 자기자본만을 사용하여 재무고정비가 존재하지 않는 경우는 영업이익 변화율과 EPS의 변화율이 동일하게 되어 재무레버리지효과가 존재하지 않는다.

그림 7-9 재무고정비로 인한 손익확대효과

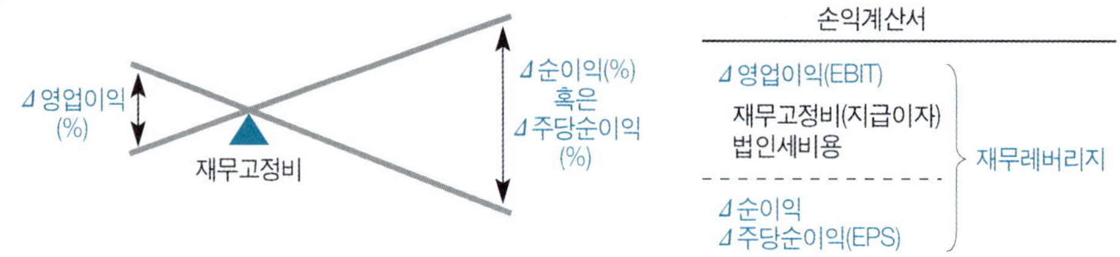

(2) 재무레버리지도

재무고정비로 인하여 발생하는 손익확대효과의 크기는 **재무레버리지도**(DFL: degree of financial leverage)로 측정한다. 재무레버리지도는 영업이익의 변화율에 대한 EPS의 변화율로 측정한 것이다. 이를 수식으로 표시하면 다음과 같다.

$$DFL = \frac{\text{주당순이익의 변화율}}{\text{영업이익의 변화율}} = \frac{\frac{\Delta EPS}{EPS}}{\frac{\Delta EBIT}{EBIT}} \qquad \cdots\cdots \text{(7-12)}$$

여기에서 영업레버리지도(DOL)와 마찬가지로 재무레버리지도(DFL)는 다음과 같이 정리할 수 있다.[8)]

$$\begin{aligned} DFL &= \frac{EBIT}{EBIT-I} = \frac{q(p-v)-FC}{q(p-v)-FC-I} \\ &= \frac{TR-VC-FC}{TR-VC-FC-I} \qquad \cdots\cdots \text{(7-15)} \end{aligned}$$

위의 식에서 기업의 재무고정비(I)가 많을 경우 DFL은 증가하는 것을 알 수 있다.

8) 식 (7-12)에서 주당순이익은 영업이익(EBIT)에서 재무고정비와 법인세를 차감한 후 발행주식 수로 나누어 준 것으로 식 (7-13)과 같이 표시할 수 있다.

$$EPS = \frac{(EBIT-I)(1-t)}{N} \qquad \cdots\cdots \text{(7-13)}$$

여기서, I: 재무고정비, t: 법인세율, N: 발행주식 수
한편, 주당이익의 변화분(ΔEPS)은 마찬가지로 식 (7-14)와 같이 표시할 수 있다.

$$\Delta EPS = \{(EBIT+\Delta EBIT-I)/(1-t)/N\} - \{(EBIT-I)/(1-t)/N\} \qquad \cdots\cdots \text{(7-14)}$$

식 (7-13)과 식 (7-14)에 대입하여 정리하면 식 (7-15)를 얻는다.

이는 재무고정비(지급이자)가 클 경우 영업이익의 증감에 따른 주당이익의 증감폭이 크게 확대된다는 것을 뜻한다.

예제 7-5

앞절에서 예로 든 A사의 경우(매출액이 80, 100, 120억 원이 예상되는 경우) 영업이익은 30억 원 수준에서 33.3% 증가하여 40억 원으로 증가하거나, 반대로 20억 원으로 감소한다. 이때 재무고정비 10억 원의 부담이 있는 경우와 5억 원의 부담이 있는 경우 각각 어느 정도의 손익확대효과를 가져오는지 비교 · 평가하라(보통주 발행주식 수는 100만 주).

풀이

먼저 재무고정비가 10억 원인 경우 재무레버리지도(DFL)를 구하면 다음과 같다.

$$DFL = \frac{EBIT}{EBIT - I} = \frac{30}{30-10} = 1.5$$

이 기업은 10억 원의 재무고정비 부담으로 인하여 영업이익 변동이 10% 있을 때 이의 1.5배인 15%의 순이익 또는 주당순이익의 변동이 있게 된다.

만약 지급이자로 이보다 적은 5억 원이 지출되고 있다면 다음과 같이 손익확대효과는 1.2배로 줄게 된다.

$$DFL = \frac{EBIT}{EBIT - I} = \frac{30}{30-5} = \frac{30}{25} = 1.2$$

고정적인 지급이자의 부담이 높아질수록 손익확대효과가 커짐을 볼 수 있다.

이 같은 손익확대효과의 비교는 아래에서 보는 것처럼 DFL의 정의대로 [주당순이익변화율 ÷ 영업이익변화율]로 추정하여 평가할 수도 있다.

	재무고정비가 10억 원일 경우			재무고정비가 5억 원일 경우		
	33.3% 감소 ←		→ 33.3% 증가	33.3% 감소 ←		→ 33.3% 증가
영업이익	20억	30억	40억	20억	30억	40억
지급이자	10억	10억	10억	5억	5억	5억
순이익	10억	20억	30억	15억	25억	35억
발행주식수		(100만주)			(100만주)	
주당순이익	1,000원	2,000원	3,000원	1,500원	2,500원	3,500원
	50% 감소		50% 증가	40% 감소		40% 증가
	$DOL = \frac{\Delta 50\%}{\Delta 33.3\%} = 1.5$			$DOL = \frac{\Delta 40\%}{\Delta 33.3\%} = 1.2$		

경영분석의 현주소 (7)

레버리지 사이클 이론과 금융위기, 기업의 위험관리

○ 글로벌 금융위기-과잉 레버리지

2010년 봄, 글로벌 금융위기로 촉발된 세계경제의 어려움은 최악의 경기침체에서 아직도 회복의 전환점을 찾지 못하고 있었다. 글로벌 금융위기는 2006년 전후, 미국의 서브프라임 모기지(비우량 주택담보 대출)가 지급불능상황이 되면서 시작되었다. 이 사태 이전에는 주택을 사기 위한 다운페이먼트(매수자의 자기자금 불입 계약금)의 비중이 20% 수준이었는데, 이 비율이 10%, 5%, 3%수준까지 떨어지면서 상당한 신용불량자도 모기지를 이용할 수 있는 상황까지 되었고, 주택가격의 급등과 버블현상을 초래하였다. 30배수준의 과잉 레버리지(over-leverage)를 이용할 수 있는 상황은 금리인상 → 주택가격하락으로 이어지면서 수많은 대출자가 지급불능의 상황으로 몰렸다.

많은 금융기관들은 이들 모기지를 기초자산으로 하는 다양한 구조화상품(CDO 등)을 만들어 팔았는데, 이것이 금융위기를 전 세계로 확산시켰다. 이 과정에서 투자은행들은 낮은 스프레드(투자수익률과 대출이자율의 차이)를 높은 레버리지비율로 상쇄시키려고 하였다. 이때 BOA와 같은 상업은행의 레버리지비율은 11배이었고, 주요 투자은행들의 레버리지비율은 더욱 높아, 골드만 삭스 26배, 모건스탠리 33배, 리먼브라더스 31배, 메릴린치 28배 이었다(자료: 삼성경제연구소). 한마디로 과잉 레버리지가 금융위기를 가져온 것이다.

○ 경기회복의 걸림돌-디레버리지, 과소레버리지

주택시장과 실물경기가 크게 침체된 후, 회복하지 못한 것은 금융위기 대응책으로 취해진 과소레버리지, 디레버리지(deleverage) 현상 때문이었다. 즉, 경기침체가 지속되고, 자산가격이 회복되지 않은 상황에서, 손실을 최소화하고자하는 은행들은 대출 축소, 유동성 악화에 대응하는 자산매각을 추진(특히 투자은행)하게 되고, 주택구입희망 가구는 30%의 다운페이먼트를 내고도 주택구입을 기다려야하는 상황이 된 것이다. 즉, 레버리지가 너무 낮아진 결과, 주택수요가 극히 저조하여 주택시장이 회복되지를 못하는 것이다.

다음 그림은 디레버리지의 파급경로를 나타낸 것이다. 신용버블이 조정되면서 나타나는 금융 및 가계의 레버리지가 과도하게 축소되는 글로벌 디레버리지 과정은 한국이나 신흥국에도 가계 디레버리지와 금융 디레버리지를 가져오면서 소비 및 투자위축, 신용경색의 장기화 문제를 심화시키게 된다.

미국 예일대학의 존 지나코플러스 경제학교수는 과잉레버리지로 인한 자산에 대한 초과수요가 자산거품과 금융위기를 초래하고, 이 신용버블이 조정되는 과정에서 나타나는 과소레버리지는 경기를 더욱 침체하게 만든다는 "**레버리지 사이클 이론**"을 제시하고 있다.

[그림] 디레버리지의 파급경로

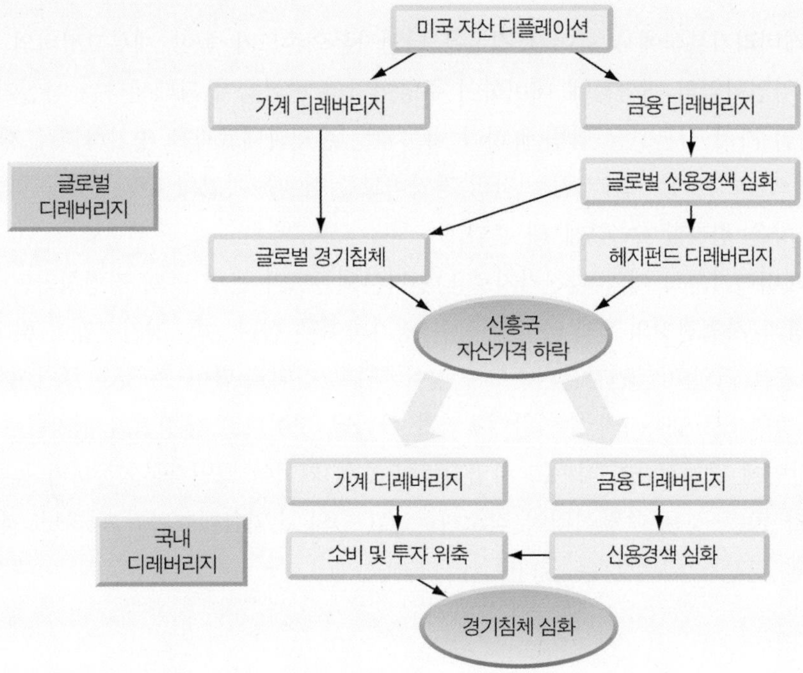

○ 레버리지와 기업의 위험관리

레버리지는 본문에서 설명한 것처럼 영업레버리지와 재무레버리지로 구분할 수 있다. 비유동자산 보유가 많아 영업고정비가 많다든지, 부채의존도가 높아 재무레버리지가 높으면 손익확대효과가 크게 나타난다. 즉, 수익성이 좋아질 가능성도 있지만 나빠질 가능성도 높아, 기업의 위험이 증대됨을 뜻한다. 이 손익확대효과가 긍정적인 방향으로 나타나는 기업은 성장전망이 높은 기업이다.

다음 그림은 측정의 편의상, 영업레버리지를 [유형자산/매출액]으로, 재무레버리지는 [자산총계/자본총계]로 측정한 것이다. 이 두 레버리지가 모두 높은 기업이 만약 성장률이 낮게 전망된다면 경영평가가 매우 부정적일 것이다.

○ 토론

1. 과잉레버리지는 왜 금융위기를 초래할 수 있는가?
2. 과소 또는 디레버리지는 왜 경기침체를 초래할 수 있는가?
3. 영업과 재무레버리지가 모두 높은 기업이 위험을 줄이기 위해서는 어떤 방안을 강구할 수 있는가?

(3) 경영분석에의 시사점

재무레버리지분석에서 얻어진 결론은 타인자본의존도가 높아 재무고정비의 부담이 커지면 영업이익의 변화율에 대비하여 주당이익의 변화율이 확대된다는 사실이다. 따라서 여러 가지 자본조달 방법에 따라 야기되는 손익확대효과를 평가하거나 재무구조(타인자본의존도)가 상이한 기업들 간의 경영비교를 할 때, 기업의 수익성이나 위험에 미치는 영향을 평가할 수 있게 해 준다.

영업레버리지분석 때와 마찬가지로 타인자본의존도가 큰 기업의 경영성과는 미래의 **경기전망**과 **사업전망**의 양부와 관련하여 평가하여야 한다. 즉, 경기전망이 밝고 사업전망이 좋은 기업이 타인자본의존도가 높아 재무고정비 부담이 큰 것은 주당이익이 증가되는 방향으로 正(+)의 손익확대효과가 나타날 것이므로 긍정적인 평가를 내릴 수 있다. 반면에 경기전망이 나쁘고 사업전망이 흐린 기업이 타인자본의존도가 높아 재무고정비가 많은 것은 주당이익이 감소하는 負(−)의 손익확대효과가 나타날 것이므로 부정적인 평가가 내려질 수 있다.

4. 결합레버리지분석

(1) 결합레버리지

이상에서는 영업고정비 때문에 발생하는 영업레버리지효과와 재무고정비 때문에 발생하는 재무레버리지효과를 분리하여 살펴보았다.

그러나 대부분의 기업들에는 영업고정비와 재무고정비가 함께 존재하는 것이 일반적이다. 이를 두 가지 고정비가 합하여지면 레버리지효과가 더 커지게 되는데, 두 가지 고정비로 인하여 매출액이 변화할 때 주당순이익의 변화가 확대되는 현상을 결합레버리지효과(combined leverage effect)라고 한다. 다시 말해서 기업이 영업활동을 하는데 있어서 영업고정비를 수반하는 자산을 보유하고, 재무고정비를 수반하는 타인자본을 사용하고 있는 경우, 매출이 일정한 비율로 변화할 때 주당순이익의 변화율이 확대되어 나타나는데, 이를 결합레버리지효과라고 한다.

그림 7-10 총고정비로 인한 결합레버리지효과

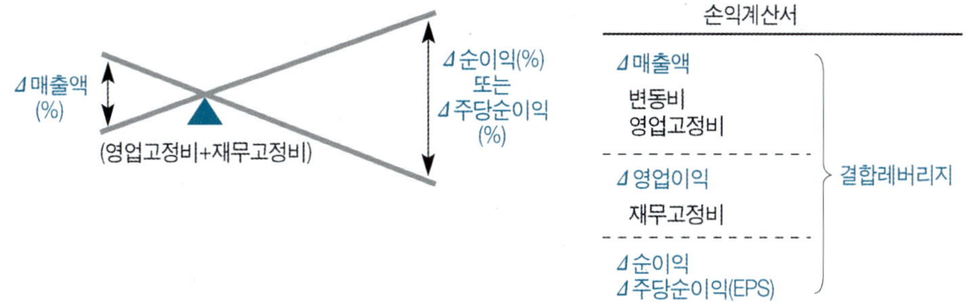

(2) 결합레버리지도

이 같은 결합레버리지효과는 **결합레버리지도**(DCL: degree of combined leverage)로 측정하고 있다. 결합레버리지도는 매출의 변화율에 대한 주당순이익의 변화율로 식 (7-18)과 같이 표시된다.

$$DCL = \frac{EPS\text{의 변화율}}{\text{매출액(량)의 변화율}} = \frac{\frac{\Delta EPS}{EPS}}{\frac{\Delta S}{S}}$$

$$= \frac{q(p-v)}{q(p-v)-FC-I} = \frac{TR-VC}{TR-VC-FC-I} \qquad \cdots\cdots (7\text{-}16)$$

한편 결합레버리지도(DCL)는 다음 관계가 성립하므로 영업레버리지도(DOL)와 재무레버리지도(DFL)의 곱으로 측정하여도 된다.

$$DCL = \frac{\Delta EPS/EPS}{\Delta S/S} = \frac{\Delta EPS/EPS}{\Delta EBIT/EBIT} \times \frac{\Delta EBIT/EBIT}{\Delta S/S}$$

$$= (DFL) \times (DOL) \qquad \cdots\cdots (7\text{-}17)$$

앞에서 예로 든 기업의 DCL은 DOL=1.67과 DFL=1.5를 곱한 값인 2.5가 된다.

예제 7-6

앞의 예제에서 영업고정비 20억 원과 재무고정비 10억 원의 부담 때문에 생기는 손익확대효과(결합레버리지효과)를 평가하라.

풀이

$$DCL = \frac{TR - VC}{TR - VC - FC - I} = \frac{100 - 50}{100 - 50 - 20 - 10}$$

$$= \frac{50}{20} = 2.5$$

또는 $DCL = (DOL) \times (DFL) = (1.67) \times (1.5) = 2.5$

이 기업의 DCL이 2.5라는 것은 두 가지의 고정비 부담 때문에 매출이 10% 증감할 때, 주당이익은 이의 2.5배인 25% 증감하는 손익확대효과가 있음을 의미한다.

20% 감소 ← → 20% 증가

매출액	80억 원	100억 원	120억 원
영업변동비	40	50	60
영업고정비	20	20	20
영업이익	20	30	40
	33.3% 감소		33.3% 증가
재무고정비	10	10	10
순이익	10	20	30
(발행주식 수)		(10,000주)	
주당이익	1,000원	2,000원	3,000원
	50% 감소		50% 증가

$DOL = \frac{33.3\%}{20\%} \fallingdotseq 1.67$

$DFL = \frac{50\%}{33.3\%} = 1.5$

$DCL = \frac{50\%}{20\%} = 2.5$ (또는 $1.67 \times 1.5 = 2.5$)*

* DCL은 정의대로 직접 [주당순이익변화율 ÷ 매출액변화율]을 계산하여 측정할 수도 있다.

5. 영업위험과 재무위험

이상에서 살펴본 바와 같이 고정비의 존재로 인한 이익변동이 커지는 손익확대효과의 발생은 고정비가 많은 기업이 위험도가 높다는 것을 의미한다. 이러한 의미에서 레버리지분석은 기업위험에 관한 분석이라고도 할 수 있다.

기업의 총위험(total risk)은 주당순이익의 변동성(variability)이 커지면 증가한다. 그런데 앞에서 설명한 결합레버리지도는 매출액 변화율에 대한 주당이익 변화율의 상대적 크기를 나타내는 것이므로 결합레버리지도와 총위험은 다음과 같은 관계를 갖는다.

$$DCL = \frac{\frac{\Delta EPS}{EPS}}{\frac{\Delta q \cdot p}{q \cdot p}} \quad \Rightarrow \quad \frac{\Delta EPS}{EPS} = DCL \cdot \frac{\Delta q \cdot p}{q \cdot p}$$

$$\sigma\left(\frac{\Delta EPS}{EPS}\right) = DCL \cdot \sigma\left(\frac{\Delta q}{q}\right) = DOL \cdot DFL \cdot \sigma\left(\frac{\Delta q \cdot p}{q \cdot p}\right) \qquad \cdots\cdots (7\text{-}18)$$

위 식에서 보는 바와 같이 주당순이익의 변동성은 결합레버리지도와 매출량의 불확실성(표준편차)에 의해서 결정된다. 그런데 결합레버리지도(DCL)는 영업레버리지도(DOL)와 재무레버리지도(DFL)를 곱한 것이므로, 주당순이익의 불확실성인 기업의 총위험은 영업레버리지도, 재무레버리지도 그리고 매출량 불확실성의 크기에 의해서 결정된다고 할 수 있다.

이상에서 살펴본 바와 같이 영업레버리지도와 재무레버리지도는 기업의 영업위험과 재무위험 그리고 총위험의 크기를 평가하는 중요한 척도가 된다. 이와 관련하여 기업위험은 영업위험과 재무위험으로 나누어 생각해 볼 수 있다.

영업위험(business risk, operating risk)은 기업의 주된 영업특성상 발생하는 위험으로서, 구체적으로는 **영업이익의 변동성**으로 정의된다. 따라서 영업이익의 변동을 초래하는 요인들이 영업위험의 원천이 된다. 영업이익의 변동은 판매단가와 매출량 변화에 의한 매출액 변동과 영업비용의 변동에 의해서 야기된다. 따라서 이들 요인들이 영업위험을 초래한다.

영업이익 변동성에 영향을 미치는 요인으로는 수요의 변화, 판매가격의 변화, 제품생산비용의 변화, 비용구조의 불안정성 등이 있다. 영업위험이 큰 경우를 정리해 보면 다음과 같다.

- 판매단가의 변화가 심한 제품
- 정부의 가격통제에 묶여 있는 제품
- 가격탄력성, 소득탄력성이 큰 제품
- 경기변동에 민감한 제품
- 가격수준이 비슷한 대체품이 존재하는 경우
- 신제품개발이 용이하지 않은 제품
- 원자재가격 상승을 제품가격에 반영시키는 데 오랜 기간이 걸리는 제품

- 가격경쟁이 심한 제품
- 원자재의 가격변화가 심한 제품
- 영업고정비(영업레버리지)가 큰 제품 등

여기서 영업레버리지도(DOL)가 영업이익 변동성에 미치는 영향은 다음 관계에서 볼 수 있다.

$$DOL = \frac{\frac{\triangle EBIT}{EBIT}}{\frac{\triangle q \cdot p}{q \cdot p}} \quad \Rightarrow \quad \frac{\triangle EBIT}{EBIT} = DOL \cdot \frac{\triangle q}{q}$$

$$\sigma\left(\frac{\triangle EBIT}{EBIT}\right) = DOL \cdot \sigma\left(\frac{\triangle q}{q}\right) \qquad \cdots\cdots (7\text{-}19)$$

위에서 영업이익의 변동성, 즉 영업위험은 영업레버리지도(DOL)와 매출량의 변동성으로 표시되며, 매출량의 변동성이 일정하다면 영업레버리지도가 높을수록 영업위험이 커진다.

한편 **재무위험**(financial risk)은 재무활동인 자금조달 방법과 관련하여 발생하는 위험을 말한다. 구체적으로는 **주당순이익**(EPS)**의 변동성**으로 정의된다. 기업의 영업이익의 변동성이 일정하다면 주당순이익의 변동성은 전적으로 재무고정비의 크기에 달려 있으므로 재무위험의 원천은 자금조달을 부채에 의존하는 것이라고 할 수 있다. 따라서 재무레버리지가 큰 기업은 재무위험이 큰 것이다.

주당순이익 변동성과 재무레버리지도(DFL)와의 관계는 다음과 같다.

$$DFL = \frac{\frac{\triangle EPS}{EPS}}{\frac{\triangle EBIT}{EBIT}} \quad \Rightarrow \quad \frac{\triangle EPS}{EPS} = DFL \cdot \frac{\triangle EBIT}{EBIT}$$

$$\sigma\left(\frac{\triangle EPS}{EPS}\right) = DFL \cdot \sigma\left(\frac{\triangle EBIT}{EBIT}\right) \qquad \cdots\cdots (7\text{-}20)$$

위 식에서 볼 수 있는 것처럼 주당순이익의 변동성으로 측정되는 재무위험은 재무레버리지도(DFL)와 영업이익의 변동성으로 표시되며, 영업이익의 변동성이 일정하다면 재무레버리지도가 높을수록 재무위험은 커진다.

요 약

기업의 미래 경영성과는 기업의 자산구조 · 재무구조 · 비용구조 등의 구조적 요인에 의하여 크게 영향을 받는다. 자산구조와 재무구조는 비용구조에 영향을 주게 되고 비용구조(고정비 대 변동비)의 특성과 미래 경영성과는 깊은 관계가 있다.

레버리지분석은 기업의 총비용 중에서 고정비가 차지하는 비중이 클수록 기업의 이익과 손실이 확대되는 손익확대효과의 정도를 분석하는 것을 말한다. 손익확대효과를 가져오는 레버리지에는 영업고정비의 존재로 인하여 손익이 확대되는 영업레버리지와 재무고정비의 존재로 인하여 손익이 확대되는 재무레버리지, 영업고정비와 재무고정비의 존재가 모두 반영되는 결합레버리지가 있다.

영업고정비의 존재는 매출액의 변화율보다 영업이익의 변화율을 더욱 커지게 하는데, 이 같은 현상을 영업레버리지효과라고 한다. 이를 분석하는 것이 영업레버리지분석이며, 영업레버리지도에 의해서 측정한다.

재무레버리지분석은 타인자본 사용으로 인한 재무고정비의 부담 때문에 나타나는 주당이익의 확대효과를 분석하는 것이다. 재무고정비로 인한 손익확대효과의 크기는 재무레버리지도로 측정한다.

결합레버리지분석은 영업레버리지효과와 재무레버리지효과를 동시에 고려한 것으로, 매출액변화에 따른 주당이익의 변화를 분석하는 것이다. 결합레버리지의 크기는 결합레버리지도로 측정하는데, 매출액의 변화율에 대한 주당이익의 변화율로 측정되고, 영업레버리지도와 재무레버리지도를 곱하여 계산하기도 한다.

고정비의 존재로 인하여 손익확대효과가 발생한다는 사실은 기업경영분석 시에 경기전망 · 사업전망을 고려하여야 함을 의미하며, 시설투자나 M&A 같은 의사결정 시에도 이들 결정이 손익확대효과에 미치는 영향을 분석해야 함을 시사한다.

주요 용어

비용구조	CVP분석	손익분기점분석
조업도	비용행태	공헌이익
공헌이익률	개별비용법(계정과목법)	총비용법
안전율(M/S비율)	가중평균공헌이익률법	레버리지분석
레버리지효과	레버리지도	영업레버리지
영업레버리지도	재무레버리지	재무레버리지도
결합레버리지	결합레버리지도	자본조달분기점
총위험	재무위험	영업위험

연습문제

01 과거 재무제표에 기초하여 기업의 재무적 건전도를 분석할 때 '지속가능 이익창출능력'에 대한 평가가 핵심이었다. 미래 경영성과를 예측할 때도 '미래의 지속가능 이익창출능력'에 대한 예측이 가장 중요하다. 그런데 미래 지속가능 이익창출능력은 구조적인 요인과 연관되어 있다.

(1) 기업의 미래 경영성과에 영향을 미치는 제 요인에 대하여 설명하라. 제 요인 중에서 구조적 요인에는 어떤 것이 있는가?

(2) 구조적 요인으로서 기업의 자산구조와 재무구조는 비용구조와 어떻게 연계되어 있는가?

(3) 레버리지분석은 기업의 총비용 중에서 고정비가 차지하는 비중이 클수록 기업의 이익과 손실이 확대되는 손익확대효과의 정도를 분석하는 것이다.

1) 비용구조는 영업레버리지 재무레버리지 결합레버리지와 어떻게 연계되는가?
2) 레버리지분석 또는 손익분기점분석을 하기 위해서 비용을 변동비와 고정비로 분류하는 방법에 대하여 설명하라.
3) 영업레버리지 재무레버리지 결합레버리지의 크기는 어떻게 측정하는가?
4) 손익확대(레버리지)효과가 발생한다는 사실은 기업경영분석에 시사하는 바는 무엇인가?

02 명륜전자(주)의 지난 6년간에 걸친 매출액과 총비용자료가 다음과 같다.

구분 \ 연도	2015	2016	2017	2018	2019	2020
매출액	440	350	325	425	350	450
총비용	380	320	310	400	365	420

(1) 비례율법, 산포도법, 최소자승법에 의해서 변동비와 고정비를 구하라.

(2) 손익분기점의 매출액을 구하라.

(3) 다제품기업에서 손익분기점을 구하는 방법에 대하여 설명하라.

03 M사는 5억 원의 매출액(판매량 1,250,000개, 판매단가 400원)에 4천만 원의 순이익을 올렸다. 다음은 매출원가, 판매비와 관리비를 변동비와 고정비로 구분한 것이다.

(단위: 천 원)

	총비용	변동비	고정비
재료비	100,000	100,000	
노무비	140,000	140,000	120,000
제조경비	160,000	40,000	20,000
판매비	35,000	15,000	20,000
관리비	25,000	5,000	
계	460,000	300,000	160,000

(1) 위의 비용자료로부터 CVP 도표를 그리고, 손익분기점의 매출량과 매출액을 구하라.

(2) 판매단가를 500원으로 인상하는 대신, 광고비를 4천만 원으로 증액시키는 의사결정은 현명한가?

(3) 원가절감의 노력으로 단위당 변동비를 200원으로, 총고정비를 1억2천만 원으로 줄인 다음 가격인하를 하려고 하는데 종전처럼 1,250,000개의 매출량을 유지하면서 4천만 원의 순이익을 올리기 위해서는 판매단가를 얼마로 책정하여야 하는가?

(4) 매출량 1,250,000개 수준에서의 영업레버리지도(DOL)를 구하고 그 의미를 설명하라.

(5) 손익분기점분석의 가정과 한계점을 설명하라.

04 전자부품 제조업체인 A사와 B사에 관한 자료가 다음과 같다.

(단위: 천 원)

	A사	B사
판매단가(p)	4	4
총고정비(FC)	40,000	120,000
단위당 변동비(v)	3	2

A, B 두 기업은 총자본 400,000천 원을 보통주(발행주식 수는 800주)로 조달했었다. 다음 물음에 답하라.

(1) A, B사의 손익분기점(매출량기준)을 구하라.

(2) 100,000개의 조업도(매출량)에서의 A, B사의 영업레버리지도(DOL)는? DOL에 근거해서 A, B사의 경영상의 특성을 비교 · 설명하라.

(3) 만약 내년도의 매출량(q)이 87,000개로 예상될 때 추가투자소요액 100,000천 원을 자본조달함에 있어서 ㉮ 10% 이자율로 회사채발행, 혹은 ㉯ 주당 500원의 주식발행이 가능하다. A, B사는 각기 어떻게 자금을 조달하여야 하는가? 타당성 있는 이유를 밝혀 설명하라.

(4) 영업위험의 크기를 결정짓는 요인에 대해서 설명하라.

8장

질적 경영분석 —산업 및 기업분석

전장에서는 레버리지분석을 통하여 기업의 미래 경영성과가 기업의 자산구조, 재무구조, 비용구조에 의해서 결정되는 측면을 살펴보았다.
한편 기업의 경영성과는 이 같은 계량화될 수 있는 구조적인 요인들 이외에도 질적 요인으로서 그 기업이 속해 있는 산업의 경쟁의 치열도, 경기변동에 대한 취약성과 같은 산업적 요인이나 기업 내부의 경쟁력, 핵심역량과 같은 기업적 요인에 의해서도 원천적으로 영향을 받는다.
근래 증권분석이나 신용분석에서도 산업적 요인과 기업적 요인을 중시하고 있다. 워런 버핏(Warren Buffet)은 종목선정의 기준으로 "장기적으로, 안정적으로 이익을 낼 수 있는지"를 평가하는데, 이 지속가능 성장력은 그 기업의 산업적 · 기업적인 다수요인에 의해서 좌우된다.

본장에서는 기업의 질적 경영정보로서 산업분석과 기업분석에 대하여 설명한다.

학습목표

- 특정 산업이 유망산업인지를 판단하는 분석 방법과 평가요소
- 기업의 지속가능 경쟁우위, 핵심역량, 미래 경영성과에 영향을 미치는 기업적 요인

1절 산업분석

기업이 장기적으로 안정적으로 이익을 낼 수 있는 원천의 상당부분은 그 기업이 속해 있는 산업적 요인이라고 할 수 있다. 당해 산업이 구조적으로 취약한 산업이라면 분석대상기업의 경영성과는 저조할 가능성이 높고, 유망한 산업이라면 경영성과가 양호할 가능성이 높다. 이러한 이유 때문에 증권투자결정이나 여신결정을 할 때에도 당해 기업의 수익성과 위험에 영향을 주는 산업적 요인을 중요시한다.

산업분석은 산업간분석과 산업내분석을 포함한다. 여러 산업을 서로 비교 · 분석하는 **산업간분석**(inter-industry analysis)은 여러 산업 중에서 유망한 업종이 어떤 것인지에 대한 평가기준을 마련해 준다. 한편 **산업내분석**(intra-industry analysis)은 특정 산업 내에서 어떤 경쟁업체가 더욱 유망한 기업인지에 대한 비교기준을 제공해 준다. 산업분석은 Business Model의 적정성을 평가하는 기준이 된다.

워런 버핏(Warren Buffet)은 가치투자원칙 중에서 사업요소(business tenets)와 관련해서 다음 3가지의 평가요소를 제시하고 있다.[1)]

① 사업내용이 단순하고 이해하기 쉬운가?

② 사업상 일관되고 오랜 역사를 가지고 있는가?

③ 사업의 장기적인 전망이 밝은가?

산업분석은 여러 가지 각도에서 행해질 수 있으나, 본절에서는 포터(M. E. Porter)의 산업구조분석, 제품수명주기이론, 산업의 수요와 공급분석을 중심으로 설명한다.

1. 산업구조분석

특정 기업이 속해 있는 산업은 경영성과를 좌우하는 중요한 기업환경이다. 당해 산업의 경쟁강도는 중요한 기업환경의 하나로서 이에 따라 기업의 성장성, 수익성 그리고 위험이 크게 영향을 받는다. 특히 산업의 경쟁강도를 결정짓는 구조적 요인은 당해 산업의 장기적 성과를 좌우하기도 한다.

1) Robert G. Hagstrom(2014), *The Warren Buffet Way*, 3rd ed., Ch. 3 참조.

그림 8-1 산업의 경쟁강도를 결정짓는 구조적 요인

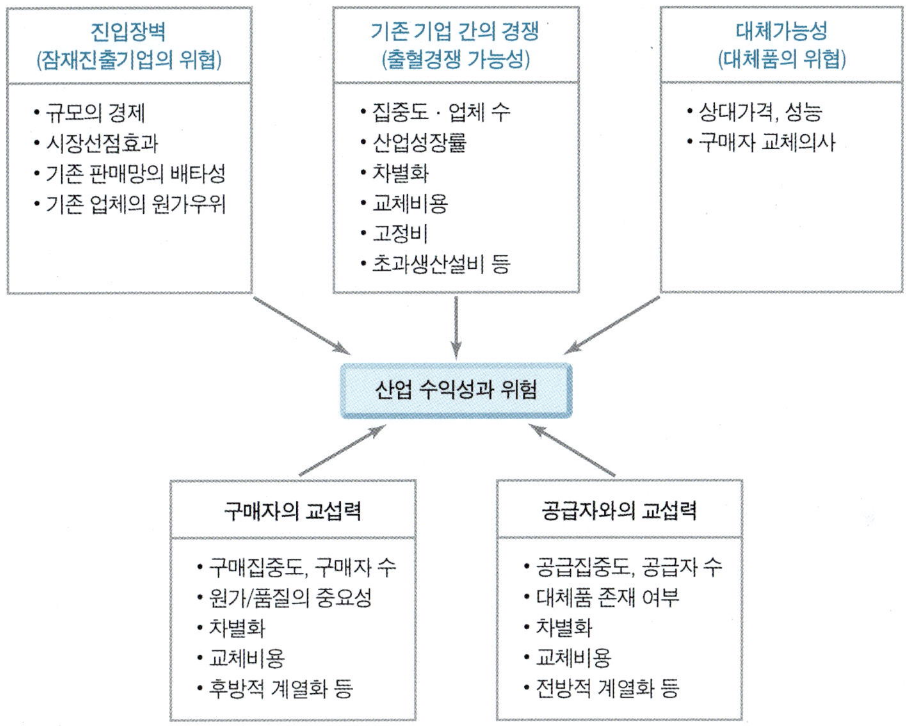

이들 경쟁요인들의 총체적인 힘은 산업에 따라 달리 작용하므로 경쟁이 치열한 산업에서는 저조한 이윤을 얻게 되고, 비교적 경쟁이 심하지 않은 산업에서는 양호한 수익을 올리게 된다. 완전경쟁상태에 있는 산업에서는 최저경쟁수익률 정도밖에 수익을 못 올리겠지만, 산업경쟁이 비교적 덜 치열한 산업에서는 평균 이상의 초과수익을 올릴 수 있을 것이다.

포터(M. E. Porter)는 특정 산업의 경쟁강도는 [그림 8-1]에 예시된 5가지의 구조적 경쟁요인들에 의해 좌우된다고 보고 있다. 이들 5가지 구조적 경쟁요인들 — 진입장벽, 대체가능성, 기존 경쟁업체 간의 경쟁강도, 구매자와의 교섭력, 공급자와의 교섭력 — 의 총체적인 힘에 의해서 그 산업에서 기대할 수 있는 궁극적인 이윤잠재력이 결정된다고 보고 있다.[2] 이하에서는 이들 5가지 구조적 경쟁요인들과 기업의 장기 경영성과와의 관계를 자세히 살펴본다.

2) M. E. Porter(1980), *Competitive Strategy: Techniques for Analysing Industries and Competitors*, The Free Press.

(1) 진입장벽

진입장벽(entry barriers)이란, 특정 산업에 새로 진출하고자 하는 기업들의 진입을 어렵게 만드는 장벽을 말한다. 진입장벽이 구축되어 있는 당해 산업에 이미 진출해 있는 기업들은 수익성이 높고 영업위험이 적게 된다. 반대로 진입장벽이 없는 산업 내의 기업들은 수익성이 낮고 새로운 경쟁자의 출현에 따른 이윤 저하 등의 위험이 높아진다. 구체적인 진입장벽을 높게 만드는 요인으로는 다음과 같은 것들이 있다.

1) 규모의 경제가 잘 나타나는 경우

규모의 경제(economy of scale)란 생산규모가 증가함에 따라 생산비용이 감소하는 것을 말한다. 따라서 새로 진출하는 기업은 규모 면에서 열위일 것이므로 상대적으로 높은 생산단가를 감수해야 된다. 이는 결과적으로 진입을 억제하는 요인으로 작용한다.

규모의 경제는 경영활동 전국면에서 나타날 수도 있고 어느 한 기능, 한 영역에서만 나타날 수도 있으므로 어느 영역에 진입장벽이 있는지에 대한 세심한 분석이 필요하다. 또 단일품종의 제품을 다양하게 생산하는 기업들이 생산활동과 기능을 여러 제품, 유사사업에 연관시킬 수 있는 **범위의 경제**(economy of scope)효과를 얻을 수 있다. 제품 개별적으로는 어렵다 할지라도 기업 전체로서는 규모의 경제와 비슷한 경제성을 누릴 수 있는 것이다. 예를 들어, 한 기업이 여러 종류의 소형전기모터를 생산해서 이 제품들이 선풍기나 헤어드라이어, 또는 전자기기의 냉각장치 등의 생산에 사용된다면, 한 가지 종류의 소형모터를 생산할 때보다 더 큰 경제성을 도모할 수 있을 것이다.

그러나 규모의 경제로 인한 이득을 얻기 위해 대규모 설비를 갖추게 되면 제품차별화나 새로운 기술의 도입이 어려워지는 일면이 있다. 또한 규모에 그다지 좌우되지 않는 다른 새로운 경쟁방식을 제대로 인식하지 못하여 상황변화에 대한 적응력을 상실할 수 있는 한계점도 지니고 있기 때문에 진입장벽요인으로 작용하지 않을 가능성에 대해서도 주의할 필요가 있다.

2) 제품차별화가 잘 이루어지는 경우

제품차별화(product differentiation)란 고객에 대한 서비스, 제품의 품질, 광고 등에서 경쟁업체와 식별되도록 하는 것을 말한다.

어느 산업에서 제품차별화가 잘 이루어지고 있다는 것은 기존 기업들이 자사제품에 대해 상표인식과 고객의 신뢰를 확보하고 있다는 것을 의미한다. 새로운 진출기업이 이러한 차별화가 되어 있는 산업에 뛰어들기 위해서는 기존 고객의 신뢰도를 무너뜨려야 한다. 그러기 위해서는 추가적인 판매촉진비, 광고비 등의 투자가 필요하므로 장기간 상당한 손실을 각오하지 않으면 안 된다. 제약업, 화장품업, 양조업 등에서는 제품차별화가 진입장벽의 중요 요소로 작용한다.

3) 진출에 소요자본이 막대한 경우

거액의 소요자본이 요구되는 산업에서 기존 기업들과 경쟁을 하는데는 많은 투자가 필요하므로, 이런 점이 진입상의 장애요인으로 작용한다. 특히 생산시설은 물론 위험부담이 많거나 회수가 불가능한 대규모 광고활동, 연구개발활동 등에 소요되는 거액의 투자자본은 진입장벽으로 작용하는 경우가 많다.

컴퓨터나 자동차, 조선업과 같은 산업부문은 막대한 투자가 필요하기 때문에 신규진입이 어려운 산업의 예가 되고 있다. 이에 비해 기존 진출기업은 상대적으로 유리한 입장에 놓이게 된다.

4) 기존의 판매망이 견고한 경우

새로운 진출기업은 생산된 제품의 유통경로를 확보해야만 하는데, 기 진출업체가 전속적 판매망을 구축하고 있거나 그 유통경로가 매우 견고하면 진입이 어렵다. 기존의 판매망을 뚫기 위해서 신규진출기업은 가격을 내려서 판매하거나 대대적인 광고활동을 하지 않으면 안 된다. 결과적으로 이윤폭이 축소되는 것을 감수하여야 하므로 기존의 판매망이 강력하게 구축되어 있는 경우는 진입장벽으로 작용한다.

맥주나 병원기구 제품처럼 제품의 도매 및 소매경로가 한정되어 있거나 기존의 경쟁기업들이 이러한 판매경로를 배타적으로 장악하고 있다면 당해 산업에의 진출이 그만큼 어려워진다. 이 경우 적지 않은 판매경로 구축비와 유통관리비가 필요하게 되므로 진입장벽이 된다.

5) 교체비용이 클 경우

교체비용(switching cost)이란 구매자가 기존 제품에서 다른 공급자의 제품으로 바꾸고자 할 때 부담하는 비용을 말한다. 교체비용으로는 종업원 재교육비, 새로운 보조설비의 교체비, 신제품의 검사나 인가에 따른 시간 및 비용, 제품의 디자인변경 등 여러 가지 비용이 포함된다.

예를 들어, 석유를 쓰는 발전설비와 석탄을 쓰는 발전설비는 발전 방법이 크게 다른데, 만일 발전 방법을 전환할 경우 교체비용이 크므로 어느 한쪽의 연료비가 크게 하락한다고 하더라도 교체가 쉽지 않다. 제품(구매)을 바꾸면 설비를 개조해야 하는 추가적인 부담이 따르기 때문이다.

6) 기존 진출업체가 절대 원가우위를 가진 경우

기존의 기업들은 잠재적 진출기업들이 아무리 사업규모를 늘리고 또 규모의 경제를 이룩한다 할지라도 잠재적 진출기업들이 확보하기 어려운 원가우위(cost advantage)를 지니고 있을 경우가 많다. 기 진출업체는 다음과 같은 측면에서 먼저 진출한 이점(first mover advantage)을 가질 수 있다.

1. 독점적인 생산기술: 기존 기업들이 제품생산의 노하우(know-how)나 설계상의 특징으로 특허권을 가지고 있을 경우 원가우위에 있게 된다.
2. 유리한 원자재 확보: 기존 기업들은 필요한 원자재를 저렴한 가격으로 구매할 수 있는 공급원을 먼저 확보하고 있어 원가우위에 있는 경우가 많다.
3. 유리한 입지조건: 기존 기업들은 토지 값이 오르기 전에 이미 좋은 부지를 확보하거나 여러 가지 생산요소를 저렴하게 획득할 수 있는 입지가 유리한 지역을 선점하였을 경우가 많다.
4. 정부보조: 일부 산업부문에서는 대외경쟁력 강화 등의 이유로 초기단계에서는 정부의 지원을 받는데 이런 특혜가 계속되는 한 기존 기업들은 유리한 위치를 차지하게 된다.
5. 유리한 경험곡선상의 위치: 경험곡선(experience curve)효과란 기업이 제품생산의 누적적 경험이 축적될수록 단위당 원가가 하락하는 현상을 말한다. 제품생산의 경험이 누적될수록 근로자들의 생산 방법 개선이나 작업능률향상, 설계개선, 특수한 설비 및 생산공정개발, 설비의 생산성증대, 제품의 디자인변경이 이루어져 원가가 떨어지는 효과가 발생한다.

   따라서 경험이 없는 신규진출기업은 기존 기업보다 높은 원가를 부담할 수밖에 없으므로 초기에 제품가격을 생산비수준 또는 그 이하로 책정해야 하는 등의 상당한 결손을 각오해야 한다. 특히 시장점유율이 높고 경험의 축적이 급속도로 이루어지는 기존 기업이라면 원가절감에 의한 자금을 새로운 설비나 기술에 재투자하여 누적적 산출량이 늘어나면서 원가가 더욱 하락하게 되어 신규진출기업이 이를 따라잡는 것이 매우 어렵게 된다.

   경험축적에 따른 원가절감은 정교한 작업이나 복잡한 조립공정처럼 노동투입도가 높은 사업부문(반도체, 항공기 제작이나 석유화학공업 등)에서 가장 두드러지게 나타나고 있다. 그러나 기술혁신에 의해 새로운 경험곡선이 형성되면 경험곡선은 진입장벽으로서의 기능을 상실하게 된다. 또한 경험축적을 통한 원가절감만을 계속적으로 추구하게 되면 이미지 쇄신이나 기술혁신에 의한 제품차별화 또는 다른 분야의 시장개발 등이 희생되는 제약점이 있음을 주의할 필요가 있다.

7) 정부의 규제정책이 존재하는 경우

진입장벽으로 작용하는 또 하나의 큰 요인은 정부규제정책이다. 정부는 사업허가나 사업규제 등을 통하여 특정 산업에 대한 신규진출기업의 진출을 제약하거나 심지어 봉쇄까지 하는 경우가 있다.

예를 들어, 정부가 주요 기간산업에 대해서 정부기업만이 독점운영하도록 하는 등의 방법을 통하여 신규업체의 참여를 금지하는 경우도 있다. 또 환경보호차원에서 고도의 기술과 막대한 자금력이 있는 특정 기업의 진출만을 허용하는 경우도 있다.

이상에서 열거된 진입장벽의 요인이 형성되어 있을 경우 기 진출업체 입장에서는 구조적으로 경영성과가 양호할 가능성이 높다. 그러나 이들 진입장벽요인이 얼마나 높고, 제거될 가능성은 없는지를 계속적으로 평가하여야 할 것이다.

(2) 기존 기업 간의 경쟁강도

특정 산업 내의 기존 경쟁기업들은 가격책정, 신제품개발, 대고객서비스의 강화나 품질보증 등 여러 가지 방법을 통하여 시장에서의 유리한 위치를 차지하기 위해 경쟁을 벌인다.

경쟁강도는 여러 가지 구조적 요인의 상호작용에 의해서 변화하는데, 흔히 산업의 성숙에 따른 성장률의 변화로 경쟁강도가 달라지는 것을 볼 수 있다. 경쟁상황의 변화는 전혀 이질적인 기업이 경쟁에 뛰어들 때 나타나기도 하며, 기술혁신으로 생산공정에 소요되는 고정비수준이 높아져 경쟁상황이 불안정해질 때도 나타나기도 한다. 이러한 상황전개는 기존 기업 간의 경쟁강도를 높여, **출혈경쟁**의 가능성을 높인다.

다음은 기존 기업 간의 경쟁강도(rivalry among existing competitors), 출혈경쟁의 가능성을 결정하는 구조적 요인이다.

1) 경쟁기업의 수와 산업집중도

어느 산업에서나 경쟁기업의 수가 많을수록 이단기업이 생길 가능성이 많으며, 이런 이단기업은 기습적으로 경쟁유발적인 조치를 취할 수 있다는 점에서 경쟁기업의 수가 많아지면 경쟁강도가 높아진다.

업체 수가 얼마 되지 않는 산업에서도 경쟁기업들이 비교적 대등한 관계를 이루고 있는 경우에는 불안정한 상태를 유발하기 쉽다. 대등한 위치에 있는 기업들은 서로 출혈경쟁을 벌이기 쉽고 또 지속적이며 강력한 보복조치를 취할 여력이 있기 때문이다.

반면에 특정 산업이 어느 한 기업이나 수 개의 기업에 의해 독점 또는 과점되어 있을 때는 상대의 능력을 잘못 평가할 가능성이 줄어든다. 따라서 주도기업이 가격선도(price leadership)를 발휘함으로써 당해 산업을 이끌 뿐만 아니라 균형을 이루게 하는 데도 결정적인 구실을 한다.

이와 관련하여 수 개의 선두업체들의 전체 시장에서의 점유율 비중을 의미하는 **산업집중도**(industry concentration)를 측정하여 산업의 경쟁강도를 평가할 수 있다. 선두업체의 시장점유율을 특정 업체의 시장점유율로 나누어 측정하는 **상대적 시장점유율**도 경쟁업체들이 대등한 관계를 유지하고 있는지, 아니면 일반적 선도기업이 존재하는지를 판별케 해주므로 이들 지표를 이용하면 산업의 경쟁치열도를 평가할 수 있다.

2) 산업의 성장률

특정 산업의 성장이 완만하면 성장을 추구하는 경쟁기업들은 시장점유율 확대에 전력을 기울이게 되므로, 성장속도가 빠른 산업에 비해 보다 더 치열한 경쟁을 벌이게 된다. 성장속도가 빠른 산업에서는 그 속도에 보조만 맞추어도 상당한 목표달성을 거둘 수 있지만, 성장속도가 완만한 산업에서는 치열한 시장점유경쟁으로 재원과 경영자원이 모두 소진해 버릴 가능성이 크다.

3) 가격경쟁의 가능성 및 제품차별화의 정도

기업의 **경쟁 방법**은 크게 저렴한 가격으로 수요를 확보하려는 가격경쟁(price competition)과 제품의 품질이나 서비스 향상을 통해 경쟁력을 확보하려는 비가격경쟁(non-price competition)으로 구분할 수 있다. 어느 산업이 가격경쟁의 양상이 높으면 이는 수익성에 악영향을 미치는 출혈경쟁의 가능성이 높아짐을 의미하므로 구조적으로 취약한 산업이 된다.

이와 관련하여 제품이나 용역에 아무런 차별성이 없는 1차제품이거나 그와 유사한 상품인 경우, 구매자는 주로 가격을 기준으로 하여 상품을 구입하므로 가격경쟁이 치열하게 전개된다. 반면 제품차별화가 잘 이루어지는 산업에서는 비가격경쟁이 보편적이어서 이러한 출혈경쟁을 배제할 수 있다.

4) 고정비의 크기와 재고비용

전장에서 설명한 것처럼 고정비의 비중이 높은 산업이나 기업에서는 조업도(생산 판매량) 수준에 따라 단위당 생산원가가 크게 달라진다. 고정비 비중이 높은데 가동률(조업도)이 낮으면 손익분기점에 못 미칠 가능성도 그만큼 높아진다. 이 같은 압력 때문에 수요증대를 위하여 출혈적인 가격인하를 단행하는 경우가 흔히 있다. 이러한 점에서 고정비가 많은 산업은 **가격경쟁**의 양상이 벌어지기 쉬워서 구조적으로 취약해질 특성을 지니게 된다.

일단 생산된 제품이나 재공품은 이를 보관 · 유지하는 데 많은 재고비용이 소요된다. 특히 보관하거나 유지하기 곤란한 재고품을 보유하고 있는 기업은 최소한의 판매실적이라도 올리기 위해서 가격을 인하시키려는 유혹을 받기 쉬우므로 출혈경쟁의 양상을 띠는 경향이 있다.

5) 대규모 시설확장

규모의 경제가 작용하는 산업에서는 시설확장을 할 때 대규모로 시설을 확장하는 경우가 많은데, 그렇게 되면 그 산업제품에 대한 수급이 수요초과에서 공급초과로 바뀌는 상황이 된다. 특히 시설확장이 다수 기업에서 한꺼번에 이루어진다면 공급이 수요를 크게 초과하는 불균형 상황이 갑자기 초래되기도 한다. 이런 현상이 두드러지게 나타나는 석유화학공업이나 시멘트업, 비료제조업에서는 공급과잉으로 인한 만성적인 유휴설비와 가격인하가 되풀이 되는 악순환을 맞는 경우가 많다.

6) 경쟁업체의 다양성

서로 특성이 크게 다른 경쟁기업 간에는 목표설정이나 경쟁전략 면에서도 서로 상이한 행태를 보이기 때문에 정면충돌을 벌이는 경우가 많다. 이들은 서로의 의도를 파악하지 못하여 "**경쟁게임의 법칙**"을 설정하는 데 큰 어려움을 겪게 되기 때문이다.

특히 경쟁기업이 외국기업이면 산업여건도 다르고 전략목표 또한 다른 경우가 많기 때문에 이들이 특정 산업에 뛰어들면 경쟁양상이 더욱 복잡해질 수도 있다. 이런 기업들은 투자수익률이 정상적인 수준을 밑도는 것을 감수하는 경영전략을 구사하는 경우도 있어 경쟁의 치열도를 더해준다.

7) 전략적 이해관계

복합기업(multi-business firm)의 경우 특정 산업에서의 성공 여부에 커다란 이해관계가 걸려 있을 때는 그 산업의 경쟁은 훨씬 유동적인 양상을 띠게 된다. 예를 들어, 경영다각화를 이루고 있는 기업이 경영전반의 전략적 입장을 강화시키기 위해서 일정 기간 동안의 손실을 감수하면서 특정 한 산업에서의 성공에 중요성을 높게 부여하게 되면 치열한 경쟁이 되기 쉽다.

8) 높은 철수장벽

기업이 당해 산업에서 철수하려고 할 때 경제적 · 전략적 · 감정적 요인들로 인하여 투자수익률이 낮거나 심지어 결손을 보고 있는 상황에서도 당해 산업에서 선뜻 발을 빼지 못할 때가 많다. 이를 **철수장벽**(exit barriers)이라고 하는데 이들 요인으로는 전문화된 특수한 자산, 노사협약, 종업원의 재취업 알선비용 등이 포함된다.

영업다각화가 잘 이루어지고 있는 기업에서 철수하는 사업단위가 그 기업 전체의 이미지나 마케팅능력, 시설의 공동사용 등에 큰 영향을 미치는 상황이면 철수를 꺼려하게 된다. 그리고 실업증대 등 경제적인 영향을 우려하여 정책적으로 철수를 억제하기도 하는데, 이러한 정부의 제약도 철수장벽요인으로서 작용을 한다.

(3) 대체가능성

특정 산업에서 경영활동을 벌이는 기업들은 넓은 의미에서 대체품을 생산하는 산업들과 경쟁을 벌이면서, 당해 산업의 수익성과 위험에 영향을 받는다. 대체품은 기업이 가격을 결정하는 데 일정한 상한선을 제시하며 이로 인해 그 기업이 속한 산업의 이익잠재력을 제한한다. 그리고 대체품의 품질이 우수할수록 그 산업에 가해지는 대체품의 가격상한선의 압력이 더욱 강해지기도 한다.

예를 들어, 1970년대 후반 에너지가격의 상승에 힘입어 섬유유리단열재 생산업자들이 전례 없는 호황기를 누렸음에도 불구하고 가격을 올리지 못한 것은 셀룰로오스, 암면, 스티로폴과 같은 대체품이 많이 쏟아져 나왔기 때문이었다.

대체품이 존재하는지를 밝히기 위해서는 동일한 기능을 발휘하는 상품이 존재하는지를 찾아내야 하는데 얼핏 보아서는 무관하게 보이는 산업이나 영업활동까지 주의깊게 관찰할 필요가 있다. 대체품에 대한 경쟁전략으로 제품차별화 또는 저원가전략이 유효할 수 있는데, 이 같은 측면에서 대체품의 가격 메리트 및 기능이 향상되고 있는 속도에 대해서 계속적인 분석이 필요하다.

(4) 구매자와의 교섭력

구매자(최종 소비자나 중간단계의 생산 · 판매업자)들은 구매가격을 인하시키거나 품질향상 및 서비스증대를 요구하고 공급자들을 서로 경쟁시키는 방법 등으로 유리한 구매조건을 유지하려고 한다. 구매자와 공급자의 관계에서 어느 쪽이 가격결정, 품질조건, 결제조건 등에 있어서 **교섭력**(bargaining power)이 강한지에 따라서 당해 산업의 수익성은 구조적으로 영향받을 수밖에 없다.

어느 구매자(산업)가 다음과 같은 여건을 갖추고 있다면 구매자의 교섭력은 강력하다고 볼 수 있다.

1. 구매집중도가 높거나, 공급자의 매출량 중에서 상당량을 차지할 경우: 대량구매자는 고정비의 비중이 높은 산업에서 구입한다면 구매단가가 낮아지기 때문에 더욱 강력한 교섭력을 갖게 된다.
2. 구매자의 생산원가가 구매비 총액에서 상당부분을 차지할 경우: 구매자는 생산원가에서 높은 비중을 차지하면 유리한 낮은 가격으로 그리고 선별적으로 구매하는데 집중한다.
3. 제품이 규격화되어 있거나 제품차별화가 거의 되어 있지 않을 경우: 구매자가 언제라도 공급자를 바꾸어 필요한 제품을 사들일 수 있기 때문에 공급자 간에 가격인하경쟁을 촉발할 수 있다.
4. 교체비용이 거의 들지 않을 경우: 구매자는 교체비용 때문에 특정한 공급자에게 발목을 잡히는 경우가 많은데, 교체비용이 적으면 구매자의 교섭력이 커진다.
5. 구매자의 이윤율(마진)이 높을 경우: 높은 마진을 올리는 구매자는 낮은 마진을 올리는 구매자에 비해 상대적으로 구매가격에 민감하지 않은 경향이 있다.
6. 구매자의 후방적 계열화(backward integration) 가능성이 높을 경우: 음료품 생산업체와 부품(유리병, 병마개) 생산업체의 관계에서처럼, 구매자가 직접 부품생산을 시도하려는 후방적 계열화의 가능성이 큰 경우, 이를 우려하는 공급자와의 관계에서 유리한 위치에 놓이게 된다.
7. 구매자가 중간 도소매업자로서 소비자들의 구매결정이나 제품선정에 결정적인 영향을 미치는 경우: 오디오시스템업이나 과학장비용품업에서처럼 구매자가 최종소비자들의 구매결정에 상당한 영향력을 발휘하고 있는 경우는 구매자 측의 교섭력이 커진다.

(5) 공급자와의 교섭력

공급자(산업)는 판매가격의 인상이나 제품 및 서비스의 질을 하락시키는 위협 등으로 교섭력을 강화시킬 수 있는데, 그만큼 상대방의 이익잠재력은 잠식된다. 특히 구매자가 비용 상승분을 제품가격 인상으로 흡수할 수 없는 경우는 공급자의 교섭력이 크게 강화되게 마련이다.

공급자의 교섭력을 강화시키는 여건은 구매자의 교섭력을 강하게 만드는 상황과 반대로 생각하면 된다. 다음과 같은 상황에서는 공급자의 교섭력이 커진다.

1. 공급능력이 몇 개 안 되는 소수기업에 의해 과점되어 있거나 공급자산업이 구매자 산업보다 집중되어 있을 경우
2. 공급자가 여러 산업에 걸쳐 제품을 공급하고 있을 경우
3. 공급자가 판매하는 제품에 대체품이 없을 경우
4. 공급자의 판매품이 구매자의 생산 · 경영활동에 차지하는 비중이 매우 클 경우
5. 공급자의 제품이 차별화되어 있거나 교체 비용이 클 경우: 제품차별화가 잘 이루어지는 경우는 구매자가 공급자들로 하여금 서로 대립 · 경쟁하게 만드는 요인이 없어진다.
6. 공급자가 전방적 계열화(forward integration)를 할 가능성이 높을 경우

앞에서 설명한 이들 경쟁요인들은 모두 산업의 경쟁강도와 수익성을 결정짓는 데 작용한다고 할 수 있지만, 실제로는 이중 어느 **유력한 한 개 혹은 몇 개의 요인**이 지배적인 영향을 미치는 경우가 많다. 예를 들어, 특정 산업의 시장에서 매우 확고한 기반을 다져 놓은 기업이라 할지라도 품질이 우수하고 값이 저렴한 대체품이 등장하면 그 기업의 수익률은 저하되고 말 것이다. 설사 대체품이 없고 신규진출자도 봉쇄되었다고 하더라도 기존 기업들 간의 경쟁이 치열하다면 잠재적인 수익률은 제약을 받게 될 것이다. 따라서 분석자는 경영성과에 영향을 주는 **소수의 유력한 구조적 요인**을 적출하는 것이 중요하다.

산업의 경쟁구조를 이루는 요인들은 일시적으로 경쟁상황과 수익성에 영향을 미치는 **단기적 요인**들과는 구별해야 한다. 예를 들면, 경기순환과정에서 나타나는 단기적인 경기변동이나 자재난, 파업 그리고 수요의 급증과 같은 상황은 기업의 단기적인 수익성에 영향을 미치게 된다. 이러한 요인들도 전술적인 중요성을 지니고 있기는 하지만 여기서 말하는 산업구조분석의 초점은 어디까지나 기업의 **장기** 수익성에 영향을 주는 산업의 **구조적 요인**을 말한다.

2. 산업(제품)수명주기이론에 의한 산업분석

어느 제품이든 시간이 경과함에 따라 경쟁상태, 제품의 기술, 소비자의 기호 등이 변하기 때문에 당해 산업의 이윤잠재력이나 사업위험도가 달라진다. 새로운 경쟁상황의 전개와 같은 여건변화가 특정 제품의 수익성과 위험에 미치는 영향은 몇 단계로 나누어 대조적으로 식별될 수 있다. 이 같은 관점의 학설이 **산업(제품)수명주기이론**(product life cycle theory)이다.

일반적으로 제품수명주기는 [그림 8-2]에 나타나 있는 것처럼 도입기, 성장기, 성숙기, 쇠퇴기 등 4단계로 나누어 볼 수 있다. 각 단계별로 제품경영관리기능, 경쟁, 사업위험, 제품 마진, 수익성, 핵심성공요소 면에서의 특징은 [표 8-1]과 같이 요약될 수 있는데, 분석대상기업의 산업이 어느 단계에 있는지를 확인하여 산업의 유망성을 평가할 수 있다.

그림 8-2 산업(제품)수명주기이론

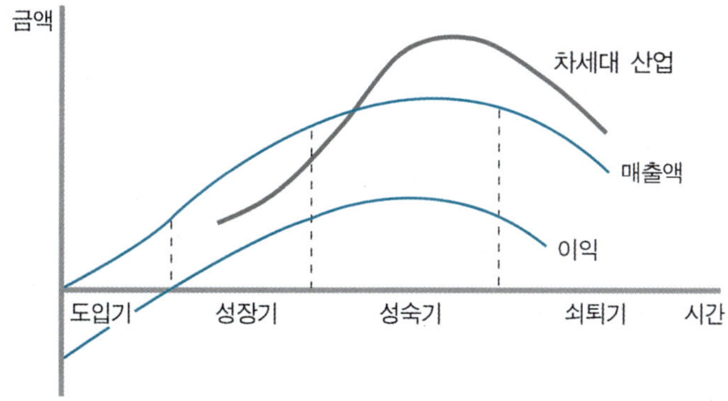

도입기는 신제품이 처음으로 시장에 소개되는 기간이므로 신제품이 제품으로서 본격적 수요를 불러일으키기까지에는 상당한 시간이 걸려 매출증가율은 극히 저조하다. 저조한 매출실적과 그간의 연구개발투자, 초기에서의 과다한 마케팅비용 때문에 손실을 입거나 이익이 나더라도 소액에 불과한 것이 보통이다. 그만큼 사업위험도 크다고 할 수 있다.

경쟁자의 수는 적고 시장에 아직 신제품이 덜 알려져 있기 때문에 경영관리기능 중에서 마케팅능력이 탁월해야 성공할 수 있다. 이 단계에 있는 기업은 이러한 점에 주의하여 분석할 필요가 있다.

[표 8-1] 산업(제품)수명주기(PLC)상 단계별 특징

특징 \ 단계	도입기	성장기	성숙기	쇠퇴기
제품	• 제품설계와 개발이 중요 • 품질이 열악, 제품 표준화가 안됨	• 제품이 기술 및 기능상 차별화되기 시작함 • 디자인과 품질향상이 계속됨	• 품질이 최고수준, 제품의 변화가 줄어듬 • 차별화가 적어지고 제품은 표준화됨	• 차별화 거의 없음 • 품질이 저하 됨
마케팅	• 판매에 대한 광고비율이 높고, 마케팅비용(A/S 등)이 많이 발생	• A/S비율이 낮아지지만 여전히 높음 • 기술적 차별화가 되지 않는 제품은 광고와 유통부문이 매우 중요	• 시장세분화가 가속화 되고, 제품라인이 많아짐 • 라이프사이클을 늘리려 제품다양화 시도 • 포장·서비스가 중요해지고 광고경쟁이 치열	• 광고 및 마케팅활동을 하지 않음 • 마케팅비용의 감소
제조 및 유통	• 소규모 생산 • 가동률이 낮고 생산원가가 높음 • 협소한 판매망을 이용	• 조업도가 높음, 과소설비의 문제대두 • 대량생산체제 • 대량유통채널구축, 유통경로확보 경쟁치열	• 조업도가 약간 낮아짐, 부분적 설비과잉 발생 • 제품이 다양해져 물적유통비용이 많이 발생 • 대량유통체제	• 조업도가 현저히 낮아짐 • 과잉설비 • 유통경로 축소
경쟁, 사업위험	• 소수기업의 참여 • 사업위험이 높음	• 신규업체 참여로 경쟁업체 증가 • 성장률이 높아지면서 사업위험 감소	• 치열한 가격경쟁 • 개별상표가 증가하고 일부는 철수 • 업계 재편성 시작됨	• 철수기업 증가 • 경쟁 크게 감소
제품마진과 수익성	• 높은 가격과 높은 마진 • 낮은 수익성	• 수익성이 높아짐 • 가격은 높은 수준이나 낮아지기 시작함	• 가격하락 • 제품마진, 수익성 감소 • 유통업체 마진도 감소	• 낮은 가격과 낮은 마진 • 가격하락 지속
핵심 성공요소	• 제품혁신	• 대량생산을 위한 제품 디자인	• 규모의 경제를 통한 비용감소	• 생산시설합리화, 비용통제

일반적으로 도입기에서는 제품의 가격이 높은 편이지만, 그간 투여되었던 연구개발비, 높은 제조원가, 높은 광고비 지출 때문에 이윤폭은 낮은 경향이 있다.

성장기에는 제품 수요가 급증하기 시작하고 새로운 경쟁자들이 산업에 진출하기 시작함에 따라 유통경로가 확대되고 시장규모가 증대되기 시작한다.

가격은 수요가 급격히 증가하는 한 처음 수준을 유지하거나 약간 하락하는 경향이 있다. 이 단계에서는 제품의 신뢰성, 제품차별화가 중요시된다. 매출이 증가함에 따라 조업도가 높고 대량생산·유통체제, 경험곡선효과에 의해서 제조원가가 급속히 감소함에 따라 이 기간의 이윤은 증가하는 경향이 있다. 결과적으로 수익성은 양호한 편이고 사업위험은 적다.

성숙기에는 시장의 수요가 포화상태에 이르기 시작하므로 기업은 시장점유율 확대를 위해 가격인하정책이나 판촉비 증가 등을 통해 격심한 경쟁을 벌이게 된다. 이에 따라 기업의 이윤은 감소하기 시작하고 유휴설비가 발생하게 된다. 서서히 사업위험이 커지

는 단계이기도 하다.

원가절감을 하거나 철저한 생산관리를 통하여 악화된 수익성을 개선하는 것이 필요한 단계이며, 구매자의 수요변화에 부응하는 적절한 새로운 제품을 개발하기 위하여 연구개발비 지출을 증가시키게 된다. 이 시기에 경쟁력이 약한 기업은 탈락하게 되며 원가절감 등의 방법을 통하여 경쟁적 우위를 굳게 확립한 기업만이 그 산업에 남아있게 된다.

쇠퇴기에는 시장 전체의 수요가 감소하기 시작한다. 이는 대체로 새로운 기술개발, 구매자의 기호 변화, 새로운 경쟁자의 증가 등에 기인한다. 결과적으로 유휴생산시설이 증가하고 가격하락과 이윤감소의 현상이 초래된다. 따라서 많은 기업이 당해 산업에서 철수하게 되며 남아 있는 기업은 제품생산을 감소시키고 가격과 광고비를 낮추게 된다.

산업(제품)수명주기이론은 산업전개의 대체적인 방향에 대해서 설명해 줄 뿐이지 특정산업(제품)의 수명주기가 언제 시작해서 언제 다음의 단계로 넘어가는지에 대한 설명은 하지 못한다는 한계점을 가지고 있다. 더욱이 산업(제품)수명주기 형태는 기업의 마케팅전략에 따라 연장될 수 있으므로 제품의 판매는 어떤 필연적인 주기에 의해서 이루어지지 않는 측면도 있다. 그리고 산업(제품)수명주기이론이 시장 전체에서 발생하는 상황에 관한 분석이라기보다는 특정된 하나의 제품에 대한 분석이므로 시장 전체에서 발생하는 상황을 동시에 분석하지 못하는 한계점도 지니고 있다.

이와 관련하여 산업(제품)수명주기분석에서 고려해야 할 부분은 이른바 '차세대 성장동력산업'에 대한 전망과 평가이다. 개별기업이 주도적으로 미래 성장산업을 발굴하려고 노력하지만, 정부차원에서도 경제의 견실한 성장을 위하여 성장동력산업을 발굴하고 육성 지원한다. 그 산업은 산업(제품)수명주기의 도입단계에 있는 경우도 있고, 성숙단계에서 기술혁신으로 새로운 수요를 창출하는 경우도 있다. 분석가 입장에서는 그 산업이 언제 본격적으로 시장수요를 확대하면서 상당기간 동안 안정적인 수익성을 가져다줄 수 있을 것인지를 평가해야 할 것이다. '차세대 성장산업'과 관련된 이슈에 대해서는 본장의 '경영분석의 현주소'를 참고하기 바란다.

3. 산업의 수요와 공급분석

특정산업 제품에 대한 수요가 공급을 압도하면 관련 기업의 수익성은 전반적으로 양호할 것이다. 반대로 공급이 수요를 압도하면 전반적으로 양호하지 못할 것이다. 수요와 공급요인이 시장상황을 설명하는 기본적 요인이 되므로 특정산업의 특성과 미래 유망성을 평가 · 예측할 때 수요와 공급요인 중심으로 분석할 수 있다.

(1) 수요요인

당해 산업제품에 대한 수요기반이 넓고, 신규 수요증가 가능성이 국내외적으로 높으면 당연히 당해 산업의 미래 전망은 밝다. 모든 산업에 걸쳐 전개되고 있는 글로벌화 · 정보화 · 서비스화의 동향과 함께 분석대상산업의 수요가 확대될 것인지 축소될 것인지를 다음과 같은 측면에서 검토한다.

1) 제품수요의 경기변동성

당해 산업의 제품에 대한 수요기반, 매출과 이익의 성장성처럼 시장규모도 중요하지만 수요의 안정성에 가장 크게 영향을 미치는 제품수요의 경기순환에 대한 민감도 역시 중요한 수요요인이다. 가격이 소비자구매의 주요 고려요인인지의 여부와 가격수준에의 수요민감도를 분석하면 제품수요의 경기변동성, 즉 경기침체기에 고객이 구매를 장기간 미루는 경향(cyclical)이 있는지, 아니면 경기에 민감하지 않은 경향(recession-resistant)이 있는지를 파악하는 데 도움을 준다.

2) 제품수요의 항구성(permanence)

기술변화속도, 구매자집단의 크기와 소득수준(1인당 국민소득과의 상관성), 정부지원이나 규제 여부는 제품수요가 장기간 지속될 수 있는지에 영향을 미치는 요소들이다.

3) 국내수요의 확대가능성

고령화 등 인구구조의 변화, 소득구조의 변화, 라이프스타일의 변화, 가치관의 변화, 개성화 · 다양화 · 고급화 등 수요구조의 변화, 산업관련 기술의 변화 등의 요인으로 인해 신규수요가 증가될 가능성을 평가한다. 또 글로벌시장에서의 신규수요, 세계 수요의 질적 변화를 고려할 경우의 해외시장의 수요확대가능성을 평가한다.

(2) 공급요인

공급업체 간에 경쟁구조의 기본특성상 출혈경쟁 가능성이 매우 높거나, 공급과잉 상황이면 수익성이 저조할 것이다. 공급측면에서 당해 산업이 얼마나 유망하고 호전가능성이 있는지에 대한 평가는 다음과 같은 측면에서 분석될 수 있다.

1) 산업의 주된 경쟁 방법

경쟁 방법은 가격경쟁과 비가격경쟁으로 구분할 수 있는데, 가격이 주된 경쟁수단인 산업은 출혈경쟁으로 이어지기 쉽다.

2) 공급능력과 조업도수준, 비용구조

산업전체의 현재와 미래 공급능력이 초과공급 상태이거나 고정비가 높은 비중을 차지하면 가격인하전략을 추진할 가능성이 높아지므로 수익성이 악화된다.

3) 공급자의 구성과 공급집중도

독과점구조이면 선두업체의 가격결정력(price leadership)으로 안정적 수익구조를 추구하지만, 다수 선두업체 간의 경쟁력이 대등한 구조에서는 수익구조는 불안정할 수밖에 없다.

4) 기타

이 밖에도 대체품의 가격수준, 산업(제품)수명주기상의 위치 등의 요소도 산업 전반의 수익성에 영향을 주는 요소가 된다.

경영분석의 현주소 (8)

미래 주도 기술과 산업 그리고 차세대 유망산업

증권투자자들은 수익률이 좋을 종목 선택을 위해, 경영자들은 수익성 있는 사업의 발굴을 위해, 미래 유망산업을 여러 가지 방향으로 탐색한다. 본 8장 본문에서 설명한 "포터의 산업구조분석", "산업수명주기이론", "산업의 수요 · 공급이론"은 기존의 특정 산업을 평가하는 데 유효한 분석수단이 된다. 현실의 경제에서 유망기술과 산업은 어떻게 발전해 왔고, 차세대 유망산업은 무엇인가?

○ 미래를 주도할 기술과 산업

시대별로 국가의 경제성장을 주도하고, 이 흐름 속에서 주도 기업을 탄생시킨 유망산업은 우리나라의 경우 다음과 같이 정리할 수 있다.(자료: KIET, SERI)

1950년대	1960년대	1970년대	1980년대	1990년대	2000년대
(제분, 제당…)	(섬유, 목재…)	(무역, 유화…)	(금속, 기계…)	(전자, 철강…)	(IT, 바이오…)

2010년대 중반 이후 세계경제를 주도할 것으로 보는, 유망기술로는 많은 분야가 제시되고 있다. 다음은 매일경제가 국내 저명한 기초과학자, 공학자, 미래학자 등의 예측을 종합하여 향후 50년을 이끌 10대 기술을 다음과 같이 선정한 바 있다.(매경. 2016.1.7.)

- 인공지능
- 뇌과학
- 핵융합
- 양자컴퓨터
- 유전자 가위
- 자율주행차
- 합성생물학
- 우주발사체
- 휴머노이드 로봇
- 웨어러블 기기

이 조사에서는 상용화되기까지는 다소 시간이 걸리겠지만, 인간의 지능과 건강과 관련된 뇌과학과 인공지능 분야, 불필요한 유전자를 제거하는 유전자 가위, 기존 컴퓨터보다 수백만 배 빠른 계산의 양자컴퓨터, 새로운 생명체 설계의 합성생물학, 피부에 떼었다 붙일 수 있는 웨어러블 기기, 지구의 에너지 문제를 해결할 수 있는 핵융합 등의 분야를 새로운 성장동력을 찾을 수 있을 분야로 제시하고 있다.

○ 세계경제포럼(WEF 다보스포럼)이 선정한 '10대 기술'

2021년 12월10일 열린 다보스포럼에서는 인류의 삶을 획기적으로 개선 시킬 혁신적 기술로 다음의 10대 기술을 선정 발표한 바 있다.

- **탈탄소 가속 기술**: 2005년 대비 2030년까지 자동차 항공 유통 농업 등 각 산업에서 탄소 배출량을 절반으로 줄이는 탈탄소 기술
- **농작물 스스로 비료를 생산하는 기술**: 토양을 산성화시키거나 오염시키는 질소비료를 주지 않고, 농작물이 스스로 공기중의 질소를 흡수해 비료를 생산하는 기술
- **입김으로 질병 진단하는 기술**: 음주 측정기처럼 입김의 특정 화학물의 성분과 농도를 분석하여 당뇨, 세포 염증 등을 찾아내는 기술
- **개인별 맞춤 의약품의 제작 기술**: 사람이 약에 맞추는 것이 아니라 약이 유전자 변이 등 개인의 질병 특성에 맞춰 실시간으로 약을 주문 제작하는 기술
- **무선에서 전기를 뽑아 쓰는 기술**: 단순 무선 충전이 아니고, 5G의 무선 신호에서 증폭된 직류 전기에너지로 전환시켜 전기를 뽑아 쓰는 기술
- **건강수명을 연장시키는 기술**: '단순수명' 연장을 넘어 생체 데이터를 개체 수준에서 중첩시켜 유전자 치료를 통해 '건강수명'을 연장시키는 오믹스(omics) 기술
- **녹색수소 기술**: 화석연료를 고온에 사용하여 이산화탄소를 발생시키는 수소 생산방법이 아니라 물을 분리해서 독성물질을 원천적으로 배제 시키는 '녹색수소' 생산기술
- **비접촉의 원격치료 기술**: 땀 눈물 오줌 등 비접촉 방식으로 스마트폰과 유사한 수준의 전자파를 활용, 당뇨 수준 등의 건강 정보를 확인하고 원격의료 치료를 가능케 하는 기술
- **현지 재료로 만드는 3D 프린트 주택**: 열악한 기반 시설 또는 운송이 어려운 곳의 경우 현지의 점토나 모래 섬유 등의 재료를 활용하여 저비용으로 3D 프린트의 주택을 건설하는 기술
- **우주 사물인터넷(IoT) 구축 기술**: 지구 절반은 현재의 이동통신망으로 연결성에 어려움을 겪고 있는데 저궤도 소형위성을 쏘아 전 세계가 이용 가능한 초고속 IoT를 구축하는 기술

자료: 세계경제포럼(2021년), 매경 2021.12.10.

○ 한국판 뉴딜 10대 대표 과제

미래 기술은 국가경제를 주도할 성장동력의 산업이기도 한데, 특정 기업이 홀로 개발하는 데는 엄청난 재원과 리스크가 뒤따른다. 따라서 정부가 주도하여 개발하거나, 기업이 참여하도록 유인할 수밖에 없다. 정부는 미래의 시장성(세계 시장규모), 산업 간 파급효과, 글로벌기업과 비교한 한국기업의 경쟁력 등을 고려하여 데이터댐 · 미래차 · 디지털SOC 사업을 미래 신성장 3대축으로 육성하는 목표하에 다음 10대 과제에 160.0조원을 투입하기로 하였다.

- **친환경 미래 모빌리티**(전기 · 수소차 보급 등)
- **데이터 댐**(데이터 수집 · 가공 · 거래 · 활용 기반 강화)
- **그린 스마트 스쿨**(초중고 디지털 환경 조성)
- **그린에너지**(신재생에너지 R&D 등)
- **국민안전 SOC 디지털화**(기반시설 디지털화)
- **지능형 정부**(5G 블록체인 활용 시스템)
- **그린 리모델링**(공공 건축물 태양광 설치 등)
- **스마트 그린 산단**(디지털 기반의 산단 조성)
- **디지털 트윈**(가상공간에 도로 항만 등 현실공간 구현)
- **스마트 의료 인프라**(스마트 의료체계)

자료: 기획재정부, 매경 2020.07.15.

○ 미래 기술과 상용화의 벽

개별기업 입장에서 이러한 기술을 상용화할 때, 주의하여야 할 여러 가지 측면이 있다.

첫째는, 기술과 시장의 벽이다. 새로운 기술이 본격적으로 신시장을 형성할 때까지는 다음 그림과 같은 몇 단계의 소위 "죽음의 계곡"을 거쳐야 한다. 예를 들어, 인스턴트커피의 경우 제조공정 기술개발은 1930년대 이미 이루어졌지만, 상용화된 것은 1950년대 이후이었다. 본격적인 신시장 창출(수용성의 계곡)단계에서는 다음의 사항을 점검하여야 한다.

- 구매자 주체가 명확하고, 지불의사가 분명한가?
- 소득이 늘어나면 구매가 증가하는 것처럼 장기적으로 사업확장이 가능한가?
- 소비자가 이해할 수 있는 수준의 혁신이고, 상업적으로 연속적인 제품개선, 사업모델의 변화가 가능한가?

둘째는, 제품의 라이프사이클이 짧아져 선발주자의 이익 획득의 불확실성이 높아지고 있다는 점이다. 또한 산업의 경쟁자는 계속적으로 변하므로 변화를 적극적으로 수용하고, 새로운 전략방향을 모색하여야 한다는 점이다.

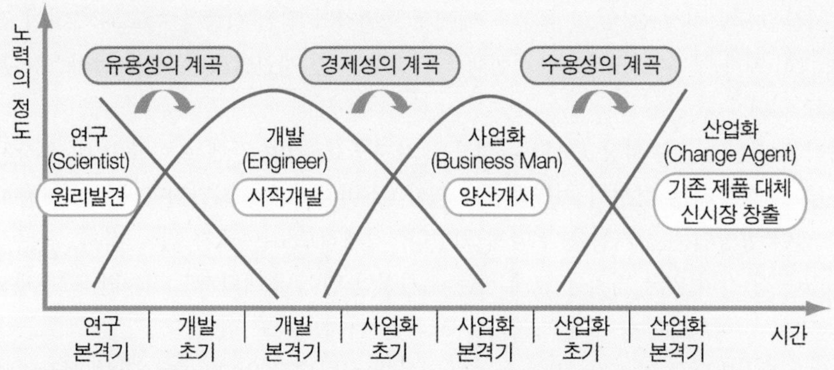

자료: 삼성경제연구소, 유망사업의 큰 그림을 그리는 법, 2007.1.8.

셋째는, 신기술의 사업이 성공하기 위해서는 그 비즈니스의 개념 확장 또는 변화에 대한 문제의식을 가져야 한다. 자신의 기업이 고객에게 주는 핵심가치가 무엇인지를 기술변화와 함께 질문하여야 한다.

넷째는, 경쟁을 넓게, 그리고 좁게 정의하면서 현재의 경쟁자뿐 아니라 미래의 경쟁자를 예상하고, 수익성에 미치는 세부요인을 평가하여야 한다는 점이다. 마이클 포터의 표현대로 "새"의 눈과 "벌레"의 눈을 가지고, 경쟁환경의 변화를 예측하는 것이 필요하다.

기업은 이같은 측면을 염두에 두면서, 미래를 주도할 기술 중에서 집중 육성하여야 할 부문에 대한 선정기준들은 타당한지, 그리고 미래를 선도할 유망기술분야에 제일 먼저 진출한 기업(first mover)은 어떤 장점과 위험을 안게 되는지에 대해 철저한 분석과 평가가 이루어져야 할 것이다.

○ 혁신기술이 가져오는 산업변화

데이터기술(DT), 인공지능(AI), 정보통신기술(ICT)의 발달과 플랫폼 비지니스의 활성화로 산업구조와 산업경쟁의 양상, 산업생산성 등 다양한 영역에서 큰 변화가 일어나고 있다.

기업 경쟁력은 종래는 풍부한 자금, 우수한 인재 등이 결정하였지만, 이제는 새로운 경영환경에서 어느 기업이 보다 많은 양질의 데이터를 확보하느냐가 핵심 경쟁력이 되었다. DT, ICT의 발달이 기업에 가장 큰 영향을 주는 것은 예측력 향상을 통해 비용 및 시간 효율성을 크게 제고 하는 것이 가능하기 때문이다. 종래는 인간의 지식, 경험, 감에 의존하던 영역이 AI를 통해 내외부의 방대한 데이터를 혁신적으로 활용해 새로운 정보를 창출하거나 유의한 의사결정을 지원하면서 기업운용에서의 예측비용을 획기적으로 감소시킬 수 있게 되었다. AI를 활용하여 제약업에서는 신약개발시에 물질 선별에 개발시간을 단축시킬 수 있고, 물품 구매에서 소비자가 직접 상품을 비교분석 하여 결정하지 않고 AI가 구매자의 최적 상품선택을 지원하는 등 개인별 맞춤 제품/서비스가 활성화되고 있다.

이러한 혁신기술은 시장규모의 급성장을 가져오고, 기업 간에는 이를 미래 성장동력의 기회로 삼으려는 경쟁이 치열해지고 있다. 소비자에게는 시간절약과 소비맞춤화로 삶의 질이 향상되는 순기능을 누리게 되었다. 경제적으로는 국가 간의 격차, 전문직과 단순 노동직 간의 임금 격차를 크게 하는 부정적인 면이 초래되기도 하지만, 노동생산성의 증가로 각국 GDP 증가에 기여하는 효과를 가져오기도 한다.

DT, ICT의 발달로 Platform Business가 더욱 활성화되고 있다. 이로 인해 시장영역이 확대되고 경영자에게는 지속가능이익 시스템 구축이 핵심 과제가 되고 있다. 본래 플랫폼 비지니스는 사용자와 공급자가 상호작용을 하면서 각자의 욕구를 효율적으로 충족시키는 사업모델을 의미한다. 4차산업 혁명시대에 ICT 기반의 경영시스템을 구축하고 수익기반을 확대하고 있는 구글, 애플, 마이크로소프트, 아마존 등의 글로벌 기업이나 네이버 카카오 등의 국내기업에서 볼 수 있는 것처럼 플랫폼의 구축과 활용이 경쟁력 확보의 주요 수단이 되고 있다. 뿐만아니라 연관산업 간의 밸류체인의 큰 변화를 초래하여 경쟁양상이 달라지고 있다. 플랫폼 구축을 통해 ICT 기술을 기반으로 시간과 공간의 제약을 극복하여 사용자와 공급자 모두 원하는 경우의 수를 보다 쉽고 빠르게 파악함으로써 시장위치를 확고히 할 수 있기 때문이다.

○ 반도체 산업에서 구조와 경쟁의 변화

반도체는 전자제품 안에 많은 트랜지스터, 저항, 커패시티를 직접회로(IC)에 집적시켜 기계를 제어하거나 정보를 기억 연산하는 일을 수행한다. 정보통신 기술의 발달, 특히 5G, AI, IoT 기능의 전자제품에 반도체가 탑제 되면서 고용량·초고속·저전력 반도체에 대한 수요가 급증하고 있다. 심지어 반도체 품귀 현상이 벌어지는 상황이 되기도 하는데 '산업의 쌀' '21C의 전략물자' '21C 석유'로 불리우는 대표적인 미래 성장산업이 되었다.

반도체는 고용유발효과, 연관산업발전, 지역경제 활성화에 크게 기여한다. 미국과 중국 간의 갈등이 심화되는 가운데, 미국은 반도체를 국가안보의 차원에서 국가 전략산업으로, 중국은 '반도체 굴기'를 내세우면서, 반도체는 '패권전쟁'의 핵심이 되고 있다.

반도체 시장은 크게 구분하면, 데이터를 저장하는 기능을 수행하는 메모리 반도체(전원이 꺼지면 데이터가 지워지는 DRAM과 전원이 없어도 데이터를 저장할 수 있는 NAND Flash)와 데이터의 연산, 추론, 통신, 디지털 변환 등의 기능을 수행하는 시스템(비메모리) 반도체로 나눈다.

아래 표에서 보는 것처럼 메모리반도체 시장과 시스템(비메모리) 반도체 시장이 대략 3 : 7의 비중으로 비메모리 시장이 2.7배 정도 큰 시장이 되었다. 옴디아 등 반도체 전문기관에서는 스마트폰 시장의 급성장, 주요 기업들의 데이터 전환을 통한 AI 서비스 확대, 데이터센터의 투자 확대 등에 힘입어 연평균 8 ~12%의 성장률을 예상하고 있다.

[표 1] 반도체시장의 규모

(단위: 억 달러)

연도	2020	2021	2022*	2023*	2024*	2025*
시스템(비메모리)반도체	3,456	4,007	4,191	4,382	4,594	4,773
메모리 반도체	1,280	1,730	1,787	1,839	1,863	2,205

* 연도는 예측치
자료: 옴디아, 매경 2022.5.7.

2022년 4월말 현재 메모리 반도체는 삼성전자, 파운드리(반도체 위탁생산)는 대만의 TSMC, CPU(중앙처리장치)는 미국의 인텔이 각각 1위의 시장점유율을 유지하고 있다. 다음은 2021년 기준으로 반도체 글로벌 기업들의 주요 제품과 매출액 현황이다.

[표 2] 반도체 글로벌 기업들의 주요 제품과 매출액(2021년 기준)

회사	삼성전자	인텔	TSMC	SK하이닉스	마이크론
주요 제품	메모리, 파운드리	메모리, CPU	파운드리	메모리	메모리
매출(억 달러)	202	193	133	92	76

자료: 옴디아, 매경 2022.5.7, 2021, 9.25

글로벌 반도체시장은 2010년대 후반에 들면서 경쟁양상에 구조적 변화가 크게 일어나고 있다. 반도체 산업을 설계-생산-판매로 이어지는 밸류체인으로 설명하면, 2010년대 중반까지는 이 과정의 모든 사업에 간여하는 종합반도체기업이 시장을 선도하였다. 미국의 인텔과 마이크론, 한국의 삼성전자와 SK하이닉스가 대표적인 기업들이었다.

그러나 2010년대 말부터 반도체 설비 없이 설계만 전문으로 하는 팹리스(Fablees)와 팹리스에서 설계 데이터를 위탁받아 설계업체 주문에 맞춤형 생산을 하는 파운드리(Foundry)로 분화되는 구조적 큰 변화가 일어나고 있다. 엔비디아, 퀄컴, AMD 등의 반도체회사는 설계에 특화하는 팹리스업체로 전환한 바 있는데, 펩리스 업체는 설비투자의 부담 없이 독보적인 기술경쟁력을 발휘하면서 독립된 시장을 구축하고 있다. 팹리스시장은 2021년 기준 미국 65%, 대만 17%, 중국 15%의 점유율을 유지하고 있다.

한편 설계업체의 다양한 주문과 실험 설계에 맞춤형 생산을 하는 파운드리는 설계 전업의 팹리스와 분화되면서 반도체 시장에서 가장 큰 규모의 시장을 형성하고 있다. 파운드리 업체 중에서 대만의 TSMC는 엔비디아, 퀄컴 등 대형사를 비롯한 8,000여 고객사의 반도체 설계 주문에 맞춤형 제작을 하면서 기술력, 대규모 투자를 바탕으로 2021년 말 기준 53%의 파운드리 시장점유율(삼성전자 파운드리는 17.3%)을 기록하고 있다.[3] AI, 5G 등 신기술의 발전과 함께 테슬라 구글 아마존 등의 기업들이 자체 반도체칩을 개발하면서 생산의 분업화는 가속되는 추세이다. 이 밖에도 차량용 반도체[4], 스마트폰 등의 전자기기에 필요 전력을 공급하는 전력반도체(PMIC) 분야와 같이 특화된 반도체시장에서도 시스템반도체에 대한 수요가 급증하고 있다.

반도체 제조과정에서 중요한 다른 부분 하나는, 이른바 소부장(소재, 부품, 제조장비) 산업과 연관된 영역이다. 제조장비 중에서 매우 중요한 것은 EUV(극자외선) 노광장비[5]이다. 노광장비는 저전력 · 고효율 즉, 전류의 흐름을 조절하는 회로의 폭을 미세화하여 한 장의 웨이퍼에 많은 제품을 생산할 수 있고 소비전력을 낮출 수 있게 함으로써 반도체 제품의 수율(양품(良品)이 차지하는 비율)을 높인다. 노광장비 생산에는 네델란드의 ASML 사가 지배사업자가 되고 있다.

반도체 소재인 포토레지스트, 포토마스크, 블랭크 마스크, 펠리콜, 고순도 불화수소 등의 소재도 양품의 반도체 생산에 중요하다. 이 분야에서는 일본의 반도체회사가 경쟁력을 유지하고 있다.

후공정 반도체시장은 생산한 반도체 칩을 각종 전자기기에 연결할 수 있는 상태로 가공하는 공정의 사업이다. 후공정시장에서는 대만의 ASE, SPIL, 파워택 등이 경쟁우위를 보이고 있다.

이처럼 종합반도체기업의 시장장악력은 위축되고 있는 반면에, 팹리스와 파운드리는 견조한 성장세를 유지하고 있다. 시가총액 기준(2021.4월 말)으로 보면, TSMC 5,433억 달러, 삼성전자 4,254억 달러, 엔비디아 3,856억 달러, 인텔 2,333억 달러로서, 주식시장에서 파운드리 사업에 대한 가치평가가 높다. 삼성전자는 파운드리 시장의 성장세가 지속될 것으로 보고 현재 18%의 점유율이지만 이 시장의 지배력을 높이기 위해 2030년까지 171조원의 투자계획을 발표한 바 있다.

3) 대만의 TSMC와 삼성전자의 점유율에서의 격차는 2005년부터 파운드리에 진출한 TSMC가 시스템반도체 누적된 기술효과의 이점이 있고, 자사의 정보유출을 우려하는 애플 · 퀄컴 · 엔비디아 등의 업체들에 대해 체계적인 고객관리를 하고 있기 때문인 것으로 시장에서는 보고 있다.

4) 차량의 IT화와 자율주행차 개발로 차량용 반도체 수요가 크게 증가하고 있다. 인피니온(독일), NXP(네덜란드), ST마이크로일렉트로(스위스) 등이 주요 자동차반도체 생산업체이다.

5) 사진을 찍듯 반도체 원판인 웨이퍼에 극자외선 빛을 선택적으로 쏴서 회로를 새기는 작업을 하는 장비이다. 노광장비는 반도체 기술력이 집약된다고 평가되는 장비로서, 저전력 · 고효율의 관건이 되어 반도체 제품의 수율(양품이 차지하는 비율)을 좌우한다.

반도체 시장은 일차적으로 경제성장과 경기순환, 신기술 개발 성공 여부, 누적 생산량에 따른 생산원가의 차이와 가격경쟁 등에 영향받는다. 경기변동에 민감한 반도체시장은 경쟁업체들의 경쟁적인 설비투자 국면에 따라 수요 공급 불균형이 2년 내외의 주기로 등락이 반복되는 이른바 '반도체 사이클'을 보이는 잠재 위험이 있다.[6)]

반도체시장은 미래의 핵심 산업으로서 엄청난 수요 잠재력을 지니고 있다. 앞으로 반도체 산업의 경쟁 치열도 그리고 개별 반도체회사의 경쟁적 지위는 결국 경쟁력 결정요인이 되는 기술력과 대규모 투자 능력에 달려있다고 보고 있다.

반도체 산업은 다른 어느 산업보다 기술력이 중요하다. 기술력은 수율 문제에 직결되는 요소로서 첨단 공정과 함께 고용량·초고속·저전력의 최첨단 기술을 먼저 개발하고 제품 양산에 적용하는 기술력의 차이가 클수록 시장우위를 누리게 된다.

대규모 투자 능력은 계속되는 10조 원 넘는 시설투자를 시행할 수 있는 능력을 말하는데, 이를 통해 원가경쟁력을 확보할 수 있다. 메모리 반도체 같은 경우는 규격화, 대량생산의 특징이 있어서, 한 제품을 대규모로 생산할 때 생산단가가 일정률로 하락하는 경험효과(무어법칙)가 잘 나타나는 특성상 경쟁력 확보에 핵심 요소가 된다.

앞에서 산업의 유망성을 평가할 수 있는 세 가지 산업분석 방법에 대하여 살펴봤다. 어떤 내용의 산업분석이든지 다음과 같은 점을 염두에 둘 필요가 있다.

- 산업의 경쟁구조, 영업환경을 평가하는 데는 당해 산업이 과거에 어떻게 전개되어 왔는지를 이해하는 것이 유용하다.
- 산업평균을 장기간 상회하기 어렵기 때문에 사업의 수익성은 궁극적으로는 산업평균에 수렴해 간다.
- 산업에서 최상과 최악의 기업을 비교함으로써 당해 산업의 좋고 나쁨에 대한 대체적인 구도를 확인할 수 있다.
- 산업을 움직이는 핵심요인인 주요 경쟁방식, 산업의 경기변동성, 수요의 변동성, 가격인상 흡수능력, 평균 현금순환기간 등의 측면에서 긍정적 또는 부정적인 산업동향의 변화가 있을 때, 그것이 일시적인지, 구조적인지를 판단해야 한다.

6) 최근에는 2017년부터 2년여간 이른바 반도체 슈퍼사이클(초호황기)에 진입하면서 이 기간에 15.9%의 높은 성장률을 기록하였다. 그러나 2021년 3분기부터는 반도체 공급이 수요를 예상보다 빠르게 앞지르게 되면서 반도체 경기가 피크 아웃하게 되는 상황으로 바뀌게 되었다. PC 수요 감소로 D램 가격이 5~10%, 서버용 D램 가격이 5% 하락하고 원자재가격은 상승하는 영업환경이 된 것이다.

2절 기업분석

기업의 경영성과는 그 기업이 속해 있는 당해 산업의 구조적 특성, 산업적 요인에 의해서 좌우되기도 하지만, 기업적 요인에 의해서 결정되는 바도 크다. 해당 업종 내에서 우량기업을 선별하는 기업분석(company analysis)은 그 기업이 "장기적으로, 안정적으로 이익을 낼 수 있는지"를 분석하는 것이 핵심이다. 이하에서는 경쟁우위의 지속가능성 평가, 핵심역량 평가, 잠재위험요소 분석으로 나누어 살펴본다.

1. 경쟁우위의 지속가능성 평가

(1) 경영전략

유망산업일지라도 경쟁업체별로 미래전망은 크게 차이가 나게 된다. 분석대상기업이 당해 산업 내 경쟁업체와 비교하여 얼마나 경쟁력이 있는가? 더욱이 그 경쟁우위가 향후 상당기간 동안 지속 가능한가?

기업은 경쟁우위를 확보하기 위해서 여러 가지 경영전략을 실행한다. 시장의 수요변화와 같은 외부환경변화에 대응하여 기업 내부의 모든 자원을 효과적으로 배분하는 경영전략의 유형을 포터(Michael Porter)는 다음과 같이 구분하고 있다.[7]

1. 비용우위전략(overall cost leadership): 전체 사업부문에 걸쳐 생산·유통 등에서 규모의 경제를 추구하거나 철저한 원가통제를 통하여 비용구조 면에서 경쟁우위를 확보하는 전략
2. 차별화전략(differentiation): 제품 또는 서비스 면에서 경쟁업체와 차별되게 품질, 광고, 애프터서비스 등에서 경쟁우위를 확보하는 전략
3. 특화전략(focus): 당해 산업의 전시장 중에서 세분화된 특정시장에서의 비용우위나 차별화전략으로 경쟁우위를 확보하는 전략

7) M. E. Porter(1980), *Competitive Strategy: Techniques for Analyzing Industries and Competitors*, Free Press.

기업이 추구하는 경영전략은 모두 성공하는 것이 아니다. 기업의 타 경영정책과 내적인 일관성을 유지해야 하고, 환경변화를 충분히 감안한 것(environmental fit)이어야 하며, 기업이 보유하고 있는 제 자원으로 지원 가능한 것(resource fit)이어야 한다. [표 8-2]와 같이 필요한 자원과 기술, 조직 면에서의 성공요건을 갖추는 것이 성공의 필요조건이다.

[표 8-2] 기업의 경영전략 유형과 성공조건

경영전략유형	필요한 자원과 기술	조직 면에서의 요건
전반적 원가우위전략	• 대규모 자본투자 • 프로세스 엔지니어링 기술 • 노동력에 대한 집중감독 • 제품설계의 수월성 • 저가의 유통망	• 철저한 원가관리 • 정형화된 조직구조와 책임경영제 • 계량적 목표관리와 인센티브제도
차별화전략	• 강한 마케팅능력 • 제품 엔지니어링기술 • 강한 연구기술개발능력 • 판매유통망과의 유기적 협조	• R&D, 제품개발, 마케팅 간의 조정능력 • 질적 평가기준의 설정 • 고급기술인력, 창의성 있는 인력의 확보
특화전략	• 특정 시장에서 위의 두 가지 자원과 기술의 적절한 결합능력	• 특정 시장에서 위의 두 가지 조직 면에서의 요건 구비

가치투자에서는 세분화된 틈새시장에서 특화전략의 성공은 비록 저성장산업이라도 양호한 투자성과를 가져오는 지름길이라고 본다.[8] 저성장산업이지만 특화된 시장에서 안정적 이익을 지속적으로 올리면 고성장산업이지만 출혈경쟁을 벌이는 산업에서 고전하는 기업보다 훨씬 유망하다. 수익률이 낮지만 꾸준한 수익률을 올리는 것이 장기성과를 좋게 하는 지름길이 되기 때문이다.

(2) 지속가능 경쟁우위의 평가

분석대상기업의 당해 산업 내에서의 경쟁적 지위(competitive position within the industry)를 평가할 수 있는 일차적인 지표는 시장점유율과 상대적 성장률이다. 실증분석에 의하면 **시장점유율**과 기업수익성 간에는 正(+)의 상관관계가 있는 것으로 제시되고 있는데, 시장점유율이 가장 높은 선두주자 기업일수록 원가가 낮거나 제품의 질이 좋

8) 피터 린치(Peter Lynch)는 ① 틈새시장의 강자, ② 저비용 구조, ③ 승자독식의 기업의 요건을 갖춘 '**저성장 산업 속의 우량기업**'이 양호한 투자성과를 가져온다고 주장한다.

을 가능성이 높으므로 수익성이 양호한 경향이 있다. 또 경쟁업체와 비교하여 상대적 성장률이 높으면 시장에서의 지배력이 높아진다.

그러나 이들 지표는 현 시점에서의 경쟁력을 평가하는 척도는 되지만 장기적으로 지속가능한 경쟁우위를 유지할 수 있는지를 평가하는 데 사용하는 것은 한계가 있다. 과거의 높은 성장률이 미래에도 지속되리라는 보장이 없고, 빠른 성장은 치열한 경쟁을 불러오기 때문이다. 경쟁우위는 쉽게 소멸할 수 있으므로 경쟁업체가 쉽게 모방(copy)할 수 없는 경쟁우위이어야 한다.

따라서 우량기업의 기준은 '지속가능 경쟁우위'(sustainable competitive advantage)이어야 한다. 그리고 그 원천이 무엇인지를 분석하는 것이 중요하다. 가치투자의 실제에서는 이와 유사한 개념으로 '경제적 해자'라는 용어를 사용한다. 경제적 해자(economic moats)란 매우 좋은 기업의 성과가 지속되도록 하는 특성으로서, 경쟁기업과의 관계에서 지속적으로 경쟁우위를 유지하게 만드는 난공불락의 방어망을 의미한다. 다음 항목은 **지속가능 경쟁우위**, **경제적 해자의 원천**이 되는 요소들이다.[9]

1. **실질적인 제품차별성**(real product differentiation): 경쟁업체보다 지속적인 제품개선, 앞서 가는 기술혁신을 하는 기업은 제품품질의 우수성이나 독창성으로 인해 안정적 마진을 확보할 수 있다. 고객이 가격보다는 제품의 품질을 더 중요시할 정도로 품질의 차별성이 확보되면 고객을 잃지 않으면서 가격을 올릴 수 있는 능력이 증대되어 소위 가격결정력(pricing power)이 높아진다.
   이러한 측면에서 당해 기업의 신제품개발능력(R&D에 대한 투자비율이 평가지표), 산업 내 기술적 리더십, 특허권, 영업권 등의 독점권 보유 유무를 평가하는 것이 도움이 된다. 우위의 지속성를 유지하기 위해서는 상당한 R&D비용 지출이 이루어지지 않으면 안된다는 비용 측면과 특허기간의 만료시기, 새로운 기술혁신의 동향에 주목할 필요가 있다.
2. **인지된 제품차별성**(perceived product differentiation): 실질적인 품질의 우수성과 별개로 소비자에게 강력한 상표충성도, 즉 브랜드파워(brand power)나 명성이 각인되어 있으면 가격결정력을 높여 지속적인 성장과 안정적 수익성 확보를 가능하게 하는 요인이 된다. 그러나 상표충성도가 유지되기 위해서는 지속적인 광고에 대한 투자와 마케팅전략의 일관성 유지가 필요조건이다. 예를 들어, 할인판매를 한 적이 없는 명품브랜드가 세일을 시작하면 고객충성도는 급격히 떨어질 것이다.

9) Pat Dorsey(2004), *The Five Rules for Successful Stock Investing - Morningstar's Guide,* Morningstar, Robert G. Hagstrom(2014), The Warren Buffet Way, Wiley.

3 **비용우위**(cost advantage): 같은 제품을 보다 낮은 비용으로 생산·판매할 수 있는 경우는 규모의 경제, 원료의 독점이나 저가 공급, 유리한 입지조건, 정부의 특혜, 자동화, 비용통제의 효율성, 높은 조업도, 월등히 많은 누적된 경험(숙련도 향상으로 경험곡선상의 우위), 인터넷을 통한 재고비용과 점포운영비용의 절감 등의 원천을 들 수 있다. 경쟁업체에 비해 낮은 원가에 지속적으로 생산할 수 있으면 가격을 인하시킬 수 있는 능력, 즉 가격경쟁력이 높아지므로 이는 강력한 경제적 해자가 된다.

4 **높은 전환비용**(switching costs) **창출**: 전환비용은 타사 제품으로 교체할 경우의 불편, 학습훈련 필요성 등 때문에 교체를 망설이게 하는 비용을 말한다. 소비자들이 비록 동일한 품질에 낮은 가격이더라도 타 업체로 교체하지 못하는 예는 의료장비업이나 정보제공업체 등에서 볼 수 있는데, 높은 교체비용이 발생하도록 만들고 있으면 이는 고객이탈을 방지하는 것(locking in customers)이 되므로 경제적 해자로 강력하게 작용한다.

5 **네트워크 경제**(network economies)**와 높은 진입(성공)장벽 구축**: 경영환경이 온라인 혹은 모바일화하면서 네트워크상에서 고객의 선점은 고객을 장기간 확보할 수 있을 뿐 아니라 이용자가 확산되는 데에서 오는 경제성을 누리게 한다. 강력한 네트워크로 일정 기간 동안 경쟁을 차단하거나 배제(locking out competitors)할 수 있는 장치가 있으면 높은 수익성을 지속할 수 있다.

6 **사업모델**(business model)**의 안정성**: 사업모델은 사업가치를 성공적으로 창출하게 하는 사업방식이다. 기업이 상당한 매출을 올리고 이익을 지속적으로 창출할 수 있는지는 기본적으로 사업모델이 어떤지에 달려 있다. 기술변화가 매우 빠른 사업에서 종종 보는 것처럼 사업모델 자체가 와해되면 단기간에 경쟁우위를 잃고 만다. 반대로 종전과는 전혀 다른 창의적인 사업방식으로 성장성이 높고 안정적인 이익획득이 가능한 경우도 있다. 환경변화로 인해 사업모델의 타당성과 항구성이 영향받는지를 수시로 점검할 필요가 있다.

위에서 제시된 경쟁우위는 장기간 유지가 쉽지 않다. 글로벌 경쟁 압박에 놓이게 되고, 기술혁신으로 라이프사이클이 단축되기 때문이다. 따라서 **모방**(copy)하기 쉽지 않은 경영자원을 동원하는 것이 필요한데, 자금력이나 시설투자를 이용한 우위력은 모방이 쉽지만, 특허, 최적의 입지, 독특한 기업문화, 브랜드파워, 학력수준이 높은 종업원, 기업문화, 효율적 생산프로세스 등의 요인은 모방되기 쉽지 않은 요소이다.

(3) 복합기업의 성장잠재력

다수의 사업을 벌이고 있는 복합기업(multi-business firm)은 사업위험이 다수 사업에 분산되어 있으므로 경영의 안정성에 기여할 수 있다. 사업 종류가 많을수록 환경의 좋고 나쁨이 서로 상쇄되어 결합변동성이 크게 감소할 수 있기 때문이다. 그러나 기업의 자원이 핵심역량의 부문에 집중되지 못하는 데에서 오는 낭비요소가 적지 않을 수 있다.

복합기업에서는 성장잠재력도 포트폴리오의 관점에서 평가해야 한다. 여러 사업(제품)라인들이 성장잠재력이 있는 시장에서 얼마나 경쟁력이 있는지는 먼저 사업(제품)라인별로 매출액구성의 비중, 시장점유율, 성장률, 마진, 경기순환성, 시장의 안전성 등의 요소들을 분석하여 기업전체의 성장잠재력과 수익의 안정성을 평가하고 향후 추진할 사업모델의 타당성과 항구성을 평가하는 것이 필요하다.

기업의 경영자원, 특히 현금 자원에는 제약이 있으므로 여러 제품라인 또는 사업단위들이 현금 자원의 효율적 배분이라는 관점에서 경쟁력 있는 사업단위에 집중적으로 사용되고 있는지 아니면 분산되어 자원이 낭비되고 있는지를 평가하는 것이 필요하다. 희소자원인 현금흐름 면에서 보면 수요성장률이 높을수록 집중적 투자를 유발하므로 현금유출이 증가하고, 또 상대적 시장점유율이 낮을수록 경쟁력 확보를 위한 현금유출이 많다. 반대의 경우이면 현금유입이 많게 된다. 각 제품 · 사업단위들 간의 균형상태 여부를 분석하여 핵심자원이 효율적으로 배분되고 있는지 평가하는 것이 중요하다.[10)]

2. 핵심역량평가

기업이 미래 장기적으로 안정적으로 이익을 낼 수 있는 능력은 기업의 '핵심역량'에 적지 않게 영향을 받는다. **핵심역량**(core competence)이란 고객에게 가치를 높이거나 그 가치가 전달되는 과정을 경쟁업체에 비하여 더 효율적으로 할 수 있는 특정한 방법의 능력을 말한다. 핵심역량을 앞서 설명한 경쟁우위의 경영전략을 실행할 수 있는 경영자원이나 기능별 경영관리별로 정리해 보면 다음과 같다.

10) BCG(보스턴 컨설팅그룹)의 **제품포트폴리오분석**(PPM: product portfolio management)은 이를 평가할 수 있는 분석체계를 제시해 준다. 먼저 시장수요성장률과 상대적 시장점유율, 두 가지 변수를 기준으로 전략사업단위(SBU: strategic business unit)별로 현금창출 사업단위인지, 중점투자대상의 사업단위인지를 평가한다. Cash Cow(수요성장률은 평균 이하이지만 선두주자), Star(수요성장률은 평균 이상이면서 선두주자), Question Mark(수요성장률은 평균 이상이지만 후발주자), Dog(수요성장률은 평균 이하이면서 후발주자)으로 사업단위를 구분한 다음, Cash Cow 사업단위에서 창출하는 현금으로 선별된 소수 Question Mark 사업단위에 집중투자하여 Star 사업단위가 될 가능성을 평가한다.

[경영자원]

경영자원	핵심역량
물적자원	공장설비의 규모, 입지, 원자재 획득
금융자원	차입능력, 내부자금의 크기, 자금동원 및 투자능력
기술자원	특허권, 저작권 등의 독점권, 기술인력
무형자산	브랜드, 소비자 신뢰도, 명성, 기업문화
인적자원	우수인력, 교육훈련, 종업원들의 충성도와 사기, 조직의 유연성

[경영관리기능]

기능별 분야	핵심역량
생산	생산기술의 우수성, 제조공정의 효율성과 유연성, 품질관리
연구개발	신제품개발능력, 신제품개발속도, 모방능력
마케팅	디자인능력, 브랜드파워, 고품질 명성, 시장변화에 대한 빠른 대응
판매와 유통	판매촉진의 효과성, 물류의 효율성과 신속성, 서비스의 품질
경영정보	MIS시스템과 네트워크의 효율성
경영조직 및 경영관리	사업단위/기능 간 통합과 조정능력, 전략적 통제, 재무시스템의 효과성, M&A능력, 경영진의 리더십, 보상시스템, 효과적인 의사소통과 통제

핵심역량을 포터(M.E. Porter)가 제시한 가치사슬이라는 개념 [그림 8-3]으로 분석할 수 있다. 여기서 **가치사슬**(value chain)이란 구매, 생산, 물류, 마케팅, A/S의 주활동과 이를 지원하는 보조활동(기획 · 재무 등의 하부조직활동, 인적자원관리활동, 기술연구 · 개발활동)

그림 8-3 가치사슬과 핵심역량

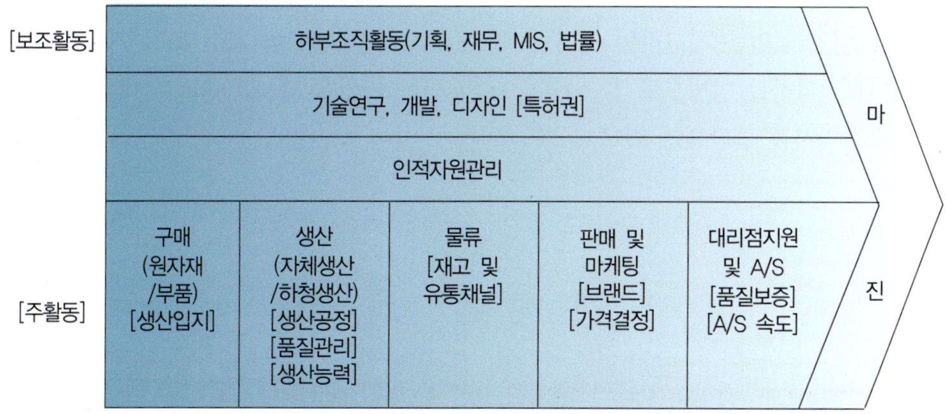

자료: Michael Porter, 상게서

이 체인처럼 연결되어 마진을 창출하는 기업경영의 체계를 말한다. 기업이 가치사슬의 관점에서 경쟁력이 있는 핵심역량이 어느 부문에서 창출되는지를 분석하는 것이 중요하다.

핵심역량평가의 중심이 되는 것은 **최고경영진에 대한 평가**이다. 기업의 최고경영진은 전략적 의사결정의 주체로서 과거의 기업성과와 장기성장의 주역이라고 할 수 있으므로 경영자에 대한 분석은 중요하다. 경영진의 능력은 다음과 같은 측면에서 평가할 수 있다.[11)]

① 경쟁력 유지능력(매출액성장률, 시장점유율의 유지와 그 안정성)
② 시설확장능력
③ 이익률(마진) 유지능력
④ 생산효율 유지능력
⑤ 자금조달능력, 금융기관과의 관계
⑥ 종업원, 노동조합과의 관계
⑦ 현대적 관리기법의 적용능력
⑧ 정부와의 관계
⑨ 연구개발, 신제품개발능력
⑩ 후계자 양성능력

핵심역량은 이를 지표화한 **핵심성과지표**(KPI: key performance index)로 평가하기도 한다. KPI 적용에는 사업가치를 성공적으로 창출하는 근본요인인 업(業)의 근본(business fundamentals)이 무엇인지를 분명히 하고 계량화할 필요가 있다. 신체의 건강상태를 측정할 때 먼저 혈압을 체크하는 것처럼 KPI는 업의 펀더멘털이 개선 또는 악화되고 있는지를 모니터하는 방법으로 사용된다. 이의 변화가 있을 때 그것이 일시적인지 아니면 지속적인지를 판단해야 한다.

11) 워런 버핏(Warren Buffet)은 가치투자원칙 12가지 중 경영진평가에서 ① 경영진의 합리성, ② 주주에게의 정직성, ③ 제도적 관행에 도전할 용기 이 세 가지 항목을 제시하고 있다.Robert G. Hagstrom(2014), *The Warren Buffet Way*, 3rd ed., 이 밖에도 경영자의 경영철학, 경영진의 구성, 경영자의 건강 등을 참고하여 경영능력을 종합적으로 평가할 필요가 있다.

3. 잠재위험요소 평가

기업이 경쟁우위를 유지해 왔더라도 이를 잃을 수도 있는 상황이 기업 내 · 외적으로 갑자기 벌어지기도 한다. 분석기업이 당면할 수도 있는 중요 위험요소의 종류와 위험의 발생빈도, 그 수준에 따른 영향 등에 대하여 다각적인 분석이 있어야 한다. 다음은 분석가가 점검해야 할 **잠재적 위험요소**들이다.

- 초과생산능력 또는 과잉공급 상황 국면으로의 갑작스러운 전환
- 새로운 기술의 출현(변화)으로 원가경쟁력 상실
- 특허만료, 관련 법률/규제 변화
- R&D 실패, 상품화 또는 사업개발 실패, M&A 실패, 빠른 제품진부화, 신제품 출시의 지연
- 새로운 경쟁자의 출현
- 브랜드파워의 약화
- 공급자(산업)의 영향력 증대, 소수 고객(업체)에의 과도한 의존
- 편중된 지역 분포의 제약
- 경영지배권(지배구조)의 불안정성, 노사관계의 악화

잠재위험요인에 대한 예측은 분석자에 따라 낙관적 성향인지 또는 비관적 성향인지에 따라 중요 요인을 간과하거나 반대로 과장할 수 있다. 이와 같은 주관성의 문제를 줄이는 한 방법은 보수적 관점에서 잠재위험요인이 발생하는 빈도와 나쁜 상황의 심각성, 그것이 초래할 재무적 비용을 평가하는 것이다.[12)]

이상에서의 여러 가지 측면에서의 기업분석의 내용은 SWOT분석으로 요약하여 기업의 유망성에 대한 종합적인 결론으로 제시할 수 있다.

SWOT분석은 경쟁업체와 비교할 때의 내부능력 면에서의 강점(strength)과 약점(weakness), 그리고 환경변화 면에서의 기회(opportunity)와 위협(threat)을 분석하는 것이다. 산업분석을 통하여 파악된 경쟁구조, 고객, 공급자에 대한 분석은 OT분석에 반영하고, 경쟁업체와 비교한 핵심역량에 대한 분석은 SW분석에 요약한다. [그림 8-4]는 그 한 예로서 사례기업인 삼성전자에 대한 SWOT분석내용을 제시한 것이다.

12) Michael Shearn(2012), *The Investment Checklist, The Art of In-Depth Research*, Wiley.

그림 8-4 SWOT 분석(삼성전자)

강점(Strength)

- TV, 휴대폰, DRAM, 디스플레이 부문 세계시장 선도
- 높은 기술력, 세계2위 특허권 보유
- 프리미엄 제품(브랜드)의 이미지
- 부품-완성품 간의 안정적 수급관계

기회(Opportunity)

- IoT, 차량 인포테인먼트 분야에서의 신 규수요
- 신규 스마트시장의 성장잠재력
- 신흥시장에서의 높은 수요성장률
- 정보기기의 고용량화로 새로운 성장동력 부상

약점(Weakness)

- 반도체 부문에서 경쟁업체 마이크론, 인텔과의 초격차 축소
- 파운드리에서 대만 TSMC와의 경쟁열위
- 스마트폰 시장에서 고가는 애플에게, 저가는 중국산과 경쟁심화, 수익성 악화
- 경쟁사보다 하드웨어중심의 설비투자로 FCF축소 압박
- 취약한 지배구조
- 적대적 M&A 가능성

위협(Threat)

- 높은 경기변동성과 글로벌 경제침체의 부정적 영향
- 중국업체들의 저가 공세 및 경쟁 상황 악화
- 백색가전, 휴대폰 시장은 성숙단계 진입으로 영업마진의 축소

요 약

기업이 장기적으로 안정적으로 이익을 낼 수 있는 기업인지는 그 기업이 속해 있는 산업구조와 같은 산업요인이나 기업 내부의 경쟁력, 최고경영자들의 경영능력과 같은 기업요인 등 질적 요인에 의해서 원천적으로 영향을 받는다.

특정 산업의 유망성을 평가하는 방법으로는 포터의 산업구조분석, 제품수명주기이론, 산업수요 · 공급분석 등이 있다. 포터의 산업구조분석에 의하면, 특정 산업의 경쟁강도는 5가지 구조적 경쟁요인 — 진입장벽, 대체가능성, 기존 경쟁업체 간의 경쟁치열도, 구매자 및 공급자의 교섭력 — 에 의해서 결정됨으로써 산업의 이윤잠재력이 크게 영향을 받는다.

특정 산업에 대한 평가와 전망은 산업수명주기이론의 관점에서 도입기 · 성장기 · 성숙기 · 쇠퇴기의 과정상 어느 단계에 있느냐를 판단하여 이윤잠재력과 산업위험도를 평가할 수 있다.

이 밖에도 특정 산업에 대한 수요요인과 공급요인 중 어느 쪽이 압도하는지에 근거하여 산업 유망성을 평가할 수 있다.

미래 경영성과를 좌우하는 기업적 요인으로는 업계에서의 경쟁적 지위, 경영전략의 적합성, 경영조직효율성, 연구개발능력, 경영진의 경영능력 등을 들 수 있다. 종합적으로 기업이 지속가능한 경쟁력이 있는지는 경제적 해자의 구축 여부를 가지고 판단할 수 있다. 난공불락의 방어막이 구축 여부는 실질적인 제품차별화, 인지된 제품차별화, 원가절감을 통한 가격인하, 높은 교체비용 창출로 고객이탈 방지의 요소에 대한 평가를 통해서 판단할 수 있다.

주요 용어

산업분석	산업의 구조적 분석	규모의 경제
제품차별화	진입장벽	경험곡선효과
교체비용	대체가능성	구매자교섭력
기존업체 간의 경쟁강도	가격경쟁	산업수명주기이론
산업의 수요 · 공급분석	경제적 해자	지속가능경쟁우위
경영전략의 유형과 적합성	핵심역량	가치사슬모형
네트워크 경제	핵심성과지표(KPI)	잠재적 위험요소
경영진평가	SWOT분석	

연습문제

01 기업이 장기적으로 안정적으로 이익을 낼 수 있는 기업인지는 그 기업이 속해 있는 산업구조와 같은 산업요인에 의해서 원천적으로 영향을 받는다.

(1) 특정 산업의 유망성을 평가하는 방법으로 포터(M. Porter)의 산업구조분석, 제품수명주기이론, 산업수요 · 공급분석 등이 있다. 이 세가지 산업분석 방법의 특징과 차이점은 무엇인가?

(2) 포터의 산업구조분석에 의하면, 특정 산업의 경쟁강도는 5가지 구조적 경쟁요인 — 진입장벽, 대체가능성, 기존 경쟁업체 간의 경쟁치열도, 구매자 및 공급자의 교섭력 — 에 의해서 결정됨으로써 산업의 이윤잠재력이 크게 영향을 받는다.

1) 기존 업체 간의 경쟁도를 치열하게 하는 구조적 요인에는 어떤 것이 있는가?
2) 기업 간에 원가우위(cost advantage)를 확보할 수 있는 방법은 무엇인가?
3) 비용구조상 고정비의 비중이 큰 것은 경쟁적 측면에서 볼 때 어떤 영향을 미치는가?
4) 본 장의 '경영분석의 현주소' 반도체 관련 자료에 기초하여 분석하면, '반도체 산업'에서는 5가지 구조적 경쟁요인 – 진입장벽, 대체가능성, 기존 경쟁업체 간의 경쟁치열도, 구매자 및 공급자의 교섭력 –이 어떻게 영향을 미치고 있는가?
5) 설계–생산–소부장(소재 부품 장비) 산업–후공정–판매의 밸류체인(전후방 산업)이라는 산업 흐름에서, 반도체의 생산 업체 입장에서 볼 때의 경쟁구조 상의 특징을 분석하라. 전 · 후방산업과의 관계에서 경쟁력이 있기 위한 조건은 무엇인가?

02 (1) 반도체 산업은 제품수명주기이론(product life cycle theory)에 따르면 어느 단계에 있는가? 그리고 제품수명주기이론의 유용성과 한계성에 대해서 설명하라.

(2) 반도체산업을 메모리반도체, 시스템반도체 분야로 구분하면 수요가 공급보다 넘치는 분야는 어느 분야인가? 또 설계(팹리스), 파운드리, 소부장, 후공정 분야로 구분하면 수요가 공급보다 넘치는 분야는 어느 분야인가?

(3) 산업구조분석, 제품수명주기이론, 산업의 수요 공급분석 - 어느 산업분석방법이든 종합적으로 산업분석에서 염두에 두어야할 사항은 무엇이라고 생각하는가?

03 미래 경영성과를 좌우하는 기업적 요인으로는 업계에서의 경쟁적 지위, 경영전략의 적합성, 경영조직의 효율성, 연구개발능력, 경영진의 경영능력 등을 들 수 있다.

(1) 특정 기업이 업계에서 얼마나 경쟁력이 있는지를 평가할 때, 분석의 핵심 요소는 무엇인가?

(2) 기업이 지속가능한 경쟁우위 유지력이 있는지는 종합적으로 '경제적 해자'의 구축 여부를 가지고 판단할 수 있다. '경제적 해자'란 무엇인가?

(3) 다음 중 '경제적 해자'(난공불락의 방어막) 구축 여부에 직접 관련 없는 항목은 어떤 것인가?

• 실질적인 제품차별화	• 인지된 제품차별화
• 원가절감을 통한 가격인하	• 높은 교체비용 창출로 고객이탈방지
• 네트워크 경제	• 사업모델의 안정성

(4) 기업의 경쟁우위는 장기간 유지가 쉽지 않다. 글로벌 경쟁 압박에 놓이게 되고, 기술혁신으로 라이프사이클이 단축되기 때문이다. 모방(copy)하기 쉽지 않은 경영자원을 동원하는 것이 필요하다. 모방이 쉬운 경쟁력 요소는 어느 요소인가? 반면에 모방되기 쉽지 않은 요소는 어느 요소인가?

(5) 기업이 경쟁우위를 유지해 왔더라도 이를 잃을 수도 있는 상황이 기업 내·외적으로 갑자기 벌어지기도 한다. 분석기업이 당면할 수도 있는 중요 잠재적 위험요소에는 어떤 것이 있나?

04 사례기업인 삼성전자와 LG전자에 대해서 다음 사항을 분석하라.

(1) 두 회사의 지속가능경쟁우위와 핵심역량은 무엇인가?

(2) 두 회사의 잠재위험요소는 무엇인가?

(3) 종합적으로 평가한 SWOT분석 결과를 제시하라.

Business Analysis

9장

재무예측

앞의 7, 8장에서는 기업의 미래 경영성과를 결정짓는 구조적 요인－기업의 비용구조, 당해 기업이 속해 있는 산업의 경쟁적 구조, 기업의 경쟁력과 같은 질적 요소가 경영성과에 영향을 주는 측면을 살펴보았다. 이에 더하여 기업의 미래 경영성과에 관심을 갖는 정보이용자가 궁극적으로 필요로 하는 것은 질적인 측면이 고려되어 작성된 계량화된 예측치라고 할 수 있다. 구체적으로 미래 당해 기업의 매출액이 얼마이며, 순이익이나 주당이익의 수준과 현금흐름은 어떠한지에 대한 정보가 필요한 것이다.

본장에서는 기업의 미래 경영성과를 예측하는 작업으로서 매출액예측, 이익예측, 성장률예측과 같은 계량적 예측 방법에 대해서 설명한다.

학습목표

- 재무예측의 중요성, 재무예측의 체계
- 재무예측의 방법
- 추정 재무제표에 의한 이익예측 방법
- 지속가능성장률의 추정 방법

1절 재무예측의 의의와 체계

1. 재무예측의 의의

재무예측(financial forecasting)이란 기업의 미래 매출액, 이익, 성장률, 현금흐름 등 주요 경영성과와 재무상태를 예측하는 것을 말한다.

기업의 미래 매출액과 이익, 현금흐름이 어느 정도일지에 관한 예측은 기업의 여러 이해관계자에게 긴요한 정보가 된다.

투자자에게는 궁극적으로 기업의 미래 수익성과 위험 혹은 성장성에 따라 증권의 투자가치가 달라지므로 미래 예측정보는 매우 중요하다. 특히 증권가격의 가장 중요한 결정요인인 기업의 미래 이익을 얼마나 정확히 예측하느냐에 따라서 초과수익의 정도가 달라진다. 이러한 측면 때문에 미래 이익예측의 문제는 증권분석의 핵심을 이루고, 애널리스트의 주된 작업이 된다.

금융기관과 같은 여신자의 입장에서도 대출기업의 미래 이익발생능력이나 자금사정에 의해 이자지급능력, 대출금의 상환능력이 좌우되므로 이에 대한 예측정보를 만들어 내는 작업이 매우 중요하다.

경영자와 같은 기업 내부의 입장에서도 재무예측에 관련된 정보는 여러 의사결정에 필수적이다. 기업이 성장을 위한 투자사업에 소요되는 자금의 추정과 그 조달 방법 및 자금사정의 예측이 전제되어야 한다. 구체적으로 성장에 필요한 재무자원을 조달함에 있어서 미래 이익으로 충당할 수 있는 내부금융과 외부금융이 어느 정도 가능하고, 재무상의 애로사항으로서 어떤 문제점이 대두하게 될지 미리 예측하는 작업이 필요한 것이다.

경제의 불확실성이 높아질수록 미래 예측정보의 중요성은 더욱 높아지는데, 재무예측정보가 마련되면 경영활동에 매우 유용하게 이용된다. 불확실한 미래에 대한 예측자료인 만큼 갑작스럽게 발생하는 위기나 경영애로점을 줄일 수 있게 해준다. 또한 재무예측에 관련된 정보는 결국 언제 얼마만큼의 재무자원이 필요하고 이용 가능한지에 대한 예상이므로 자원의 최적배분을 가능케 해준다. 또 새로운 투자기회나 자금조달기회가 나타나게 될 경우 재무예측이 되어 있으면 그렇지 않은 경우보다 효과적으로 대처할 수 있게 된다.

2. 재무예측의 체계

재무예측에는 여러 가지 방법이 사용되고 있다. 어떠한 예측 방법이 많이 사용되는가는 기업의 미래 매출액, 이익, 자금소요액 중에서 무엇을 예측하느냐에 따라서, 예측변수를 한 개만 고려하는가 아니면 다수를 고려하는가에 따라서, 증권투자자나 금융기관 같은 기업의 외부자 입장이냐 아니면 내부자 입장인가에 따라서 상이한 예측 방법이 이용될 수 있다.

(1) 재무예측 방법의 분류

기업의 미래 매출액, 이익 등을 예측할 때 보편적으로 많이 이용되고 있는 예측 방법은 다음 2, 3절에서 상술하게 되는데 세분하면 다음과 같은 방법이 있다.

1. 주관적 판단에 의한 예측
2. 계량적 모형을 이용한 예측
   - 시계열예측모형
   - 횡단면인과모형
3. 추정재무제표 작성을 통한 예측

이들 예측 방법은 그 특성상 단변량/다변량예측 방법, 기계적/비기계적 예측 방법으로 재분류해 볼 수 있다.

단변량과 다변량예측 방법은 예측 시에 고려되는 요인의 개수에 의해 구분된다. **단변량(univariate)예측 방법**은 단순히 한 개의 요인에 근거하여 예측하는 것이고, **다변량(multivariate)예측 방법**은 둘 이상의 요인을 이용하여 예측하는 것이다.

한편 기계적과 비기계적 예측 방법의 구분은 사전에 규정된 틀과 절차에 따라 반복적으로 예측하느냐 아니냐의 차이에 따른 것이다. **기계적(mechanical) 예측 방법**은 선택된 예측모형과 동일한 데이터베이스를 이용하여 사전에 규정된 절차에 따라 반복적으로 예측하는 방법이다. 반면에 **비기계적(nonmechanical) 예측 방법**은 사전에 규정된 틀이나 절차의 이용 없이 상황에 따라서 특수한 사정을 감안하면서 주관적 판단을 주로 활용하여 예측하는 방법이다.

상세한 예측 방법은 다음 2, 3절에서 상술하겠지만, 이들 예측 방법을 단변량/다변량, 기계적/비기계적 예측 방법의 구분에 따라 분류한 대표적인 예를 들면 다음과 같다.

[표 9-1] 재무예측 방법의 분류

	단변량	다변량
기계적 예측	• 시계열예측모형 중에서 이동평균모형 • Box-Jenkins 단변량모형	• 횡단면회귀분석모형 • 시계열 Box-Jenkins 변형함수모형 • 계량경제모형
비기계적 예측	• 육안에 의한 추세연장법	• 추정재무제표 작성을 통한 예측 • 증권분석가 예측모형

(2) 외부자예측과 내부자예측

재무예측 방법의 선택은 기업의 여러 이해관계자 중에서 기업 외부자 입장이냐 아니면 내부자 입장이냐에 따라서 크게 달라지는 면이 있다. 예측에 이용할 수 있는 자료가 크게 다르기 때문이다.

증권투자자나 금융기관과 같은 외부자 입장에서는 예측에 이용할 수 있는 자료가 극히 제한되어 있다. 외부자예측은 기업 내부의 상세한 자료를 얻기 어렵고, 공공통계자료나 업계의 2차자료를 이용할 수밖에 없으므로 예측 방법으로는 설문조사 방법이나 기계적이고 계량적(시계열모형, 인과모형) 예측 방법이 많이 이용되는 경향이 있다.

반면에 기업 내부의 경영자는 기업 내부의 상세한 자료를 예측에 이용할 수 있으므로 예측의 범위가 넓어진다. 내부자예측은 상세한 재무제표자료를 이용할 수 있으므로 추정재무제표에 의한 예측 방법이 많이 시도되기도 한다. 또 이용자료가 장기계획이나 경영전략, 예산에 관한 자료 등 주관적 판단자료가 많으므로 비기계적 예측 방법이 많이 이용되는 경향이 있다.

2절 재무예측 방법

재무예측의 방법으로는 앞 절에서 분류한 것처럼 여러 가지가 있지만, 본절에서는 기업 외부자 입장에서도 적용될 수 있는 보편적 예측 방법에 대해서 살펴본다. 실무적으로 널리 이용되고 있는 추정 재무제표 작성을 통한 예측 방법에 대해서는 3절에서 다룬다.

1. 주관적 판단에 의한 예측

주관적 판단에 의한 예측(subjective forecasting)은 예측자가 주로 경제, 산업, 기업에 대한 일반화된 과거경험을 근거로, 재무변수 등을 주관적이고 비기계적으로 예측하는 것이다. 주관적 예측치로는 개인의 예측이나 집단의 일치된 의견이 이용될 수 있는데 다음과 같은 방법이 있다.

- 유사한 상황을 기준으로 한 역사적 판단
- 시장조사(market research)
- 델파이(Delphi)법
- 개인의 추측

대부분의 주관적 기법이 그러하듯이 주관적 예측치는 비과학적이다. 이러한 예측치는 인위적이며 제품과 시장에 대한 통찰력과 전문적인 지식에 좌우되는 면이 크다.

주관적 예측치는 입증하기 어려운 점이 있기는 하지만, 때로는 다른 예측 방법보다 높은 예측력을 보이는 예도 많다. 특히 순차적인 질문서법을 사용하여 의견의 합일점을 찾아가는 **델파이(Delphi)법**을 이용하거나, 주관적인 개인의 예측치를 가중평균함으로써 예측능력이 향상될 수 있다. 증권분석의 실무에서는 이 같은 주관적인 예측 방법을 사용하여 예측능력을 높이기도 한다.

2. 시계열예측

시계열예측 방법(time-series forecasting)은 과거 일정 기간 동안의 시계열자료로부터 시간의 흐름 속에서 나타나는 체계적인 움직임을 추적하여 미래 재무변수를 예측하는 것이다. 시계열예측모형의 기본적인 한 형태를 소개하면 다음과 같은 식으로 표시될 수 있다.

$$\hat{Y}_{t+1} = \phi_1 \cdot Y_t + \phi_2 \cdot Y_{t-1} + e_t \qquad \cdots\cdots \text{(9-1)}$$

여기서, $\hat{Y}_{t+1}$: $t+1$기에서의 재무변수(매출액 등) 시계열 예측값
Y_t: t기의 시계열 관찰값
Y_{t-1}: $t-1$기의 시계열 관찰값
ϕ_1, ϕ_2: 시계열 상관계수
e_t: 확률적 잔차항

특히 과거의 시계열자료로부터 어떤 규칙성을 발견할 수 있는 경우가 많기 때문에 시계열분석은 이러한 규칙성을 토대로 미래예측에도 응용할 수 있는 것으로 평가되고 있다. 이 같은 시계열예측모형을 세분하여 보면 다음 방법이 있다.

(1) 기계적 외삽법

기계적 외삽법(外挿法)(mechanical extrapolation)은 시계열예측 방법의 가장 간단한 형태로서 미래의 최적추정치는 과거 추세의 연속선상에서 구해질 수 있다는 전제로부터 출발하고 있다.

가장 손쉽게 이용되고 있는 외삽법은 과거 수년 동안의 자료를 수집하여 그래프에 점을 찍어 **산포도**(scatter diagram)의 추세를 살펴보는 것이다. 자료가 단순추세에 얼마나 적합하느냐에 따라 판독이 용이할 수도 있고 어려울 수도 있다.

예를 들어, 과거 10년 동안의 주당이익의 시계열자료가 [그림 9-1]과 같은 추세를 보였다고 할 때 이 시계열자료로부터 회귀분석(t: 2012=1, 2013=2, …… 2021=12)하여 먼저 a, b를 추정한 다음 2022년도 예상주당이익을 추정한다.

이 예측 방법은 가장 간편한 방법으로 널리 이용되고 있지만, 단점은 예측변수의 질적 변화가 있게 되는 전환점을 예측하기 어렵다는 점이다. 단순한 추세의 연장선상에

그림 9-1 기계적 외삽법에 의한 주당이익의 예측

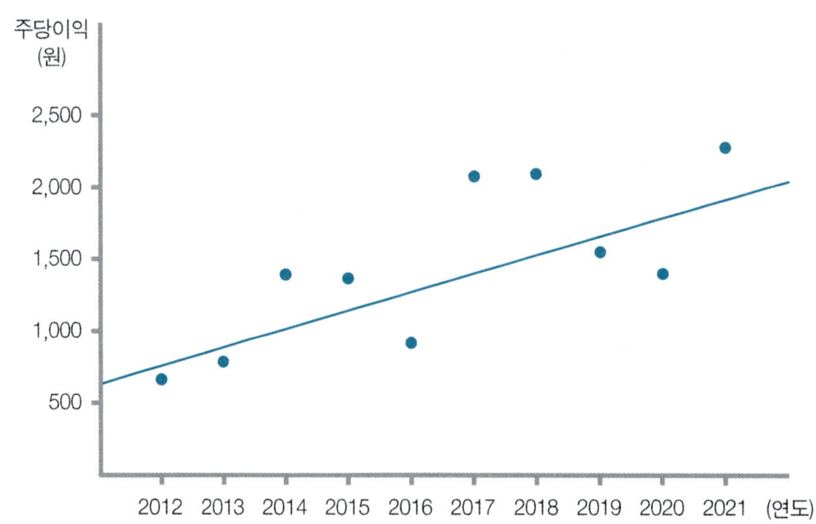

서 예측치를 추정하기 때문에, 이익의 구성부문에서 **지속적인 부문**(persistent components)과 **일시적인 부문**(transitory components)을 구분하고 있지 않다. 따라서 예측오차가 크게 발생할 수 있다.

신뢰성 있는 예측이 되기 위해서는 과거 시계열자료로부터 지속적 부분을 분리시켜 이를 예측치로 삼는 것이 타당하다. 시계열자료로부터 지속적 이익을 분리시켜 이익예측하는 모형으로는 다음 방법들을 들 수 있다.

(2) 평균회귀모형

평균회귀모형(mean reverting model)은 과거 일정 기간 동안의 평균치를 추정하여 이를 미래 이익으로 예측하는 방법을 말한다. 즉,

$$E(E_{t+1}) = \frac{1}{t}(E_t + E_{t-1} + \ldots E_2 + E_1) \qquad \cdots\cdots \text{(9-2)}$$

여기서, $E(E_{t+1})$: 차기연도 이익(예측변수)의 기대치
E_t: 과거 t기의 실제이익(예측변수)

이같이 추정하는 논리는 t기에 실적이 좋은 기업은 $t+1$기에는 실적이 좋지 못한 경향이 있다는 논리에 근거하고 있다. 예를 들어, 대체적으로 2,000원의 주당이익을 기록하였던 기업이 최근연도에 2,500원의 주당이익을 올렸다면 500원의 이익은 반복되지 않을 일시적 이익부문으로 간주하는 것이다. 이 모형은 성장기회가 극히 적은 기업의 이익예측에 적합한 면이 있다.

영업실적이 t기에 양호하면 $t+1$기에는 저조한 과정을 되풀이 할 것으로 보는 이유는 경제는 매우 경쟁적이고, 파업이나 규제변화와 같은 경영자가 통제할 수 없는 불확실한 요인이 많다는 사실에 있다. 이 주장처럼 기업이익이 평균수준에 수렴해 가는 경향이 있다면 연속된 기간에 있어서의 시계열 상관관계는 負(−)의 관계를 지니게 된다. 이와 반대되는 논리는 많은 기업들이 특허권과 우수한 인적 자원을 보유하고 있어 양호한 영업실적을 계속적으로 보일 수 있다는 주장이다.

미국 기업에 대한 실증연구에 의하면 대부분 기업들의 매출액성장률은 평균회귀(mean reverting)경향이 있는 것으로 알려져 있다. [그림 9-2]는 이를 나타내는데 유럽기업(1989~2005)을 대상으로 할 때 고성장기업은 성장률이 둔화되고, 저성장기업은 성장률이 상승하여 장기적으로 보면 평균성장률 수준인 7~9%에 회귀하는 경향이 있는 것으로 나타나고 있다.

그래서 최근 매우 높은 매출액성장률을 보여왔던 고성장기업의 매출액을 예측할 때 최근까지의 성장추세가 계속될 것으로 보는 것은 비현실적인 예측이 될 가능성이 있으므로 조심할 필요가 있다. 산업수요가 포화상태에 이르는 속도나 산업 내 경쟁구도를 감안하여 성장률의 감소가능성을 예상하여야 할 것이다.

그림 9-2 매출액성장률의 시계열 움직임의 평균회귀성향

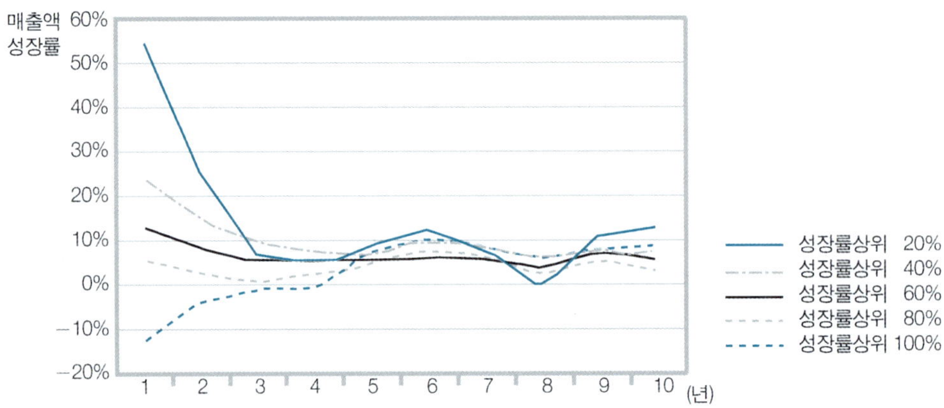

(3) 마팅겔모형과 서브마팅겔모형

마팅겔모형(martingale model)은 최근연도의 이익(E_t)을 차기연도의 이익(E_{t+1})예측치로 보는 방법이다. 즉,

$$E(E_{t+1}) = E_t \qquad \cdots\cdots (9\text{-}3)$$

이 같은 관점의 예측은 차기연도 이익이 최근연도의 이익수준에서 일정 수준으로 상승할 확률과 하락할 확률이 동일하다는 논리에 근거하고 있다.

이 모형에 의하면 앞의 예의 경우, 500원의 이익증가가 항구적인 증가로 보고 차기연도의 이익을 2,500원으로 예측하는 것이다. 이 모형은 **랜덤워크모형**(random walk model)이라고도 한다.

많은 실증분석 연구에 의하면 과거 일정 기간의 이익 움직임의 패턴은 랜덤워크를 보이는 경향이 있음을 보여주고 있다. 미래 이익예측치로서 예측오차가 적은 것은 직전연도의 이익임을 의미한다.

한편 서브마팅겔모형(submartingale model)은 최근연도의 이익에 성장추세를 감안하여 차기연도의 이익을 예측하는 방법이다. 즉,

$$E(E_{t+1}) = E_t + d \qquad \cdots\cdots (9\text{-}4)$$

여기서, d: 성장추세가 감안된 이익증가액

(4) 이동평균법과 기타 시계열예측 방법

이동평균법(moving average)은 과거 일정 기간의 시계열자료를 이동평균하여 예측치로 삼는 방법이다. 이 방법은 시계열자료의 단기변동효과를 완화시키면서 장기추세를 예측하는 한 방법으로 이용되고 있다. 예를 들어, 과거 5년간의 매출액을 단순이동평균하여 예측한 예측치 $E(X_{i,t})$는 다음과 같이 구해진다.

$$E(X_{i,t}) = \frac{1}{5}\sum_{t=1}^{5} X_{i,t-n} \qquad \cdots\cdots (9\text{-}5)$$

또 이의 변형된 이동평균법으로는 이동평균을 이동평균하는 이중이동평균법과 최근의 시계열자료에 높은 가중치를 주는 가중이동평균법이 있다. 예를 들어, t기의 매출액을 가중이동평균법으로 예측할 때, $t-1$기에 70%, $t-2$기에 20%, $t-3$기에 10%의 가중치를 준다면 다음처럼 표시된다.

$$E(X_{i,t}) = 0.7X_{i,t-1} + 0.2X_{i,t-2} + 0.1X_{i,t-3} \qquad \cdots\cdots (9\text{-}6)$$

한편 시계열자료상에 계절적 또는 순환적 변동이 있는 경우는 흔히 계절모형(seasonal model)을 사용하기도 한다. 한편 보다 복잡하고 세련된 시계열분석기법으로 랜덤워크모형(random-walk model), 자기회귀모형(auto-regressive model), 박스-젠킨스모형(Box-Jenkins model) 등이 있는데, 이들의 내용은 본서의 수준을 넘으므로 생략한다.

3. 인과모형에 의한 예측

미래 재무성과를 예측하기 위하여 **인과모형**(causal models)을 이용하는 것은 재무성과변수와 이를 결정짓는 원인변수와의 수량적 관계를 도출함으로써 재무예측에 활용하는 것이다. 인과모형으로서 가장 많이 이용되고 있는 것은 횡단면 회귀분석모형이다.

횡단면 회귀분석모형(cross-sectional regression models)은 횡단면자료로부터 종속변수인 재무성과(매출액, 이익 등)와 이를 설명한다고 가정하는 몇 개의 독립변수 간의 수량적 관계를 도출하는 것이다.

각 독립변수들이 종속변수에 미치는 통계적 영향을 측정하여 종속변수와 설명변수 간에 통계적으로 유의한 상관관계가 존재한다고 밝혀진다면, 회귀모형은 미래 재무성과예측에 유용하게 사용될 수 있다. 이 방법의 장점은 다른 예측 방법과 비교할 때, 미래 경영성과의 전환점을 감안하여 미래 경영성과를 예측할 수 있다는 점이다.

회귀모형의 한 예로 기업의 미래이익 $E(X_{i,t})$이 두 독립변수 $-$경제요인($X_{M,t}$)과 산업요인($X_{I,t}$)$-$에 의해 결정된다고 보면 다음 식처럼 모형화할 수 있다.

$$E(X_{i\,t}) = \alpha + \beta_1 \cdot E(X_{M,\,t}) + \beta_2 \cdot E(X_{I,\,t}) \qquad \cdots\cdots (9\text{-}7)$$

재무성과를 결정짓는 원인변수(독립변수)의 선택은 경제이론이나 선험적이고 주관적인 판단에 많이 의존하게 된다. 식 (9-8)은 매출액예측의 경우 독립변수로서 많이 이용되는 것들의 한 예이다.

$$\text{매출액} = f(GDP,\ P_f,\ P_c,\ ADV_f / ADV_i,\ S_{t-1}) \qquad \cdots\cdots (9\text{-}8)$$

여기서, GDP: 국내총생산
P_f: 당해 기업 판매가격
P_c: 경쟁업체 판매가격
ADV_f: 당해 기업 광고비
ADV_i: 산업 전체 광고비 평균
S_{t-1}: 전년도 매출액

예를 들어, 가구업의 매출액을 예측하는데, 경험적으로 1인당 GDP, 인구 그리고 이자율수준이 매출액을 결정짓는 설명변수로 본다면 다음과 같은 회귀모형을 설정할 수 있다.

$$S = \alpha + \beta_1 \cdot X_1 + \beta_2 \cdot X_2 + \beta_3 \cdot X_3 \qquad \cdots\cdots (9\text{-}9)$$

여기서, S: 연간 매출액(예측변수)
α: 절편
X_1: 1인당 국민소득
X_2: 인구
X_3: 이자율

β_1, β_2 그리고 β_3는 각각 1인당 국민소득, 인구 그리고 이자율이 매출액에 미치는 영향 정도를 나타내는 회귀계수이다. 즉, 회귀계수 β_i는 각 독립변수 한 단위 변동에 대한 종속변수의 민감도를 나타낸다.

위의 방정식에 의해 제시되는 관계를 추정하기 위해서는 일반적으로 여러 해 동안의 자료를 필요로 한다. 자료가 구해지면 상기 회귀모형의 절편(α)과 회귀계수인 기울기(β_i)를 추정하여야 하는데, 이를 추정하는 데 가장 널리 사용되는 방법은 **최소자승법**(least square method)이다. 이 방법은 잔차들의 자승합계를 최소화하도록 절편과 기울기를 구하는 방법이다.

일단 주어진 관찰자료를 가지고 회귀모형의 절편과 기울기가 추정되었다면, 분석자가 해야 할 중요한 작업은 추정된 회귀모형이 통계적으로 유의성이 있는지를 검증하는 것이다. 회귀모형의 통계적 유의성은 보통 두 가지 측면에서 검토된다. 즉, 추정된 회귀모형의 적합도를 검증하는 것과 회귀계수에 대한 유의성을 검증하는 것이다.[1)]

1) **회귀모형의 적합도**(goodness of fit)는 회귀모형이 관찰자료의 전체적 경향을 어느 정도 대표하는가를 보는 것이다. 만약 회귀방정식을 중심으로 관찰자료가 밀집되어 있으면, 적합도가 높다고 할 수 있고, 반대로 회귀방정식으로부터 이산적(離散的)으로 분포되어 있으면 적합도가 낮다고 한다.
이 회귀모형의 적합도는 결정계수 R^2이나 F값에 의하여 검증된다. R^2의 값이 높으면 높을수록 추정된 회귀방정식이 종속변수의 변동을 잘 설명한다는 것을 의미한다.
회귀계수에 대한 통계적 유의성검증은 회귀계수인 기울기가 0과 의미 있는 차이가 있는지, t값을 구하여 행한다(t값은 본서 부록을 참고). t값은 개개의 독립변수와 종속변수인 매출액과의 관계에 대한 신뢰도를 측정하는 것이다. t의 절대값이 클수록 회귀계수는 0과 의미 있는 차이가 있다는 것을 의미한다. 보통 적정한 표본규모라면 ±2 이상의 t값은 그 독립변수가 예측변수로서 의미가 있다는 것을 뜻한다.

3절 추정재무제표 작성과 이익예측

1. 이익예측과 추정재무제표의 체계

(1) 이익예측의 의의

재무예측에서 가장 중요시되는 부문의 하나는 총괄적인 경영성과를 나타내는 미래 이익예측(earnings forecasting)이다. 기업의 미래 이익을 정확히 예측하는 문제는 투자자, 금융기관, 경영자 모두에게 있어서 가장 중요한 과제가 되고 있다.

증권투자자에게 있어서 초과수익을 높이는 방법 중 하나는 증권의 내재가치를 정확히 추정하여 과대평가 혹은 과소평가된 종목을 식별해 내는 것이다. 그런데 증권의 내재가치는 여러 가지 주식평가모형에서 보여주듯이 기업의 미래 이익에 가장 크게 좌우된다.[2)]

주가변동은 기업의 미래 이익변화와 가장 밀접한 관계가 있음은 여러 실증연구에서 밝혀지고 있다. 기업의 이익변화가 큰 종목일수록 주가변동이 큰 것으로 나타나고 있다. 주가는 이익의 절대적 수준에 따라 변동하기보다는 이익의 변화율(증감률), 이른바 어닝서프라이즈(earning surprise)에 반응하면서 변동한다. 또한 주가는 이익에 대한 **예측오차**(실제이익과 예상이익과의 차이)에 반응한다. 주당이익 수준이 높은지, 낮은지가 주가 움직임을 설명하는 것이 아니고, 기대했던 주당이익보다도 실제의 주당이익이 크게 다른 것이 확인될 때 주가 변동이 큰 것이다. 비록 높은 주당이익을 올렸어도 이 수준이 시장의 기대수준에 못미치면 주가는 하락하는 일면을 보인다. 이러한 맥락에서 적자기업이 흑자기업으로 돌아서는, 이른바 턴어라운드(turn around)상황에서 주가는 크게 반응하는 일면을 보인다.

이용 가능한 정보가 신속 · 정확하게 주가에 반영되는 효율적 시장에서는 이익의 시장평균예측치는 이미 주가에 반영되어 있으므로 시장평균보다 더 잘 예측할 수 있어야 초과수익이 가능하게 된다. 특히 미래 이익의 변화 방향과 그 크기를 시장평균보다 더 정확히 예측할 수 있을 때 초과수익을 얻을 수 있다. 이는 증권분석에서 예측력이 높

2) 주식의 내재가치를 평가하는 이들 주식평가모형의 도출과 응용에 대해서는 본서 10장과 11장, 그리고 다음 문헌을 참고할 것. 장영광(2018), 증권투자론(8판), 신영사, 제7장.

은 이익예측이 얼마나 중요한지를 말해준다.

금융기관의 입장에서도 이익예측이 중요한 과제가 된다. 대출기업의 대출자금의 상환능력은 궁극적으로 미래 이익발생능력에 좌우되기 때문이다.

경영자에게 있어서 투자사업의 수익성을 평가하는 기초가 되고 기업성장의 원천이 되는 것이 미래의 이익이다. 또한 이익은 내부자금 조달원천이 되므로, 정확하게 이익이 예측되어야 외부로부터 조달하여야 할 자금의 크기도 결정할 수 있다.

(2) 추정재무제표의 체계

기업의 미래 이익을 예측하는 실무적 방법으로서 가장 널리 사용되는 것은 **추정재무제표**(pro-forma financial statements)를 작성하는 것이다.

다음 [그림 9-3]에서 보는 것처럼, 제1단계 영업수익(매출액)예측 → 제2단계 영업비용예측 → 제3단계 필요한 소요자산예측 → 제4단계 부채와 자본조달액예측 → 제5단계 영업외비용 · 수익, 법인세, 유보이익증가액, 순이익예측의 과정을 통해서 추정손익계산서와 추정재무상태표가 작성될 수 있고, 결과적으로 미래이익이 추정될 수 있게 된다.

그림 9-3 추정재무제표 작성과 이익 · 자금소요액예측

손익계산서

제1단계 : 영업수익예측
- 매출수익
- 기타수익

제2단계 : 영업비용예측
- 매출원가
- 판매 · 관리비
- 영업이익(EBIT)

제5단계 : 영업외수익 · 비용, 법인세, 유보이익예측
- 이자비용
- 법인세비용
- 순이익
- 배당
- 유보이익증가액

재무상태표

제3단계 : 소요자산예측
- 현금
- 매출채권
- 재고자산
- 기타유동자산
- 투자자산
- 비유동자산
- 기타자산

제4단계 : 부채 · 자본조달액예측
- 매입채무
- 미지급금
- 기타유동부채
- 장기부채
- 기타부채
- 자본

제5단계 : 유보이익예측
- 유보이익

이 과정에서 볼 수 있는 것처럼 모든 재무예측의 제1단계는 **매출액예측**이다. 따라서 예측의 시발점이 되는 매출액예측의 정확도는 다른 모든 재무예측에 중대한 영향을 미친다.

매출액예측이 이루어지면, 다음 단계에서는 이 매출을 실현시키는데 필요한 제조부문의 비용(원재료, 인건비 등)과 판매부문의 비용(광고, 판매촉진, 시장조사비 등) 그리고 일반관리부문의 비용(인건비, 기타관리비, 연구개발비 등)이 추정되어야 하고 이를 예상매출액에서 차감하면 영업이익예측이 이루어진다.

제3단계에서의 예측은 예측된 매출과 생산·판매·관리비용을 뒷받침하는 필요한 소요자산을 추정하는 것이다. 소요자산에 대한 투자가 이루어지기 위해서는 그 만큼의 자금이 각종 부채와 자본으로 조달되어야 하므로 원천별 자본조달액에 대한 추정이 이루어져야 한다. 3, 4단계의 추정에 기초하여 영업외비용(지급이자 등) 또는 영업외수익을 추정하고 법인세비용을 예측하면 순이익이 추정된다. 이 예상순이익에서 예상배당금을 차감하면 유보이익증가액이 추정되며, 이렇게 추정손익계산서와 추정재무상태표가 작성되면, 미래이익과 자금소요액의 예측치를 얻게 된다.

2. 이익예측 시의 고려사항

6장 2절에서 회계적 논점의 하나로 "이익의 질"에 대하여 설명한 바 있다. 단순히 회계수치 그 자체를 액면으로 분석하는 것이 아니라, 회계처리 방법의 보수성, 반복적 지속가능이익 그리고 재량적 비용지출에 대하여 논의하였다.

과거의 손익계산서 자료를 참고하여 미래의 이익을 예측하고자 할 때도 이 기준을 다시 한 번 고려할 필요가 있다. 이를 요약하면 다음과 같다.

1. 회계이익기준으로 미래 이익을 추정할 때 **회계처리 방법의 다양성** 문제를 염두에 두어야 한다. 여러 가지 선택 가능한 회계처리 방법 중에서 어느 회계 방법이 적용되느냐에 따라서 상대적으로 비용이 과대·과소계상되어 이익이 과소·과대계상되는 결과가 나타난다. 따라서 최종 이익의 추정에 얼마나 **보수적 회계기준**(conservative accounting)이 적용될 것인지를 염두에 두어야 한다.
2. 미래의 이익예측을 위해 과거의 이익자료에만 의존하지 말고 여러 가지 **질적 요인**을 충분히 감안하여야 한다는 점이다. 전장에서 살펴보았듯이 기업의 이익은 개별기업 특성요인뿐 아니라 국민경제적 요인과 산업적 요인에 의해서도 크게 영향을 받는다. 이익예측 시에 앞으로 예상되는 경기변동, 당해 산업의 경쟁구조의 변화가

능성, 당해 기업의 경쟁적 지위나 제품믹스의 변화가능성, 경영전략, R&D나 신규투자의 변화 등을 복합적으로 고려할 필요가 있다.

3 이익예측의 신뢰성을 높이기 위하여 **지속가능이익, 정상적 주당이익**에 근거하여 추정할 필요가 있다. 기업이 창출하는 회계이익은 다음과 같이 지속가능이익과 일시적 이익으로 구분해 볼 수 있다.

$$회계이익(E^R) = 지속가능이익(E^P) + 일시적\ 이익(E^T)$$

지속가능이익(E^P: persistent earning)이란 기업이 불확실한 경영환경 속에서도 벌어들일 수 있는, 상당기간 유지 가능한 회계이익을 말한다. 기업의 영업성과에 영향을 미친 항목 중에서 미래에도 계속될 것으로 볼 수 있는 반복적 항목을 말하는데, 지속가능이익은 주된 영업활동인 생산 · 판매 · 구매와 관련된 경상적 수익과 비용항목들 중심으로 추정할 수 있다. 지속가능이익은 그 기업이 정상적인 상황에서의 영업활동으로부터 기대할 수 있는 주당이익이라는 의미에서 **정상적 주당이익**(normalized EPS)이라고 부르기도 한다.

반면에 **일시적 이익**(E^T: transitory earning)은 기업합병이나 자산매각 등과 같은 비반복적 항목의 특수거래와 관련된 항목으로 구성되는 이익이다. 미래 예측은 반복적 · 경상적 항목을 중심으로 한 지속가능이익을 예측하는 것이 예측의 신뢰성을 높인다.

4 기업의 장기 수익력과 밀접한 관계가 있는 **재량적 비용지출**의 크기와 시기에 주의하여 분석할 필요가 있다. 전자는 재료비나 인건비처럼 정상적인 영업활동을 위해서 그때그때마다 지출해야만 하는 강제적 비용(compulsory expenses), 고정설비투자지출(감가상각비), 수선비지출, 연구개발비지출, 인력개발비지출 등 경영자의 재량적 판단에 따라 지출을 연기할 수도 있고 당장 집행할 수도 있는 재량적 비용항목(discretionary expenses)은 그 기업의 장기 수익력 증가와 밀접한 관계가 있다. 미래 이익예측에는 이와 같은 재량적 비용항목이 적절히 지출되고 있는지를 분석하여 장기적인 수익력을 평가할 필요가 있다.

요약하면 **이익의 질**(quality of earnings)을 감안하여 신뢰성 있는 미래 이익의 예측치를 얻기 위해서는, 얼마나 보수적 회계처리 방법을 사용하였는지, 이익의 질적 변화를 초래할 수 있는 구조적 요소를 고려했는지, 미래에도 반복될 수 있는 지속가능이익 중심으로 예측했는지, 장기적 수익성에 영향을 미칠 재량적 비용 지출의 크기와 시기가 고려되었는지를 점검해야 한다.

이 가운데 중요한 과제는 **지속가능이익의 예측 문제**이다. 다음 항에서는 지속가능이익을 감안한 추정손익계산서의 작성 방법에 대하여 설명한다.

3. 추정손익계산서의 작성

(1) 지속가능항목의 분류

"이익예측 시의 고려사항"에서 강조한 것처럼 예측의 신뢰성을 높이기 위해서는 지속가능이익을 추정해야한다. 이것이 추정손익계산서를 구성하는 개별항목을 추정할 때 기본이 되는 기준이다.

기업이 과거 수년간 창출한 이익 중에서 미래에도 지속될 가능성이 있는 이익의 크기를 예측하는 방법은 일차적으로 손익계산서의 이익을 구성하는 항목들을 일시적 항목과 지속가능항목으로 분류하는 것이다.

손익계산서의 구성하는 항목들을 일회성의 비반복적, 특수거래의 일시적 항목과 앞으로 반복될 것으로 예상되는 지속가능 항목으로 구분해 내는 일차적 기준은 **영업이익**이다. 영업이익의 구성항목(매출액, 매출원가, 판매관리비)은 반복되는 본 영업활동에서의 경영성과를 보여주는 것이기 때문이다.

반면에 **영업외수익과 영업외비용항목**은 지속가능 부분과 일시적 부분이 혼합되어 있다. 영업외비용 중에서 이자지급액은 기업의 부채의존도의 급격한 변동이 있지 않으면 비슷한 크기로 발생할 것으로 보는 것이 현실적이다. 영업외수익항목 중에서 임대료수입과 같은 영업외수입항목도 부수사업이 계속된다면, 계속적인 현금유입이 있게 될 것이므로 지속가능항목으로 분류할 수 있을 것이다.

반면에 영업외수익과 비용항목 중에서 외환차손이나 외환차익은 환율변동의 방향성에 불확실성이 높으므로 지속가능항목으로 분류하기 어렵다. 또 자산·부채의 시장가치 변동으로 인하여 발생하는 유가증권평가손익, 파생상품관련 손익 그리고 중단사업의 손익, 자산매각처분손익도 일회성이 있거나, 지속되기 어려운 항목들이다. 영업외수익과 영업외비용항목 중에서 일시적 손익으로 분류할 수 있는 항목을 요약하면 [표 9-2]와 같다.

[표 9-2] 영업외수익과 영업외비용항목 중에서 지속가능손익항목과 일시적 손익항목

분 류	해당항목
지속가능항목	이자지급액, 임대료 수입
일시적 항목	외환차손익, 외화환산손익 단기매매증권/매도가능증권의 처분손익 · 평가손익 유형자산 매각처분손익, 재고자산 감모손실 · 폐기손실 파생상품 거래손익 · 평가손익 대손충당금 환입, 사채상환손익, 중단사업의 손익 법인세환급액/추납액, 전기오류수정손익

일시적 이익항목과 지속가능 이익항목이 분류되었으면, 보고된 당기순이익에서 지속가능이익은 다음과 같이 당기순이익에서 세후기준 일시적 이익을 차감하면 구해진다. 영업외수익 또는 비용항목들은 납세전 금액이므로 이 금액에 (1－법인세율)을 곱하면 세후기준의 금액을 얻게 되는데, 당기순이익은 세후 금액이므로 이처럼 세전이 아니라 세후 일시적 이익을 차감하여 추정한다.

지속가능이익 = 당기순이익 － 세후 일시적 이익 ······ (9-10)

세후 일시적 이익 = 영업외수익 · 비용 중 일시적 손익 × (1－법인세율)

(2) 매출액예측과 질적 요소

추정손익계산서의 작성은 순서상 매출액 예측부터 시작된다. 매출액예측이 중요한 이유는, 재무제표를 구성하는 주요 항목들이 매출액에 비례한다고 보고 개별항목을 추정하는 **매출액백분율**(percent of sales)법을 주로 사용하기 때문이다. 추정재무제표 작성을 통한 이익예측 방법의 시작은 매출액이 적절히 예측되었다는 전제 하에서 진행되는 **매출액기준 예측**(sales driven forecast) 방법인 것이다.

매출액예측은 예측기간 동안 그 기업의 경영성과에 영향 미칠 주요 경제변수(환율, 이자율, 경제성장률 등)의 동향, 당해 산업의 경쟁구조, 그 기업이 구사할 경영전략의 적정성, 그리고 기업의 강약점 및 경쟁력에 대한 분석을 토대로, 주요 사업부문 또는 제품별 각각에 대하여 다음 그림과 표의 예에서 보는 것처럼 주요 제품의 가격추이, 실적전망, 영업이익률, 비교 등을 통하여 매출액을 예측하는 것이 필요하다.

그림 9-4 실적 전망 자료

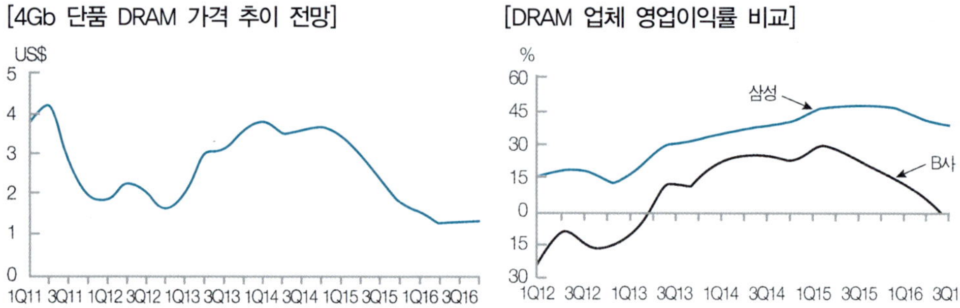

매출액, 주요 비용항목 그리고 영업마진을 추정할 때는 **질적 측면**을 충분히 고려하는 것이 중요하다. 질적인 측면에서 많은 요소를 고려할 수 있지만, 핵심적인 부분은 예측기간 동안 기업의 경쟁우위(competitive advantage)유지능력이다. 기업이 경쟁우위에 있는지는 다음 요소에 근거하여 평가한다.

i) 고객에게 경쟁업체보다 최상의 가치제공 여부
ii) 경쟁업체보다 낮은 원가달성 여부
iii) 자본생산성 제고 여부

그런데 이들 요소는 원천적으로는 당해 산업의 경쟁구조, 경영전략, 비즈니스 시스템이라고 할 수 있으므로 8장에서 설명한 산업분석과 기업분석을 적용한다.

이러한 질적 요소에 대한 종합적인 평가와 함께, 앞의 2절에서 설명한 시계열예측, 인과모형에 의한 예측 방법 등의 계량적 방법을 적용하여 재무예측을 행한다. 매출액 예측의 결과는 **매출액증가율**로 요약되는 것이 후속 예측작업에 도움이 된다. 여러 가지 다른 가능성을 검토할 때 편리하기 때문이다.

(3) 주요 비용, 이익항목의 추정

손익계산서를 구성하는 개별항목을 추정하는 방법으로는 매출액백분율법, 회귀분석법, 예산비용법을 이용할 수 있다.

매출액백분율법(percent of sales)은 매출액예측이 여러 가지 방법(추세분석, 인과모형에 의한 예측, 새로운 경제동향 산업동향 경쟁력에 대한 고려 등)에 의해서 이루어지면, 재무제표의 각 구성항목을 매출액 대비 백분율로 표시하고, 이 같은 매출액구성비가 계속 유지되어 지속가능성의 가정에 별무리가 없다는 전제 하에 다음과 같이 예측하는 방법이다.

$$매출액에\ 비례하는\ 비용의\ 추정치 = 추정매출액 \times \frac{비용항목}{매\ 출\ 액}$$

$$추정영업이익 = 추정매출액 \times \frac{지속가능\ 영업이익}{매\ 출\ 액}$$

$$추정순이익 = 추정매출액 \times \frac{지속가능\ 순이익}{매\ 출\ 액}$$

매출액백분율법은 매출액 대비 매출구성항목의 비율이 과거의 역사적 관계가 유지할 것으로 가정하는 것이므로, 추정매출액에 매출액이익률을 곱하여 추정순이익 또는 추정영업이익을 구할 때, 회계이익은 지속가능 영업이익 또는 지속가능 순이익 기준이어야 한다. 당기순이익에서 일시적 이익을 제거하는 방법은 앞에서 설명한 방법과 동일하다.

회귀분석법(regression analysis)에 의한 예측 방법은 주요 비용항목과 이익항목이 매출액과의 관계에서 과거의 역사적 관계가 유지될 것으로 가정하여 다음과 같이 회귀분석에 의하여 그 관계를 추정한다.

$$매출원가\ 구성항목 = a + b(매출액)$$

$$판매관리비\ 구성항목 = a + b(매출액)$$

예산비용법(budget expense method)은 재량적 지출항목처럼 매출액과의 역사적 비율관계가 유지되지 않는 비용항목들에 대해서는 경영계획이나 목표치를 고려하여 추정하는 방법이다. 예를 들어, 감가상각비나 광고비와 같은 비용항목은 기업의 시설투자결정이나 광고전략에 의해서 좌우되어 매출액에 비례하지 않는 경우가 많다. 또한 기술혁신이나 국제화와 같은 기업환경의 변화로 인하여 마진율이 달라질 것으로 예상되면 이를 개별적으로 고려하는 것이 합리적이다.

이상에서 소개한 예측 방법으로 주요 비용과 이익항목을 추정하게 될 경우 손익계산서의 양식에 따라서 예측의 기준을 표시하면 [표 9-3]과 같이 정리할 수 있다.

[표 9-3] 추정손익계산서에 의한 이익예측

매출액 (−)매출원가	………	(판매단가×판매수량): 거시경제동향, 산업동향, 기업 내부의 핵심역량, 경쟁우위의 변화, 시설투자계획 등을 고려하여 매출액과 매출원가항목추정, 역사적 관계가 유지되는 경우는 매출액백분율법, 회귀분석법 이용
(매출총이익) (−)판매비와 관리비	………	판매예산 · 관리비예산을 감안하여 추정, 역사적 관계가 유지되는 경우는 매출액백분율법, 회귀분석법 이용
(영업이익)	………	(추정매출액×매출액 영업이익률): 역사적 관계가 유지되는 경우
(−)이자지급액	………	(자금소요액=주식발행+부채차입) (이자지급액=부채차입×평균이자율)
(±)기타영업외수익(비용)	………	지속가능한 영영외수익, 영업외비용항목 추정
(세전 계속사업이익) (−)법인세비용 (±)중단사업이익(손실)	………	(법인세비용전 순이익×법인세율)
(법인세비용후 순이익)	………	(추정매출액×매출액순이익률): 역사적 관계가 유지되는 경우
(주당이익 EPS)	………	{추정 보통주이익÷(기발행주식 수+신규발행주식 수)}

(4) 시장점유율-마진율의 이용법

앞서 설명한 추정손익계산서의 작성에 의한 이익예측은 상세한 많은 작업을 요한다. 이익예측의 간편한 방법 한 가지는 매출액예측을 전제로 하여 이에 시장점유율과 마진율을 곱하여 곧바로 이익추정치를 구하는 방법이다.

식 (9-10)에서 보는 것처럼 연구기관이나 업계의 자료(기준연도의 산업 전체의 매출액과 성장률자료)에 근거하여 산업 전체의 매출액추정치를 얻은 다음 여기에 그 기업의 과거 추세, 시장상황, 마케팅능력을 감안하여 예상시장점유율을 곱하면 미래 t기에 예상되는 매출액추정치를 구할 수 있게 된다.

이 매출액추정치에 그 기업의 경영능력과 과거패턴 등을 감안하여 매출액영업이익률 또는 순이익률을 곱하면, 구하고자 하는 이익예측치를 얻게 된다.

$$E_t = S_O(1+g)^t (SOM)_t \times M_t \quad \cdots\cdots (9\text{-}10)$$

여기서, E_t: t기의 영업(순)이익
S_O: 산업의 금기매출액
g: 산업의 수요성장률
SOM_t: t기의 시장점유율
M_t: t기의 매출영업(순)이익률

(5) ROE 구성요소의 추정을 통한 EPS 예측

자기자본순이익률(ROE: return on equity)은 4장에서 설명한 것처럼 대표적인 수익성 비율이다. 이의 변동원인은 매출액순이익률(마진), 총자산회전율(자산이용의 효율성), 부채비율(레버리지)의 3자의 관계에서 분석할 수 있었다. 또 식 (9-12)에서 보는 것처럼 매출액순이익률은 다시 순이익/영업이익, 영업이익/매출총이익, 매출총이익/매출액의 비율의 결합관계로 파악할 수 있으므로 5자의 결합관계에서 원인분석을 할 수 있었다.

$$
\begin{aligned}
\text{자기자본순이익률} &= \frac{\text{순이익}}{\text{자기자본}} \\
&= \frac{\text{순이익}}{\text{매출액}} \times \frac{\text{매출액}}{\text{총자산}} \times \left(1+\frac{\text{타인자본}}{\text{자기자본}}\right) \\
&= \left(\frac{\text{순이익}}{\text{영업이익}}\right) \times \left(\frac{\text{영업이익}}{\text{매출총이익}}\right) \times \left(\frac{\text{매출액총이익}}{\text{매출액}}\right) \times \left(\frac{\text{매출액}}{\text{총자본}}\right) \times \left(\frac{\text{총자본}}{\text{자기자본}}\right)
\end{aligned}
$$

…… (9-11)

한편, 주당이익(EPS)은 다음 식처럼 자기자본순이익률과 주당순자산의 곱으로 표시될 수 있으므로, 주당이익의 예측은 다음 식과 같이 예측할 수 있다.

$$
\begin{aligned}
\text{주당이익} &= \frac{\text{순이익}}{\text{발행주식 수}} = \frac{\text{순이익}}{\text{자기자본}} \times \frac{\text{자기자본}}{\text{발행주식 수}} \\
&= (\text{자기자본이익률}) \times (\text{주당순자산}) \\
\text{주당이익} &= \left(\frac{\text{순이익}}{\text{영업이익}}\right) \times \left(\frac{\text{영업이익}}{\text{매출총이익}}\right) \times \left(\frac{\text{매출액총이익}}{\text{매출액}}\right) \times \left(\frac{\text{매출액}}{\text{총자본}}\right) \\
&\quad \times \left(\frac{\text{총자본}}{\text{자기자본}}\right) \times \left(\frac{\text{자기자본}}{\text{발행주식 수}}\right) \\
&= (\text{경영효율}) \times (\text{관리효율}) \times (\text{생산효율}) \times (\text{활동성}) \times (\text{레버리지}) \times (\text{주당순자산})
\end{aligned}
$$

…… (9-12)

이와 같은 추정 과정에서 순이익자료는 앞서 강조한 것처럼 일시적 이익과 지속가능이익으로 구분하여, 지속가능이익 기준으로 추정하는 것이 예측의 신뢰성을 높인다. 순이익 중에서 지속가능이익을 분리하고 이를 자기자본으로 나눈 자기자본순이익률

(ROE)을 **지속가능 ROE**라고도 부른다. 주당순이익(EPS)도, 단순보고 EPS에서 일시적 손익항목을 차감한 **지속가능 EPS**를 **수정EPS**로 제시하기도 한다.

$$\text{지속가능 EPS} = \text{EPS} - [(\text{외화환산손익 등 일시적 영업외손익항목} + \text{특별손익항목})/\text{발행주식 수}] \quad \cdots\cdots (9\text{-}13)$$

종합하면, 분석대상기업의 경영효율 · 관리효율 · 생산효율 · 자산투자효율성 · 레버리지 · 주당순자산가치 등 ROE의 구성요소를 추정하여 주당이익를 예측할 수 있는데, 이들 요소들의 과거추세와 지속가능수준, 새로운 상황전개 등을 종합적으로 고려하여 추정하는 것이 예측의 신뢰성을 높일 수 있다.

4. 지속가능성장률

성장률 예측은 미래 경영성과 예측의 중요한 한 부분이다. 그런데 미래의 성장은 자금조달이 뒷받침되어야 한다. 외부로부터의 자금조달이 얼마든지 가능하다면 매우 높은 성장률을 달성하는 것도 가능하지만, 그렇지 않다면 달성할 수 있는 성장률에는 한계가 있다. 특히 외부자금조달이 전혀 가능하지 않다면 내부금융액만으로 성장재원에 충당해야 한다.

지속가능성장률(sustainable growth rate)이란 외부자금조달이 여의치 못한 비관적 상황의 경우를 가정하여 **내부자금만으로** 성장할 수 있는 최소한의 달성 가능한 성장률을 말한다.

지속가능성장률을 구하는 한 방법은 3장 6절에서 설명한 바와 같이 사내유보율(f)에, 앞에서 설명한 지속가능 자기자본순이익률(ROE)을 곱하는 것이다.

$$g = f \cdot \text{지속가능 } ROE \quad \cdots\cdots (9\text{-}14)$$

그런데 자기자본순이익률은 4장에서 설명한 것처럼 매출액순이익률, 총자산회전율, 부채레버리지와의 결합관계로 표시될 수 있으므로, 이들 요인들을 곱하여 지속가능성장률을 추정할 수 있다.

한편 이의 구성요인을 보게 되면 각 요인의 성장률에 미치는 영향을 분석할 수 있게 된다. 즉, 성장률의 결정요인이 식 (9-15)와 같이 표시될 수 있으므로 식 (9-15)는 성장계획의 타당성을 평가하는 데 이용될 수 있다.

$$g=\left(\frac{배당금}{순이익}\right)\times\left(\frac{순이익}{매출액}\right)\times\left(\frac{매출액}{총자산}\right)\times\left(1+\frac{부채}{자기자본}\right)\quad\cdots(9\text{-}15)$$

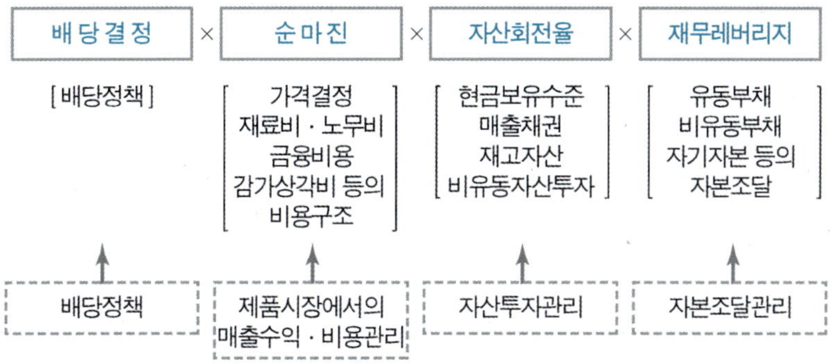

이는 외부자금조달이 여의치 못할 경우의 대안은 다음과 같은 방향에서 고려될 수 있음을 뜻한다.

첫째, 판매가격 인상이나 원가절감 등의 노동생산성향상 가능성이 이윤(마진)에 미치는 영향을 평가한다.

둘째, 매출채권이나 재고자산에 대한 투자축소 또는 확대, 공정시설의 교대작업 회수(2교대 등)의 변동을 통해서 자산이용의 효율성과 자본생산성의 변동이 자산회전율에 미치는 영향을 평가한다.

셋째, 부채레버리지효과와 금융비용 증가 가능성, 자본조달의 효율성이 지속가능성장률에 미치는 영향을 평가한다.

지속가능성장률을 구하는 다른 방법은 유상증자는 어렵지만 부채차입은 가능하다고 보고, **사내유보자금과 부채차입만으로** 자본조달한다고 가정하는 경우이다. 유보자금의 증가로 자기자본이 많아지면, 부채비율을 동일하게 유지할 경우 추가적인 부채차입 여력이 생기는 것을 감안하는 것이다.

먼저 자산투자증가액은 사내유보자금과 부채차입의 합이므로 차기매출액 S_1, 매출액증가액 $\triangle S$, 매출액이익률 M, 사내유보율 f, 부채비율(D/E) L, 자산투자 대 매출액비율(총자산회전율의 역수)을 T라고 표시하면 다음 관계가 성립한다.[3)]

3) 자산투자증가액 =사내유보자금+부채차입
자산투자증가액 $= T\cdot\Delta S$, 사내유보자금$= S_1\cdot M\cdot f$, 부채차입$= S_1\cdot M\cdot f\cdot L$
$T\cdot\Delta S=(S_1\cdot M\cdot f)+(S_1\cdot M\cdot f\cdot L)=(S_1\cdot M\cdot f)(1+L)$

$$g = \frac{M \cdot f(1+L)}{T - M \cdot f(1+L)} \quad \cdots\cdots (9\text{-}16)$$

이 관계식은 기업의 경영내용을 가장 잘 나타내는 매출액이익률, 총자본회전율, 부채비율과의 관계(듀퐁 시스템)에서 기업의 성장률을 추정하는 것이므로 성장률과 기업성과 변수 사이의 관계를 볼 수 있는 유용한 면이 있다.

5. 사례기업의 미래 이익예측

이제 위에서 설명한 추정손익계산서 작성과 이익예측의 방법을 사례기업인 삼성전자에 대하여 적용해 보자.

삼성전자의 2022년~2024년 기간에 대하여 매출액예측에서 시작하여 당기순이익, 주당이익 예측결과를 [표 9-4]의 추정포괄손익계산서에 정리하였다. 주요 항목에 대한 예측의 근거는 비고란에 요약하였다.

매출액예측은 예측기간 동안 삼성전자의 경영성과에 영향 미칠 주요 경제변수(세계경제 성장률 등)의 동향, 휴대폰 · 반도체 · LED · TV부문에서의 글로벌 경쟁업체의 동향, 삼성전자가 구사할 경영전략과 경쟁력에 대한 분석을 토대로, [그림 9-4]와 같은 실적전망 자료를 토대로 주요 사업부문 각각에 대하여 예측하는 것이 필요하다. 삼성전자의 매출액증가율 추이를 보면 2019년에는 −5.5%의 성장률을 기록하였지만, 2020년에는 18.1%로 매출액이 증가하였다. 이는 2019년에 휴대폰 부문에서의 실적은 매우 저조한 반면에 반도체 부문의 성과가 양호한 결과였다. 반대로 2021년에는 휴대폰 부문에서의 실적은 양호한 반면에 반도체 부문의 성과는 상대적으로 저조하였다. 이처럼 삼성전자의 사업 부문들의 실적은 (−)의 상관관계를 보였던 때가 많았는데, 회사 전체적으로는 소위 포트폴리오 효과(portfolio effect)가 존재하였다. 예측기간에도 이와 같은 포트폴리오 효과가 계속될 것으로 가정하는 것이 예측오차가 적다고 판단하여 지난 3년간의 평균 성장률 5.0%를 그대로 적용하였다. 이를 토대로 2022년, 2023년, 2024년의 매출액을 293.6조원, 308.3조원, 323.7조원으로 예측하였다.

비용부문 예측을 위해 매출액 대비 매출원가율과 판관비율을 보면 지난 3년간 안정

$= S_0(1+g) \cdot M \cdot f \cdot (1+L)$

위의 식에서 양변을 S로 나누어 식을 정리하여 성장률(g)을 구하면 지속가능성장률은 식 (9-16)과 같게 된다.

적 추세를 보이면서 최근 3년간 평균 매출원가율 61.5%, 판관비율 23.3%, 영업이익률 15.2%수준을 보여 왔다. 향후 3년간 이 수준을 유지할 것으로 가정하여, 2022년, 2023년, 2024년의 영업이익을 44.6조원, 46.9조원, 49.2조원으로 추정하였다.

[표 9-4] 사례기업의 추정손익계산서 작성과 이익예측

추정포괄손익계산서

삼성전자 (단위: 십억 원)

항목	2019	2020	2021	2022예측	2023예측	2024예측	비고
Ⅰ.매출액	230,400.9	236,807.0	279,604.8	293,585.0	308,264.3	323,677.5	TV 등 가전, 휴대폰, 반도체, 디스플레이 부문의 사업실적이 부문별 시장상황과 경쟁사 상황에 따라 달라지지만 포트폴리오 효과로 나타난다고 가정하여 과거 3년 평균인 5%의 성장률이 2022년~2024년 지속가능한 것으로 예상
(매출액증가율)	-0.055	0.028	0.181	0.050	0.050	0.050	
Ⅱ.매출원가	147,239.5	144,488.3	166,411.3	180,554.8	189,582.5	199,061.7	최근 3년간의 평균치인 매출원가율 61.5%, 판관비율 23.3% 수준을 유지하여 향후 3년간 매출액영업이익률 15.2% 수준을 예상
Ⅲ.매출총이익	83,161.3	92,318.7	113,193.5	113,030.2	118,681.8	124,615.8	
Ⅳ.판매비와 관리비	55,392.8	56,324.8	61,559.6	68,405.3	71,825.6	75,416.9	
Ⅴ.영업이익	27,768.5	35,993.9	51,633.9	44,624.9	46,856.2	49,199.0	
Ⅵ.영업외수익	12,353.3	14,158.2	11,478.5	11,053.7	11,053.7	11,053.7	영업외비용 및 영업외수익 중 지속가능항목은 금융비용(지급이자)과 지분법손익으로 분류함. 일시적 항목으로 판단한 외환관련손익과 기타영업외손익항목은 수익과 비용의 크기가 동일할 것으로 가정. 금융수익이 금융부채보다 많은 최근의 상황은 최근 3년 평균수준으로 지속되고, 지분법이익은 최근년도의 금액수준이 유지될 것으로 가정
금융수익	10,161.6	12,267.6	8,543.2	10,324.1	10,324.1	10,324.1	
지분법이익	413.0	506.5	729.6	729.6	729.6	729.6	
기타수익	1,778.7	1,384.1	2,205.7				
Ⅶ.영업외비용	9,689.6	13,807.0	9,760.5	9,099.2	9,099.2	9,099.2	
금융비용	8,274.9	11,318.1	7,704.6	9,099.2	9,099.2	9,099.2	
기타비용	1,414.7	2,488.9	2,056.0				
(영업외수지)	2,663.7	351.2	1,718.0	1,954.5	1,954.5	1,954.5	
Ⅷ.법인세비용차감전순이익	30,432.2	36,345.1	53,351.8	46,579.4	48,810.7	51,153.5	
Ⅸ.법인세비용	8,693.3	9,937.3	13,444.4	12,576.4	13,178.9	13,811.4	
Ⅹ.계속사업이익	21,738.9	26,407.8	39,907.5	34,003.0	35,631.8	37,342.1	
Ⅹ.중단사업이익	0.0	0.0	0.0	0.0	0.0	0.0	실효 법인세율 27.0%을 적용
Ⅺ.당기순이익	21,738.9	26,407.8	39,907.5	34,003.0	35,631.8	37,342.1	지배주주 대 비지배주주 지분비율은 최근 3년 평균인 98.7% 대 1.3%로 배분
(지배주주)당기순이익	21,505.1	26,090.8	39,243.8	33,390.9	34,990.4	36,669.9	
(비지배주주)당기순이익	233.8	317.0	663.7	612.1	641.4	672.2	
Ⅻ.총포괄이익	24,755.1	22,733.9	49,909.7	34,003.0	35,631.8	37,342.1	유형자산평가 등 기타포괄이익을 구성하는 항목의 이익과 손실이 동일할 것으로 가정하여 당기순이익과 동일한 수준으로 추정.
(지배주주)총포괄이익	24,467	22,374	49,038	33,561.0	35,168.6	36,856.6	
(비지배주주)총포괄이익	288	360	872	442.0	463.2	485.4	
EPS(주당이익: 원)	3,166.0	3,841.0	5,777.0	5,696.6	5,969.5	6,256.0	발행주식수 5,969,782천주
감가상각비	37,442.7	41,618.6	49,055.6	50,203.0	52,713.2	55,348.9	과거 매출액 대비 감가상각비 구성비 평균 10.41% 적용
EBITDA	65,211.2	77,612.4	100,689.5	94,828.0	99,569.4	104,547.8	

영업외비용 및 영업외수익항목의 예측에 대해서는 먼저 지속가능항목과 일시적 항목의 분류가 필요한데, 수입이자 등의 금융수익 및 지급이자 등의 금융비용 그리고 지분법손익항목을 지속가능항목으로 분류하였다. 반면에 외환관련손익과 기타영업외손익항목은 모두 일시적 항목으로 분류하였다. 일시적 항목으로 분류한 기타 영업외수익과 비용의 크기는 보수적으로 판단하여 동일할 것으로 가정하였다. 한편 지분법손익은 보수적으로 2021년의 순손익 729.6십억 원을 유지할 것으로 추정하였다. 결과적으로 향후 3년간에 걸친 영업외부문의 순수지는 1.95조 원 수준으로 추정하였다.

최종적으로 최근연도의 실효법인세율 27.0%를 적용한 **납세후 순이익**은 예측기간별로 각각 34.0조 원, 35.6조 원, 37.3조 원으로 추정되었다. 총포괄이익은 이를 구성하는 기타포괄손익(유형자산평가손익 등)은 보수적으로 보아 이익과 손실이 동일할 것으로 가정하여 당기순이익과 동일한 수준을 보일 것으로 추정하였다. 당기순이익과 총포괄이익에 대한 지배주주와 비지배주주 간의 배분비율은 최근 3년간의 평균인 98.7% 대 1.3%을 적용하였다. 마지막으로 발행주식 수는 유상증자는 없는 것으로 가정하여, 2021년도 말 가중평균유통주식수는 596,978만 주를 적용하여 예측기간 **주당순이익(EPS)**은 5,697원, 5,970원, 6,256원으로 예측하였다.

요 약

재무예측이란 기업의 미래 매출액 · 이익 · 성장률 · 자금사정 등 주요 경영성과와 재무상태를 예측하는 것을 말한다. 투자자 · 여신자 · 경영자에게 있어서 여러 가지 의사결정을 내릴 때, 과거에 대한 재무정보도 필요하지만, 더욱 중요한 것은 미래 경영성과와 재무상태에 관한 예측정보이다.

재무예측 방법으로는 주관적 판단에 의한 예측, 시계열예측이나 횡단면 인과모형예측 등 계량적 모형을 이용한 예측, 추정재무제표 작성을 통한 예측 방법이 있다. 이 가운데서 시계열예측 방법으로는 기계적 외삽법이나 이동평균법이 널리 이용되는데, 이들 방법은 적용하기 쉽다는 장점이 있지만, 구조적 변화를 간과하기 쉽다는 한계점이 있다. 반면에 인과모형에 의한 예측 방법은 재무성과변수와 이를 결정짓는 원인변수와의 수량적 관계를 도출하여 재무예측에 활용하는 방법이다.

이익예측 시는 이익예측의 신뢰도를 높일 필요가 있는데, 이를 위해서 지속가능이익, 정상적 주당이익의 추정이 필요하다. 지속가능 주당이익은 손익계산서항목 중에서 반복적 성격의 지속가능항목과 보수적 회계처리 방법에 근간을 두고, 재량적 비용지출항목을 충분히 고려하여 추정되는 정상적 이익을 말한다. 지속가능항목은 일반적으로 영업이익과 상당기간 지속될 부채차입에 따른 이자지급액 등이 포함된다. 이익예측 방법으로는 시계열모형이용법, 추정손익계산서작성법, 시장점유율-마진율이용법, ROE구성요소 예측법 등이 있다.

지속가능성장률은 내부자금만으로도 달성 가능한 성장률을 말한다. 이는 사내유보율(f)에 지속가능자기자본순이익률(ROE)을 곱하여 추정할 수 있으므로, ROE의 결정요인인 매출액순이익률, 총자산회전율, 부채레버리지를 추정하여 지속가능성장률에 미치는 영향을 평가할 수 있다. 유보자금의 증가로 추가적인 부채차입이 가능한 경우도 이를 세 요인을 고려하여 지속가능성장률을 측정한다.

주요 용어

재무예측	단변량예측	다변량예측
기계적 예측	비기계적 예측	외부자예측
내부자예측	델파이법	시계열예측
기계적 외삽법	이동평균법	횡단면 인과모형
정상적 주당이익	평균회귀모형	마팅겔모형
서브마팅겔모형	추정손익계산서 이용법	매출액백분율법
회귀분석법	예산비용법	지속가능이익
일시적 이익	지속가능성장률	
시장점유율 · 마진율 이용법	ROE구성요소 추정예측법	

연습문제

01 주가변동은 기업의 미래 이익변화와 가장 밀접한 관계가 있다. 이러한 측면에서 이익예측은 특히 증권투자자에게 중요하다.

(1) 이익예측 시 고려할 사항에는 어떤 것이 있는가?

(2) 이익예측 방법들에는 어떤 것들이 있는가? 각각의 예측방법의 특징을 비교하라.

(3) 기업의 미래 이익을 예측하는 증권분석의 실무적 방법의 하나는 추정재무제표(pro-forma financial statements)를 작성하는 것이다. 어떤 순서로 추정손익계산서와 추정재무상태표를 작성하는가? 매출액백분율법은 어떻게 적용되는가?

(4) 추정재무제표를 작성할 때 적용하는 매출액백분율법의 유용성과 한계점은 무엇인가?

(5) 이익예측의 신뢰도를 높이기 위해서 지속가능이익, 정상적 주당이익의 추정이 필요하다. 이를 위하여 손익계산서 항목 중에서 반복적 성격의 지속가능항목를 구분할 수 있는가?

(6) 영업외수익과 영업외비용항목은 지속가능 부분과 일시적 부분이 혼합되어 있다. 다음 항목 중에서 지속가능 항목으로 분류될 수 있는 항목은 어느 것인가?

이자지급액	임대료 수입	외환차손익
단기매매증권/매도가능증권의 처분손익 · 평가손익		유형자산 매각처분손익
대손충당금 환입	사채상환손익	중단사업의 손익

(7) 재무예측에서 질적 측면을 충분히 고려하는 것이 중요하다. 질적인 측면의 핵심적인 부분은 예측기간 동안 기업의 경쟁우위(competitive advantage)유지능력이다. 기업이 경쟁우위를 평가하는 요소에는 어떤 것이 있는가?

02 기업의 미래 경영성과에 관심을 갖는 정보이용자가 궁극적으로 필요로 하는 것은 질적인 측면이 고려되어 작성된 계량화된 예측치라고 할 수 있다. 구체적으로 미래 당해 기업의 매출액이 얼마이며, 순이익이나 주당이익의 수준과 현금흐름은 어떠한지에 대한 재무예측 정보가 필요하다.

(1) 재무예측의 일반적 방법에는 어떤 것이 있는가? 인과모형에 의한 예측 방법이 시계열 예측 방법과 다른 장점은 무엇인가?

(2) 시계열자료로부터 지속적 이익을 분리시켜 이익예측하는 계량적 모형은 무슨 모형인가? 이 모형의 장점은 무엇인가?

03 기업의 미래 성장에는 자금조달이 뒷받침되어야 한다. 성장에 외부로부터의 자금조달이 얼마든지 가능한지, 아니면 내부자금으로 한정하는지에 따라 성장률 추정이 딸라진다.

(1) 지속가능성장률은 내부자금만으로도 달성 가능한 성장률을 말한다. 이 경우의 성장률은 어떻게 추정하는가?

(2) ROE의 결정요인과 연계하여 지속가능성장률을 측정하는 방법을 제시하라.

(3) 지속가능 주당순이익(EPS)이란 무엇인가. 이의 추정방법을 제시하라.

04 사례기업 중 LG전자에 대하여 향후 3개년에 걸친 추정손익계산서를 작성하고, 이익을 예측하라.

05 (주)한강은 기업의 성장전략 수립의 일환으로 재무예측을 시도하고 있다. 다음은 (주)한강의 최근연도 재무상태표이다.

B/S

(주)한강	(2021.12.31.)		(단위: 억 원)
유동자산	640.0	유동부채	80.0
비유동자산	160.0	비유동부채	400.0
		자기자본	320.0
(총자산)	800.0	(부채 및 자본)	800.0

I/S

(주)한강	(2021.1.1~2021.12.31.) (단위: 억 원)
매출액	1,600
영업변동비	480
영업고정비	800
(영업이익)	320
재무고정비(이자비용)	80
법인세율($t=33.3\%$)	80
(법인세비용후 순이익)	160
(주당이익) 1,600(원)	

(주)한강의 자금소요액, 이익, 성장률을 예측하고자 한다.

(1) (주)한강의 2022년도 매출액은 2021년도에 비하여 30% 성장하리라고 예상되고 있다. 재무상태표 구성항목 중 유동자산과 유동부채만이 매출액증가에 비례하는 항목이다. 매출액순이익률은 2021년수준을 유지하고, 배당성향을 50%로 할 경우 외부금융액의 크기는 얼마인가?

(2) 내부금융과 부채차입만으로 가능한 지속가능성장률은 얼마인가?

(3) 내년도 이익예측을 위하여 사용될 수 있는 예측 방법에는 어떠한 것들이 있는가?

4편

경영분석의 응용

CONTENTS

4편 개요

앞의 1~3편에서는 기업이해관계자들이 필요로 하는 경영정보를 만들어내는 분석체계에 대하여 설명하였다. 1편에서는 경영정보의 수요 · 공급체계와 경영분석의 기초자료에 대하여 설명하였고, 2편(3~6장)에서는 재무제표자료를 이용하여 과거 · 현재의 재무건전도를 평가하는 방법을 다루었다. 3편(7~9장)에서는 의사결정자들이 필요로 하는 미래 경영성과 예측의 문제를 다루었다.

본 4편(10~13장)에서는 지금까지 다루었던 경영분석체계를 대표적인 경영정보이용자인 증권투자자, 금융기관, 경영자의 입장에서 응용하는 경영분석체계인 증권분석, 신용분석, 기업부실예측 등에 대하여 다룬다. 본서에서 4편이 차지하는 위치는 다음 그림의 오른쪽에 표시된 것처럼 1~3편에서의 경영분석의 내용을 정보이용자 입장에서 종합적으로 적용하는 것이다.

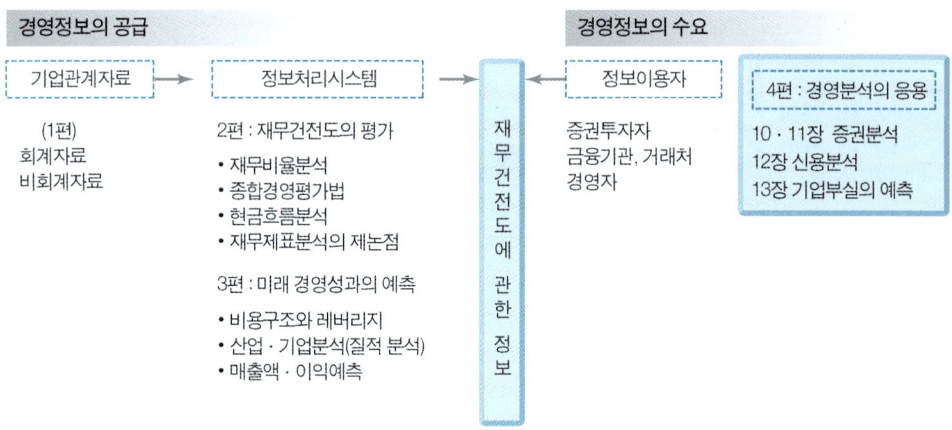

10장과 11장에서는 증권투자자의 관점에서 증권의 적정한 투자가치를 평가하는데 사용되는 다양한 가치평가모형과 증권분석방법에 대하여 다룬다.

12장에서는 금융기관과 같은 여신자 입장에서 거래기업의 신용위험, 원리금상환능력을 평가하는 신용분석체계와 채권등급평정에 대하여 다룬다.

13장에서는 기업의 많은 이해관계자들에게 중요한 정보인 부실기업이 될 가능성, 경영성과가 심각하게 악화될 가능성을 사전에 예측하는 주제를 다룬다.

10장

증권분석(1)

– 전통적 DCF 주식평가모형과 주가배수모형

기업관련 정보를 가장 많이 이용하는 이해관계자의 하나는 증권투자자, 증권분석가들이다. 이들은 증권투자와 관련하여 본서 7~9장에서 다룬 미래에 대한 다양한 재무예측자료를 토대로 적정주가를 추정하여 관련 증권들의 과대 · 과소평가 여부를 판단한다.

본 10장과 다음 11장에서는 증권의 적정한 투자가치를 평가하는데 사용되는 다양한 가치평가모형에 대하여 다룬다. 본장 2절에서는 현금흐름할인법(DCF) 중 배당할인모형(DDM)과 같은 전통적 주식평가모형에 대하여, 3절에서는 상대가치평가 방법인 주가배수모형에 대하여 설명한다. 다음 11장에서는 현금흐름할인모형 중 잉여현금흐름(FCF)모형, 경제적 부가가치(EVA)모형, 초과이익(RIM)모형에 대해서 다룬다.

학습목표

- 증권분석 방법과 가치평가
- 가치평가 방법의 종류
- 전통적 주식평가모형으로서 배당할인모형(DDM), 이익평가모형에 의한 가치평가 방법과 유용성
- 주가배수모형에 의한 가치평가 방법과 유용성

1절 증권분석에서의 가치평가

증권투자를 통하여 높은 초과수익을 높이고자 하는 가치투자 방법의 핵심은 현재의 시장가격과 투자가치를 비교하여 과소평가의 여부와 정도를 판단하는 것이다. 본 절에서는 가치평가의 서론으로서 증권분석의 방법과 가치평가 방법을 개관한다.

1. 증권분석의 방법

증권분석(securities analysis)은 투자결정을 위하여 유가증권의 투자가치를 분석하는 것을 말한다. 유가증권의 투자가치를 분석하는 증권분석 방법은 다음과 같이 기본적 분석과 기술적 분석, 포트폴리오분석 방법으로 나누어 볼 수 있다.

(1) 기본적 분석

기본적 분석(fundamental analysis)은 시장에서 객관적으로 형성되는 시장가격이 증권이 본래 지니는 내재가치에 접근해 가지만, 단기적으로는 동일하지 않을 수 있다는 전제 하에서 증권의 내재가치를 중점적으로 분석하는 방법이다. 추정된 내재가치가 시장가격보다 크면 과소평가된 증권, 내재가치가 시장가격보다 작으면 과대평가된 증권으로 판단하여, 이에 따라 매입 또는 매도의 투자결정을 하면 초과수익을 얻을 수 있다는 입장이다. 투자결정에 있어서 가격이 잘못 형성된(mispriced) 종목선택을 통하여 초과수익을 얻고자 하는 적극적 투자관리의 분석기법이다.

그러므로 기본적 분석에서는 내재가치를 결정짓는 요인이라고 볼 수 있는 주당이익, 배당, 재무구조, 경영진의 능력, 산업의 경쟁적 구조와 같은 재무요인 혹은 경영요인들을 중시한다.

이들 내재가치를 결정짓는 요인들인 재무요인과 경영요인은 재무제표와 같은 공개적으로 이용 가능한 정보(public information)에 의해서 평가되는 경우가 대부분이다. 따라서 내재가치의 규명에 초점을 두는 기본적 분석 방법은 재무제표분석과 가장 밀접한 관계를 가지고 있다고 볼 수 있다. 따라서 재무정보가 가장 많이 이용되고 있는 증권분석의 방법은 기본적 분석 방법이다.

(2) 기술적 분석

기술적 분석(technical analysis)은 과거의 증권가격 및 거래량의 추세와 변동패턴에 관한 역사적 정보를 이용하여 미래 증권가격을 예측하는 방법이다. 이 분석 방법은 증권의 가격을 결정짓는 증권에 대한 수요와 공급은 이성적 요인뿐만 아니라 비이성적인 요인, 심리적 요인에 의해서도 결정되며, 과거의 증권가격 움직임의 양상이 미래에도 반복된다는 가정을 하고 있다.

기술적 분석은 본래 다우이론(Dow theory)에서 발전되었는데, 증권시장의 시황이 약세시장이나 강세시장으로 전환하는 시점을 미리 포착하여 초과수익을 얻고자 하는 데 분석의 초점을 두고 있다. 적절한 투자시점은 주로 과거의 증권가격이나 거래량의 움직임을 차트(charts)로 표시하거나 이동평균, 투자심리선과 같은 기술적 투자지표를 이용하여 포착한다.

따라서 이 분석 방법에서 주로 이용하는 정보는 과거의 증권가격이나 거래량과 같은 역사적 정보이므로 재무분석은 이와 같은 분석 방법과 직접적 관계가 없다고 할 수 있다.

(3) 포트폴리오분석

포트폴리오분석(portfolio analysis)은 앞에서 설명한 기본적 분석이나 기술적 분석 방법과는 달리 증권을 다수 증권들과의 결합관계에서 투자가치를 평가하는 방법이다.

투자대상을 개별적으로 평가하는 것과 포트폴리오의 관점에서 평가하는 것은 크게 차이가 있다. 개별적 평가에서 아무리 최우량 증권으로 평가된 종목이라 하더라도 포트폴리오, 즉 복수증권과의 결합관계, 타 증권들과의 상관관계 측면에서 평가하면 열등한 증권일 수도 있다. 반대로 개별적으로는 열등한 증권이더라도 포트폴리오 구성의 관점에서 보면 우량증권이 될 수도 있다.

따라서 포트폴리오분석은 2개 이상의 투자대상에 분산투자를 하였을 때 나타나는 포트폴리오의 기대수익과 위험에 대한 분석을 기초로 하여 일정한 기대수익에서 투자위험을 최소화할 수 있는 효율적 분산투자의 방법을 중점적으로 다루고 있다. 즉, 투자위험을 효율적으로 줄일 수 있는 증권들의 결합, 위험통제의 방법이 무엇인지를 찾는 것이 핵심이 된다.

위의 방법 중에서 기본적 분석 방법은 증권의 내재가치중심으로 투자가치를 평가한다는 의미에서 보편적 증권분석 방법이 되고 있다. 증권의 내재가치를 추정하여 투자결정하는 접근 방법은 실무계에서는 가치투자(value investment) 방법으로 활용되기도 한다. 본래 좁은 의미에서는 가치투자는 PER, PBR과 같은 주가배수가 낮은 가치주에 투자하여 투자성과를 높이고자 하는 방법을 의미한다. 넓은 의미에서는 [그림 10-1]과 같은 투자흐름 과정에서 저평가주식을 발굴하여 투자성과를 높이고자 하는 접근 방법을 말한다.

그림 10-1 가치투자의 흐름도

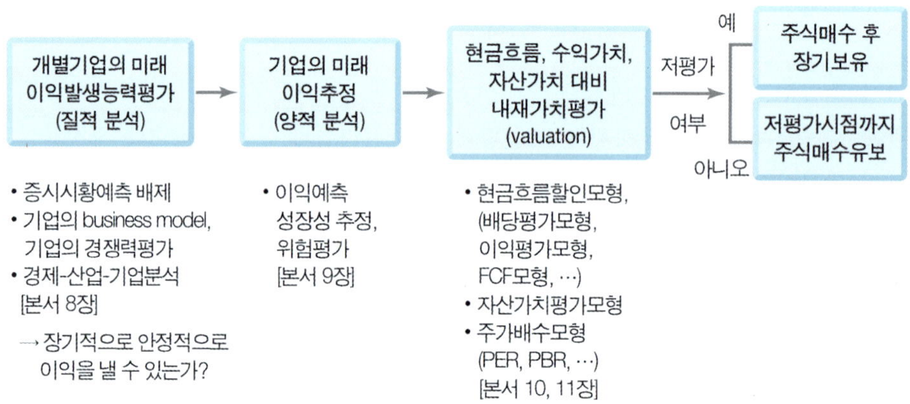

가치투자에서의 핵심은 내재가치를 평가(valuation)하여 현재의 시장가격과 비교함으로써, 과대·과소평가 여부를 결론 내는 것이다. 주식의 내재가치는 본 10장과 다음 11장에서 그 평가 방법이 상세히 다루어지겠지만, 주당이익 또는 배당, 현금흐름에 의해서 결정되므로, 이들 가치요소들을 계량적으로 예측하여야 한다. 그런데 미래 이익이 계량적으로 추정되기 위해서는 기업이 장기적으로 그리고 안정적으로 이익을 낼 수 있는 능력이 있는지에 대한 질적 측면을 분석해야 한다.

질적 요소를 분석하는 것은 [그림 10-2]에 정리된 것처럼 기업의 미래 이익에 영향을 주는 경제-산업-기업적 측면의 요소를 분석하는 것이다. 기업의 이익흐름을 좌우하는 첫째 원천적 요인은 **국민경제적 요인들**로서 그 나라 경제의 경기순환 국면, GDP성장률, 1인당 국민소득, 환율, 인플레이션, 이자율수준 등을 말한다. 이들 요소들은 그 기업의 매출액과 매출원가에 영향을 주어 궁극적으로 특정 기업의 이익흐름에 영향을 미친다.

둘째는 산업적 요인들이다. 특정 기업이 속하는 당해 산업의 수요성장률, 시장규모, 경쟁구조, 비용구조, 정부의 지원, 노사관계 등의 요인들은 당해 산업의 유망성을 다르게 하고, 궁극적으로는 특정 기업의 이익흐름에 영향을 주게 된다.

셋째는 기업적 요인들이다. 비록 유망한 산업 내에 진출하고 있더라도 각 기업의 경쟁력, 생산성, 자산이용의 효율성, 재무효율성 등에 따라 이익발생능력은 큰 차이를 보이게 된다. 이에 대한 내용은 본서 8장과 3~5장에서 이미 다룬 바 있다.

그림 10-2 기본적 분석의 체계(Top Down 방식)

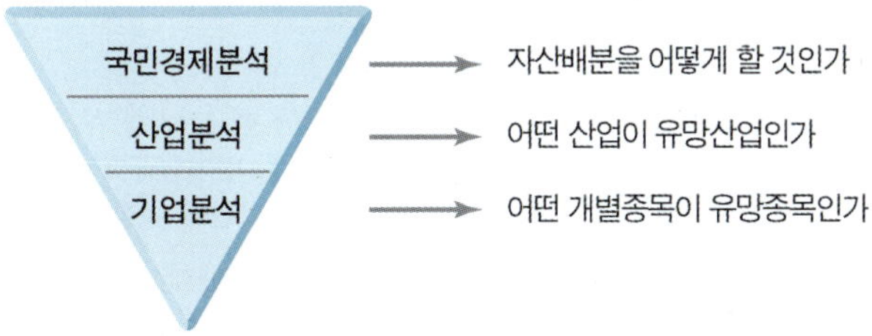

기업의 미래 이익에 영향을 미칠 질적 분석이 이루어진 다음에는, 이에 근거하여 이익을 **계량적으로 예측하는 작업**([그림 10-1]의 두 번째 부분)이 이루어져야 한다. 이에 대해서는 다음과 같은 이익예측의 방법이 활용될 수 있다.

- **기계적 외삽법에 의한 이익예측**: 과거 시계열자료의 단순 추세선상에서 예측
- **평균회귀모형의 이용**: 과거 일정 기간의 평균이익으로 예측
- **마팅겔모형의 이용**: 최근연도의 이익을 차기이익으로 예측
- **서브마팅겔모형의 이용**: 최근연도의 이익에 성장추세를 감안하여 예측
- **추정재무제표의 작성**: 매출액백분율법, 회귀분석법, 예산비용법에 의해 재무제표 상의 개별수익·비용항목 추정
- **시장점유율, 마진율의 이용법**: 산업 전체의 예상매출액에 시장점유율과 매출액순이익률을 감안하여 이익예측
- **ROE 구성요소의 추정을 통한 예측**: ROE의 구성요소인 재무효율(순이익/영업이익), 관리효율(영업이익/매출총이익), 생산효율(매출총이익/매출액), 자산이용의 효율성(매출액/총자본), 레버리지(총자본/자기자본) 그리고 주당 순자산가치를 고려하여 이익예측

2. 가치평가 방법의 개관

증권분석에서 마지막 작업([그림 10-1]의 세 번째 부분)은 미래 이익에 영향을 미칠 질적 요소를 감안한 이익예측치가 추정되면, 이를 근거로 증권의 투자가치-적정가격을 평가(valuation)하는 일이다. 투자가치(적정가격, intrinsic value)와 시장가격(market price)을 비교하면 특정 증권이 과소 또는 과대평가 되었는지를 판단할 수 있게 된다.

이러한 접근 방법에서 적용할 수 있는 가치평가 방법은 다음과 같이 요약할 수 있다.

[표 10-1] **가치평가 방법들의 특징**

종 류	특 징
현금흐름할인법 (DCF)	• 미래 현금흐름을 적절한 할인율로 할인한 현재가치를 투자가치로 평가하는 방법. • 배당할인모형과 같은 전통적 주식평가모형, 잉여현금흐름(FCF)모형, 경제적 부가가치(EVA)모형, 초과이익(RIM)모형 등이 이 방법에 속함.
주가배수모형 (multiples)	• 주가가 주당이익(EPS)이나 주당순자산(BPS)에 대해서 몇 배 수준이 적정한지를 판단하여 투자가치를 상대적으로 평가하는 방법. • PER, PBR, PSR, EV/EBITDA 등의 주가배수이용법이 이 방법에 속함.

본장의 다음 2절에서는 절대가치평가 방법인 현금흐름할인법(DCF) 중 배당할인모형과 같은 전통적 주식평가모형에 대하여 설명하고, 3절에서는 상대가치평가 방법인 주가배수모형에 대하여 다룬다. 현금흐름할인모형 중 잉여현금흐름(FCF)모형, 경제적 부가가치(EVA)모형, 초과이익(RIM)모형에 대해서는 다음 11장에서 다룬다.

2절 전통적 DCF 주식평가모형

현금흐름할인평가법(DCF: discounted cashflow valuation)은 다음과 같이 어떤 투자대상이든 미래 현금흐름(Cash Flow)을 적절한 할인율로 할인한 현재가치 기준으로 투자가치를 평가하는 방법이다.

$$V_o = \sum_{t=1}^{n} \frac{CF_t}{(1+k)^t} \qquad \cdots\cdots (10\text{-}1)$$

여기서, V_o: 투자대상의 투자가치(현재가치)

CF_t: 미래 t시점의 현금흐름

k: 불확실성을 감안한 할인율

DCF방법은 분자의 현금흐름(CF)을 무엇으로 규정하고, 분모의 할인율(k)을 무엇으로 적용하느냐에 따라서 ① 자본조달접근법, ② 영업흐름접근법으로 구분할 수 있다.

1) 자본조달접근법(financing approach)

자본제공자인 주주나 채권자에게 배분되는 현금흐름을 기준으로 현재가치를 계산하는 방법이다. 주식가치를 추정하는 경우는 주주에게 귀속되는 순이익이나 배당을 자기자본비용(주주의 요구수익률)으로 할인한 현재가치를 기준으로 한다. 본 2절에서 설명하는 **전통적 주식평가모형**들이 이에 속한다.

2) 영업흐름접근법(operating approach)

기업이 자산운용의 결과, 영업활동을 통하여 창출하는 영업현금흐름에 기초한 영업가치(기업 전체 가치)를 구하는 방법이다. 미래의 영업이익기준의 현금흐름을 기업의 가중평균자본비용으로 할인하여 기업가치를 추정한다. 다음 11장에서 설명하는 FCF모형, EVA모형이 이에 속한다.

1. 배당할인(DDM)모형

주주입장에서 투자가치(value of equity)를 부여할 근거가 되는 것은 주주에게 돌아오는 미래의 투자수입인 배당과 미래주가(시세차익)이다. 따라서 현재시점의 이론적 주식가치(S_0)는 미래에 예상되는 기간별 배당흐름(d_t)과 미래 특정 시점(n)에서의 매도가격(P_n)을 주주들의 요구수익률(k_e: 기업의 자기자본비용)로 할인한 현재가치이다. 미래 n 시점에서의 매도가격(P_n)은 그 시점의 잔존가치로 볼 수 있는데, 그 시점에서 볼 때 그 이후 배당흐름의 현재가치이다. 따라서 보유기간에 관계없이 주식가치는 배당흐름의 현 시점에서의 할인가치로 추정할 수 있는데, 이러한 의미에서 **배당할인모형**(DDM: dividend discount model)이라고 부른다.

$$S_0 = \frac{d_1}{(1+k_e)^1} + \frac{d_2}{(1+k_e)^2} + \cdots\cdots + \frac{d_n}{(1+k_e)^n} + \frac{P_n}{(1+k_e)^n} \qquad \cdots\cdots \text{(10-2)}$$

위의 식 (10-2)에서 배당(d_t)의 성장률이 g%로 일정하게 무한대로 성장한다고 가정하면 주식가치는 다음과 같이 표현된다.

$$S_0 = \frac{d_0(1+g)}{(1+k_e)} + \frac{d_0(1+g)^2}{(1+k_e)^2} + \frac{d_0(1+g)^3}{(1+k_e)^3} + \cdots\cdots + \frac{d_0(1+g)^\infty}{(1+k_e)^\infty} = \sum_{t=1}^{\infty} \frac{d_0(1+g)^t}{(1+k_e)^t}$$

$$\cdots\cdots \text{(10-3)}$$

여기서 k가 g보다 크다(즉 $k > g$)고 가정하면, 식 (10-3)은 공비가 $(1+g)/(1+k)$인 무한등비수열이므로 이의 합을 내는 공식을 이용하면, 다음 식 (10-4)와 같다.

$$S_0 = \frac{d_1\text{(1기 주당배당금)}}{k_e\text{(요구수익률)} - g\text{(성장률)}} = \frac{d_0(1+g)}{k_e - g} \qquad \cdots\cdots \text{(10-4)}$$

식 (10-4)는 기업의 이익과 배당이 매년 g% 만큼 일정하게 성장한다는 가정하에 주식의 이론가치를 나타낸 것으로서, 배당의 **정률성장모형**(constant growth model) 또는 **고든**(Myron J. Gordon)**모형**이라고 한다.

이 정률성장모형은 배당흐름이 매년 일정한 비율로 지속적으로 성장한다는 가정 이외에도 다음과 같은 가정을 하고 있으므로 이의 이용에 주의할 필요가 있다.

1. 성장에 필요한 자금을 내부자금만으로 조달(internal financing)한다.
2. 투자자금의 생산활동을 통한 재투자수익률(r)이 항상 일정하다.
3. 사내유보율(f)과 배당성향($1-f$) 또한 일정하다.
4. 결과적으로 내부금융만으로 성장할 경우의 성장률(g)도 변함없다.
5. 요구수익률(할인율, k_e)이 일정하며, $k_e > g$이다.

여기서 내부금융만으로 가능한 성장률(g)을 **지속가능성장률**(sustainable growth rate)이라고 하는데, 이는 9장에서 설명한 것처럼 사내유보율(f)과 재투자수익률(r)의 곱($f \cdot r$)으로 추정한다. 여기서 재투자수익률은 내부금융의 경우이므로 자기자본순이익률(ROE)로 측정할 수 있다.

지속가능성장률 g = (사내유보율) · (재투자수익률) = $f \cdot ROE$ …… (10-5)

따라서 식 (10-5)의 정률성장모형은 다음과 같이 추정할 수 있다.

$$S_0 = \frac{d_0(1+g)}{k_e - g} = \frac{E_0(1-f)(1+g)}{k_e - f \cdot r} \quad \cdots\cdots (10\text{-}6)$$

여기서, E_0 : 0기에서의 주당이익

$1-f$: 배당성향

예제 10-1

㈜HHS의 지난 5년간의 주당순이익, 주당배당금, 배당성향, ROE 추이가 다음과 같다. 향후 이 회사의 배당성향, ROE수준은 과거 평균수준이 영구적으로 지속될 것으로 예상하고 있다. 최근 9,800원의 배당금(d_0)을 지급했고, 요구수익률은 16%이다.

	2017	2018	2019	2020	2021	평균
EPS(원)	28,590	30,400	27,780	29,690	28,240	28,940
DPS(원)	12,010	12,160	11,660	12,770	9,800	11,700
배당성향(%)	42	40	42	43	35	40
ROE(%)	16.4	18.2	15.4	2.7	17.9	17.6

① 주어진 예상치에 근거하면, 지속가능성장률은 얼마인가?

② 이 주식의 내재가치는 얼마인가?

③ ㈜ABC의 과거 평균 배당성향은 17%, ROE는 35%이다. 과거 평균수준이 계속된다고 가정하면, 지속가능성장률은 28%로 추정된다. 이 회사의 요구수익률을 12%로 보면, 배당의 정률성장모형을 적용하여 주식가치를 추정할 수 있는가? 없으면 어떤 대안이 가능한가?

풀이

① 주어진 예상자료, 배당성향=40%(사내유보율=60%), ROE=17.6%에 근거하면,

지속가능성장률 $g = f \cdot \text{ROE} = (0.6)(17.6\%) = 10.5\%$

② 정률성장모형에 의해서 내재가치를 추정하면,

$$S_0 = \frac{d_1}{k_e - g} = \frac{9{,}800(1+0.105)}{0.16-0.105} = \frac{10{,}829}{0.055} = 198{,}200\text{원}$$

③ 추정자료에 근거하면 정률성장모형을 적용할 수 없다.

요구수익률 k_e =12% < 추정성장률 g =28%이기 때문이다. 이러한 가정이 적용되지 않는 다른 가치평가모형, 다음 3절에서 설명되는 주가배수모형이나, 11장에서 다루는 FCF모형, RIM모형에 의한 평가를 시도해보아야 한다.

2. 이익평가모형

배당도 이익의 일부가 배당되는 것이므로 미래 예상주당이익에 근거하여 주식가치(value of equity)를 추정할 수 있다. 이제 t기에 있어서의 주당이익을 E_t라고 하고 k_e를 주당이익에 대한 요구수익률이라고 하면 현재시점의 주식가치는 다음과 같이 표시할 수 있다. 이를 **이익평가모형**(earning valuation model)이라고 한다.

$$S_0 = \frac{E_1}{(1+k_e)^1} + \frac{E_2}{(1+k_e)^2} + \cdots\cdots + \frac{E_n}{(1+k_e)^n} + \cdots\cdots = \sum_{t=1}^{\infty} \frac{E_t}{(1+k_e)^t} \qquad \cdots\cdots (10\text{-}7)$$

이제 성장기회가 없는 기업이 매기에 평균적인 주당이익 E수준을 예상할 수 있다고 가정하고, 이에 대한 요구수익률을 k_e라고 하면, 이론적인 주식가치는 다음과 같이, 매기의 주당이익 E수준을 요구수익률(k_e)로 나누어 구할 수 있다.

$$S_0 = \frac{E}{(1+k_e)} + \frac{E}{(1+k_e)^2} + \cdots\cdots + \frac{E}{(1+k_e)^n} + \cdots\cdots\cdots \infty \quad = \frac{E}{k_e} \qquad \cdots\cdots (10\text{-}8)$$

이 모형은 기업의 재투자수익률(r)이 요구수익률(k_e)과 동일한 수준이어서 실질적으로 성장기회가 없는 것을 가정한 것이다. 그러나 기업의 재투자수익률이 요구수익률을 상회하는 경우는 일정한 성장기회를 기대할 수 있으므로 이론적 주식가치는 상승하게 된다. 이제 식 (10-4)의 배당의 정률성장모형을 성장기회가 없는 경우의 현재가치 부분과 미래 성장기회의 현재가치 부분으로 구분해 보면, 식 (10-9)와 같은 성장기회가 고려된 이익성장모형이 도출된다.

S_0 = 성장기회가 없는 경우의 현재가치+미래 성장기회의 현재가치

$$= \frac{E_1}{k_e} + \frac{E_1}{k_e}\left[\frac{f(r-k_e)}{k_e - f \cdot r}\right] \qquad \cdots\cdots (10\text{-}9)$$

여기서, S_0 : 이론적 주식가치
f : 사내유보율
E_1 : 기말 예상 주당이익
r : 재투자수익률
k_e : 주주의 요구수익률

이 모형에서 앞의 부분(E_1/k_e)은 주당이익을 모두 배당하여 재투자하지 않음으로써 성장기회가 없는 경우의 현재가치를 나타낸다. 뒤의 부분은 이익의 일부를 사내유보시켜 요구수익률을 상회하는 재투자수익률을 가져오는 **성장기회의 현재가치**(PVGO: present value of growth opportunity)를 나타낸다.

이 모형에서 보면, 주식가치를 결정짓는 변수가 E_1, f, r, g, k_e 임을 확인할 수 있는데, 재투자수익률(r)>요구수익률(k_e)인 기업이 사내유보율을 높일 때 PVGO가 증가하여 주식가치가 높아짐을 보여주고 있다.

예제 10-2

지금 H, S사 모두 기말주당이익(E_1)은 3,000원이 예상된다. 그러나 H사는 재투자수익률과 요구수익률이 15.0%로 동일하고, 이익의 전부를 배당 지급한다. 반면에 S사는 재투자수익률이 20%(사내유보율 40%)로서 이익성장의 기회를 가지고 있다.

① H사의 주식가치는 얼마인가?

② S사의 성장률과 주식가치는 얼마인가? 성장기회의 현재가치는 얼마인가?

③ 만약 H사가 S사처럼 이익의 40%를 사내유보(배당성향 60%)시킨다면 성장률은 얼마이고, 주식가치는 어떻게 달라지는가?

풀이

① H사는 $k_e = r = 15.0\%$로서 성장기회가 없음.(식10-9의 앞부분 적용)

$$S_0 = \frac{E_1}{k_e} = \frac{3{,}000}{0.15} = 20{,}000\text{원}$$

② S사는 $r > k$로서 성장기회를 가짐. 성장률: $g = f \cdot r = 0.4 \times 0.20 = 0.08$

주식가치 S_0 = 성장기회가 없는 경우의 현재가치+성장기회로부터의 현재가치

$$= \frac{E_1}{k_e} + \frac{E_1}{k_e}\left[\frac{f(r-k_e)}{k_e - f \cdot r}\right]$$

$$= 20{,}000 + 20{,}000\left[\frac{0.4(0.20-0.15)}{0.15-0.08}\right]$$

$$= 20{,}000 + 5{,}714 = 25{,}714\text{원},$$

성장기회의 현재가치(PVGO): 5,714원

③ H사가 사내유보율을 높일 경우 성장률: $g = f \cdot r = (0.4)(0.15) = 0.06$ (상승)

그러나 기대배당(d_1)은 $d_1 = E_1(1-f) = 3{,}000 \times 0.6 = 1{,}800$원 (하락)

$$\therefore S_0 = \frac{d_1}{k-g} = \frac{1{,}800}{0.15-0.06} = 20{,}000\text{원}$$

$k = r$인 경우는 사내유보율을 높이더라도 주식가치에 변함이 없음.

3. 자산가치평가모형

위의 방법은 미래 배당흐름, 이익흐름의 현재가치, 즉 수익가치에 근거하여 주식가치를 평가하는 방법이었다. 주식가치를 평가하는 또 다른 방법은 주주들에게 귀속되는 재산의 몫, 자산가치에 근거하여 평가하는 자산가치평가모형(asset-based valuation)을 이용하는 것이다. 자산가치가 급등락하는 경제상황에서나, 자원개발업체와 같은 업종에서는 자산가치가 중요하다.

자산가치에 대한 평가는 주당순자산을 계산하여 평가한다. 만약 주식회사가 청산하게 되는 상황이 되면 재산권 행사의 우선순위에 있어서 선순위 지분증권(senior claims)인 부채와 우선주가 먼저 변제되고 보통주 주주들에게는 이를 차감한 금액인 잔여재산이 돌아간다. 주주들에게 돌아갈 잔여재산의 가치를 재무상태표상에서 추정한다면, 기업의 총자산 중 채권자의 몫인 총부채와 우선주를 차감한 잔여분인 순자산(net worth, 보통주 자본총계)이 된다. 따라서 다음과 같이 주당순자산을 계산하여 보통주 1주에 귀속될 자산가치로 평가한다. 이를 주당장부가치(BPS: book value per share)라고도 한다.

$$\text{주당순자산 BPS} = \frac{\text{보통주 자본총계}(=\text{총자산}-\text{총부채}-\text{우선주})}{\text{발행주식 수}} \quad \cdots\cdots \text{(10-10)}$$

이처럼 일정한 회계적 기준에 의하여 작성된 재무상태표로부터 보통주 주주에게 귀속될 자산가치를 추정하는 것은 기업의 청산을 전제로 한 청산가치(liquidation value)에 근거한 것으로 시장가치로 측정된 청산가치는 보수적으로 추정한 내재가치의 한 기준이 될 수 있다.

그러나 이 평가 방법은 역사적 취득원가 등 일정한 회계관행에 의해서 장부가치기준으로 순자산가치가 추정되면 실제의 주가와 큰 차이를 보일 수 있는 문제점이 있다. 주당순자산은 근본적으로 미래의 수익발생능력을 반영하지 않기 때문이다. 더욱이 자산가치는 개별자산의 단순한 합계에 지나지 않기 때문에 기업의 원천적 이익발생능력을 평가할 수 없다는 한계점이 있다.

주당순자산가치의 한계점을 보완하는 방법은 순자산의 대체원가(replacement cost)를 추정하는 것이다. 실제로 순자산의 대체원가는 일반적으로 주식의 시장가치와 크게 차이가 나지 않는다. 만약 양자 간에 큰 차이를 보이게 되면 기업인수의 표적이 되거나, 새로운 기업들이 당해 산업에 진입함으로써 시장가치에 변화가 초래되기 때문이다. 이 양자를 비율 [주식의 시장가격÷대체원가]로 표시한 것을 3장의 보통주평가비율에서 설명한 **토빈의 q**라고 하는데, 이 비율이 1과 얼마나 괴리가 있는지가 바로 이러한 측면을 나타내게 된다.

3절 주가배수 평가모형

주가배수(multiples)는 주가를 주당이익, 주당순자산 등 가치변수로 나누어 계산된 배수를 말한다. 주가가 주당이익, 주당순자산 등의 가치변수 몇 배 수준에 와 있는지, 주식 한 주로 기업의 이익, 자산, 매출, 현금흐름 등 가치척도를 얼마나 구매할 수 있는지를 나타낸다.

$$\text{주가배수} = \frac{\text{주가(Price)}}{\text{가치변수(주당이익, 주당순자산 }\cdots)} \quad \cdots\cdots \text{ (10-11)}$$

가장 많이 사용되는 주가배수에는 PER(주가수익비율), PBR(주당순자산비율), PSR(주가매출액비율), EV/EBITDA 등이 있다. 주가배수는 결국 가치변수로 나누어 주가를 표준화(standardizing)시킨 결과가 되어, 적절한 비교대상과 이들 배수를 비교하면, 상대적으로 주가가 높은 수준인지 또는 낮은 수준인지를 평가할 수 있게 되기 때문이다. 이러한 의미에서 **상대가치평가법**(relative valuation model)이라고 한다. 본 절에서는 PER, PBR, PSR, EV/EBITDA을 중심으로 가치평가에의 활용법을 설명한다.

1. PER, PBR, PSR, EV/EBITDA

(1) 주가수익비율(PER: price earning ratio)

주가수익비율(PER)은 주가(price)를 주당순이익(EPS)으로 나눈 것이다. 이 지표는 일차적으로 기업이 벌어들이고 있는 한 단위의 이익에 대해 증권시장의 투자자들이 얼마의 대가를 지불하고 있는가를 뜻한다. 즉, 기업의 단위당 이익발생능력(수익가치)에 대한 상대적 주가수준을 나타낸 것이다. 주당이익에 비하여 주가가 몇 배인지를 나타낸다는 의미에서 **이익승수**(earnings multiples)라고도 한다.

$$PER = \frac{\text{주가(Price)}}{\text{주당 순이익(EPS)}} \qquad \cdots\cdots \text{(10-12)}$$

예를 들어, 삼성전자의 경우 주당이익이 126,000원이고, 현재의 주가는 1,200,000원이라면 PER은 9.5배수가 된다. 이는 이 회사의 1원의 이익발생능력에 대해서 투자자들이 9.5배의 대가를 지급하고 있음을 뜻한다.

그런데 PER은 동종산업 내의 기업이라도 큰 차이를 보일 수 있다. 만약 LG전자의 경우 주당이익이 1,300원이고 현재의 주가가 52,000원이라면 PER은 40배수가 된다. 이처럼 주당이익 1원은 명목상 화폐가치로 볼 때 똑같겠지만, 시장이 보상하는 주가배수가 다른 것은 PER이 각 기업이 지니는 이익의 질(earning quality)의 차이를 반영하기 때문이다. 다음 요인들이 이익의 질적 차이를 가져오는 것으로 볼 수 있다.

1. 기업의 미래성장률의 차이
2. 영업위험, 재무위험의 차이
3. 회계처리 방법(이익추정의 일관성, 보수성, 예측가능성)의 차이
4. 기업의 이익발생능력(시장에서의 경쟁적 지위, 경영자 능력)의 차이

(2) 주가순자산비율(PBR: price to book value ratio)

주가순자산비율(PBR)은 주가를 자기자본의 주당장부가치인 주당순자산(BPS=보통주 자본총계 / 발행주식 수)으로 나눈 비율이다. 여기서 순자산(보통주 자본총계)은 총자산에서 보통주에 대한 선순위 지분증권(senior claims)인 부채와 우선주를 차감한 금액이다.

$$PBR = \frac{\text{주가(Price)}}{\text{주당 순자산(BPS)}} = \frac{\text{자기자본 시장가치(Market value)}}{\text{자기자본 장부가치(Book value)}} \qquad \cdots\cdots \text{(10-13)}$$

이 식의 분자 · 분모에 발행주식 수를 곱하면, 자기자본의 시가총액과 자기자본의 장부가치의 비율이 되는데, 이처럼 총액기준으로 표시한 비율은 **M/B비율**이라고도 한다. 결국 PBR은 분자에 시장가치를, 분모에 장부가치를 대응시킨 것이므로 보통주의 주당가치를 평가함에 있어서 자기자본의 시장가치와 장부가치의 괴리의 정도를 측정한 것

이다. 이러한 의미에서 **자기자본평가지표**(equity valuation index)인 것이다.

PER이 수익가치에 대비한 상대적 주가수준을 나타내는 지표인 반면에, PBR은 자산가치에 대비한 상대적 주가수준을 측정한 지표라는 데 근본적인 차이점이 있다. 만약 재무상태표상에 보통주 1주에 귀속되는 주당순자산가치(장부가치)가 실질가치를 정확히 반영하게 되면 PBR은 1이 되어야 할 것이다. 그러나 대부분 기업들의 PBR은 주가(시장가격)와 주당순자산(장부가치)이 같지 않으므로 1과 차이가 난다. 기업 간에 PBR에 차이를 보이는 것은 결국 기업마다의 주당순자산의 질적 차이를 반영한 것이다. 즉, 기업마다 취급하는 제품시장에서의 경쟁상황, 위험의 변화로 인한 현금창출능력, 주요 자산들에 대한 효율적 이용도, 자산의 노후화 정도, 부외부채의 크기 등이 다르기 때문이다.

(3) 주가매출액비율(PSR: price to sales ratio)

주가매출액비율(PSR)은 주가를 주당매출액(SPS)으로 나눈 것으로, 기업의 외형적인 성과척도인 주당매출액에 비교한 상대적 주가수준을 평가하는 지표이다.

$$PSR = \frac{\text{주가}}{\text{매출액} \div \text{발행주식 수}} \qquad \cdots\cdots \ (10\text{-}14)$$

닷컴(.com)기업 같은 기술주 같은 경우는 처음 수년간 이익을 내지 못하여 수익가치를 평가할 수 없는 경우가 많다. 또 이들 기업은 우수한 인적자원은 많지만 설비자산 투자가 작아 자산가치를 평가하는 것도 어렵다. 따라서 수익가치를 평가하는 PER모형이나 자산가치를 평가하는 PBR모형을 적용하기 어렵다. 또 경제가 극도로 악화되어 대부분 주식의 수익가치와 자산가치가 크게 하락한 상황에서는 PER모형이나 PBR모형은 가치평가모형으로서의 유용성이 떨어지는 면이 있다. PSR과 다음에 설명하는 EV/EBITDA과 같은 주가배수는 이러한 면을 보완하는 가치평가모형으로 사용되고 있다.

(4) EV/EBITDA

EV/EBITDA비율은 다음과 같이 기업전체가치(EV: enterprise value)를 EBITDA (earning before interest, tax, depreciation & amortization)로 나눈 것이다.

$$\frac{\text{EV}}{\text{EBITDA}} = \frac{\text{기업가치}}{\text{이자 · 세금 · 감가상각비 차감전 이익}} \quad \cdots\cdots \ (10\text{-}15)$$

여기서, EV(기업가치): 주식의 시가총액(=주가×발행주식 수)
+순차입금(=총차입금−현금 · 투자유가증권)
EBITDA: 이자비용, 법인세비용, 유 · 무형자산 감가상각 차감전 순이익

EV는 기업전체가치로서 기업이 벌어들이는 현금흐름에 대하여 지분을 주장할 수 있는 보통주 주주, 우선주주, 채권자의 시장가치를 합하여 계산한다. 구체적으로 주식의 시가총액(=주가×발행주식 수), 우선주 시장가치, 순차입금(=총차입금−현금 · 투자유가증권)을 합한 금액이다.

EBITDA는 세전영업이익(EBIT)수준에 비현금성비용항목인 감가상각비를 합한 것이므로 결국 세전기준 영업현금흐름을 측정한 것이다. 따라서 EV/EBITDA비율은 영업활동 현금흐름의 크기를 감안할 경우 기업 전체가치가 상대적으로 얼마나 높은지를 측정한 것이다.

기업도산이 크게 증가할 정도로 경제상황이 악화되는 기간에서는 현금흐름의 중요성이 높아진다. 또한 주가수준이 극도로 낮아진 상황이어서 주당이익, 주당순자산, 주당매출액에 기초한 상대가치평가가 별다른 의미가 없는 것으로 지적되곤 한다. EV/EBITDA비율은 이러한 상황에서 특히 유용성이 높아지는 것으로 알려져 있다.

2. 주가배수를 이용한 적정주가의 추정

주가배수에 가치변수를 곱하면 주가가 추정되는 관계에 근거하여 내재가치를 다음과 같이 추정할 수 있다.

$$\begin{aligned} P\,(\text{주가}) &= \text{주가배수(PER, PBR, PSR} \cdots) \\ &\quad \times \text{가치변수(주당이익, 주당순자산, 주당매출액} \cdots) \quad \cdots\cdots \ (10\text{-}16) \end{aligned}$$

이때 적용하는 주가배수는 현재의 실제 주가배수가 아니라, 정상적 상황에서 기대되는 **정상적 주가배수**, **적정주가배수**(normalized multiples)이다. 현재의 실제 주가배수는 과소 또는 과대하게 형성될 수 있어서 정상적 상황에서 기대되는 적정 주가배수가 아닐 수 있다고 가정하는 것이다.

예를 들어, PER를 이용한 적정주가 추정은 주당이익에 PER을 곱하여 주가를 추정할 때, 정상적 PER(P/E*)을 곱하는 것이다. 추정하고자하는 적정주가가 미래 n 시점의 주가 (P_n^*)라면, 주당이익은 n 시점의 주당이익($E_n = E_0(1+g)^n$)을 적용한다.[1)]

$$P^*(\text{적정주가}) = \frac{P^*}{E}(\text{적정주가수익비율}) \times E(\text{주당이익}) \qquad \cdots\cdots (10\text{-}17)$$

여기서, P^* : 특정 시점의 적정주가
E: 특정 시점의 주당이익
P/E^* : 적정 PER

주가배수를 이용하여 적정주가를 추정할 경우 분석의 요체가 되는 것은 정상적 주가배수, 적정주가배수(normalized multiples)를 추정하는 것이다. 적정주가배수는 두 가지 방향에서 추정해 볼 수 있다. 비교기업(comparable firms)의 주가배수를 적용하는 방법과 가치평가모형에서 적정 주가배수 결정요인을 도출하는 방법이다.

(1) 비교기업 주가배수의 적용

유사기업의 주가배수를 적정 주가배수로 참조하는 것인데, 구체적으로 다음과 같은 방법을 적용해 볼 수 있다.

1. 주관적으로 영업과 재무적 특성이 유사한 기업들의 주가배수를 이용하는 방법
2. 동종산업, 또는 주요 경쟁업체의 평균주가배수를 이용하는 방법
3. 당해기업의 과거 수년간의 평균주가배수를 이용하는 방법

예를 들어, 사례기업인 삼성전자의 적정주가를 추정함에 있어서 주가배수모형을 적용한다면, 전자산업 전체 기업의 평균주가배수나, 전자산업 내의 주요 경쟁업체인 애플, 인텔 등의 평균주가배수를 적정주가배수로 대용하는 것이다. 또는 삼성전자의 과거 수년간의 주가배수에 회귀할 것으로 가정하여 삼성전자 과거 수년간의 평균주가배수를 이용할 수 있다.

---

1) 동일한 방법으로 PBR을 이용할 때는 $P_0^* = P/B^* \times BPS$
단, P/B^*: 정상적 주당순자산비율(PBR), BPS: 주당순자산
PSR을 이용하여 적정주가를 추정하는 것은 $P^* = P/S^* \times SPS$

(2) 가치평가모형에서 주가배수 결정요인 도출

앞의 2절과 다음 11장에서 설명되는 여러 가치평가모형에는 기업가치, 주식가치를 결정짓는 재무변수들이 나타나 있다. 이들 가치평가모형으로부터 주가배수의 결정요인을 도출할 수 있는데, 이를 근거로 적정주가배수를 추정할 수 있다. 이를 **내재적 주가배수**(intrinsic multiples)라고 부르기도 한다. 여기서는 배당의 정률성장모형 등의 가치평가모형이 타당하다고 가정하여 도출되었거나, 듀퐁시스템 분석에서 도출된 적정주가배수의 결정요인을 소개한다.

[적정PER의 결정요인]

$$\frac{P^*}{E} = \frac{\text{배당성향}(1-f)}{\text{요구수익률}(k)-\text{성장률}(g)} = \frac{1-f}{k-f \cdot r} \qquad \cdots\cdots \ (10\text{-}18)^{2)}$$

여기서, f: 사내유보율
$1-f$: 배당성향
r: 재투자수익률(ROE)

[적정PBR의 결정요인]

$$\text{PBR} = \frac{\text{자기자본 시장가격}}{\text{자기자본 장부가액}}$$

$$= \frac{\text{순이익}}{\text{자기자본 장부가액}} \times \frac{\text{자기자본 시장가격} \div \text{발행주식 수}}{\text{순이익} \div \text{발행주식 수}}$$

$$= (\text{자기자본순이익률 ROE}) \times \left(\frac{P}{E}\right)$$

$$= \frac{\text{순이익}}{\text{매출액}} \times \frac{\text{매출액}}{\text{총자본}} \times \frac{\text{총자본}}{\text{자기자본}} \times \left(\frac{P}{E}\right) \qquad \cdots\cdots \ (10\text{-}19)^{3)}$$

$$= (\text{마진}) \times (\text{활동성}) \times (\text{부채 레버리지}) \times (\text{이익승수})$$

---

2) 정률성장모형이 타당하다고 가정하면, 주가 $P_0 = \frac{d_1}{k-g} = \frac{E_1(1-f)}{k-g} = \frac{E_1(1-f)}{k-f \cdot r}$
여기서 E: 주당이익, g=지속가능성장률=(사내유보율 f)×(재투자수익률 r)
양변을 주당이익(E_1)으로 나누면 식(10-18)인 성립함.

3) 여기서 PBR의 구성요소를 보면, PBR은 ROE의 결정요소인 기업의 마진, 활동성, 부채레버리지 그리고 기업 이익발생능력의 질적 측면(PER)이 반영된 지표인 것을 알 수 있다. 이식에서 ROE가 PBR수준에 미치는 영향은 매우 큼을 알 수 있는데, 고ROE · 저PER 주식은 저평가된 것으로, 저ROE · 고PBR 주식은 고평가된 것으로 판단할 수 있다.

$$PBR\left(\frac{M}{B}\right) = ROE\times\left(\frac{P}{E}\right) = \frac{ROE\times(1-f)}{k-g} = \frac{ROE-f\cdot ROE}{k-g} = \frac{ROE-g}{k-g}$$

…… (10-20)[4]

$$\frac{M}{B} = 1 + \frac{\text{미래 초과이익}(RI)\text{의 현재가치}}{\text{자기자본 장부가치}}$$

…… (10-21)[5]

여기서, 미래 초과이익(RI)의 현재가치 $=(ROE-k_e)\times B$

[적정PSR의 결정요인]

$$\frac{P}{S} = \frac{M\times(1-f)(1+g)}{k-g}$$

…… (10-22)[6]

여기서, M: 매출액순이익률

3. 주가배수모형의 유용성과 한계점

위에서 설명한 PER등의 주가배수는 모두 간단한 회계정보를 이용하여 실제 투자결정에 쉽게 이용할 수 있다는 점에서 유용성이 높다. 앞에서 설명한 바와 같이 단순히 주당이익 등과 비교하여 적정주가수준을 추정하거나 수익가치, 자산가치를 감안하여 상대적 주가수준을 평가할 때 매우 유용하게 사용될 수 있다. 배당할인모형, 다음 장에서 설명하는 FCF모형, RIM모형 등과 같은 현금흐름할인모형(DCF)에서와 같이 자본비용이나, 잔존가치의 추정이 필요하지 않다.

반면에 주가배수모형은 기본적으로 **상대가치평가 방법**이라는 점이 가장 큰 한계점이

4) 배당의 정률성장모형이 타당하다는 가정 하에 도출된 내재적 PBR, fundamental PBR임.

5) 다음 11장 RIM평가모형에서 유도된 결과임. $S_0 = \text{기초자기자본}(B_0) + \sum_{t=1}^{\infty}\frac{RI_t}{(1+k_e)^t}$

여기서 RI(초과이익)은 $(ROE-k_e)\times B$임. 이제 위의 식의 양변을 기초 자기자본(B_0)으로 나누면, 좌변은 M/B비율이고 우변은 $1+(RI\text{현재가치}/B_0)$이 된다. 이 관계식에서 보면, $ROE>k_e$인 기업의 PBR(M/B)은 1보다 크지만, $ROE<k_e$인 기업의 PBR(M/B)은 1보다 작다.

6) 이 결정요인 또한 배당의 정률성장모형이 타당하다는 가정 하에 도출된 것이다.

$$P_0 = \frac{E_0(1-f)(1+g)}{k-g} = \frac{S\times M\times(1-f)(1+g)}{k-g}$$

여기서, M은 매출액순이익률(순마진), 주당이익(E_0)=주당매출액(S)×매출액순이익률(M)

이 식에서 PSR은 마진(매출액순이익률) 수준에 따라 크게 영향 받음을 알 수 있다. 매출액순이익률기준으로 고마진 · 저P/S주식은 상대적으로 저평가된 것으로, 저마진 · 고P/S주식은 상대적으로 고평가된 것으로 판단할 수 있다.

다. 이를테면, 과열된 시장 상황에서는 대부분 주식의 주가배수(PER 등)는 높은 수준일 터인데, 이 높아진 주가배수를 적정 주가배수의 기준으로 삼을 경우 주가배수가 산업 평균보다 낮다는 이유로 과소평가 판정을 내리는 오류를 범할 수 있다. 침체된 시장에서는 이와 반대되는 오류를 범할 수 있다.

(1) PER의 유용성과 한계점

PER의 계산상의 문제점을 이해하고 계산 방법을 개선하면 주가예측의 신뢰성을 높일 수 있다. 다음은 PER을 계산하는 데 야기될 수 있는 문제점과 PER의 유용성을 높이는 방법들이다.

1. **분자의 주가자료의 시점 선택**: PER만이 아니고 다른 주가배수도 마찬가지이지만, 분자의 주가자료를 대응시킬 때, 특정일의 종가를 사용하거나 이익발표 직전 일정 기간 동안의 평균주가를 사용하는 방법이 있다. 후자의 방법이 분모의 주당이익 정보 내용을 적절히 반영한다는 장점이 있다.
2. **분모의 주당이익 자료의 선택**: 공식 발표 PER는 최근(과거) 사업연도의 주당이익자료를 사용하여 계산한다. 그러나 차기의 예측된 주당이익을 이용할 수 있다. 최근 주당이익을 사용한 PER을 실적PER(trailing PER)이라고 하고, 예측된(또는 차기) 주당이익을 이용한 PER을 기대PER(forward PER)이라고 한다. 주가는 미래의 예상이익을 반영한 것이기 때문에 기대PER을 이용하는 것이 논리적으로 합당한 면이 있다. 분석기간의 EPS가 음(−)이거나 매우 작은 수준의 EPS이면 PER의 신뢰성이 떨어진다.
3. **지속가능이익 기준의 PER**: 9장에서 논의한 것처럼 주당이익(EPS)은 비반복적 부분과 반복적, 지속가능한 부분으로 나누어 볼 수 있는데, 일시적 손익을 제외시킨 **지속가능 주당이익(persistent EPS)** 기준의 지속가능PER를 적용하는 것이 더 예측력이 있다.
4. **발행주식 수 계산의 문제**: 보통 현재 발행주식 수를 기준으로 하지만, 전환증권의 발행이 있으면 주식으로 전환될 경우 발행주식 수의 증가가 있게 된다. 주당이익을 희석화(diluted)시킬 주식 수를 포함시키는 것이 합리적이다.[7]
5. **경기순환기업의 PER, 부실기업의 PER의 적용**: PER의 크기는 분자보다는 분모(주당이익)의 크기에 따라 민감하게 변동하는 경향이 있는데, 경기순환에 취약한 기업의

7) 전환을 감안하지 않은 EPS를 Basic EPS, 희석화되는 것을 감안한 EPS를 Diluted EPS라고 부른다.

PER이나 매우 적은 이익을 낸 부실기업의 PER은 그만큼 변동성이 커서 PER의 신뢰성이 떨어진다고 할 수 있다. 실제로 PER은 경기 역행적 성격이 있음이 지적되고 있다. 즉, 경기저점에서는 EPS가 위축되어 높은 PER로 나타나는 반면에, 경기고점에서는 EPS가 커짐에 따라 낮은 PER로 나타나는 면이 있다.[8)]

(2) PBR의 유용성과 한계점

PBR계산에 필요한 회계정보도 재무상태표에서 쉽게 계산할 수 있으며, 負(−)의 EPS 기업에도 적용이 가능하다는 **장점**이 있다. 또 유동자산이 많은 산업에 유용하고, 계속기업의 가정이 필요치 않다. 실증적 연구결과에서도 PBR은 주식의 장기 평균수익률의 차이를 잘 설명하고 있는 것으로 알려져 있다.

반면에 몇 가지 **한계점**이 있으므로 사용상에 주의를 요한다. 주당순자산 추정에서 인적자본과 같은 항목처럼 재무상태표에 포함되지 않는 자산항목이 있을 수 있는 점, 주식가치는 보유자산의 질적 차이보다는 비즈니스 모델의 차이에 의해서 더 영향 받는다는 점, R&D회계처리처럼 회계처리 방법에 따라 자산의 크기가 크게 영향 받을 가능성이 있는 점, 역사적 취득원가기준의 회계처리로 인플레이션 하에서는 장부가치와 시장가치의 괴리가 클 수 있다는 문제점 등을 지적할 수 있다.

(3) PSR의 유용성과 한계점

PSR은 분모의 매출액 측정이 회계처리 방법에 가장 덜 영향 받으며 왜곡이나 조작가능성이 상대적으로 낮다는 점, 負(−)의 이익을 낸 기업에도 적용 가능하다는 점, PER 모형 등으로는 가치평가가 쉽지 않은 성숙기업, 경기순환기업, 적자기업의 평가에 적절하다는 점에서 그 **유용성**이 있다. 특히 기술주의 경우는 초기에 외형의 성장이나 빠른 시장점유 확보가 장기적 이익창출로 이어진다는 가정에서 주당매출액을 중시한다.

반면에 **한계점**으로는 주당이익이나 현금흐름 사정이 불량하더라도 높은 매출액 성장을 달성하는 기업이 얼마든지 존재할 수 있다는 점, 기업 간의 비용구조의 차이를 반영하지 못한다는 점, 매출액 인식의 회계 방법에 따라 약간의 왜곡 여지가 남을 수 있다는 점 등을 들 수 있다.

8) 이와 같이 PER과 이익성장률의 음(−)의 상관관계를 **몰로도브스키 효과**(Molodovsky Effect)라고 한다. 경기변동에 따른 PER의 변동성문제를 해결하는 방법으로는 ① 역사적 평균EPS을 사용하는 방법, ② EPS=ROE(자기자본순이익률)×BPS(주당순자산)의 관계를 이용하여 평균 ROE를 적용하는 방법이 사용될 수 있다.

(4) EV/EBITDA의 유용성과 한계점

EV/EBITDA의 장점은 負(−)의 EBITDA기업은 별로 없다는 점, 자본구조에 차이가 있는 기업들을 서로 비교할 수 있다는 점, 감가상각 방법 등의 회계처리 방법과 영업외적 요인에 의해서 별로 영향을 받지 않는다는 점, 철강업 등 자본집약산업에 유용성이 높다는 점이다.

반면에 단점으로는 운전자본의 급증 시에 실제의 현금사정과 다르게 현금흐름을 과대계상할 수 있다는 점, 자본적 지출액과 감가상각비의 크기가 동일하지 않으면 현금흐름정보가 왜곡될 수 있다는 점을 들 수 있다.9)

[표 10-2] 제반 주가배수모형의 장 · 단점 비교

종 류	기본모형	장 점	단 점
PER모형	$P_0^* = \frac{P^*}{E} \times E_0$	• 간단한 회계정보를 이용	• 주당이익 추정은 회계처리 방법에 따라 달라짐. • 주가자료, 주당이익 측정의 문제점 • 지속가능이익 추정의 어려움 • 경기변동 취약 기업, 부실기업에 적용이 어려움
PBR모형	$P_0^* = \frac{P^*}{B} \times BPS$	• 간단한 회계정보를 이용 • (−)이익에 적용 가능	• 주당순자산 추정은 회계처리 방법(R&D회계)에 따라 차이 • 자산으로 잡히지 않는 자산항목이 많은 경우 적용 한계
PSR모형	$P_0^* = \frac{P^*}{S} \times SPS$	• (−)이익, 자산가치가 문제되는 기업에 적용 가능 • 회계처리 방법의 선택에 영향이 적음.	• 매출액은 기본적으로 기업성과 추정치가 아님. • 비용구조 차이를 반영하지 못함.
EV/EBITDA	$V_0^* = \frac{EV^*}{EBITDA} \times EBITDA$	• 현금흐름정보는 조작이 쉽지 않음. • (−)이익기업에도 적용 가능 • 재무구조 차이가 있는 기업 간의 비교에 유용	• 운전자본투자, 자본지출액이 많은 경우 왜곡 여지가 있음.

9) 다음 절에서 설명하는 FCF(잉여현금흐름)에는 시설투자와 운전자본투자 모두가 고려되고 있으므로 이러한 단점 없이 현금흐름을 보다 적절히 측정하는 평가모형이 된다.

4. 사례기업에 대한 주가배수모형의 적용

본 장에서 설명한 배당평가모형(식 10-4)이나 이익평가모형(식 10-9)을 적용하여 삼성전자의 적정주가를 추정하면, 예상 배당금 2,889원, 지속가능성장률이 5.44%, 요구수익률 10.4%의 추정자료를 적용하면 적정주가는 58,236원이다.[10)]

한편 삼성전자의 2022년 3월 31일 현재 주가는 69,600원(시가총액은 415.5조원)이다. 이제 주가배수모형을 적용하여 적정주가를 추정하기 위해서 정리한 표가 다음 [표 10-2]이다. 이 표는 삼성전자의 글로벌 주요 경쟁업체 중 반도체와 휴대폰·가전 업체들의 주가배수와 관련된 자료를 보여주고 있다. 삼성전자의 PER는 13.6인 반면에 글로벌 반도체업체의 평균은 14.0이다. PBR로 비교하면 삼성전자는 1.6인 반면에 글로벌 반도체업체의 평균은 3.0이다. 또 EV/EBITDA로 비교하면 삼성전자는 4.8인 반면에 글로벌 반도체업체의 평균은 7.2이다. 어느 주가배수로 비교해도 삼성전자의 주가배수가 크게 낮아 삼성전자의 주가가 저평가되고 있음을 보여주고 있다.

[표 10-4]는 저평가의 정도를 구체적으로 보기 위해서 주가배수 PER, PBR, EV/EBITDA을 이용한 적정주가 추정 방법(식 10-16)을 적용하여 삼성전자의 적정주가를 추정한 결과를 요약한 것이다.

[표 10-3] **삼성전자의 글로벌 주요 경쟁업체의 주가배수 관련 자료**

주가배수	글로벌 반도체 업체				
	삼성전자	Intel	TSMC	SK하이닉스	평균
PER(배)	13.6	9.3	26.6	6.5	14.0
PBR(배)	1.6	2.2	7.4	0.9	3.0
EV/EBITDA(배)	4.8	6.6	14.5	2.7	7.2
ROE(%)	14.5	22.5	29.7	15.3	20.5

주가배수	글로벌 휴대폰/가전 업체				전체평균
	삼성전자	Apple	LG전자	평균	
PER(배)	10.1	26.2	4.7	13.7	13.8
PBR(배)	1.4	38.3*	0.8	13.5	8.3
EV/EBITDA(배)	3.5	19.5	2.6	8.5	7.8
ROE(%)	14.5	147.4	18.9	60.3	40.4

* outlier 제외한 평균

10) 최근 3년간의 사내유보율과 ROE의 평균은 0.508, 0.107이 되어 지속가능성장률(g)은 5.44%로 추정된다.

[표 10-4] 주가배수를 적용한 적정주가의 추정(삼성전자 사례)

(단위: 배, 원)

주가배수	①산업평균	②과거평균		③주당실적치	④주당예측치	⑤=①×④	⑥=②×④	범위의 평균
PER	13.8	14.7	(주당이익)	5,777	5,697	78,803	83,598	81,200
PBR	2.9	1.6	(주당순자산)	51,074	54,746	156,574	88,962	122,768
EV/EBITDA(배)	7.8	4.8	(주당EBITA)	16,867	15,885	124,562	75,452	100,007

* 기준일 2022.3.31. 주가 69,600원

자료: 글로벌 경쟁업체의 주가배수 자료는 삼성증권 (2022. 4. 10)

먼저 주가배수 PER을 이용하여 적정주가를 추정한 결과를 [표 10-4]에서 검토해 보기로 하자. 9장에서 제시된 삼성전자 연결손익계산서 상의 주당순이익자료(4,634원)와 주가 69,600원으로 계산된 과거평균 실적 PER은 14.7이다. 2022년 예상실적(5,697원)을 기준으로 하여 추정한 예상PER (forward PER)는 12.2배수이다.

적정 PER로서 산업평균 PER(13.8), 과거평균 PER(14.7)를 사용하여 추정한 결과는 [표 10-4]의 오른쪽 ⑤ ⑥란에 제시되어 있다. EPS예측치 5,697원에 적정 PER로 글로벌 경쟁업체의 평균(13.8)을 곱해 보면, 적정주가는 78,803수준이다.

과거평균 PER에 EPS 예측치 5,697원을 곱한 추정주가는 과거평균 PER는 삼성전자의 사업 포트폴리오의 내용 변화, 글로벌시장의 경쟁변화를 고려할 때 보수적 추정치라고 할 수 있다.

주가배수 PBR을 이용하여 적정주가를 추정한 결과를 검토해 보면, 적정 PBR로 사용될 글로벌 경쟁업체평균 PBR은 2.9, 과거평균 PBR은 1.6이다. 이를 PBR에 BPS예측치 54,746원을 곱한 결과의 적정주가 범위는 88,962원~122,768원으로 추정된다.

주가배수 EV/EBITDA을 이용하여 적정주가를 추정해 보면, 적정주가 범위는 75,452원~124,562원인 것으로 추정된다. 이는 산업평균 EV/EBITDA(7.8), 과거평균 EV/EBITDA(4.8)에 EBITDA 예측치 15,885원을 곱해서 구한 추정치이다.

이상의 분석결과와 범위의 평균치를 토대로 보면 삼성전자의 적정주가의 범위는 81,200원~122,768원 수준으로 추정할 수 있는데, 보수적 추정치를 근거로 하더라도 현주가 69,600원(2022.3.31. 기준)은 저평가된 것으로 판단할 수 있다.

경영분석의 현주소 (9)

애널리스트의 예측오차

투자자들이 투자결정을 내릴 때, 애널리스트들의 분석보고서(analysts' report)를 다각적으로 참고한다. 의존하는 경향이 높아지고 있다. 증권 애널리스트는 상장기업과 증권시장의 정보를 취합하고, 이를 종합해 유익한 투자정보를 투자자들에게 전달하는 역할을 한다. 증권시장이 제대로 돌아가도록 하고, 증권회사의 성업을 돕는 증권시장의 꽃과 같은 존재이다.

○ 애널리스트의 과업과 예측오차

애널리스트들은 투자의견 제시를 위하여 미래 이익을 추정하고, 적정주가를 제시해야 한다. "예측은 틀리기 위해서 존재한다"는 농담이 있지만, 예측은 언젠가는 틀릴 수 있는 것이고, 그 횟수가 많아질 수밖에 없으므로 그 영광은 오래 가지 못한다는 고충이 있다. 또 시장을 선도하는 예측이란 모두가 대세상승기로 볼 때 주가거품을 경고하고, 모두가 비관적으로 볼 때 주가상승을 내다보는 예견력이 있어야 한다. 결국 외롭고 불안한 자신과의 싸움을 해야만 하는 것이 베스트 애널리스트들의 운명(?)이다.

주식시장에서 애널리스트(analyst)로 불리는 증권분석가들은 ① 경제분석에 주력하는 경제분석가(economist), ② 산업과 기업분석에 주력하는 기업분석가(analyst), ③ 경제분석과 기업분석의 의견에 자신의 견해를 합쳐 투자방향을 정하는 투자전략가(strategist)의 세 부류로 나눌 수 있다.

애널리스트의 방어적 자세

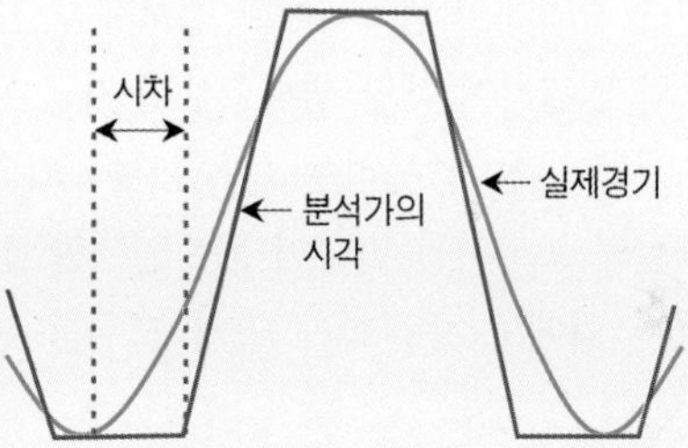

FnGuide가 조사한 바에 의하면, 증권사 애널리스트들이 코스피, 코스닥 256개 상장회사에 대하여 2016년도 3분기 이익예측치를 실적치와 비교한 바 있는데, 실적 괴리율((예측치-실제치)/실제치)이 최소 10% 이상인 경우가 60.2%(154개 회사)이나 되었다.(매경, 2017. 1. 21)

○ '매도의견'과 증권문화

애널리스트들은 투자의견을 「매수」, 「중립」, 「매도」 또는 「적극매수」, 「매수」, 「중립」, 「비중축소」, 「매도」로 나누어 제시하게 되는데, 매경이 2021년 대상으로 조사한 자료에 의하면 국내 증권사의 의견은 모두 '매수의견'이었고 중립의견이 사실상 '매도의견'이었다. 외국계 증권사가 낸 리포트의 '매도의견' 비중이 약 15%인 것과 비교하면 매우 대조적이다.(매경, 2022.4.15.)

억대 연봉의 애널리스트들의 예측력은 연봉에 비하면 '뒷북예측'이라는 비난이 적지 않다. 애널리스트의 예측력이 크게 떨어진다는 평가에 대한 설명 하나는 애널들이 시장(자신의 직업)으로부터의 퇴출을 염려하여 '잘 맞히겠다'는 적극적 자세보다는 '안 틀리겠다'는 방어적 자세를 유지하는데 기인하는 면이 크다고 본다. 예를 들어, "매수(buy)"의견을 내고자 할 때 과감하게 경기상승 전에 하기보다는 경기 저점에서 회복이 보다 확실해질 때까지 기다리다가 경기상승이 확인된 후에 "매수"의견을 제시하는 경향이 있다. 경기 정점 전후에서는 경기침체국면으로의 진입이 명확해진 후에 "매도(sell)"의견을 내기도 한다.

우리나라 증시에서 신뢰성 있는 투자의견의 제시를 어렵게 하는 데는 우리나라 증시의 부정적인, 미숙한 증권문화에도 원인이 있는 면이 적지 않다.

우리 증시의 현실은 매도 등 부정적인 의견을 내놓으면 해당 기업이 애널리스트의 회사 출입에 비협조적이고 정보제공 거부 등 불이익을 주기도 한다. 또 증권회사의 IB업무와 연관하여 해당 회사로부터 자금 혹은 일감을 얻어야 하는 현실이 소신 있는 분석보고서를 내놓지 못하는 큰 원인이 되고 있다. 외국 애널리스트들은 펀드매니저에게만 양질의 보고서를 만들어내는 일에만 집중하면 되지만, 우리나라 애널리스트들은 펀드매니저 외에도 증권회사 영업 모두를 만족시켜야 하는 것이다.

○ 토론

1. 애널리스트들이 투자의견을 제시할 때 "방어적 자세"를 보이는 이유는 무엇인가? 이러한 경향을 줄일 수 있는 제도적 방법이 있는가?
2. 우리나라 애널리스트들의 "매도" 투자의견이 극히 적은 이유는 무엇인가? 이러한 경향을 줄일 수 있기 위해서는 어떤 증권문화가 형성되어야 하는가?

요 약

증권투자결정을 위해서 투자대상들의 투자가치를 분석하는 것이 증권분석의 핵심을 이룬다. 증권분석 방법으로는 기본적 분석 · 기술적 분석 · 포트폴리오분석 방법 등이 있는데, 이 가운데 기본적 분석 방법 가치투자의 적용에 재무정보가 가장 많이 활용된다.

여러 가지 '기업가치평가모형'들은 증권분석가들이 증권들의 과대 · 과소평가 여부를 판단하거나, 기업이 여러 가지 재무의사결정을 내릴 때 다각적으로 사용된다.

가치평가 방법은 크게 현금흐름할인법과 주가배수법으로 구분해 볼 수 있다.

현금흐름할인법(DCF)은 ① 전통적 주식평가모형(배당할인모형)과 같은 자본조달접근법, ② FCF 모형과 같은 영업흐름접근법으로 구분할 수 있다. 본 장에서는 전자의 방법을 다루었는데, 배당할인모형, 이익평가모형은 주주에게 돌아오는 미래의 현금흐름인 배당 또는 주당이익을 주주들의 요구수익률(자기자본비용)로 할인한 현재가치에 근거하여 주식가치를 추정하는 것이다. 가장 많이 사용되는 배당의 정률성장모형은 차기 배당금을 요구수익률과 성장률의 차로 나누어 추정한다. 정률성장모형은 이 모형의 가정이 적용상 문제가 없는지를 점검해야 한다.

주가배수(multiples)는 주가가 가치변수의 몇 배 수준인지를 보여주는 배수인데, PER, PBR, PSR, EV/EBITDA 등의 주가배수(multiples)는 주가가 당해기업의 주당이익, 주당순자산, 주당매출액 등에 비하여 몇 배 수준인가를 나타낸 것이다. 적정주가는 적정 주가배수에 가치변수를 곱하여 추정한다. 적정 주가배수는 비교기업의 주가배수를 적용하는 방법과 가치평가모형에서 도출한 내재적 적정 주가배수를 적용하는 방법이 있다.

비교기업의 주가배수를 적용하는 방법은 구체적으로 ① 영업과 재무적 특성이 유사한 기업들의 주가배수를 이용하는 방법, ② 동종산업, 또는 주요 경쟁업체의 평균 주가배수를 이용하는 방법, ③ 당해기업의 과거 수년간의 평균 주가배수를 이용하는 방법이 사용된다. 적정주가배수는 배당할인모형(DDM) 등이 타당하다는 가정 하에 배당성향, 성장률, 요구수익률 등의 결정요인을 추정하여 도출할 수 있다. 주가배수법은 상대가치평가라는 특징과 한계점을 지닌다.

주요 용어

기업가치평가 방법의 종류	현금흐름할인법(DCF)	주가배수법(multiples)
자본조달접근법	영업흐름접근법	전통적 주식평가모형
배당할인모형(DDM)	정률배당성장모형	이익평가모형
토빈의 q 비율	주가배수평가모형	주가수익비율(PER)
주가순자산비율(PBR)	주당매출액비율(PSR)	EV/EBITDA비율

연습문제

01 투자대상들의 투자가치를 분석하는 것이 증권분석방법에는 여러 가지가 있다.

(1) 증권분석방법으로 기본적 분석 · 기술적 분석 · 포트폴리오분석 방법 중에서 재무정보가 가장 많이 활용되는 증권분석방법은 어느 것인가?

(2) 가치평가 방법으로서 현금흐름할인법(DCF)은 ① 전통적 주식평가모형(배당할인모형)과 ② FCF 모형과 같은 영업흐름접근법으로 구분할 수 있는데, 두 모형은 어떤 차이가 있는가?

(3) 주식가치 결정 요인들에 대하여 정률배당성장모형과 이익평가모형에서는 어떤 요인들을 제시하고 있나?

(4) 현재 2,000원의 배당금(d_0)을 지급하고 있는 S기업의 사내유보율은 30%, 자기자본순이익률(ROE)은 20%인데, 이 수준을 앞으로 계속적으로 유지하리라고 전망된다. 요구수익률이 16%라면 이 주식의 지속가능성장률과 이론적 주가는 얼마인가? 정률성장모형에서는 어떤 가정을 하고 있나?

(5) (주)AAA의 현재 주당배당은 4,000원인데, 영구적으로 매년 5%씩 증가할 것으로 예상된다. 한편 이 주식에 대한 요구수익률은 12%이고, 현재 주가는 90,000원이다. 1) 이 주식의 내재가치는 얼마인가? 2) 현재의 주가가 정당화될 수 있는 성장률(내재성장률)을 구하고, 그 의미를 설명하라.

(6) (주)BBB사의 내년도 기대주당이익(EPS)은 6,000원, 자기자본이익률(ROE)은 20%, 사내유보율은 70%, 그리고 요구수익률은 15%이다. 이 주식의 성장기회의 현재가치(PVGO)는 얼마인가?

(7) 지금 A, B사 모두 기말주당이익(E_1)은 1,000원이 예상된다. 그러나 A사는 재투자수익률과 요구수익률이 12.5%로 동일하고, 이익의 전부를 배당지급한다. 반면에 B사는 재투자수익률이 15%(사내유보율 60%)로서 이익성장의 기회를 가지고 있다.

1) A사의 주식가치는 얼마인가?

2) B사의 성장률과 주식가치는 얼마인가? 성장기회의 현재가치는 얼마인가?

3) 만약 A사가 B사처럼 이익의 60%를 사내유보(배당성향 40%)시킬 경우 성장률과 주식가치를 추정하라.

02 PER, PBR, PSR, EV/EBITDA 등의 주가배수(multiples)는 주가가 당해기업의 주당이익, 주당순자산, 주당매출액 등에 비하여 몇 배 수준인가를 나타낸 것이다. 적정주가는 적정 주가배수에 가치변수를 곱하여 추정한다.

(1) 유사기업의 주가배수를 적정 주가배수로 참조할 때, 적정주가배수를 적용하는 방법에는 어떤 것이 있는가?

(2) 적정주가배수는 배당할인모형(DDM) 등이 타당하다는 가정 하에 배당성향, 성장률, 요구수익률 등의 결정요인을 추정하여 도출할 수 있다.

(3) 주가배수법은 상대가치평가라는 특징을 지닌다. 주가배수모형 전반의 장 · 단점을 제시하라. 또 PER, PBR, PSR, EV/ EBITDA로 세분하여 각각의 특징, 차이점, 장 · 단점을 비교하라.

(4) (주)CCC의 보통주에 대한 할인율은 13%이다. 기대ROE는 15%, 기대EPS는 1,000원, 사내유보율이 60%이다. 배당성장모형이 타당하다고 가정할 때 적정P/E비율은 얼마인가?

(5) (주)DDD사의 현재 주가는 36,000원이고 주당이익은 6,000원이다. (주)DDD사는 매년 10%의 성장을 계속하고, 40%의 배당성향을 유지할 것으로 전망된다. 또 투자자들의 요구수익률은 15%이고 내년도 주당이익은 6,600원으로 예상된다. 한편, 동종산업 내의 경쟁업체 평균PER은 9배이고 과거 5년간의 평균PER은 10배였다. (주)DDD사의 1년 후 주가를 얼마로 예측할 수 있는가?

(6) 주가배수모형을 이용하여 적정주가를 추정할 때, 적정(내재적)주가배수를 추정하는 것이 관건이다. 배당할인모형(DDM)을 이용하여 적정PER, PBR, PSR을 추정하는 방법을 설명하라.

03 본문에서는 삼성전자에 대하여 주가배수모형을 적용하여 적정주가를 추정하였다. [표 10-2]의 자료와 주가배수모형을 적용하여 LG전자의 적정주가를 추정하라.

Business Analysis

11장

증권분석(2)

– FCF모형, EVA모형, RIM모형

앞 장에서는 전통적 주식가치평가모형(배당이익평가모형)과 주가배수모형 중심으로 적정주가를 추정하는 방법에 대하여 살펴보았다. 본 장에서는 가치창출의 원천을 명시적으로 잘 보여주는 FCF모형, 성과지표로도 널리 이용되고 있는 EVA모형 그리고 RIM모형을 중심으로 기업가치, 주식가치를 평가하는 방법에 대하여 다룬다.

학습목표

- FCF모형에 의한 가치평가 방법
- 영업투하자본, 세후영업이익, 잉여현금흐름, 가중평균자본비용의 측정 방법
- 경제적 부가가치(EVA)의 의의와 측정, 가치평가 방법
- RIM의 측정과 RIM모형에 의한 가치평가 방법
- 제반 가치평가모형의 장·단점 비교
- EVA에 기초한 가치창조경영의 방법

1절 FCF모형에 의한 가치평가

1. FCF모형의 의의

앞 장 2절에서 설명한 수익가치평가모형(배당할인모형과 이익평가모형)은 주식가치평가에 여러 가지 제약이 있을 수 있다. 이들 모형은 기본적으로 순이익기준의 평가이어서, 재무구조, 배당정책 등에 의해서 영향 받는다는 **한계점**을 지닌다. 뿐만 아니라 이들 모형의 성장률에 대한 가정(요구수익률 > 성장률)이 매우 제한적이어서 적용할 수 없는 경우가 많다. 또 주주에게 배분되는 가치의 크기를 표시할 뿐, 가치창출의 원천이 무엇인지를 보여주지 못하고 있다.

재무구조, 배당정책 등에 의해서 영향 받지 않도록 하고, 가정상의 제약이 없으며, 가치창출의 원천을 보여주는 한 방법은 자산운용의 관점에서 영업이익기준의 현금흐름에 근거하여 주식가치를 평가하는 것이다.

잉여현금흐름(FCF)모형은 기업의 가치창출의 근원이 되는 현금흐름을 FCF로 보는 가치평가모형이다. 잉여현금흐름(FCF: free cash flow)은 4, 5장에서 설명한 것처럼, 세후영업현금흐름에서 미래 현금창출을 위한 투자소요액을 차감하여 측정한다.[1)]

$$
\begin{aligned}
\text{잉여현금흐름}(FCF) &= \text{세후영업현금흐름} - \text{총투자액} \\
&= \text{세후영업이익}(NOPLAT) - \Delta\,\text{영업투하자본}(\Delta IC)
\end{aligned}
\qquad \cdots\cdots \text{(11-1)}
$$

여기서 세후영업이익과 영업투하자본은 다음과 같이 측정하였다(이들 항목이 기존 재무제표항목과 다르게 어떻게 재구성되는지는 4장의 [그림 4-4]를 참고).

1) 잉여현금흐름(FCF)은 본래 총영업현금흐름에서 총투자액을 차감한 것이다.
잉여현금흐름(FCF) = 총영업현금흐름 − 총투자액
여기서 **총영업현금흐름**(gross CF)은 영업활동과 관련된 현금유입액으로서 세후영업이익(NOPLAT)에 감가상각비를 합하여 측정된다. **총영업현금흐름 = 세후영업이익(NOPLAT) + 감가상각비**
총투자액(gross investment)은 영업활동에 현금유출된 투하자본으로서 순투자액인 투하자본증가액(ΔIC)에 당해연도의 감가상각비를 합한 것이다. **총투자액 = 투하자본증가액(ΔIC) + 감가상각비**
따라서 FCF는 양쪽의 감가상각비가 소거되어 다음과 같이 측정한다.
잉여현금흐름(FCF) = 세후영업이익(NOPLAT) − Δ투하자본(IC)

1 **세후영업이익**(NOPLAT: net operating profit less adjusted tax)은 기업의 핵심 영업활동(생산 · 판매 · 관리)에서 벌어들인 영업이익(EBIT)을 납세 후 기준으로 측정한 이익이다. 본래 영업이익(EBIT)은 다른 이익개념과는 달리 가치창출의 원천을 영업활동에만 한정한 것으로서, 자본구조(재무활동)의 영향을 전혀 받지 않은 경영성과 측정치이다. NOPLAT은 EBIT(이자법인세 차감전이익)에서 조정된 세금을 차감하여 측정한다.[2)]

$$\text{세후영업이익}(NOPLAT) = \text{세전 } EBIT \times (1 - \text{법인세율}) \qquad \cdots\cdots \ (11\text{-}2)$$

2 **영업투하자본**(IC: invested capital)은 기업이 영업이익을 벌어들이기 위해 기업의 핵심경영활동, 즉 생산 · 판매 · 관리 등의 영업활동에 투하된 자본(자산)만을 의미한다. 기업의 자산은 영업(본업)과 직접 관련되어 영업이익 증감에 연관된 **영업자산**(operating assets)과 그렇지 않고 영업외수익(기타수익)과 연관된 **영업외자산**(non-operating assets)으로 구분할 수 있다. 영업외자산은 비유동자산 중에서 투자자산(투자부동산, 출자금, 관계회사주식 등), 유동자산 중에서 단기금융상품(시장성유가증권), 적정수준 이상의 예금 등 금융자산이 해당된다. 그러나 이와 같은 영업외자산을 제외한 자산의 금액이 모두 영업활동에 투자되었다고 볼 수는 없다. 왜냐하면 유동부채 중에서 외상매입금, 미지급금 등의 항목과 같은 **무이자발생부채**는 투하자본의 부담을 줄여주기 때문이다. 요약하면, 투하자본은 다음과 같이 측정한다.

$$\begin{aligned}\text{영업투하자본}(IC) &= \text{영업활동관련 비유동자산} + \text{영업관련 순운전자본} \\ &= \text{영업비유동자산} + (\text{적정수준의 현금} \cdot \text{예금} + \text{매출채권} \\ &\quad + \text{재고자산} - \text{무이자발생 유동부채}) \qquad \cdots\cdots \ (11\text{-}3)\end{aligned}$$

따라서, FCF추정은 다음과 같이 요약된다.

$$\begin{aligned}FCF &= \text{세후영업이익} - \Delta\,\text{영업투하자본} \\ &= EBIT(1 - \text{법인세율}) - \Delta[\text{영업비유동자산} + (\text{적정수준의 현금} \cdot \text{예금} \\ &\quad + \text{매출채권} + \text{재고자산} - \text{무이자발생유동부채})] \qquad \cdots\cdots \ (11\text{-}4)\end{aligned}$$

2) NOPLAT은 다음과 같이 순이익기준으로 측정할 수도 있다.
NOPLAT = 당기순이익 + 순이자비용(1 − 법인세율), 여기서 순이자비용 = 이자비용 − 이자수익

4, 5장에서 설명한 것처럼 이 방법은 자산운용접근법(operating approach), 즉 영업활동의 관점에서 측정한 것이다. 자본조달접근법(financing approach), 즉 재무활동의 관점에서 측정하면 다음과 같다(각주 3)의 식 (2) 참조).

$$FCF = \Delta 자기자본 + \Delta 순금융부채 \quad \cdots\cdots \text{(11-5)}$$[3]

여기서, 순금융부채 = 금융부채(부채 중 이자발생부채)
− 금융자산(영업외자산인 단기금융상품, 투자자산)]

이상의 측정 방법에서 알 수 있듯이 FCF은 다음과 같은 **특징**을 지니는 현금흐름이다.

첫째, 핵심경영활동인 생산 · 판매 · 관리의 주된 영업활동, 영업이익창출에 연관된 현금흐름이다. 따라서 기업의 부채의존도, 자본조달 방법(재무활동)에 영향 받지 않는 현금흐름이다.

둘째, 미래 가치창출에 필요한 신규투자액까지 차감한 현금흐름이다. 신규투자액인 투하자본증가액(Δ영업순운전자본 + Δ영업고정자산)은 차년도 이후에 부가가치창출력을 유지하기 위한 금액이다.

셋째, 신규투자액(투하자본증가액)까지 차감하고, 자본제공자인 채권자에게 이자지급, 주주들에게 배당할 수 있는, 배분의 원천이 되는 현금흐름이다.

FCF값이 (+)인지 (−)인지에 대한 해석 방법은 5장 2절에서 설명한 바 있다. FCF값이 (+), (−)로 나타내는 것은 단기적으로는 영업활동 현금흐름의 과다(과소)여부, 신규투자액의 과다(과소) 여부에 따라 영향 받지만, 두 현금흐름의 장기적 추세치를 보고 판단해야 한다.

이제 **잉여현금흐름(FCF)모형에 의한 가치평가**는 이렇게 측정된 잉여현금흐름(FCF)을 기업의 가중평균자본비용(WACC)으로 할인한 현재가치를 구하여 기업가치(V_0)로 추정하게 된다.

$$V_0 = \sum_{t=1}^{\infty} \frac{FCF_t}{(1+WACC)^t} \quad \cdots\cdots \text{(11-6)}$$

3) FCF 측정 방법을 재무상태표 등식에서 도출한 과정은 5장 각주 1)을 참고할 것.
[영업투하자본 + 영업외금융자산 = **이자지급금융부채 + 자기자본**]의 관계에서
영업투하자본 = 이자지급금융부채 − 영업외금융자산 + 자기자본 = **순금융부채 + 자기자본**

이 모형을 2단계로 나누어 보면 미래 예측기간을 직접 예측하는 t기간과 예측기간 이후 기간으로 구분하여 평가할 수 있다. 즉, 직접 예측기간인 t기간에 걸친 잉여현금흐름(FCF_t)을 추정하여, 이것을 가중평균자본비용(WACC)으로 할인한 현재가치, 예측기간 이후의 잔존가치(CV_n)를 WACC로 할인한 현재가치 그리고 영업외가치 등 3가지 종류의 가치를 모두 합산하여 기업전체가치 V_0(value of the firm)를 추정한다. 주주 지분가치, 즉 주당 주식가치 S_0(value of equity)는 기업 전체가치 V_0에서 부채가치 B_0(value of debt)를 차감한 후 이를 발행주식 수로 나누어 추정한다.

$$V_0 = \sum_{t=1}^{n} \frac{FCF_t}{(1+WACC)^t} + \frac{CV_n}{(1+WACC)^n} + \text{영업외가치} \quad \cdots\cdots (11\text{-}7)$$

$$\text{주당주식가치}(S_0) = \frac{(V_0 - B_0)}{\text{발행주식 수}}$$

만약 기업의 FCF가 매년 g%만큼 정률적으로 성장한다면 배당의 정률성장모형과 유사하게 기업전체가치는 다음과 같이 추정할 수 있다.

$$V_0 = \frac{FCF_1}{WACC - g} \quad \cdots\cdots (11\text{-}8)$$

2. 가치창출요인과 미래 FCF의 예측

미래 FCF를 예측하는 데는 일차적으로 앞에서 추정된 과거기간의 FCF의 추세를 면밀히 분석하는 것이 필요하다. 이제 미래 FCF예측은 추정재무제표 작성을 통해서 가능하겠지만, FCF를 발생시키는 가치창출요인(value driver)을 원천적으로 규명하여 이들 요인들의 추세나 변동가능성을 감안하여 미래 FCF를 예측하는 것이 유용하다. 본 항에서는 ROIC, value driver를 중심으로 미래 예측 방법을 설명한다.

(1) 영업투하자본 세후영업이익률(ROIC)

궁극적으로 FCF 변동을 초래하는 요인은 ROIC(**영업투하자본 세후영업이익률**)를 분해 분석함으로써 밝혀질 수 있다. ROIC는 4장에서도 설명한 것처럼 앞에서 측정한 IC

와 NOPLAT를 각각 분모, 분자에 대응시켜 계산되는 재무비율이다. 즉, ROIC는 영업활동에 투자된 영업투하자본(IC)으로, 세후기준으로 얼마나 많은 세후영업이익(NOPLAT)을 올렸는지, 그 수익성(이익창출능력)을 평가할 수 있는 지표가 된다.

$$ROIC = \frac{NOPLAT(\text{세후영업이익})}{IC(\text{영업투하자본})} \quad \cdots\cdots \ (11\text{-}9)$$

여기서 주의할 점은 분모의 영업투하자본(IC)의 계산이다. IC를 금기 IC와 전기 IC의 합을 2로 나눈 평균IC를 사용하든지, 아니면 전기(기초)의 IC를 사용하는 것이 합리적이다. 왜냐하면 금기의 NOPLAT를 창출한 IC는 금기의 IC가 아니기 때문이다.

4장 Du Pont System 분석에서 설명한 것처럼, 특정 기업의 수익성을 평가할 때 사용하는 총자본영업이익률(ROA)은 영업마진(비용효율성)의 정보를 나타내는 매출액영업이익률과 자산투자의 효율성을 나타내는 총자산회전율 등 2가지 부분으로 분해하여 그 변동원인을 분석할 수 있다.

$$ROA\left(\frac{\text{영업이익}}{\text{총자본}}\right) = \left(\frac{\text{영업이익}}{\text{매출액}}\right) \times \left(\frac{\text{매출액}}{\text{총자산}}\right) \quad \cdots\cdots \ (11\text{-}10)$$

(영업마진) (총자산회전율)

(비용효율성)(자산투자의 효율성)

ROIC도 ROA와 마찬가지 방법으로 2가지 비율로 분해하여 이익창출능력의 원천을 평가할 수 있다. 다만, 분자가 ROA에서의 영업이익이 아니라 세후영업이익(NOPLAT)이므로 (1−유효법인세율)를 곱해주어야만 한다.

$$ROIC\left(\frac{\text{세후영업이익}}{\text{영업투하자본}}\right) = \left(\frac{\text{영업이익}}{\text{매출액}}\right) \times \left(\frac{\text{매출액}}{\text{영업투하자본}}\right) \times (1-\text{유효법인세율}) \quad \cdots\cdots \ (11\text{-}11)$$

여기서 보다 근본적인 이익창출능력의 원천이 **매출액영업이익률**과 **투하자본회전율**의 구체적인 구성요소임을 알 수 있다.

(2) 가치창출요인

어떤 요인이 기업가치(주식가치)를 상승시키는 가치창출요인인가? **가치창출요인**(value driver)은 크게 보면 투하자본세후영업이익률(ROIC)과 이익성장률(g)로 집약할 수 있다.

이제 이 관계를 살펴보기 위해서 FCF가 일정하게 성장한다고 가정할 경우의 기업가치평가모형을 도출해보기로 한다. 자본비용 WACC가 일정하고, FCF가 일정하게 g%로 성장한다고 가정하면, 성장률(g)은 재투자율에 ROIC를 곱한 것(g = 재투자율 × ROIC)이므로, [재투자율 = g/ROIC]의 관계가 성립하여 FCF를 다음과 같이 표현할 수 있다.

$$
\begin{aligned}
FCF &= NOPLAT - \text{순투자액} \\
&= NOPLAT - (NOPLAT \times \text{재투자율}) \\
&= NOPLAT\,(1 - \text{재투자율}) \\
&= NOPLAT\left[1 - \left(\frac{g}{ROIC}\right)\right] \qquad \cdots\cdots \ (11\text{-}12)
\end{aligned}
$$

따라서, 일정한 성장률 g를 유지하는 기업의 가치는 다음과 같이 구해진다.

$$
V_0 = NOPLAT \times \left[\frac{1 - \left(\frac{g}{ROIC}\right)}{WACC - g}\right] \qquad \cdots\cdots \ (11\text{-}13)
$$

이제 1기에서 NOPLAT = 100억 원, WACC = 10%, 25년 후 ROIC = WACC이라고 하자. 식 (11-13)모형을 이용하여 ROIC와 g가 기업가치(V_0)에 미치는 영향을 살펴보면 [표 11-1]과 같이 요약된다.

[표 11-1] ROIC와 g의 변화가 기업가치(V_0)에 미치는 영향

(단위: 억 원)

영업이익 연간성장률(g: %) \ 투하자본이익률(ROIC: %)	7.5	10.0	12.5	15.0	20.0
3.0	887	1,000	1,058	1,113	1,170
6.0	708	1,000	1,117	1,295	1,442
9.0	410	1,000	1,354	1,591	1,886
	가치 파괴	가치 중립	가치 창조		

위의 예에서 알 수 있는 바와 같이 ROIC가 WACC보다 클 때만 성장률(g)이 높을수록 기업가치 증가(가치창조)에 기여한다. 만약 WACC에도 못미치는 ROIC를 올리는 기업은 성장률이 높을수록 오히려 기업가치 감소(가치파괴)를 초래한다. 요약하면, ROIC와 WACC의 차이인 스프레드(spread)가 정(+)의 값으로 클 때 성장률이 높을수록 기업가치가 증가한다.

그림 11-1 가치창출인자(성장과 스프레드)

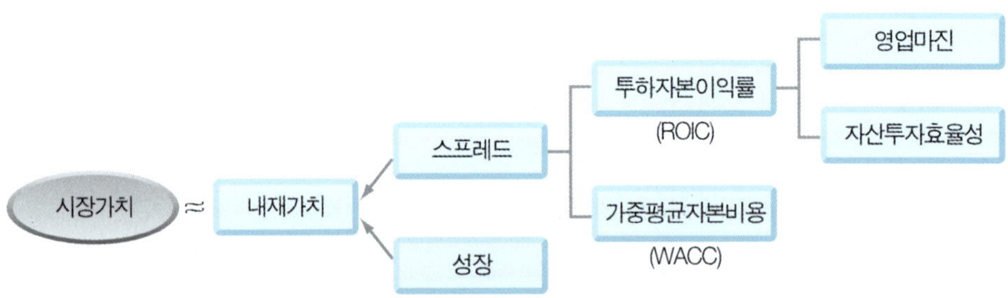

(3) 미래 FCF 예측

미래 예측기간 동안의 FCF추정은 Value driver인 ROIC(영업마진과 자산투자효율성)와 성장률(g)의 예측으로 압축될 수 있음을 살펴보았다. Value drivers와 연계시켜 미래 FCF추정을 실시할 때 유의해야 할 점은 다음과 같이 요약할 수 있다.

1. 예측기간이 긴 장기예측 부분에서는 거시적 요인, 전반적인 경제흐름의 변화, 산업의 구조적 · 질적인 변화 등을 고려해야 한다.
2. 기간별 단기예측에서는 개별사업단위로 세분하여 세부항목에 미치는 미시적인 요인을 고려해야 한다.
3. 기업 전체, 사업부, 영업단위별로 각각 나누어 상세수준을 달리하여 Value drivers에 미치는 영향을 평가해야 한다.

미래예측은 최종적으로는 계량화되어야하는데, 신뢰성 있는 재무예측이 되기 위해서는 8장과 9장에서 강조한 것처럼 투입정보(미래예측변수) 하나하나에 대해서 질적인 측면을 충분히 고려해야만 한다. 핵심적인 부분은 예측기간 동안 기업의 경쟁우위(competitive advantage)유지능력을 평가하는 것이라고 할 수 있다. 기업의 경쟁우위평가는 그 기업이 ROIC > WACC의 상태를 유지할 가능성, 그 크기, 지속기간 등으로 평가하기도 한다.

이제 미래 FCF는 이를 감안하여 기업의 근본적인 이익창출능력의 원천이라고 할 수 있는 **매출액영업이익률**과 **영업투하자본회전율**의 구체적인 구성요소들의 변동내역을 파악하여 예측할 수 있다. 이와 같은 분석 방법은 [그림 11-2]의 **ROIC나무(tree)**에서 쉽게 이해될 수 있는데, 매출액영업이익률의 변동내역에 대해서는 주요비용항목의 매출액구성비를 살펴보고, 영업투하자본회전율에 대해서는 주요 투자자산항목의 매출액구성비(이의 역수는 이들 자산의 회전율 비율이 됨)를 분석한다. 즉, '9장 재무예측'에서 상세히 설명한 바와 같이 가치창출요인 중심으로 **매출액백분율법**(percent of sales method)을 이용하는 것이다.

[그림 11-2]에서 이 과정을 확인할 수 있다. 미래 특정 연도 추정 예상매출액에 주요 영업비용(매출원가, 판관비)항목의 매출구성비를 곱하면 미래 주요 영업비용항목들이 추정된다. 이들을 모두 합한 금액과 매출액과 차이를 세후기준으로 계산하면 **미래 세후 영업이익(NOPLAT)의 값**을 얻게 된다. 또한 매출액에 주요 순영업자산항목(매출채권, 재고자산, 유형자산, 무이자지급 부채)들의 매출액구성비(회전율비율의 역수)를 곱하면 **미래 주요 영업자산항목**이 추정된다. 이제 이를 모두를 합하면 **영업투하자본**(IC)을 예측할 수 있게 된다.

$$\text{주요 비용항목의 추정액} = \text{예상매출액} \times \frac{\text{주요 비용항목}}{\text{매출액}} \quad \rightarrow \text{NOPLAT추정}$$

$$\text{주요 자산항목의 추정액} = \text{예상매출액} \times \frac{\text{주요 자산항목}}{\text{매출액}} \quad \rightarrow \text{IC추정}$$

이처럼 개별비용항목과 자산항목을 매출액 구성비로 추정할 때, 그 구성비가 안정적이면 과거 일정 기간의 평균치를 사용할 수 있고, 만약 변동성이 높으면 질적, 구조적 변동을 충분히 감안하여 기업의 비용효율성과 자산운용효율성의 변화가능성을 반영시켜야 한다.

그림 11-2 영업투하자본세후영업이익률(ROIC) 나무 (삼성전자 2021년의 예)

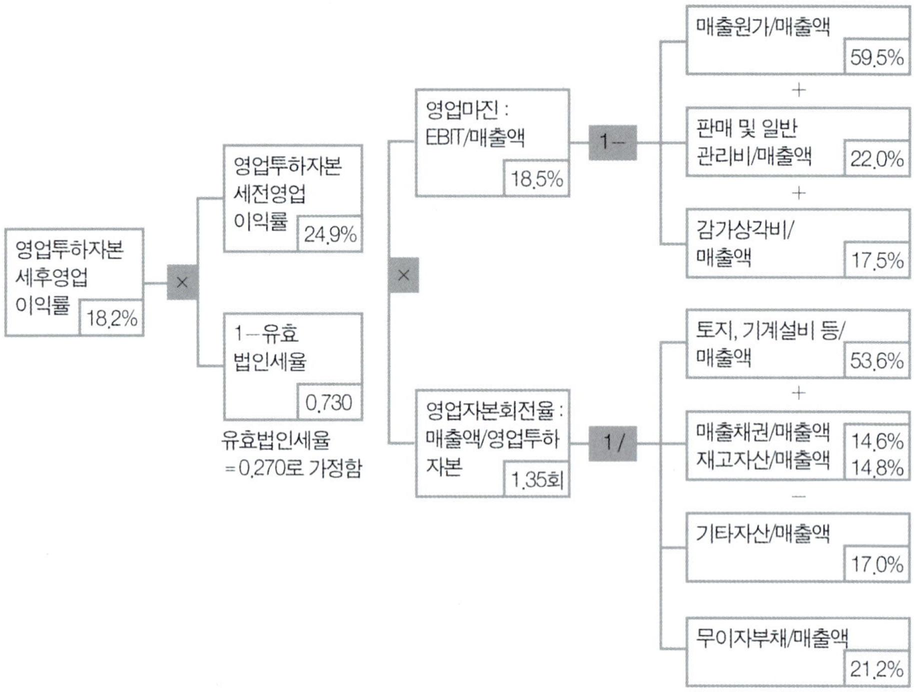

3. 가중평균자본비용(WACC)의 추정

(1) 자본비용의 의의

자본비용(cost of capital)이란 기업입장에서 볼 때는 조달하는 투자자본액에 대해서 자본사용의 대가로 치르는 지급대가를 말한다.

$$자본비용 = 지급대가/조달자본액$$

한편, 기업이 일정한 대가를 치르고 필요한 투자자본을 조달할 수 있기 위해서는 지급대가가 자본제공자(채권자와 주주)의 기회투자수익을 충족시켜야 한다. 즉, 자본제공자들이 그 투자자본을 위험도가 동일한 다른 투자대상에 대하여 투자하였을 때 얻을 수 있는 기회투자수익률 수준이 되어야 한다. 자본제공자 입장에서 보면 자본비용은 기회투자수익률이다.

$$\text{자본비용} = \text{기회투자수익}/\text{자본제공액}$$

따라서, 기업이 자본제공자들의 기회투자수익을 만족시키는 수준의 지급대가를 치르고 투자자본을 조달하려면, 그 투자자본에 대해서는 최소한 자본비용수준의 투자수익률을 달성해야 할 것이다. 결국, 자본비용은 자본제공자의 **요구수익률**(required rate of return)이 된다.

자본비용은 물론 사후적으로 측정하기도 한다. 사후적 자본비용은 실제 조달했던 자본액에 대한 명시적 비용(지급이자 등)의 비율을 구하여 측정한다. 그러나 투자결정은 미래에 대한 의사결정이므로 적용할 자본비용은 사전적 비용으로서 기회비용의 의미를 지니며, 명시적 비용뿐만 아니라 묵시적 비용까지도 포함하여야 한다.

가중평균자본비용(WACC)은 식 (11-14)와 같이 원천별 자본비용에 그 자본조달원의 조달비중에 따라 가중한 것이다.[4)]

$$WACC = k_d\,(1-t)\cdot\left(\frac{B}{B+S}\right) + k_e\cdot\left(\frac{S}{B+S}\right) \qquad \cdots\cdots \text{(11-14)}$$

여기서, k_d : 세전부채비용, k_e : 자기자본비용
S : 자기자본의 시장가치, B : 부채의 시장가치
t : 법인세율

FCF모형에 의해서 기업가치를 구할 때, **WACC측정상의 유의점**을 정리하면 다음과 같다.

- 추정되어질 FCF의 현재가치를 구할 때 사용되어지는 할인율은 개별자본비용(자기자본비용 혹은 부채비용)이 아니라 WACC라는 점이다. 왜냐하면, 분자의 FCF가 모든 자본제공자(채권자와 주주)에게 이용 가능한 현금흐름이기 때문이다. 만약 분자의 FCF가 주주에게 돌아가는 현금흐름으로 측정되어졌다면 할인율은 자기자본비용이 되어야 할 것이다. 환언하면, FCF를 WACC로 할인해야 분자와 분모의 일관성이 유지된다.
- 납세후기준으로 측정한다는 점이다. 마찬가지 논리로 분자의 FCF가 납세후기준으로 측정되었기 때문이다.
- 가중평균을 할 때, 시장가치에 따라 가중치를 주어야 한다. 그 이유는 각 자본제공자들이 주장하는 금액이 시장가치이기 때문이다.

4) 가중평균자본비용, 만기수익률, 자기자본비용의 상세한 추정 방법은 장영광(2013), 현대재무관리, 신영사, 제8장 참조.

(2) 부채비용의 측정

부채비용을 측정하는 방법은 다음 3가지를 들 수 있다.

1) 만기수익률의 계산

당해 기업이 발행하고 있는 채권의 만기수익률은 결국 채권자의 기회투자수익률을 뜻하므로, 만기수익률을 부채비용으로 사용할 수 있다. 만기수익률은 채권의 현재 시장가격과 채권투자수익(정기적 이자수입과 만기 시의 원금액)의 현재가치를 일치시키는 내부수익률을 계산한 것이다.

2) 무위험이자율에 신용위험 스프레드를 더해서 계산

회사의 채권자는 당해 기업이 지니는 영업위험과 재무위험이 높으면 원리금 상환능력이 의문시되므로, 무위험이자율보다 높은 일정한 spread(프리미엄)를 요구한다. 채권자의 입장에서 평가된 당해 기업의 신용도(원리금상환능력)는 여러 가지 신용평가전문기관이 내리는 신용등급(bond rating)으로 나타난다. 채권시장에서는 채권의 신용등급별로 비슷한 만기수익률을 형성하게 된다. 다음은 하나의 예이다.

채 권	만기수익률	spread
3년만기 국고채	2.00	
회사채 AAA	2.50	50 bp
AA	2.94	94 bp
A	3.54	154 bp
BBB	5.44	344 bp
BB	11.47	547 bp
B	9.47	747 bp

채권자의 기회투자수익률(부채비용)을 실무적으로 측정하는 한 방법은 당해 기업의 회사채등급이 어느 그룹에 속해 있는지를 확인하여, 그 등급 회사채의 만기수익률, 즉 무위험이자율에 그 신용등급의 스프레드를 더하여 계산하는 방법이다.

부채비용 = 무험이자율 + 유사 회사채 신용등급의 스프레드 …… (11-15)

3) 지급이자/이자지급부채의 계산

위의 방법 1)이나 방법 2)가 여의치 못하면 부채비용을 구하는 마지막 방법은 명시적 비용인 지급이자액을 이자지급부채의 크기로 나누어 측정할 수밖에 없다. 여기서 이자지급부채는 매입채무와 같은 무이자부채를 제외시키고, 리스계약과 같은 부채성항목은 포함시켜 측정한다.

1), 2)의 경우도 마찬가지이지만, 부채비용은 앞에서 구한 부채비용에 (1－유효법인세율)을 곱하여 **세후기준**으로 측정해야 한다. 왜냐하면, 부채사용에 대한 대가인 지급이자는 손비처리가 되므로 절세효과가 있기 때문이다. 절세된 크기는 (이자비용 × 유효법인세율)만큼이므로 이를 차감해야 한다.

$$\text{부채비용} = \text{세전부채비용} \times (1 - \text{유효법인세율}) \qquad \cdots\cdots \ (11\text{-}16)$$

(3) 자기자본비용의 측정

자기자본비용은 주주의 자본을 사용하는 것에 대한 지급대가를 말한다. 증권시장에서 주주들의 기회투자수익률을 기준으로 자기자본비용을 측정하는 방법에는 다음과 같은 방법이 있다.

먼저 자기자본비용은 배당평가모형과 이익평가모형을 응용하여, 다음 식 (11-17)과 식 (11-18)에 의해서 추정할 수 있다.

$$S_0 = \frac{d_1}{k_e - g} \cong P_0 \ \Rightarrow k_e = \frac{d_1}{P_0} + g = \text{배당수익률} + \text{성장률} \qquad \cdots\cdots \ (11\text{-}17)$$

$$S_0 = \frac{E}{k_e} \cong P_0 \qquad \Rightarrow k_e = \frac{E}{P_0} \qquad \cdots\cdots \ (11\text{-}18)$$

자기자본비용을 추정하는 가장 보편화된 방법은 식 (11-19), CAPM을 이용하여 추정하는 것이다. 현대 자본시장이론에 의하면, 주주들의 요구수익률은 무위험이자율(risk-free rate)에 적정한 위험보상률이 더해져야 되는데, 적정한 위험보상률은 분산투자를 하더라도 제거가 불가능한 체계적 위험을 반영하는 것이어야 한다. 이 체계적 위험의 정도는 시장수익률과의 관계에서 기울기로 계산되는 베타(β)계수로 측정될 수 있기 때문에, 주주의 기회투자수익률은 다음과 같이 시장위험보상률 $[E(R_m) - R_f]$에 베타계수를 곱하여 구해진다.

$$k_e = E(R_j) = R_f + [E(R_m) - R_f]\beta_j \quad \cdots\cdots \text{(11-19)}$$

여기서, β: 주식 j의 체계적 위험(계수)

R_f: 무위험이자율

$E(R_m)$: 시장포트폴리오의 기대수익률

$E(R_m) - R_f$: 시장위험보상률

위의 모형을 이용하여 자기자본비용을 측정하자면 R_f, $[E(R_m) - R_f]$, β 등의 투입정보가 추정되어야 한다. R_f 자료는 단기국공채수익률을 많이 사용한다. 시장위험보상률 $[E(R_m) - R_f]$은 미국시장 같은 경우는 역사적 시계열자료상의 측정에 근거하여 6% 내외인 것으로 보고 있다. 이를 글로벌하게 적용하면, 전세계적으로 자본시장이 글로벌화 됨에 따라서 펀드매니저의 자산선택범위도 전세계적으로 확대되는 경향을 감안하여 글로벌 위험보상률(global risk premium)과 국가위험보상률(country risk premium)을 반영할 필요가 있다. 이를 종합하면 우리나라 증권시장에서의 위험을 감안한 위험보상률은 경제의 불확실성 정도에 따라 8% 내외가 적절한 것으로 판단된다.

(4) 목표자본구조

원천별 자본비용들이 계산되면, 이들에 자본구성에 따라 가중치를 준 가중평균을 구하여 우리가 필요로 하는 WACC를 추정한다. 그러면 어떤 방법으로 가중치를 주어야 하는가?

이론적으로는 부채와 자기자본의 시장가치를 구하여 이에 따라 가중치를 주어야 할 것이다. 그러나 이 방법은 다음과 같은 문제점이 있어서 자료가 얻어질 수 있다면 목표자본구조(target capital structure)에 따라 가중치를 주는 방법이 선호된다.

- 부채와 자기자본의 시장가치는 계속적으로 변한다.
- 시장가치라도 현재의 자본구조는 미래의 자본구조를 대표하지 못한다.
- 할인율로 사용되는 WACC는 기간별로 다른 값을 사용하는 것이 아니라, 1개의 WACC를 사용한다. 따라서 장기적 목표치를 사용하는 것이 합리적이다.
- 시장가치기준을 적용할 때는 순환성의 문제가 야기된다. 즉, 자기자본의 시장가치를 모르면 WACC 계산이 불가능하고, 또 WACC를 모르면 자기자본의 시장가치를 측정할 수 없다.

따라서, 현실적으로는 자본구성비대로 가중치를 둘 때는 1) 현재의 시장가치기준의 자본구조, 2) 비교 가능 기업의 자본구조, 3) 재무정책을 감안한 목표자본구조-3가지를 복합적으로 고려하는 방법이 합리적이다.

4. 잔존가치와 적정주가의 추정

(1) 잔존가치의 추정

미래 현금흐름의 현재가치에 근거하여 기업가치를 평가할 때, 당면문제의 하나는 직접 미래 현금흐름을 추정하는 기간(예측기간)을 얼마나 길게 잡느냐 하는 것과 예측기간 이후의 현금흐름의 가치를 어떻게 고려하여야 하는가의 문제이다.

이 문제는 임의로 명시적인 예측기간을 설정하여 예측기간 전과 후의 현금흐름의 현재가치를 각각 추정하여 해결한다. 즉, 먼저 명시적 예측기간의 현금흐름을 추정하고, 이의 현재가치를 지금까지 설명한 방법대로 추정한 다음, 예측기간 이후의 현금흐름가치는 **잔존가치**로 잡아 추정한다. 본 항 이하에서는 이와 관련된 사항을 설명하기로 한다.

영업가치=명시된 예측기간 FCF의 현재가치(FCF의 현재가치)
+명시된 예측기간 이후 FCF의 현재가치(잔존가치) …… (11-20)

1) 명시된 예측기간의 설정

잔존가치(CV: continuing value)란 명시적 예측기간 이후 현금흐름의 현재가치를 말하는데, 존속가치라고도 부른다. 잔존가치를 추정하기 위해서는 명시적 예측기간(explicit forecast horizon)이 설정되어야 한다. 이와 관련해서는 2가지 측면이 고려되어야만 한다.

첫째, 명시적 예측기간이 길고 짧아짐에 따라 기업가치가 달라지는가의 문제이다. 결론적으로 말하면, 예측기간이 얼마나 긴가는 최종적인 기업가치 추정에 영향을 주지 않는다. 예측기간이 길어지면 명시된 예측기간의 FCF의 현재가치가 커지는 반면 잔존가치는 작아진다. 만약 예측기간이 짧아지면 반대로 나타나게 될 뿐이다.

둘째, 예측기간을 설정하는 현실적인 기준은 무엇인가 하는 것이다. 예측기간을 설정하는 기준으로 경쟁우위 유지가능기간(ROIC ＞ WACC인 상태를 유지할 수 있는 기간)이나 고속성장 후 안정적(steady) 성장수준을 유지하기 시작하는 시점을 고려할 수 있다.

외국 증권기관들을 보면 실무적으로 10여년 정도의 기간을 예측기간으로 잡는 경향이 있다. 우리나라처럼 경제환경의 불안정성이 큰 나라는 예측기간을 5년 안팎으로 조금 짧게 잡는 것이 현실적일 것이다.

2) 잔존가치의 추정 방법

잔존가치가 기업 전체 가치에서 차지하는 비중은 일반적으로 50~125% 정도 되는 것으로 알려져 있다. 매우 높은 비중을 차지하고 있는 셈이다. 예측기간 이후 FCF의 현재가치, 즉 잔존가치(CV)도 예측기간의 영업가치와 마찬가지로 예측기간 이후의 NOPLAT, 신규투자액, 증분의 ROIC, 재투자율, 성장률, WACC 등에 영향을 받는다.

잔존가치 추정에서는 추정을 단순화시키기 위해서 n시점 이후 FCF의 성장률(g)에 대하여 일정한 가정을 하는 방법을 사용한다. 따라서 성장률에 대한 가정이 기업가치에 가장 큰 영향을 주게 된다.

예측기간 이후의 FCF_n가 g%만큼 정률로 성장한다고 가정하면, 주식의 정률배당성장모형에서와 같이 n시점의 잔존가치를 다음과 같이 추정할 수 있다. 이때의 성장률 추정치로는 보수적으로 그 나라 GDP 성장률을 사용하기도 한다.

$$CV_n = \frac{FCF_{n+1}}{WACC-g} \qquad \cdots\cdots \ (11\text{-}21)$$

이 밖에도 잔존가치 추정 시 활용될 수 있는 방법으로는 다음과 같은 것이 있다.

1. **예측기간 최종 수년간(n)의 FCF의 평균수준을 영구히 유지한다고 가정한 추정**: 식(11-21)의 한 응용으로서 예측기간 마지막 수년 FCF의 평균수준에서 0%의 성장을 영구히 한다고 가정하면 잔존가치는 다음과 같이 추정된다.

$$CV_n = \frac{FCF \text{ 최종 수년 평균}}{WACC} \qquad \cdots\cdots \ (11\text{-}22)$$

2. **대체원가, 청산가치기준**: 예측기간 끝 시점에서 예상되는 자산의 대체원가나 청산가치를 잔존가치로 보는 방법이다.
3. **PER모형 이용법**: 적정 PER에 주당이익을 곱하면 적정주가가 구해지는 관계를 이용하여, 예측기간 말 예상되는 적정 PER에 그 시점의 예상 주당이익을 곱하는 방법이다.
4. **PBR(M/B)모형 이용법**: 마찬가지 방법으로 예측기간 말 예상되는 적정 PBR에 그 시점의 예상 주당순자산을 곱하는 방법이다.

(2) 적정주가의 추정

이상에서 예측기간 동안의 FCF, WACC 그리고 잔존가치의 추정 방법에 대해서 살펴보았다. 이제 최종적인 적정주가를 추정하는데 남은 추정작업은 FCF모형(식 11-23)에서 영업외가치와 부채가치를 추정하는 것이다.

$$V_0 = \sum_{t=1}^{n} \frac{FCF_t}{(1+WACC)^t} + \frac{CV_n}{(1+WACC)^n} + \text{영업외가치}, \quad S_0 = \frac{(V_0 - B_0)}{\text{발행주식 수}} \quad \cdots\cdots \ (11\text{-}23)$$

1) 영업외가치

영업외가치(non-operating value)란 기업의 핵심경영활동 이외의 부문에서 지니고 있는 가치를 말한다. 기업전체가치(V_0)를 추정하는 최종단계에서 영업외가치가 더해지는 이유는 예측기간의 FCF의 현재가치와 잔존가치의 현재가치는 기업의 본업(영업)활동에 한정하여 창출되는 가치만을 측정하였기 때문이다.

그러나 영업가치를 추정하는 단계에서 제외되었던 단기금융상품, 투자자산 등의 영업외자산(금융자산)도 기업가치를 구성하는 중요한 부문이다. 따라서 영업가치를 추정할 때 제외되었던 영업외자산(non-operating assets), 금융자산을 합하여 기업전체가치 추정에 포함되도록 해주어야만 한다.

2) 부채가치의 계산과 적정주가의 추정

기업전체가치(V_0: firm value)가 추정되었으면 부채가치(B_0: debt value)를 차감하여 자기자본가치(equity value)를 구하는 작업이 이루어져야 한다. 부채가치는 주주입장에서 볼 때, 기업이 창출한 가치에 대해서 청구권을 주주보다 먼저 행사하게 되는 부채성의 모든 지분을 말한다. 회사채, 차입금 등 이자지급부채의 시장가치, 우선주의 시장가치, 비지배주주지분(minority interests), 운영리스, 스톡옵션 등이 이에 해당된다.

부채가치 추정도 물론 시장가치기준으로 이루어져야 하는데, 많은 경우 부채의 시장가치와 장부가치의 차이가 크지 않으므로 장부가치기준으로 추정하기도 한다.[5)]

최종적으로 주당주식가치는 기업전체가치(V_0)에서 부채가치(B_0)를 차감한 자기자본

5) 식 (11-7)에 의해 기업전체가치(V_0)는 마지막 단계에서 영업외 금융자산이 더해지는 방법으로 추정하였다. 그리고 주식가치는 여기서 부채가치를 차감하는 방법을 적용하였다. 다른 한 방법은 V_0 추정에서 영업외 금융자산을 더하지 않고, 주식가치를 구할 때, 이자지급 금융부채에서 영업외 금융자산을 차감한 **순금융부채** 금액을 차감하여 추정할 수 있다.

가치를 발행주식 수로 나누어 추정하게 된다.

3) 시나리오 · 민감도분석과 종합결론

지금까지 아래와 같은 단계를 거쳐, FCF모형에 의해서 적정주가를 추정하는 방법을 설명하였다.

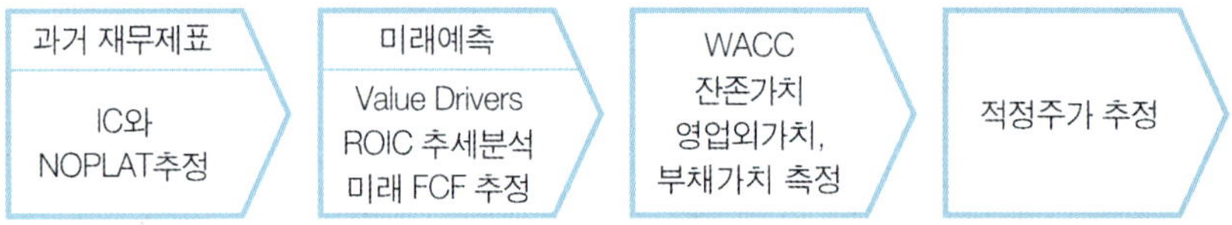

이러한 과정을 밟아 적정주가를 추정하기 위해서 주요 투입정보에 대하여 여러 가지 가정을 하였다. 미래의 성장은 불확실하므로 투자결정의 유연성을 높이기 위해서는 주요 투입정보의 가정이 달라질 경우의 추정값(기업가치 혹은 이론적 적정주가 추정치)을 구해 보는 것이 큰 도움이 된다. 즉, 시나리오 · 민감도분석을 실시하는 것이다. 또한 추정의 신뢰성을 높이기 위해서는 추정 과정에서의 항목 간에 논리적 연계성과 일관성이 유지되었는지를 평가하여야 한다.

민감도분석(sensitivity analysis)은 설명변수(여기서는 가치창출요인 변수들)가 달라질 때 결과변수(여기서는 기업가치)가 어느 정도 영향을 받는지 그 민감도를 측정하는 계량적 측정 방법이다. 기업가치에 영향을 주는 영업마진, 자산효율성, ROIC, WACC, 성장률 등은 미래 상황전개에 따라 얼마든지 달라질 수 있다. 미래에 전개될 상황은 이들 가치창출요인들에 가장 크게 영향을 주는 구성요소들을 중심으로 몇 가지 시나리오를 예상할 수 있다.

예를 들어, [그림 11-3]은 기업가치에 영향을 크게 미칠 환경 및 전략변수로, 환율과 해외시장에서의 차별화전략이라고 보고 4가지 시나리오를 설정한 것이다.

시나리오 1은 해외시장에서 차별화전략 성공으로 시장점유율(수출)이 확대되고 환율상승으로 인한 판매단가 인상효과로 수익성이 개선되는 가장 낙관적인 상황전개이다. 반대로 시나리오 3은 차별화전략이 성공하지 못하여 수출이 감소되고, 환율하락으로 판매단가 하락효과로 나타나는 가장 비관적인 상황전개이다.

이와 같은 몇 가지 가능한 상황전개에 따라 기업가치가 어떻게 달라지는지에 대한 평가는 1차적으로 영업마진과 자본회전율에 미치는 영향에 대한 평가에 기초하여 기업가치를 추정하고, 여기에 일어날 확률을 곱하면 기업가치의 기대추정치를 얻을 수 있다.

그림 11-3 시나리오 분석 (1)

그림 11-4 시나리오 분석 (2)

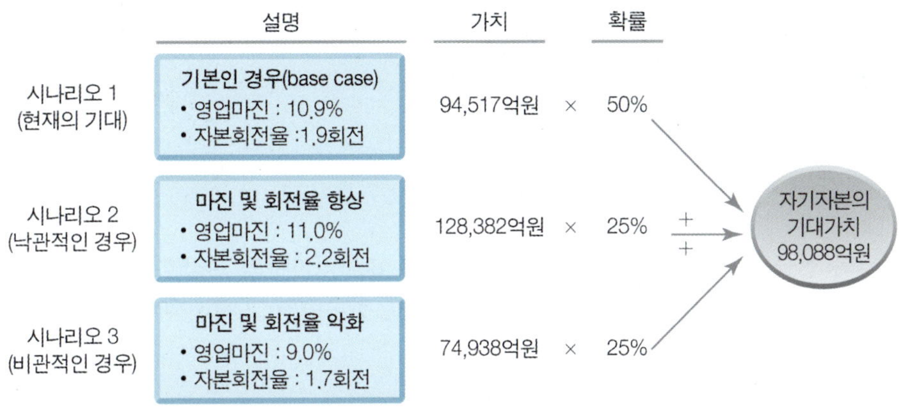

지금까지의 분석을 토대로 최종적인 투자결정을 내려야 하는 최종단계에서는 다음 2가지 측면에서의 검토가 필요하다.

첫째, 주요 가치창출요인들이 기업가치에 미치는 영향에 대한 분석을 지금까지의 단계에 따라 실행할 때, 다음 사항에 있어서 그 크기와 중요도가 종합적으로 일관성 있게 추정되었는지를 검토한다.

1 Key value driver에 대한 평가
2 매출성장에 대한 평가
3 투자이익률(ROIC)에 대한 평가
4 자본조달에 대한 평가
5 사업전망에 대한 평가
6 WACC 추정에 대한 평가
7 잔존가치 추정에 대한 평가
8 일관성과 연계성에 대한 평가

둘째, 도출된 적정주가는 다른 방법에 의해서 추정된 값, 예를 들어 현재 시장가격과의 비교, 비교 가능 대상 기업의 주가배수(PER 등)에 근거한 적정주가 범위, 타 분석가의 예측치와의 비교를 참조하여 합리적인 예측치인지, 최종결론 도출에 무리가 없는지를 평가한다.

(3) 주주잉여현금흐름(FCFE)모형

이상에서 설명한 FCF모형에서 FCF는 기업전체에 돌아가는 잉여현금흐름(FCFF: free cash-flow to the firm)이고, 할인율은 가중평균자본비용(WACC)이었다. 이와는 달리 잉여현금흐름을 '**주주에게 돌아가는 잉여현금흐름**(FCFE: free cash-flow to equity)' 기준으로 추정하고, 할인율은 **자기자본비용**(k_e)을 적용하여 주식가치(S_0)를 평가할 수 있다. 이것이 식 (11-24)로 추정되는 **주주잉여현금흐름**(FCFE)모형이다.

$$S_0 = \sum_{t=1}^{\infty} \frac{FCFE_t}{(1+k_e)^t} \qquad \cdots\cdots \ (11\text{-}24)$$

분자의 현금흐름인 주주잉여현금흐름(FCFE)은 순이익기준의 현금흐름에서 투하자본 증가액을 차감한 다음, 추가적으로 이자지급액을 차감하고 순차입액(신규 부채차입에서 부채상환액을 차감한 금액)을 더하여 추정한다.

FCFE = 세후순이익(NI) + 이자비용(1 − t) + 비현금항목(NCC) 등
− Δ투하자본(영업비유동자산 + 영업순운전자산) − [이자지급액 − 순차입액]
…… (11-25)

최종적으로 주식가치를 추정할 때 FCFE을 할인하는 할인율로는 **자기자본비용**(k_e)을 사용한다.

이제 기업의 FCFE가 매년 g%만큼 정률적으로 영구적으로 성장한다면 영구연금의 정률성장의 경우이므로 주식가치를 다음 식 (11-26)와 같이 추정할 수 있다.

$$S_0 = \frac{FCFE_1}{k_e - g} \qquad \cdots\cdots \ (11\text{-}26)$$

만약 미래 현금흐름의 발생기간을 예측기간과 예측 후 기간, 2단계로 구분하는 것이 더 적절하다면, 다음 식 (11-27)에 의해서 추정할 수 있다.

$$S_0 = \sum_{t=1}^{n} \frac{FCFE_t}{(1+k_e)^t} + \frac{CVE_n}{(1+k_e)^n} + B_0 \qquad \cdots\cdots (11\text{-}27)$$

여기서, $FCFE$: 예측기간 동안의 주주잉여현금흐름
CVE_n : n시점의 자기자본의 잔존가치
k_e : 자기자본비용
B_0 : 기초 자기자본

5. 잉여현금흐름(FCF)모형에 대한 평가

FCF모형은 배당의 정률성장모형과 차이가 있는 부분은 가치추정의 대상이 주식가치(S_0)가 아니고 일차적으로 기업전체가치(V_0)라는 점, 현금흐름이 주주에게 직접 돌아가는 배당흐름(d)이 아니고, 주주와 채권자 모두에게 돌아가는 FCF라는 점, 할인율이 자기자본비용(k_e)이 아니고, 가중평균자본비용(WACC)인 점이다.

FCF모형은 DCF모형의 하나로서, 주주에게 직접 돌아오는 배당이나 이익흐름에 근거하여 주식가치를 추정하는 모형(전통적 주식평가모형)보다도 영업활동에서 창출되는 현금흐름에 근거하여 추정하는 **영업흐름접근법**(operating approach)이라는 특징을 지니는데, 다음과 같은 **장점**과 **한계점**을 가진다.

(1) 잉여현금흐름(FCF)모형의 장점

1. 기업가치를 좌우하는 원천적 현금흐름인 영업활동에서 창출되는 현금흐름 기준으로 측정한다. 이는 주주와 채권자에게 배당이나 이자 등으로 지급하는 원천적 현금흐름이다.
2. 영업현금흐름은 배당정책 등에 영향을 받지 않는다.
3. 영업현금흐름은 재무구조(부채비율)의 차이에 영향을 받지 않는다.
4. 가치창출의 구체적 원천이 되는 ROIC(영업마진, 투하자본회전율), WACC, g중심으로 추정되고 있어서 가치창출방안을 명시적으로 제시할 수 있다.
5. 영업현금흐름에 근거한 가치평가 방법은 전체 기업에서 특정 부문이나 특정 사업부

의 가치를 부문별로 추정할 수 있는 유연성이 있다.

6 실증적으로 영업현금흐름은 무엇보다도 주가와 더 높은 상관관계를 보인다.

(2) 잉여현금흐름(FCF)모형의 한계점

1 추정해야 할 투입정보가 많다. 특히 WACC 추정 시 자기자본비용 추정 이외에 부채비용과 자본구성비의 추정에 기술적 난점이 있다.

2 전체 기업가치 중 잔여가치가 큰 비중을 차지하는데, 잔여가치는 예측기간 이후의 FCF성장률에 민감하다.

3 다년간 투자를 많이 하는 기업은 투자소요액이 세후영업이익보다 많아 FCF가 (−)를 보이게 되어, 이럴 경우 장기간 추정이 필요한데, 예측기간이 길어지면 추정오차가 커지게 된다.

예제 11-1

AAA회사는 향후 3년간 다음과 같은 세후영업이익과 영업투하자본이 발생할 것으로 예상된다.

	1년차	2년차	3년차
세후영업이익	1,800억 원	2,100억 원	2,400억 원
영업투하자본	1,200	1,300	1,400

그리고 4년차 이후는 향후 3년간의 FCF의 평균수준의 2%의 성장률로 둔화되어 지속될 것으로 본다. 한편 단기금융상품, 투자자산 등 영업외자산은 200억 원, 이자지급 부채는 3,223억 원을 보유하고 있다. 세전 부채비용은 10%, 유효법인세율은 40%, 자기자본비용은 12%, 목표부채비율(부채 대 자기자본)은 50%이다. A회사는 10,000,000주를 발행하고 있다. 이 주식의 적정가격은 얼마인가?

풀이

FCF모형: $V_0 = \sum \frac{\text{예측기간}FCF_t}{(1+WACC)^t} + \frac{\text{잔존가치}}{(1+WACC)^t} + \text{영업외자산가치} \quad S_0 = \frac{V_0 - B_0}{\text{발행주식 수}}$

① $WACC = k_d(1-t) \cdot \left(\frac{B}{B+S}\right) + k_e \cdot \left(\frac{S}{B+S}\right)$

$WACC = 10\%(1-0.4)(1/3) + 12\%(2/3) = 10\%$

② 예측기간의 FCF: FCF=세후영업이익−영업투하자본

1년차 FCF=600억 원, 2년차 FCF=800억 원, 3년차 FCF=1,000억 원,

FCF의 현재가치=600억 원/(1.1)+800억 원/(1.1)2+1,000억 원/(1.1)3

=1,958억 원

③ 4년차 이후 연간 $FCF=(600+800+1,000)/3=800$억 원,

4년차 초 시점의 잔존가치의 현재가치=800억 원/(0.10－0.02)=10,000억 원

현재시점의 잔존가치=10,000/(1+0.1)3=7,513억 원

④ 기업전체가치 V_0=예측기간 FCF의 현재가치+잔존가치의 현재가치+영업외자산가치

=1,958억 원+7,513+200억 원=9,671억 원

⑤ 주당주식가치$=\dfrac{V_0-B_0}{\text{발행주식 수}}$=(9,671억 원－3,223억 원)÷10,000,000주=644,700원

2절 초과이익모형

기업가치 또는 주식가치를 평가함에 있어서 초과이익에 기초하여 가치를 평가하는 방법들이 있다. 본 절에서 다루는 EVA모형과 RIM모형이 그것이다. 초과이익 형태로 표현되는 EVA와 RIM은 **성과평가지표**로도 활용되는데, 앞에서 다룬 FCF모형이 가치창출의 원천을 직접적으로 표현하고 있는 것과 대조가 된다.

1. EVA평가모형

(1) EVA의 의의와 측정

앞의 FCF모형에서는 기업가치가 세후영업이익과 영업투하자본, 그리고 자본비용에 의해서 결정되어짐을 보여주고 있다. 기업가치를 창출하는 원천, Value drivers의 관점에서 보면, 투하자본세후영업이익률(ROIC), 가중평균자본비용(WACC), 성장률(g)이 기업가치를 창출하는 재무변수이었다. 이에 따르면 가치창출이 되기 위해서는 기본적으로 다음 요건을 갖추어야 한다.([표 11-1] 참조)

투하자본세후영업이익률(ROIC) > 가중평균자본비용률(WACC) …… (11-28)

위의 관계에서 보면 기업가치는 그 기업의 투하자본세후영업이익률(ROIC)이 자본비용률(WACC)을 상회할 때 창출된다. 이 관계를 개념화한 것이 경제적 부가가치(EVA)이다.

경제적 부가가치(EVA: economic value added)는 순부가가치 창출액으로서 자본비용액(₩, WACC)을 상회하여 벌어들이는 세후영업이익(NOPLAT)을 말한다. EVA는 다음과 같이 투하자본세후영업이익률(ROIC=NOPLAT/IC)과 자본비용률(%, WACC)의 차이에 투하자본(IC)을 곱하여 구하기도 한다.[6)]

$$\begin{aligned} EVA &= \text{세후영업이익}(NOPLAT) - \text{자본비용액} \\ &= ROIC \cdot IC - WACC(\%) \cdot IC \\ &= IC \cdot (ROIC - WACC(\%)) \end{aligned} \qquad \cdots\cdots \text{(11-29)}$$

여기서, EVA: 경제적 부가가치,
$WACC$: 자본비용률(%)
$NOPLAT$: 세후영업이익(net operating profit less adjusted tax)
IC: 영업투하자본(invested capital
=영업비유동자산+영업순운전자본)
$ROIC$: 투하자본 세후영업이익률(=$NOPLAT/IC$)

EVA개념은 경영컨설팅회사인 Stern & Stewart 사에서 기업가치를 가장 잘 설명해주는 경영성과지표로서 EVA를 제시하면서 처음으로 실용화되었다. EVA는 자본비용을 상회하는 이익창출액의 의미가 있다는 측면에서 **초과이익**(residual income, excess earning), **경제이익**(economic profit)이라고도 불리운다.

EVA는 NOPLAT과 WACC의 차이에 IC를 곱한 것이므로, EVA산출을 위해서는 이들 3가지 요소가 측정되어야만 한다. 이에 대한 측정 방법은 이미 1절에서 다루었으므로 여기서는 상세한 설명은 생략하고, 결과만 정리하면 다음과 같다.

- 영업투하자본(IC)의 측정: 단기금융상품과 투자자산과 같은 영업외자산(금융자산)은 제외하고, 본 영업활동에만 투하되고 있는 순영업자산.

영업투하자본(IC)=영업활동관련 비유동자산+영업활동관련 순운전자본
=영업비유동자산+(적정수준의 현금·예금+매출채권
+재고자산−무이자발생 유동부채)

또는 IC =순금융부채(=[이자지급금융부채−영업외 금융자산])+자기자본

6) 가중평균자본비용(WACC)은 일반적으로 %기준으로 사용하지만, 금액기준의 자본비용액으로 사용할 때도 있다. 본항에서는 전자는 자본비용률(%)로, 후자는 자본비용액(₩)으로 구분하여 사용한다.

- 세후영업이익(NOPLAT)의 측정: 영업이익을 납세후기준으로 측정
  세후영업이익(NOPLAT) = EBIT × (1 − 법인세율)

(2) EVA에 의한 기업가치평가

EVA의 현재가치를 **시장부가가치**(MVA: market value added)라고 부른다.

$$MVA = \sum_{t=1}^{n} \frac{EVA_t}{(1+WACC)^t} \qquad \cdots\cdots (11\text{-}30)$$

이제 기업가치를 평가하는데 영업외 부분이 없다고 가정하면, 기업가치는 자본비용만큼 벌어들이는 부분의 현재가치와 초과이익의 현재가치의 합으로 구성되어 있는 부분으로 나누어 볼 수 있으므로 식 (11-31)과 같이 IC와 MVA의 합으로 추정할 수 있다.7)

$$V_0 = IC_0 + \sum_{t=1}^{n} \frac{EVA_t}{(1+WACC)^t} + \frac{CV_n}{(1+WACC)^n} \qquad \cdots\cdots (11\text{-}31)$$

$$= IC_0 + EVA\text{현재가치}(MVA) \qquad \cdots\cdots (11\text{-}32)$$

여기서, EVA : $IC_0 \cdot (ROIC - WACC(\%))$
IC_0 : 기초 영업투하자본
$ROIC$: 영업투하자본세후영업이익률
$WACC$: 가중평균자본비용
CV_n : n시점의 영업투하자본의 잔존가치

식 (11-33)에서 MVA(EVA의 현재가치)는 $[V_0 - IC]$이므로 시장가치기준의 부채 · 자기자본의 합계액에서 장부가치기준의 부채 · 자기자본의 합계액의 차이가 된다. 즉, 시장에서 형성된 시장가치에서 영업투하자본(장부가치)를 차감한 금액을 뜻한다.8)

7) EVA모형을 자본비용만큼 벌어들이는 부분의 현재가치와 초과이익의 현재가치를 합하여 식 (11-31)이 얻어짐과 EVA평가모형이 FCF모형에서 도출된 결과임에 대한 증명은 본 장 끝의 보론을 참조할 것.

8) 일정한 EVA를 영원히 창출하는 기업의 현재가치 MVA는 다음과 같이 구해진다.

$$MVA = \frac{[NOPLAT - (IC \times WACC(\%))]}{WACC(\%)} = \frac{NOPLAT}{WACC(\%)} - IC \qquad \cdots\cdots (1)$$

위의 식에서 다음의 식(2), 식(3)으로 표현되는 관계도 얻어진다.
MVA는 시장 기업가치에서 영업투하자본을 차감한 것(식 11-30)이고, (1)이 성립하므로 (2)의 관계를 얻는다.

이제 영업외 부분을 포함시키면, 다음 식에 의해서 기업가치를 평가할 수 있다.

$$V_0 = IC + MVA(EVA\text{의 현재가치}) + \text{영업외 가치}$$

2. RIM평가모형

FCF모형에서는 미래 FCF의 현재가치를 추정하여 기업가치를 평가한다. FCF는 핵심영업활동 중심으로 측정한 세후영업이익에서 영업투하자본을 차감한 것을 측정한 것인데, 기업가치창출요인(value drivers)는 ROIC, WACC의 재무변수로 압축할 수 있었다(식 (11-12)).

EVA모형에서는 가중평균자본비용액(WACC금액)을 상회하는 세후영업이익(NOPLAT)이 기업 전체의 순 가치창출액(EVA)으로 보고, 투하자본세후영업이익률(ROIC)이 가중평균자본비용률(WACC(%))을 상회하는 이익이 기업전체가치 창출의 원천임을 설명하고 있다.

초과이익모형(RIM: residual income model)에서는 분석의 대상을 주식가치(주주지분가치)로 좁혀서 자기자본비용액(k_e 금액)을 상회하는 순이익(NI)을 **초과이익**(RI: residual income, 또는 ER: excess return)이라고 부르고, 이 초과이익을 자기자본(주주입장의 몫)의 순가치창출액으로 본다. 초과이익(RI)은 다음 관계가 있으므로 기초 자기자본(B_0)에 자기자본순이익률(ROE)과 자기자본비용(k_e)의 차이를 곱하여 추정할 수 있다.

$$\begin{aligned}\text{초과이익}(RI) &= \text{순이익} - \text{자기자본비용액(금액)} \\ &= \text{자기자본} \times ROE - \text{자기자본} \times \text{자기자본비용률(\%)} \\ &= B_0 \cdot (ROE - k_e) \qquad \cdots\cdots (11\text{-}33)\end{aligned}$$

식 (11-33)에서 확인할 수 있는 것처럼 RIM모형에서는 자기자본순이익률(ROE)이 자기자본비용률(주주의 요구수익률 k_e)을 상회할 때 주식가치가 상승함을 설명하고 있다.

$$V = \frac{NOPLAT}{WACC} \qquad \cdots\cdots (2)$$

$NOPLAT = ROIC \times IC$이므로 양변을 IC로 나누면 다음 (3)의 관계를 얻는다.

$$\frac{V}{IC} = \frac{ROIC}{WACC} = \frac{MV}{BV} \qquad \cdots\cdots (3)$$

영구적으로 EVA를 창출하는 기업에서 기업가치(시장가치)대 영업투하자본(장부가치)의 비율은 ROIC 대 WACC의 비율과 동일함을 의미한다.

$$\text{자기자본순이익률}(ROE) > \text{자기자본비용률}(k_e) \qquad \cdots\cdots \ (11\text{-}34)$$

그리고 RIM모형에서의 주식가치(S_0)는 기본적으로는 기초 자기자본액(B_0)과 초과이익($=B_0 \cdot (ROE-k_e)$)을 자기자본비용(k_e)으로 할인한 현재가치의 합으로 추정한다.[9)]

$$S_0 = B_0 + \sum_{t=1}^{\infty} \frac{RI_t}{(1+k_e)^t} = \text{기초 자기자본액}+\text{미래 초과이익(RI)의 현재가치} \qquad \cdots\cdots \ (11\text{-}35)$$

만약 미래 예측기간을 직접 예측기간과 예측 후 잔존기간으로 나누어 표시한다면, 주식가치(S_0)는 다음 식 (11-36)과 같이 초과이익(RI)의 현재가치, 자기자본 잔존가치의 현재가치 그리고 기초 자기자본의 합으로 측정된다. 이 경우의 할인율은 WACC가 아니라 자기자본비용(k_e)이 된다.

$$S_0 = B_0 + \sum_{t=1}^{n} \frac{RI_t}{(1+k_e)^t} + \frac{CVE_n}{(1+k_e)^n} \qquad \cdots\cdots \ (11\text{-}36)$$

여기서, RI : 초과이익($=B_0 \cdot (ROE-k_e)$)
B_0 : 기초 자기자본
k_e : 자기자본비용
CVE_n : n시점의 자기자본의 잔존가치

RIM에 의해서 주식가치를 추정하기 위해서는 B_0(기초 자기자본), ROE(자기자본순이익률), k_e(자기자본비용), CVE_n(n시점의 자기자본의 잔존가치)이 추정되어야 한다. B_0, ROE, k_e의 추정 방법에 대해서는 FCF모형에서 이미 설명한 바 있다.

CVE_n(n시점의 자기자본의 잔존가치)도 FCF모형에서처럼 직접 예측기간 이후의 초과이익의 현재가치를 추정하면 된다. 즉, $ROE > k_e$이 지속 가능한 기간(초과이익 소멸 예상기간)과 그 크기를 판단하여야 한다. 실무적으로는 예측기간 이후의 시장에서의 경쟁의 치열도, 당해기업의 경쟁력을 종합적으로 평가하여 CVE_n을 다음 방법들을 적용하여 추정해 볼 수 있다.[10)]

9) RIM모형(식 11-33)이 배당평가모형에서 도출된 것에 대한 증명은 본 장 끝의 보론을 참고할 것.
10) 자기자본순이익률(ROE)이 자기자본비용률(주주의 요구수익률 k_e)을 상회하여 발생하는 가치창출액을 영업권(goodwill)으로 분석하기도 한다.

1. 예측기간 이후 초과이익을 0으로 보는 방법
2. 예측기간 동안 초과이익의 평균치를 사용하는 방법
3. 예측기간 말의 초과이익에 예상 초과이익 성장률(감소율)을 곱하여 추정하는 방법[11)]

RIM모형은 FCF모형에 비하여 몇 가지 장 · 단점이 있다. **장점**의 하나는 가치평가에 필요한 투입요소 추정의 수가 적고 평가 과정이 단순하다는 점이다. RIM모형은 기본적으로 B_0, ROE, k_e가 추정되면 직접적으로 주식가치를 평가할 수 있다. 반면에 FCF모형은 재무제표항목들을 영업활동 중심으로 재구성하여 세후영업이익(NOPLAT)과 영업투하자본(IC)을 추정하여야하고, 자본비용도 자기자본비용만이 아니고, 부채비용까지 고려된 가중평균자본비용(WACC)을 추정해야 한다. 또 가치평가 과정이 1단계에서 기업전체가치를 추정한 다음, 2단계에서 이를 토대로 주식가치를 추정하는 번거로움이 있다.

그러나 RIM모형의 **단점**은 순이익이 가치추정의 기초가 되는데, 순이익은 기업의 재무활동(부채의존도 등)과 배당정책까지 반영된 성과측정치이어서 이들 변동에 민감하다는 점이다. 지속 가능한 미래 이익의 예측이라는 관점에서 볼 때, 순이익기준보다는 영업이익기준이 가치추정의 지속가능성을 더 잘 반영하고 있다고 할 수 있다. 또 EVA모형은 초과이익 형태로 표현되어 성과평가지표로 활용되지만, 가치창출의 원천을 명시적으로 표현하고 있지 못하다. 반면에 FCF모형은 다음 항에서 구체적으로 보는 것처럼 가치창출원천과의 관계가 명시적으로 영업투하자본세후영업이익률(ROIC)이 가중평균자본비용률(WACC)을 상회할 때 주식가치가 상승함을 잘 표현되어 있어 가치창출의 방향을 모색하는 가치창조경영에의 활용성이 높다.

다음 항에서는 FCF모형에 기초한 EVA를 경영분석과 가치창조경영에 어떻게 활용될 수 있는지를 살펴보기로 한다.

---

11) 예측기간 이후의 초과이익은 일반적으로 시장 경쟁상황이 치열해짐에 따라서 예상 초과이익이 감소하게 된다. 이때의 감소율이 일정한 c%만큼으로 진행된다고 가정하면, 다음 관계에서 볼 수 있는 것처럼 예측기간 n년 말의 잔존가치는 n년도의 초과이익에 $c/(1+k_e-c)$을 곱하면 추정된다. 왜냐하면 감소율 c%가 지속되는 초과이익의 현재가치는 초항이 '$RI_n/(1+k_e)$'이고, 공비가 '$c/(1+k_e)$'인 무한등비급수의 합이기 때문이다.

$$CVE_n = \frac{c \cdot RI_n}{(1+k_e)^1} + \frac{c^2 \cdot RI_n}{(1+k_e)^2} + \cdot \cdot \cdot = RI_n \times \frac{c}{(1+k_e-c)}$$

예제 11-2

다음은 ㈜하나로의 최근 재무제표이다. 영업투하자본은 총자산과 같고, 부채는 전부 이자지급 금융부채임을 가정한다. 또 이 회사는 현재 수준에서 성장하지 않는다고 가정한다. (단위: 억 원)

재무상태표(2021.1.1)

유동자산	500	부채	1,000
비유동자산	1,500	자기자본	1,000
총자산	2,000	부채 및 자본	2,000

손익계산서(2021.1.1~12.31)

매출액	2,000	
매출원가	1,600	
영업이익(EBIT)	400	
이자비용	100	(k_d=10%)
세전순이익(EBT)	300	
법인세	90	(t_c=30%)
세후순이익(EAT)	210	(k_e=15%)
배당금	105	

한편 이 회사의 부채비용은 10%, 자기자본비용은 15%, 목표부채비율(B/S)은 100%, 법인세율은 30%, 배당성향은 50%이다. 그리고 2021년 1년간의 투하자본 증가액은 271.8억 원이다.

(1) 이 회사의 ROIC, WACC 그리고 EVA를 구하라.

(2) 이 회사의 자기자본순이익률과 초과이익(RI)을 구하라.

풀이

(1) 영업이익$(1-t_c)$=400(1−0.3)=280억 원, 영업투하자본=2,000억 원

ROIC=280억 원/2,000억 원=14%

$$WACC = k_d\,(1-t)\cdot\left(\frac{B}{B+S}\right)+k_e\cdot\left(\frac{S}{B+S}\right)$$

$$=10\%(1-0.3)(1/2)+15\%(1/2)=11\%$$

EVA = 세후영업이익$(NOPLAT)$−자본비용액, 또는 $EVA=IC\cdot(ROIC-WACC)$

EVA =280억 원−[100억 원(1−0.3)+1,000억 원(0.15)]=60억 원

또는 EVA =2,000억 원(14%−11%)=60억 원

(2) ROE=210억 원/1,000억 원=21%, k_e=15%

초과이익(RI)=순이익−자기자본비용액(금액), 또는 $RI=B_0\cdot(ROE-k_e)$

RI=210억 원−1,000억 원(0.15)=60억 원

또는 RI=1,000억 원(21%−15%)=60억 원

3. DCF평가모형의 비교

(1) DCF모형에서 현금흐름과 할인율

10장과 본 11장에서는 배당할인모형, 이익평가모형, FCF평가모형, EVA모형, RIM모형에 의해서 가치평가하는 방법을 설명하였다. 이들 모형들은 식 (11-37)과 같이 미래현금흐름을 적절한 할인율로 할인한 현재가치 형태의 현금흐름할인모형(DCF)이라는 공통점을 지니고 있다. 이들의 차이는 먼저 분자의 현금흐름(CF)과 분모의 할인율(k)을 어떻게 정의하느냐의 차이에 있다.

$$V_0 = \sum_{t=1}^{\infty} \frac{CF_t}{(1+k)^t} \qquad \cdots\cdots \ (11\text{-}37)$$

먼저 이들 모형들은 현금흐름과 할인율 면에서 다음과 같은 차이가 있다.

	기본모형	현금흐름	할인율
배당할인모형	$S_0 = \sum_{t=1}^{\infty} \frac{d_t}{(1+k_e)^t}$	주당배당금	자기자본비용
이익평가모형	$S_0 = \sum_{t=1}^{\infty} \frac{E_t}{(1+k_e)^t}$	주당순이익	자기자본비용
FCF평가모형	$V_0 = \sum_{t=1}^{\infty} \frac{FCF_t}{(1+WACC)^t}$	기업전체 잉여현금흐름	가중평균자본비용
EVA평가모형	$S_0 = \sum_{t=1}^{\infty} \frac{EVA_t}{(1+WACC)^t}$	기업전체초과이익흐름	가중평균자본비용
RIM평가모형	$S_0 = \sum_{t=1}^{\infty} \frac{RI_t}{(1+k_e)^t}$	주주 초과이익흐름	자기자본비용

(2) 가치평가모형의 유용성 비교

배당평가모형, 이익평가모형, FCF평가모형, EVA모형, RIM모형 중에서 어느 가치평가모형이 보다 유효한 모형인가? 어느 모형을 적용할 것인지는 다음과 같은 선택기준을 고려할 필요가 있다.

1 평가대상 기업의 특성에 보다 부합하는 모형을 선택한다.

2 주어진 자료의 이용가능성과 질을 고려한다.

3 모형의 특징과 장·단점을 고려하여 평가목적에 부합한 모형을 선택한다.

앞서 설명한 제반 가치평가모형에 대하여 그 장·단점을 정리하면 [표 11-2]와 같다.

[표 11-2] 제반 주식가치평가모형의 장·단점 비교

종 류	기본모형	장 점	단 점
배당평가모형	$S_0 = \sum_{t=1}^{\infty} \frac{d_t}{(1+k_e)^t}$	• 추정이 간편 • WACC추정이 필요 없음	• 무배당기업에 적용불가 • 배당의 변동성이 크고, 성장률 추정값에 민감 • 가정(내부금융의 가정 등)의 비현실성
이익평가모형	$S_0 = \sum_{t=1}^{\infty} \frac{E_t}{(1+k_e)^t}$	• 추정이 간편 • WACC추정이 필요 없음	• EPS는 회계처리 방법에 따라 달라짐. • 재무구조 차이에 영향을 받음. • 가정(내부금융의 가정 등)의 비현실성
FCF평가모형	$V_0 = \sum_{t=1}^{\infty} \frac{FCF_t}{(1+WACC)^t}$	• 회계 방법, 재무구조, 배당정책에 영향받지 않음 • 이자비용 추정이 불필요 • 가치창출의 요인을 명시	• 추정이 복잡함 • 영업자산과 영업외자산을 구분해야 함 • 잔존가치의 비중이 높고, 성장률 추정값에 민감, 예측기간이 길어야 함 • WACC추정의 어려움
EVA평가모형	$S_0 = \sum_{t=1}^{\infty} \frac{EVA_t}{(1+WACC)^t}$	• 초과이익 형태의 성과지표로 활용 • 가치창출경영에 활용 • 회계 방법, 재무구조, 배당정책에 영향받지 않음 • 이자비용 추정이 불필요	• WACC, 자본구성비 추정의 어려움 • 영업자산과 영업외자산을 구분해야 함
RIM평가모형	$S_0 = \sum_{t=1}^{\infty} \frac{RI_t}{(1+k_e)^t}$	• 초과이익 형태의 성과지표로 활용 • 간단한 회계정보 추정으로 가치평가 가능 • 부채비용 추정이 불필요	• 순이익기준이기 때문에 영업외비용 추정값에 민감 • 자기자본비용 추정의 문제 • 순이자비용을 추정해야 함 • 회계처리 방법에 영향 받음

(3) 사례기업에 대한 FCF모형의 적용

이상에서 FCF모형, EVA모형, RIM모형에 의해서 주식가치를 평가하는 방법, 그리고 그 유용성에 대하여 살펴보았다. 이하에서는 사례기업인 삼성전자에 대하여 다음 식으로 표현되는 FCF모형을 적용하여 적정주가를 도출하는 과정을 설명한다.

$$V_0 = \sum \frac{\text{예측기간}FCF_t}{(1+WACC)^t} + \frac{\text{잔존가치}}{(1+WACC)^t} + \text{비영업자산가치} \qquad S_0 = \frac{(V_0 - B_0)}{\text{발행주식 수}}$$

여기서, FCF: 세후영업이익(NOPLAT) − 영업투하자본증가액(ΔIC)

WACC: (세후부채비용 × 부채구성비) + (자기자본비용 × 자기자본구성비)

1 먼저 과거 2018~2021년 기간의 FCF를 측정하는데 계산의 근거가 되는 재무제표는 3장 사례연구에서 소개한 삼성전자의 재무제표자료이다. 분석결과를 정리한 표의 "비고란"에는 각 항목들을 추정할 때 포함된 주 내용을 제시하였다.

FCF를 측정하기 위하여 먼저 과거기간(2019~2021년)의 영업투하자본증가액(ΔIC)과 세후영업이익(NOPLAT)을 측정해 보기로 하자. 식 (11-2)을 적용한 영업투하자본증가액(ΔIC) 추정결과가 [표 11-3]에, 그리고 식 (11-3)을 적용한 세후영업이익(NOPLAT)의 추정결과가 [표 11-4]에 제시되어 있다. 이 기간에 ΔIC는 5,808.3십억 원, -4995.2십억 원, 35,532.5십억 원, NOPLAT은 20,271.0십억 원, 26,275.5십억 원, 37,692.7십억 원이었고, 결과적으로 식 (11-4)에 의해서 측정된 FCF([표 11-5])는 14,462.7십억 원, 31,270.7십억 원, 2,160.2십억 원 이었다. 지속적으로 FCF가 (+)를 보이고 있어 투자액을 차감하고 잉여자금이 평균적으로 14조원 정도가 창출되고 있다.

2 이제 삼성전자의 **미래 FCF를 추정**해 보기로 하자. 직접 예측기간은 2022~2024년 기간의 3년으로 하고 그 이후 기간에 대해서는 잔존가치로 추정하였다. 이 예측에서는 매출액기준 예측(sales-driven forecast) 방법을 적용하였는데, 미래 매출액을 예측한 다음, FCF구성항목은 매출액백분율 방법을 사용하여 추정하였다. 이러한 접근 방법에서는 매출액 성장률 추정이 관건인데, 반도체, 휴대폰, LED 등의 각 사업부문의 년도별 실적의 변동성이 높아서 9장에서 언급한 것처럼, 보수적 관점에서 과거 3년간의 평균치 수준의 5%의 매출액 성장률을 가정하였다. 매기의 매출액은 전기 매출액에 이 추정 성장률을 곱하여 예측치를 구하였다.

[표 11-3] 삼성전자: 투하자산증가액(ΔIC)의 계산(2019~2021)

(단위: 십억 원)

관련항목	2018	2019	2020	2021	비고
①영업유동자산	108,803.6	105,133.2	105,773.9	136,454.2	유동자산-단기금융상품
②무이자부 유동부채	55,494.9	49,389.3	59,050.9	74,429.3	유동부채 중(매입채무+미지급금+기타유동부채)
Ⅰ. 영업순운전자산(①-②)	53,308.8	55,743.9	46,723.0	62,024.9	①영업유동자산-②비이자부 유동부채
Ⅱ. 영업순비유동자산	135,107.5	138,480.7	142,506.5	162,737.1	비유동자산-장기금융자산-비이자(기타)비유동부채
영업투하자산(IC)(Ⅰ+Ⅱ)	188,416.3	194,224.6	189,229.4	224,761.9	Ⅰ.영업순운전자산+Ⅱ.순영업고정자산
순금융부채	-59,336.9	-68,655.8	-86,718.6	-80,138.0	이자지급장단기부채(단기차입금+사채+장기차입금) -이자수입금융자산(단기금융상품+장기금융자산)
자기자본	247,753.2	262,880.4	275,948.0	304,899.9	자본총계
Ⅰ. 영업순운전자산 증가액		2,435.1	-9,021.0	15,301.9	당기 영업순운전자본-전기 영업순운전자본. (Ⅰ)의 기간 중 증가액
Ⅱ. 영업순비유동자산 증가액		3,373.1	4,025.8	20,230.6	당기 영업순비유동자산-전기 영업순비유동자산. (Ⅱ)의 기간 중 증가액
영업투하자산 증가액(ΔIC)		5,808.3	-4,995.2	35,532.5	영업순운전자산 순증가액(Ⅰ)+영업비유동자산 증가액(Ⅱ)

[표 11-4] 삼성전자: NOPLAT의 계산(2019~2021)

(단위: 십억 원)

항목	2018	2019	2020	2021	비고
Ⅰ. 매출액	243,771.4	230,400.9	236,807.0	279,604.8	I/S 매출액
Ⅱ. 매출원가	132,394.4	147,239.5	144,488.3	166,411.3	I/S 매출원가
Ⅲ. 판관비	52,490.3	55,392.8	56,324.8	61,599.6	I/S 판관비
영업이익(EBIT)	58,886.7	27,768.5	35,993.9	51,633.9	Ⅰ-Ⅱ-Ⅲ
①법인세율(%)	0.270	0.270	0.270	0.270	법인세율 24.2% 가정
②(-)EBIT 대비 법인세	15,899.4	7,497.5	9,718.3	13,941.1	영업이익×법인세율
NOPLAT(세후영업이익)	42,987.3	20,271.0	26,275.5	37,692.7	영업이익(Ⅳ)-②EBIT 대비 법인세

[표 11-5] 삼성전자: FCF의 계산(2019~2021)

항목	2018	2019	2020	2021	비고
Ⅰ. NOPLAT(세후영업이익)	42,987.3	20,271.0	26,275.5	37,692.7	NOPLAT 계산표의 결과
Ⅱ. (-)영업투하자산 증가액		5,808.3	-4995.2	35,532.5	아래 ①+② [IC계산표]
①영업순운전자산 증가액		2,435.1	-9,021.0	15,301.9	IC계산표의 결과
②영업비유동자산 증가액		3,373.1	4,025.8	20,230.6	IC계산표의 결과
잉여현금흐름(FCF)*		14,462.7	31,270.7	2,160.2	NOPLAT(Ⅰ)-투하자산증가액(ΔIC)(Ⅱ)

* 여기서 측정된 FCF는 5장의 "현금흐름표"에서 도출된 FCF와 약간의 분류상의 차이를 보이게 됨. 차이를 가져오게 하는 항목들에 대해서는 5장 3절 3항 각주 6)을 참조.

3 FCF구성항목인 **IC와 NOPLAT의 미래 추정치**는 2절에서 소개한 방법과 같이 ROIC 구성요소인 매출액세후영업이익률을 구성하는 주요 비용항목의 추정, 영업투하자산회전율을 구성하는 주요 순영업자산항목의 추정을 통하여 구하였다. 그리고 주요 비용항목과 영업투하자산항목의 매출액 구성비는 이들이 그 평균수준에 회귀한다는 가정 하에 과거 3년(2019~2021년)의 평균치를 적용하였다([표11-4]). 그래서 평균 매출액세후영업이익률, 영업투하자산회전율, ROIC는 예측기간 동안 각각 11.1%, 1.26회전, 14.2%로 추정되었다([표11-6]). 최종적으로 NOPLAT, ΔIC는 "[표 11-7] 미래 FCF 예측"에서 보는 것처럼 2022~2024년 FCF는 23,274.7십억원, 24,438.4십억원, 25,660.3십억원으로 추정되었다.

4 한편, **가중평균자본비용**(WACC)의 추정을 위해서 예측기간 동안 다음처럼 유지될 것으로 가정하였다.

무위험이자율=1.7%,　　삼성전자의 신용등급 AA−,
신용위험보상률=3.0%,　법인세율=27.0%,　베타계수=1.2
시장위험보상률=7%,　　부채비율(B/S)=35.0 : 65.0

[표 11-6] 삼성전자: ROIC 추세분석과 미래예측의 가정

(단위: 십억 원)

관련항목	과거 실적			미래예측가정					비고
	2019	2020	2021	2022	2023	2024	…	…	
매출액	230,401	236,807	279,605	293,585	308,264	323,678			전기매출액×(1+성장률)
매출액성장률	-0.055	0.028	0.181	0.050	0.050	0.050			예측성장률 적용
매출원가/매출액	0.639	0.610	0.595	0.615	0.615	0.615			매출액백분율 과거 3년 평균치 적용
판관비/매출액	0.240	0.238	0.220	0.233	0.233	0.233			매출액백분율 과거 3년 평균치 적용
(1) EBIT/매출액	0.121	0.152	0.185	0.152	0.152	0.152			매출액백분율 과거 3년 평균치 적용
(2) EBIT×t_c/매출액	0.033	0.041	0.050	0.041	0.041	0.041			법인세율 27.0% 적용
Ⅰ. EBIT×(1−t)/매출액	0.068	0.111	0.135	0.111	0.111	0.111			(1)−(2)
매출채권/매출액	0.150	0.140	0.128	0.139	0.139	0.139			매출액백분율 과거 3년 평균치 적용*
재고자산/매출액	0.121	0.124	0.131	0.125	0.125	0.125			매출액백분율 과거 3년 평균치 적용*
영업비유동자산/매출액	0.690	0.691	0.0642	0.674	0.674	0.674			매출액백분율 과거 3년 평균치 적용*
기타자산/매출액	0.040	0.045	0.098	0.061	0.061	0.061			현금예금 기타유동자산 기타비유동자산*
무이자부채/매출액	0.324	0.327	0.335	0.329	0.329	0.329			매출액백분율 과거 3년 평균치 적용*
영업투하자산/매출액	0.830	0.810	0.740	0.793	0.793	0.793			영업투하자산에 포함되는 항목은 IC계산표와 동일*
Ⅱ. (매출액/영업투하자산)	1.204	1.235	1.351	1.263	1,263	1,263			(영업투하자산/매출액)의 역수
ROIC(Ⅰ×Ⅱ)	0.1060	0.1370	0.1821	0.142	0.142	0.142			(EBIT(1−t)/매출액)×(매출액/투하자산)

* 재무상태표자료는 전기와 금액 잔액의 평균치

[표 11-7] 삼성전자: 미래 FCF의 예측(2022~2024)

(단위: 십억 원)

관련항목	2022	2023	2024	비고
매출액	293,585.0	308,264.3	323,677.5	ROIC 추세분석에서 예상성장률 적용. 전기매출액×(1+예상성장률)
매출원가	180,493.8	189,518.5	198,994.4	매출액예측치×과거 3개년 평균 매출액백분율
판관비	68,350.2	71,767.7	75,356.1	매출액예측치×과거 3개년 평균 매출액백분율
영업이익(EBIT)	44,741.0	12,684.1	13,318.3	매출액예측치×과거 3개년 평균 매출액백분율
조정법인세	12,080.1	12,684.1	13,318.3	t=0.270 가정
Ⅰ. NOPLAT	32,661.0	34,294.0	36,008.7	영업이익−조정법인세
매출채권 증가액	1,945.5	2,042.7	2,144.9	매출액증가액×(매출채권 매출액구성비 예측치)
재고자산 증가액	1,754.4	1,842.1	1,934.2	매출액증가액×(재고자산 매출액구성비 예측치)
영업비유동자산 증가액	9,429.2	9,900.6	10,395.7	매출액증가액×(영업비유동자산 매출액구성비 예측치)
기타자산 증가액	851.3	893.8	938.5	매출액증가액×(기타자산 매출액구성비 예측치)
(−)무이자부채 증가액	4,593.9	4,823.6	5,064.8	매출액증가액×(무이자부채 매출액구성비 예측치)
Ⅱ.영업투하자산 증가액(ΔIC)	9,386.3	9,855.6	10,348.4	영업자산증가액 위 4개항목의 합−무이자부채 증가액
Ⅲ.잉여현금흐름(FCF=Ⅰ−Ⅱ)	23,274.7	24,438.4	25,660.3	NOPLAT−ΔIC

이에 근거할 때, 세후부채비용은 3.4%, 자기자본비용은 10.4%, 가중평균자본비용은 7.987%로 추정되었다.

5 2022년 이후에 예상되는 FCF의 현재가치로 측정되는 **잔존가치**는 2022~2024년 기간의 FCF의 평균수준에서 2% 성장률로 정률적으로 성장할 것으로 가정하였다. FCF의 정률성장모형을 적용한 결과, 잔존가치는 416,695.7십억 원으로 추정되었다([표 11-8]).

6 이상에서 추정된 FCF와 잔존가치 추정치를 WACC로 할인하면 "[표 11-9] 적정주가의 추정"에서 보는 것처럼, **영업기업가치**는 393,795.1십억원이다. 이제 지금까지의 추정에서 제외되었던 단기금융상품과 장기금융자산의 영업외자산가치 97,200.2십억 원을 합하면, 490,995.3십억 원의 기업전체가치(V_0)가 도출된다. 삼성전자의 분석시점에서 보통주보다 우선권이 있는 차입금 등의 부채가치(B_0)와 비지배주주지분 25,724.4십억원을 차감하면, 자기자본가치(S_0)는 465,270.9십억 원으로 추정된다. 발행주식수가 596,978만주이므로 FCF모형에 기초할 때 적정주가는 77,938원으로 추정된다. 분석시점의 주가 69,600원과 비교하면 약 8,338원 정도 저평가된 것으로 판단된다.

7 이상과 같은 적정 추정결과를 얻는데 있어서 영향을 크게 미치는 변수는 WACC와 예측기간 이후 FCF의 성장률(잔존가치)에 대한 가정이다. 이상에서의 결론은 WACC =7.99%, g=2%를 가정한 것인데 만약 이 두 변수가 다른 값을 갖게 되면 적정주가는

[표 11-8] 삼성전자: 잔존가치(CV)의 추정

(단위: 십억 원)

근 거	추정치	비 고
(1) 예측기간 최종 3년 평균 FCF	24,457.8	예측기간 FCF의 예측치의 3년 평균
(2) 잔존가치(정률성장 적용)	416,695.7	[예측기간 최종 3년 평균 FCF×(1+성장률)]/(WACC−성장률)

[표 11-9] 삼성전자: 적정주가의 추정(FCF모형)

(단위: 십억 원)

구 분	2022	2023	2024	2025	2026	비고
FCF	23,274.7	24,438.4	25,660.3			FCF예측 결과치
(현가요소)	0.9260	0.8575	0.7941			$1/(1+\text{추정WACC})^n$
현가	21,553.2	20,957.1	20,377.4			FCF×(현가요소)
Ⅰ.FCF의 현가	62,887.8					연도별 FCF현가의 합계
CV 값				416,695.7		잔존가치(CV) 추정결과
Ⅱ.CV의 현가	330,970.4					CV를 현재시점기준으로 3년 할인
Ⅲ.영업기업가치(Ⅰ+Ⅱ)	393,795.1					(Ⅰ)FCF의 현가+(Ⅱ)CV의 현가
Ⅵ.영업외자산가치	97,200.2					아래 ①+②
		①단기금융상품	81,709.0			2015년말 수치 적용
		②장기금융자산	15,491.2			2015년말 수치 적용
Ⅶ.기업전체가치(V_0)	490,995.3					Ⅲ+Ⅵ
Ⅴ.부채가치(B_0)	25,724.4					과거 BS 2015년말 이자지급부채차입 +비지배주주지분
Ⅳ.자기자본가치(S_0)	465,270.9	(단위: 십억 원)				Ⅶ−Ⅴ
발행주식 수	596,978	(단위: 만주)				분석시점의 발행주식총수
적정주가	77,938	(단위: 원)				자기자본가치(Ⅳ)/발행주식수×만원
금일종가	69,600	(2022.3.31기준)				
가격차이	8,338					적정주가−금일종가

얼마 수준이 될 것인가? [표 11-10]은 WACC가 6.5%~11.5%의 가능성이 있고, 성장률이 −2%~3%의 가능성이 있을 경우의 적정주가의 범위를 **민감도분석**(sensitivity analysis)으로 추정한 것이다. 앞으로의 상황을 낙관적으로 예상하여 자본비용 7.0%, 성장률 3.0%로 본다면 적정주가는 108,817원 수준이다. 반대로 앞으로의 상황을 비관적으로 예상하여 자본비용 11%, 성장률 1%로 본다면 적정주가는 52,207원 수준인 것으로 분석된다.

[표 11-10] 삼성전자: WACC와 잔존가치 성장률(g)이 추정주가에 미치는 영향에 대한 민감도분석

(단위: 원)

	(추정주가)	가중평균자본비용(WACC)											
	77,938	0.065	0.07	0.075	0.07987	0.08	0.085	0.09	0.095	0.10	0.105	0.11	0.115
잔존가치 성장률(g)	-0.02	61,905	59,117	56,622	54,433	54,377	52,346	50,499	48,813	47,268	45,846	44,533	43,318
	-0.01	67,571	64,087	61,013	58,347	58,280	55,835	53,634	51,643	49,833	48,180	46,665	45,271
	0	74,980	70,477	66,574	63,242	63,158	60,144	57,465	55,068	52,911	50,959	49,184	47,563
	0.005	79,611	74,409	69,950	66,179	66,085	62,703	59,719	57,066	54,693	52,556	50,623	48,866
	0.01	85,084	78,997	73,846	69,537	69,430	65,604	62,255	59,300	56,673	54,322	52,207	50,293
	0.015	91,652	84,419	78,391	73,413	73,290	68,918	65,128	61,812	58,886	56,285	53,957	51,862
	0.02	99,679	90,925	83,763	77,936	77,793	72,742	68,412	64,660	61,375	58,478	55,901	53,596
	0.025	109,712	98,877	90,208	83,283	83,115	77,204	72,202	67,914	64,197	60,945	58,075	55,523
	0.03	122,613	108,817	98,087	89,703	89,502	82,477	76,623	71,669	67,422	63,741	60,520	57,677

* 추정주가 77,938원은 WACC=7.987%, 잔존가치성장률=2%인 base case의 추정값 임.

경영분석의 현주소 (10)

증권분석보고서의 체계

애널리스트들은 양질의 투자정보를 생산하여 펀드매니저와 투자자들에게 전달해야 한다. 애널리스트들이 가치평가를 포함한 분석결과 그리고 투자의견을 분석보고서에 담을 때, 그 내용이 명료하게 이용자에게 전달될 필요가 있다.

다음은 체계적인 분석보고서(심층분석보고서 기준)에 담아야 할 내용과 체계를 정리한 것이다.

섹 션	목 적	내 용	비 고
목차	• 보고서의 구조		
요약과 결론	• 분석의 주요 결론 요약 • 투자의견 제시	• 기업의 개요 • 주요 과거성과와 현황 • 경영성과 추정 • 기타 주요 결론 • 가치평가 요약 • 투자의견	• "요약문" 형식
사업개요	• 기업의 상세현황 • 기업의 과거 실적 • 경영성과와 최근 현황 • 경영성과 추정치의 제시와 근거	• 기업현황 • 사업부문 현황 • 산업분석 • 경쟁분석 • 역사적 성과 • 재무성과 추정	• 장기성장 모멘텀 제시 • 재무성과 추정에는 적절한 설명을 필요로 하며 회계이익의 질 분석을 반영해야 함
위험요인	• 주식투자에 따른 위험요인의 주지	• 부정적 영향을 미칠 산업추세 • 부정적 규제와 법규위험 • 잠재적 기업 내부의 변화 • 추정상의 위험요인 • 기타 위험	• 주식투자에 따른 위험을 어떻게 정의하고 평가하고 있는지를 독자들이 알 수 있도록 충분한 정보를 제공해야 함
가치평가	• 명확하고 신중한 가치평가 결과를 전달	• 사용된 평가모형의 설명 • 투입자료의 요약 • 결론	• 독자들이 분석결과를 평가할 수 있도록 충분한 정보를 제시해야 함
재무성과 추정	• 사업개요의 분석내용을 지지할 수 있는 자료를 체계적으로 제시	• 최근 수년간의 재무제표와 추정재무제표 제시 • 가치평가의 근거, 재무자료 제시	

○ 토론

위에서 제시한 증권분석보고서의 체계보다 투자의견을 더 효과적으로 제시하는 방법에 대하여 의견을 제시하라.

3절 EVA에 의한 경영분석과 가치창조경영

1. EVA와 가치창조경영의 요소

EVA는 성과지표와 목표경영지표로서도 그 유용성이 높다. 그 이유는 다른 경영지표가 여러 한계점을 지니고 있는 반면, EVA는 이러한 한계점이 없기 때문이다.

[표 11-11]에 정리된 것처럼 '매출액극대화'는 손익을 고려하지 않은 점, '비용최소화'는 투자효율이 고려되지 않은 점, 'ROA ROE 등의 자본이익률'은 자기자본비용이 반영되지 않은 점 등이 근본적인 한계점이다. 그러나 EVA는 자기자본의 기회비용까지 반영한 것이므로 가장 유용성 있는 지표가 된다. EVA는 가중평균자본비용액을 상회하여 창출한 가치이므로 "기업가치극대화"라는 기업재무의 궁극적 목표에도 부합된다.

[표 11-11] EVA지표의 유용성

경영지표	관점	관리대상	기업목표	비교
매출액극대화	손익계산서	수익관리 (매출액)	수익 자체만을 고려한 매출액 증대	손익을 고려하지 않음
비용최소화	손익계산서	비용관리 (경상이익)	수익에서 비용을 차감한 경상이익 증대	투자효율을 고려하지 않음
자본이익률	재무상태표	ROA(총자산이익률) ROE(자기자본이익률)	비핵심사업매각 및 핵심사업의 전력투구를 통한 자산이용, 자본투자의 효율성 추구	자기자본비용을 지표에 반영하지 않음
EVA	가치창조	EVA	자본비용을 초과하는 자본생산성 추구	재무제표에 나타나지 않는 자기자본의 기회비용까지 고려함

EVA가 성과지표와 목표경영지표로서도 유용성이 높다면, EVA를 높이는 경영의 구체적 방법은 무엇인가? EVA를 높이는 방향의 경영은 기업가치극대화의 목표를 추구하는 경영이며, 그것은 곧 주주중시의 경영이다. 여러 실증분석에서도 EVA는 다른 지표보다도 주가에 대한 설명력이 높은 것으로 알려져 있다. 증권투자가입장에서 보면 가치창조경영을 통하여 EVA가 높아질 가능성이 있는 종목이 투자가치가 높은 유망종목이 될 수 있다.

가치창조경영(value based management)은 기업가치극대화를 목표로 기업경영을 계획하고 실행하고 통제하는 일련의 경영활동을 말한다. EVA를 극대화시키는 경영은 기업가치극대화로 연결되므로 가치창조경영의 대표적인 방법의 하나로 EVA제고를 목표로 하는 방법이 사용되고 있다.

EVA에 기초한 가치창조경영은 EVA의 구성요소를 중심으로 가치창출요인을 찾는데서부터 시작된다. EVA를 추정하는 식 (11-37)에서 보면, EVA는 결국 초과이익률(스프레드)과 영업투하자본의 2가지 요소에 의해 결정된다고 할 수 있다.

$$
\begin{aligned}
EVA &= \text{영업투하자본(IC)} \times [\text{투하자본영업이익률(ROIC)} - \text{자본비용률(\% WACC)}] \\
&= \text{영업투하자본(IC)} \times \text{초과이익률(spread)} \\
&\quad \text{(①양적 측면)} \qquad \text{(②질적 측면)} \qquad \cdots\cdots \ (11\text{-}37)
\end{aligned}
$$

먼저 ②의 스프레드는 가치창출의 질적 요소가 된다. ROIC가 WACC보다 상회해야 하는 것이 가치창출의 필요조건이 되는 질적 요소인 것이다. ①의 투하자본은 가치창출의 양적 요소가 된다. ROIC > WACC인 경우에만 투하자본이라는 양이 증가할수록 가치창출액은 커진다.

가치창출의 질, 초과이익률(스프레드)을 크게 하는 방법은 ROIC를 높이거나, WACC를 낮출 때 가능하다. ROIC를 높이는 방법은, 다음 관계(4장의 듀퐁시스템분석, 본장의 FCF모형에서 설명)에서 보는 것처럼 ROIC가 영업마진(비용효율성)과 자산회전율(자산투자효율성)에 의해서 결정되므로, 영업마진 또는 영업투하자본회전율을 높이는 것이다.

$$
\begin{aligned}
ROIC &= \frac{NOPLAT\ \text{(세후 영업이익)}}{IC\text{(영업투하자본)}} \\
&= \underset{\substack{\text{(영업마진)} \\ \text{(비용효율성)}}}{\frac{\text{영업이익}}{\text{매출액}}} \times \underset{\substack{\text{(자산회전율)} \\ \text{(자산투자효율성)}}}{\frac{\text{매출액}}{\text{영업투하자본}}} \times (1 - \text{법인세율}) \qquad \cdots\cdots \ (11\text{-}38)
\end{aligned}
$$

가치창출의 양의 관점에서 보면 ROIC > WACC인 경우에만 영업투하자본을 증가시켜야 한다. 반대의 경우는 투자를 많이 할수록 오히려 기업가치는 하락, 파괴되는 결과를 초래한다.

다음 [그림 11-5]에서 보는 것처럼 ROIC < WACC인 사업부문에 대하여 평균 이상의

성장을 추진하는 것은 가치파괴적 경영이며, ROIC > WACC인 사업부문에 대해서 축소성장전략(산업평균 이하의 성장률 목표)은 가치제한적 경영이다. ROIC > WACC인 사업부문과 지금까지 가치제한 사업부문에 대해서 선택적으로 집중투자하는 구조조정이 바람직하다.

그림 11-5 가치창출인자 도표

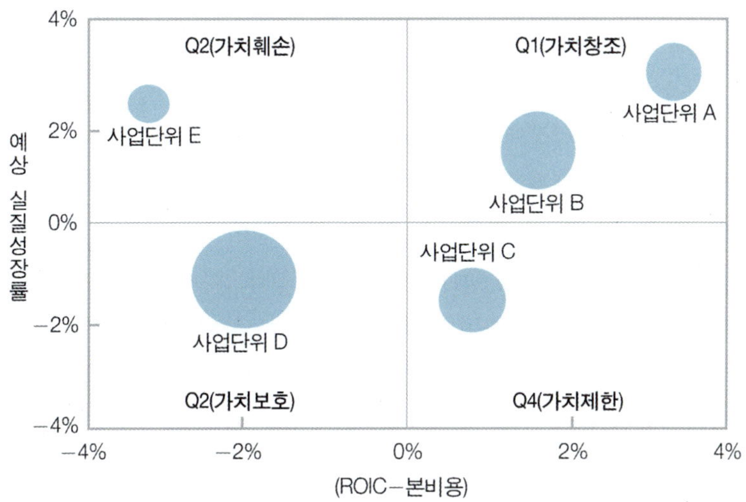

자본비용(WACC)에도 못 미치는 투하자본이익률(ROIC)을 올리면서 가치파괴경영을 하고 있는 기업이 많다.[12)]

2. 가치창조경영의 방법

영업마진, 자산회전율, WACC를 기업가치가 극대화하는 방향으로 경영하는 것이 가치창조경영의 방향인데, 그 구체적 방법은 무엇인가? 이제 EVA의 구성요소 중 스프레드를 높이는 방향의 구체적 가치창조경영 방법은 다음과 같이 요약할 수 있다.

12) 한국거래소, 주식(1993~2004)과 금융감독원, 상장회사 사업보고서 분석에 따르면 상장회사 중 EVA가 (+)인 기업의 비중은 1/3정도에 불과하다. EVA가 (+)이기 위해서는 ROIC를 높이는 가치창조경영이 다각적 방향에서 이루어져야 함을 보여주고 있다.

(1) 영업이익마진 증대

기업이 영업마진을 높이는 방법은 다음 2가지로 요약된다.

1. 제품시장에서의 독점력 제고(지속적인 제품개발을 통한 제품차별화)
2. 제품원가의 우위 제고(강력한 원가절감정책)

기업이 영업마진을 높일 수 있는 것은 i) 고객에게 경쟁업체보다 최상의 가치제공 여부와 ii) 경쟁업체보다 낮은 원가달성 여부에 달려있다. 이것이 기업의 **경쟁우위**(competitive advantage)를 확보하는 핵심이 되기도 한다. 이를 위해서는 수행하고 있는 사업의 세부분야에 대한 **시장세분화** 분석을 통해 가치창출의 가능성을 모색하여야 한다. 제품설계 · 개발, 원자재구매, 생산제조, 마케팅, 유통 등의 **비즈니스 시스템** 과정에서 경쟁업체보다도 가치를 더 창출할 수 있는 시스템이 되도록 하는 것이 필요하다. 선택된 사업분야 안에서 가치를 증대할 수 있는 방법으로서 일상업무개선, 사업활동 방법의 개선, 혁신운동 등을 통하여 판매활동(매출증대)상의 문제, 원가절감 방법 상에서 취약항목이나 추세상 악화항목을 식별하고 이를 개선하는 **경영개선**(business re-engineering)을 실행한다.

(2) 투하자본회전율 증대

기업이 자본생산성, 자본회전율을 높이는 방향의 예는 다음과 같다.

1. 경영효율성 증대를 통한 투하자본당 매출수익증대
2. 현금순환이 빠르게 되도록 순운전자본관리
3. 가치잠식 가능성이 있는 사업분야의 과감한 처분
4. 한계투자수익률이 자본비용을 상회하는 경우 신규투자

기업이 자산이용의 효율성을 높이기 위해서는 재무상태표 관점의 자산관리를 하는 것이 중요하다. 기존의 사업분야에서 과다한 운전자본(매출채권, 재고자산) 투자, 비싼 기계장치 등 취약항목이나 과다투자항목을 식별하여 매출 1단위 올리는데 소요되는 자산투자의 효율성을 높인다. "선택과 집중"을 통하여 가치창조가 가능한 방향으로 기존사업과 신규사업의 타당성을 재평가한다. 즉, 가치잠식 가능성이 있는 사업분야는 과감한 정리가 필요하고, 기업가치창출의 근원이 되는 신제품 및 사업포트폴리오를 재구성하는 이른바, **사업구조조정**(restructuring)을 추진한다. 필요하면 사업분할매각, 법인분

리설립, M&A의 방법을 통하여 가치창출할 수 있는 본원적 활동무대를 변경한다. 어떤 사업을 철수시키고, 강화시킬 것인가는 각 사업영역별 성과가 EVA에 미치는 영향에 근거하여 결정한다.

자산투자효율성(자본회전율)의 향상이 가치창출에 얼마나 중요한가는 다음 [표 11-14]에 나와있는 실제 Wal-마트사와 K마트사의 ROIC 비교에서 잘 나타나 있다. 두 회사는 영업마진의 차이는 크지 않지만 자본회전율에서 큰 차이를 보이고 있다.

[표 11-12] 가치창출방법의 비교

구 분	영업마진	자본회전율	1-법인세율	투하자본이익률
Wal-마트사	7.8%	4.9회	66%	25.5%
K마트사	6.8%	2.8회	68%	13.0%

(3) 자본비용의 최소화

기업이 재무위험을 낮추고 자본비용(WACC)을 최소화할 수 있는 재무정책의 예는 다음과 같다.

1. 채권자 입장에서 볼 때의 신용위험을 낮춤으로써 부채비용을 낮춘다.
2. 주주 입장에서 투자위험을 낮추는 사업영역의 조정, 부채의존도의 변경, 위험관리 등을 통해 체계적 위험, 자기자본비용을 낮춘다.
3. ROIC > WACC인 상황에서는 배당성향을 낮추고 사내유보를 증가시키는 배당정책을 실행한다.

목표부채비율의 변경, 부채-주주자본 스왑 등의 방법으로 재무위험을 감소시키는 **재무구조조정**(financial restructuring)방안을 추진하는 것도 자본비용 감소를 가져오게 할 수 있는 가치창조경영의 방법이다. 가치창조경영의 주된 내용을 요약하면 [그림 11-6]과 같다.

그림 11-6 가치창출경영시스템

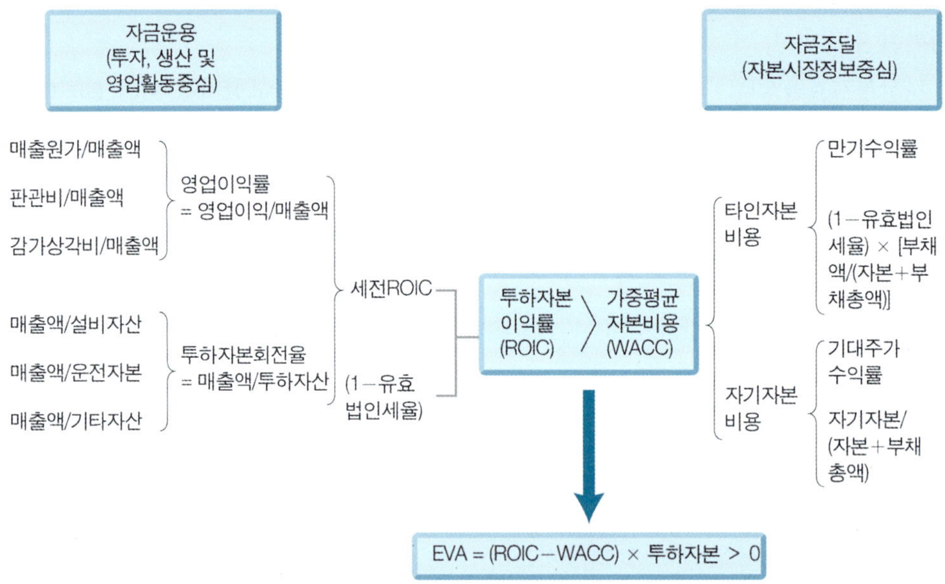

4절 효율적 시장과 증권분석

1. 효율적 시장가설

(1) 증권분석에서 재무정보의 역할

증권분석의 주된 과제는 보다 많은 초과수익을 획득하는 방법을 강구하는 것이다. 초과수익을 가능케 하는 요인은 다음과 같은 각도에서 검토될 수 있다.

- 공개정보를 보다 일찍 입수한 경우
- 여러 가지 분석 방법을 혼합하여 창의적 분석을 하는 능력
- 예측모형의 투입정보를 보다 정확히 예측하는 능력
- 더 우수한 가치평가모형의 개발

● 거래를 신속하게 행할 경우

증권분석가의 주된 관심은 이 같은 측면에서 재무정보의 역할에 모아지고 있다. 재무정보를 이용할 경우 증권가격 예측모형에 투입되는 정보를 보다 정확히 예측할 수 있는가? 재무정보를 이용한 증권평가모형의 투자성과가 과연 우수한가? 과연 주당이익 변화가 주가에 영향을 미치는가? 주가는 단순한 장부가액기준의 이익을 반영하는가 아니면 실질적 이익을 반영조정하는가? 회계처리 방법을 변경하였을 경우나 기업 간에 상이한 회계처리 방법을 사용하고 있을 경우 주가가 이를 적절히 반영하는가?

이 같은 증권가격과 재무정보와의 관계에 관한 의문은 증권분석에 있어서 매우 중요한 의미를 지닌다. 왜냐하면 증권분석가에게는 과대 혹은 과소평가된 증권을 식별하는 것이 주된 과업인데, 재무정보의 적절한 이용이 이를 가능케 할 수도 있기 때문이다. 10장과 11장에서 다룬 가치평가모형의 대부분이 재무정보가 증권가격의 주요 결정요인인 것으로 가정하고 있다.

회계담당자들 중에는 회계장부상의 수치와 주가와는 기계적인 관계가 있는 것으로 믿고, 과대 혹은 과소평가된 주식을 식별하기 위해서 비경상적 항목인 투자회사의 배당수입, 미실현자본이득 등의 항목을 조정하는 경우가 있다. 그러나 만약 증권시장이 효율적이어서 주가가 이용 가능한 모든 정보를 이미 반영하고 있다면 초과수익을 얻고자 하는 여러 가지 형태의 투자분석기법이나 투자전략이 무용하다는 결론이 나올 수 있다. 과연 주가가 이용 가능한 모든 정보를 이미 반영하고 있을 정도로 증권시장은 효율적인가?

(2) 효율적 시장가설

효율적 시장(efficient market)의 의미는 여러 가지로 쓰이지만, 효율적 시장이론에서의 효율성은 좁은 의미에서 **정보효율성**(informational efficiency)을 가리킨다. 증권가격이 이용 가능한 모든 정보를 신속 · 정확 · 충분히 반영하는 의미로 사용된다.

효율적 시장가설(EMH: efficient market hypothesis)이란 증권가격이 이용 가능한 모든 정보를 신속 · 정확 · 충분하게 반영하고 있어 그 정보를 이용하여 초과수익(abnormal return)을 누릴 수 없다는 주장을 말한다.

증권시장이 얼마나 정보효율적이냐 하는가는 다음 몇 가지 변수에 의해 영향받는다.

● 증권분석가들의 경쟁적 활동의 수준

- 증권가격에 대해 평가를 내리는 시장참여자의 수
- 기업에 의해서 공시되는 정보의 양과 질 등

따라서 증권시장이 정보효율적인 시장이 되어가는 메커니즘은 다음과 같이 설명할 수 있다. 과거의 정보는 증권가격에 이미 반영되어 있고 앞으로의 가격은 미래의 새로운 정보에 달려있다. 그런데 그 새로운 정보는 언제 어디서 발표될 것인지 누구도 예측할 수 없을 정도로 무작위적으로 발생되고, 공표된 새로운 정보는 수많은 증권분석가들의 경쟁적 활동에 의해서 즉각적으로 평가되어 이에 따라 가격조정이 이루어져 효율적 시장이 된다.

그런데 증권가격에 반영되는 정보의 종류는 다양하여 증권가격이 이를 반영하는 정도가 다를 수 있다. 즉, 증권시장의 효율성은 상대적이어서 증권가격이 어떤 종류의 정보를 신속히 반영하고 있느냐에 따라 증권시장의 효율성 정도가 다르게 평가된다.

증권가격에 반영되는 이용 가능한 정보집합(information sets)은 다음 세 가지로 나누어 볼 수 있다.

1. 증권가격의 과거 역사적 움직임에서 얻어낼 수 있는 역사적 정보집합
2. 특정 기업의 이익이나 합병발표와 같은 공개적으로 이용 가능한 정보집합
3. 특정 기업, 당해산업, 국내외경제에 관한 공개적으로 이용 가능한 정보뿐만 아니라 특정 투자자들만에 의해서 사적으로 수집된 비공개적 내부정보도 포함된 모든 정보집합

효율적 시장가설(EMH)은 이상의 세 가지 종류의 정보집합 중에서 어떤 정보가 증권가격에 반영되었느냐, 환언하면 투자자가 어떤 정보를 이용하여 초과수익을 얻을 수 있는가에 따라 증권시장의 효율성에 상대적 차이가 있다고 보고, 다음과 같이 세 가지 형태로 나누어 설명하고 있다.

1) 약형 효율적 시장가설(weak-form EMH)

현재의 주가는 과거 주가변동의 양상, 거래량의 추세에 관한 정보 등 과거의 역사적 정보를 완전히 반영하고 있으므로 과거 주가변동의 행태와 이를 바탕으로 한 투자전략으로는 초과수익을 얻을 수 없다는 주장이다.

2) 준강형 효율적 시장가설(semi-strong form EMH)

현재의 주가는 공개적으로 이용 가능한 모든 정보를 완전히 반영하고 있으므로, 투

자자들은 공표된 어떠한 정보나 이에 바탕을 둔 투자전략으로는 초과수익을 달성할 수 없다는 주장이다. 여기서 공개적으로 이용 가능한 정보(공표정보)란 과거의 주가나 거래량 같은 역사적 정보뿐만 아니라 기업의 회계정보(순이익 등) 발표, 공표된 정부의 경제정책, 경쟁업체의 공시사항, 기업의 배당이나 유·무상증자 또는 합병계획과 같은 사건발표 등의 정보가 포함된다. 이 가설에 의하면 투자자는 어떤 정보가 공표된 다음에는 그 정보를 활용해도 평균 이상의 수익을 올릴 수 없게 된다는 것이다.

3) 강형 효율적 시장가설(strong-form EMH)

일반에게 공개된 정보뿐만 아니라 공개되지 않은 내밀한 내부자정보까지도 주가에 반영되어 있으므로 투자자는 어떠한 정보에 의해서도 초과수익을 얻을 수 없다는 주장이다. 따라서 이러한 조건의 시장에서는 모든 정보의 시장가치가 영이 됨을 의미한다.

(3) 효율적 시장의 특성

현실의 증권시장이 얼마나 효율적인가는 그 중요성에 비추어 볼 때 실증분석 되어져야 할 중요한 과제이다. 실증분석을 위해서는 효율적 시장의 행태적 특성에 대해서 보다 명확한 규정이 필요하다. 왜냐하면 그러한 특성을 어느 정도 지니고 있는가에 따라 현실의 증권시장이 효율적인지 비효율적인지 판단되기 때문이다. 증권시장이 효율적일 경우는 다음과 같은 특성을 지니게 된다.

1) 연속적 주가 움직임의 무작위적 변화

증권시장이 효율적이라면 오늘의 증권가격변화는 과거에 발생한 주가변화와 완전히 무관해야 한다. 한 번 상승하기 시작한 주가가 계속 상승추세를 보이는 것처럼 주가 움직임에 종속성이나 상관성이 있다면 시장은 비효율적 시장인 것이다.

시장이 효율적이라면 현재 주가는 적절한 이용 가능한 모든 정보, 즉 이미 공표되었거나 과거의 공표에 의해 예측될 수 있는 모든 정보를 이미 반영하고 있어야 한다. 주가에 반영되지 않은 유일한 정보란 시장에 유입되지 않았거나 유입을 예측할 수 없는 정보이다. 그런데 시장에 유입되는 정보는 본질적으로 예측할 수 없게 무작위형태로 시장에 전달된다. 주가가 정보의 유입에 신속·정확하게 반응한다면 주가는 연속적인 시간흐름상에 무작위적(random walk)이고 예측불가능한 형태로 변화한다.

2) 새로운 정보에 대한 신속·정확한 주가반응

증권시장이 효율적이라면 시장에 정보가 전달되자마자 증권가격은 이들 정보에 신속하게 반응해야 한다. 만약 새로운 정보가 증권가격에 서서히 반영된다면 효율적이지 못하다.

또한 시장가격이 새로운 정보에 편의없이(unbiased) 반응해야 한다. 즉, 새로운 정보에 대해 가격이 최초의 반응을 보일 때 그 정보가 증권가치에 대해 지니는 진정한 의미를 정확히 반영해야 한다. 따라서 정보에 대한 과잉반응이 있어 추후에 주가가 수정되는 시장은 효율적이지 못하다.

3) 성공적인 투자전략 부재

증권시장이 효율적이라면 어느 시점에서 이용 가능한 모든 정보에 기초한 투자전략이나 거래규칙을 수립했을 때 평균투자수익률 이상의 투자성과를 획득할 수 없다. 왜냐하면 한순간 성공적인 투자전략이 존재하였더라도 그 투자전략의 내용과 정보가치는 다른 투자자에게 모방되어 사용되어지므로 초과수익은 사라진다. 결국 효율적 시장에서는 어떠한 투자전략도 자기파괴적인 성격을 지니게 된다.

4) 전문투자자의 평균 수준의 투자성과

증권시장이 효율적이라면 특정 정보를 알고 있는 투자자들과 모르고 있는 투자자들의 평균적인 투자성과 사이에는 의미 있는 차이가 없다. 만약 투자성과에 차이가 존재한다면 전혀 우연적인 것이며, 주가에 반영되지 않은 정보를 발견하는 능력 면에서도 체계적이고 영속적인 차이를 보일 수 없다.

(4) 효율적 시장에서의 증권분석

증권시장이 효율적이어서 주가가 이용 가능한 모든 정보를 이미 반영하고 있다면 초과수익을 얻고자 하는 여러 가지 형태의 투자분석기법이나 투자전략이 무용하다는 결론이 나올 수 있다.

기술적 분석에서는 기술적 지표나 차트(chart)분석 등을 통해서 과거의 시계열상의 주가 움직임으로부터 주가를 예측하는 작업을 시도한다. 만약 증권시장이 약형 효율적이어서 과거의 역사적 정보가 이미 주가에 반영되어 있다면, 기술적 분석에 의해서는 초과수익을 획득할 수 없게 된다.

만약 증권시장이 준강형 효율적이라면 현 주가는 재무제표에서 분석될 수 있는 정보, 주요 경제 재무적 분석정보 등을 모두 반영할 것이기 때문에 이들 공개적 정보에 기초한 투자전략을 수립하는 기본적 분석가들의 노력은 무용지물이 되게 되고, 그만큼 재무정보의 유용성이 줄어들 수 있다.

시장이 강형 효율적이라면 증권가격은 내부정보까지 포함하는 모든 정보를 반영하게 되므로, 과거의 역사적 정보나 공개적 정보를 근거로 투자전략을 수립하는 증권분석가의 기능은 그 유용성이 더더욱 인정되기 힘들다.

그러면 어떤 증권분석 방법으로도 초과수익을 체계적으로 얻지 못하는 시장이라면, 현실적으로 과대 · 과소평가된 증권을 발견하려는 노력이나 이를 자문하는 증권분석가 또는 투자금융회사가 성업하고 있는 현실을 어떻게 설명할 것인가? 효율적 시장이론과 증권분석이론은 서로 상치되는 것인가?

이 양자의 관계는 증권시장이 실제로 효율적 시장이 되어가는 과정을 이해하면 상치되는 주장이 아님을 알 수 있다. 사실 시장이 비효율적인 것으로 믿고 시도하는 증권분석은 시장이 효율적으로 되어가는 데 유용할 뿐만 아니라 시장효율성 유지에 핵심적인 역할을 한다는 하나의 역설(paradox)이 존재한다. 효율적 시장이 존재할 수 있는 것은 많은 투자자들이 비효율적이라고 믿고 초과수익을 얻고자 하는 노력으로 경쟁적으로 정보를 입수 · 분석하는 증권분석이 경쟁적으로 시도될수록 결과적으로 증권가격에 대부분의 정보가 신속하게 반영되어 효율적 시장이 되어가는 것이다.

이 같은 측면에서 볼 때 효율적 시장에서의 증권분석의 질적 향상을 위하여 다각적인 노력이 요구됨을 암시한다고 할 수 있다. 현실의 증권시장이 효율적 시장으로 판명이 되더라도 증권분석가는 잘못 평가된 증권을 식별해내고 일반에게 알려지지 않은 정보의 발굴 및 새로운 분석기법을 개발하는 기능을 계속 발휘해 나갈 필요가 있는 것이다. 오히려 독창성, 천재성과 민첩성을 살려 증권분석의 질적 향상을 기하는 것이 필요한 것이다.

2. 효율적 시장에서 재무정보의 유용성에 대한 실증연구

시장효율성의 문제는 회계이익의 공표와 같은 모든 투자자에게 이용 가능한 공시정보가 얼마나 신속하게 증권가격에 반영되고 있는지를 밝히는 것이므로, 이 문제는 재무제표분석에 중요한 의미를 지닌다. 특히 "재무정보를 이용할 경우 증권가격 예측모형에 투입되는 정보를 보다 정확히 예측할 수 있는가?" "회계이익의 변동에 대해 주가가 어떤 반응을 보이는가?" "기업이 회계처리 방법을 변경하였을 때 이는 주가에 영향을 주는가?" 등의 문제에 대한 실증적 연구는, 그 결과에 따라 재무제표정보의 유용성에 대한 많은 시사점을 제시하게 된다.

증권시장에서 재무정보의 역할에 대해 이루어졌던 실증연구는 크게 다음 세 가지로 정리할 수 있다.

- 투자자가 회계정보에 어떻게 반응하는가?
- 대체적인 회계 방법에 대해 투자자들이 상이하게 반응하는가?
- 회계정책이나 규칙이 투자자의 욕구에 부응하는 방향으로 이루어지고 있는가?

(1) 회계이익과 증권가격의 관계

가장 중요한 회계정보인 주당순이익과 증권가격과의 관계에 대해서는 크게 시장의 효율성을 주장하는 효율적 시장가설과 이와는 상반되는 기계적 관계가설 등이 있다.

기계적 관계가설(mechanistic hypothesis)은 투자자들이 재무제표에 제공되는 정보를 회계처리 방법의 차이, 주당이익의 원천 등에 대한 질적인 고려 없이 보고되는 액면 그대로 받아들인다는 가설이다. 이 가설은 투자자가 재무제표 이외의 다른 정보원천에 접근할 수 없고, 대체적인 회계 방법이 재무제표에 미치는 영향을 조절할 수 없음을 묵시적으로 가정하고 있다.

기계적 관계가설에 대한 검증은 근본적으로 현금흐름의 증가를 수반하지 않고 단순히 보고이익을 증가시키는 방향으로 회계처리 방법을 변경한 기업의 주가 상승 여부, 회계보고이익의 모든 구성요소에 대해서 동일한 주가배수가 적용되는지의 여부에 대하여 이루어지고 있다.

한편 시장의 비효율성을 주장하는 또 하나의 가설로서 근시안가설(myopic hypothesis)은 자본시장에서의 증권가격은 수년 후에 걸친 장기적인 이익전망에 근거하여 형성되는 것이 아니라, 당기나 최근의 주당이익에 근거하는 단기적 전망이 주로 반영되는 경향이 있다는 주장이다.

이 가설에 대한 검증은 주로 당기 이익은 감소시키지만 正(+)의 NPV를 가져오는 대규모 투자사업을 벌인 기업의 주가가 감소하는지의 여부, 시장에서 당기의 이익수준은 비슷할 것으로 기대되나 장기적인 관점에서는 기대이익의 크기에 차이가 날 것으로 전망되는 주가가 과연 다른 수준을 보이는지의 여부, 이익승수(PER)는 현재의 이익에 근거하여 결정되는지에 대하여 이루어지고 있다.

이 분야에 대한 실증연구결과에 의하면 대부분 다음과 같은 결론을 내리고 있다.

- 초과수익률은 회계자료의 공표 이전에 거의 대부분 이루어지고 있다.
- 회계적 주당이익의 공표가 내포하고 있는 의미의 상당 부분은 공표 이전의 주가에 반영되고 있다.
- 공식적인 재무보고서보다 투자자들이 신속한 정보전달매체를 통해서 입수한 정보가 증권가격에 반영되고 있다.

(2) 회계처리 방법의 변경에 대한 시장반응

회계기준에서는 대체적인 회계처리 방법 중 어느 한 방법을 선택하여 재무제표를 작성할 수 있도록 허용하고 있다. 기업 내에서 벌어지는 경제적 상황에 대하여 다양한 방법으로 회계처리하는 재량권이 주어져 있을 경우, 대두되는 중요한 문제는 기업의 기본적 경제상황은 불변인데 단지 회계처리 방법이 변경되었을 때 증권가격이 어떻게 반응하는가 점이다. 기업의 실질은 변하지 않았는데 회계기준이 IFRS로 변경된 영향으로 증권가격은 변하는가?

만약 단순한 회계처리 방법의 변경이 증권가격 변동을 초래하면 시장은 비효율적이라고 말할 수 있다. 효율적 시장에서는 단지 회계처리 방법을 변경하는 것만으로는 체계적으로 증권가격에 영향을 미칠 수 없을 것이다. 다만 실질적인 경제적 변화가 있을 때에만 증권가격에 영향을 미칠 것이다.

이러한 주제에 대한 실증연구는 볼(R. J. Ball) 등의 실증연구 이래 많은 연구가 이루어져왔다. 대부분의 실증연구결과는 회계 방법의 변경으로 회계보고이익이 줄면 주가는 하락한다는 기계적 관계가설을 기각하는 것으로 나타나고 있다. 그러나 이러한 연구결과가 시장효율성을 지지하는 결과로 단정하기는 어려운 부분이 남는다. 회계 방법의 변경에 대한 자본시장의 '적절한 반응'(크기와 시기)을 별도로 고려할 필요가 있기 때문이다.

(3) 증권분석에의 시사점

이상에서 효율적 시장가설의 의의, 재무정보의 유용성에 대한 실증적 증거의 주요 내용 대해서 살펴보았다. 회계이익의 공표나 회계처리 방법의 변경 등이 갖는 회계정보효과가 시장에서 어떤 반응을 보이는가를 보는 효율적 시장가설에 대한 실증분석의 결과는 서로 일치된 견해를 보인 것은 아니지만 다음과 같은 사실을 암시해준다.

- 발달된 자본시장은 증권가격이 공개적으로 이용 가능한 정보를 반영한다는 의미에서 시장이 효율적이라는 많은 증거를 제시하고 있다.
- 재무정보, 회계정보는 투자자의 의사결정에 유용하게 사용되어진다.
- 투자자들은 대부분의 경우에 실질적 경제변화와 회계처리 방법의 변경에 의한 재무자료의 변화를 구별하고 있다.

이 같은 증거는 재무제표분석과 증권분석에 다음과 같은 점을 시사한다고 볼 수 있다.

첫째, 효율적 시장에서는 새로운 정보에 대해 증권가격이 신속하게 조정되어서 재무정보가 일반 대중에게 공표되고 난 다음 행동한다면 거의 이득을 얻지 못하기 때문에 투자결정은 이용 가능한 정보보다 더 예측력이 있게 행해져야만 한다. 증권분석의 중심은 과소 또는 과대평가된 증권을 구별하기 위하여 고안된 전통적 분석으로부터 예측모형의 개발과 이용에 모아져야 한다.

둘째, 시장의 예측을 뛰어넘는 비기대이익의 예측에 성공하면 초과수익 획득의 가능성이 있음을 암시한다. 기업의 재무제표에 포함된 정보 중 일부는 투자자에게 기대되지 않은 부분이 있을 수 있으며 정보공표시점에서 증권가격에 반영되지 않을 수 있으므로 남다른 예측력으로 비기대부분을 예상할 수 있는 능력이 높을수록 성공적인 투자성과를 올릴 수 있다. 이것은 증권분석의 주요한 목표가 미래 재무성과들에 대한 남다른 예측에 있다는 것을 암시해준다.

셋째, 성공적인 증권분석을 위해서는 천재성, 독창성, 비밀유지가 필요조건이라는 점이다. 왜냐하면 도출된 정보의 가치가 증권가격에 벌써 반영되어 있다면 공개적으로 알려진 재무분석의 어떠한 모형이나 방법도 즉각적으로 그 유용성을 상실하기 때문이다. 따라서 증권분석에서 사용되는 분석적 도구들이 널리 알려진다면 효율적 시장의 자기파괴적 성격으로 인하여 분석도구를 유용하게 활용할 수 있는 기간은 짧아질 것이다. 이러한 의미에서 증권분석의 목적은 독창적 분석도구와 기법의 개발을 통해 공개정보를 내부정보로 전환시키는 것이라고 할 수 있다.

넷째, 재무제표분석의 주요 목적 중의 하나는 정보처리비용을 감소시키는 것이라고 할 수 있다. 실제 자본시장에서 정보처리의 비용은 결코 무시할 수 없다. 높은 정보처리의 비용 때문에 정보의 가치가 증권가격에 충분히 반영되어지지 않을 수도 있다. 따라서 증권분석가가 정보처리비용을 충분히 감소시키는 데 성공한다면 초과수익을 얻을 수 있을 것이다.

다섯째, 기업의 가치평가에 있어서 기본적인 회계자료의 치밀한 분석이 매우 의미있는 정보를 산출할 수 있다. 이는 증권시장이 글로벌화되면서 가치투자의 방법이 정착되어가는 환경변화와 함께, 섬세한 증권분석의 유용성은 더욱 높아짐을 암시한다.

요 약

본 장에서는 가치평가모형 중에서 현금흐름할인(DCF)모형으로 분류되는 FCF모형, EVA모형, RIM모형의 체계와 가치평가에의 적용 방법 그리고 그 응용에 대하여 살펴보았다.

잉여현금흐름(FCF)모형은 기업이 영업활동을 통하여 창출하는 세후영업현금흐름에서 영업투하자본을 차감한 FCF에 기초하여 가치평가하는 방법이다. FCF모형에서는 미래 직접 예측기간 t기간에 걸친 잉여현금흐름(FCF_t)을 추정하여, 이것을 가중평균자본비용(WACC)으로 할인한 현재가치, 예측기간 이후의 잔존가치(CV_n)를 WACC로 할인한 현재가치 그리고 영업외가치 등 3가지 종류의 가치를 모두 합산하여 기업전체가치(V_0)를 추정한다. 주당주식가치(적정주가)는 기업전체가치(V_0)에서 부채가치(B_0)를 차감한 후 이를 발행주식수로 나누어 추정한다.

미래 FCF를 예측하는데는 FCF를 발생시키는 가치창출요인(value driver)인 영업투하자본, 세후영업이익률(ROIC)을 구성하는 영업마진과 자산투자효율성 그리고 이익성장률(g)을 중심으로 예측한다. 자본비용(WACC)은 채권자와 주주의 기회투자수익률을 반영하여 측정한다.

EVA모형은 경제적 부가가치에 근거한 초과이익 형태로 기업가치를 평가한다. 경제적 부가가치(EVA)란 자본비용을 상회하여 벌어들이는 세후영업이익, 즉 순부가가치 창출액을 말하는데, 투하자본세후영업이익률(ROIC)과 WACC의 차이(spread)에 투하자본(IC)을 곱하여 구한다. 기업가치는 투하자본세후영업이익률(ROIC)이 자본비용률(WACC)을 상회할 때 창출된다.

초과이익모형(RIM)에서는 분석의 대상을 주식가치(주주지분가치)로 좁혀서 자기자본비용액(k_e 금액)을 상회하는 순이익(NI)을 초과이익이라고 부르고, 이 초과이익을 자기자본의 순가치창출액으로 본다. 초과이익(RI)은 기초 자기자본(B_0)에 자기자본순이익률(ROE)과 자기자본비용률(k_e)의 차이를 곱하여 추정한다.

가치창조경영의 대표적인 방법의 하나는 EVA제고를 목표로 하는 경영인데, EVA를 구성하는 가치창출요인인 ROIC를 높이거나, WACC를 낮추는 것이다. 영업마진 또는 영업투하자본회전율을 높여 ROIC를 높이고, ROIC > WACC인 경우에만 영업투하자본을 증가시키는 것이다.

주요 용어

잉여현금흐름(FCF)모형	세후영업이익(NOPLAT)	투하자본(IC)
영업자산	투하자본세후영업이익률(ROIC)	가치창출요인(value drivers)
매출액영업이익률	투하자본회전율	가중평균자본비용(WACC)
부채비용	자기자본비용	목표자본구조
잔존가치	영업외가치	자산운용접근법
주주잉여현금흐름(FCFE)	초과이익	EVA모형
경제적 부가가치(EVA)	초과이익(RIM)모형	가치창조경영
효율적 시장가설	기계적 관계가설	근시안가설

연습문제

01 전통적 주식평가모형, 잉여현금흐름(FCF)모형, 경제적 부가가치(EVA)모형, 초과이익(RIM) 모형들은 기업가치평가모형으로서 여러가지 특징을 지니다.

(1) 이들 가치평가모형들의 차이점, 장 · 단점을 비교 · 설명하라.

(2) 잉여현금흐름(FCF)을 ① 자산운용의 관점과 ② 자본조달의 관점에서 측정하는 방법을 설명하라.

02 잉여현금흐름(FCF)모형은 기업이 영업활동을 통하여 창출하는 세후영업현금흐름에서 영업투하자본을 차감한 FCF에 기초하여 가치평가하는 방법이다.

(1) 이 모형에 의해 기업가치를 구하는 과정에서 다음 항목을 어떻게 측정하는지 설명하라.

① 잉여현금흐름(FCF) ② 세후영업이익(NOPLAT) ③ 영업투하자본(IC)
④ 가중평균자본비용(WACC) ⑤ 잔존가치(CV) ⑥ 영업외가치
⑦ 기업전체가치 ⑧ 주당주식가치(적정주가)

(2) FCF모형에서 도출할 수 있는 가치창출요인(value drivers)에 대하여 설명하라.

(3) ㈜AAA의 향후 3년간 세전영업이익과 영업투하자본이 다음과 같이 예상된다.

	1년차	2년차	3년차
세전영업이익	900억 원	1,000억 원	1,100억 원
영업투하자본	500	550	600

그리고 4년차 이후의 FCF는 향후 3년간 FCF 평균에서 연 2% 성장할 것으로 기대한다. 한편 시장성 유가증권, 투자자산 등 영업외자산은 300억 원, 이자지급 부채는 500억 원을 보유하고 있다. 세전 부채비용은 9%, 유효법인세율은 20%, 자기자본비용은 12%, 목표부채비율(부채 대 자기자본)은 200%이다. 이 회사는 100,000주를 발행하고 있다. 이 주식의 적정가격은 얼마인가?

(4) 11장 예제에서는 삼성전자에 대하여 FCF 측정과 가치평가 방법을 예시하였다. LG전자의 미래 FCF를 추정하고, 적정 주가를 추정하라.

03 EVA모형과 RIM모형은 초과이익모형이라고 한다. 경제적 부가가치(EVA)란 자본비용을 상회하여 벌어들이는 세후영업이익, 즉 순부가가치 창출액을 말하는데, EVA모형에서는 경제적 부가가치에 근거한 초과이익 형태로 기업가치를 평가한다. 또 자기자본비용액을 상회하는 순이익(NI)을 초과이익(ER)(자기자본의 순가치창출액)으로 보고, 초과이익모형(RIM)에서는 분석의 대상을 주식가치(주주지분가치)로 좁혀서 가치를 평가한다.

(1) 투하자본, 세후영업이익률(ROIC), WACC, EVA, CV_n, RI, CVE_n 을 측정하는 방법을 설명하라.

(2) 초과이익모형으로서 EVA모형과 RIM모형의 유사점과 차이점을 설명하라. 또 각 모형에서는 가치결정요인을 무엇으로 제시하고 있는가?

(3) 경제적 부가가치(EVA)를 측정하는 방법에 근거하여, 가치창출 경영방법을 제시하라.

(4) 삼성전자에 대하여 EVA모형과 RIM모형을 적용하여 적정주가를 도출하라.

04 ㈜BBB에서는 다음과 같이 주식과 회사채를 발행하여 자본을 조달하고자 한다.

(주식관련자료)	• 발행주식 수=500만 주	• 주가=80,000원
	• 베타계수=1.15	• 시장위험보상률=9%
	• 무위험이자율=5%	
(회사채관련자료)	• 액면금액=100,000원 (1백만 단위, 총 1,000억 원)	
	• 회사채신용등급(BBB+)프리미엄=3%	• 무위험이자율=5%
	• 채권가격=110,000원	• 법인세율=30%

(1) 자기자본비용은 얼마인가?

(2) 부채비용은 얼마인가?

(3) WACC는 얼마인가?

05 다음은 ㈜CCC의 최근 재무관련 자료이다. 영업투하자본은 총자산과 같다고 가정한다.

매출액 = 1,000억 원	총자산회전율 = 1.0회
영업이익 = 200억 원	목표부채비율(B/S) = 200%
순이익 = 100억 원	배당성향 = 40%
법인세율 = 30%	부채비용 = 15%
자기자본비용 = 20%	

(1) 기업의 성과지표로 경제적 부가가치(EVA)를 사용하는 것의 의의는 무엇인가?

(2) ㈜CCC의 EVA를 구하라.

(3) ㈜CCC의 초과이익(RI)을 구하라.

(4) EVA를 높이는 방안은 무엇인가?

06 증권분석 방법에는 어떤 것이 있는가? 여러 가지 증권분석 방법에서 재무정보의 역할에 대하여 논하라. 효율적 시장가설 하에서의 각 증권분석 방법의 유용성을 설명하라.

11장 보론

FCF모형, EVA모형, RIM모형의 도출

[1] EVA모형의 도출

V=자본비용만큼 벌어들이는 부분의 현재가치의 합+초과이익의 현재가치의 합

$$= \left[\frac{IC \times WACC}{(1+WACC)} + \frac{IC \times WACC}{(1+WACC)^2} + \cdot\cdot\cdot\cdot \right]$$

$$+ \left[\frac{IC \times (ROIC - WACC)}{(1+WACC)} + \frac{IC \times (ROIC - WACC)}{(1+WACC)^2} + \cdot\cdot\cdot\cdot \right]$$

$$= \frac{IC \times WACC}{WACC} + \frac{IC \times (ROIC - WACC)}{WACC}$$

$$= IC + EVA\text{의 현재가치}(MVA)$$

한편 EVA모형 식 (11-30)은 FCF모형(재무상태표 등식에서 도출된 위의 식 (4) 참조)에서 도출할 수 있다. FCF모형에서는 기업가치를 FCF의 현재가치 합을 구하여 추정하는데, 기간별 FCF는 NOPLAT에서 영업투하자본증감액(ΔIC)을 차감한 것이다.

$$V_0 = \sum_{t=1}^{\infty} \frac{FCF_t}{(1+WACC)^t} = \sum_{t=1}^{\infty} \frac{NOPLAT_t - \Delta IC_t}{(1+WACC)^t}$$

$\Delta IC = IC_t - IC_{t-1}$이므로 위의 식은 다음과 같이 표시된다.

$$V_0 = \frac{NOPLAT_1 + IC_0 - IC_1}{(1+WACC)^1} + \frac{NOPLAT_2 + IC_1 - IC_2}{(1+WACC)^2} + \cdots$$

위의 식 우변에서 첫 번째항 분자에 $WACC \cdot IC_0$을 가감하고, 두 번째항 분자에 $WACC \cdot IC_1$을 가감하는 식의 방법을 사용한 다음, 이를 정리하면 다음 관계가 성립한다.

$$V_0 = \frac{(1+WACC) \cdot IC_0 + NOPLAT_1 - IC_0 \cdot WACC}{(1+WACC)^1}$$

$$+ \frac{(1+WACC) \cdot IC_1 + NOPLAT_2 - IC_1 \cdot WACC}{(1+WACC)^2} \cdots\cdots$$

$$= IC_0 + \frac{NOPLAT_1 - IC_0 \cdot WACC}{(1+WACC)^1} + \frac{NOPLAT_2 - IC_1 \cdot WACC}{(1+WACC)^2} \cdots\cdots$$

$$= IC_0 + \sum_{t=1}^{\infty} \frac{NOPLAT_t - IC_{t-1} \cdot WACC}{(1+WACC)^t} = \text{기초 영업투하자본액} + \text{미래 EVA의 현재가치}$$

[2] RIM모형의 도출

RIM모형 식 (11-34)는 배당할인모형에서 도출된 것이다. 배당할인모형(10장 식 (10-3))의 분자 배당흐름(D_t)은 다음 관계에서 볼 수 있는 것처럼, 기초 자기자본(BV_{t-1})와 순이익(NI_t)의 합에서 기말 자기자본(BV_t)을 차감한 것이다. 자기자본 증가액은 순이익에서 배당을 차감한 것이기 때문이다.

$$BV_t = BV_{t-1} + NI_t - D_t \text{ 이므로 } D_t = BV_{t-1} + NI_t - BV_t$$

$$\text{주식가치} = \frac{D_1}{(1+k_e)^1} + \frac{D_2}{(1+k_e)^2} + \cdots\cdots$$

$$= \frac{BV_0 + NI_1 - BV_1}{(1+k_e)^1} + \frac{BV_1 + NI_2 - BV_2}{(1+k_e)^2} + \cdots\cdots$$

위의 식 우변에서 첫 번째 항 분자에 $BV_0 \cdot k_e$을 가감하고, 두 번째 항 분자에 $BV_1 \cdot k_e$을 가감하면 다음 관계가 성립한다(k_e는 주주의 요구수익률, 자기자본비용).

$$\text{주식가치} = \frac{(1+k_e) \cdot BV_0 + NI_1 - BV_0 \cdot k_e}{(1+k_e)^1} - \frac{BV_1}{(1+k_e)^1}$$

$$+ \frac{(1+k_e) \cdot BV_1 + NI_2 - BV_1 \cdot k_e}{(1+k_e)^2} - \frac{BV_2}{(1+k_e)^2} + \cdots\cdots$$

$$= BV_0 + \frac{NI_1 - BV_0 \cdot k_e}{(1+k_e)^1} + \frac{NI_2 - BV_1 \cdot k_e}{(1+k_e)^2} - \frac{BV_2}{(1+k_e)^2} + \cdots\cdots$$

$$= BV_0 + \sum_{t=1}^{\infty} \frac{NI_t - BV_{t-1} \cdot k_e}{(1+k_e)^t} = \text{기초 자기자본액} + \text{미래 초과이익(RI)의 현재가치}$$

12장

신용분석

기업과 관련되는 정보를 가장 많이 이용하는 이해관계자집단 중의 하나는 금융기관, 채권투자자와 같은 채권자들, 그리고 신용평가기관들이다. 기업대출과 관련하여 금융기관에서는 관련 기업의 원리금 상환능력이나 신용도 등을 평가할 수 있는 정보를 필요로 하고, 채권투자자도 채무불이행위험을 평가할 수 있는 정보를 필요로 한다.
금융기관이 많은 부실채권을 안게 되면, 경제 전반에 지대한 악영향을 미친다. 또 기관투자자의 자산운용에서 채권이 높은 비중을 차지하면서 채권발행주체가 지니는 신용도의 등급을 매기는 채권등급평정이 중요시되고 있다.

본장에서는 금융기관이나 채권투자자 입장에서 관련 기업의 신용도, 채무불이행위험을 분석하는 경영분석체계에 대해서 다룬다.

학습목표

- 신용분석의 주된 내용과 신용위험 평가요소
- 신용평점제도의 내용
- 채권등급평정제도의 체계
- 채권등급평정 시의 평가요소

1절 신용분석의 의의

1. 신용분석의 의의와 기능

신용분석(credit analysis)이란 금융기관에서 여신결정을 내릴 때 대출에 따른 위험도와 원리금상환 가능성을 평가하는 것을 말한다.[1] 대출결정이 이루어지는 단계에서 대출신청자의 신용도(credit worthiness)를 평가하는 것이 신용분석의 주된 목적이다.

따라서 본격적인 신용분석은 기본적으로 무담보 또는 무보증대출의 경우처럼 대출신청자의 미래 원리금 지급능력을 평가하는 경우를 대상으로 한다. 전당포업자가 시계를 담보로 돈을 빌려 줄 때는 신용분석이 필요 없다. 다만 담보물인 시계가 진짜인지 아닌지의 여부와 그 가치를 평가하기만 하면 된다. 은행이 기업에 대한 대출을 결정할 때도 담보물이 제공된다면 담보물에 대한 감정이 중요하며, 신용도평가의 중요성은 감소한다.

그간 우리나라 금융기관의 여신결정에서는 대출업체의 신용위험을 적절히 평가하는 측면이 경시되어 온 편이었다. 금융기관의 여신결정이 정책금융의 일환으로 이루어지거나 담보나 지급보증 위주로 이루어져 왔기 때문이다. 대출금리도 대출업체의 신용도와 관계 없이 일률적으로 적용된 적이 많았다. 결과적으로 금융기관이 안게 되는 부실채권이 급증하여 금융기관의 수익성이 크게 악화되었으며, 국민경제적 측면에서는 자금흐름의 왜곡현상이 오랫동안 지속되기도 하였다.

그러나 금리자율화조치 등 금융환경이 변화함에 따라서 신용분석이 중요해지고 있다. 적절한 신용분석은 여신결정이 합리적으로 수행되도록 함으로써 다음과 같은 기능을 수행한다.

1) R. Hale(1983), *Credit Analysis*, John Wiley & Sons, p. 1. 신용의 개념에는 개인신용, 상품신용, 은행신용, 투자신용, 공공신용 등의 형태로 구분되나, 여기서는 금융기관의 여신결정과 관련된 신용에 국한하여 설명한다.

- 금융기관의 대출에 따른 위험을 극소화시켜 부실채권을 줄여줌으로써 금융기관의 수익성을 개선시키는 바탕이 된다.
- 대출업체의 신용도에 따라 차등금리를 적용하고, 대출조건에 추가적인 요구조건을 부과하는 기준이 됨으로써, 금융기관의 효율적 대출 포트폴리오 구성을 가능케 한다.
- 신용도에 따라 대출금리와 대출조건이 차등적으로 적용되는 것은 국민경제의 관점에서 볼 때 한정된 금융자원의 효율적 배분을 가능케 하며, 기업으로 하여금 효율적 경영을 유도하는 계기를 마련해 준다.
- 투자자에게 투자의 위험정보를 제공하여 정보부족에서 오는 손실로부터 투자자를 보호한다.
- 증권인수업무를 수행하는 증권회사 등의 인수기관에서는 발행이자율 등 발행조건을 쉽게 결정할 수 있고, 증권판매를 촉진하는 수단이 된다.
- 증권발행기업, 특히 우량기업은 자금조달비용을 절감시킬 수 있다.
- 금융기관의 건전경영을 유도하는 기준으로 사용할 수 있다.

2. 신용분석의 역사적 발전과 현대신용분석의 특징

신용분석에서 다루는 구체적 내용은 역사적으로 볼 때 여러 가지 요인의 영향을 받으면서 변모해 왔다. 시중자금의 수요·공급면의 변화, 금융기관의 발달, 관련 법규의 제정, 회계제도의 발달 등에 영향받으면서 신용분석에서 중요시하는 분석의 초점이 변하여 왔다.

19세기 말 구미에서 시작된 신용분석은 역사적으로 보아 크게 두 단계의 발전 과정을 거쳤다고 할 수 있다. 1950년대 이전까지의 전통적인 신용분석은 대출의 주종이 단기대출이었기 때문에, 재무상태표(대차대조표)를 중심으로 한 유동성분석이 주가 되었다. 기업이 보유하고 있는 자산가치도 계속기업으로서의 가치보다는 처분가치가 중요시되었고 법률적 요건을 강조하였다.

그러나 이러한 신용분석은 대출신청자가 유동성을 적절히 확보하고 있는지를 판단하는 데는 미흡하였다. 그 이유의 하나는 유동성을 표시하는 운전자본관계비율이 자산의 질이나 부채의 특성을 충분히 고려하지 못하기 때문이다.

이를테면 재고자산의 가액도 기업의 제품이 시장성을 갑자기 상실하였거나 유행이 지났다면 장부가액과는 무관할 수 있기 때문이다. 부채의 경우도 채권자가 누구냐에 따라 강제성이 달라진다. 즉, 금융기관의 차입금에 비해 거래처의 매출채권은 채무불이행시에 부도처리하는 강제성이 적다. 이러한 의미에서 운전자본의 장부가액을 중심으로 한 유동성분석은 적절한 재무정보가 되지 못하는 경우가 많았다.

1950년대에 접어들면서 신용분석에도 많은 변화가 일어났다. 기업의 규모와 국제무역이 확장되고 경쟁이 치열해지면서 기업의 자금수요에도 변화가 일게 되었다. 전보다 장기성 자금의 대출신청이 많아지게 되자 종전의 운전자본중심의 신용분석에서 기업의 장기적인 이익창출능력(earning power)을 중시하는 경향을 보이게 되었다. 따라서 재무상태표 중심의 정태적 분석에서 손익계산서 중심의 동태적 분석으로 변화하게 되었다. 재무비율 중에서도 이자지급능력을 구체적으로 평가하는 이자보상비율 등이 중요성을 띠게 되었다.

1960년대에 들어서면서 현대적 신용분석은 두 가지 특징을 지니게 되었다. 그 하나는 현금흐름분석을 중시하게 된 점이다. 역사적 취득원가기준의 회계원칙에 근거한 재무제표정보는 기업의 미래 현금창출능력을 평가하는 데는 미흡하기 때문이다. 현대적 신용분석에서는 현금의 조달과 사용, 현금창출능력이라는 측면에서 기업이 안고 있는 문제점을 파악하여 대출신청업체의 신용도를 평가하는 측면이 강조되고 있다.

두 번째의 특징은 차입자의 영업성격을 산업적 차원에서 평가하고 질적인 측면에서의 신용위험평가(credit risk appraisal)를 중시하게 된 점이다. 심사대상기업의 장기적 이익창출능력과 신용위험은 결국 그 기업이 속해 있는 산업의 구조적 특징에 크게 좌우되기 때문이다. 그래서 산업의 수익 · 위험구조, 진입장벽, 기술수준의 변화, 경쟁치열도, 기업의 시장 내 상대적 지위 등을 중점적으로 분석하는 경향을 보이고 있다.

2절 현대신용분석의 체계

1. 여신결정 과정

(1) 일반적 여신결정 과정

신용분석정보가 여신결정에 얼마나 유용한 정보로 활용되는지는 금융기관에서 행하는 일련의 여신결정 과정을 살펴보면 잘 알 수 있다.

금융기관의 여신결정은 여신(대출)승인으로 종결되는 의사결정이 아니다. 대출 후 부실채권이 될 가능성이 없는지를 계속적으로 감독하고, 새로운 대출조건으로 보완해야 하는 동적인 과정이다.

포스터(G. Foster)는 **여신결정 과정**으로서 [그림 12-1]에서 보는 것처럼 크게 ① 대출승인 과정, ② 대출 후 감독 과정, ③ 대출종결 과정 등 세 가지로 나누고 있다.[2)]

1) 대출승인 과정

대출신청이 있을 때 다음과 같은 측면에서 대출승인기준이 설정되어야 한다.

1. **고객관계의 가치**: 기존 고객으로서 가치, 새로운 고객관계로서의 가능성과 가치
2. **재무제표관련 기준**: 재무제표자료에 근거하여 평가된 수익성, 유동성, 안정성, 현금흐름, 자산가치 등
3. **전략적 요소**: 당해 금융기관 전체 여신 포트폴리오, 경영전략과 연관지을 때의 대출 중요성
4. **경영진의 자질**: 경영진의 인격과 경영능력
5. **신용위험**: 원리금 상환능력에 영향을 주는 질적 요소
6. **산업 · 경제에 대한 전망**: 원리금 상환능력에 영향을 줄 수 있는 경제 · 산업적 요인
7. **기타 요소**: 대출신청사항의 법률적 · 정책적 측면에서의 제약조건

2) G. Foster(1986), *Financial Statement Analysis*, 2nd ed., Prentice-Hall, Inc., 575~576.

그림 12-1 여신(대출)결정 과정

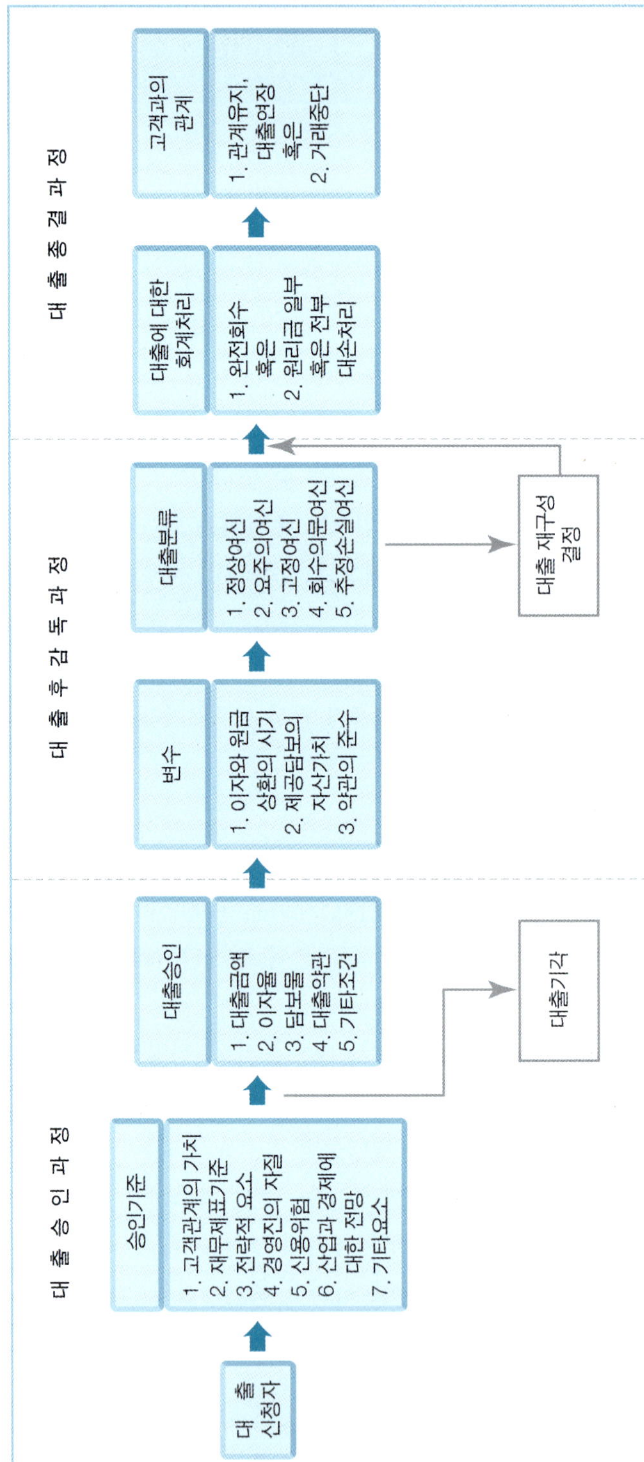

만약 대출이 승인되면 대출금액, 이자율, 담보물, 상환조건 등에 관하여 구체적인 대출조건을 결정한다.

2) 여신 후 감독 과정

이자와 원금상환시기의 준수, 담보로 잡힌 자산의 가치, 대출약관의 준수 정도를 고려하여 여신을 몇 가지로 분류하고 사후대책을 강구한다. 금융기관의 여신실무에서는 여신의 건전성 정도를 [표 12-1]과 같이 다섯 가지로 분류하고 있다.

[표 12-1] 금융기관 여신건전성의 분류

구분	정의[3]	우리나라에서의 규정[4]
정상여신 (normal/current)	채무를 약관대로 모두 준수하는 대출	
요주의여신 (precautionary/especially mentioned)	차입자의 원리금지급이 불확실해지는 증거가 보이는 여신으로서 보통 이상의 주의를 요하는 거래처에 대한 대출	최근 1~3개월 미만 연체된 채권
고정여신 (substandard)	차입자의 재무상태가 악화되어 조속한 시정이 요구되는 대출	담보가액 하락 여신, 3개월 이상 이자연체
회수의무여신 (doubtful)	대출의 완전상환이 의문시되고 결국 대손의 가능성이 큰 대출	3~12개월 연체, 담보부족여신
추정손실여신 (estimated loss)	회수가 불가능하다고 판단되는 대출	손실확정, 담보부족여신

우리나라에서는 정상여신, 요주의여신을 제외한 나머지 3개 여신을 부실채권으로 분류하고 있다. 한편 1999년 말부터 금융기관에 **신자산건전성분류기준** FLC(forward looking criteria)이 도입되었다. FLC는 과거 재무실적에 따르지 않고, 부실여신을 줄이고 여신건전성을 높이기 위해서 미래 재무상태 상환능력에 따라 대출자산을 분류하는 새로운 자산건전성 분류방식이다.

금융권의 대출자산은 기존에는 채권회수 가능성에 따라 ① 정상(연체 없음), ② 요주의(1~3개월 연체), ③ 고정(3개월 이상 연체), ④ 회수의문(3개월 이상 1년 미만 연체), ⑤ 추정손실(1년 이상, 채권회수불능)로 구분해 왔다. FLC는 채권회수 여부에 따른 자산건전성을 대출기업의 미래 상환능력에 근거하여 판단하는 것이다. 예를 들어 다음은 요주의 거래처로 분류되는 비재무적 기준이다.

3) 미국의 경우 OCC, FRB, FDIC 등 각 기관별로 여신건전성 분류기준이 정해져 있고 각국 규제기관에서도 유사하게 이를 규정.
4) 금융감독원, 은행업감독규정, "자산건전성분류기준".

[표 12-2] 요주의 거래처 분류기준

등급	요주의 거래처	
산업위험	• 산업성장률이 경제성장률 하회 • 대체재 출현 • 진입장벽 해소로 시장잠식 예상	
경영위험	• 경영진 경험부족 • 소송 · 분쟁발생	• 전문경영인 이탈 • 경영승계 불안정
영업위험	• 독점적 매출처 부도가능성 • 원자재 가격상승 예상	• 노사분규 지속 악화 • 판매관리비 지속 증가
재무안정성	• 핵심 재무비율 산업평균 이하 • 자금조달 비용상승	• 자산 · 부채 기간구조 부적합
현금흐름	• 부채상환에는 문제 없지만 영업활동에 따른 현금부족분을 대체상환이나 자산매각을 통해 충당	

FLC에 따라 자산건전성이 분류되면 그에 따라 다음과 같이 대손충당금의 적립액이 달라지도록 함으로써, 각 은행이 부실가능성이 높은 기업에는 대출에 신중을 기하게 하거나 차등금리를 적용(대출관리)하도록 유도하고 있다.

분류기준	분류	대손충당금적립액	대출관리
채권회수 문제 없음	정상	0.5% 이상 적립	신용도 따라 금리차등화
1~3개월 연체 잠재적 부실화요인 존재	요주의	2% 이상 적립	신용도 따라 신규대출 중단
3개월 이상 연체 채권회수에 상당한 위험 예상	고정	2% 이상 적립	채권회수작업 진행
3~12개월 연체 채권회수에 심각한 위험 예상	회수의문	50% 이상 적립	채권회수작업 진행
12개월 이상 연체 채권회수불능추정	추정손실	100% 이상 적립	채권회수작업 진행

3) 대출종결 과정

상기 대출분류에 따라서 어떻게 회계처리할지를 결정하고 대고객관계를 계속 유지할 것인지 아니면 중단할 것인지를 결정하는 것이다.

대출결정 과정을 이처럼 체계적으로 나누어 생각하면 대출결정 자체가 개선될 수 있는 여지를 발견할 수도 있고, 또 각 단계에서 어떠한 종류의 정보가 요구되는지를 파악할 수도 있다. 사실 신용분석은 대출심사를 결정하는 사전단계에서 뿐 아니라, 대출이 이루어진 후의 사후감독 · 통제 과정에서도 필요한 것이다.

(2) 신용분석과 신용평가

여신결정 과정에서 일차적으로 중요한 것은 여신승인 과정이라고 할 수 있다. 여신승인 과정은 신용분석과 신용평가 과정으로 나누어 볼 수 있다.

신용분석 과정은 경제·산업동향과 대상기업 재무정보를 이용하여 대상기업의 원리금지급능력을 분석하는 것을 말한다. 신용평가 과정은 대상기업의 원리금상환능력을 종합적으로 분석한 것을 토대로 신용도에 대한 판단을 알기 쉬운 기호 또는 점수로 등급화하는 과정을 포함한다.

신용평가와 관련된 내용은 3절에서 다루고 본절에서는 신용분석의 주된 내용을 소개한다. 신용분석의 주된 작업은 질적 분석의 한 방법으로 경제·산업·기업적 측면의 신용위험을 분석하는 것과 양적 분석의 한 방법으로 재무제표 수정과 현금흐름분석을 실시하는 것이다. 이하에서는 이 두 가지에 대해 살펴보기로 한다.

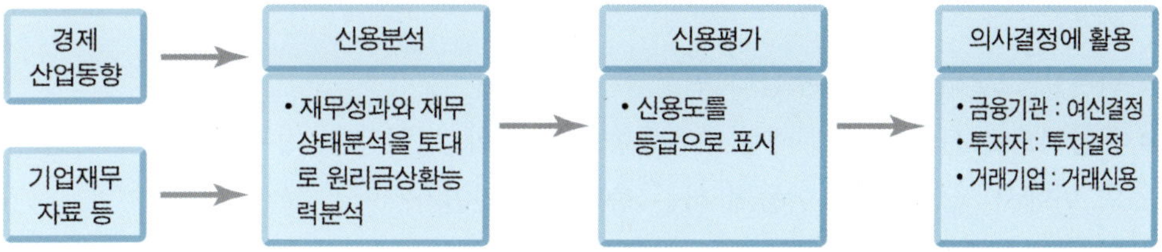

2. 질적 분석: 신용위험의 평가

현대 신용분석의 출발점은 원리금상환능력에 영향을 미치는 여러 가지 신용위험에 대한 질적 분석이다. 특히 대기업보다는 중소업체일수록 재무제표의 신뢰도가 떨어지는 경향이 있으므로 신용분석에서 양적 분석보다는 질적 분석을 중시하는 경향이 있다.

전통적으로 신용위험은 5C의 신용평가항목을 중심으로 평가하는 경향이 있었다. 즉, 경영자인격(character), 상환능력(capacity), 자본력(capital), 담보력(collateral), 경제여건(conditions) 등을 중심으로 신용위험을 평가하였다.

신용위험은 직접적으로 대출기업이 원리금상환에 충분한 현금흐름을 창출하고 있느냐에 달려 있다. 현금창출능력이 높을 뿐 아니라 현금흐름의 변동성이 작을 때 위험이 작고 안정성이 있게 되므로 원금상환의 확실성이 큰 것으로 판단할 수 있다.

대출업체의 미래 현금흐름에 영향을 미치는 위험요인은 매우 다양하기 때문에 이들을 보다 상세하게 고려할 필요가 있다. 이들 요소를 모두 열거하기란 불가능하지만, 비교적 많이 고려되는 **질적 평가요소**를 분야별로 정리하면 다음과 같다.[5)]

(1) 경제여건과 산업분석

- GDP성장률, 인플레이션, 금리수준, 국제수지, 외환정책, 정치적 안정도 등의 면에서 대출에 대한 수요와 공급에 어떤 변화가 예상되는가?
- 산업의 일반적 특성(수출/내수, 민수/관수, 자본 · 노동집약도, 기술변화속도, 제품수명의 장 · 단 등)은 어떠한가?
- 산업의 과거 성장추세와 향후 성장전망, 수요확대가능성은 어떠한가?
- 경기순환과 관련하여 사이클의 장 · 단기 변동폭, 계절성 측면에서 위험요인은 무엇인가?
- 산업 내의 경쟁특성, 주요 경쟁수단, 과잉생산 여부, 신규진입의 난이도 등은 어떠한가?
- 원자료 조달과 노동력 수급의 안정성은 높은가?
- 종합적으로 산업 전체에 대한 수요동향, 기술변화, 진입장벽, 정부의 규제나 지원 등의 면에서 산업전망을 어둡게 하는 측면은 무엇인가?
- 특정 산업에 대한 여신집중도는 지나칠 정도가 아닌가?

(2) 기업분석

1 경영진과 경영기반

- 기업의 성장배경과 소유구조(주주구성, 주식분포) 면에서 인적 불화, 경영권분쟁의 가능성은 없는가?
- 경영자의 경영능력(장기비전, 전문지식, 대외교섭력, 경제위기 대처능력, 동기유발능력 등)은 취약하지 않은가?
- 기업의 지도적 신념, 지배적 가치관, 조직규범, 공통특성, 조직분위기 등 조직문화는 건설적인가?

5) R. Hale, *op. cit.*, 6~7. 보다 상세한 질적 분석의 내용은 본서 7, 8장에서 다룬 경제 · 산업 · 기업분석체계를 참고할 것.

2 업계에서의 경쟁적 지위

- 새로운 사업확장계획 등 경영전략은 타당한가?
- 기존 제품과 시장, 신규제품과 시장에서 경쟁력이 있는가?
- 시장점유율 유지 및 확장, 신제품개발, 신시장개척능력, 판매 · 유통경로, 영업효율성, 생산효율성, 공장설비 등 면에서 경쟁력이 있는가?

3 생산활동

- 원재료 공급원이 단일업체인가 아니면 다양한가?
- 동력비 · 연료비의 변화에 얼마나 민감한가?
- 자본비용과 노무비 중에서 어느 비용이 주된 생산원가인가?
- 기술변화는 얼마나 빠른가? 또 기술혁신에 소요되는 비용은 어느 정도인가? 연구개발의 중요성은 어느 정도인가?
- 생산량(조업도)의 변화가 비용구조에 미치는 영향은 어느 정도인가?
- 공장입지에 관계되는 위험에는 어떤 것이 있는가?

4 마케팅활동

- 기업의 매출액에 영향을 주는 마케팅 요소는 무엇인가? 경기변동성, 가격탄력성, 소득탄력성, 대체가능성의 정도는 어느 정도인가?
- 해외수입의존도는 얼마나 높은가?
- 시장점유율과 시장경쟁력은 어느 정도인가?
- 경쟁업체의 주요 경영전략은 무엇인가? 새로운 진출업체에 대한 진입장벽, 원자재공급자와 구매자와의 교섭력은 어느 쪽이 우위인가?
- 소비자 욕구의 변화가능성과 마케팅 측면에서의 강 · 약점은 무엇인가?
- 주요 고객을 잃을 위험은 어느 정도인가?

5 인사활동

- 이직률의 정도와 원인은 무엇인가?
- 생산성 변화의 주원인은 무엇인가?
- 종업원들의 주된 동기유발은 무엇인가?
- 노사분규의 가능성은 어느 정도인가? 또 노사계약의 만료는 언제인가?
- 특정 인물에 대한 조직의 지나친 의존도는 어느 정도인가?

6 재무활동

- 이자율변동에 얼마나 취약한가?
- 외부금융을 이용할 수 있는 능력은 어느 정도인가?
- 단일대형사업에 대한 의존도는 얼마나 높은가?
- 수익원천은 얼마나 다각화되어 있는가?
- 대손에 대한 취약성은 어느 정도인가?
- 회계 · 경영정보시스템은 경영효율성 증가에 기여하는가?

7 대정부관계

독과점규제, 경제정책, 산업정책, 수입보호조치, 수출금융 및 보조, 정부와의 계약공사, 세제, 특허권, 영업권 등의 측면에서 정부관계기관이 어떤 형태로 심사대상기업에 영향을 미치는가?

(3) 관계회사분석

- 계열기업은 지급보증, 담보제공, 상호출자, 자금대여 · 차입 등의 방법으로 소속기업 상호간에 얼마나 밀접하게 연결되어 있는가?
- 유사 시 모회사로부터의 자금지원, 지급보증, 담보제공 여력은 있는가?
- 계열그룹에서 분리하여 독립적으로 볼 때 재무건전성은 양호한가?
- 계열그룹 전체의 신용도와 재계에서의 위치는 건전한가?

3. 양적 분석: 비율분석과 현금흐름분석

신용분석의 목적은 대출관련 기업의 원리금상환과 관련하여 신용위험을 평가하는 것이다. 재무제표는 가장 쉽게 얻을 수 있는 자료이므로 이로부터 여러 가지 재무지표(이자보상비율 등)를 산출하여 신용위험을 평가할 수 있다. 재무제표에 근거한 신용위험 평가는 본서 3~5장에서 설명한 여러 가지 재무비율과 경영평가 방법들을 사용하게 되는데, 특히 다음 부분을 중심으로 원리금상환능력을 평가한다. 특히 재무제표자료를 통해 신용위험을 평가할 때는 현금흐름분석이 매우 중요하다.

- 이익발생능력을 평가하는 수익성분석과 이익변동의 원인분석
- 안정성을 평가하는 레버리지분석
- 단기지급능력을 평가하는 유동성분석
- 현금흐름의 특징과 변동원인, 현금창출능력분석

재무제표를 수정하지 않고 장부가치기준으로 분석하면 신용위험을 제대로 평가하기 어렵다. 역사적 원가기준과 실현주의기준의 원칙이 적용되고 있는 데다 선택적 회계방법이 허용되고 있기 때문에 신용위험을 적절히 분석하기 어려운 경우가 많다. 따라서 회계수치를 보수적인 관점에서 **회계수정**(accounting adjustments)하여 조정된 자산, 부채, 자본수치를 가지고 분석해야 신용위험을 적절히 평가할 수 있다.[6)]

대출관련 기업의 신용위험을 기업의 경제적 실상 기준으로 평가하는 한 방법은 현금흐름기준으로 평가하는 것이다. 이것이 앞서 설명한 것처럼 현대신용분석의 특징이다.

대출신청업체의 미래 현금창출능력을 평가하는 출발점은 정상적인 **영업활동에서 창출되는 현금흐름**(CFO: cash flow from operation)을 측정하는 일이다. 이를 위해서는 정상적인 영업활동에서 창출되는 현금흐름만을 구별하여 측정하는 것이 필요하다. 이를 개념화한 것이 5장 3절에서 설명한 영업활동 현금흐름(CFO)이다.

CFO는 매출과 관련되는 유동자산에서 매출과 관련되는 유동부채를 차감한 **순운전자산**(NWA: net working asset)으로부터 산출되어진다. 즉, 유동자산 중 매출과 관련되는 매출채권과 재고자산 등의 합에서 유동부채 중 매출과 관련되는 매입채무를 차감한 것이 순운전자산이다. 일정 기간 동안 기업이 창출한 현금흐름(ΔCFO)은 순이익에 감가상각비와 같은 비현금성비용을 합한 크기에 이 순운전자산의 증감액(ΔNWA)을 차감한 것이 된다.

이 크기는 순수한 정상적인 영업활동만을 고려한 현금흐름이 되므로 대출자 입장에서 보면 원리금 상환의 원천이라고 판단할 수 있는 근거가 된다.

6) G. White, A. C. Sondhi & D. Fried(1994), *The Analysis and Use of Financial Statements*, Wiley, 1,015~1,019.

3절 신용평가와 신용평점제도

1. 신용평점제도의 의의

현대신용분석의 주된 특징은 2절에서 설명한 것처럼 현금흐름분석 중심의 양적 분석과 산업차원에서의 질적 위험분석을 중시한다는 점에 있는데, 이들을 고려하여 최종 대출결정에 활용하는 보편화된 방법의 한 가지는 신용도를 등급으로 표시하는 신용평점제도이다.

신용평점제도(credit scoring system)는 대출관련 기업이 지니는 원리금 지급능력을 여러 평가항목에 걸쳐 평가하여, 종합적인 신용도를 종합점수나 간략한 기호로 표시하는 제도를 말한다. 신용평점제도의 핵심은 원리금 지급능력을 평가할 수 있는 평가항목에 대해서 신용등급(credit rating)을 매긴다는 점에 있다.

대부분의 금융기관들이 대출심사를 할 때 적용하는 신용평점제도의 기본은 4장 4절에서 설명한 종합지수법과 유사하다. 금융기관마다 조금씩 다르지만 일반적으로 다음 네 단계의 과정을 거치게 된다.

첫째, 신용도 평가에 중요하다고 보는 주요 평가요소를 선정한다. 고려하여야 할 평가요소는 산업특성에 따라서 다르겠지만, [표 12-3]에 이용한 것과 같은 평가요소들을 많이 참고한다.

둘째, 선정된 평가요소 각각의 중요도에 따라 가중치(weight)를 부여한다. 가중치 부여에는 통계학적 기법이나, 경험에 입각한 주관적 판단에 의존한다.

셋째, 개별평가요소 하나 하나에 대해서 심사대상기법의 강 · 약점을 산업 내 타기업과 비교하여 등급을 매긴다. 예를 들어, "제품의 질"이라는 평가요소의 가중치를 15로 하고 우량 정도에 따라 5등급으로 구분한다면, 최우량기업에 15점을 주고 그 다음으로 우량한 기업의 순에 따라 12점, 9점, 6점, 3점을 배점한다.

넷째, 각 평가요소별 배점을 합하여 종합신용평점(credit scores)을 구한다. 이 종합신용평점은 심사대상기업의 신용도를 종합적으로 평가한 것이 되므로 여신결정의 기준으로 삼는다. 즉, 대출의 적격 여부 또는 불량대출인지 우량대출인지를 판정하는 기준으로 이용한다.

[표 12-3] 신용도 등급화 시의 주요 평가요소

양적 평가요소	기업의 수익성, 유동성, 안정성, 활동성, 성장성, 생산성을 나타내는 재무비율들
질적 평가요소	• 마케팅 요소: 제품종류, 제품의 질, 가격수준, 소비자금융, 판매망조직, 광고활동, 시장점유율 • 생산요소: 생산시설, 영업레버리지, 계열화 정도, 공장자동화, 원자재조달, 규모의 경제성 • 재무요소: 연체 등 거래신뢰도, 거래은행과의 관계, 부채차입능력, 자본시장 이용도, 경영지배권, 자본지출액, 대금융기관관계, 외환위험 • 조직 · 인사요소: 경영자의 업계 경험과 능력, 노사관계, 직원채용방식, 근로조건, 후생시설, 기업공개 여부 • 전략적 요소: 연구개발 및 신제품개발 상황, 계열회사 관계, 최고경영진, 대정부관계

2. 신용평가제도의 운영

우리나라에서의 기업신용평가는 은행을 비롯한 대부분의 금융기관 및 한국기업평가(주), 한국신용평가(주), 한국신용정보(주) 등의 신용평가기관에서 실시하고 있다. 외환위기 이전에는 은행들이 대부분 전국은행연합회와 공동으로 마련한 "중소기업 신용평가표"를 이용하였다. 그러나 그 이후 금융기관마다 서로 다른 신용평점제도를 운용하고 있다.

[표 12-4]는 신용평점제도 활용의 한 예이다. 이 표에서는 안정성 등의 재무항목에 30%, 경영위험지표 등 비재무항목에 70%의 비중을 두어 평가고 있다.

일반적으로 신용평가표의 주요 평가요소로는 재무상태를 나타내는 항목은 안정성, 수익성, 활동성, 채무상환능력, 유동성 등을 각종 계량적 비율의 수치에 따라 평가하도록 되어 있다. 비재무상태를 나타내는 것으로서 사업성(영업위험)을 나타내는 항목으로는 성장전망, 수익전망, 시장성, 경쟁력 등을 평가하며, 거래신뢰도부문으로는 은행거래상황, 사업의 안정성, 업력 및 업계의 평가 등의 평가항목으로 되어있다. 또한 경영능력(경영위험)부문에서는 경영성과, 소유 및 지배구조, 경영자의 경험과 평판, 관계사위험, 노사관계 및 근로조건 등을 평가항목으로 구성하고 있다.

이러한 평가항목에 각각 5등급의 배점을 부여, 평가한 점수를 합산하여 종합 평점을 산출하고, 이렇게 산출된 점수를 기준으로 대출(신규자금 지원, 중단, 워크아웃 대상 또는 퇴출) 여부의 의사결정에 활용한다.

개별고객이나 여신에 대하여 신용평점을 산출하거나 신용등급을 부여하기 위한 이러한 **신용평가모형**(rating system)은 크게 개인여신과 기업여신의 경우로 나누어 생각해

[표 12-4] 신용평점제도의 예시(조선사 신용위험평가표)

구분		평가지표	가중치	A(5)	B(4)	C(3)	D(2)
재무 항목 평가 (40%)	안정성	부채비율(부채총계/자본총계)	2.00	100% 미만	100~200%	200~300%	300% 이상
		차입금의존도(차입금/총자산)	1.50	20% 미만	20~35%	35~50%	50% 이상
	수익성	이자보상배율 (영업이익/이자비용)	0.50	3배 이상	1.5~3배	0.5~1.5배	0.5배 미만
		매출액순이익률 (당기순이익/매출액)	0.50	7% 이상	4~7%	0~4%	당기순손실
	활동성	총자산회전율 (매출액/평균총자산)	0.50	1.2회 이상	0.8~1.2회	0.6~0.8회	0.6회 미만
		운전자금비율 (운전자금/매출액)	1.50	30% 미만	30~50%	50~70%	70% 이상
	현금흐름	영업CF/총차입금	0.50	10% 이상	0~10%	−10~0%	−10% 미만
	유동성	현금보유비중 (현금성자산/매출액)	1.00	8% 이상	5~8%	2~5%	2% 미만
비재무 항목 평가 (60%)	경영 위험	회사의 업력과 경영진의 평판	0.40	우수	보통	미흡	불량
		소유 및 지배구조의 투명성	0.20	우수	보통	미흡	불량
		관계사 위험	0.40	우수	보통	미흡	불량
	영업 위험	사업포트폴리오	1.00	40% 미만	40~50%	50~70%	70% 이상
		시공능력순위 및 자기자본규모	0.80	50위 이내 5천억 원 이상	100위 이내 5천억3천억 원	200위 이내 3천억500억 원	200위 초과 500억 원 미만
		공사계약잔액배율	0.60	3배 이상	3~2배	2~1.5배	1.5배 미만
		평균분양률	1.40	80% 이상	80~70%	70~60%	60% 미만
		사업장위험(지방 및 해외분양사업비중)	1.40	40% 미만	40~50%	50~60%	60% 이상
		PF대출 관련우발채무위험	1.20	0.5배 미만	0.5~2배	2~4배	4배 이상
		PF대출 자금조달위험 (Loan, 유동화증권, 펀드 등)	0.90	100%	100~90%	90~80%	80% 미만
		단기지불능력	0.90	지불능력우수	지불능력양호	지불능력미흡	지불능력불량
		공사중단 유무	0.40	없음	3개 미만	5개 미만	5개 이상
	기타	계열사 지원, 자산매각 담보 등을 활용한 자금조달	2.00	우수	보통	미흡	불량
		연체발생이력(누적일수)	0.40	없음	10일 미만	30일 미만	30일 이상

* 가중치 수치는 각 항목별 각 등급에 대한 가중치임. 가중치가 2.00이면 A등급: 10점, B등급: 8점, C등급: 6점 식으로 점수 부여.

** 종합평점: A등급: 80점 이상(정상), B등급: 70점 이상(신규자금지원), C등급: 60점 이상(워크아웃 대상), D등급: 60점 미만(퇴출)

자료: 한경, 2009. 1. 2.

볼 수 있다.

개인여신의 경우에는 통칭 **여신평점제도**(Credit Scoring System: CSS)로 불리고 있는 개인별 평점을 산출하여 적용하고 있다. CSS에는 다시 최초 거래신청당시 신청자에 대한 신용도를 조사하여 거래개시 여부를 결정하는데 사용하는 신용평가모형인 **신청평점모형**(Application Scoring System: ASS)과 거래개시 이후 고객의 행동 특성을 반영한 평점모형인 **행동평점모형**(Behavior Scoring System: BSS)으로 구분할 수 있다. 이러한 모형에는 각 금융기관 나름대로 신용도를 판별할 수 있는 각종 개인신상정보, 재산상태, 그간의 거래기록 등 다양한 요소가 포함되어 있다. 또한 개인신용평가모형의 경우 고객을 급여생활자, 자영업자 등의 유형별로 모형을 개발·운영하거나 잠재적인 고객을 대상으로 운영하기도 한다.

기업여신의 경우에는 **평점모형**(Scoring Model), 통계적 모형 및 전문가의 판단을 통해 신용등급을 결정하게 된다. 이러한 기업신용평가모형의 경우에는 대기업, 중소기업 또는 상장기업, 외감·비외감 소규모기업 등 기업 특성별로 세분하여 모형을 별도로 운영하는 것이 일반적이다.

한편 신용평가모형은 고객 및 자료 등의 표본특성에 따라 다양한 방법론을 적용하여 시스템을 구축하여 운영하고 있다. 주요 방법론으로는 12장에서 설명한 계량적 설명변수를 이용하여 우량·불량집단을 판별하는 판별분석(discriminant analysis) 방법, 가중치를 평가항목별로 부여하여 산출한 평가점수에 따라 총점을 산출하여 평가등급을 부여하는 평점모형방식, 각종 재무·비재무항목을 설명변수로 이용하여 부실확률값을 산출하는 로지스틱 회귀분석(logistic regression)방법, 실제 자료를 이용하여 반복적 학습을 통해 일정 패턴을 찾아가는 인공신경망(neural network) 방법 등이 활용되고 있는데, 최근에는 로지스틱 회귀분석 방법이 많이 이용되고 있다.

3. 신용평점제도의 한계점

이상에서 설명한 신용평점제도는 여러 가지 평가요소들이 동시에 고려되어 신용도가 단일점수로 표시됨으로써 의사결정에 쉽게 이용될 수 있다는 점에서 유용성이 높다. 신용평점제도는 심사대상기업의 신용도를 계량화시켜 일관성 있고 비교적 객관성 있는 여신결정을 할 수 있다는 **장점** 때문에 실제로 대부분의 금융기관에서 활용하고 있다. 여신결정자의 시간과 노력을 절약할 수 있고, 불량대출이나 우량대출로 판별예측하는 능력이 비교적 높다는 점이 또한 이 제도의 활용도를 높이는 이유가 된다.

그러나 신용평점제도는 다음과 같은 몇 가지 한계점을 지니고 있다.[7)]

첫째, 평가항목의 선정과 중요도(가중치)의 부여, 구간설정 등에 다변량분석을 이용하여 객관성을 높이는 통계적 방법도 존재하지만, 많은 경우 주관적으로 결정된다는 점이다. 이러한 문제점을 줄이기 위해서는 주관적 판단을 줄이는 제도적 장치로써 많은 금융기관에서는 일정한 인원으로 구성되는 평가팀에서의 그룹토의를 거치는 방법을 사용하기도 한다.

둘째, 불량대출과 우량대출을 구분하는 판정기준, 즉 신용평점의 분류기준점(cut-off point)의 결정이 주로 기존 대출기업의 자료를 이용하여 나온 것이므로 사후적으로 타기업에 적용할 때는 적합하지 않을 수 있다. 특히 신규신청기업에 적용할 경우 분류오차가 클 수 있다.

셋째, 기초자료로서 대출신청업체가 제출한 자료를 사용하게 마련인데, 양적 분석의 입력자료가 되는 재무제표는 6장에서 논의한 것처럼 회계처리 방법이 상이할 경우 상호비교분석의 기초자료로서 문제점을 지닌다.

끝으로 계량화시킬 수 없는 질적 분석의 자료가 포함되고 있는데, 이는 객관성을 잃기 쉽다는 결점을 지니고 있다.

4절 채권등급평정

채권투자는 채권을 발행한 기업의 원리금 상환이 어렵게 되는 채무불이행위험과 시중금리변동 때문에 채권가격이 수시로 등락하는 이자율 변동위험을 지니고 있다.

특히 채권발행주체의 채무불이행가능성 정도에 따라 채권수익률에 차이를 보이게 되므로 채권에 대한 증권분석은 채권투자결정에 매우 중요한 자료가 된다. 이와 관련하여 신용평가기관에서는 원리금지급능력에 따라 채권의 발행주체가 지니는 신용도의 등급을 매기는 채권등급평정을 실시한다. 본절에서는 채권등급평정에 활용되는 증권분석체계를 다룬다.

7) 이러한 한계점을 줄이는 한 방법은 계량적인 "대출결정모형"을 개발하는 것이다. 본장 부록 2에 제시되어 있는 Dietrickh & Kaplan 모형, Cohen, Gilmore, & Singer 모형이 그 예이다.

1. 채권등급평정제도와 재무정보

채권발행주체가 지니는 채무불이행의 가능성이 높을수록 채권투자자의 요구수익률은 높아진다. 채무불이행위험의 정도에 따라 채권수익률 차이(yield spread)를 가져온다. 채권투자자 보호차원에서도 채무불이행위험이 적절히 평가될 필요가 있다. 이를 위해서 채권평가전문기관에서는 채권을 등급화하는데, 이 등급화에서 재무정보는 매우 중요한 역할을 한다. 본항에서는 채권등급평정제도의 의의, 등급기준에 대해서 설명한다.

(1) 채권등급평정제도의 의의

투자자 입장에서 보면 담보부채권이나 보증채권은 원리금지급이 거의 확실한 편이다. 그러나 무보증채권과 같은 일반채권의 경우는 원리금지급이 불확실하므로, 투자자 보호를 위해서는 그 채권의 발행주체가 지니고 있는 신용도나 채권자 보호능력 정도를 적절한 기준에 따라 평가하여 등급을 매길 필요가 있다.

채권등급평정(bond ratings) 또는 **질적 평정**(quality rating)이란 채권발행주체가 지니는 신용도를 원리금지급능력에 따라 등급을 매기는 것을 말한다. 환언하면 채권의 원리금이 약정대로 상환될 확실성의 정도, 즉 채무불이행의 발생가능성 및 채무불이행에 따른 손실의 정도를 중립적 위치에서 객관적으로 평가하고 그 평가결과를 간략한 기호로 표시하여 불특정다수의 투자자에게 제공하는 과정을 의미한다.

채권등급제도는 본장 3절에서 설명한 신용평점제도(credit scoring system)의 한 형태라고 할 수 있다. 원리금 상환능력을 평가하는 데 중요하다고 보는 여러 가지 평가요소를 선정하여 각 평가요소의 중요도에 따라서 점수를 배점하고, 개별 평가요소를 여러 구간으로 나누어 각 구간별로 알맞은 점수를 부여한 것을 종합하여 채권의 신용등급을 부여한다.

채권등급평정제도는 채권투자자에게 채권투자의 위험에 관한 정보를 제공하여 투자자를 보호한다는 점에서 큰 의의가 있다. 채권의 발행기업이 원리금을 약속대로 지급할 능력의 정도에 관한 정보를 투자자에게 제공함으로써 이 같은 정보를 얻지 못하여 발생할 수 있는 손실로부터 투자자를 보호할 수 있게 해주는 것이다.

따라서 채권투자자가 채권발행기업의 신용도를 감안하여 채권의 종목을 선정할 때뿐만 아니라, 증권감독 · 행정기관, 채권인수업무를 행하는 투자금융회사 등의 증권인수업자, 채권의 발행회사에게도 요긴한 정보가 된다.

채권의 발행주체가 지니는 위험수준에 따라서 채권수익률이 형성되면 국민경제적 차원에서 자원의 효율적 배분을 가능케 한다는 점에서도 채권등급평정제도는 의의가 크다. 채권등급이 양호한 기업일수록 더욱 낮은 이자율로 채권을 발행할 수 있게 되므로 기업의 자본비용에도 큰 영향을 미치게 된다.

(2) 채권등급평정기준

여러 가지 지급불능에 관련된 질적 측면을 감안하여 채권을 평정하는 작업은 개인투자자에게는 사실상 불가능한 일이다. 따라서 권위 있는 신용조사기관에 의해서 채권의 등급평정이 이루어지고 있다.

채권등급평정은 미국의 무디스투자社(Moody's Investors Service)가 1909년부터 실시한 이후 현재 피치투자서비스社(Fitch IBCA Investors Service), 스탠다드·푸어社(Standard & Poor's Corporation) 등의 기관에 의해서 행해지고 있다.

이들 기관의 등급은 [표 12-5]에 나타난 것과 같은 평점기준에 의해서 최상급 AAA등급에서 최하급 C, D등급까지 크게 9~10등급으로 나눈 후 스탠다드·푸어사(S & P)는 각 등급에서 +, −를 부여하고, 무디스사는 1, 2, 3 기호를 부여하여 등급을 세분화하고 있다. 어느 기관이든 BBB(Baa)등급 이상을 원리금 상환능력 면에서 위험이 적은 투자적격의 채권(investment grade bonds)으로 분류하고, BB(Bal) 이하는 투자부적격채권, 저급채권(speculative grade bonds, junk bonds)으로 평가하고 있다.

우리나라에서의 회사채에 대한 채권평정도 국제기준에 맞추어 한국기업평가(주), 한국신용평가(주), 한국신용정보(주) 등에 의해서 시도되고 있다. 일반사채, 신주인수권부사채, 전환사채의 발행 가능 법인은 이 같은 등급기준으로 평정등급이 A급 이상인 법인에 한정하고 있다.

이 밖에도 발행회사의 신용을 바탕으로 발행되는 기업어음(CP)에 대해서도 비슷한 방법으로 등급평가를 하고 있다. [표 12-6]은 기업어음에 대한 신용평가 등급기준을 나타낸 것인데, 채무불이행의 위험이 거의 없는 최우량등급, 경기변동에 약간 취약한 우량등급, 투자적격이지만 경기변동에 영향을 많이 받는 중저급, 투자부적격의 최불량등급으로 구분되고 있다.

채권등급기준은 기관마다 조금씩 다른 면이 있지만, 중요한 것은 등급평정 작업과정에서의 객관성 유지이다. 객관성 제고를 위한 한 방법으로 평가기관의 조직설계 면에서 복수평가제도가 장려되고 있다. 즉, 평정실무팀을 산업전문가 및 계열전문가가 포함되는 2인 이상의 복수분석자들로 구성하고 이들에 의한 주관적 판단을 등급평정실무회의 또는 등급평정위원회 등 다수 전문가의 심의 과정을 통해 여과함으로써 평정결과

[표 12-5] 채권등급기준

구분	S & P 등급	Moody 등급	평점기준
AAA	AAA	Aaa	원리금 지급능력이 최고수준(최상의 신용상태: extremely strong)
AA	AA+ AA AA-	Aa1 Aa2 Aa3	원리금 지급확실성이 매우 높지만 AAA 증권에 비해 다소 열등함. (신용상태 우수: very strong)
A	A+ A A-	A1 A2 A3	원리금 지급확실성은 높지만 장래 환경변화에 따라 다소 영향을 받기 쉬운 면이 있음(신용상태 양호: strong)
BBB	BBB+ BBB BBB-	Baa1 Baa2 Baa3	원리금 지급확실성은 인정되지만 장래 환경변화에 따라 저하될 가능성을 내포하고 있음(신용상태 적절: adequate).
BB	BB+ BB BB-	Ba1 Ba2 Ba3	원리금 지급능력에는 문제가 없으나 장래의 안정성은 보장할 수 없는 투기적인 면이 있음(투자 시 요주의 대상: less vulnerable).
B	B+ B B-	B1 B2 B3	원리금 지급능력에는 문제가 있고 투기적인 면이 강함. (신용상태 불량: more vulnerable)
CCC	CCC	Caa	채무불이행이 발생할 위험요소를 내포하고 있음.
CC	CC	Ca	채무불이행이 발생할 위험이 큼.
C	C	C	현재 이자지급이 연기되고 있고 채무불이행의 위험성이 매우 높음.
D	D	D	원금 또는 이자가 지급불능상태에 있음.

[표 12-6] 기업어음(CP) 등급기준

등급	평점기준
A1	제때 갚을 능력이 최상이며 합리적으로 예측 가능한 장래의 어떠한 환경변화에도 영향을 받지 않을 정도로 안정적임.
A2	적기 상환능력이 우수하나 그 안정성은 A1에 비해 다소 떨어짐.
A3	적기 상환능력이 양호하나 장래 환경이 급격히 나빠지면 영향을 받을 가능성이 있음.
B	적기 상환능력은 인정되나 장래 환경변화에 따라 그 안정성이 영향받기 쉬움.
C	적기 상환능력 및 안정성이 매우 가변적임.
D	지급불능상태에 있거나 지급불능에 빠질 가능성이 매우 높음.

의 객관성을 높이는 노력을 하고 있다.

그간의 역사적 자료를 보면 채권등급에 따라서 채권수익률에 차이가 존재하는 것으로 나타나고 있다. 최근 10년 동안 미국 채권시장의 통계를 보면 AAA등급과 BBB등급의 채권수익률차이는 0.8~2.5% 정도 수준을 보여왔다. 우리나라 채권시장은 그간 보증사채가 주를 이루었고, 발행수익률과 유통수익률의 차이가 커서 채권등급과 채권수익률과의 유기적 관계가 미국처럼 존재하지는 않았지만, IMF외환위기 이후로 발행주체의 신용도에 따라 수익률 차등화가 점차 이루어지고 있다. 이에 따라 발행주체의 신용도, 원리금 적기상환능력을 평가하는 증권분석의 중요성이 높아지고 있다.

2. 채권등급평정의 평가요소와 재무정보

채권등급평정의 핵심은 특정 채권의 만기일까지의 원리금 적기상환의 확실성 정도를 평가하여 등급화하는 것이다. 따라서 채권등급평정에서 고려되는 평가요소는 원리금 적기상환의 확실성 정도를 평가할 수 있는 항목들이 된다.

특정 채권의 원리금 적기상환의 확실성 정도는 외부여건변화에 대한 발행기업의 채권보호능력에 달려 있으므로 [그림 12-2]에 요약된 것처럼 발행기업의 영업위험, 재무위험 그리고 채권의 발행조건에 의해 결정된다고 볼 수 있다. 이들 세 가지 평가항목에 관련되는 구체적인 검토사항은 다음과 같이 요약된다.

그림 12-2 채권등급평정 시의 주요 평가항목의 체계

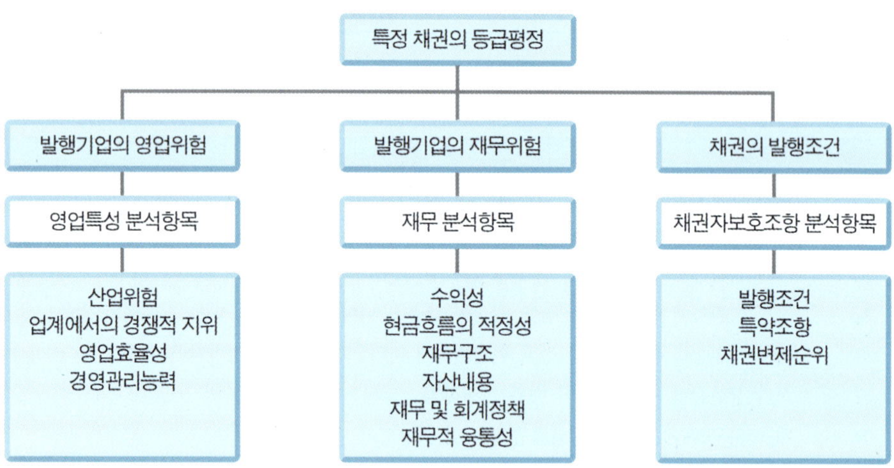

1) 발행기업의 영업특성분석항목

1 산업위험: 산업의 일반적 특성(산업의 수요특성, 자본 · 노동집약도, 기술요구수준, 기본거래관행), 산업의 성장성, 업종의 라이프사이클, 경기변동성, 산업경쟁의 특성, 시장수

요확대가능성, 원자재 · 에너지 조달비용, 기술변화, 정부의 규제, 관련 입법 및 지원정책, 국민경제적 지위

2 **업계에서의 경쟁적 지위:** 시장점유율, 시장지배력, 유통경로, 제품 · 시장의 다양화, R&D

3 **영업효율성:** 원가구조, 마진유지능력, 생산설비의 우수성, 생산효율성, 원자재조달의 안정성과 이용효율성, 노동력 확보의 안정성과 생산성, 기술 수준, 에너지비용 및 공해방지비용

4 **경영관리능력:** 최고경영자의 경영경력과 경영관, 경영력 유지의 계속성, 계획과 통제능력, 조직관리능력, 위기관리능력

2) 발행기업의 재무분석항목

1 **수익성:** 매출액 영업이익률, 총자본경상이익률, 자기자본순이익률, 고정비용부담능력(이자보상률, 고정금융비용 보상률), 부문별 매출구조 · 수익성, 매출액증가율

2 **현금흐름의 적정성:** 현금흐름/총부채비율, 순현금흐름/차입금비율, 유동비율, 부채상환계수

3 **재무구조:** 부채비율, 차입금의존도, 비유동부채구성비율, 비유동장기적합률

4 **자산내용:** 자산구성, 자산노후도, 재평가실시 여부, 담보제공 여부, 부외자산 및 부채

5 **재무 및 회계정책:** 감사의견, 회계방침, 재무정책

6 **재무적 융통성:** 차입금상환계획, 투자계획의 신축성, 대체자금조달원, 자산처분, 타법인보증, 계열사관계

3) 채권자보호조항 분석항목

1 **발행조건:** 발행목적, 발행규모, 만기 및 원리금 상환 방법

2 **특약조항:** 채무(부채차입)제한 조항, 담보제공제한

3 **변제우선순위:** 담보설정 유무, 담보부채무 간의 담보설정순위, 무담보채무 간의 계약 우선순위

[표 12-7]은 미국 S&P사에서 채권등급 시에 고려하는 평가요소들인데, 크게 양적 재무지표와 질적 지표로 구성되어 있다. 양적 분석지표들은 3장에서 제시한 재무비율 중심의 재무분석항목이고, 질적 분석지표들은 주로 8장에서 다룬 당해 산업과 발행기업의 영업특성, 그리고 채권보호조항과 관련된 내용이다.

[표 12-7] S&P 채권등급화를 위한 평가요소

지표		평가요소내역
양적 분석 지표	유동성지표	당좌비율, 유동비율, 총부채현금흐름비율, 현금흐름보상률
	안정성지표	비유동부채비율, 총부채비율, 이자보상비율, 금융비용보상비율
	수익성지표	총자본영업이익률, 자기자본순이익률
	활동성지표	재고자산회전율, 매출채권회전율
질적 분석 지표	산업특성	경기변동성, 시장지배력, 수요변화, 재무적 특성(고정비), 원자재공급, 법률적 규제, 사업의 다양성, 진입장벽
	시장경쟁력	마케팅능력, 시장점유율, 판매망조직, 서비스능력, R&D, 단일고객에 대한 의존도, 제품의 다양성, 장기판매계약
	운용효율성	마진유지능력, 가격리더십, 생산활동의 통합, 생산시설, 생산성(자본 · 노동), 동력비, 재무정책
	경영관리능력	영업적 · 재무적 경영성과, 경영계획과 통제, 경영의 일관성, 계열화
	채권계약서 보호규정	권리 · 의무에 대한 기록의 명료성, 배당금지급이나 부채차입을 제한하는 보호규정
	소유구조	경영지배권, 합병가능성

3. 채권등급 예측모형과 재무정보

이해관계에 있는 기업의 채권등급이 어떻게 변화할지를 예측하는 것은 채권투자자에게는 중요한 과제가 된다. 이 과제를 해결하기 위해서 여러 가지 채권등급모형이 제시되고 있다. **채권등급 예측모형**은 일반적으로 여러 가지 기업의 특성을 나타내는 변수들로 구성된다.

채권등급모형을 추정할 때는 12장에서 설명한 바 있는 판별분석(discriminant analysis)과 같은 다변량분석, 요인분석, 회귀분석을 통하여 채권등급을 예측할 수 있는 주요 변수들을 찾는다.[8] 채권등급예측에서는 다음 표처럼 각 채권등급별로 주요 평가항목들이 확연히 구분되어지는 변수의 선택이 필요하다. [표 12-8]은 등급 간에 뚜렷한 차이를 보이는 재무비율의 예를 정리한 것이다.

1983년 벨카우이(A. Belkaoui)는 S&P 채권등급에 B급 이상으로 평가되어 있는 266개 표본채권을 대상으로 채권등급모형을 제시한 바 있다.[9] 이 판별모형에 포함되어 있는 9개의 독립변수는 [표 12-9]에 제시된 바와 같다. 이 밖에도 카프란과 어위치(R.

8) 판별함수 이용에 대해서는 13장 4절 참조.
9) A. Belkaoui(1983), *Industrial Bonds and the Rating Process*, Westport, Conn.: Quorum Books.

[표 12-8] 채권등급과 재무비율과의 관계

주요 재무비율	AAA	AA	A	BBB	BB	B	CCC
이자보상비율(세전)	11.08	9.43	4.65	3.16	1.91	0.88	0.63
고정금융보상률(세전)	5.46	5.10	3.00	2.18	1.54	0.94	0.69
매출액영업이익률	21.6	15.9	14.9	12.0	12.5	9.3	12.3
장기부채/총자본	12.9	16.6	29.5	39.4	45.7	63.5	79.3
FFO/총부채	82.9	74.2	45.6	31.7	18.7	8.4	7.0

자료: G. White, A. Sondhi & D. Fried(1994), *The analysis and Use of Financial Statement*, Wiley, p. 1061.

[표 12-9] 채권등급 예측모형에서 제시되고 있는 독립변수들

재무비율군	Belkaoui (1983)	Kaplan & Urwitz (1979)	Pinches & Mingo (1973)	Pogue & Soldovsky (1969)	Horrigan (1996)
유동성 · 활동성	유동비율				운전자본/매출액 매출액/자기자본
레버리지	장기부채/총자본 단기부채/총자본 고정금융보상률 자본적 지출과 재고자산투자액	자기부채/총자본 장기부채/자기자본 이자보상비율 현금흐름/총부채	총부채/총자본 이자보상비율	총부채/총자본 이자보상비율	자기자본/총부채
수익성		총자산이익률	총자산이익률	총자산이익률	매출액영업이익률
이익의 변동성		회계베타 순이익의 변동계수	연속적으로 배당지급한 연수	ROA의 변동계수	
기업규모	총자산 총부채	총자산 발행규모	발행규모	총자산	총자산
채권변제순위	더미변수	더미변수	더미변수		더미변수
주가자료	PBR	시장베타			
기타		총자산 변동계수		산업-더미변수	

Kaplan & G. Urwitz),[10] 핀치와 밍고(G. Pinches & K. Mingo),[11] 포그와 솔도프스키(T. Pogue & R. Soldovsky),[12] 호리건(J. Horrigan)[13] 등도 유사한 연구를 행하였는데 이들

10) R. Kaplan & G. Urwiz(April, 1979), "Statistical Models of Bond Ratings: A Methodological Inquiry," *Journal of Business*.

11) G. E. Pinches and K. A. Mingo(March, 1973), "A Multivariate Analysis of Industrial Bond Ratings," *Journal of Finance*, 1~18.

12) T. Pogue & R. Soldovsky(June, 1969), "What's in A bond Rating," *Journal of Financial and Quantitative Analysis*.

의 연구에서 제시하는 채권등급의 예측 시 활용되고 있는 적절한 독립변수들 역시 [표 12-9]에 정리되어 있다. 이 표에서 보면 부채비율, 이자보상비율, 총자산이익률, 기업규모, 이익의 변동성, 채무변제순위 등이 주요 예측변수로 제시되고 있음을 볼 수 있다.

이 밖에도 기업규모에 따라서 원리금지급의 안정성이 크게 달라지는 것으로 나타나고 있다. 대체적으로 AAA등급을 받는 기업의 평균규모가 A등급을 받는 기업규모의 2배이고, BBB등급 기업군의 3배 규모인 것으로 나타나고 있다.

13) J. Horrigan(1966), "The Determination of Long-Term Credit Standing with Financial Ratios," *Journal of Accounting Research*, Supplement.

요 약

신용분석은 금융기관에서 여신결정을 내릴 때, 대출에 따른 신용위험도와 원리금상환가능성을 평가하는 것을 말한다.

전통적 신용분석은 유동성과 처분가치분석을 중요시하였지만, 현대신용분석은 장기적인 이익창출능력과 신용위험에 대한 분석을 중요시하고 있다. 구체적으로 현대신용분석에서는 산업위험을 비롯한 신용위험평가를 중요시한다.

대부분 금융기관에서 대출결정에 활용하는 보편적 방법은 신용평점제도이다. 신용평점제도는 대출관련 기업이 지니는 원리금상환능력을 여러 평가항목에 걸쳐 평가하여 종합적인 신용도를 종합점수나 간략한 기호(신용등급)로 표시하는 제도이다. 우리나라 은행권이 적용하고 있는 신용평가표는 안정성 · 수익성 · 활동성 등의 계량평가항목, 성장전망 · 수익전망 · 시장성 · 경쟁력 등의 사업성, 은행거래상황 등의 거래신뢰도, 경영성과 등의 경영능력에 걸친 비계량평가항목을 설정하여 개별평가항목 하나 하나에 대하여 5등급으로 나누어 배점하고, 이의 종합평점을 구하는 체계를 적용하고 있다.

채권등급평정제도는 채권발행주체가 지니는 채무불이행의 가능성에 따라 등급을 매기는 것을 말하는데, 기본적으로는 종합지수법 · 신용평정제도의 체계와 유사하다. 채권등급평정 시에 고려되는 주요 평가요소로는 산업위험 · 업계 내에서의 경쟁적 지위 등 발행기업의 영업특성항목, 수익력 · 현금흐름 적정성 · 재무구조 등 재무분석항목, 발행조건 · 특약조항 등 채권보호조항분석항목이 포함된다.

주요 용어

신용분석	여신결정 과정	여신건전성의 분류
요주의여신	고정여신	현금흐름분석
신용위험	5C 신용위험	신자산건전성분류기준(FLC)
신용평가표	신용평점제도	채권등급평정제도
채권등급평정기준	영업위험항목	재무위험항목
채권등급예측모형		

연습문제

01 금융기관에서 여신결정을 내릴 때, 대출에 따른 신용위험도와 원리금상환 가능성을 평가하는 것이 핵심이다.

(1) 신용위험도와 원리금상환 가능성을 평가하는 여신결정의 어느 단계에서 어떤 정보가 필요한가? 이 단계에서 재무정보는 어떤 역할을 하는가?

(2) 전통적 신용분석은 유동성과 처분가치분석을 중요시하였지만, 현대신용분석에서는 어떤 면을 중요시하는가?

(3) 그간 우리나라에서 신용분석이 발달하지 못한 이유가 무엇이라고 생각하는가?

(4) 신용분석에서 현금흐름분석과 회계수정이 중요시되는 이유는 무엇인가?

(5) 신용분석에서 고려되어야 하는 질적인 측면에는 어떤 내용이 있는가?

(6) 신용평점제도는 어떤 체계를 가지고 있는가? 신용평점제도는 어떤 장점과 한계점을 가지는가?

02 채권등급평정제도는 채권발행주체가 지니는 채무불이행의 가능성에 따라 등급을 매기는 것을 말하는데, 기본적으로는 종합지수법 · 신용평정제도의 체계와 유사하다.

(1) 채권등급평정 시에 고려되는 주요 재무적, 비재무적 평가요소에는 어떤 것이 있는가?

(2) 채권등급기준은 어떻게 설정하는가?

(3) 채권등급예측모형에서 가장 중요시되고 있는 예측변수에는 어떤 것이 있는지 설명하라. 또 예측모형의 구성을 통하여 채권등급예측을 시도할 때 당면하게 되는 문제점에 대하여 설명하라

03 다음은 상장기업 '네이버'의 재무제표(2019~2020년 실적과 2021~2023년 추정)이다.

포괄손익계산서

12월 31일 기준 (십억 원)	2019	2020	2021E	2022E	2023E
매출액	4,356	5,304	6,690	8,275	10,088
매출원가	0	0	0	0	0
매출총이익	4,356	5,304	6,690	8,275	10,088
(매출총이익률, %)	100.0	100.0	100.0	100.0	100.0
판매 및 일반관리비	3,201	4,089	5,397	6,831	8,415
영업이익	1,155	1,215	1,293	1,444	1,673
(영업이익률, %)	26.5	22.9	19.3	17.4	16.6
영업외손익	-291	273	16,807	647	714
금융수익	345	525	453	510	571
금융비용	107	146	154	166	180
지분법손익	18	116	337	343	373
기타	-547	-220	16,170	-41	-51
세전이익	864	1,489	18,100	2,090	2,386
법인세	471	493	488	543	620
(법인세율, %)	54.5	33.1	2.7	26.0	26.0
계속사업이익	921	1,141	1,391	1,547	1,766
중단사업이익	-524	-296	15,000	0	0
순이익	397	845	16,391	1,547	1,766
(순이익률, %)	9.1	15.9	245.0	18.7	17.5
지배주주순이익	583	1,002	16,430	1,609	1,837
비지배주주순이익	-186	-157	-39	-62	-71
EBITDA	1,653	1,711	1,841	2,050	2,344
(EBITDA 이익률, %)	37.9	32.3	27.5	24.8	23.2
EPS(지배주주)	3,538	6,097	100,083	9,807	11,198
EPS(연결기준)	2,408	5,141	99,843	9,430	10,767
수정 EPS(원)*	1,704	4,803	6,896	8,190	9,368

재무상태표

12월 31일 기준 (십억 원)	2019	2020	2021E	2022E	2023E
유동자산	5,644	10,545	6,214	6,617	6,963
현금 및 현금등가물	3,741	1,600	3,560	3,826	4,023
매출채권	0	0	0	0	0
재고자산	55	4	6	7	8
기타	1,848	8,940	2,649	2,784	2,931
비유동자산	6,656	6,470	25,884	27,882	30,181
투자자산	3,487	4,347	23,604	25,422	27,435
유형자산	1,596	1,685	1,817	2,014	2,319
무형자산	341	105	156	139	120
기타	1,231	333	307	307	307
자산총계	12,300	17,014	32,098	34,499	37,144
유동부채	3,773	7,912	3,789	4,219	4,611
매입채무	0	0	0	0	0
단기차입금	510	481	443	443	443
기타 유동부채	3,264	7,431	3,345	3,776	4,168
비유동부채	2,022	847	4,850	5,342	5,908
사채 및 장기차입금	802	151	2,596	2,596	2,596
기타 비유동부채	1,220	697	2,254	2,746	3,312
부채총계	5,796	8,759	8,638	9,561	10,519
지배주주지분	5,805	7,367	23,155	24,695	26,453
자본금	16	16	16	16	16
자본잉여금	1,575	1,793	1,321	1,321	1,321
이익잉여금	5,712	6,655	23,019	24,559	26,317
기타	-1,499	-1,097	-1,201	-1,201	-1,201
비지배주주지분	399	888	305	243	172
자본총계	6,504	8,255	23,460	24,938	26,625
순부채	-1,972	-1,021	-633	-911	-1,119

자료: 삼성증권, COMPANY UPDATE, 2021.6.30.

네이버는 2020년 말 기준으로 단기차입금 4,810억 원, 사채 및 장기차입금 1,510억 원의 이자지급 부채를 가지고 있다. 이 시점에서 이 회사는 1,000억 원의 신규 대출을 신청하고 있다.

우리나라 은행권이 적용하고 있는 신용평가표는 안정성 · 수익성 · 활동성 등의 계량평가항목, 성장전망 · 수익전망 · 시장성 · 경쟁력 등의 사업성, 은행거래상황 등의 거래신뢰도, 경영성과 등의 경영능력에 걸친 비계량평가항목을 설정하여 개별평가항목 하나 하나에 대하여 5등급으로 나누어 배점하고, 이의 종합평점을 구하는 체계를 적용하고 있다.

(1) 이 대출결정을 내리는 데는 어떤 추가정보가 필요한가?

(2) 제한된 정보지만, 신용평가표([표 12-4])에 의해 신용도를 평가하고, [부록 1]을 참조하여 신용의견서(credit memorandum)를 작성하라.

(3) 주요 대출결정모형을 소개하고, 어떤 재무변수들이 대출결정에 많이 고려되는가?

부 록

신용분석의견서의 작성

대출결정은 많은 요소가 고려되어야 하는 중요한 의사결정이므로 신용분석자(credit analysts)의 분석결과는 신용의견서에 체계적으로 정리되어 관계담당자들의 견해를 모으는 과정이 필요하다. 신용의견서(credit memorandum)에는 심사대상의 대출신청안이 지니는 신용위험이나 원리금 지급능력에 대한 평가가 종합적으로 논리정연하게 작성되어 대출결정이 합리적으로 되어지도록 기여한다는 데 의의가 있는 것이다. 실질적 의미에서는 본장 1~3절에서 설명한 신용분석의 내용과 분석 방법이 다 포함되어 최종적인 대출결정에 연계시키는 문서화 작업이다.

본절에서는 신용분석의 내용을 종합 정리하는 의미에서 또 실무적으로 참고자료가 되도록 신용분석의견서를 체계적으로 작성하는 방법과 양식을 소개한다.[14)]

(1) 대출신청안의 개요와 목적

신용분석의견서의 첫 부분은 신청된 대출안의 특징을 명료하게 기술하는 것으로, ① 차입자, ② 차입형태와 조건(기간, 담보물, 원금상환 방법 등), ③ 대출금의 용도(시설자금, 운전자금 등)를 구체적으로 기술한다. 특히 원리금상환의 원천이 무엇이고, 이에 따른 위험이 어느 정도인지를 명기하여 신용분석에서 중점적으로 다루고자 한 핵심이 무엇인가를 나타나도록 한다.

(2) 신용위험분석의 요약 · 결론 · 건의

대출결정에 있어서 긍정적인 측면과 부정적인 측면을 요약하고, 대출결정이 이루어질 경우 정당화될 수 있는 신용위험을 평가한다. 신용위험의 질적 측면 중에서 중요한 사항을 요약하고, 신용평점제도에 의해서 계량적인 점수가 얻어지면 이를 인용한다. 이 부분은 맨 끝 결론 부분에 작성하여도 무방하다.

(3) 분석자료의 원천

신용분석을 할 때 이용했던 주요 정보원에 대해서 언급한다. 특히 재무제표가 어떤 형태의 것인지(연결재무제표 혹은 독립재무제표)와 CPA의 감사를 필한 것인지의 유무, 그리고 감사필한 경우는 회계법인의 신뢰도에 대해서 언급한다. 감사 중 CPA가 바뀐 경우는 이에 대해 필히 설명한다. 그 밖에 산업이나 기업에 대한 예측자료의 원천과 그 신뢰도에 대해서 언급한다.

14) R. Hale(1983), "How to Write a Credit Analysis?" *Credit Analysis*, John Wiley & Sons, 199~212.

⑷ 심사대상기업의 영업과 산업상의 특성

대출신청기업이 영업상 지니고 있는 특성과 당해 산업의 특성 중에서 중요사항을 중심으로 관련되는 신용위험이 무엇인지를 설명한다. 산업의 경쟁구조, 예상되는 변화, 주경쟁업체의 동향, 이에 대한 경영전략의 유효성과 경영성과, 대정부관계, 대외거래면에서의 변화 등을 중심으로 주요 강·약점 및 신용위험과 연계되는 측면을 평가한다. 또한 대출신청기업이 지니는 취약점과 최악의 상황이 전개될 경우 대출에 미칠 영향을 평가한다.

⑸ 경영진

기업경영에 영향력 있는 최고경영진의 경영능력 면에서의 강·약점을 평가한다. 조직구조 면에서의 특징과 경영스타일(1인 중심체제 등……)에 대해서 언급한다.

⑹ 현금의 조달과 운용

과거 약 3개년에 걸친 현금흐름표를 작성하여 주된 자금을 어떻게 조달하여 이를 어떻게 운용하였는지를 요약한다. 5장에서 설명한 영업활동 현금흐름, 잉여현금흐름(FCF)을 구하여 현금창출능력을 평가한다.

⑺ 재무정보의 분석

신용분석 중에서 가장 핵심적인 부분으로서 신용위험과 관련된 재무적 요소를 취급한다.

1) 영업성과

과거의 영업성과와 추정된 영업성과자료를 기초로 하여 중요한 추세변화를 언급하고 이의 원인을 설명한다. 사업부문이 다수일 경우 각 사업부문의 기여도에 대해서 평가한다.

2) 현금흐름

과거의 현금흐름과 추정현금흐름을 분석하여 자금소요액 중 내부자금에 의존하는 정도와 외부자금에 의존하는 정도, 그리고 외부자금의 이용가능성을 평가한다. 부채상환 일정계획과 관련하여 현금흐름을 분석한다.

3) 재무상태

재무적 건강상태가 얼마나 양호한지를 요점적으로 평가한다. 특히 재무상태, 유동성, 부채비율의 변화에 대해서 분석한다. 유동자산과 비유동자산의 質에 대한 평가 또한 중요하다. 회계수치에 크게 영향을 미치는 회계처리 방법이나 부외(簿外)금융 혹은 부채(off-balance-sheet financing or liabilities)에 대해서 특기한다. 담보권을 중심으로 부채의 우선순위를 명시한다.

4) 자본시장

상장기업일 경우 장부상의 유형순자산(tangible net worth)과 주가를 비교하여 과소·과대평가 유무를 평가한다. 외부자금(주식·회사채)을 조달하는 데 있어서 자본시장의 이용가능성을 평가한다.

(8) 기 타

이상에 언급된 것 외에 대출약관상의 특징, 법률적인 저촉사항을 명시한다.

13장

기업부실의 예측

부실기업이 될 가능성이나 미래 경영성과가 심각하게 악화될 가능성에 대한 예측은 채권자, 주주, 경영자 등을 비롯한 기업의 여러 이해관계자들에게 중요한 정보가 된다.

본장에서는 여러 가지 회계정보, 재무정보, 부실원인분석을 이용하여 기업부실을 미리 예측하는 방법들에 대하여 설명한다.

학습목표

- 기업부실의 정의와 부실예측의 접근 방법
- 기업부실의 원인분석과 아르겐티모형
- 부실예측에 유용한 재무비율의 선정과 판정 방법
- 판별분석의 방법과 알트만 모형
- 부실기업의 처리 방법, 회생전략 및 회생가능성 예측 방법

1절 기업부실예측의 의의

1. 기업부실예측의 중요성

자유경쟁을 근간으로 하는 현대 자본주의 경제사회에서는 길지 않은 시간의 흐름 속에서도 수많은 기업들이 명멸해가는 것을 볼 수 있다. 100대 기업이 30년간 생존할 확률을 보면 미국 21%, 일본 22%, 전세계평균 38%, 한국 15%로서 우리나라 대기업이 생존할 확률은 미 · 일의 절반 수준인 것으로 나타나고 있다.[1)]

실제로 기업의 역사가 그리 길지 않은 우리나라에서도 수많은 재벌급 기업들의 부침이 있었다. 1960년대부터 1980년대까지 화신, 삼호, 천우사, 동명실업, 율산, 제세, 국제그룹 등 많은 대기업들이 사라졌다. 1990년대 후반에는 IMF외환위기를 겪으며 대마불사(大馬不死)의 잘못된 관행을 깨고 기아, 동아, 진로, 쌍용, 한양, 삼미, 유원건설, 건영, 한보, 한라, 고합, 대농, 해태, 아남, 거평, 신호 등 대기업들마저 부실화되어 정리절차를 밟거나 법정관리를 신청하는 상황에 이르렀다. 더욱이 이러한 기업의 부실화는 채권자인 금융기관의 부실화로 이어져 정부에서 금융기관의 부실여신을 부담하게 됨으로써 결국 국민의 부담으로 남게 되는 악순환으로 이어진 바 있다.

더욱이 경영기반이 취약한 중소기업들의 기업도산위험은 더욱 큰 것으로 나타나고 있다. [그림 13-1]은 KDI가 조사한 자료로서, 1994년에 창업한 중소기업들의 연도별 생존율을 나타낸 것이다. 이에 따르면 2년 내 절반가량이 문을 닫고, 10년 후까지 생존할 확률은 13.1%에 불과하다.

[그림 13-2]는 한국과 미국에서 회사채 등급별로 10년 후에 부도확률을 비교한 것이다. 우리나라 AAA등급의 초우량기업이 10년 이내에 부도날 확률은 17.6%(미국은 0.26%)에 달한 것으로 나타났다. 그리고 투기등급의 BB기업은 도산확률이 55.7%로 보고되고 있다. 이와 같은 부도확률은 미국의 60~70배 수준이다.

1) 삼성경제연구소, 건국 50년 보고서, 1998년 8월.
이 보고서에 의하면 1965년 100대기업을 대상으로 할 때 10년 내 소멸된 경우가 78%, 20년 내 소멸된 경우가 3%, 30년 내 소멸된 경우가 4%인 것으로 밝히고 있다. 그래서 30년 이후 생존기업은 15%에 불과한 것으로 나타나고 있다. 또 1965년 10대기업에 속한 기업으로 2010년 6월 현재 100대기업 안에 들고 있는 기업은 하나도 없다. 포춘지가 1957년에 선정한 세계 500대 기업의 3분의 2가 2010년 말 기준으로 사라진 것으로 보고되고 있다. 또 S&P 500지수에 처음 포함되었던 기업도 40년 후에는 74개 기업만 생존하고 있는 것으로 나타나고 있다.

그림 13-1 신규 진입업체 연도별 생존율

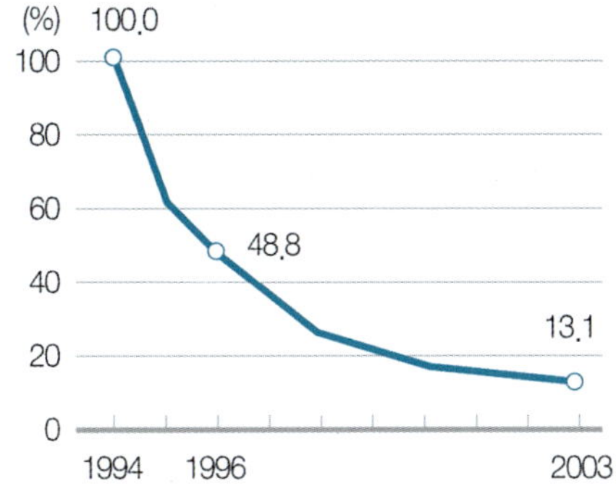

주: 1994년 창업한 업체가 연도별로 얼마나 살아남았는지를 백분율로 나타낸 것임.
자료: 한국개발연구원(KDI)(2006), 한경, 2006.3.16.

그림 13-2 한국과 미국의 회사채 신용등급별 10년 뒤 부도확률 비교

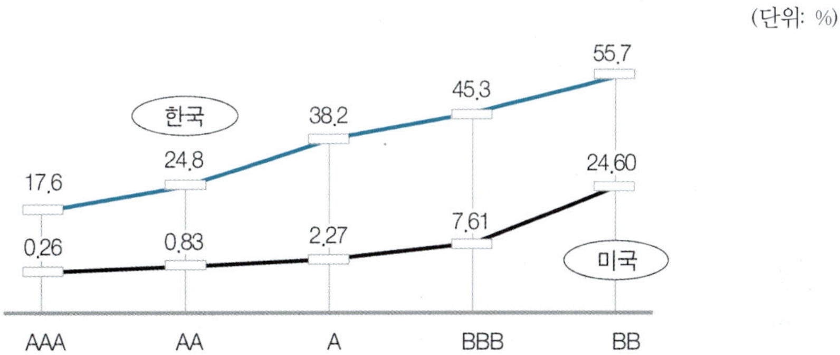

자료: 한국개발연구원(KDI)(2006), 매경, 2002.2.6.

기업이 지급불능이나 파산상태에 이르면 그 기업의 여러 이해관계자에게 지대한 영향을 미친다.

먼저 주주의 입장에서 보면 주주의 부(富)가 감소하게 된다. 기업이 파산하게 되면 여러 가지 법률고문비, 소송비용과 같은 직접파산비용과 생산·판매활동의 중단으로 인한 매출의 감소와 같은 간접파산비용이 발생하므로 결국 그만큼 주주의 부가 감소하게 되는 것이다. 소유하고 있던 주식의 가치가 크게 하락하거나 거의 없어지는 것은 물론이다.

채권자 역시 큰 손실을 입는다. 계속기업(going concern)으로 남아 있을 때의 기업의

자산가치보다도 일단 기업이 파산하게 될 경우 그 청산가치(liquidation value)는 크게 줄게 되므로 채권자의 부(富)는 감소한다.

기업부실은 사회적 · 경제적 측면에서도 심각한 문제를 야기시킨다. 부도기업, 도산기업의 속출은 실업증가, 투자와 성장둔화, 금융기관의 부실채권 증가, 금융비용 증가로 기업채산성 악화, 국제신인도 하락, 경기침체로 이어지게 된다.

이와 같이 주주, 채권자, 국가경제에 미치는 영향을 고려할 때 기업부실을 미리 예측할 수 있는 방법, 조기경보시스템(early warning system)이 구축된다면 매우 유용한 정보가 된다. 조기에 도산가능성을 예측할 수 있다면 주주와 채권자는 상기한 여러 가지 도산비용을 줄일 수 있다. 금융기관 같은 여신기관에서는 도산가능성에 따라 대출이자율을 조정한다든지 대출계약조건에 반영시킬 수 있다. 정책기관에서는 사전에 부실가능성을 예측한 정보를 부실기업의 정리나 구제책 수립에 이용할 수 있을 것이다.

기업부실을 예측하는 모형을 구성하려는 시도는 1960년대부터 본격화되었으나 기업부실의 이론이 제대로 형성되어 있지 못하기 때문에 많은 문제점을 지니고 있다. 이 분야의 주된 연구는 재무정보를 이용하여 사전에 부실기업과 정상기업을 잘 식별시켜 줄 수 있는 재무비율의 식별에 초점을 두고 있다. 이러한 노력은 다시 3절에서 설명하는 단변량분석과 4절에서 설명하는 판별분석으로 나누어 볼 수 있다. 그러나 이러한 계량적 예측 방법은 2절에서 설명하는 부실원인분석 내지 질적 분석에 의해서 보완될 필요가 있다.

2. 기업부실에 대한 정의

부실기업이란 용어는 그 개념이 명확하지 않아서 체계적으로 일관성 있게 쓰이지 않고 있다. 혹자에 따라서는 경영상태가 매우 악화된 기업을 지칭하기도 하고, 기업활동을 종식해야만 하는 법률적 파산기업의 의미로 사용되기도 한다.

부실예측에 관한 여러 학술적 연구에서도 연구자마다 다른 기준을 사용하고 있는 실정이다. 비버(W.H. Beaver)는 파산, 채권에 대한 지급불능, 은행의 부도발생, 우선주의 배당미지급 중에서 어느 한 가지에 해당하면 기업부실로 보고 있다.[2] 디킨(E.B. Deakin)은 파산, 지급불능 혹은 채권자를 위한 청산을 가리키는 의미로 사용하고 있다.[3] 포스터(G. Foster)는 이러한 정의를 통합하는 뜻으로 기업부실 대신에 재무적 실

2) W. H. Beaver(1966), "Financial Ratios as Predictors of Failure," *Journal of Accounting Research*, 71~111.
3) E. B. Deakin(Spring, 1972), "A Discriminant Analysis of Predictors of Business Failure," *Journal of*

패(financial distress)라는 용어를 사용하고 있다.[4]

이처럼 제각기 쓰이고 있는 용어를 정리한다면 **기업부실**(corporate failure)은 경영부실, 지급불능, 법률적 도산의 삼자를 포함하는 포괄적 개념으로 사용된다고 할 수 있다.

경영부실(business failure)은 기업의 수익이 비용을 보상하지 못하여 적자를 보는 경우나 생산활동을 통한 투자수익률이 기업의 자본비용보다 낮은 경우를 말한다. 이러한 상태가 지속되면 경영성과가 악화되고 경영기반이 취약해져 오래지 않아 지급불능이나 법률적 도산에 이르게 된다.

지급불능(insolvency)은 현금부족으로 만기가 도래한 채무를 상환하지 못하거나 어음이 부도처리되는 사건이 발생하였을 경우를 말한다. 이 같은 경우는 대부분 운전자금(유동성)의 부족으로 부채를 상환하지 못하여 발생하는 것이므로 자금의 뒷받침이 있게 되면 곧 정상적인 영업활동을 재개할 수도 있다. 따라서 일시적 지급불능상태가 되는 것이므로 채권자의 동의가 있으면 기업이 해산되거나 정리되지 않는다. 이러한 의미에서 이를 **기술적 지급불능**(technical insolvency)이라고 한다.

기업도산(bankruptcy)은 '파산'이라는 법률적 용어로 사용되기도 하는데, 기업의 총자산가치가 총부채가치보다 적게 되어 채권자들이 기업의 폐지를 법원에 신청하고 기업을 종식시키는 경우를 말한다. 우리나라 파산법에서도 기업의 자산가치가 부채가치보다 적어 법원이 파산선고를 내리면 그 기업은 해산되는데 이러한 상태를 파산이라고 정의하고 있다.[5] 따라서 법률적 파산은 기업이 이 같은 **실질적 지급불능**(real insolvency)상태에 놓여 있을 때 채권자의 신청에 의해서만 이루어진다. 경영부실의 최종적인 법률적 결과가 기업도산인 것이다.

한편 금융기관의 입장에서는 기업에 대한 여신의 건전성 확보와 채권보전을 추구하기 때문에 기업부실을 기업이 처한 구체적인 상태에 비추어 다음과 같이 정의하고 있다.[6]

- 회사정리법이나 화의법에 의한 **회사정리** 또는 **화의**절차가 진행 중인 기업
- **청산**절차가 진행 중인 기업
- 금융기관의 신용정보 교환 및 관리규약에 의해 **불량거래처**로 규제 중인 기업
- 기업구조조정 촉진을 위한 금융기관 협약에 의해 **워크아웃** 대상으로 선정된 기업
- 기타 재무상태 악화 등으로 채권확보를 위하여 지정한 채권회수 및 **특별관리기업**

Accounting Research, 167~179.

4) G. Foster(1986), *Financial Statement Analysis*, 2nd ed. (Prentice-Hall), Ch. 14.

5) 파산법 제117조 제1항.

6) 부실기업의 처리 방법과 법정관리, 화의, 파산, 워크아웃, 은행관리의 구분에 대해서는 본장 5절을 참고할 것.

본장에서는 기업부실을 포괄적으로 해석하여 기업이 지급불능이나 파산에 이르게 되는 심각한 재무상 · 영업상 어려움을 겪는 상태를 의미하는 것으로 사용하기로 한다.

3. 부실예측의 접근 방법

기업부실의 가능성을 예측할 수 있는 접근 방법은 여러 가지 각도에서 시도될 수 있는데, 다음과 같은 네 가지 방법이 관련 문헌들에서 소개되고 있다.[7] 이들 방법은 부실가능성에 대한 정보원이 되기도 한다.

1 현금흐름분석(cash flow analysis)

기업부실은 궁극적으로 현금이 부족하여 채무불이행으로 나타나므로 현금흐름분석을 통하여 그 가능성을 판단할 수 있다. 5장에서 설명한 현금흐름분석기법을 이용하여 현금부족이나 현금창출능력의 부족, 자금의 사용과 조달의 심한 불균형 등을 찾아내는 방법이다.

2 경영전략분석(corporate strategy analysis)

기업이 부실해지는 근본적 원인은 경쟁업체와의 경쟁력, 상대적 비용구조, 경영자의 질, 산업경쟁구조 등의 측면에서 부정적 변화와 같은 경영전략적 측면이 크므로 이러한 부분을 분석하여 부실가능성을 예측할 수 있다. 8장의 내용과 본장 2절의 내용은 이 부분에 대한 예측 방법에 해당된다고 할 수 있다.

3 재무제표분석(financial statement analysis)

부실가능성 예측에 유효하다고 보는 재무제표상의 재무비율이나 재무변수들을 찾아내는 방법이다. 이 분석 방법은 물론 기업의 재무제표가 그 기업의 경영성과와 재무상태를 정확하게 나타내고 있다는 가정 하에서 유용하다. 본장 3, 4절에서는 주로 이러한 입장에서의 부실예측 방법을 설명할 것인데, 이에는 단변량분석과 다변량분석 방법이 있다.

4 시장정보분석(market information analysis)

증권시장이 효율적일수록 기업에 관한 모든 정보는 그 기업의 주가나 채권가격에 신

7) G. Foster(1986), *op. cit.*, p. 536.

속하게 반영된다. 따라서 기업가치를 나타내는 시장지표인 주가수익률이나 채권등급(bond rating)자료는 위의 세 가지 정보를 모두 함축하고 있다고 볼 수 있으므로 이들 지표의 변화로부터 부실가능성을 예측할 수 있다.

부실기업을 예측하는 방법은 계량적 방법과 비계량적 방법으로 나누어 볼 수 있다. **계량적 방법**은 부실기업에 대한 예측가능성을 높여줄 것으로 보는 재무변수를 중심으로 예측하는 것이고, **비계량적 방법**은 부실기업이 되는 원인이나 질적인 측면을 근거로 예측하는 것을 말한다. 후자의 방법은 다음 2절에서 전자의 방법은 3, 4절에서 살펴본다.

2절 부실원인분석과 부실예측에의 이용

부실가능성을 예측하는 한 방법은 기업부실의 인과관계나 기업부실화의 과정을 모형화하거나, 사례연구를 통해 부실의 원인분석을 체계화하는 방법이 있다.

1. 각국에서의 기업부실의 원인조사

기업이 부실화를 겪는 과정이나 원인은 나라마다 경제환경, 거래관습 등의 특성 때문에 차이가 있을 수 있다. 미국·영국·한국에서 조사된 부실원인조사 결과는 이를 말해주고 있다.

던 앤드 브래드스트리트社(Dun & Bradstreet) 등이 미국에서 도산하는 중소기업의 도산원인에 대하여 조사한 바에 의하면 판매경험의 부족, 과다한 영업비용, 경쟁력 약화가 주된 표면적 부실원인으로 지적되고 있다. 근본적 원인 면에서는 경영자의 무능력, 경영관리 각 분야(판매, 재무, 생산 등)에서의 고른 경험의 부족, 관리경험부족, 업계에서의 경험부족 등이 도산원인으로 지적되고 있다.

영국기업의 부실원인은 경기불황에 따른 판매부진, 최고경영자의 무능력, 집중화된 재무통제제도의 미비, 부적절한 기업인수·통합, 부적절한 제품·시장전략 등이 중요

원인으로 지적되고 있다.[8)]

미국이나 영국기업의 부실원인은 주로 판매부진이나 경영관리의 실패에 있는 것으로 나타나고 있는 반면에 우리나라 기업의 주된 부실원인은 자금·투자문제에 있음이 지적되고 있다.

1991년 1월 한국은행이 당시의 40개의 거액 부도업체를 대상으로 그 원인을 분석한 것에 의하면 가장 큰 부도원인으로는 매출부진(38.3%)과 과잉 및 불건전 투자실패(31.9%)에 있는 것으로 지적되었고, 그 다음으로는 노사분규·인력난에 따른 생산차질(10.6%), 자금수급상의 차질(6.4%)이 원인으로 지적된 바 있다.

한편, 우리나라 대기업들의 도산원인에 대해서는 체계적으로 조사된 것이 없다. 다만 1990년대 이전까지의 대기업의 도산은 비교적 정부의 경제정책과 같은 기업외적 요인과 관련이 깊은 것으로 평가되고 있다. 특히 그간 정부주도적이고 특혜금융적인 경제정책에 영향을 받아 대기업들이 지나치게 과대확장하였던 것이 주된 도산원인으로 평가되고 있다.

예를 들면, 1972년 8·3조치로 귀결된 부실기업정리책은 1960년대 인플레적 확장정책의 결과, 대기업들이 과잉투자하여 기업의 재무구조가 부실하여 발생한 것이다. 1980년을 전후로 한 중화학공업부문의 투자조정과 부실기업정리는 제2의 오일쇼크 후 이루어진 중화학공업부문의 과잉투자 때문에 이루어진 것이었다. 또 1984년부터 시작된 부실기업문제는 과거 호황 시에 과잉투자를 하였던 일부 해외건설업체와 해운업 그리고 무역업체를 중심으로 일어난 바 있다.

1997년에 들어서는 한보철강의 부도로부터 시작하여 30대 그룹 중 19개 그룹이 회사정리 또는 화의절차를 밟게 되었고, 급기야 IMF구제금융체제에 접어들면서 많은 기업들이 도산하였다. 1997년 말을 전후한 금융위기의 원인에 대해서는 다각적인 분석이 이루어진 바 있는데, 장기간 외형위주의 기업성장, 과다투자, 과도한 부채차입, 높은 금융비용, 고비용·저효율의 경쟁구조 등이 기업부실의 원인으로 지적되고 있다.

2. 기업부실의 인과관계

기업이 부실하게 되는 데는 여러 가지의 부실요인이 복합적으로 작용하며, 이들 부실요인들은 현상적으로 기업부실의 징후(symptom)로 나타나게 된다.

8) N. Collett & C. Schell(1996), *Corporate Credit Analysis*, Euromoney Books.

다음에 소개하는 부실요인이나 부실화 과정을 파악하게 되면, 부실기업 예측에 활용할 수 있고, 기업부실의 예방, 경영관리상의 문제점 개선 등에 유용한 정보로 이용할 수 있게 된다.

기업이 부실화되는 과정은 [표 13-1]과 같이 시간의 경과에 따라서 제1차(遠因), 제2차(近因)의 단계로 나누어 설명할 수 있고, 각 단계별로 여러 가지 부실의 징후를 관찰할 수 있다.

[표 13-1] 기업부실의 단계별 요인과 징후

부실요인			징후
제1차요인(遠因)	경영자요인	지식 · 경험 · 의사결정능력 부족, 가족경영, 방만경영, 경영승계 실패	• 수익성 저하
	기업외적 요인	불황(경기변동), 시중자금사정의 악화, 원자재가격 급등, 연쇄도산	
제2차요인(近因)	판매요인	소수 주요 고객에 대한 과도한 의존, 과도한 신용판매, 판매추진, 가격정책 실패, 부적합한 판매경로, 시장조사 결여, 제품다양화 실패	• 매출감소 • 반품증가
	구매 · 생산요인	단일구입처에 의존, 계획성 없는 재고관리, 저질의 품질관리, 시설노후, 제품개발노력 부족 · 실패, 낮은 기술수준, 부적절한 입지	• 불량품 증가 • 과다재고 • 원가증대
	재무요인	자기자본 부족, 과다한 설비 투자, 자금계획의 결여, 과다한 운전자본 투자, 운전자본 조달 실패, 문어발식 확장	• 자금부족, 일부 자산매각, 금융어음과다, 임금체불, 회계처리 방법 변경, 결손누적 → 자본잠식
	조직 · 노사요인	내부견제조직의 결여, 노사관계의 불안정, 높은 이직률, 책임 · 권한의 불명확 등 경영조직의 불안정성	• 높은 이직률 • 생산성 저하

대부분 기업들이 부실화되는 데는 1차요인으로서 경영자의 지식 · 경험 · 의사결정능력부족 등 경영자요인과 경기변동, 시중자금사정 악화와 같은 외생적 요인이 작용하게 된다. 이 같은 요인이 작용한 결과는 수익성 악화의 징후로 표출된다.

부실기업이 되어가는 2차요인(近因)은 각 경영관리부문에서의 비효율적인 방만경영이나 여러 가지 위험을 높이는 의사결정, 계획성 없는 경영관리가 이루어지는 데서 찾아볼 수 있다. 이러한 요인이 작용하여 매출감소, 재고증가, 자금사정 악화, 생산성 저하 등의 증후를 보인다.

기업부실 과정에 대해서는 여러 가지 요인이 있을 수 있는데 대체로 수익성 저하 → 지급능력 저하 → 파산의 단계로 진행된다고 할 수 있다. 특히 기업부실은 경기불황

시에 무리한 기업확장과 판매능력 저하가 주된 요인되어 발생하는 경우가 많은데 [그림 13-3]과 같이 4가지 부실화 유형별로 살펴볼 수도 있다.[9)]

그림 13-3 기업부실화의 유형과 과정

유형 1

제품개발의 실패와 무리한 기업확장:

신제품개발 실패 후 재고 누증과 매출채권 증가로 인해 금융기관 차입금증가, 지급이자 과중으로 인한 수익 악화, 끝내 자금부족의 심화로 도산하게 되는 유형

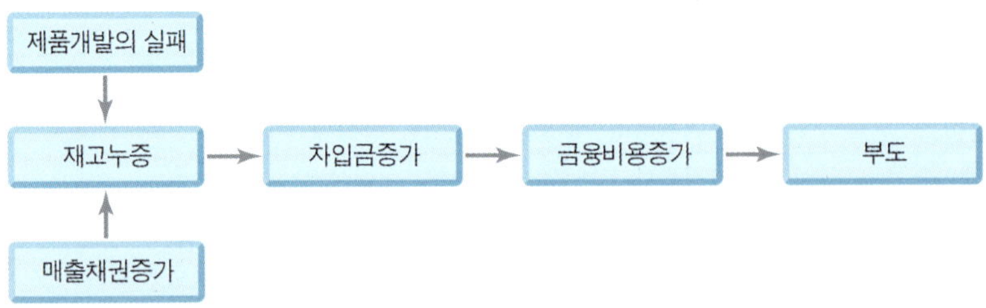

유형 2

경기불황으로 인한 판매여건의 악화:

경기불황에 따른 판매부진으로 재고누증 및 매출채권의 회수가 지연되면서 덤핑 · 할인판매를 강행하게 되나 결국 매출채권의 회수지연에 따른 자금경색으로 도산하게 되는 유형

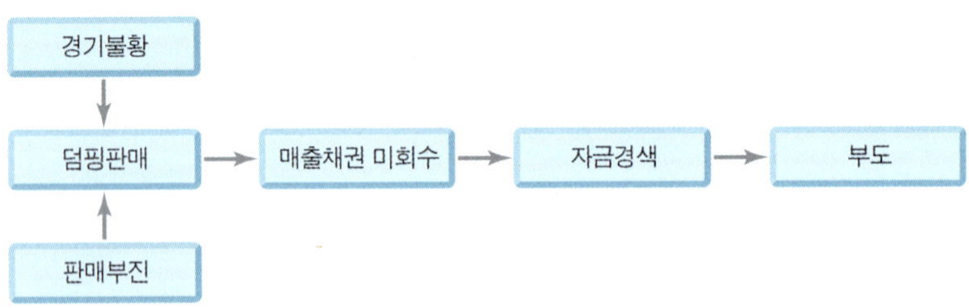

유형 3

만성적인 자금부족:

자기자본이 충실하지 못한 기업으로 시설 및 운영자금을 타인에 크게 의존하는 관계로 제때 기계시설 노후화에 대비하지 못하여 불량률 급증 및 거래처 이탈로 부도에 이르게 되는 유형

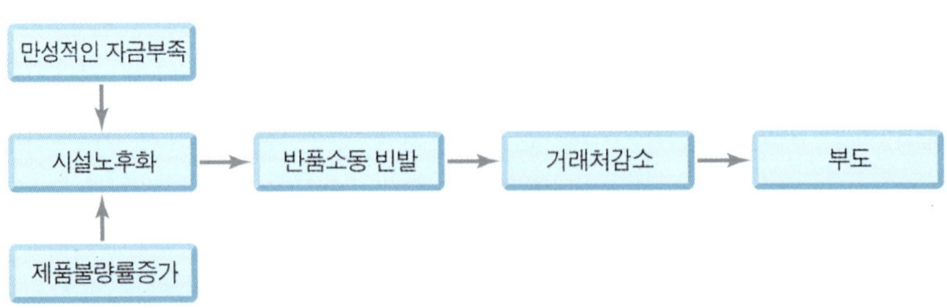

9) 한국신용평가(주), 신평비즈니스, 1992. 1. 16.

유형 4

연쇄부도:

기업 자체의 문제보다 전방기업이나 후방기업에 문제가 발생하여 그 영향력의 파급으로 연쇄부도가 발생되거나, 계열기업에 대한 채무보증이나 채권 미회수로 인해 계열기업의 부도가 파급되어 부도에 이르게 되는 유형

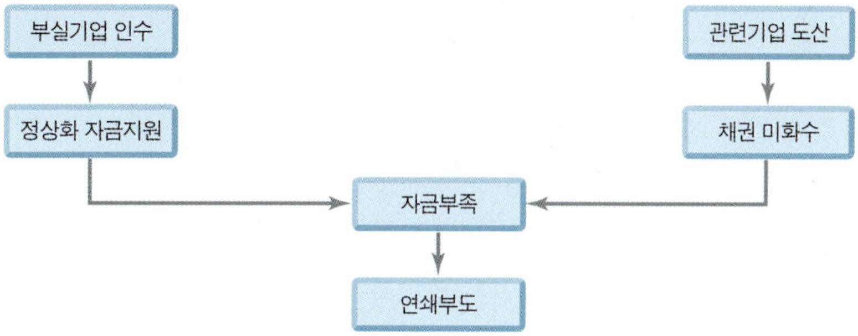

3. 아르겐티의 도산원인분석

도산원인에 대한 이론이 발달되어 있지 못하기 때문에 현단계로는 도산원인분석을 도산예측에 이용하기에는 어려움이 있다. 그러나 만약 도산하는 기업들이 대개 공통적인 요인 때문에 도산하고 더욱이 반복하는 경향이 있다면 그 원인분석을 통하여 도산예측이 가능해질 수 있다.

(1) 도산기업의 공통원인

아르겐티(J. Argenti, 1976)는 이 같은 가정에서 출발하여 도산기업의 사례연구, 전문가와의 인터뷰 조사 방법을 통하여 도산기업의 공통적인 특징으로부터 세 가지 패턴을 발견하고 그 원인이 반복되고 있음을 분석하였다.[10)]

아르겐티에 의하면 기업이 도산하는 세 가지 전형적인 패턴으로서 설립된지 얼마 안 된 신생기업(type Ⅰ), 신생기업으로서 급부상한 기업(type Ⅱ), 설립된지 오래된 중견기업(type Ⅲ) 등 3가지 형태의 기업이 각기 다른 부실경로를 보이는데, 도산을 초래하는 근본적인 원인으로 다음과 같은 경영상의 오류를 들고 있다.

10) J. Ariginti(1976), *Corporate Collapse*, Maidenhead, England: McGraw-Hill.

1) 경영의 구조적 오류

인간이 신체를 남용하면 병이 드는 것처럼 최고경영자에게 문제점이 있으면 기업은 도산에 이르게 된다. 도산하는 기업들에게는 공통적으로 다음의 6가지 구조적 오류가 경영면에서 목격될 수 있다.

- 1인 전제의 독단적 경영(one man rule)
- 이사회의 경영 불참여(감시장치의 부재)
- 최고경영자 간의 분포의 불균형(unbalanced top management)
- 얕은 경영층
- 재무관리기능의 약화
- 회장직과 대표이사직의 겸임

이들 오류 중에서 가장 결정적인 것은 첫 번째 소개한 1인중심의 경영, 실질적 의미에서 전제적 지배체제의 경영이다. 권한위양, 직무의 분업화, 권한의 분권화가 잘 이루어지지 않으면 언젠가는 부실의 길을 걷게 된다고 본다.

나머지 5가지의 오류도 첫 번째 오류와 관계가 깊다. 최고경영자 간의 불균형이란 최고경영자 그룹이 엔지니어 일색이라든가 마케팅부서 출신 일색이어서 특정 관리부문에 커다란 허점을 보이는 것을 말한다. 롤스로이스(Rolls Royce)사의 예는 최고경영자가 엔지니어 일색이어서 부실하게 된 전형적인 경우로 평가되고 있다.

2) 경영정보시스템의 부실

도산한 기업이 공통적으로 안고 있었던 두 번째 문제점으로는 회계정보시스템이 지극히 불량하였던 것이 지적되고 있다. 특히 도산한 기업은 예산통제, 현금흐름에 대한 예측, 원가회계제도, 재고통제제도 등이 정립되어 있지 않았다.

회계정보시스템에서 한걸음 더 나아가 경영정보시스템의 미비에서도 그 원인을 찾을 수 있다. 그 기업이 취급하고 있는 제품시장과 경쟁업체의 상황, 해당산업에 영향을 줄 새로운 기술의 개발 등과 관련된 정보의 수집 · 활용이 적시에 이루어지지 않는다면 당해 기업은 부실하게 될 가능성이 매우 크다. 깜깜한 밤에 희미한 라이트로 차를 운전하면 급작스레 앞에 나타나는 상황을 제대로 판단할 수 없는 것처럼 적절한 경영정보시스템이 없이는 언제 위기에 봉착할지 모르는 것이다.

다음에 설명되는 '변화에 대처하는 능력의 부족'이라는 원인도 사실 시장수요 · 원가변화 · 기술변화 등에 대한 정보시스템이 불량하였기 때문에 생긴다고 말할 수 있다.

3) 변화에 대처하는 능력의 부족

변화에 신속히 대처하지 못하는 것도 도산의 주된 원인이 된다. 변화는 끊임없이 일어나므로 기업이 살아남기 위해서는 이 변화에 적응할 수 있어야 한다. 그렇지 않으면 도태되기 마련이다.

변화는 크게 경쟁, 정치, 경제, 사회, 기술 등 여러 가지 분야에 걸쳐 일어난다. 이들 변화는 예상하지 못할 정도로 급격히 벌어질 수도 있고, 때로는 완만히 벌어지기도 한다.

경쟁업체와 관련된 변화의 예는 원가우위를 점한 외국기업 진출, 경쟁업체들 간의 합병, 재력이 막강한 기업의 신규 진출, 우수한 품질과 기술을 보유한 외국기업 진출 등에서 찾아볼 수 있다.

정치적 변화 또한 중요한데 정부가 기업에 미치는 영향이 특히 큰 우리나라에서는 더욱 그러하다. 정부의 입법조치로 특정산업을 규제한다든지, 특정 산업에 대한 특혜 또는 보호조치를 해제한다든지, 시장개방과 같은 경제정책을 추진한다든지 하는 일련의 변화는 특정 산업, 특정 기업의 존폐를 좌우하는 중요한 사건이 된다.

경제적 변화로서 거래대상국 통화의 평가절하, 이자율의 상승, 외화환율의 인상, 높은 인플레이션 등은 기업의 존망을 구분하는 사건이 될 수 있다.

사회적 변화는 서서히 전개되는 변화이므로 직접적으로 도산의 원인이 되지는 않는다고 생각할지 모른다. 그러나 공해대책, 소비자보호운동, 소비패턴, 인구구조 등의 변화에 대해서도 기업이 대책을 마련하지 않으면 파산의 위험에 당면할 수도 있다.

기술적 변화는 최근 들어 가장 중요시되는 분야이다. 첨단기술에 속하는 산업이나 제품의 혁신 또는 제품진부화가 심한 산업에 있어서는 사전에 기술변화에 대한 정확한 예측을 하여 미리 대처해야만 기업에 치명적인 결과를 가져오는 사태를 막을 수 있다.

4) 과대확장

도산의 주요 원인으로 지적되는 과대확장(overtrading)이란 그 기업의 제자원으로 지탱할 수 있는 한계를 넘어 무리하게 확장하려고 시도하는 것을 말한다. 대부분의 경우 무리한 매출증가를 통한 외형신장은 제품의 마진이나 기업 전체의 수익성을 희생시키기 마련이다. 또 매출은 급증하는 데에도 불구하고 수익성이 낮으면 영업활동으로부터 자금난을 겪게 되어 종국에는 부실기업이 되는 것이다. 이런 사례는 급신장하는 신생기업에서 흔히 볼 수 있는 일이다. 1970년대 우리나라 율산이나 제세실업의 도산사례나 IMF외환위기 전후로 속출한 부실기업의 사례는 과대확장에 기인한 바 크다.

5) 단일대형사업의 추진

경영관리가 잘 안되어 경영성과가 불량한 기업은 흔히 실지(失地)를 만회하기 위하여 단일대형사업을 추진하는 오류를 범하는 경우가 많다. 정상회복을 위하여 대규모 신제품개발에 착수하는 예가 그것이다. 대개 자금이 부족하므로 부채를 차입하여 사업을 추진하게 되는데, 사업의 타당성분석을 할 때도 비용은 과소계상하고 수익은 과대계상하는 잘못을 범하기 쉽다. 이러한 형태의 사업은 그 기업의 자기자본의 크기보다 큰 사업일 경우가 많은데, 성공하면 다행이지만 실패하면 그 기업을 파멸시키는 위험을 지니고 있는 것이다.

앞서 예로 든 롤스로이스社(Rolls Royce)의 사례는 경영구조 측면에서도 문제점이 있었지만, 단일대형사업을 추진하다가 실패한 데도 그 원인을 찾을 수 있다. 1967년 자기자본의 60%에 해당하는 개발비가 소요되는 새로운 엔진개발을 추진하였는데, 4년 후 개발비가 자기자본의 100%를 넘는 등 필요 이상의 투자로 인하여 도산하게 된 것이다. 재무이론적 측면에서도 여러 사업에 분산투자하지 않고 특정 단일사업에 투자가 집중되면 위험이 높아진다는 것은 자명한 일이다.

6) 과도한 부채의존

전술한 과대확장의 기업이나 단일대형사업을 추진하는 기업에서 동시에 나타나는 현상은 과도한 부채의존(high leverage)이다. 타인자본에 지나치게 의존하는 것은 과대확장하거나 대규모사업을 추진할 때 그 소요자금을 내부자금만으로 충당할 수 없기 때문이다. 미래의 현금창출능력이 높다고 평가될 때만 대규모의 부채차입이 정당화될 수 있다. 그렇지 않다면 원리금 지급능력이 저하되므로 도산의 가능성이 높아지게 된다. 때로는 신용도가 급격히 낮게 평가되어 채권자가 추가적인 자금공여를 중단하기 때문에 중도에 도산하기도 한다.

7) 분식회계

분식회계란 수익을 과대계상하거나 비용을 과소계상하는 회계처리 방법을 선택 사용하여 경영성과를 좋게 나타나게 하려는 의도적인 회계행위를 말한다. 따라서 분식회계를 행한다는 것은 부실의 원인이라기보다는 부실기업이 되어가는 하나의 징후라고 말할 수도 있다. 외부정보이용자에게 그 기업의 신용도를 잘못 평가하도록 실제의 경영성과를 위장하는 행위는 부실하게 되어가는 기업에서 흔히 볼 수 있는 일이다.

분식회계처리의 방법으로 자주 쓰이는 사례로는 6장 1절에서 소개하였던 예들을 들 수 있다.

(2) 도산에 이르는 유형

기업이 부실도산하게 되는 근본적인 원인은 상기한 여러 가지 오류에서 찾을 수 있다. 그런데 도산에 이르는 과정, 부실경로(failure path)에는 전술한 것처럼 세 가지의 전형적인 유형이 있다.

그림 13-4 부실기업이 되는 세 가지 유형

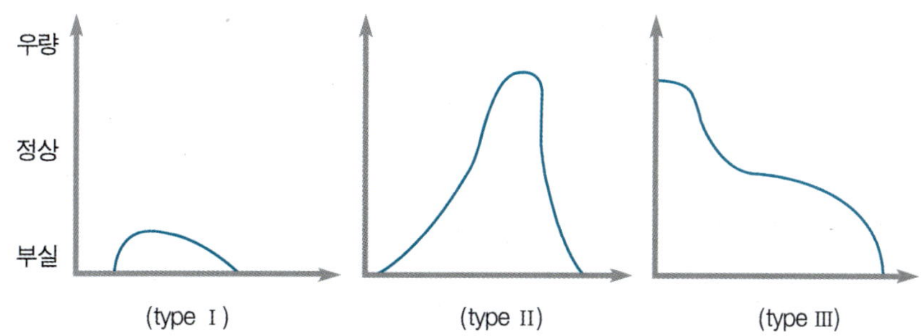

첫 번째 유형(type Ⅰ)은 신생기업으로서 정상궤도에 오르지도 못하고 수년 내 망하는 기업군으로, [그림 13-4]의 첫 번째 그림과 같은 것이다. 아르겐티(J. Argenti)가 조사한 도산기업들의 50~60%가 이 범주에 속하고 있다.

이렇게 도산하는 원인은 상술한 원인 중에서 주로 경영구조적인 오류와 경영정보시스템의 부재에 기인한다고 보고 있다. 즉, 최고경영자들의 분포의 불균형, 재무관리기능의 약화, 얇은 경영자층, 예산통제제도 그리고 원가회계제도의 부실 등이 신생기업이 오래지 않아 부도를 내는 원인이다.

두 번째 유형(type Ⅱ)은 급부상하다가 도산하는 자기과시적 신흥재벌기업군으로, [그림 13-4]의 두 번째 그림과 같은 것이다. 이러한 유형에 속하는 기업들은 첫 번째나 세 번째 유형보다는 적지만, 자기과시적이고 내실보다 외형을 중시하는 젊은 기업가가 창업한 기업에서 흔히 볼 수 있다. 이러한 도산의 길을 걷는 근본적인 원인은 능력 이상으로 과대확장하였거나 과도하게 부채를 사용하여 창업한 데서 찾을 수 있다.

마지막 세 번째 유형(type Ⅲ)은 창업된 지 오래된 중견기업이 성장을 멈추고 퇴락을 거듭하다가 도산하는 기업군으로서, [그림 13-4]의 세 번째 그림과 같은 것이다. 이러한 유형의 기업들은 대개 몇 번의 퇴락경험을 하게 되는데, 첫 번째는 기업환경이 변화하였는데도 이에 대처하지 않고 구태의연하게 경영을 계속하기 때문에 위축되는 것이다.

경영성과가 좋았던 과거시절만 생각하고 그 때의 경영전략을 그대로 고집하기 때문에 생기는 결과이다.

두 번째의 퇴락은 실지(失地)를 회복하고 기업경영을 호전시키기 위해서 단일대형사업에 사운을 거는 전략을 강구하기 때문에 일어난다. 이러한 국면에서는 부채차입도 과도하게 늘어나기 마련이어서 도산가능성을 더욱 높게 한다. 이러한 유형의 기업이 도산을 막고 재기할 수 있는 유일한 방법은 기업규모를 줄이거나 감량경영하는 것이지만, 이 유형의 대부분 기업은 옛날 대형회사이었던 시절을 잊지 못하여 이 방법을 택하지 않는 것이 보통이다.

(3) 아르겐티의 A Score모형: 도산예측과 도산예방에의 이용

아르겐티는 여러 가지 도산원인을 통합적으로 고려하여 금융기관의 신용결정에 활용할 수 있도록 도산원인들을 점수화시켜 [표 13-2]에 나타나 있는 "A Score모형"을 제시하고 있다. 이 모형에 의하면 25점 이상을 얻는 기업은 부실가능성이 매우 높은 것으로 판정하고 18~25점은 회색점수대로 판정을 유보하는 방법을 사용하고 있다. 이처럼 기업이 부실하게 될 수 있는 경영상의 오류를 지적하여 사전에 도산을 예방하고자 하는 노력이 여러 가지 각도에서 이루어질 수 있다.

장수기업이 도산하는 원인은 '새로운 환경에 대한 적응 실패'와 호황기인 1970, 1980년대의 주력사업에서 다른 업종으로 '문어발식 확장'이 주된 것으로 지적되고 있다. 이 밖에 조직문화의 관점에서 보면 ① 부서이기주의로 부서 간의 높은 장벽의 존재, ② 보신주의의 팽배와 현재 성공에의 안주, ③ 우수인재의 이탈, ④ 경영진으로의 정보전달 체계의 부재, ⑤ 적절하지 않은 위기관리시스템 등이 도산원인으로 지적될 수 있다.

한편 우리나라 상장회사들의 퇴출위험에 대한 조사자료에 따르면, 부실증후의 체크 포인트로 다음 사항들을 제시하고 있다.

- 사업목적이 너무 많고, 최대주주가 자주 바뀐다.
- 타법인 출자나 특수관계자 때문에 손실이 자주 발생한다.
- 매출을 넘어서는 대규모 손실이 발생한다.
- 불리한 조건의 전환사채(CB), 신주인수권사채(BW)를 발행한다.
- 공시를 번복하는 사례가 많다.

[표 13-2] 아르겐티의 "A Score모형": 부실원인과 부실예측

	점수	
경영의 구조적 오류		
(경영자관련 사항)		
독단적 경영관리	8	
회장직과 대표이사직의 겸임	4	
수동적 이사회 운영	2	
최고경영자 간의 분포의 불균형	2	
재무담당 중역의 무능	2	
얕은 경영층	1	
(회계관련 사항)		
예산통제시스템의 미흡	3	
현금흐름계획의 부재	3	
원가회계제도의 미비	3	
변화에 대처하는 능력의 부족	15	경영의 구조적 오류부문
(제품, 생산설비, 임원, 마케팅)		부실가능성 최소점수: 10점
	(43점)	
의사결정의 오류		
과도한 부채차입	15	
과대확장	15	
단일대형사업의 추진	15	의사결정의 오류부분
	(45점)	부실가능성 최소점수: 15점
증후		
Altman Z점수와 같은 재무지표	4	
자의적인 회계처리변경	4	
비재무적 증후(높은 이직률, 사기저하, 악성루머)	4	
	(12점)	

종합판정: 25점 이상 → 부실가능성
18~25점 → 판단유보

3절 단변량 부실예측 방법

앞 절에서 다룬 부실예측 방법은 부실기업이 되는 공통적 원인에 근거한 방법으로서 비계량적 예측 방법이었다. 이와는 달리 계량적 방법으로 부실기업을 예측하는 방법은 부실예측에 고려하는 변수의 수에 따라서 단변량분석과 다변량분석으로 구분된다.

단변량분석(univariate analysis)은 부실예측모형에 한 개의 변수만을 포함시켜 예측하는 것을 말한다. 이에 대해서는 본 3절에서 다룬다. **다변량분석**(multivariate analysis)는

두 개 이상의 변수를 고려하여 부실을 예측하는 방법이다. 이의 대표적 분석 방법은 판변분석인데 다음 4절에서 설명한다.

단변량분석에 의한 부실예측을 시도하기 위해서는 두 가지 과제를 해결하여야 한다. 첫째는 여러 재무변수들 중에서 부실예측가능성을 높여주는 특정 재무비율을 발견해내는 일이다. 둘째는 어느 특정 재무변수가 발견되면 그 변수의 어느 수준을 기준으로 하여 부실기업으로 예측할 것인가의 문제이다. 첫 번째 과제의 해결에 도움을 주는 방법은 1항에서 다루는 두 집단 평균의 차이분석이고, 두 번째 과제를 해결하는 데 도움을 주는 방법은 2항에서 다루는 이원분류법이다.

1. 두 집단 평균의 차이분석

기업부실은 2절에서 설명한 부실의 과정을 거치면서, 재무제표에는 여러 가지 징후로 포착될 수 있다. 다음 [표 13-3]은 재무제표에 나타날 수 있는 기업부실 징후의 예이다.

그러면 재무제표에서 포착될 수 있는 재무비율 중에서 어느 재무비율이 부실기업과 정상기업 사이에 뚜렷한 차이를 보이는 재무비율인가?

도산하기 1년 전의 부실기업들의 이자보상비율의 평균이 정상기업의 평균보다 월등히(통계적으로 유의할 정도로) 낮다면 이자보상비율은 도산예측에 이용될 수도 있는 비율임을 뜻한다. 문제는 그 평균의 차이가 얼마나 큰가에 달려 있는데, 이에 대한 판단은 통계학에서 이용하는 **두 표본의 평균의 차이에 대한 통계적 검증 방법**($t-$검증)을 이용한다.

[표 13-3] 재무제표에 나타날 수 있는 기업부실 징후의 예

재무제표	부실징후	
손익계산서	• 매출액의 지속적 감소 • 과다한 금융비용 • 결손의 누적	• 매출원가, 판매관리비의 급증 • 영업마진, 순마진의 급감지속
재무상태표	• 매출채권, 재고자산의 급증 • 비유동자산에의 과다투자 • 과다한 장기차입, 부채비율 급증	• 운전자본 부족 지속 • 단기차입금 등 유동부채 급증 • 금융비용 부담률의 증가
현금흐름표	• 영업활동 현금흐름이 (−)이거나 급감 • 장 · 단기 자본조달과 운용의 불일치(단기부채 차입으로 비유동자산 투자 등) • 단기부채 차입으로 장기부채 상환 • 장기간에 걸친 잉여현금흐름(FCF)의 (−)시현	

단변량분석에 의한 부실예측은 부실기업의 변수(재무비율 등)의 분포와 정상기업변수의 분포가 커다란 차이를 보이고 있어, 이 체계적인 차이가 부실가능성을 예측하는 데 이용될 수 있다는 가정하에서 행해진다.

이를 예시하기 위하여 [표 13-4]에 열거한 12개의 표본기업을 중심으로 설명한다. 이들 중에서 점선 위의 6개사는 건설업을 하다가 2015년 중에 도산한 기업이고, 점선 밑의 6개사는 같은 건설업에 속하면서 도산기업과 자산규모가 비슷한 정상기업이다.[11)]

[표 13-4] 부실기업과 정상기업의 재무비율의 차이

	X_1 (총자본회전율)	X_2 (당좌비율)	X_3 (이자보상비율)
〈도산기업〉			
A사	0.398	0.928	1.050
B사	0.757	0.960	1.924
C사	0.701	1.083	2.963
D사	0.802	0.630	1.768
E사	0.705	0.965	1.386
F사	0.979	0.964	4.161
평균($\overline{X_F}$)	0.724	0.922	2.209
표준편차(S_F)	0.189	0.157	1.155
〈정상기업〉			
G사	1.545	1.418	7.815
H사	0.846	1.024	2.737
I사	0.773	1.296	2.869
J사	1.314	1.042	2.187
K사	1.011	0.990	9.221
L사	1.120	0.875	8.989
평균($\overline{X_N}$)	1.102	1.108	5.636
표준편차(S_N)	0.286	0.197	3.370

이들 기업들의 1년 전(2014) 자료 중에서 예측에 적절하다고 보는 비율로서 총자본회전율 X_1(=매출액÷총자본), 당좌비율 X_2(=당좌자산÷유동부채), 이자보상비율 X_3 (=영업이익÷지급이자)을 비교하였는데 평균의 차이는 다음과 같이 존재하였다.

11) 이를 **짝짓기 표본추출법**(paired sampling technique)이라고 한다. 일반적으로 짝짓기 표본추출법은 분석하고자 하는 현상과 관련이 없는 다른 요인의 영향을 통제하기 위해서 일반적으로 업종과 기업규모의 영향을 통제한다.

(정상) (부실)

총자본회전율(X_1) 평균의 차이 : 1.102−0.724 = 0.378

당 좌 비 율(X_2) 평균의 차이 : 1.108−0.922 = 0.186

이자보상비율(X_3) 평균의 차이 : 5.636−2.209 = 3.427

이 세 가지 재무비율은 모두 평균의 차이가 존재하지만, 각각 부실기업과 정상기업 두 집단으로 잘 분류해 주는 비율이라고 할 수 있을 정도로 그 평균의 차이에 통계적으로 유의적인 차이가 존재하는가? 환언하면 이 세 가지 재무비율 중에서 어떤 비율이 도산예측에 가장 적절한가? 그 판단은 다음 공식을 이용한 **두 표본집단의 평균차이**에 대한 통계적 검증을 통해서 실시한다.

$$(\overline{X_N} - \overline{X_F}) \pm t_{a/2} \cdot \sqrt{\frac{S_F^2}{N_F} + \frac{S_N^2}{N_N}} \quad \cdots\cdots \ (13\text{-}1)$$

여기서, $\overline{X_N}$: 정상기업군의 재무비율 X의 평균

$\overline{X_F}$: 도산기업군의 재무비율 X의 평균

t : t통계치(유의수준 α%, 자유도가 (N_F+N_N-2)인 t의 임계치)

S_N : 정상기업군의 재무비율 X의 표준편차

S_F : 도산기업군의 재무비율 X의 표준편차

N_N : 정상기업군의 표본 수

N_F : 도산기업군의 표본 수

이 예시에서 식 (13-1)을 이용하는 것은 곧 두 표본집단평균의 차이가 0과 의미 있는 차이를 갖고 있는지를 검증하는 것이다. 잘못 판단할 확률(유의수준)을 α%로 두었을 때[12] 만약 식 (10-1)의 신뢰구간(confidence interval) 내에 0이 포함된다면 두 표본집단의 평균의 차이는 의미 있는 차이를 갖고 있지 않다는 것을 뜻하므로, 부실예측에 이 특정 비율은 부적절하다는 것을 의미한다. 반대로 식 (10-1)의 신뢰구간 내에 0이 포함되어 있지 않으면 통계적으로 유의할 정도로 평균의 차이가 존재한다는 것을 뜻하므로, 부실예측에 적절하다는 것을 의미한다.

이 같은 검증 방법을 [표 13-4]에 나타나 있는 세 가지 재무비율에 적용하면 평균의 차이는 5% 유의수준[13]에서 다음과 같은 신뢰구간을 갖는다.

12) **유의수준**(significance level)은 이 경우 평균차이가 있지 않은 데도 불구하고, 차이가 있다고 판단하게 될 오류의 확률을 말한다. 실증연구에서는 보통 오류의 확률을 5% 정도 허용하여 분석하고 있다. 한편, 두 집단평균의 차이를 검증하는 방법은 표본이 정규분포를 띠고 있다는 가정을 하고 있다.

13) 양측검증의 경유 2.5%의 오류확률과 자유도 10=(6+6−2)에 대응하는 t의 임계값은 본 교재의 부록에 있는 [부표 2: t분포표]에서 찾아보면 2.228(α=0.025, df=10이 만나는 수치)이다.

총자본회전율: $0.378 \pm 2.228\sqrt{\frac{(0.189)^2}{6}+\frac{(0.286)^2}{6}}$

$=0.378 \pm 0.312 \quad \Rightarrow 0.066\text{~}0.690$

당좌비율: $0.186 \pm 2.228\sqrt{\frac{(0.197)^2}{6}+\frac{(0.157)^2}{6}}$

$=0.186 \pm 0.229 \quad \Rightarrow -0.043\text{~}0.415$

이자보상비율: $3.427 \pm 2.228\sqrt{\frac{(1.155)^2}{6}+\frac{(3.370)^2}{6}}$

$=3.427 \pm 3.240 \quad \Rightarrow 0.187\text{~}6.667$

이에 의하면 당좌비율(X_2)로는 5%의 오류의 가능성을 인정할 때 정상기업인지 부실기업인지 가릴 수 없음을 뜻한다. 왜냐하면 이 비율의 신뢰구간 (−0.043~0.415)에 0을 포함하고 있기 때문이다. 즉, 평균의 차이가 존재한다라고 결론지을 수 없기 때문이다([그림 13-5] 참조). 그러나 나머지 두 비율, 총자본회전율과 이자보상비율은 예측에 사용될 수 있는 유의적인 비율임을 의미한다.

그림 13-5 두 표본집단 재무비율의 평균차이에 대한 검증: 당좌비율의 예

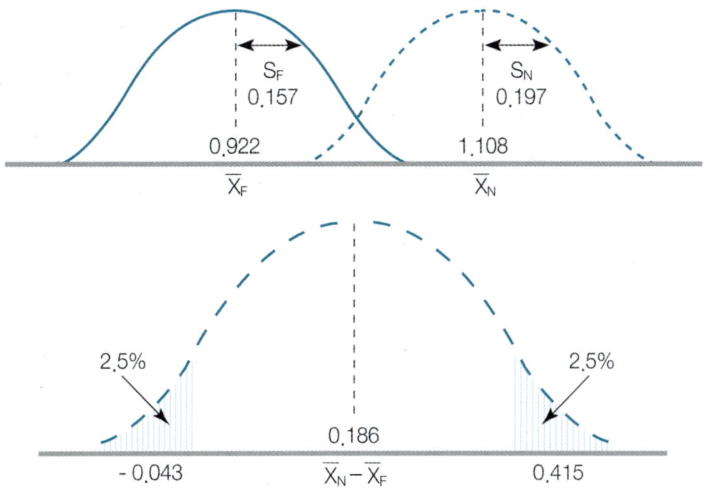

2. 이원분류법: 최적분류기준점의 결정

이상에서 설명한 방법에 의해서 두 집단의 평균차이가 뚜렷한 재무비율이 찾아지더라도, 이를 곧바로 부실예측에 이용하는 데는 한 가지 결정하여야 할 문제가 남아 있다. 그것은 그 특정 비율의 어느 수준을 기준으로 부실기업이 될 것으로 예측하느냐 하는 문제이다. 즉, 부실기업과 정상기업 두 집단으로 분류하는 기준이 되는 **분류기준점**(cut-off point)을 정하는 일이다. 앞에서 설명한 방법에서는 이 분류기준점을 정하는 문제가 쉽게 해결되지 못한다. 양 집단의 평균들의 중간점(midpoint)을 분류기준점으로 삼을 수도 있으나, 이 특정 재무비율이 어느 정도 예측능력을 지니고 있는지를 평가할 수 없다는 문제점을 지닌다.

분류기준점을 정하는 방법으로 널리 이용되고 있는 것으로서 이원분류법이 있다. **이원분류법**(dichotomous classification technique)은 부실기업집단과 정상기업집단으로 적절히 분류하기 위하여 예측오류를 최소화하는 최적 절사점을 정하는 방법이다. 구체적으로 예측오류를 최소화시켜주는 최적 분류기준점을 다음 절차에 의해서 찾는다.

1. 재무비율을 크기순으로 배열한다.
2. 각 중간점(midpoint)에 대하여 예측오류를 계산한다.

이때 **예측오류**(forecasting error)에는 두 가지 종류가 있게 된다. 한 가지는 **제1종오류**(type I error)로서 실제는 부실기업인데 정상기업으로 예측하는 오류이고, 또 다른 한 가지는 **제2종오류**(type Ⅱ error)로서 실제는 정상기업인데 부실기업으로 예측하는 오류이다. 즉, 예측오류는 다음과 같이 구분된다.

예측 \ 실제		실제판명된 결과	
		정상기업	부실기업
사전예측	정상기업	○	제1종오류
	부실기업	제2종오류	○

3. 예측오류가 최소인 중간점을 최적 분류기준점으로 결정한다.

앞에서 예로 든 [표 13-4]의 표본기업의 이자보상비율에 대해서 이원분류법을 적용하여 보기로 하자.

① 먼저 이자보상비율을 [표 13-5]처럼 크기 순서대로 배열한다.

② 그 다음 [표 13-6]과 같이 이자보상비율에 대한 두 가지 종류의 예측오류를 계산한다. 이를 위해서 인접된 비율의 중간점을 분류기준점으로 삼아 분류오류를 계산한

다. 예를 들어, 이자보상비율 3.562을 분류기준점으로 삼으면 제1종오류가 1개이고, 제2종오류가 3개이어서 오류합계는 4개이다.

③ 이와 같은 방법으로 오류합계를 계산해 나가면, 이자보상비율(TIE)이 2.055 미만이면 부실, 2.055 이상이면 정상으로 예측할 경우 예측오류는 2개로 최소가 된다. 따라서 2.055가 최적분류기준점이 된다.[14] 이때 잘못 분류된 것은 제1종오류로서 F사와 C사 2개 회사이다.

이 같은 예측모형의 예측능력은 예측이 맞은 경우의 수를 전체 표본 수로 나누어 평가한다. 분류기준점이 2.055일 때의 예측능력은 12사 중에서 10사가 예측한 대로 되었으므로 83.3%(=10사 ÷ 12사)가 되는 셈이다.

[표 13-5] 이원분류법에 의한 분류기준점의 결정 1단계: 크기순서로 배열

기업	이자보상비율	실제결과
K사	9.221	정상
L사	8.989	정상
G사	7.815	정상
F사	4.161	부실
C사	2.963	부실
I사	2.869	정상
H사	2.737	정상
J사	2.187	정상
B사	1.924	부실
D사	1.768	부실
E사	1.386	부실
A사	1.050	부실

[표 13-6] 2단계: 예측오류의 측정과 최소오류의 발견

절사점	제1종오류	제2종오류	오류 합계
TIE < 3.562이면 부실로 예측*	1	3	4
TIE < 2.916이면 부실로 예측	2	3	5
TIE < 2.803이면 부실로 예측	2	2	4
TIE < 2.462이면 부실로 예측	2	1	3
TIE < 2.055이면 부실로 예측	2	0	② ⇒ 최소오류
TIE < 1.846이면 부실로 예측	3	0	3

* 3.562는 F사 4.161과 C사 2.963의 중간점임.

14) 이 분류기준점은 제1종오류와 제2종오류에 동일한 비중을 두어 결정한 것이다. 그러나 부실예측에서는 제1종오류(부실기업인데 정상기업으로 예측하는 오류)를 줄이는 것이 더욱 중요하므로 제1종오류에 더 큰 비중을 두어 결정할 수도 있다. 알트만은 제1종오류가 제2종오류보다도 35배만큼의 비용을 더 치르는 것으로 밝히고 있다.

이렇게 평가된 분류기준점은 **추정표본**(estimation sample)에 대해서 이루어진 것이므로 기업의 특수사정에 따라 생기는 우연성에 의해서 영향받을 수 있다. 따라서 예측능력에 대한 평가가 신뢰성이 있기 위해서는 별도의 표본기업, 즉 **실험표본** 또는 **타당성 검증표본**(validation sample)에 대해서도 실시하여 예측능력을 평가하여야 할 것이다.

3. 단변량 부실예측의 실증연구

부실기업과 정상기업의 평균재무비율의 차이에 대한 비교 연구 중에서 가장 주목할 만한 연구는 비버(W.H. Beaver)가 실시한 연구이다.[15] 비버는 79개 부실기업과 79개 정상기업의 재무비율평균의 차이를 분석한 바 있다. 이들 부실기업으로 추출된 표본기업은 1954~1964년 사이에 도산, 회사채 채무불이행, 부도수표발행, 우선주 배당 미지급 등의 경험이 있는 기업들이었고, 정상기업들은 짝짓기 표본추출법을 사용하여 부실기업과 동일업종이고 동일 자산규모인 기업이었다.

비버는 부실예측을 위하여 먼저 양 집단으로부터 30개 재무비율의 평균을 구하여 도산하기 5년 전부터 비교하였다. [그림 13-6]에 나타난 것처럼 도산 수년전부터 부실기업의 재무비율이 정상기업과 비교하여 어떤 변화추세를 보이는지를 비교하는 것을 **프로파일분석**(profile analysis)이라고 한다.

이들 30개 재무비율 중에서 그림으로 표시한 6개 재무비율이 평균의 차이가 가장 현저하였다. 특히 현금흐름 대 총부채비율과 총자산순이익률이 가장 눈에 띄는 차이를 보여주고 있다.

이상의 비율의 평균들이 부실기업과 정상기업 사이에 현저한 차이를 보인다고 하더라도 어느 정도의 부실예측능력을 갖고 있는지를 알 수 없다. 이에 비버는 위에서 사용한 표본기업에 대해서 최적분류기준점을 구하고 부실예측능력을 평가하였다.

이에 의하면 현금흐름 대 총부채비율과 총자산순이익률이 부실 1년 전에 각각 13%의 오류를, 5년 전에는 각각 22%, 28% 정도의 오류를 보이고 있어, 비교적 높은 예측능력을 보인 것으로 나타나고 있다. 반면에 유동성을 나타내는 운전자본구성비율(=순운전자본 ÷ 총자산)과 유동비율 등은 상대적으로 낮은 예측능력을 보이고 있다.

---

15) W. H. Beaver(1966), *op. cit.*, 71~111.

그림 13-6 비버의 부실예측을 위한 프로파일분석

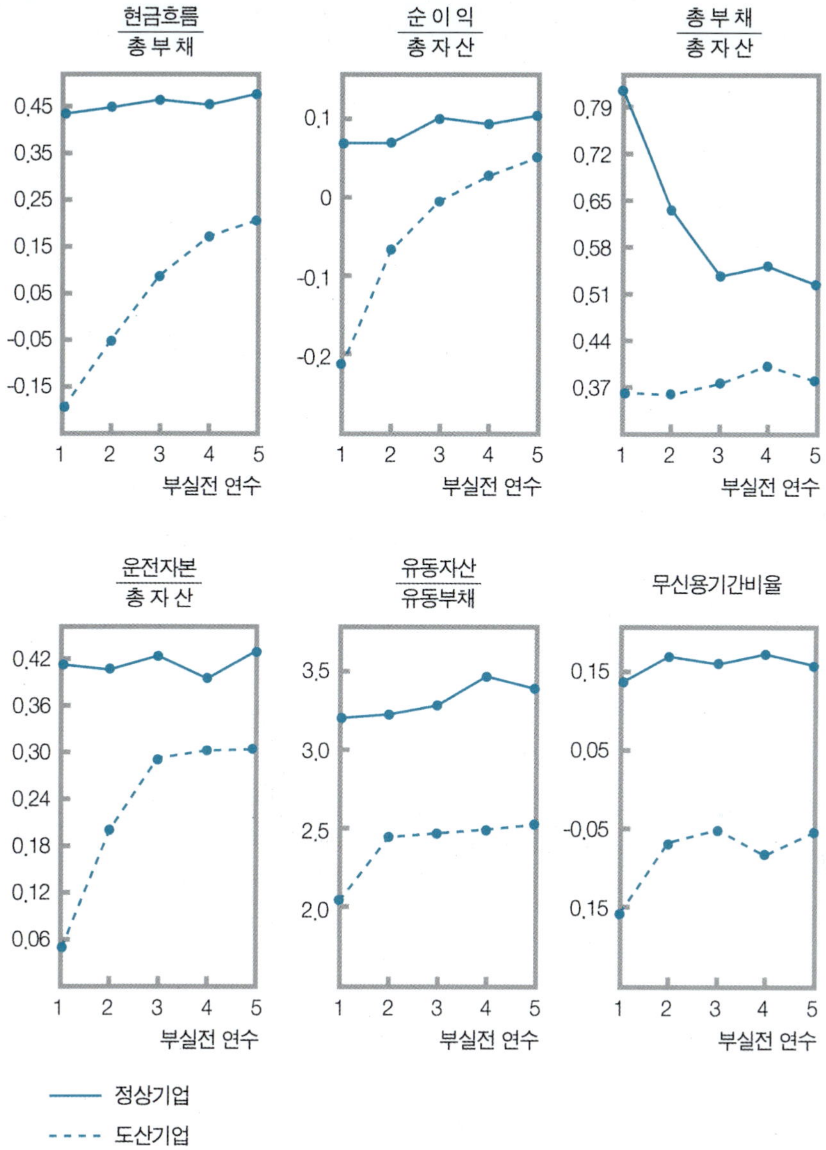

4절 다변량분석에 의한 부실기업예측

앞 절에서 소개한 단변량분석은 부실의 예측변수를 쉽게 찾아낼 수 있다는 장점이 있지만, 부실로 예측된 기업의 재무비율의 상대적 차이가 고려되지 못한다는 점과 단변량분석이기 때문에 재무비율에 서로 다른 예측결과가 제시되는 상황이 발생하는 문제점이 있다. 예를 들어, 부채비율에 의하면 부실기업으로, 이자보상비율에 의하면 정상기업으로 예측되는 경우처럼 상충되는 예측결과가 나올 수 있다. 다수의 변수를 동시에 고려한 다변량 예측 방법은 이러한 문제점을 줄여주는데, 판별분석이 대표적 방법의 하나이다.

판별분석의 기법은 관찰치를 몇 가지 대조적 집단으로 분류하는 **다변량분석**(multivariate analysis)의 통계적 모형이다. 경영분석에서는 몇 가지 재무변수를 기준으로 기업들을 부실기업과 정상기업 두 집단으로 분류하고자 할 때 이용한다.

또한 신용분석(12장)에서 대출이 불량대출인지 우량대출인지를 판별한다든지, 채권이 불량채권인지 우량채권인지를 판별할 때도 이 기법을 이용하고 있다.

이러한 예측에 판별분석을 어떻게 이용하는가? 본절에서는 판별분석에 대한 이해를 쉽게 하기 위해서 예시를 통해서 기본적인 내용을 설명한다.[16)]

1. 판별분석의 방법

(1) 판별분석의 개요

판별분석(discriminant analysis)은 관찰치들의 특성을 나타내는 변수(독립변수)에 기초

16) 판별분석에 대한 상세하고 체계적인 설명에 대해서는 다음 책을 참고하기 바람. R. A. Johnson & O. W. Wichern(1982), *Applied Multivariate Analysis*, Prentice-Hall, Ch. 10; O. M. Joy & J.O. Tollefson(Dec. 1975), "On the Financial Applications of Discriminant Analysis," *Journal of Financial and Quantitative Analysis*, 723~739.
한편 판별분석 방법 이외에 부실기업예측에 이용되는 방법으로는 로지스틱 회귀분석 방법, 인공신경망 방법 등이 활용될 수 있다. 로지스틱 회귀분석(logistic regression) 방법은 본장 4절3항에서 설명되는데 각종 재무, 비재무항목을 설명변수로 설정하여 부실확률 값을 산출하는 방법이다. 인공신경망(neural network) 방법은 실제 자료를 이용하여 반복적 학습을 통해 일정 패턴을 찾아가는 방법이다.

하여 관찰집단을 몇 가지 대조적 집단 또는 범위(통상적으로 2집단)로 분류하는 통계적 분석기법이다. 환언하면 판별분석은 관찰집단을 두 개 이상의 대조적 집단으로 분류해 주는 독립변수들의 결합을 찾는 통계적 기법이다. 예를 들면, 부실기업군과 정상기업군으로 분류해 주는 여러 가지 재무비율의 결합 중에 부실기업과 정상기업 두 집단을 가장 잘 판별해 주는 재무비율들의 결합을 찾는 것이다.

이제 도산기업들과 이와 유사한 성격을 지닌 정상기업들을 뽑아 두 집단을 잘 판별해 주는 재무비율들로 여겨지는 총자본영업이익률(영업이익 ÷ 총자본)과 유동비율(유동자산 ÷ 유동부채)에 대해 실제 자료들을 대응시켜 본 결과가 [그림 13-7]의 왼쪽과 같이 표시되었다고 하자.

그림에서 보는 것처럼 총자본영업이익률과 유동비율 두 가지 재무비율의 결합은 도산기업인지 정상기업인지 잘 판별하지 못한다. 그러나 똑같은 두 집단 표본기업들의 자료 중에 총자본영업이익률과 자기자본구성비율(자기자본 ÷ 총자본)의 결합을 대응시켜 보았더니 [그림 13-7]의 오른쪽 그림처럼 표시되었다고 하자. 첫 번째 시도와는 달리 총자본영업이익률과 자기자본구성비율의 결합은 도산기업인지 정상기업인지 잘 판별해 주고 있다.

그림 13-7 판별분석의 방법

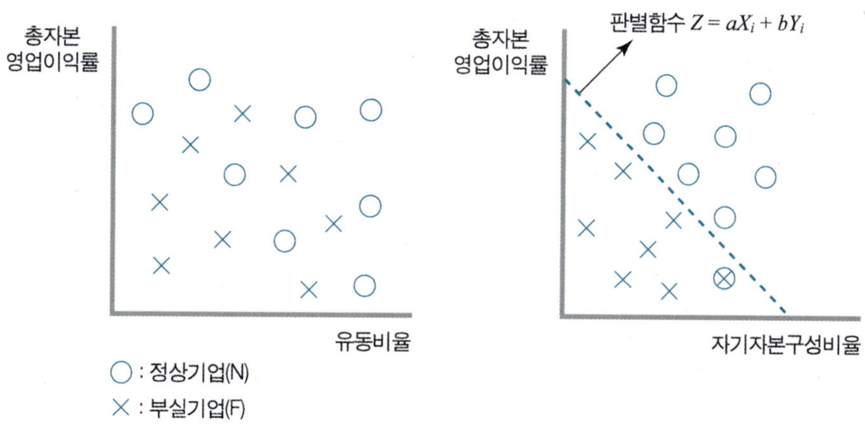

따라서 남은 일은 총자본영업이익률과 자기자본구성비율의 일차결합식, 즉 다음과 같은 **선형판별함수식**을 구하는 것이다.

$$Z_i = aX_i + bY_i \qquad \cdots\cdots \ (13\text{-}2)$$

여기서, Z_i: 판별점수
X_i: 독립변수 1(이 예에서는 총자본영업이익률)
Y_i: 독립변수 2(이 예에서는 자기자본구성비율)
a, b: 추정하여야 할 판별함수 계수(가중치)

이 함수식의 값 Z를 구하여 Z값이 일정한 판별점(cut-off point)을 초과하면 정상기업군으로, 이 판별점 미만이면 부실기업군으로 분류한다.

이 같은 방법에 의해 양 집단을 분류할 때 모든 기업들이 양 집단으로 완벽하게 판별되는 것은 아니다. [그림 13-7]의 오른쪽 그림에서 ⊗의 경우처럼 잘못 분류될 수도 있다. 더욱이 처음 채택한 표본기업이 아닌 다른 기업군(실험표본기업)에 대해서 판별할 때에는 정상기업을 부실기업으로, 부실기업을 정상기업으로 잘못 분류하는 분류오류가 커질 수 있다. 이 판별모형의 예측능력을 평가하는 작업이 보완되어야 한다.

(2) 판별분석의 절차

이상에서는 판별분석에 대해 개략적인 설명을 하였는데, 이제는 실제자료를 사용한 예시를 통하여 판별분석기법의 일반적 절차를 설명한다.

판별분석을 하는 데는 다음과 같이 크게 네 단계의 작업이 필요하다.

1) 표본기업군의 추출과 자료의 수집

판별분석에 필요한 표본기업들을 선정하고 분석할 자료를 수집하는 작업이다. 이 작업은 사실 다음과 같은 가정을 전제로 하고 있다.

1. 부실예측 시 표본기업을 부실기업집단 F와 정상기업집단 N으로 확연히 분류할 수 있다고 가정한다.
그런데 부실기업을 추출하는 것은 그 수가 제한되어 있으므로 비교적 용이한 편이지만 정상기업은 그 수가 매우 많으므로 표본추출에 주의를 요한다. 일반적으로 부실기업과 업종이 같고 기업규모, 영업성격이 유사한 기업으로서 아직 건전하게 운영되고 있는 기업을 대상으로 표본추출한다. 즉 **짝짓기 표본추출법**(paired sampling technique)의 사용이 필요하다.
2. 양 집단으로 잘 분류해 줄 수 있는 부실예측에 적절한 변수들을 선정할 수 있다는 가정이다. 예를 들어, 매출액경상이익률(X_i)과 부채비율(Y_i) 두 변수가 부실예측에

적절한 변수라고 가정하고 이들을 측정한 자료를 [표 13-7]처럼 구한다.[17]

3 이들 변수들은 다변량 정규분포(multivariate normal distribution)를 이룬다는 가정이다. 즉, 이들 변수들의 분산·공분산행열은 각 집단이 서로 같고, 평균은 집단 간에 유의적인 차이가 존재한다고 가정한다.

[표 13-7] 판별분석의 예: 표본기업과 자료

기업명	분류집단	매출액경상이익률(X_i)	부채비율(Y_i)
제 1사	정상	6.69	116
제 2사	정상	6.36	87
제 3사	정상	11.81	272
제 4사	정상	2.96	53
제 5사	정상	3.18	47
제 6사	정상	2.41	188
제 7사	부실	2.70	613
제 8사	부실	1.21	43
제 9사	부실	1.05	366
제10사	부실	2.68	149

2) 판별함수의 추정

이상에서 열거한 가정 하에서 판별분석의 주요 절차는 **판별함수** $Z_i = aX_i + bY_i$를 추정하는 것이다. 이 선형판별함수는 분류오차를 최소화시킬 수 있도록 추정되어야 한다.

두 집단(부실기업진단 F와 정상기업진단 N) 사이를 가장 잘 판별해 주는 함수는 판별점수(Z)의 집단 간의 변동성(between-group variation)을 최대로 하고, 집단 내의 변동성(within-group variation)을 최소로 하는 재무변수와 판별계수를 선형으로 결합한 것이다. 즉, 다음 비율을 극대화시키는 재무변수의 판별계수를 구하는 것이다.

$$\overset{\max}{Z} = \frac{(\overline{Z_N} - \overline{Z_F})^2}{\sum_{i=1}^{n}\sum_{j=1}^{n}(Z_{ij} - \overline{Z_i})^2} \quad \cdots\cdots \text{(13-3)}$$

여기서, i : N, F(정상기업집단, 부실기업집단)
j : 집단 내의 기업(1, 2, 3, ⋯, n)
$\overline{Z_N}$: 정상기업집단의 판별점수 평균
$\overline{Z_F}$: 부실기업집단의 판별점수 평균
Z_{ij}: i집단 내의 j기업의 판별점수
Z_i : i집단의 판별점수 평균

17) 실제의 판별함수의 추정에 있어서는 이 두 가지 변수 이외에도 많은 변수들을 선정하여, 그 중에서 판별력이 가장 좋은 변수 몇 가지만을 판별식에 포함시킨다. 여기서는 단지 예시 목적을 위하여 두 변수만을 사용하고 있다.

이를 만족하는 판별계수 a, b의 값은 다음과 같이 구해진다.[18)]

$$a = \frac{\sigma_y^2 \cdot d_x - \sigma_{xy} \cdot d_y}{\sigma_x^2 \cdot \sigma_y^2 - \sigma_{xy} \cdot \sigma_{xy}} \quad \cdots\cdots (13\text{-}4)$$

$$b = \frac{\sigma_x^2 \cdot d_y - \sigma_{xy} \cdot d_x}{\sigma_x^2 \cdot \sigma_y^2 - \sigma_{xy} \cdot \sigma_{xy}} \quad \cdots\cdots (13\text{-}5)$$

여기서, ${\sigma_x}^2$: X_i(위 예의 경우 매출액경상이익률의 크기)의 분산
${\sigma_y}^2$: Y_i(위 예의 경우 부채비율의 크기)의 분산
σ_{xy} : X_i와 Y_i의 공분산
d_x : X_i 변수의 두 집단 평균의 차
d_y : Y_i 변수의 두 집단 평균의 차

이렇게 추정된 판별함수를 가지고 표본기업의 자료에 대해서 판별점수(Z_i)를 계산한다.

3) 판별점의 선택

부실기업인지 정상기업인지를 판별해 주는 기준이 되는 **판별점**(cut-off point)을 결정할 때는 분류오류의 수와 분류오류의 비용을 고려하여야 한다. 보편적으로 분류오류의 수를 최소화시키는 방법으로 사용되고 있는 것은 단변량분석에서의 이원분류법과 마찬가지로 인접된 판별점수(Z_i)의 중간점을 판별점으로 삼아 각각의 분류오류를 계산한 다음 분류오류가 가장 작은 판별점을 택한다.

4) 판별모형의 예측능력 평가

식 (13-2)의 판별함수와 식 (13-4), 식 (13-5)의 판별계수 a, b의 추정은 표본기업, 즉 **추정표본**(estimation sample)을 대상으로 한 것이다. 이제 **예측능력**을 평가해야 하는데

18) [표 13-7]의 자료를 이용하여 a, b를 추정하여 판별함수식을 구하는 과정은 다음과 같다.

$${\sigma_x}^2 = \frac{1}{N-1}\Sigma(X_i - \overline{X})^2 = 10.877, \qquad {\sigma_y}^2 = \frac{1}{N-1}\Sigma(Y_i - \overline{Y})^2 = 32{,}790$$

$$\sigma_{xy} = \frac{1}{N-1}\Sigma(X_i - \overline{X})(Y_i - \overline{Y}) = -16.358$$

$d_x = 5.568 - 1.910 = 3.658$, $d_y = 127.17 - 292.75 = -165.58$

이 추정치를 식 (13-4), 식 (13-5)에 대입하여 판별함수의 계수를 구하면,

$a = 0.32899$ $b = -0.004886$

이므로 판별함수는 다음과 같이 추정된다.

$$Z_i = 0.32899\,X_i - 0.004886\,Y_i \quad \cdots\cdots (13\text{-}6)$$

이 판별함수의 결과는 매출액경상이익률(X_i)이 높을수록 정상기업일 가능성이 높아지고, 부채비율(Y_i)이 높을수록 부실기업일 가능성이 높아짐을 의미한다.

예측능력을 보기 위해서 2절에서 설명한 이원분류법의 경우처럼 다음과 같은 분류행렬(classification matrix)을 만들어 분석한다.

여기서 a_{11}은 정상으로 예측하였는데 실제로 정상기업으로 나타난 경우, a_{22}는 부실로 예측하였는데 실제로 부실기업으로 나타난 경우이므로 판별모형에 의한 예측이 적중한 경우이다. 반면에 a_{21}, a_{12}는 예측이 틀린 경우이다. 따라서 옳게 예측한 능력(%)은 다음 식 (13-7)과 같이 계산된다.

$$\text{예측능력} = \frac{a_{11} + a_{22}}{a_{11} + a_{12} + a_{21} + a_{22}} \qquad \cdots\cdots \ (13\text{-}7)$$

		실제분류	
		N(정상)	F(부실)
예측분류	N(정상)	a_{11}	a_{12}
	F(부실)	a_{21}	a_{22}

( ) : 옳게 예측한 경우

판별모형의 예측능력은 새로이 추출된 타당성 검증표본, **실험표본**(validation 또는 hold-out sample)에 대해서도 평가한다.

이상의 판별분석에 대한 설명과 예는 2개의 변수를 기준으로 하여 두 집단으로 분류하는 것을 중심으로 한 것이었다. 그러나 이를 더욱 확장하여 일반화시키면 식 (13-8)처럼 m개의 변수를 기준으로 하여 n개의 집단으로 분류할 수도 있다. 또한 선형모형뿐 아니라 비선형판별모형에 의한 분석도 가능하다.

$$Z_i = a_0 + a_1X_1 + a_2X_2 + \cdots\cdots + a_mX_m \qquad \cdots\cdots \ (13\text{-}8)$$

2. 실증적 판별모형들

기업도산을 예측하기 위하여 판별분석을 이용하는 연구가 여러 학자와 기관들에 의해서 시도되어 왔다. 여기서는 대표적인 알트만의 실증모형(Z-score 모형), ZETA모형 및 우리나라 기업에 적용된 알트만의 K-Score모형을 소개한다.

(1) 알트만(E.I. Altman)의 부실예측모형

알트만(1968)은 1946~1965년 사이 파산한 33개 기업을 추출한 다음 동일업종이고 자산규모가 1백만 달러에서 25백만 달러 사이로 비슷한 규모의 정상기업 33개의 표본기업을 추출(짝짓기 표본추출: paired sampling)하여 판별분석을 시도하였다.

분석에 사용된 재무비율들은 많은 연구문헌에서 가장 많이 사용되고 있는 22개가 일차적으로 선택되었다. 이들 비율들을 다시 유동성, 수익성, 레버리지, 지급능력, 활동성 등 다섯 가지 범주로 나누고, 이 다섯 가지 범주에서 각각 대표적인 하나의 재무비율만이 최종적인 판별모형에 포함되었다. 이들 5가지 재무비율은 다음과 같다.

X_1 = 운전자본/총자산(운전자본구성비율: 유동성)
X_2 = 유보이익/총자산(유보이익구성비율: 누적적 수익성 및 재투자수준)
X_3 = 영업이익(EBIT)/총자산(총자본영업이익률: 현재의 수익성)
X_4 = 자기자본(시장가치)/총부채(장부가액)(부채비율의 역수: 레버리지)
X_5 = 매출액/총자산(총자산회전율: 자산이용의 효율성)

이들 다섯 재무비율에 대하여 파산 1년 전의 자료를 사용하여 구한 판별함수는 다음과 같았다.[19)]

$$Z_i = 1.2X_1 + 1.4X_2 + 3.3X_3 + 0.6X_4 + 1.0X_5 \qquad \cdots\cdots \ (13\text{-}9)$$

이 모형을 이용하여 판별점수(Z_i)가 구해지면 부실인지 정상인지의 판정을 해야하는데, 판정의 기준이 되는 판별점은 Z=2.675로 산정되었다. 상세한 판정법은 다음과 같다.

- $Z < 1.81$이면 부실기업 판정(도산가능성이 매우 높다)
- $Z \geq 2.99$이면 건전기업 판정(도산가능성이 거의 없다)
- $1.81 \leq Z < 2.99$이면 판단 유보(회색지대: zone of ignorance)

이 모형의 예측능력은 1년 전의 자료를 이용할 경우 95%, 2년 전의 자료를 이용할 경우 74%이어서 예측오류가 낮은 모형으로 평가되고 있다.

19) 이 모형을 예측에 이용할 때 대입하는 숫자의 단위는 %가 아니고 소수점이다. %를 이용하는 판별함수식은 $Z_i = 0.012X_1 + 0.014X_2 + 0.033X_3 + 0.006X_4 + 0.010X_5$

식 (13-9)의 알트만모형(1968)은 네 번째 변수(X_4) 때문에 시장가치자료의 이용이 불가능한 비상장기업에 적용할 수 없는 문제점을 지닌다. 알트만은 1983년 장부가액기준으로 수정하여 X_4을 자기자본(장부가액)/총부채(장부가액)로 표시되는 식 (13-10)의 새모형을 제시하였다.[20]

$$Z_i = 0.717X_1 + 0.847X_2 + 3.107X_3 + 0.420X_4 + 0.998X_5 \quad \cdots\cdots \text{(13-10)}$$

이 수정된 모형은 예측능력이 94%이고 판정법은 다음과 같이 다소 차이를 보이고 있다.

- $Z < 1.20$이면 부실기업 판정
- $Z \geq 2.90$이면 건전기업 판정
- $1.20 \leq Z < 2.90$이면 회색지대

이 수정모형은 미국 이외에 오스트레일리아, 브라질, 캐나다, 일본 등의 나라에서도 적용되고 있는데 [표 13-8]은 국제간의 비교를 위해서 정리한 것이다.[21]

[표 13-8] 알트만모형의 국제간 비교

재무비율	미국 (Altman, 1968)	미국 (Altman *et al.*, 1977)	오스트레일리아 (Castagna and Matolcsy, 1981)	브라질 (Altman *et al.*, 1979)	캐나다 (Altman and Leval-lee, 1980)	일본 (Ko, 1981)
도산기업						
X_1 = 순운전자본/총자산	−0.061	0.150	0.062	−0.120	0.100	−0.181
X_2 = 유보이익/총자산	−0.626	−0.406	−0.038	0.010	n.a.	−0.163
X_3 = EBIT/총자산	−0.318	−0.005	0.002	0.050	−0.120	−0.077
X_4 = 자기자본/총부채	0.401	0.611	0.800	0.350	n.a.	0.533
X_5 = 매출액/총자산	1.500	1.310	1.200	0.880	1.480	1.052
Z_i = 점수평균	−0.258	1.271	1.707	1.124	n.a.	0.667
정상기업						
X_1 = 순운전자본/총자산	0.414	0.309	0.187	0.230	0.300	0.107
X_2 = 유보이익/총자산	0.355	0.294	0.220	0.240	n.a.	0.154
X_3 = EBIT/총자산	0.153	0.112	0.086	0.160	0.040	0.063
X_4 = 자기자본/총부채	2.477	1.845	3.110	1.140	n.a.	0.878
X_5 = 매출액/총자산	1.900	1.620	n.a.	1.230	2.310	0.988
Z_i = 점수평균	4.885	3.878	4.003	3.053	n.a.	2.070

20) E. I. Altman(1968), *Corporate Financial Distress* (New York: John Wiley).
21) E. I. Altman(June 1984), "The Success of Business Failure Preciction Models: An International Survey," *Journal of Banking and Finance*, p. 195.

알트만의 도산예측모형은 부실기업이 되는 것을 사전에 예방하고자 하는 경영자들에게 다음과 같은 점을 시사한다.

첫째, 도산에 직면하게 되는데는 부채비율보다는 수익성비율이 중요한 영향을 미친다는 점이다. 이는 판별함수의 계수들의 가중치를 보면 알 수 있는데 X_3(총자본영업이익률)변수가 X_4(부채비율)변수보다 판별점수에 크게 영향을 미치고 있다.

둘째, 도산에 직면한 기업이 도산을 면할 수 있는 방법에 대해서 이 판별모형이 의미하는 것은 판별점수를 높이는 것인데, 이를 위한 한 방법으로 식 (13-9)의 분자를 줄이지 않으면서 분모 총자산을 줄이는 방안을 고려할 수 있다.

실제로 1970년대 후반 미국의 GTI社에서 있었던 일인데, 이 회사는 자동차부품, 컴퓨터 제조업을 하다가 도산에 직면하게 되었다. 알트만모형에 의한 점수가 0.5 이하가 된 것이다. 이 모형에서 힌트를 얻은 이 회사는 과감한 재고자산처분, 스탭진의 감축, 자본적 지출동결, 제품라인별로 수익성분석을 하여 한계적 사업을 처분하는 일련의 감량경영(실제로 분모 총자산의 감소)을 시도하였다. 결과적으로 1년 이내에 Z점수는 2.95로 상승하였고 정상기업으로 회복하였다.

한편 알트만(1997) 등은 제타서비스社(Zeta Services, Inc.)에서 신용정보를 상품화할 목적으로 제타신용위험모형(Zeta Credit Risk Model)을 개발하였다. 간단히 제타모형으로 불리는 이 모형은 53개의 도산기업과 58개의 정상기업의 자료를 이용하여 도출되었으며 [표 13-9]에 나타난 7가지의 변수를 포함하고 있다.[22]이들 변수의 계수는 대외비로서 발표를 하지 않고 있는데, 누적수익성, 이익률의 안정성, 자기자본지율, 기업규모 순으로 중요도가 높은 것으로 보고 되고 있다.

(2) 우리나라 기업부실예측모형(알트만의 K-Score모형)

알트만은 Z-Score모형을 도출하던 동일한 방법을 이용하여 1996년에 우리나라 기업의 부실예측을 위한 별도의 모형을 제시하였다. 1990년에서 1993년 동안 상장회사 중에서 34개의 부실기업들과 61개의 건전기업들을 표본으로 선정하였으며 20개의 재무변수를 대상으로 판별모형을 도출하였다.[23] 최종적으로 식 (13-11)에 나타난 것처럼 기업규모, 총자산회전율, 누적수익성, 재무구조 4개의 재무변수를 선정하였으며, 실증분석결과 부실기업들이 건전기업들에 비하여 규모는 더 작고 활동성과 수익성은 더욱 낮

22) E. I. Altman, R. Haldeman, & P. Narayaman(June 1977), "ZETA Analysis: A New Model to Identify Bankruptcy Risk of Corporations," *Journal of Banking and Finance*, 29~54.

23) E. I. Altman(1996), "Distress Classification of Korea Firms," 379~410.

으며 부채비율은 더 높은 것으로 나타났다. 알트만은 또한 이 모형을 상장기업에 사용할 수 있는 모형(K1-Score 모형)과 비상장기업에 동시에 적용할 수 있는 모형(K2-Score 모형)을 다음과 같이 각각 제시하였다.

$$\text{K1-Score} = -17.862 + 1.472X_1 + 3.041X_2 + 14.839X_3 + 1.516X_4 \quad \cdots\cdots \ (13\text{-}11)$$

$$\text{K2-Score} = -18.696 + 1.501X_1 + 2.706X_2 + 19.760X_3 + 1.146X'_4 \quad \cdots\cdots \ (13\text{-}12)$$

여기서, X_1 : log(총자산)
X_2 : log(매출액/총자산)
X_3 : 유보이익/총자산
X_4 : 자기자본의 시장가치/총부채
X'_4: 자기자본의 장부가치/총부채

위의 판별모형에서 보면 K1모형과 K2모형에 사용된 변수 중 4번째 변수에 있어 K2모형은 자기자본의 장부가치를 사용하고 있으나 K1모형은 자기자본의 시장가치를 사용하고 있다는 점에서 차이가 있다.

위 두 모형의 판정기준은 다음과 같다.

판정기준	K1-Score모형	K2-Score모형
건전(distress-free)	K1-Score > 0.75	K2-Score > 0.75
판정유보(gray zones)	−2.0 ≤ K1-Score ≤ 0.75	−2.30 ≤ K2-Score ≤ 0.75
부실(severe distress potential)	K1-Score < −2.0	K2-Score < −2.30

한편 이 두 모형은 도산 2년 이상의 기간에서 우수한 판별력을 보여주고 있으며, 특히 업종에 따라 건설, 자동차, 석유 및 플라스틱, 금속산업이 피혁 및 의복, 가공금속제품, 목재, 펄프 및 제지산업에 비해 비교적 높은 정확도를 보인 것으로 나타났다.

부실기업을 예측하려는 모형의 구성은 이상에서 설명한 알트만의 모형 이외에도 올슨(Ohlson), 영국에서의 바토리(Bathory) 등의 연구가 있다.[24] 이들이 부실기업예측모형에서 사용하고 있는 주요 재무변수들을 종합하여 요약하면 [표 13-9]와 같다.

24) J. Ohlson(Spring, 1980), "Financial Ratios and the Probabilistic Prediction of Bankruptcy," *Journal of Accounting Research*, 109~131.
A. Bathory(1987), *The Analysis of Credit*, McGraw-Hill.

[표 13-9] 부실기업 예측모형에서 이용되고 있는 주요 재무변수

재무비율群	Altman (1968)	Altman et al. (1977)	Ohlson (1980)	Bathory (1987)
활동성비율	총자산회전율			
유동성비율	운전자본/총자산	유동비율	유동비율 운전자본/총자산	현금흐름/유동부채 순운전자본/총자산
레버리지	자기자본(시장가치)/부채(장부가치)	[자기자본(시장가치)/총자본]의 5년평균 이자보상비율	부채비율(D/A) 현금흐름/총부채 더미변수(순자산이 (+)인지 여부)	자기자본/유동부채 유형순자산/총부채
수익성비율	총자산영업이익률 유보이익/총자산	총자산영업이익률 유보이익/총자산	총자산영업이익률 더미변수(순이익이 2년 이상 (−)인지 여부)	세전이익/자기자본
이익의 변동성		ROA의 표준편차	순이익변화율(%)	
기업규모		log(유형자산총액)	총자산	

3. 로짓모형을 이용한 부실예측

(1) 로짓모형의 개요

앞에서 설명한 계량적 부실예측 방법으로서 "판별분석"의 방법은 변수들의 통계적 특성에 대한 여러 가정이 실제 적용에 제약이 된다는 한계점을 지닌다. 또한 도산의 가능성(확률)을 제시해 주지 못한다. 1980년대 이후 부실예측모형의 구성에 이용되고 있는 로짓모형은 가정상의 제약이 없고, 도산확률을 구체적으로 제시하는 통계적 기법이다.

로짓모형(logit model)은 종속변수가 0과 1 사이의 제한된 값을 갖는 사후확률로 표시되고, 이에 영향을 주는 독립변수와의 관계를 추정하는 통계적 기법이다. 독립변수가 k개 있을 경우 다음의 함수형태로 표시된다.[25)]

$$E(Y_i) = \frac{1}{1 + e^{-(\beta_0 + \beta_1 X_{1i} + \beta_2 X_{2i} + \cdots\cdots + \beta_k X_{ki})}} \qquad \cdots\cdots \ (13\text{-}13)$$

여기서, $E(Y_i)$: Y_i가 1의 값을 취할 확률

X_k: 독립변수 k

β_k: 독립변수 k에 대한 반응계수

$e \fallingdotseq 2.71828$

25) 로짓모형에 대한 상세한 설명은 성웅현(1997), 응용다변량분석, 탐진, 참조.

예를 들어, Y는 도산기업의 경우 1의 값을 갖고, 정상기업의 경우 0의 값을 갖는 변수라고 하면, $E(Y_i)$를 도산이 발생할 확률로 표시할 수 있다. $E(Y_i)$에 영향을 미치는 독립변수가 X_1, X_2 …… X_k 등의 재무비율이라고 할 때, β_1, β_2 …… β_k의 반응계수는 독립변수의 변동이 도산확률에 미치는 영향을 측정한 것이다. 아래식의 값이 매우 큰 값이면 이 식의 값은 1에 근접하고, 반대로 매우 작은 음의 값이면 이 식의 값은 0에 근접한다.

$$\beta_0 + \beta_1 X_{1i} + \beta_2 X_{2i} + \cdots\cdots \beta_k X_{ki} \qquad \cdots\cdots (13\text{-}14)$$

로짓모형에 의하여 부실예측모형이 구축되기 위해서는 식 (13-14)가 추정되어야 하는데, 표본기업이 부실기업이면 1을, 정상기업이면 0을 부여하여 이 식을 추정한다. 그 다음의 절차는 판별모형에 의한 부실예측 방법과 같이 다음의 절차를 따른다.

1. 부실기업과 정상기업으로 구분되는 표본기업(추정표본)을 추출한다.
2. 표본기업의 재무변수들을 측정하고 로짓모형을 추정한다.
3. 최적판별점을 찾고, 이 경우의 독립변수와 반응계수를 도출한다.
4. 별도의 타당성검증표본에 대하여 모형의 예측력을 평가한다.

Ohlson(1980)은 로짓모형을 이용한 부실예측모형을 제시하고 있다.[26] 이 연구에서는 표본기업으로 105개의 도산기업과 2,058개의 정상기업이 선정되었고, 9개의 재무변수가 독립변수로 제시된 다음 식의 로짓모형을 추정하였다.

$$\begin{aligned} E(Y_i) = &\underset{(-0.97)}{1.320} - \underset{(-3.78)}{0.407}\ \text{SIZE} + \underset{(6.61)}{6.030}\ \text{TLTA} - \underset{(-1.89)}{1.430}\ \text{WCTA} + \underset{(0.76)}{0.076}\ \text{CLCA} \\ &- \underset{(-1.85)}{2.370}\ \text{NITA} - \underset{(-2.26)}{1.830}\ \text{FUTL} + \underset{(0.81)}{0.285}\ \text{INTWO} - \underset{(-2.45)}{1.720}\ \text{OENEG} - \underset{(-2.21)}{0.521}\ \text{CHIN} \end{aligned}$$

여기서, SIZE: log(총자산/GDP디플레이터)　　TLTA: 총부채/총자산
WCTA: 운전자본/총자산　　CLCA: 유동부채/유동자산
NITA: 당기순이익/총자산　　FUTL: 영업활동현금흐름/총부채
INTWO: 과거 2년간 적자이면 1, 아니면 0
OENEG: 순자산 < 0이면 1, 아니면 0
CHIN: 순이익증가율
*( )는 t-통계치

26) J. Ohlson, *op. cit.*

이 결과에서 보면, 기업규모가 작을수록, 부채의존도가 높을수록, 수익성이 낮을수록, 영업활동현금흐름이 낮을수록, 자본잠식상태일수록, 순이익증가율이 낮을수록 도산확률은 높아짐을 보여주고 있다.

(2) 요약 및 계량적인 부실예측모형의 한계점

이상에서 설명한 단변량분석이나 판별분석(다변량분석) 등의 계량적 부실예측모형들은 사전에 부실을 예측하여 기업의 이해관계자들에게 실제로 유용한 정보를 제공하고 있다는 점에서 높이 평가되고 있다.

[표 13-10] 부실예측에 유용한 재무비율

재무요인		관련 재무비율
투자결정	기업자산의 유동성 자산회전율	유동비율, 당좌비율, 현금흐름 대 유동부채 매출채권회수기간, 재고자산회전율, 매입채무변제기간
자본조달결정	자본구조상 부채의존도 부채 중 단기부채의 비중	부채비율(D/A, D/E), 현금흐름 대 총부채, 장기부채비율 이자보상비율, 현금흐름 대 자본적 지출
영업결정	수익성 · 영업성과의 변동성	ROI(ROA, ROE), 부채레버리지, 총자산회전율
기타	기업규모/성장률/감사의견	–

모형마다 부실예측에 유용하다고 보는 재무변수들이 다르지만, 대체적으로 부실예측에 도움을 줄 수 있는 재무비율은 다음과 같이 요약할 수 있다.

그러나 3절과 4절에서 다룬 계량모형들은 객관적인 예측결과를 도출할 수 있다는 장점이 있지만 다음과 같은 몇 가지 **문제점**을 안고 있으므로, 이들을 사용할 때 유념하여야 할 것이다.

첫째는, 이들 모형들이 기업부실의 이론에 근거를 두고 구성되었다기보다는 단순한 경험주의(empiricism)에서 시도되고 있다는 점이다. 판별함수에 포함되는 변수들도 사전적이고 보편성 있는 이론 위에서 선정되는 것이 아니고, 사후적인 자료를 이용한 주관적인 판단과 시행착오로 채택되고 있다.

둘째는, 이 같은 경험주의적인 예측모형은 여러 가지 통계적인 문제점을 지니므로 예측능력에 대한 정확한 평가를 내리기 쉽지 않다는 점이다. 대표적인 통계적인 문제점은 표본추출의 편의(偏倚, sampling bias)를 줄이는 데 어려움이 적지 않다는 점이다. 짝짓기 표본추출법으로 부실기업과 정상기업의 표본을 추출하더라도 모집단의 분포와 커다란 괴리를 갖게 될 가능성이 존재한다.

셋째는, 예측모형의 구성 시 업종이나 기업규모만 통제하는 것이 일반적인데, 이들 변수 이외에도 기업의 연륜이나 경기순환(시간성) 등의 요인들이 적절히 통제되지 않으면 그 모형의 예측능력에 대해서 신뢰성이 높을 수 없다. 부실기업과 비교할 정상기업 표본을 기업규모와 업종이 유사한 기업으로 추출부실모형을 구성하는데, 이렇게 되면 부실가능성 예측에 도움을 주는 기업규모와 업종이라는 정보가 상실되게 된다. 이 밖에도 정상기업에 비하여 부실기업의 표본 수가 비대칭적으로 훨씬 적고, 극단적인 관찰치(outlier)의 값에 민감하게 영향받는 문제점도 지니고 있다. 다변량분석의 경우는 변수들이 다변량정규분포를 따른다는 가정과 두 집단 간의 분산·공분산행렬이 동일하다는 가정을 하고 있는데, 이 가정이 성립되지 못하는 상황이 적지 않다.

넷째는, 부실예측모형을 실제로 적용하는 입장에서 보면 이들 모형마다 부실에 대한 정의가 일치하지 않고 더욱이 실제로 적용하고자 하는 표본(타당성 검증표본)의 기준과도 차이가 있을 수 있다. 관련 기업들이 자의적인 회계처리의 경향이 높아 일관성 있는 분석이 어렵다.

5절 부실기업 회생가능성의 예측

이해관계기업의 부실가능성을 사전에 예측하는 작업도 중요하지만, 부실화된 기업의 정상기업으로의 회생가능성을 예측하는 것도 매우 중요한 작업이 된다. 은행(금융기관)은 부실기업에 대한 금융지원을 계속할 것인지, 채권정리는 어느 방향으로 할 것인지를 결정해야 하는데, 이 의사결정은 결국 관련 기업의 회생가능성에 달려 있기 때문이다. 증권투자자에게 있어서도 관리종목에 편입된 부실기업이 회생가능성이 얼마나 있느냐에 따라서 주가상승의 정도가 달라지므로 중요한 주제가 아닐 수 없다.

본절에서는 먼저 부실기업의 법적 처리문제를 살펴본 다음 부실기업의 회생전략과 회생가능성 예측에 대하여 설명한다.

1. 부실기업의 처리 방법

부실화된 기업을 재건하기 위한 방법으로는 법원의 관리 하에 기업갱생을 도모하는 회사정리절차와 화의절차가 있으며, 금융기관과 거래기업 간의 사적 협의에 의하여 기업 재건을 도모하는 기업구조조정절차(워크아웃이라고도 함)가 있다. 그러나 기업갱생이 불가능한 경우에는 파산절차에 들어가게 된다.

(1) 법적 절차에 의한 처리

1) 회사정리절차(법정관리)

갱생의 가능성이 있는 부실화기업에 대하여 회사정리법에서 정하는 바에 따라 채권자, 주주, 기타 이해관계인의 이해를 조정하여 그 사업의 정리재건을 도모하는 절차를 **회사정리제도**라고 하며 일반적으로 **법정관리**라고도 한다. 회사정리절차는 일반적으로 공익성이 크고 제조업종으로서 회생가능성이 있을 경우 법원의 결정에 의하여 기업의 회생을 꾀하는 제도로서 정리절차가 개시되면 기업의 채무는 상당기간 동결되거나 상환기간 및 조건이 연장 · 개선되는 등의 조치가 수반되게 된다. 또한 정리절차가 개시되는 경우 대부분 기존 경영진이나 대주주는 경영권을 상실하고 법원이 선임한 관리인이 경영권을 행사한다.

한편, 법정관리가 기업을 회생시킴으로써 사회 · 경제에 미치는 악영향을 최소화하는 긍정적인 측면이 있지만 그 비판도 많다. 가장 큰 문제점 중의 하나는 부실화되는 기업의 주주가 회생을 위한 자구노력은 하지 않고 법의 보호 아래서 회사정리제도를 악용할 가능성이 있다는 점이다. 즉, 대주주가 내부정보를 이용하여 재산을 은닉하고 부정한 주식거래를 통해 부당이득을 취하려고 하는 등의 문제가 발생할 수 있다. 또한 채무가 동결됨으로 인해 채권자나 하청업자들이 선의의 피해를 입게 되기도 한다.

2) 화의(和議)

재정적으로 파산위기에 처한 채무자에 대하여 법원, 정리위원, 화의 관재인의 보조 · 감독 하에 채무자와 채권자 사이에 협정을 체결하여 채권에 관한 변제 방법(화의조건)을 정하고 이에 의하여 파산선고를 면하는 제도를 **화의**라고 한다. 회사정리제도가 주로 규모가 크고 제조업을 주업종으로 하고 있는 주식회사를 대상으로 하는데 반하여, 화의는 업종 및 기업규모에 제한이 없으며 주식회사가 아닌 채무자도 신청이 가능하다. 또한 회사정리절차와 달리 경영권이 유지될 수 있다. 그러나 화의결정이 이루어지려면 해당 기업이 일시적 어려움만 벗어나면 정상화될 수 있다는 근거가 있어야 하고 화의조건에 대해서 채권자와 합의가 이루어져야 하는 등의 복잡한 절차를 거쳐야 한다.

3) 파산(破産)

파산은 부실기업 중에서 회사정리절차나 화의 등 법적 절차나 3자인수 등을 통한 회생이 되지 않을 경우 최종적으로 회사를 청산하는 것을 말한다. 파산은 파산법에 의한 법원의 파산선고와 재산의 경매처분을 통한 채권자앞 배당의 순서에 의해 처리된다. 파산선고는 법원의 직권에 의한 경우와 해당 기업 등의 파산신청에 의한 경우가 있다.

(2) 금융기관에 의한 처리

IMF외환위기 이후 우리 경제에서 기업구조조정은 매우 시급한 과제였으며 국제통화기금(IMF), 세계은행(IBRD) 등도 우리나라에 외화유동성을 지원하는 조건으로 기업부문의 구조조정을 강력히 요구하였다. 이러한 상황에서 정부는 다음과 같은 4가지 기업구조조정 기본원칙을 정립하였다.

첫째, 기업경영의 투명성과 국제적 정합성을 확보하고 경쟁력을 제고하기 위해 5대 과제(기업경영 투명성 제고, 상호지급보증 해소, 재무구조의 획기적 개선, 핵심사업부문 설정, 지배주주 및 경영진의 책임 강화)를 성실히 이행한다.

둘째, 금융기관 주도로 기업구조조정을 추진한다.

셋째, 이해관계자(부실기업과 채권금융기관) 간에 적정한 손실분담원칙을 적용한다.

넷째, 기업개선작업(워크아웃)을 기업구조조정의 핵심수단으로 활용한다.

이러한 원칙에 따라 금융기관 주도로 부실기업의 구조조정이 이루어지게 되었다.

기업개선작업(workout)은 재무적 곤경에 처했으나 경제적으로 회생가능성이 있는 기업을 대상으로 채권금융기관과 당해 기업이 협력하여 재무구조와 사업구조를 조정하여 기업회생과 채권회수 증대를 꾀하는 일련의 과정을 의미하며, 금융기관이 거래기업에 대해 법원을 통한 강제적 회수절차에 들어가기 전에 상호 협상과 조정 과정을 통해 채무조건을 조정하는 사적 화의제도의 일종으로 볼 수 있다.

기업개선작업(워크아웃)의 추진 방법으로는 먼저 채무 재조정(debt restructuring)을 들 수 있다. 채무 재조정은 대출채권의 자본금으로의 출자전환(debt equity swap), 전환사채(CB)의 인수, 금리 재조정, 신규자금 지원, 계열사 간 보증채무 해소, 채무 할인변제 등의 방법으로 이루어진다. 그 다음으로 자산 매각, 계열사 정리, 인력구조조정, 유상증자나 외자유치, 대주주의 사재출연 등의 자구계획을 요구하기도 한다. 또한 기업지배구조를 개선하도록 유도함으로써 기업개선작업을 추진하기도 하는데 여기에는 구사주의 퇴진 및 전문경영인의 선임, 도덕적 해이에 대한 조사, 부실기업주에 대한 책임 추궁 등이 포함된다. 이 외에 회사의 분할, 기업구조조정투자회사(Corporate Restructuring Vehicle) 설립, 기업의 제3자로의 매각 등의 방법도 활용된다.

이러한 기업개선작업(워크아웃)제도가 기업구조조정의 주요 수단으로 활용되면서 외환위기 이후 금융경색기에 연쇄부도사태를 방지할 수 있었던 점, 법적 절차에 의하지 않은 새로운 기업갱생제도로 정착된 점, 법적 절차에 비해 부실기업 정상화에 소요되는 시간을 크게 단축시킨 점, 채권금융기관 입장에서도 채권회수비율을 높일 수 있는 성과를 거둔 점 등이 긍정적으로 평가되고 있다.

한편, 그동안 기업구조조정의 핵심수단으로 사용된 워크아웃을 추진하는 과정에서 이해관계가 합리적으로 조정되지 않아 일정이 지연되고, 구조조정 과정에서 부실대기업이 추가로 발생하는 등 기업구조조정이 미흡하다는 비판도 제기된 바 있다. 이에 따라 상시적인 구조조정시스템을 정착시키고 금융기관을 중심으로 한 관리체제를 강화하기 위해 기존의 은행 간 자율적 합의형태의 기업구조조정협약을 2001년 9월 기업구조조정촉진법으로 발전시켜 시행하게 되었다. 이 법에 따라 채권금융기관들은 매 반기마다 1,000여 개 기업을 대상으로 기업신용위험 상시평가를 실시하여 잠재 부실기업에 대한 구조조정 추진 여부를 결정하고, 기존에 구조조정이 추진되고 있는 기업에 대해서는 정상화 가능성을 다시 평가하여 계속 추진 또는 정리 여부를 결정하도록 하고 있다.

2. 부실기업의 회생전략

부실화된 기업의 회생가능성은 회생전략이 실행되기 전의 부실화의 심각도, 외부환경여건, 새 경영진의 능력 등에 좌우될 뿐만 아니라 회생전략(turn-around strategy)이 일관성 있게 추진되느냐에 달려있다.

회생전략이 수립될 때 고려되어야 할 요소들로는 ① 과거의 경영전략, ② 부실화의 원인, ③ 부실화의 심각도, ④ 기업환경의 경제적 · 산업적 특성, ⑤ 경쟁업체들의 경영전략과 기회, ⑥ 당해 기업 제품과 서비스의 특성, ⑦ 당해 기업 비용 · 가격구조, ⑧ 당해 기업 채권자, 주주, 경영자의 요구사항 등을 들 수 있다.

이들 요소 가운데 부실화의 원인에 상응되는 회생전략을 추진하는 것이 회생가능성을 가장 높이는 주요 요소가 된다. [그림 13-8]은 부실화 원인에 대응하여 선택할 수 있는 회생전략을 정리한 것이다.

부실화되었던 기업이 회생하기 위해서 여러 가지 회생전략을 구사할 수 있지만, 슬래터(S. Slatter)의 사례연구에 의하면 가장 많이 활용되는 회생전략은 ① 새경영진 재무담당 중역의 교체, ② 제품시장전략의 변화, ③ 사업매각, ④ 재무통제제도의 개선, ⑤ 조직의 리스트럭츄어링 등인 것으로 나타나고 있다.[27)]

그림 13-8 부실화 원인과 회생전략

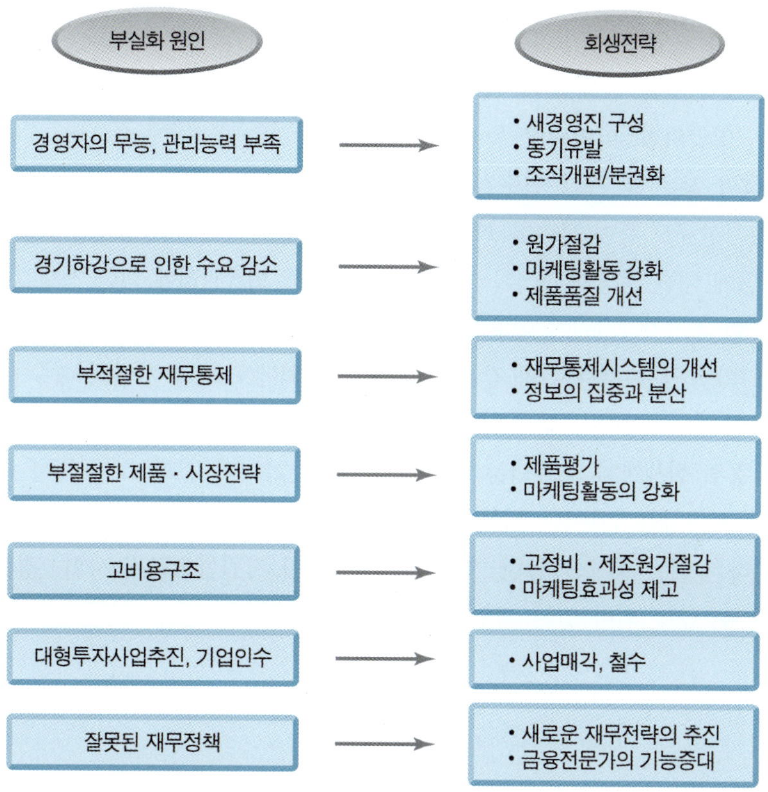

3. 부실기업의 회생 예측

부실 예측에 관한 연구는 일찍부터 활발하게 이루어져 왔으나 부실기업의 회생가능

27) S. Slatter, *op. cit.*

성 예측에 관한 연구는 그리 많지 않다. 다만, 기업회생에 영향을 끼칠 수 있는 변수를 규명하고 검증하는 형태의 실증분석이 시도되어 왔는데 Casey, McGee & Stickney (1986)는 도산결과 예측모형을 활용하였다.[28] 그들은 도산결과 예측에 관한 기존 White의 연구[29]에서 청산기업과 갱생기업을 결정짓는 유의적인 변수로 제시한 변수를 이용, 프로빗(probit)분석을 실시하여 도산결과 예측모형을 추정하였다. 이용된 변수는 무담보자산 비율(총유형자산 중 담보제공이 되지 않은 유형자산의 비율), 총자산, 총자산증감률, 총자산순이익률, 유보이익 대 총자산비율, 총주식 중 스톡옵션 주식 수의 비율 등 6가지였다. 분석대상자료는 1970년부터 1981년까지의 기간 중 파산을 신청한 후 성공적으로 회생된 기업 57개와 청산된 기업 61개를 분석대상으로 하였다. 실증분석결과, 파산 후 회생 여부에 영향을 미치는 변수로는 무담보자산비율이 가장 유의하며, 그 외에 유동성, 영업위험, 이익전망 등이 유의하였다.

우리나라의 경우 몇 가지 연구결과에 의하면 주로 무담보자산비율, 유동성, 부채규모 또는 총자산규모 등이 클수록 회생에 유리한 것으로 보고되고 있다. 이는 과거 우리나라 기업들에 대한 정상화 과정이 대규모 기업일수록 법정관리에 의한 갱생결정이나 거래금융기관의 추가자금지원이 이루어졌던 관행에 따른 것으로 보인다.

부실기업의 회생 여부는 위와 같은 재무적 변수 외에도 해당 기업의 매수 · 합병이나 제3자 인수추진 등 예상치 못한 사건의 영향을 크게 받는다. 또한 우리나라는 법정관리기업의 경우 회생까지 소요되는 기간이 약 10년 가까이 걸려 그 예측이 쉽지는 않다. 그러나 거래금융기관이나 거래처 등 이해관계자의 입장에서 부실기업의 회생가능성을 예측하는 일은 회생 가능한 기업만을 선별하여 지원함으로써 사회 · 경제적 비용을 절감할 수 있는 의미 있는 작업이라 할 수 있다.

28) Casey, Cornelius, Victor E. McGee, and Clyde P. Stickney(1986), "Discriminating Between Reorganized and Liquidated Firms in Bankruptcy," *Accounting Review*, Vol. 6(2), 249~262.

29) White, Michelle J.(1981), "Economics of Bankruptcy: Liquidation and Reorganization," *Working Paper*, New Yokr University.

요 약

기업부실이란 경영부실 · 지급불능 · 법률적 도산 등의 의미를 포함하는 것으로써 기업이 지급불능이나 파산에 이르게 되는 심각한 재무상 · 영업상 어려움을 겪는 상태를 의미한다. 기업부실의 가능성을 예측할 수 있는 접근 방법으로는 현금흐름분석 · 경영전략분석 · 재무제표분석 · 시장정보분석 등이 있다.

기업이 부실하게 되는 데는 여러 가지 부실원인이 복합적으로 작용하며, 이들 부실원인들은 현실적으로 기업부실의 징후로서 나타나게 된다. 일반적으로 1차적 부실원인은 경영자의 경험 · 능력부족 등 경영자요인과 경기변동 · 시중자금사정 · 거래기업의 경영악화와 같은 외생적 조건이 작용하여 수익성 악화 징후로 표출된다. 부실기업이 되어가는 2차적 원인은 각 경영관리부문에서의 비효율적인 방만경영, 여러 가지 위험을 높이는 의사결정, 계획성 없는 경영관리가 이루어지는 데서 찾아볼 수 있다.

아르겐티의 도산원인분석에 의하면, 도산기업들은 경영의 구조적 오류, 경영정보시스템의 부실, 변화에 대처하는 능력부족, 과대확장, 단일대형사업의 추진, 과도한 부채의존 등의 공통적 원인을 갖는 것으로 알려지고 있다.

기업부실의 가능성을 예측하는 데 도움을 주는 재무비율로는 현금흐름 대 총부채비율, 총자산이익률, 부채비율, 운전자본구성비율, 총자산회전율 등이 제시되어 왔다. 또 알트만모형처럼 다수 재무비율을 동시에 고려하여 부실가능성을 예측할 수 있다.

부실기업의 회생가능성을 예측하는 것도 기업이해관계자들에게 중요한 정보가 된다. 부실기업은 회사정리절차(법정관리), 화의, 파산, 워크아웃, 은행관리, 기업구조조정협약 등의 처리방법이 있는데, 부실기업의 회생전략의 타당성을 면밀히 분석하여 회생가능성을 평가할 필요가 있다. 실증연구 결과에 의하면 무담보자산비율, 유동성, 부채규모 또는 총자산규모 등이 클수록 회생가능성이 높아지는 것으로 보고되고 있다.

주요 용어

기업부실	경영부실	지급불능
기업도산	부실원인	아르겐티모형
단변량 부실예측 방법	짝짓기 표본추출법	두 집단 평균의 차이분석
이원분류법	최적분류기준점	예측오류
제1종오류	제2종오류	추정표본
실험표본(타당성 검증표본)	프로파일분석	판별분석
판별함수	예측능력	알트만모형
화의정리절차	화의	파산
워크아웃	기업구조조정협약	부실기업 회생전략

연습문제

01 기업부실이란 경영부실 · 지급불능 · 법률적 도산 등의 의미를 포함하여 사용되고 있다. 또 기업부실의 가능성을 예측할 수 있는 여러 접근 방법이 제시되고 있다.

(1) 경영부실, 지급불능, 기업도산의 차이점은 무엇인가?

(2) 기업부실의 가능성을 예측할 수 있는 접근 방법으로는 어떤 방법이 있는가?

02 기업이 부실하게 되는 데는 여러 가지 부실원인이 복합적으로 작용하며, 이들 부실원인들은 현실적으로 기업부실의 징후로서 나타나게 된다.

(1) 부실원인을 1차 부실원인과 2차 부실원인을 나누어 그 특징을 구분하라.

(2) 각국에서 제시되고 있는 주요 부실원인은 어떻게 다른가?

(3) 아르겐티(J. Argenti)의 도산원인분석의 내용을 요약하고, 어떤 도산예측에 기초한 도산예방전략이 제시되고 있는가?

03 기업부실의 가능성을 예측할 수 있는 여러 가지 접근 방법이 제시되고 있다.

(1) 재무제표에서 발견될 수 있는 기업부실의 징후에는 어떤 것이 있는지를 설명하라.

(2) 프로파일분석이란 무엇인가? 단변량분석에 의한 부실예측에 대하여 설명하고, 기업부실의 가능성을 예측하는 데 도움을 주는 재무비율로는 어떤 비율이 제시되고 있나?

(3) 판별분석에 의한 부실예측의 절차와 방법을 요약하라.

(4) 알트만모형처럼 다변량분석을 통해서 다수 재무비율을 동시에 고려한 부실가능성을 예측하기도 하는데, 어떤 재무비율인가?

(5) 알트만(E.I. Altman)의 부실예측모형과 한국기업을 대상으로 한 K-score모형을 비교하고, 이모형의 기업경영에의 시사점이 무엇이라고 생각하는가?

(6) 기업부실의 가능성을 예측하는 계량적 예측모형은 예측오류를 갖는다. 예측모형이 초래하는 예측오류로서 제1종오류와 제2종오류이란 무엇인가? 계량적 부실예측모형이 지니는 한계점은 무엇인가?

04 1998년 이후의 부실기업 중 32개 부실기업을 선정하여 각 부실기업과 산업분류, 재무정보의 연수 그리고 자산규모가 동일한 정상기업을 짝지었다. 아래 표는 부실 전 5년 동안 각 집단의 재무제표항목의 평균을 계산하여 작성된 것이다.

(1) 부실 전 5년 동안 부실기업과 정상기업에 대하여 가장 현저한 차이를 보이는 재무비율(Beaver가 제시한 재무비율과 매출채권회수기간)을 프로파일분석에 의하여 도출하라.

(2) 부실기업과 정상기업의 상이한 재무비율행태를 추론하는 데 있어서 표본선정 시 어떠한 문제가 발생하는가?

부실기업과 정상기업의 재무제표항목 평균

	부실기업					정상기업				
	부실전 5년	4	3	2	1	부실전 5년	4	3	2	1
A. 재무상태표 자료										
1.현금 및 유가증권	753	1,020	730	511	329	981	1,086	1,107	1,304	1,365
2.매출채권	1,845	3,164	3,563	2,359	2,090	1,716	1,730	1,837	2,146	2,358
3.재고자산	2,827	6,064	7,390	2,525	2,378	3,022	3,000	3,006	3,479	3,974
4.기타자산	3,937	7,018	8,332	5,017	5,229	3,678	3,995	4,225	5,243	5,565
5.총자산	9,362	17,266	20,215	10,520	10,026	9,397	9,811	10,175	12,172	13,262
6.유동부채	3,780	4,820	8,092	6,102	6,860	2,023	2,251	2,370	2,920	3,305
7.기타부채	3,149	8,617	9,784	3,537	3,408	2,169	2,432	2,479	2,826	3,800
8.자본금	3,433	3,829	2,139	863	−242	5,025	5,128	5,326	6,426	6,157
9.부채및자본	9,362	17,266	20,015	10,502	10,026	9,397	9,811	10,175	12,172	13,262
B. 손익계산서 자료										
1.매출액	16,508	15,425	18,359	16,656	16,938	16,989	16,395	17,610	20,445	22,426
11.순이익	65	29	−664	−858	−1,309	206	46	211	426	480
12.현금흐름	145	308	−244	−518	−909	523	381	577	865	941

05 부실기업의 회생가능성을 예측하는 것도 기업이해관계자들에게 중요한 정보가 된다.

(1) 부실기업에 대한 처리 방법에는 어떤 것이 있는가?

(2) 부실기업이 회생가능성을 높이는 회생전략에는 어떤 것이 있는가?

(3) 부실기업의 회생가능성을 예측하는 연구들에서 제시되고 있는 주요 재무변수에는 어떤 것이 있는가?

부록

[부표 1] 표준정규분포표

[부표 2] t분포표

[부표 1] 표준정규분포표

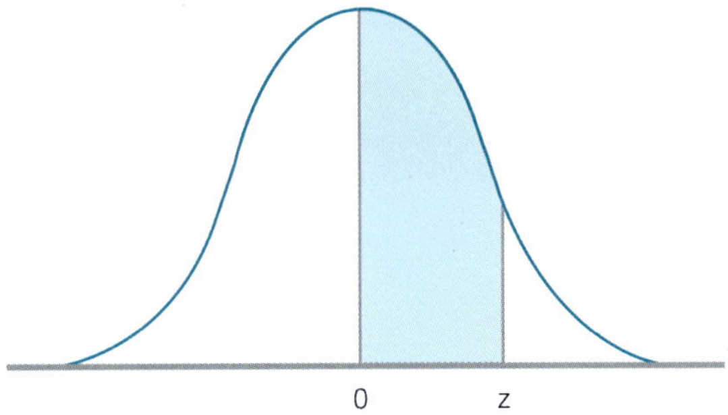

이 표는 Z=0에서 Z점까지의 넓이를 나타내 준다.

z	.00	.01	.02	.03	.04	.05	.06	.07	.08	.09
0.0	.0000	.0040	.0080	.0120	.0160	.0199	.0239	.0279	.0319	.0359
0.1	.0398	.0438	.0478	.0517	.0557	.0596	.0636	.0675	.0714	.0753
0.2	.0793	.0832	.0871	.0910	.0948	.0987	.1026	.1064	.1103	.1141
0.3	.1179	.1217	.1255	.1293	.1331	.1368	.1406	.1443	.1480	.1517
0.4	.1554	.1591	.1628	.1664	.1700	.1736	.1772	.1808	.1844	.1879
0.5	.1915	.1950	.1985	.2019	.2054	.2088	.2123	.2157	.2190	.2224
0.6	.2257	.2291	.2324	.2357	.2389	.2422	.2454	.2486	.2517	.2549
0.7	.2580	.2611	.2642	.2673	.2704	.2734	.2764	.2794	.2823	.2852
0.8	.2881	.2910	.2939	.2967	.2995	.3023	.3051	.3078	.3106	.3133
0.9	.3159	.3186	.3212	.3238	.3264	.3289	.3315	.3340	.3365	.3389
1.0	.3413	.3438	.3461	.3485	.3508	.3531	.3554	.3577	.3599	.3621
1.1	.3643	.3665	.3686	.3708	.3729	.3749	.3770	.3790	.3810	.3830
1.2	.3849	.3869	.3888	.3907	.3925	.3944	.3962	.3980	.3997	.4015
1.3	.4032	.4049	.4066	.4082	.4099	.4115	.4131	.4147	.4162	.4177
1.4	.4192	.4207	.4222	.4236	.4251	.4265	.4279	.4292	.4306	.4319
1.5	.4332	.4345	.4357	.4370	.4382	.4394	.4406	.4418	.4429	.4441
1.6	.4452	.4463	.4474	.4484	.4495	.4505	.4515	.4525	.4535	.4545
1.7	.4554	.4564	.4573	.4582	.4591	.4599	.4608	.4616	.4625	.4633
1.8	.4641	.4649	.4656	.4664	.4671	.4678	.4686	.4693	.4699	.4706
1.9	.4713	.4719	.4726	.4732	.4738	.4744	.4750	.4756	.4761	.4767
2.0	.4772	.4778	.4783	.4788	.4793	.4798	.4803	.4808	.4812	.4817
2.1	.4821	.4826	.4830	.4834	.4838	.4842	.4846	.4850	.4854	.4857
2.2	.4861	.4864	.4868	.4871	.4875	.4878	.4881	.4884	.4887	.4890
2.3	.4893	.4896	.4898	.4901	.4904	.4906	.4909	.4911	.4913	.4916
2.4	.4918	.4920	.4922	.4925	.4927	.4929	.4931	.4932	.4934	.4936
2.5	.4938	.4940	.4941	.4943	.4945	.4946	.4948	.4949	.4951	.4952
2.6	.4953	.4955	.4956	.4957	.4959	.4960	.4961	.4962	.4963	.4964
2.7	.4965	.4966	.4967	.4968	.4969	.4970	.4971	.4972	.4973	.4974
2.8	.4974	.4975	.4976	.4977	.4977	.4978	.4979	.4979	.4980	.4981
2.9	.4981	.4982	.4982	.4983	.4984	.4984	.4985	.4985	.4986	.4986
3.0	.4987	.4987	.4987	.4988	.4988	.4989	.4989	.4989	.4990	.4990

[부표 2] t분포표

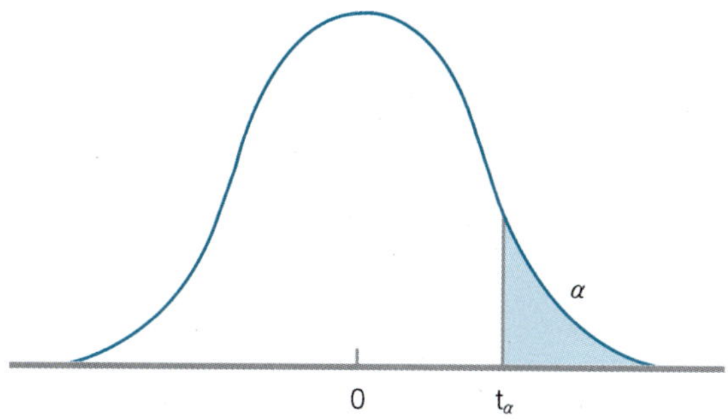

d.f	α					
	0.250	0.100	0.050	0.025	0.010	0.005
1	1.000	3.078	6.314	12.706	31.821	63.657
2	0.816	1.886	2.920	4.303	6.965	9.925
3	0.765	1.638	2.353	3.182	4.541	5.841
4	0.741	1.533	2.132	2.776	3.747	4.604
5	0.727	1.476	2.015	2.571	3.365	4.032
6	0.718	1.440	1.943	2.447	3.143	3.707
7	0.711	1.415	1.895	2.365	2.998	3.499
8	0.706	1.397	1.860	2.306	2.896	3.355
9	0.703	1.383	1.833	2.262	2.821	3.250
10	0.700	1.372	1.812	2.228	2.764	3.169
11	0.697	1.363	1.796	2.201	2.718	3.106
12	0.695	1.356	1.782	2.179	2.681	3.055
13	0.694	1.350	1.771	2.160	2.650	3.012
14	0.692	1.345	1.761	2.145	2.624	2.977
15	0.691	1.341	1.753	2.131	2.602	2.947
16	0.690	1.337	1.746	2.120	2.583	2.921
17	0.689	1.333	1.740	2.110	2.567	2.898
18	0.688	1.330	1.734	2.101	2.552	2.878
19	0.688	1.328	1.729	2.093	2.539	2.861
20	0.687	1.325	1.725	2.086	2.528	2.845
21	0.686	1.323	1.721	2.080	2.518	2.831
22	0.686	1.321	1.717	2.074	2.508	2.819
23	0.685	1.319	1.714	2.069	2.500	2.807
24	0.685	1.318	1.711	2.064	2.492	2.797
25	0.684	1.316	1.708	2.060	2.485	2.787
26	0.684	1.315	1.706	2.056	2.479	2.779
27	0.684	1.314	1.703	2.052	2.473	2.771
28	0.683	1.313	1.701	2.048	2.467	2.763
29	0.683	1.311	1.699	2.045	2.462	2.756
30	0.683	1.310	1.697	2.042	2.457	2.750
40	0.681	1.313	1.684	2.021	2.423	2.704
60	0.679	1.296	1.671	2.000	2.390	2.660
120	0.677	1.289	1.658	1.980	2.358	2.617
∞	0.674	1.282	1.645	1.960	2.326	2.576

찾아보기

[ㅅ]

[ㅎ]

[기타]